맹자강설

맹자강설

李基東 譯解

성균관대학교
출판부

| 새로운 판을 다시 보완하면서 |

　20여 년에 걸쳐 사서삼경강설四書三經講說을 완간한 지가 벌써 몇 년이 되었다. 애초에 사서삼경은 전문서적이기 때문에 대중적으로 읽혀질 것이라고는 기대하지 않았다. 그런데 최근 동양학에 대한 관심이 높아지면서 의외로 일반 독자들께서 많이 애독해 주셨다. 삼경 중에서 난해하기로 소문난 『시경詩經』과 『서경書經』까지도 널리 읽혀지고 있는 것을 보면 시대가 많이 변하고 있음을 실감한다. 이런 이유로 출판사로부터 일반 독자들이 더 쉽게 읽으실 수 있도록 원문 하나하나에 한글 독음을 다는 것이 어떻겠느냐는 제의가 들어왔다. 이 작업은 판을 새로 짜야 하는 매우 번거로운 일이지만, 독자들에게 약간이라도 도움이 된다면 수고로움을 마다할 수 없겠다는 생각이 들었다. 그래서 우선 사서삼경 중에서 가장 대중적으로 읽힐 수 있는 『맹자孟子』부터 작업을 하기로 했다.

　『맹자』는 한국인의 마음을 가장 잘 대변해 주는 책이기도 하지만, 21세기를 맞아 인류가 바람직한 삶의 방향을 찾아낼 수 있는 긴요한 사상서이기도 하다. 최근 마음의 좌표를 찾는 현대인들을 위해 새롭게 씌어진 맹자 관련 서적의 출간이 많아지는 까닭이 그러하다.

　고도로 발달한 물질문명 덕분에 현대인들은 풍요로운 삶을 누리고 있는 것처럼 보이지만, 진정 마음은 거기에 따라가지 못하기 때문에 많은 문제점이 드러나고 있다. 필자는 그 해결책을 찾는 데 『맹자』가 큰 역할을 하리라 기대해본다. 독자 여러분께서 『맹자』를 통해 많은 지혜를 얻으시길 기원하는 바이다.

2010년 7월
오륜동 우거에서 역해자

일반인들이 읽을 수 있도록 쉽게 해설해 놓은 사서삼경이 시중에 없다는 사실을 알고 해설서를 쓰기 시작한 지가 벌써 10년이 훨씬 넘었다. 먼저 『대학·중용강설大學·中庸講說』을 출간했고, 다음으로 『논어강설論語講說』『맹자강설孟子講說』『주역강설周易講說』 등을 출간했다. 그러나 아직도 『서경강설書經講說』을 간행하지 못했다. 천성이 게으른 탓도 있고 잡무에 쫓기어 시간을 충분히 내지 못했기 때문이기도 하다. 독자 여러분께 미안한 마음을 감출 수 없다.

이미 간행된 책들을 많은 독자가 애독해주셨다. 참으로 고마운 일이다. 인쇄를 거듭하다 보니 가장 먼저 출간했던 『대학·중용강설』은 필름이 거의 망가진 상태에 이르렀다. 그래서 사서삼경을 완간하기 전에 부득이 『대학·중용강설』의 판을 다시 짜기로 했고, 『논어강설』과 『맹자강설』도 아울러 새판을 짜기로 했다. 판을 다시 짜면서 훑어보니 십수 년 전에 씌어진 것이라 내용이 미비한 것도 있고 잘못된 문장도 눈에 뜨인다. 부분적으로 수정하여 다시 내놓는다. 독자 여러분의 관심이 계속되기를 기대하는 바이다.

2004년 12월
오륜동 우거에서 역해자

『대학·중용강설大學·中庸講說』과『논어강설論語講說』을 내놓은 지 거의 1년 만에 『맹자강설孟子講說』을 탈고하게 되었다. 이로써 애초에 계획했던 사서강설四書講說을 일단락짓게 되었다.

유학사상儒學思想을 제대로 이해하기 위해서는 사서四書를 중심으로 한 유교경전儒敎經典를 읽어야 하며, 역사 속에 적용되어온 유학사상의 전개과정을 이해하여야 한다. 따라서 다음으로는『중국철학사中國哲學史』의 집필을 착수할 계획이다.

『대학大學』과『중용中庸』은『논어論語』와『맹자孟子』를 읽기 위한 입문서이기도 하다. 이러한 점을 감안하여 누구든지 쉽게 이해할 수 있도록 원문에 해석 순서를 아라비아 숫자로 붙였다. 『논어』는 문장이 간략하면서도 많은 것을 함축하고 있다. 그래서『논어강설』에서는 내용을 설명하는 '강설'에 주력하였으나,『맹자』는 문장 그 자체에 내용이 상세하게 설명되어 있고 더욱이 문장 교본으로 삼기에 충분할 정도로 문장이 우수하기 때문에 문장의 구조와 문법에 대한 설명에 주력하였다. 원문의 장章의 분류는 주자朱子의『맹자집주孟子集註』를 따랐다. 『맹자집주』(성백효成百曉 역주, 전통문화연구회傳統文化硏究會),『맹자』(전석한문대계全釋漢文大系 2, 우야정일宇野精一 역주, 일본집영사日本集英社),『율곡사서언해栗谷四書諺解』등을 참조하였다.

나름대로는 심혈을 기울인 것이지만 처음 시도한 것이라 부족한 점이 있으리라 본다. 독자 여러분의 질정을 바라는 바이다.

1992년 겨울
역해자

| 목 차 |

머리말

해설-1. 『맹자孟子』는 어떤 책인가?

　　　2. 맹자孟子의 생애

해설 - 1. 『맹자孟子』는 어떤 책인가
       2. 맹자孟子의 생애

1. 맹자는 어떤 책인가

『맹자孟子』는 유교의 기본경전인 사서四書 중 하나로 전국시대戰國時代사상가 맹가孟軻의 언행言行을 기록한 책이다. '맹자'라는 명칭은 물론 자작여부自作與否의 문제는 있지만, 작자의 이름에서 따온 것이다. 이는 장자莊子의 책을 『장자』라 하고, 순자荀子의 책을 『순자』라고 하는 것과 같다. 구체적으로 말하여 맹자의 자저自著인가, 아니면 문인門人들에 의해 편집된 것인가의 문제는 고래古來로 이설이 많지만 우선 『사기史記』「맹자순경열전孟子荀卿列傳」에 의하면, "맹자는 추인鄒人이다. 자사子思의 문인에게서 배웠다. 학문이 완성된 뒤 제선왕齊宣王에게 유세遊說하였으나 선왕은 그의 주장을 채택하지 않았다. 양(梁 : 위魏)나라로 갔다. 양에서도 그의 주장을 믿거나 실행하지 않았다. …… 온 천하가 합종合縱이나 연횡連橫의 계책에만 힘써 공벌攻伐만을 훌륭한 것으로 여겼다. 그런데 이러한 전국의 시대에 맹가는 곧 요堯·순舜, 그리고 하夏·은殷·주周 삼대三代의 성왕聖王인 우禹·탕湯·문文·무武, 곧 이제삼왕二帝三

王의 덕德을 말하고 다녔다. 따라서 가는 곳마다 그의 주장은 시세에 맞지 않았다. 그리하여 정치에서 물러나 제자 만장萬章 등과 함께 시서詩書를 서序하고 중니仲尼의 뜻을 서술하여 『맹자』7편을 저술하였다"라고 되어 있다.

이것이 맹자 자작설을 주장한 최초의 자료이다. 이어서 후한後漢의 응소應劭도 『풍속통風俗通』에서 이것에 근거하여 맹자의 직접적 저술이라고 설명하였다. 다만, 책의 성립 연대와 편수篇數에 대해서는 사마천司馬遷과 차이가 있으나, 다른 점에 대해서는 『사기』의 내용에 찬성하였다. 그러나 이들은 맹자 자작설에 대한 적극적 설명을 하지 않았는데, 송대宋代에 이르러 주희朱熹는 첫째로 『맹자』 전편全篇의 필세筆勢가 그야말로 맹자 자신이 아니고서는 불가능하다는 것과, 둘째로 『논어論語』의 각 장구章句가 짧은데 비해 『맹자』의 장구는 비교적 긴 것이 많기 때문에 이것 역시 자필이 아니고서는 불가능한 것이라고 설명하였다. 청대淸代의 염약거閻若璩는 『맹자』에는 『논어』에 보이는 저자著者에 대한 용모풍격容貌風格을 논한 글이 전혀 없다는 것을 맹자 자작설의 근거로 제시하였다.

그러나 예로부터 이를 회의하여 맹자 자신의 직접 저작이 아니라 그 문인들이 편집한 것이라는 설도 꽤 있었는데, 당대唐代의 한유韓愈, 임신사林愼思, 송대의 장열지張說之 등이 이러한 견해를 취하였다. 이들에 의하면, 자신을 스스로 '맹자'라고 호칭한 점이라든가 노魯 평공平公에게 시호諡號를 쓴 점 등을 근거로 제시하여, 그의 제자 만장·공손추公孫丑 등이 편집한 것이라고 주장하였다. 우리나라의 실학자實學者 이익李瀷도 『맹자질서孟子疾書』의 서설序說에서 『맹자』는 그의 제자인 악정자樂正子와 옥려자屋廬子의 문도들이 저작한 것이라고 설명하였다. 현재에도 학자에 따라 견해를 달리하고 있으나, 이 책이 맹자의 언설言說·행실行實을 충실하게 전한 문헌이라는 데에는 이론이 없다. 그것은 비록 반대 의견이 있음에도 불구하고 현재 사서四書 가운데 『맹자』가 비교적 저자 자신의 필세가 가장 두드러지기 때문이다.

『맹자』의 편수는 『사기』에서는 7편이라고 하였고, 『한서漢書』「예문지藝文志」에는 11편으로 되어 있다. 이것은 아마도 후한 조기趙岐의 「맹자제사孟子題辭」에서 언급한 「성선性善」·「변문辯文」·「설효경說孝經」·「위정爲政」의 외서外書 4편을 합해서 말한 것으로 추측된다. 조기는 『맹자』 7편, 즉 「양혜왕梁惠王」·「공손추公孫丑」·「등문공滕文公」·「이루離婁」·「만장萬章」·「고자告子」·「진심盡心」을 각각 상하上下로 나누었는데, 이로부터 『맹자』는 14권으로 정착되었다. 한편, 『사기』·『설원說苑』·『법언法言』·『염철론鹽鐵論』 등 한대漢代에 인용된 맹자의 말로서 현행본에 들어 있지 않은 것이 많음을 보면, 외편外篇이 분명 있었을 것이다. 이익의 『맹자질서』에서는 "조빈경(趙邠卿：趙岐)은 「맹자제사」에서 외서 4편은 뜻이 넓고 깊지 못하다고 하였는데 이제는 이것 역시 볼 수 없다. 순자荀子나 양웅揚雄에 의해서 언급된 것도 혹 『맹자』 외서에 실린 것인지 모른다"라고 하였다. 그러나 조기의 지적대로 사마천도 외서에 대하여 신뢰하지 않았던 것으로 보인다.

　『맹자』가 사서의 하나로서 표장表章된 것은 물론 정주程朱에 의한 것이지만 그것은 일시에 이루어진 것이 아니다. 고대에 있어서 『맹자』는 경經에 속한 것이 아니라 제자서諸子書 가운데 하나였을 뿐이다. 조기趙岐의 지적대로 『맹자』가 진시황秦始皇의 분서갱유焚書坑儒 때 없어지지 않았던 것도 바로 이러한 이유에서이다. 전한前漢 문제文帝 때 『맹자』는 일시 학관學官에 채택되어 대학 교과과정에 포함됨으로써 맹자박사孟子博士를 두기도 하였으나, 무제武帝 때 이르러 그것이 폐지되었다. 그후 유향劉向의 『별록別錄』, 유흠劉歆의 『칠략七略』을 거쳐 후한 반고班固의 『한서』 「예문지」에서는 제자류諸子類로서 경서經書의 지위에 들지 못하고, 과거科擧의 과목에도 빠져 있었다. 당대 의종懿宗 때에는 피일휴皮日休가 건의하여 노장老莊을 폐지하고 『맹자』를 과거의 과목으로 채택하려 하였으나 시행되지 않았다. 그러나 한유韓愈는 "지금 성인의 도를 보고자 하는 자는 반드시 맹자로부터 시작해야 한다"라고 하여 『맹자』를 크게 존숭하였다. 그는 유교를 확립하기 위하여 노불老佛을 배척하였는데, 이것은 맹자가 양묵楊墨을 배척한 일과 유사하며, 아마도 그가 맹자를 존숭한 이유 가운데 하나도 이 점에 있을 것이다.

한편, 한유는 「원도原道」에서 유교의 도통설道統說을 제시하는데 이것은 후에 송학宋學의 발흥에 결정적인 영향을 미치게 되었다. 북송北宋에 이르러 신종神宗이 왕안석王安石의 건의를 받아들여 시부명경과詩賦明經科를 폐지하고 그 대신 경의논책經義論策으로서 과거를 시행키로 하고, 『시경詩經』·『서경書經』·『주례周禮』·『예기禮記』를 대경大經으로, 『논어』와 『맹자』를 겸경兼經으로 하고, 원풍元豊 6년에 맹자를 추국공鄒國公으로 추증追贈하고, 이듬해에 공자묘孔子廟에 종사從祀한 뒤로부터 『맹자』는 경서로서의 지위를 확보하였다. 여기서 더 나아가 정주의 표장이 있은 뒤로는 『맹자』는 사서의 하나로서 존숭을 받게 되었다. 정자程子가 『맹자』를 표장한 이유는 우선 당시 불교·도교가 크게 유행하면서 각각의 계통을 내세우는 데 대한 유교 나름의 이론적 확립의 필요성에 있었다. 정자는 당대의 한유가 「원도原道」에서 "요·순·우·탕·문·무·주공周公·공자로 전한 도통道統이 공자에게서 맹자로 전하였는데, 맹자가 죽자 그 도통이 끊어졌다"라고 말한 것을 취하여 이것을 도통 전수의 정계正系라고 주장하였다. 이것이 『맹자』를 표장하는 필연적 근거가 되었다. 그리고 맹자의 도道는 자사子思에게서 나왔고, 자사의 학學은 증자曾子에서 나왔는데, 이미 맹자를 도통계보의 정계로서 확립한 이상 자사·증자도 표장하지 않을 수 없었다. 따라서, 주희는 정자의 학설을 계승하여 『중용中庸』을 자사의 작으로, 『대학大學』을 증자의 전傳이라 하여 『논어』·『맹자』와 함께 사서로서 존숭하고 『사서집주四書集註』를 저술하였다. 이로부터 『맹자』를 경서의 하나로서 의심하는 이가 없게 되었고, 종래 각종의 목록에서 자부子部에 실려 있던 것에 구애받지 않고 경부經部에 실었던 것이다. 따라서 진종眞宗 때에는 손석孫奭이 칙찬勅撰으로 『맹자음의孟子音義』를 간행하였고, 진진손陳辰孫의 『서록해제書錄解題』에는 『맹자』를 경부에 실었다. 한편, 명대明代의 왕수인王守仁도 이에 의거하였고, 청대에 이르러서는 각종의 주해注解·고이考異가 편찬되었으며, 또 사적事蹟을 연구한 성과가 속출하였다.

『맹자』의 내용을 살펴보면 알 수 있는 일이거니와, 맹자는 "원하는 바가 공자를 배우는 것이다"라고 하여 도처에서 공자 사상의 계승자임을 자임하였다. 송대의 시덕조施德操는 맹자의 성인의 학문에 대한 공로로서 네 가지를 들고 있는데, 그것은 첫째 성선性善을 말한 것, 둘째 호연지기浩然之氣를 밝힌 것, 셋째 양묵楊墨을 배척한 것, 넷째 오패五霸를 배척한 것이다. 맹자는 공자의 인仁의 정신을 계승하여 인간의 생득지심生得之心에 대해 절대적인 신뢰를 두는 주관적 윤리학이라고 할 수 있는 성선설을 주장하였는데, 그것을 토대로 한 왕도주의王道主義를 제창하였다. 이 가운데 특히 민본주의民本主義와 혁명론革命論이 그 골격을 이루고 있다. 고래古來로 『맹자』의 내용에 대하여 회의하고 비판한 경우도 많았다. 예컨대 『순자』「비십이자非十二子」, 왕충王充의 『논형論衡』「자맹刺孟」을 필두로 하여 송대 사마광司馬光의 『의맹疑孟』, 조열지晁說之의 『저맹詆孟』, 풍휴馮休의 『산맹자刪孟子』 등이 그것이다. 물론 『맹자』에 대한 평가는 각 시대의 정치적 상황과 긴밀한 관계가 있는 것이다. 특히 민본주의의 구체적 표현들은 당시 위정자爲政者들이 꺼릴 만한 것이었으며, 또한 형식화된 명분론名分論에 집착한 유자儒者들에게 맹자의 혁명론은 수용되기 어려운 것이었다. 한편, 송대의 이구李覯는 『상어常語』에서 "덕이 있으면 누구나 왕이 될 수 있다"는 맹자의 '유덕작왕설有德作王說'은 공자의 뜻과 상치되는 것이며, 혁명의 승인은 '차마 하지 못할 짓을 하는 사람', 곧 '인인忍人'만이 행하는 것이라고 맹자를 공박하였다. 그러나 명말청초明末淸初의 황종희黃宗羲는 『명이대방록明夷待訪錄』「원군原君」에서 폭군 주紂를 토벌하여 은주혁명殷周革命을 이룩한 무왕武王을 성왕聖王으로 존숭하였으며 맹자의 말은 성인의 말이라고 하였다.

현존 최고最古의 주석註釋으로는 한대 조기趙岐의 『맹자주孟子註』이며, 이에 대한 참고서로는 『십삼경주소十三經注疏』 본본의 『맹자정의孟子正義』(조기의 주, 孫奭의 疏), 청대 대진戴震의 『맹자자의소증孟子字義疏證』 등이 있다. 신주新注로서는 송대 주희의 『맹자집주孟子集註』, 김리상金履祥의 『맹자집주고증孟子集註考證』, 명대 호광胡廣 등이 칙찬한 『맹자대전孟子大全』 등이 대표적인 것이다. 이외의 참고서로는 송대 손석의 『맹자음의孟子音義』, 여윤문余允文의 『존맹변尊孟辨』, 주희의 『맹자정의孟子精義』, 채모蔡模의 『맹자집소孟子集疏』, 명대 진사원陳士元의 『맹자잡기孟子雜記』,

청대 송상봉宋翔鳳의 『맹자조주보정孟子趙註補正』, 초순焦循의 『맹자정의
孟子正義』, 주광업周廣業의 『맹자사고孟子四考』, 왕무횡王懋竑의 『맹자서설
고孟子序說考』 등이 있다.

　우리나라에는 일찍이 삼국시대三國時代에 『맹자』가 전래된 것으로
보인다. 당시에는 『맹자』가 제자서에 속해 있었는데, 신라新羅가 통일
후 국학國學에서 제자서를 가르쳤다는 기록이 있다. 본격적으로 『맹
자』가 연구된 것은 여말선초麗末鮮初에 주자학의 전래와 함께 주희의 『맹
자집주』가 전해지면서이다. 대표적인 것으로는 조익趙翼의 『맹자천설孟子淺
說』, 정조正祖의 『어제맹자조문御製孟子條問』, 박세당朴世堂의 『맹자사변록
孟子思辨錄』, 찬자 미상의 『맹자강의孟子講義』·『맹자대문孟子大文』, 율곡
栗谷의 『맹자율곡선생언해孟子栗谷先生諺解』 등 다수의 연구서가 전해진
다.

2. 맹자의 생애

맹자(기원전 372~289경)는 중국 전국시대戰國時代의 대유학자大儒學者로서
성은 맹孟, 이름은 가軻, 자는 자여子與, 혹은 자거子車·子居라고도 하나
모두 위진시대魏晉時代 이후의 설說로서 확실하지는 않다. 출신지는 추
(鄒 : 혹은 주국邾國, 지금의 산동성山東省 연주부兗州府 추현鄒縣)이다. 어려서
아버지를 여의고 어머니 급씨伋氏로부터 교육을 받았다고 한다. 이른바
‘맹모삼천孟母三遷’의 일화逸話가 전하지만(유향劉向의 『열녀전烈女傳』) 청淸의
고증학자考證學者들은 사실이 아니라고 부정하기도 한다. 자라서는 자사
子思의 문인門人에게서 수업하면서 공자孔子의 도道를 독실하게 믿게 되
었다. 학문을 성취한 후에는 제세구민濟世救民의 뜻을 품고 여러 나라를
유세遊說하였다. 처음에는 추에서 벼슬하여 사士가 되었다가 추에서 나
와 제齊로 가서 선왕(宣王 : 기원전 342~324년 재위)의 객경客卿이 되었으
며 후에 사퇴하여 추로 돌아왔다. 그 후 송宋·설薛을 거쳐 등滕에 갔는
데, 등의 문공(文公 : 생년불명)은 자기 동생으로 하여금 문하에 들어가

수업하게 하는 등 경례敬禮를 베풀어 의견을 듣고자 하였다. 그러나 등나라는 협소하고 강국強國 사이에 끼여 있어 맹자가 자신의 포부를 실행할 만한 여건이 좋지 못했다. 따라서 그는 양梁의 혜왕(惠王 : 기원전 370~335년 재위)이 현사賢士를 초빙하여 자국의 패전敗戰에 대한 설욕을 기도한다는 소식을 듣고 양나라로 갔다. 그러나 혜왕과 서로 의견의 합치를 보지 못하였으며 더구나 얼마 못 가 혜왕이 죽고 양왕(襄王 : 기원전 334~319년 재위)이 즉위하자 그의 용렬함을 보고 다시 양을 떠났다. 뒤에 그의 제자 악정자樂正子가 노魯에 벼슬하여 평공(平公 : 기원전 314~296년 재위)의 신임을 얻었는데, 그가 맹자를 평공에게 천거하였으며 평공 역시 초빙할 뜻이 있었으나 평공이 총애하던 장창臧倉의 저지로 맹자 초빙의 의론은 그치고 말았다. 이에 맹자는 자신의 도가 세상에 행해지지 않음을 알고 사관仕官을 단념, 고향에 돌아와서 만장萬章 등의 문도門徒와 더불어 『시경詩經』 · 『서경書經』을 강론하고 공자의 뜻을 밝히면서 『맹자』 7편을 편술編述하였다.

　맹자가 살았던 당시는 열국列國이 무력으로 자웅을 다투던 전국시대로 백성은 도탄에 빠졌으나, 사상계思想界에 있어서는 유래 없는 이른바 백가쟁명百家爭鳴의 활약 시대였다. 당시 주왕조周王朝의 권위는 쇠미하여져 회복할 가망이 거의 없었으며, 진秦 · 초楚 · 제齊 · 연燕 · 한韓 · 위(위魏 또는 양梁) · 조趙의 전국칠웅戰國七雄이 패권을 경쟁하고 있는 한편, 노魯 · 위衛 · 정鄭 · 송宋 · 설薛 · 등滕 등의 소국小國들이 그 사이에 끼여 있으면서 존립存立을 유지하기 위해 안간힘을 쓰고 있었다. 따라서 당시의 군주君主가 즐겨 듣고자 한 것은 장의張儀 · 공손연公孫衍 등의 합종合縱 · 연횡책連橫策, 혹은 상앙商鞅 · 오기吳起 등의 부강富强 · 전승술戰勝術이었으며, 또는 전란의 세상을 구제하기 위한 방법 등이었다. 당시의 여러 학파는 반고班固의 『한서漢書』 「예문지藝文志」에 의하면 유가 · 도가 · 음양가陰陽家 · 법가法家 · 명가名家 · 묵가墨家 · 종횡가縱橫家 · 잡가雜家 · 농가農家 · 소설가小說家 등이었는데, 『맹자』에 등장하는 사상가들로서는 양주楊朱 · 묵적墨翟과 묵가 계통의 송경宋牼, 농가 계통의 허행許行, 도가 계통의 진중자陳仲子, 종횡가의 공손연 · 장의, 변설가인 순우곤淳

于髡, 인성론人性論을 말한 고자告子 등이 있었다. 이때 맹자가 당우삼대唐虞三代의 덕德을 말하고 왕도王道를 밝히며 인의仁義를 역설하는 것 같은 주장은 공론空論으로 여겨 받아들여지지 않았다. 더구나 그는 출처진퇴出處進退의 의義를 엄격히 하였으므로 임금을 보좌할 재능을 펴보지 못하였다.

맹자의 학문은 자사·증자曾子를 통하여 공자에게서 발원하고 있다. 또 그는 "바라는 바는 공자를 배우는 것이다(내소원즉학공자야乃所願則學孔子也:『맹자』「공손추상公孫丑上」)"라고 함으로써 그가 공자 이외에 일파一派를 연 것이 아니라 공자의 뜻을 조술祖述하고 선양하고자 한 것임을 밝혔다.

※ '『맹자』는 어떤 책인가' 및 '맹자孟子의 생애'에 대한 내용은 『유교대사전儒敎大事典』(유교사전편찬위원회儒敎辭典編纂委員會 편,　박영사博英社)에서 발췌한 것임.

孟子

一. 양혜왕장구상 梁惠王章句上

제
1
장

맹자견양혜왕
孟子見梁惠王하신대
왕왈수불원천리이래
王曰叟不遠千里而來하시니
역장
亦將
[1] [2] [3] [4]

유이리오국호
有以利吾國乎잇가
맹자대왈왕
孟子對曰王은
하필왈리
何必曰利잇고
[5]

역유인의이이의
亦有仁義而已矣니이다
왕왈하이리오국
王曰何以利吾國고하시면
대부
大夫
[6] [7] [8] [9]

왈하이리오가
曰何以利吾家오하며
사서인왈하이리오신
士庶人曰何以利吾身고하여
상
上
[10]

하교정리
下交征利면
이국
而國이
위의
危矣리이다
만승지국
萬乘之國에
시기군자
弑其君者
[11] [12] [13]

는 必千乘之家요
천승지국
千乘之國에
시기군자
弑其君者는
필백승지
必百乘之
[필천승지가]

가
家니
만취천언
萬取千焉하며
천취백언
千取百焉이
불위불다의
不爲不多矣언마는
[14]

구위후의이선리
苟爲後義而先利면
불탈
不奪하여는
불염
不饜이니이다
미유인이
未有仁而
[15] [16]

유기친자야
遺其親者也며
미유의이후기군자야
未有義而後其君者也니이다
왕
王은
역왈
亦曰
[17] [18]

인의이이의
仁義而已矣시니
하필왈리
何必曰利잇고

| 국역 |

맹자孟子께서 양혜왕梁惠王을 보니, 왕이 말했다. "영감님께서 천
리千里를 멀리 여기지 않고 오셨으니 또한 장차 무엇을 가지고
우리나라를 이롭게 할 수 있으십니까?" 맹자께서 대답하셨다. "왕
은 하필 이로울 것을 말씀하십니까? 역시 인의仁義가 있을 뿐입니
다. 왕께서 '무엇을 가지고 우리나라를 이롭게 할까?' 하시면, 대부
들은 '무엇을 가지고 우리 집을 이롭게 할까?' 하며, 사士·서인庶人
들은 '무엇을 가지고 내 몸을 이롭게 할까?' 하여, 윗사람과 아랫사
람이 서로 이익을 다투게 되며 나라가 위태로울 것입니다. 만승萬
乘의 나라에서 그 임금을 시해하는 자는 반드시 천승千乘의 집이고,
천승의 나라에서 그 임금을 시해하는 자는 반드시 백승百乘의 집이
니, 만萬에서 천千을 가지며 천에서 백百을 가지는 것이 많지 아니
한 것은 아니지만 진실로 의義로움을 뒤로 하고 이利로움을 앞세우
는 짓을 한다면 빼앗지 않고서는 만족하지 않습니다. 인仁하고서
그 어버이를 버리는 자는 있지 않으며, 의롭고서 그 임금을 뒤로
하는 자는 있지 않습니다. 왕께서는 역시 인의를 말씀하셔야 할 것
입니다. 하필 이로움을 말씀하십니까?"

| 난자풀이 |

①見 : '본다'는 뜻일 때는 음이 '견'이고, 윗사람을 '뵙는다'는 뜻일 때는 음이
  '현'인데, 전통적으로는 왕을 뵙는다는 뜻에서 '현'으로 발음하였으나『사
  서율곡언해四書栗谷諺解』에서는 '견'으로 발음하였다. 양혜왕이 맹자보다
  높은 지위를 가졌다고 보지 않았기 때문일 것이다.
②梁惠王 : 전국戰國시대 위魏나라의 혜왕惠王. 성은 필畢, 이름은 앵罃, 혜
  惠는 시호, 무후武侯의 아들이다. 재위 연대에 대해서는 이설이 있으나『사
  기史記』육국년표六國年表에 의하면, 재위 연대는 기원전 370년에서 335년
  까지이다. 혜왕 때 진秦나라에 패하여 수도를 안읍安邑(산서성山西省 하

22

현하縣의 북쪽)에서 대량大梁(하남성河南省 개봉현開封縣)으로 옮겼기 때문에 국호를 양梁이라고도 한다. 위魏나라는 제후국이기 때문에, 천자天子에 대한 호칭인 왕王이라는 칭호를 쓸 수 없지만 전국시대에는 제후들이 제각기 왕이라 참칭하였다. 맹자가 위후魏侯에게 왕王이라 부른 것도 당시의 습속에 따른 것이다.

③ 叟 : 늙은이에 대한 존칭이므로 '영감님'으로 번역하면 될 것이다. 음은 '수'.

④ 亦 : 또한. 역시.

『사기』에 의하면, '혜왕 35년에 혜왕이 자신을 낮추는 예禮와 상대에게 주는 폐백을 두터이 함으로써 현자賢者를 초대하자 맹자가 양梁에 이르렀다'고 하였는데, 이것을 보면, 많은 현자賢者들이 이미 양혜왕에게 부국강병책을 설파하였다는 게 짐작된다. '또한'이라고 한 말의 어감은, '많은 사람이 우리나라를 이롭게 할 좋은 계책을 말해주었는데 맹자 당신도 (또한) 좋은 계책이 있습니까?'라는 의미를 내포하고 있다.

⑤ 以 : '~을 가지고서'라는 뜻이므로, 이以에는 목적어가 있어야 하는데, 여기서는 목적어 하何가 생략된 것으로 보아야 할 것이다. 따라서 번역은 '무엇을 가지고 우리나라를 이롭게 할 수 있습니까?' 또는 '우리나라를 이롭게 할 수 있는 그 무엇이 있습니까?'로 해야 할 것이다.

⑥ 亦 : 또한. 역시. 여기서도 '많은 사람이 이로운 것에 대해 말을 하지만 참으로 좋은 것은 (역시) 인의뿐이다'라는 뜻을 내포하고 있다.

⑦ 而已矣 : ~일 뿐이다.

⑧ 何 : 이以의 목적어이므로 이以의 뒤에 와야 할 것이지만 의문대명사이므로 강조되어 이以 앞에 놓이게 된 것이다.

⑨ 大夫 : 주대周代에 천자나 제후의 신하는 그 신분이 경卿·대부大夫·사士로 나뉘어 있었다.

⑩ 家 : 고대의 통치영역은 천하天下·국國·가家 등으로 구분되는데, 천하는 천자의 통치영역으로 그 범위는 '하늘 아래의 모든 세상'이고, 국國은 천하를 구성하는 단위로 제후가 통치하는 영역이며, 가家는 국國을 구성하는 단위로 대부가 관할하는 영역이다. 국國의 크기는 대소의 차이가 있지만 대개 천하의 10분의 1쯤 되고, 가家의 크기는 국國의 10분의 1쯤 된다.

⑪ 交 : 서로. 음은 '교'.

⑫ 征 : 다툰다. 음은 '정'.

13 乘 : 말 네 마리가 끄는 전차戰車. 일승—乘에 갑사甲士 3인人, 보졸步卒 72인, 취사병 10인, 피복 담당 5인, 말수송 담당 5인, 땔나무와 물 담당 5인, 도합 100인이 따라 붙는다. 대체로 천자는 만승萬乘, 제후는 천승千乘, 대부는 백승百乘을 보유하는 것으로 되어 있다.

14 萬 : '만萬에서 천千을 가지는 것'이므로 '취천어만取千於萬'이 되어야 할 것이지만 만萬이 강조되어 앞으로 나간 것이다. 고대로 갈수록 목적어가 앞에 있는 경우가 많으므로 유의하여야 한다.

15 饜 : '만족한다'는 뜻으로 음은 '염'. 염厭(싫어한다)과 식食(밥)의 합체어이다. '밥을 많이 먹어서 싫어할 정도가 된 것'이므로 '만족한다'는 뜻이 된다.

16 未 : 과거와 현재의 사실을 부정하는 역할을 한다. '앞으로는 모르지만 현재까지는 아직 ~하지 않았다'는 뜻이다.

17 遺 : '버린다'는 뜻. 음은 '유'.

18 亦 : '이리저리 따져보니까 역시'라는 뜻을 내포한다.

| 강설 |

우리는 "나는 남자다", "사람은 모두 죽는다"는 말을 흔히 사용한다. 엄밀하게 말하면, 위와 같은 말들은 잘못되었다. "내 몸은 남자의 모습을 하고 있다"거나 "사람의 몸은 모두 죽는다"라고 말해야 할 것이다. 이렇듯 우리는 오래 전부터 '나'와 '내 몸'을 혼동해왔다. '내 몸'이 '나'인 것으로 착각해온 것이다.

나와 내 몸을 혼동하면, 내 삶은 내 몸을 중심으로 영위되는 것이 되는데, 몸은 물질로 구성되어 있으며 의식주가 있어야만 유지된다. 따라서 몸을 중심으로 하는 삶은 의식주를 서로 차지하기 위해 남과 투쟁하지 않을 수 없고, 의식주가 충족된다 할지라도 몸은 늙고 병들어 죽는 방향으로 나아가지 않을 수 없게 된다. 사람은 남과 다투면서 죽음을 향해 가는 슬픈 존재로 전락할 수밖에 없다.

'나'에게는 '몸' 이외에 그 몸을 조종하는 요소인 '마음'이 있다. 마음이 몸보다 더 본질적이며 중요하다. 마음이 없다면 몸은 아무 의미가 없기 때문이다.

마음에는 두 종류가 있다. 하나는 변할 수 있는 마음이고, 다른 하나는 변하지 않는 마음이다. 친구와 말다툼한 끝에 미워하게 되었다든지, 갑자기 술을 마시고 싶다든지 하는 마음은 변할 수 있는 마음이지만, 부모를 그리워하는 마음, 어린아이가 물에 빠진 것을 보고 구해주려는 마음은 언제 어디서든 변하지 않는다. 둘 가운데 변하지 않는 마음이 본질적인 것임은 말할 나위가 없다.

변하지 않는 마음은 나뿐 아니라 다른 사람의 마음과도 일치한다. 부모를 그리워하는 마음, 위기에 처한 아이를 구하려는 마음은 나의 마음인 동시에 너의 마음이기도 하다. 이렇듯 마음의 본질이라는 면에서 보면 사람은 모두 하나가 되는데, 이 마음의 본질을 인仁이라고 한다. 따라서 인仁은 '남과 내가 하나되는 마음' 또는 '남을 나처럼 여기고 사랑하는 마음'이라고 정의할 수 있다.

몸이 본질이 아니라 인仁이 본질임을 깨달아 인仁에 입각한 삶을 살아가게 되면, 사람은 다투지 않고 서로 사랑하게 되어, 사회는 평화롭고 조화롭게 된다. 인仁은 내 몸의 삶을 영위하는 마음의 본질이면서 동시에 다른 사람의 몸의 삶을 영위하는 마음의 본질이기도 하기 때문에, 인仁에 입각한 삶은 모든 사람이 다 같이 살아가기를 바란다. 모든 사람이 다 같이 살아가기 위해서는 늙고 병든 사람은 죽어야 한다. 내 몸이 늙고 병들었을 때는 죽는 것이 내 마음이 본질적으로 바라는 바이며, 따라서 나는 죽음을 기쁘게 맞이할 수 있다. 죽음조차 기쁘게 맞을 수 있다면 이 세상에서 기쁨으로 맞이할 수 없는 것은 없다.

현실은 복잡다단하여 인仁을 순조롭게 실천하지 못하게 하는 상황이 벌어지고, 그 때문에 여러 가지 갈등이 나타난다. 이러한 갈등을 해소하는 구체적인 행동원리를 의義라고 한다.

대학입시大學入試를 예로 들어보자. 남과 나를 하나로 여기는 입장이라면 모두가 다 입학하기를 바라겠지만, 현실은 그렇지가 못하므로 여러 가지 갈등이 일어난다. 이때 갈등을 해소하는 방법은, 돈과 권력이 있는 사람이 입학하는 것이 아니라, 입학시험을 공평무사하게 치러 성적이 우수한 사람 순으로 입학하는 것인데,

이것을 두고 의義로운 것이라 할 수 있다. 의義로운 사람은 입학시험에 최선을 다하지만 성적이 우수하지 않았을 경우 자기가 합격하려는 마음을 갖지 않는다. 그리고 이때, 의義가 인仁을 실천하는 것이 되기 위해서는, 합격한 자는 불합격한 자에 대해 자기가 불합격한 것처럼 슬퍼하는 마음을 가지며, 불합격한 자는 합격한 자에게 자기가 합격한 것처럼 기뻐하고 축하해 준다.

죄 없는 아이를 괴롭히는 깡패가 있다면, 그 아이를 사랑하는 마음은 깡패를 미워하는 마음으로 나타나서, 깡패에게 대항한다. 이러한 행위가 또한 의義로운 것이 된다. 국민을 사랑하는 임금에게는 충성을 해야 하지만, 백성을 탄압하는 임금에게는 저항해야 한다는 뜻의 군신유의君臣有義도 이러한 논리에 속한다.

사람은 본디 '나'라는 자기의식이 없었고, 남에게 이기려는 욕심도 없었다. 이러한 상태가 사람의 본래 모습이다. 이 본래모습이 또한 인仁이다. 따라서, 본래 모습을 유지하고 있는 상태는 인仁하다고 표현한다. 즉, 팔이나 다리가 원래 모습대로 되어 있는 것을 인仁하다고 하고, 그렇지 못한 상태를 불인不仁하다고 할 수 있다. 팔이나 다리가 없어 불인不仁한 상태에서 나오는 갈등을 해소하는 방법으로 임시로 팔 다리를 만들어 끼우기도 하는데, 이때 만들어 끼우는 팔을 의수義手, 다리를 의족義足이라고 한다.

사람의 삶은 마음의 안락과 몸의 보존을 동시에 추구하는 과정이라고 할 수 있다. 몸의 보존을 위해 필요한 물질의 추구를 앞세우면 서로 다투게 되고 사회는 혼란에 빠지게 되지만, 마음의 본질을 추구하면 서로 사랑하게 되고 사회는 화평해진다.

정치의 두 목적은, 마음의 본질을 회복하여 실천하도록 도덕을 확립하는 것과 몸을 보존할 수 있도록 경제와 국방에 힘써야 하는 것이다. 둘 중 더욱 중점을 두어야 하는 것은 도덕의 확립이다.

제2장

맹자견양혜왕 왕립어소상 고홍안미록왈
孟子見梁惠王하신대 王立於沼上이러니 顧鴻鴈麋鹿曰
[1][2][3] [4][5]

현자역락차호 맹자대왈현자이후 낙차
賢者亦樂此乎잇가 孟子對曰賢者而後에 樂此니
[6]

불현자 수유차 불락야 시운경시영대
不賢者는 雖有此나 不樂也니이다 詩云經始靈臺하여
[7][8][9][10]

경지영지 서민공지 불일성지 경시물극
經之營之하시니 庶民攻之라 不日成之로다 經始勿亟
[11][12][13][14]

서민자래 왕재영유 우록유복
하시나 庶民子來로다 王在靈囿하시니 麀鹿攸伏이로다
[15][16][17][18]

우록탁탁 백조학학 왕재영소 오
麀鹿濯濯이어늘 白鳥鶴鶴이로다 王在靈沼하시니 於
[19][20][21]

인어약 문왕 이민력위대위소 이민
牣魚躍이라하니 文王이 以民力爲臺爲沼하시나 而民
[22][23][24]

환락지 위기대왈영대 위기소왈영소
歡樂之하여 謂其臺曰靈臺라 하고 謂其沼曰靈沼라하

여 낙기유미록어별 고지인 여민해락고 능
여 樂其有麋鹿魚鼈하니 古之人이 與民偕樂故로 能
[25][26]

락야 탕서왈시일갈상 여급녀 해망
樂也니이다 湯誓曰時日害喪고 予及女로 偕亡이라하
[27][28][29][30][31][32]

니 민욕여지해망 수유대지조수 기능독락재
니 民欲與之偕亡이면 雖有臺池鳥獸나 豈能獨樂哉

리잇고

| 국역 |

맹자께서 양혜왕梁惠王을 보니, 왕이 연못가에 서 있다가 크고 작은 기러기들과 크고 작은 사슴들을 돌아보며 말했다. "현자賢者도 역시 이런 것을 즐거워하십니까?" 맹자께서 대답하셨다. "현자가 된 후라야 이런 것을 즐거워할 수 있으니 현명하지 못한

자는 비록 이런 것을 가지고 있더라도 즐거워하지 못합니다. 『시경詩經』에 이르기를, '영대靈臺를 축성하기 시작하여 측량하고 재어보고 하자, 서민들이 와서 일하는지라 며칠 되지 않아서 완성되었도다. 측량하여 짓기 시작하자 서두르지 말게 하였으나 서민들이 아들처럼 와서 도왔도다. 왕이 영유靈囿에 계시니 사슴들이 그곳에 엎드려 있도다. 사슴들은 포동포동하고 백조들은 깔끔하도다. 왕이 영소靈沼에 계시니 아아! 가득한 고기들이 뛰노는도다' 하였으니 문왕文王이 백성의 힘으로 대臺를 만들고 소沼를 만들었으나 백성들이 그것을 기뻐하고 즐거워하여 그 대臺를 일컬어 영대라 하였고, 그 소沼를 일컬어 영소라 하여 그가 크고 작은 사슴들과 물고기와 자라를 가졌음을 즐거워하였으니, 옛사람들은 백성과 함께 즐거워하였기 때문에 능히 즐길 수 있었던 것입니다. 「탕서湯誓」에 이르기를, '이 태양은 언제 없어질꼬? 내 너와 더불어 함께 망하련다' 하였으니 백성들이 그와 더불어 함께 망하고자 한다면 비록 대臺, 연못, 새, 짐승 등을 가지고 있다 하더라도 어찌 홀로 즐거워할 수 있겠습니까?"

| 난자풀이 |

1 於 : '~에서', '~에' 등의 뜻으로, 뒤에 장소를 나타내는 말이 온다.

2 沼 : '늪' 또는 '못'. 음은 '소'. 둥근 것을 '지池'라 하고 굽은 것을 '소沼'라 한다.

3 上 : 물을 나타내는 말 다음에 올 때는 '위'라는 뜻보다 '가'라는 뜻이 될 때가 많다.

4 鴻 : 기러기의 일종으로 기러기보다 큰 물새. 음은 '홍'.

5 麋 : 순록. 사슴과에 속하는 짐승으로 몸이 크고 암수가 모두 뿔이 남. 음은 '미'.

6 賢者 : 현명한 사람. 사람은 대체로 인자仁者의 부류와 지자知者의 부류로 나눌 수 있는데, 인자의 부류에 속하는 사람은 남과 나를 잘 구분하지 않

는 습성이 있고, 지자의 부류에 속하는 사람은 잘 구분하는 속성이 있다. 남과 나를 하나로 여기는 사고방식에는 남을 나처럼 여기고 사랑하며 남의 일을 내 일처럼 헌신적으로 돕는 인도주의人道主義와, 고생은 남이 하고 챙기는 것은 내가 하려고 하며 돈은 남이 내고 먹기는 내가 하려는 의타심이 나올 수 있는데, 인자의 부류에 속하는 사람 중에서 전자에 속하는 사람을 인자라고 하고, 후자에 속하는 사람을 불인자不仁者라고 할 수 있다.

남과 나를 구분하는 사고방식에는 내가 할 일은 내가 한다는 책임의식과 주체의식이 확립된 사람이 있고, 남이 고통을 받더라고 내 일이 아니라고 모른 체하는 몰인정한 사람이 있을 수 있는데, 전자를 지자라 하고, 후자를 부지자不知者라 할 수 있다.

그렇다면, 완벽한 인자이면서 완벽한 지자인 사람, 인자이면서 부지자인 사람, 불인자이면서 지자인 사람, 불인자이면서 부지자인 사람 등 넷으로 나눌 수 있는데, 완벽한 인자이면서 완벽한 지자를 성인이라 하고, 성인聖人에 가까운 사람을 현인賢人이라고 한다.

이를 수치로 나타낸다면, 인자의 부류에 속하는 사람 중 완벽한 인자를 100, 완벽한 불인자를 0, 중간을 50이라 하고, 지자의 부류에 속하는 사람 중 완벽한 지자를 100, 완벽한 부지자를 0, 중간을 50이라고 할 때, 인자의 요소와 지자의 요소를 합한 수치가 100이 되지 못하는 경우를 소인小人, 100인 경우를 중인中人, 100보다 큰 경우를 군자君子라 하고, 군자 중에서 수치가 150 이상인 경우를 현인, 현인 중에서 수치가 200인 경우를 성인으로 이해할 수 있다.

7 詩 : 『시경』대아大雅 문왕지십文王之什 영대편靈臺篇에 나오는 구절임. 주周나라 문왕의 덕德을 찬양한 것을 그 내용으로 하고 있다.

8 經 : '일을 꾸민다'는 뜻. 음은 '경'.

9 始 : 시작하는 것. 경시經始는 축성하기 시작하는 것.

10 臺 : 사방을 둘러보기 좋도록 흙이나 돌 등을 높이 쌓아올린 곳.

11 營 : 재는 것. 집 등을 짓는 기초작업.

12 攻 : 힘써서 일하는 것.

13 日 : 며칠. 불일不日은 '며칠 되지 않아서'라는 뜻이다. 주자朱子는 불일을 '하루가 지나지 않아서'로 해석하였다.

14 亟 : '급히 한다'는 뜻으로 음은 '극'. '자주'라는 뜻일 때는 음이 '기'가 된다.

⑮ 子 : 뒤에 오는 동사 '래來'를 수식하는 부사로 '아들처럼'이라는 뜻이 된다.

⑯ 囿 : 동산. 새나 짐승을 놓아 기르는 동산이나 뜰.

⑰ 麀 : 암사슴. 음은 '우'.

⑱ 攸 : 소所와 같은 의미로 쓰이므로 장소를 나타낸다. 음은 '유'.

⑲ 濯濯 : 짐승들이 반지르르하게 살찐 모양. 음은 '탁탁'.

⑳ 鶴鶴 : 하얗고 깨끗한 모양.

㉑ 於 : 감탄사로 쓰일 때는 음이 '오'가 된다. 뜻은 '아아!'

㉒ 牣 : '가득하다'는 뜻으로 음은 '인'.

㉓ 文王 : 주周나라 무왕武王의 아버지. 성은 희姬, 이름은 창昌. 은殷나라의 마지막 왕인 주왕紂王 때 서백西伯이 되어 백성을 어질게 다스렸음. 주왕이 폭역暴逆하므로 제후들이 그를 추대하여 군주로 받들었다 함. 뒤에 그의 아들 무왕이 혁명을 일으켜 은殷을 멸망시키고 즉위한 후 그를 왕으로 추증하고 문왕이라 시호하였다.

㉔ 爲 : '이민력위소以民力爲沼' 즉 '백성의 힘을 가지고 소沼를 만든다'는 뜻인데, 앞에 이민력以民力이 있으므로 여기서는 생략되었다.

㉕ 其 : '그'라는 뜻인데, 여기서는 문왕을 지칭한다. 『대학大學』에는 '락기락이이기이樂其樂而利其利'라는 말이 있다.

㉖ 古之人 : 문왕이라 하지 않고 고지인古之人이라 한 것은 문왕뿐만 아니라 옛 성인을 두루 지칭하는 것으로 볼 수 있다.

㉗ 湯誓 : 『서경』상서商書의 편명. 상商(은殷이라고도 함)의 탕왕湯王이 폭군인 하夏의 걸왕桀王을 칠 때의 격문檄文.

㉘ 時 : 시是와 통용.

㉙ 日 : 태양. 여기서는 걸桀을 지칭한다. 걸桀이 "내가 천하天下를 가진 것은 하늘에 태양이 있는 것과 같으니 태양이 없어져야 내가 망할 것이다"라고 하였기 때문이다.

㉚ 害 : 『서경書經』 원문에는 '갈曷'로 되어 있으므로 여기서도 '갈'로 발음하고 '언제'라는 뜻으로 해석한다.

㉛ 及 : 여與와 같은 뜻. 'A급及B'는 'A와 B'라는 뜻.

㉜ 女 : 여汝와 통용. 음은 '여', 뜻은 '너'임.

동산을 만들어 놓고 거기에 놓아기르던 기러기와 사슴들을 감
상하며 즐기던 양혜왕은, 글이나 읽고 도덕이나 논하는 현인들
에게는 이러한 즐거움이 없을 것이라고 단정한 나머지, "현인도
이러한 즐거워함이 있습니까?" 하고 물었던 것인데, 이에 대해
맹자는 참다운 즐거움이 무엇인지 설명함으로써 양혜왕이 인의
仁義의 정치를 하도록 유도하였다.

　인의를 실천하는 사람이 별장을 만들면 반드시 남들과 함께
즐기므로 그가 별장을 만드는 것을 남들이 더 좋아하게 된다. 현
자인 문왕이 동산을 만들 때 백성들이 더 좋아하여 자기 일처럼
와서 도왔던 것은 이러한 이유에서이다.

　백성의 세금으로 동산을 지어놓고 혼자서만 즐기면, 백성은
왕을 원망할 것이며, 틈만 있으면 허물고자 할 것이다. 경비를 철
저히 하면서 조마조마하게 있는 것보다 백성에게 사랑을 받으며
백성과 함께 즐기는 편이 훨씬 나을 것이며, 그것이 참된 즐거움
일 것이다.

─
제
3
장
─

梁惠王이 曰寡人之於國也에 盡心焉耳矣로니 河內
　　　　1　2　　　　3　　4

凶則移其民於河東하고 移其粟於河內하며 河東이

凶커든 亦然하노니 察鄰國之政한대 無如寡人之用心

者로대 鄰國之民不加少하며 寡人之民不加多는 何
　　　　　　5

也잇고 孟子對曰王이 好戰하시니 請以戰喩하리이다

塡然鼓之하여 兵刃旣接이어든 棄甲曳兵而走하되 或
6　7　　　　　　　　　　　　　　　8　9

百步而後止하며 或五十步而後止하여 以五十步로

笑百步^{소백보}則何如^{즉하여}하니잇고 曰不可^{왈불가}하니 直不百步耳^{직불백보이}언정

是亦走也^{시역주야}니이다 曰王如知此則無望民之多於鄰國也^{왈왕여지차즉무망민지다어인국야}

하소서

| 국역 |

양혜왕梁惠王이 말했다. "과인이 나라를 다스리는 데 있어서는 거기에 마음을 다했을 뿐입니다. 하내河內지방에 흉년凶年이 들면 그 백성을 하동河東지방으로 이주시키고, 그 곡식을 하내지방으로 옮겨주며, 하동지방에 흉년이 들어도 또한 그렇게 하고 있습니다. 이웃나라의 정치를 살펴보면, 과인이 마음을 쓰는 것처럼 하는 것이 없는데도, 이웃나라의 백성이 더 적어지지 않으며, 과인의 백성이 더 많아지지 아니하는 것은 무슨 까닭입니까?" 맹자께서 대답하셨다. "왕이 전쟁을 좋아하시니 청컨대 전쟁하는 것을 가지고 비유하겠습니다. 둥둥 북을 쳐서 병기와 칼날이 이미 맞부딪친 후에 갑옷을 버리고 병기를 끌며 달아나는데, 어떤 자는 백 걸음을 간 후에 머물고, 어떤 자는 오십 걸음을 간 후에 머물고서, 오십 걸음밖에 도망가지 않았다는 사실을 가지고 백 걸음 도망간 것을 비웃는다면 어떻겠습니까?" "안됩니다. 다만 백 걸음을 도망가지 않았을 뿐 또한 도망간 것입니다." "왕이 만일 이것을 아신다면 백성이 이웃나라보다 많아지기를 바라지 마소서."

① 寡人 : 임금이 자신을 지칭할 때 쓰는 말. '과덕지인寡德之人' 즉 '덕德이 적은 사람'이라는 의미를 내포하고 있다.

② 於 : 장소를 나타내는 말이므로 그 앞에 동사가 와야 한다. 원래의 동사는 뒤에 있는 진심盡心인데, 강조하여 뒤로 뺀 것이다.

③ 焉 : 조사이지만 장소를 나타내는 역할을 할 때가 많다. 따라서 여기서도 '거기에'라고 번역하면 될 것이다.

④ 河 : 황하黃河. 황하는 꼬불꼬불 돌면서 흐르므로, 하내는 원을 그리며 꼬부라져 흐르는 황하의 안쪽을 말하는 것이니, 하남성河南省의 황하 이북以北과 산서성山西省의 동남부東南部 일대이고, 하동은 황하가 남북으로 흐르는 부분의 동쪽을 말하는 것이니, 산서성의 남반부 일대에 해당한다. 하동은 지대가 높고 하내는 지대가 낮기 때문에, 한쪽이 풍년이 들면 한쪽이 흉년이 들 가능성이 높을 것이다.

⑤ 加 : 어떠한 상태가 점점 진행되는 것을 말한다. 가소加少는 '더 적어지는 것'이고, 가다加多는 '더 많아지는 것'이다.

⑥ 塡然 : 북 치는 소리. '둥둥' 하는 소리. 음은 '전연'. 『순자荀子』 의병편義兵篇에 의하면, 진격을 명할 때 북소리를 내고 퇴각을 명할 때 쇳소리를 내는 것으로 되어 있다.

⑦ 之 : 앞의 글자를 타동사로 만들어주는 역할을 하므로 앞의 글자 고鼓가 '북'이라는 명사가 아니라 '북을 친다'는 동사가 된다.

⑧ 甲 : 갑옷.

⑨ 兵 : 병기. 무기.

⑩ 直 : 부사로서 '다만'이라는 뜻이다.

⑪ 之 : 주격조사. '민다어린국야民多於隣國也'가 독립된 문장이 되지 못하고 망望의 목적절目的節로서 목적어目的語의 역할을 하게 되어, 주어와 술어 사이에 지之가 놓이게 된 것이다.

| 강설 |

양혜왕의 정치방법은 부국강병富國强兵을 추구하는 패권정치覇權政治(힘으로 다스리는 정치)의 범주를 벗어나는 것이 아니기 때문에, 다른 나라의 정치방법과 큰 차이가 있을 수 없고, 따라서

백성을 감명시킬 수도 없다.

이를 맹자는 "전쟁 중 오십 걸음을 달아난 사람과 백 걸음 달아난 사람이 크게 다를 것이 없는 것과 같다"고 비유하고, 백성을 위한 참다운 정치방법을 제시하였다.

불위농시 곡불가승식야 촉고 불입오지 어
不違農時면 穀不可勝食也며 數罟를 不入洿池면 魚
  ①   ②   ③   ④   ⑤

별   불가승식야 부근 이시입산림 재목
鼈을 不可勝食也며 斧斤을 以時入山林이면 材木을
                      ⑥

불가승용야 곡여어별 불가승식 재목 불
不可勝用也니 穀與魚鼈을 不可勝食하며 材木을 不

가승용 시 사민양생상사 무감야 양생상
可勝用이면 是는 使民養生喪死에 無憾也니 養生喪
              ⑦   ⑧

사 무감 왕도지시야
死에 無憾이 王道之始也니이다
              ⑨

| **국역** |

"농사철을 어기지 않으면 곡식을 이루 다 먹을 수 없으며, 촘촘한 그물을 웅덩이와 연못에 넣지 않으면 고기와 자라를 이루 다 먹을 수 없으며, 도끼를 알맞은 때에 산림山林에 들여놓으면 재목을 이루 다 쓸 수 없을 것입니다. 곡식과 물고기와 자라를 이루 다 먹을 수 없으며, 재목을 이루 다 쓸 수 없으면 이는 백성으로 하여금 산 사람을 봉양하고 죽은 사람을 장사지내는 데에 유감이 없게 하는 것이니, 산 사람을 봉양하고 죽은 사람을 장사지내는 데 유감이 없도록 하는 것이 왕도王道의 시작입니다.

① 違 : '어긴다'는 뜻. 음은 '위'. '농사철을 어긴다'는 말은 '농사철에 농민을 부역에 동원하거나 제때에 농사를 짓지 못하게 한다'는 뜻이다.

② 穀 : 곡식. 여기서의 곡穀은 주어가 아니고 목적어이기 때문에 식食 다음에 와야 하지만 고대로 갈수록 목적어가 앞에 나오는 경우가 많다. 뒷문장에 나오는 수고數罟, 어별魚鼈, 부근斧斤, 재목材木 등이 모두 이와 같은 예이다.

③ 勝 : '이긴다'는 말은 '다 할 수 있다'는 말이다. '먹는 것을 이긴다'는 말은 '다 먹을 수 있다'는 뜻이며 '먹는 것을 이기지 못한다'는 말은 '다 먹을 수 없다'는 뜻이므로 '불가승식不可勝食'은 '이루 다 먹을 수 없다'라고 번역하는 것이 좋다.

④ 數 : '촘촘하다'는 뜻으로 음은 '촉'. 이외에도 이 글자는 두 가지 다른 발음이 더 있으니 '수'와 '삭'이다. 발음이 '수'일 때는 '수', '헤아리다' 등의 뜻이 되고, '삭'일 때는 '자주'라는 뜻이 된다.

⑤ 洿 : 웅덩이. 음은 '오'.

⑥ 時 : 알맞은 때.

⑦ 生 : 살아있는 사람.

⑧ 死 : 죽은 사람.

⑨ 王道 : 백성의 정신적 지도자가 되어 조화롭고 안락한 사회를 건설하는 정치방법.

| 강설 |

이 문장의 내용은, 맹자가 참다운 정치적・사회적・제도적 경제운용방법을 제시하는 것으로 짜여 있다. 이때 경제운용의 주체는 정부이다.

부역 등으로 농민을 동원할 때는 농번기를 피하여 농사에 열중할 수 있도록 배려하고, 그물의 눈을 크게 하여 작은 고기가 잡히지 않도록 함으로써 물고기가 늘 자랄 수 있게 하며, 봄에 새싹이 날 때에는 나무를 베지 않고 가을에 낙엽이 질 때 가지치기 등을 하게 함으로써 재목이 늘 자라도록 하면 재용財用이 풍족할 것이다.

왕도정치王道政治의 핵심은 도덕을 확립하여 백성이 참되고 가치 있는 삶이 어떤 것인지를 알고 실천할 수 있도록 하는 것과 경제력을 향상시켜 백성이 의식주를 무난하게 해결할 수 있도록 하는 것인데, 이 중에서 근본으로 삼고 중시해야 할 점은 도덕의 확립이지만, 먼저 해야 할 것은 경제력 향상이다. 육체적 삶을 지속시키는 것이 삶의 기본조건이기 때문이다.

五畝之宅에 樹之以桑이면 五十者可以衣帛矣며 雞
①   ②

豚狗彘之畜을 無失其時면 七十者可以食肉矣며 百
③④   ⑤

畝之田을 勿奪其時면 數口之家可以無飢矣며 謹庠
                                              ⑥

序之敎하여 申之以孝悌之義면 頒白者不負戴於道
                                    ⑦

路矣리니 七十者衣帛食肉하며 黎民이 不飢不寒이요
                                    ⑧

然而不王者未之有也니이다
        ⑨   ⑩

| 국역 |

오묘五畝의 집에 뽕나무를 심으면 50세 된 자가 비단옷을 입을 수 있으며, 닭과 돼지와 개와 큰 돼지를 기르는 데 시기를 놓침이 없으면 70세 된 자가 고기를 먹을 수 있으며, 백묘百畝의 밭에 그 농사지을 때를 빼앗지 아니하면 몇 식구 되는 집안에 굶주림이 없을 수 있으며, 상서庠序의 가르침을 신중히 하여, 효제孝悌의 도리를 거듭 가르친다면 머리가 반백頒白이 된 자가 도로에서 짐을 지거나 이지 않을 것입니다. 70세 된 자가 비단옷을 입고 고기를 먹으며, 여민黎民(젊은 백성)이 굶주리지 않고 춥지

36

않게 되고서도 왕도정치를 하지 못하는 자는 있지 않습니다.

| 난자풀이 |

① 畝 : 면적의 단위. 음은 '묘', 또는 '무'. '사방四方 육척六尺을 일보一步라고 하고 백보百步를 일묘一畝라고 한다. 오늘날의 단위로는 사방 육척이 일 평一坪이므로 일묘는 100평坪이다. 일묘가 140평방미터라는 설도 있다. 주周나라의 제도에 토지는 다 국유로 하되 900묘畝를 한 단위로 하고, 그 것을 다시 정井과 같이 구획하여, 가장자리의 팔백묘八百畝는 여덟 집의 농민에게 각각 나누어주어서 경작하게 하고, 거기서 수확되는 곡식에 대 해서는 조세를 받지 않고 모두 농민이 가지게 하는 대신, 가운데 백묘百 畝를 공동으로 경작하게 하여 거기에서 나오는 수확을 조세 대신 납부하 게 하였는데, 이러한 제도를 정자井字처럼 구획한다고 하여 정전법井田法 이라 하였다. 조기趙岐의 주注에 의하면, 가운데의 공전公田 백묘 중에서 여덟 집의 농민이 십묘十畝씩 경작하고 남는 이십묘二十畝를 여덟 집이 나누어 이묘二畝씩 주어서 밭 가운데에 집을 지어 농사지을 때에 거주하 게 하고, 또 읍내邑內에 이묘 반半씩 주어서 집을 지어 겨울 동안 거주하 게 하였으니, 합하여 오묘지택五畝之宅이 된다는 것이다.

② 以 : 이以의 목적어는 앞에 나온 '오묘지택수지이상五畝之宅樹之以桑'이지만 앞에서 나왔기 때문에 생략한 것이다. 그러므로 해석은 '그렇게 함으로써' 이지만 생략하는 것이 문맥상 부드럽다.

③ 狗 : 개. 음은 '구'. 개를 지칭하는 말에는 대개 구狗와 견犬 두 가지가 있 는데, 구狗는 식용 개를 의미한다.

④ 彘 : '큰 돼지' 또는 '어미돼지'를 지칭한다는 설이 있다. 음은 '체'.

⑤ 畜 : 명사일 때는 '가축'이라는 뜻으로 음이 '축'이지만, 동사일 때는 '기른다'는 뜻으로 음이 '훅'이다. 여기서는 동사로 쓰였으므로 '훅'으로 발음해야 한다.

⑥ 庠序 : 서민의 교육을 담당하는 학교. 은대殷代에는 서序라고 하였고 주대 周代에는 상庠이라 하였다.

⑦ 頒 : 반班, 반半 등과 통용. '머리털이 반쯤 희다'는 뜻으로 음은 '반'.

⑧ 黎民 : 여黎는 '검다'는 뜻이다. 여민은 '머리가 검은 백성'이므로 '젊은 백 성'이라는 뜻이다. 일반적으로는 여黎가 중衆이라는 뜻이 되므로 '일반 백 성'을 의미한다.

⑨ 不 : 비非가 명사를 부정하는 데 비하여 불不은 동사나 형용사를 부정하는 역할을 한다. 따라서 '불왕不王'은 왕王을 동사로 해석하여 '왕 노릇 하지 못한다'라고 해석해야 한다.

⑩ 之 : 유有와 도치되어 있다. 부정을 나타내는 말, 타동사, 목적어 순으로 이어질 때 타동사와 목적어가 도치되는 경우가 많다. 따라서 '미유지야未有之也'로 놓고 해석하면 될 것이다.

| 강설 |

앞 문장이 경제의 정치적·사회적·제도적 운용방법을 제시했다면, 이 문장은 가정을 단위로 한 경제의 운용방법을 제시한 것이므로, 경제운용의 주체는 각 가정이 될 것이다.

50세가 되면 몸이 쇠약해지기 때문에 비단옷을 입지 않으면 추위에 견디지 못하며 70세가 되면 몸이 더욱 쇠약해지기 때문에 고기를 먹지 않으면 견디지 못한다.

가축을 기르는 데 시기를 잃지 않는다는 말은 새끼를 배는 시기를 놓치지 않는다는 뜻을 말하는 것이며, 백묘의 밭에 때를 빼앗지 않는다는 말은 농번기에는 부역 등으로 농민을 동원하는 일이 없어야 한다는 것을 말한다.

효孝는 "부모의 사랑을 지속적으로 받을 수 있도록 부모와의 관계를 원만하게 유지하려는 자녀의 노력"이다. 이 세상의 모든 인간관계 중에서 서로 '하나됨'이 유지되는 최소한의 관계는 부모와 자녀의 관계인데, 부모와 내가 '하나됨'의 관계이듯이 부모와 형도 '하나됨'의 관계에 있으므로, 부모를 매개로 형과 내가 '하나됨'의 관계에 놓이게 되고, 따라서 형에 대한 '하나됨'을 유지하기 위해서 공경심悌을 갖게 된다. 형제가 하나임을 알게 되면 다시 백부伯父와 숙부叔父도 나와 하나임을 알게 되고, 이를 미루어 가면 사촌, 오촌…… 등으로 무한히 확산되어, 모든 사람이 나와 하나임을 깨닫게 된다. 이와 같이 부모에게 효도하는 마음과 형에게 공경하는 마음을 확산시켜 가면 모든 사람과 나를 하나로 여기는 인仁에 도달하게 되므로 효제는 인仁을 이루는 근본이 되고, 왕도정치의 출발점이 된다.

구 체 식 인 식 이 불 지 검　　도 유 아 표 이 부 지 발　　인
狗彘食人食而不知檢하며 塗有餓莩而不知發하고 人
　　　　　　　　　　1　　　　2　　3　　　4

사 즉 왈 비 아 야　　세 야　　　　시 하 이 어 척 인 이 살 지
死則曰非我也라 歲也라하나니 是何異於刺人而殺之
　　　　　　　　　　　　　　　　　　　5　6

왈 비 아 야　　병 야　　왕 무 죄 세　　사 천 하 지 민
曰非我也라 兵也리오　王無罪歲하시면 斯天下之民이

지 언
至焉하리이다

| 국역 |

개와 돼지가 사람이 먹을 양식을 먹어도 단속할 줄 모르며, 길에 굶어죽은 시체가 있어도 창고를 열 줄 모르고, 사람이 굶어죽으면, '내 탓이 아니다. 흉년 탓이다'라고 하니, 이는 사람을 찔러 죽이고서 '내 탓이 아니다. 칼 때문이다'라고 말하는 것과 무엇이 다르겠습니까? 왕께서 흉년에 죄를 돌리는 것이 없으면 곧 천하의 백성들이 올 것입니다."

| 난자풀이 |

1 檢 : '단속한다'는 뜻. 음은 '검'.
2 塗 : 도途와 통용. 음은 '도'.
3 莩 : 굶어죽은 송장. 음은 '표'.
4 發 : 창고를 여는 것.
5 於 : '~에서'라는 뜻으로 장소를 나타내지만 앞에 이異가 올 때는 '~에서 다르고'라고 해석하기보다는 '~과 다르다'라고 해석하는 것이 좋다.
6 刺 : '찌른다'는 뜻으로 음은 '자' 또는 '척'. 주로 바늘이나 송곳 같은 것으

로 찌르는 경우에 음을 '자'라고 하고, 칼이나 창 등으로 찌르거나 베는 경우에 음을 '척'이라 하므로 여기서는 '척'으로 발음하는 것이 좋다.

| 강설 |

앞의 두 문장이 경제의 일반적 운용방법을 원칙적으로 설명한 것이라면, 이 문장은 당시의 상황에서 왕의 실책을 직접적으로 열거하여 그 잘못을 깨우친 것이다.

맹자가 제시한 정치방법은 모두 인인仁人의 정치방법을 열거한 것이므로, 이를 따르기만 하면 인인이 아니더라도 인정仁政을 실시하는 것이 된다.

제4장

梁惠王曰寡人이 願安承教하노이다 孟子對曰殺人以

梃與刃이 有以異乎잇가 曰無以異也니이다 以刃與政
　　　　　[1]　　　　[2]　　　　　　　　　　　　[3]

이 有以異乎잇가 曰無以異也니이다 曰庖有肥肉하며

厩有肥馬요 民有飢色하며 野有餓莩면 此는 率獸而

食人也니이다 獸相食을 且人惡之하나니 爲民父母하

여 行政하되 不免於率獸而食人이면 惡在其爲民父
　　　　　　　　　　　　　　　　　　　　[4]

母也리잇고 仲尼曰始作俑者는 其無後乎인저하시니 爲
　　　　　[5]　　　[6]

其象人而用之也니 如之何其使斯民飢而死也리잇고
　　　　　　　　　　　　　　　[7]

40

양혜왕梁惠王이 말하기를, "과인은 마음을 편안히 해서 가르침을 받들기 원합니다"라고 하자, 맹자께서 대답하셨다. "사람을 죽이기를 몽둥이로 하는 것과 칼날로 하는 것을 다르다고 할 수 있습니까?" "다르다고 할 수 없습니다." "(죽이기를) 칼날로 하는 것과 정치로서 하는 것을 다르다고 할 수 있습니까?" "다르다고 할 수 없습니다." "(임금의) 푸줏간에는 살찐 고기가 있고, 마구간에는 살찐 말이 있는데, 백성은 굶주림 기색이 있고 들에는 굶어죽은 시체가 있다면, 이것은 짐승을 몰아서 사람을 잡아먹게 한 것입니다. 짐승끼리 서로 잡아먹는 것도 사람들은 미워하는데, 백성의 부모가 되어 정치를 행하되 짐승을 몰아서 사람을 잡아먹게 하는 것에서 벗어나지 못한다면 백성의 부모가 된 이유가 어디에 있습니까? 중니仲尼께서 말씀하시기를, '처음으로 용俑을 만든 자는 후손後孫이 없을 것이다' 하였으니, 사람을 본떠서 사용하였기 때문입니다. 어찌하여 이 백성으로 하여금 굶어서 죽게 만드는 것입니까?"

| 난자풀이 |

① 刃 : 칼날. 음은 '인'. '살인이인殺人以刃'이어야 할 것이지만, 앞에 '살인이殺人以'가 나왔기 때문에 생략한 것이다.

② 以 : '~을 가지고' 또는 '~로써'라는 뜻이므로 목적어를 수반하는데, 여기서는 목적어 '하何'가 생략된 것으로 볼 수 있다. 따라서 해석은 '무엇을 가지고 다르다고 할 수 있습니까?' 또는 '다르다고 할 그 무엇이 있습니까?'로 해야 할 것이다.

③ 以 : 이以 앞에 '살인殺人' 두 글자가 생략되어 있다.

④ 惡 : '어디'라는 뜻으로 음은 '오'.

⑤ 仲尼 : 공자孔子의 자字. 중仲은 둘째를 나타내는 말이고, 니尼는 니구산尼丘山에서 따온 말인데, 공자는 둘째아들이고 또 공자의 어머니 안징재顏徵在가 공자를 낳을 때 니구산에서 100일 기도를 하였다는 데서 연유한다

는 설이 있다.

6 俑 : 허수아비. 음은 '용'. 고대에는 장례식 때 풀을 묶어 사람의 형상을
만들어 함께 묻었는데, 이를 추령芻靈이라 하였다. 중고中古에 와서는 나
무로 사람 형상을 만들어 함께 묻었는데 이를 용俑이라 하였다. 용俑은
얼굴과 눈, 그리고 움직이는 장치가 되어 있어서 사람과 흡사하였으므
로, 용俑을 만들어 사용한 것이 후세에 순장제도殉葬制度를 만들어내는
실마리가 되었다.

7 如之何 : 관용어구로서 '어찌하여', '어떻게' 등의 뜻으로 쓰인다.

| 강설 |

인간은 본래 남에게 이기려는 이기적인 욕심을 갖고 있지 않았
으므로 남과 다투지 않았으며, 남과 나의 구별이 없었으므로
계급적인 상하관계가 없이 소박한 삶을 영위할 수 있었으나,
차츰 욕심이 생겨 남과 다투게 됨으로써 사회가 혼란하게 되고
그 때문에 사람은 안락한 삶을 영위할 수 없게 되었다. 이에 사
람의 본래모습을 회복시키고 사회를 안정시킬 필요성이 제기되었
고, 그러기 위해서 본래모습을 간직한 능력 있는 자를 대표로 선출
하여 그로 하여금 모두를 인도하도록 하였다.

정치 담당자인 왕의 존재 이유는 백성이 모두 잘 살 수 있도
록 하는 데 있다. 그러므로 정치를 잘못하여 백성을 죽게 한다면
왕의 존재 이유가 없다.

백성이 굶어죽는 것은 정치가 잘못되었기 때문이므로 왕이
직접 죽인 것은 아니라 하더라도 그 책임은 왕에게 있다. 백성이
굶어죽었는데도 왕의 마구간에 있는 말이 살쪄 있다면 백성이 먹
을 양식을 말이 먹은 것이므로, 말로 하여금 백성을 잡아먹게 한
것과 다를 바 없다.

죽은 자를 장사지낼 때 나무를 깎아 사람의 형상을 만들어 함
께 묻는 제도가 있었다. 이 제도가 나중에 산 사람을 같이 묻는
순장제도로 발전하였으므로, 이를 싫어한 공자는 처음 나무로 인
형을 만든 사람을 몹시 비난하여, "그는 후손이 없을 것이다"라고
하였다.

나무인형을 만든 사람조차 공자는 비난하였는데, 정치를 잘 못하여 백성을 굶어죽게 만드는 왕에 대해서는 어떠하였겠는가.

제
5
장

梁惠王曰晉國이 天下莫强焉은 叟之所知也라 及寡
人之身하여 東敗於齊에 長子死焉하고 西喪地於秦七
百里하고 南辱於楚하니 寡人이 恥之하여 願比死者하
여 一洒之하노니 如之何則可니잇고

| 국역 |

양혜왕梁惠王이 말했다. "진晉나라가 천하에 막강함은 영감님께서 도 아시는 바입니다만, 과인의 몸에 이르러 동쪽으로는 제齊나라 에게 패배하여 장자長子가 거기에서 죽었고, 서쪽으로는 진秦나라에게 땅을 잃은 것이 700리이고, 남쪽으로는 초楚나라에게 모욕을 당하였습니다. 과인이 이것을 부끄러워하여 전사한 자를 위해서라도 한번 설욕하기를 원하오니, 어떻게 하면 되겠습니까?"

| 난자풀이 |

① 天下 : 막강莫强의 뒤에 있어야 할 것이나 강조되어 앞으로 나왔다. 고대의 문장일수록 목적어가 앞에 있는 경우가 많다. '막강어천하莫强於天下'로 놓고 해석하면 될 것이다.

② 莫 : '더 ~한 것이 없다'는 뜻이다. 막강은 '더 강한 것이 없다'는 뜻이므

로 '제일 강하다'라고 해석하면 될 것이다.

3 之 : 주격조사. '수지叟知'가 독립된 문장이 아니고 다른 문장 속에서 한 성분이 될 때 지之가 들어간다.

4 所 : 뒤의 글자를 동사로 만들어주는 역할을 한다. 위의 문장에서 '소所'가 없으면 '수지지야叟之知也'가 되는데, 이렇게 되면 해석이 '영감님의 지혜입니다'로 된다.

5 焉 : 막연하게 장소를 나타낼 때 사용되는 경우가 많다. 따라서 '거기에서'라고 해석하는 것이 좋다.

6 比 : 주자朱子는 '위하여'로 해석했고, 청대淸代의 초순焦循은 『맹자정의孟子正義』에서 '대신하여'로 해석하였으며, 일본의 안정식헌安井息軒은 '~무렵까지'로 해석하였다.

7 洒 : '씻는다', '설욕한다' 등의 뜻으로 음은 '세'.

| 강설 |

춘추시대春秋時代의 오패五覇(제齊·진晉·초楚·오吳·월越) 중 문공文公 때의 진晉이 가장 강하였으나 진晉의 세 대부 위사魏斯, 한건韓虔, 조적趙籍이 분할함으로써 진晉은 위魏, 한韓, 조趙 세 나라로 나뉘었는데, 진晉이 세 나라로 나뉘는 것을 계기로 전국시대戰國時代가 시작된다. 양혜왕이 진국晉國을 이야기한 것은 위魏가 진晉의 중심부를 영토로 갖고 있기도 하기 때문에 진晉을 계승하고 있다는 자부심에서였을 것이며, 또한 진문공晉文公 때와 같은 강국强國을 꿈꾸고 있었기 때문이었던 것으로 볼 수도 있다.

『사기史記』 위세가魏世家에 의하면, 혜왕惠王 30년(기원전 341년)에 위魏가 조趙를 치자, 제齊가 조趙를 구하기 위하여 마릉馬陵에서 위魏와 싸워 위魏의 장군 방연龐涓을 죽이고, 태자太子 신申을 포로로 하였다는 기록이 있다.

또 혜왕은 17년(기원전 354년)에 진秦에게 다시 패하여 소량小梁을 빼앗기고(『사기』 연표年表), 31년(기원전 340년)에 다시 패하여 하서河西의 땅을 베어주고 수도를 대량大梁으로 옮긴 사실이 『사기』 위세가에 기록되어 있다.

또 『사기』 위세가와 초세가楚世家에는 혜왕 때 초楚와 싸운 기록이 없으나, 『전국책戰國策』에는 위魏가 조趙의 수도인 감단邯鄲을 포위하자 초楚가 조趙를 구하기 위해 위魏와 싸워 위魏의 남쪽 땅을 빼앗았다는 기록이 있다.

孟子對曰地方百里면 而可以王이니이다 王如施仁政於
①

民하사 省刑罰하시며 薄稅斂하시면 深耕易耨하고 壯
②   ③ ④

者以暇日로 修其孝悌忠信하여 入以事其父兄하며
⑤

出以事其長上하리니 可使制梃하여 以撻秦楚之堅甲
⑥

利兵矣리이다 彼奪其民時하여 使不得耕耨하여 以養
⑦

其父母하면 父母凍餓하며 兄弟妻子離散하리니 彼陷
⑧

溺其民이어든 王往而征之하시면 夫誰與王敵이리잇고
⑨   ⑩   ⑪

故曰仁者無敵이라하니 王請勿疑하소서

| 국역 |

맹자께서 말씀하셨다. "땅이 사방 백리百里만 되어도 그것을 가지고 왕업을 이룰 수 있습니다. 왕께서 만일 인정仁政을 백성에게 베풀어 형벌을 줄이고 세금 걷는 것을 적게 하신다면, (백성들은 여유가 있어서) 밭갈이를 깊게 하며 김매기를 잘하고, 장성한 자들이 여가를 이용하여 효제충신孝悌忠信을 닦아서, 들어와서는 그들의 부형을 섬기며 나가서는 그들의 연장자와 윗사람을 섬길 것이니, 그들로 하여금 몽둥이를 만들어 진秦나라와 초楚나

라의 견고한 갑옷과 예리한 병기를 치게 할 수 있을 것입니다. 저들이 백성들의 농사철을 빼앗아 백성으로 하여금 밭 갈고 김 맬 수 없게 하여 그 부모를 봉양하지 못하게 하면, 부모들은 얼고 굶주리며, 형제와 처자들이 헤어져 흩어질 것입니다. 저들이 그 백성을 함정에 빠뜨리고 물에 빠뜨리거든 왕께서 가서 정벌하신다면 그 누가 왕과 대적하겠습니까? 그러므로 '인자仁者에게는 대적할 수 있는 사람이 없다'고 한 것이니, 왕은 청컨대 의심하지 마십시오."

| 난자풀이 |

① 以 : 이以의 목적어는 '지방백리地方百里'이다. 앞에 나왔기 때문에 생략한 것이다.

② 省 : '줄인다'는 뜻일 때는 음이 '생', '살핀다'는 뜻일 때는 음이 '성'이다. 여기서는 '생'으로 발음하여 '줄인다'고 해석하는 경우도 있고, '성'으로 발음하여 '살핀다'고 해석하는 경우도 있다.

③ 易 : 여기서는 '다스린다'는 뜻으로 음이 '이'이다. '바꾼다'는 뜻으로 쓰일 때도 있는데, 그때는 음이 '역'이 된다.

④ 耨 : '김맨다'는 뜻으로 음은 '누'.

⑤ 以 : 以의 목적어는 '효제충신'이다. 앞에 나왔기 때문에 생략했다.

⑥ 使 : 사使는 대개 '사使A위爲B'라는 구문으로 사용되어 'A로 하여금 B를 하도록 한다'는 뜻이 된다. 여기서는 사使 다음에 앞에 나온 '장자壯者'가 생략된 것으로 볼 수 있다.

⑦ 彼 : 제齊·진晉·초楚 등 위魏를 괴롭힌 강국들의 왕을 지칭한다.

⑧ 陷 : '함정에 빠뜨린다'는 뜻. 음은 '함'.

⑨ 溺 : '물에 빠뜨린다'는 뜻. 음은 '익'.

⑩ 征 : 원래 '군주가 악당을 쳐서 바로잡는다'는 뜻으로 쓰는 말인데, 전국시대에 대등한 국가 간에 사용하는 것을 보면, '선량한 사람이 나쁜 사람을 쳐서 바로잡는다'는 뜻으로 이해하면 될 것이다.

⑪ 夫 : 발어사로서 '대저'로 해석하는데, 여기서는 '그'로 해석하는 것이 문맥상 좋을 것이다.

| 강설 |

양혜왕은 과거의 패배를 설욕할 수 있도록 부국강병富國强兵할 수 있는 구체적인 방법을 질문한 것인데, 맹자는 이에 대한 직접적인 방법은 제시하지 않고 근본적인 방법을 제시함으로써 질문 자체의 의미를 저절로 소멸시켰다. 마치 "눈이 나쁜데 어떤 안경을 사용해야 할까요?"라는 질문에 "간장을 튼튼하게 하여 눈을 좋게 하라"고 답변하는 식이다.

근본이 해결되면 모든 문제는 저절로 해결될 것이기 때문에, 어떠한 질문에 대해서도 맹자는 늘 근본적인 해결책을 제시한다.

임금이 자기의 욕심을 채우기 위해 백성을 전쟁터로 내보내면, 백성은 왕 때문에 자신들이 희생된다고 생각하게 되어, 전쟁에 전력을 기울이지 않고 틈만 있으면 도망가려 할 것이다.

이와 반대로 백성을 자식처럼 아끼고 사랑하는 마음으로 정치를 한다면, 백성은 왕을 돕는 것이 자신을 위한 것임을 알기 때문에 헌신적으로 왕의 뜻을 따를 것이며, 왕의 일을 부모의 일처럼 생각할 것이다.

인정仁政을 베풀기만 하면 사방 백리의 땅만 있어도 왕업을 이룰 수 있을 것이니, 문왕文王이 그러한 사람이었다.

제 6 장

孟子見梁襄王하시고 出語人曰望之不似人君이요 就 [1]

之而不見所畏焉이러니 卒然問曰天下惡乎定고하여늘 [3] [4]

吾對曰定于一이라호라 孰能一之오하여늘 對曰不嗜殺 [5]

人者能一之라호라 孰能與之오하여늘 對曰天下莫不 [6]

與也니 王은 知夫苗乎잇가 七八月之間에 旱則苗槁 [7]

矣라가 天油然作雲하여 沛然下雨則苗浡然興之矣나 [8] [9] [10]

一. 양혜왕장구상 47

니 其如是^{기여시}면 孰能禦之^{숙능어지}리오 今夫天下之人牧^{금부천하지인목}이 未有^{미유} ⑪

不嗜殺人者也^{불기살인자야}니 如有不嗜殺人者則天下之民^{여유불기살인자즉천하지민}이 皆^개

引領而望之矣^{인령이망지의}리니 誠如是也^{성여시야}면 民歸之^{민귀지}이 由水之就^{유수지취} ⑫ ⑬

下沛然^{하패연}하리니 誰能禦之^{수능어지}리오호라 ⑭

| 국역 |

맹자께서 양양왕梁襄王을 만나보시고, 나와서 사람들에게 말씀하셨다. "멀리서 바라보아도 임금 같지 않고, 가까이 다가가도 두려워할 만한 바를 발견할 수 없었는데, 갑자기 묻기를 '천하天下가 어떠한 상태에서 안정되겠습니까?' 하거늘, 내가 대답하기를 '하나로 통일되는 데에서 안정될 것입니다' 하였다. '누가 하나로 통일시킬 수 있겠습니까?' 하고 묻거늘, '사람 죽이기를 좋아하지 아니하는 자가 하나로 통일할 수 있을 것입니다' 하고 대답하였다. '누가 그의 편에 설 수 있겠습니까?' 하고 묻거늘, 대답하기를, '천하에 그의 편에 서지 않을 사람이 없을 것이니, 왕은 저 싹을 아십니까? 7, 8월 사이에 날이 가물면 싹은 마르다가 하늘이 뭉게뭉게 구름을 만들어 좍좍 비를 내리면 싹은 쑥쑥 일어납니다. 그러한 것이 이와 같다면 누가 이것을 막을 수 있겠습니까? 지금 저 천하의 인목人牧(임금)이 사람 죽이기를 좋아하지 않는 자가 있지 아니하니, 만약 사람 죽이기를 좋아하지 아니하는 자가 있다면 천하의 백성이 모두 목을 빼고 우러러볼 것입니다. 진실로 이와 같다면 백성들이 그에게로 돌아가는 것이

물이 아래로 콸콸 내려가는 것과 같을 것이니 누가 그것을 막을
수 있겠습니까?' 하였다."

| 난자풀이 |

1. 梁襄王 : 양혜왕의 아들. 이름은 혁赫, 양襄은 시호. 기원전 334년에서 기
   원전 319년까지 재위. 양양왕의 시호를 쓴 것을 보면 『맹자』가 양양왕이
   죽은 후에 출판되었음을 알 수 있다.
2. 望 : 멀리서 위쪽으로 우러러보는 것.
3. 卒然 : '졸지에', '갑자기' 등의 뜻이다. 임금다운 근엄함이 없음을 시사한
   다.
4. 惡 : '어떠한 상태'라는 뜻이다. 원래 '정어악호定於惡乎'로 되어야 할 것인
   데 의문대명사인 오惡가 앞으로 나오고 어於가 생략된 것으로 볼 수 있
   다.
5. 之 : 지시대명사. 여기서는 '천하'를 지칭한다. 대개는 앞의 글자를 타동
   사로 만드는 역할을 하는데, 구체적으로 지칭하는 것이 있을 때는 '그것'
   이라고 해석하고 그렇지 않을 때는 해석을 생략하는 경우가 많다.
6. 與 : 같은 편이 되는 것. 주자朱子는 '돌아가는 것'이라 해석했다.
7. 七八月 : 주周의 달력으로 7, 8월은 오늘날의 6, 7월에 해당한다.
8. 油然 : 구름이 일어나는 모양. 뭉게뭉게. 음은 '유연'.
9. 沛然 : 비가 세차게 오거나 물이 세차게 내려가는 소리. 좍좍 또는 콸콸. 음은 '패연'.
10. 浡然 : 왕성하게 일어나는 모양. 불뚝불뚝, 또는 쑥쑥. 음은 '발연'.
11. 人牧 : '인민을 기르는 자'라는 뜻이므로 '임금'을 뜻한다.
12. 誠 : 부사로서 '진실로'라는 뜻이다.
13. 由 : 유猶와 통용.
14. 沛然 : 전통적으로는 패연沛然의 앞에 구句를 떼어, '백성들이 돌아가는
    것이 물이 아래로 내려가는 것과 같으니 패연함을 누가 막을 수 있겠습
    니까?'로 해석하였으나, 패연은 물이 세차게 내려가는 소리를 형용한 것
    이므로, 앞 문장의 '물이 내려간다'는 말을 수식하여야 할 것이다.

| 강설 |

양혜왕의 아들 양양왕은 임금으로서의 풍도와 위엄을 갖추지
못한 옹졸한 임금인데, 그도 역시 부강한 나라가 천하를 안정

시킬 수 있다고 생각하고는 맹자에게 질문한 것으로 생각된다.

　　이에 대하여 맹자는, 천하는 근본적으로 통일되어야 안정될수 있으며, 통일은 모든 사람이 다 좋아할 수 있는, 근본적인 정치를 하는 사람이 이룰 수 있다는 사실을 역설한 것이다.

　　힘으로 남을 제압하여 안정을 찾으면, 남들이 힘이 없을 때는 안정이 지속되지만, 힘이 생기면 불복할 것이므로 다시 혼란해질 것이다. 그러나 사랑하는 마음으로 화합함으로써 안정을 찾으면 안정은 지속될 것이다.

제
7
장

齊宣王問曰齊桓 晉文之事를 可得聞乎잇가 孟子對
　　　①　　　②　③

日仲尼之徒는 無道桓文之事者라 是以로 後世無傳
　　　　　　　④

焉하니 臣未之聞也라 無以則王乎인저 曰德何如則
　　　　　⑤　　　　　⑥　　　　　　⑦

可以王矣리잇고 曰保民而王이면 莫之能禦也리이다
　　　　　　　⑧

| 국역 |

제선왕齊宣王이 물었다. "제환공齊桓公과 진문공晉文公의 일을 들을수 있겠습니까?" 맹자께서 대답하셨다. "중니仲尼의 문도門徒들은제환공과 진문공의 일을 말하는 자가 없습니다. 이 때문에 후세에 전해지는 것이 없으니, 신臣이 아직 듣지 못했습니다. 그만두지 말라고 하신다면 왕도王道를 말하겠습니다." "덕德이 어떠하면왕도를 실행할 수 있습니까?" "백성을 보호하고서 왕도를 실행하면 이를 막을 수 있는 사람이 없습니다."

| 난자풀이 |

1️⃣ 齊宣王 : 성은 전田, 이름은 벽강辟彊. 전국시대 제齊의 임금. 위왕威王의
아들이고 시호는 선宣. 위장魏將 방연龐涓이 한韓을 공격하자 제선왕은 한
韓을 구하기 위하여, 전기田忌와 전영田嬰을 장군으로 삼고 손자孫子를 군
사軍師로 삼아 위魏를 공격하여 마릉馬陵에서 격파하였다. 그후 한韓 · 위
魏 · 조趙 삼진三晉이 조회하기에 이르렀다. 선왕宣王은 선비들을 좋아하
여 추연鄒衍, 순우곤淳于髡 등 76인人에게 집을 주고 상대부上大夫로 삼자,
제齊의 직하稷下에는 수백 수천의 선비들이 모여들었다고 한다. 기원전
342년에서 324년까지 19년간 재위. 제齊나라의 성姓은 원래 강씨姜氏였는
데, 전국시대에 들어와 전씨田氏에게 왕위를 빼앗겼다. 이때의 제齊는 물
론 전씨의 제齊로서 전제田齊라고도 한다.

2️⃣ 齊桓 : 제齊의 환공桓公을 말함. 이름은 소백小白, 환桓은 그의 시호. 그의
형 양공襄公이 무도無道하기 때문에 거莒로 망명하였다가 양공이 죽은 후
돌아와 즉위하였다. 포숙아鮑叔牙의 추천으로 관중管仲을 재상으로 임명
하고 그의 도움을 얻어 천하의 맹주盟主가 되었다. 기원전 685년부터 643
년까지 42년간 재위하였다.

3️⃣ 晉文 : 진晉의 문공文公을 말함. 이름은 중이重耳, 문文은 그의 시호. 부친
헌공獻公이 여희驪姬를 사랑하였다가 꼬임에 빠져 형인 태자太子 신생申生
을 죽였으므로 그는 다른 나라로 망명하였다가 나중에 진秦의 도움으로
귀국하여 즉위하였는데, 현신賢臣을 등용하여 제후의 맹주가 되었다. 기
원전 636년부터 628년까지 9년간 재위하였다.

4️⃣ 道 : '말한다'는 뜻.

5️⃣ 以 : 이以의 목적어는 '중니지도무도환문지사자仲尼之徒無道桓文之事者'인데
앞에 나왔기 때문에 생략되었다. 보통 '～때문에', '～까닭으로' 등으로 해
석한다.

6️⃣ 以 : 이已와 통용. 무이無已는 '그만두지 말라'는 뜻이다.

7️⃣ 德 : '인간의 본마음을 실천하는 능력'을 말한다. 『대학 · 중용강설大學 · 中
庸講說』의 대학편大學篇 첫머리에 덕德에 대한 상세한 해석이 있으므로 참
조하기 바란다.

8️⃣ 莫 : '～하는 사람이 없다'라고 해석하는 것이 좋다.

강설

제선왕이 맹자에게 제환공과 진문공에 대해서 물은 까닭은 자신도 그들처럼 제후의 맹주가 되고 싶었기 때문일 것이다.

그러나 제환공이나 진문공처럼 힘으로 천하를 제패하는 것은 천하를 안정시키는 근본대책이 아니므로 맹자는 제선왕의 대답을 회피하고 천하를 안정시킬 수 있는 근본대책인 왕도정치王道政治를 제시함으로써 선왕의 주의를 환기시켰다.

왕도정치의 핵심은 백성을 보호하는 데 있다.

曰若寡人者도 可以保民乎哉잇가 曰可하니이다 曰何

由로 知吾可也잇고 曰臣聞之胡齕하니 曰王坐於堂
　　　　　　　　　　　　　　　　　[1]　　　　　　　[2]

上이어시늘 有牽牛而過堂下者러니 王見之曰牛何之
　　　　　　　　　　　　　　　　　　　　　　　[3]

오 對曰將以釁鐘이니이다 王曰舍之하라 吾不忍其觳
　　　　　　[4]　　　　　　　　[5]　　　　　　[6]

觫若無罪而就死地하노라 對曰然則廢釁鐘與잇가 曰
　　[7]　　　　　　　　　　　　　　　[8]

何可廢也리오 以羊易之라하사소니 不識케이다 有諸잇
　　　　　　　　　　　　　　　　　　　　[9]

가 曰有之하니이다 曰是心足以王矣리이다 百姓皆以
　　　　　　　　　　　　　[10]

王爲愛也어니와 臣固知王之不忍也하노이다 王曰然하
　　[11]　　　　　　　　[12]

다 誠有百姓者로다마는 齊國이 雖褊小나 吾何愛一
　　[13]

牛리오 卽不忍其觳觫若無罪而就死地라 故로 以羊

易之也호이다.

| 국역 |

"과인과 같은 자도 백성을 보호할 수 있겠습니까?" "가능합니다."
"무슨 이유로 나의 가능함을 아십니까?" "신臣이 다음과 같은 이
야기를 호흘胡齕에게서 들었습니다. '왕께서 당상堂上에 앉아 계
시는데, 소를 끌고 당하堂下를 지나가는 자가 있었습니다. 왕께
서 이를 보시고 「소가 어디로 가는가?」 하고 물으시자, 대답하
기를 「장차 종鍾의 틈을 바르려고 합니다」 하였습니다. 왕께서
「놓아주어라. 나는 그것이 벌벌 떨며 죄 없이 사지死地로 가는
것을 차마 볼 수 없다」 하시니, 대답하기를, 「그렇다면 흔종釁鐘
을 폐지하오리까?」 하자, 「어찌 폐지할 수 있겠는가? 양羊으로
바꾸라」하셨다' 하니, 알지 못하겠습니다만 이러한 일이 있었습
니까?" "있었습니다." "이 마음이 족히 왕도王道를 실행할 수 있
는 근거가 됩니다. 백성들은 모두 왕을 인색한 사람으로 여기지
만 신臣은 본래부터 왕이 차마 그렇게 하지 못한 것을 알고 있습
니다." 왕이 말했다. "그렇습니다. 진실로 그러한 백성이 있습니
다만 제 나라가 비록 좁고 작으나 내 어찌 소 한 마리를 아끼겠
습니까? 그것이 벌벌 떨면서 죄 없이 사지로 나아가는 것을 차
마 볼 수 없었기 때문이었습니다. 그러므로 양羊으로 바꾸게 한
것입니다."

| 난자풀이 |

1 胡齕 : 제齊나라의 신하.
2 堂 : 마루.
3 何 : '어디'라는 뜻으로 지之의 목적어이지만 의문대명사이기 때문에 지之
　앞에 놓이게 되었다.
4 釁鐘 : 종을 처음 만들었을 때 동물을 죽여 그 피를 발라 신에 제사지내
　는 의식. 종鐘뿐만 아니라 중요한 건축물이나 그릇이 완성되면 이와 같은

의식을 한다. 음은 '흔종'.

⑤ 舍 : 사捨와 통용. '놓아준다'는 뜻.

⑥ 其 : 앞에 나온 우牛를 지칭한다.

⑦ 觳觫若 : 무서워서 벌벌 떠는 모양. '약若'은 '연然'과 마찬가지로 형용사에 붙이는 말이다. 전통적으로는 '곡속觳觫'에 구句를 떼고 약若을 뒷문장에 붙여 '벌벌 떨며 죄 없이 사지로 가는 것 같다'라고 해석해왔다. 초순焦循은 '벌벌 떠는 것이 이와 같으니'라 해석하였다.

⑧ 與 : 의문조사.

⑨ 諸 : 지호之乎와 같은 뜻이다.

⑩ 以 : 이以의 목적어는 '시심是心'으로 '이 마음을 가지고 왕도를 실행할 수 있다'는 뜻이므로, 이以는 왕도를 실행할 수 있는 근거를 나타낸다. 그러므로 '이왕以王'은 '왕도를 실행할 수 있는 근거가 됩니다'로 해석하는 것이 좋다.

⑪ 愛 : '이왕위애以王爲愛'는 '왕으로써 애愛로 여기다'라는 뜻이므로, 애愛는 명사가 되어야 한다. 따라서 '사랑하는 사람'이라는 뜻이지만, 사랑하면 아끼고 아끼면 인색하게 되므로 '인색한 사람'으로 해석하면 된다.

⑫ 不 : 동사 또는 형용사를 수식하는 역할을 한다. 이 문장에서 '불不'이 없다면 '인忍'을 동사로 만들기 위하여 '소所'가 들어가야 하겠지만, '불不'이 있음으로써 '인忍'이 이미 동사임이 확인되기 때문에 '소所'를 생략해도 된다.

⑬ 者 : 어세語勢를 강하게 하는 말.

| 강설 |

여기서는 제선왕이 왕도정치를 실행할 수 있는 근거를 제시하였는데, 그것은 바로 "벌벌 떨면서 죄 없이 죽는 곳에 가는 소를 불쌍히 여기는 마음"이다.

曰王은 無異於百姓之以王爲愛也하소서 以小易大어
[1]
니 彼惡知之리잇고 王若隱其無罪而就死地則牛羊을
[2]　　　　　　　　　　　　　　　　　　　[3]
何擇焉이리잇고 王笑曰是誠何心哉런고 我非愛其財
[4]
而易之以羊也언마는 宜乎百姓之謂我愛也로다 曰無
[5]
傷也라 是乃仁術也니 見牛코 未見羊也일새니이다 君
[6]
子之於禽獸也에 見其生하고 不忍見其死하며 聞其
[7]
聲하고 不忍食其肉하나니 是以로 君子遠庖廚也니이다
[8] [9]
王說曰詩云他人有心을 予忖度之라하니 夫子之謂
[10] [11]　　　　　　　　　　　[12]　　　　[13] [14]
也로소이다 夫我乃行之하고 反而求之하되 不得吾心
이러니 夫子言之하시니 於我心에 有戚戚焉하여이다 此
[15]
心之所以合於王者는 何也잇고
[16] [17]

| 국역 |

맹자께서 말씀하셨다. "왕은 백성이 왕을 인색한 사람으로 여기
는 것에 대해서 괴이하게 생각하지 마소서. 작은 것을 가지고
큰 것과 바꾸었으니, 저들이 어떻게 (왕이 차마 보지 못하는 마
음을) 알겠습니까? 왕께서 만약 그것이 죄 없이 사지로 가는 것
을 측은히 여기셨다면 소와 양을 어찌 구별하셨습니까?" 왕이
웃으며 말했다. "이는 참으로 무슨 마음이었던가? 내가 재물이

아까워서 양羊으로 바꾼 것이 아니었지만, 당연하도다! 백성이 나를 인색한 사람이라 하는 것이." "해로울 것이 없습니다. 이것이 바로 인仁을 하는 방법이니, 소는 보았고 양은 보지 못했기 때문입니다. 군자가 금수禽獸에 대하여 대처하는 모습은, 그 살아 있는 것을 보고는 차마 그 죽는 것을 보지 못하며, 죽는 소리를 듣고는 차마 그 고기를 먹지 못합니다. 이 때문에 군자는 푸줏간을 멀리 하는 것입니다." 왕이 기뻐하면서 말하였다. "『시경詩經』에 이르기를, '타인이 가지고 있는 마음을 내가 헤아린다' 하였으니, 선생을 두고 말한 것입니다. 대저 내가 행하고 돌이켜 그 이유를 구하였으나 내 마음을 납득하지 못하였는데, 선생께서 말씀해주시니, 내 마음에 시원함이 있습니다. 이 마음이 왕도를 실행하는 데 합당하게 여겨지는 까닭은 무엇입니까?"

| 난자풀이 |

1 異 : 괴이하게 여기다.
2 惡 : '어찌'라는 뜻의 의문사. 음은 '오'.
3 隱 : 측은하게 여기다.
4 非 : 명사를 부정하는 역할을 한다. 따라서 '~한 것이 아니다'로 해석해야 한다.
5 謂 : '위謂AB'는 'A를 B라고 한다'는 뜻이다.
6 術 : 방법. 인술仁術은 '인仁을 실행하는 방법'이다.
7 之 : 주격조사. 따라서 지之 다음에 서술어가 와야 하는데, 여기서는 '대처한다'는 의미의 '처處'나 '대待'가 생략된 것으로 볼 수 있다.
8 庖 : 고기를 자르는 장소. 음은 '포'.
9 廚 : 고기를 삶는 곳. 음은 '주'.
10 說 : 悅과 통용. 따라서 음은 '열'.
11 詩 : 『시경』 소아小雅 절남산지십節南山之什 중의 교언편巧言篇.
12 度 : '헤아린다'는 뜻으로 음은 '탁'.
13 夫子 : 원래 '그 사람'이라는 뜻의 3인칭으로 쓰였으나 2인칭으로 사용되면서 선생님이나 윗사람에 대한 경칭이 되었다.

⑭ 之 : 부자夫子와 위謂의 도치를 나타내는 역할을 한다. 원래 '위부자야謂夫子也'로 된 문장인데 부자를 강조하여 동사의 앞으로 낼 때, 부자와 동사 사이에 지之가 들어간다.

⑮ 戚戚 : 마음속의 의문이 해소되어 시원한 모양. 음은 '척척'.

⑯ 之 : 주격조사.

⑰ 所以 : '까닭'으로 번역한다. 이 문장을 분석해보면, 원래 '차심이합어왕此心以合於王'과 '하야何也'가 결합된 것인데, '차심이합어왕此心以合於王'이 문장 속의 한 성분이 됨으로써 차심此心 다음에 주격조사인 지之가 놓이게 되고, 또 뒤의 합合을 동사로 유지하기 위하여 소所가 들어가게 된 것이다. 그리고 이以의 목적어는 차심인데, 이 차심이 '왕도를 실행하는 데 합당하게 여겨지는' 근거가 되기 때문에, 앞의 소所와 합하여 '소이所以'를 '까닭', '원인' 등으로 해석하는 것이다.

| 강설 |

맹자는 이미 제선왕의 마음속에서 왕도정치를 실행할 수 있는 근거를 제시하였는데, 여기서는 왕도정치를 실행할 수 있는 마음을 구체적으로 분석하였다.

죄 없이 죽는 곳으로 가고 있는 소를 불쌍히 여겨 양羊과 바꾸게 했다면, '양은 불쌍하지 않단 말인가?'라는 의문이 생긴다. 그러므로 소와 양을 바꾸게 한 제선왕의 행위는 논리적·합리적으로 설명되지 않는다.

맹자가 중시하는, 왕도정치를 실시할 수 있는 근거가 되는 인간의 마음은, 불쌍한 것을 보았을 때 저절로 솟아나오는 순수한 정情이지 머릿속에서 합리적으로 생각하고 분석하는 정신이 아니다.

불쌍한 소를 보았을 때 측은한 마음이 솟아나면, 이 마음은 소를 사랑하는 구체적인 행동으로 옮겨갈 수 있지만, 보이지 않는 양에 대해서도 똑같이 사랑을 베풀어야 한다는 식의, 머리속에서 이끌어낸 합리적 사고에는 정情이 들어있지 않기 때문에 구체적인 행동력을 동반하지 못한다.

日有復於王者曰吾力足以擧百鈞而不足以擧一羽하
며 明足以察秋毫之末而不見輿薪이라하면 則王許之
乎잇가 曰否라 今恩足以及禽獸而功不至於百姓者
는 獨何與잇고 然則一羽之不擧는 爲不用力焉이며
輿薪之不見은 爲不用明焉이며 百姓之不見保는 爲
不用恩焉이니 故로 王之不王은 不爲也이언정 非不
能也니이다 曰不爲者與不能者之形이 何以異잇고 曰
挾太山하여 以超北海를 語人曰我不能이라하면 是誠
不能也어니와 爲長者折枝를 語人曰我不能이라하면 是
不爲也이언정 非不能也니 故로 王之不王은 非挾太
山以超北海之類也라 王之不王은 是折枝之類也니
이다

| 국역 |

맹자께서 말씀하셨다. "왕에게 아뢰는 자가 있어서 말하기를,
'나의 힘이 족足히 백균百鈞을 들 수 있지만 하나의 깃털을 들 수
없으며, 눈의 밝음이 족히 추호秋毫의 끝을 살필 수 있지만 수레
에 실은 땔나무를 볼 수 없다'고 한다면 왕은 그것을 인정하시겠

습니까?" "아닙니다." "지금 은혜가 금수에게까지 미치지만 그 효과가 백성에게 이르지 아니하는 것은 유독 어찌해서입니까? 그렇다면 한 깃털이 들리지 않는 것은 힘을 쓰지 아니하기 때문이며, 수레에 실은 땔나무가 보이지 않는 것은 눈 밝은 것을 쓰지 아니하기 때문이며, 백성이 보호되지 않음은 은혜를 쓰지 않기 때문입니다. 그러므로 왕께서 왕도정치를 실행하지 못하는 것은 하지 아니하는 것이지 하지 못하는 것이 아닙니다." "하지 아니하는 것과 할 수 없는 것의 형태가 어떻게 다릅니까?" "태산太山을 옆에 끼고 북해北海를 뛰어 넘는 것을 남에게 말하기를, '나는 할 수 없다'고 한다면 이는 정말 할 수 없는 것이지만, 연장자를 위하여 나뭇가지를 꺾는 것을 남에게 말하기를, '나는 할 수 없다'고 한다면, 이는 하지 않는 것이지 할 수 없는 것이 아닙니다. 그러므로 왕이 왕도정치를 실행하지 아니하는 것은 태산을 옆에 끼고 북해를 뛰어 넘는 종류가 아닙니다. 왕이 왕도정치를 실행하지 아니하는 것은 바로 나뭇가지를 꺾는 종류입니다.

| 난자풀이 |

1 復 : '아뢴다'는 뜻으로 음은 '복'.
2 鈞 : 무게의 단위. 일균一鈞은 30근斤. 『한서漢書』율역지律歷志에 의하면, 기장 1200알의 무게가 일수一銖이고, 이수二銖가 일양一兩, 십육양十六兩이 일근一斤, 삼십근三十斤이 일균一鈞이라 하였다. 당시의 일양은 14.93g 이라는 설이 있으므로 일근은 약 240g, 일균은 7.2kg, 백균百鈞은 720kg이 된다.
3 許 : '허락한다'는 뜻인데, '허락한다'는 말은 '인정한다'는 말이 된다.
4 功 : 효과. 여기서는 '짐승에게까지 베풀어지는 왕의 은혜로운 마음이 정치를 통하여 나타나는 효과'를 말한다.
5 與 : 의문조사.
6 之 : 일우一羽와 불거不擧가 도치되었음을 나타내는 역할로 보아도 되고 그냥 주격조사로 보아도 된다.

7 爲 : '~때문이다'라는 뜻이다.

8 之 : 주격조사.

9 見 : 다음에 오는 동사를 피동형으로 만드는 역할을 한다.

10 太山 : 태산泰山을 말한다. 산동성山東省에 있는 명산名山으로 오악五岳 중의 하나이다. 동악東岳에 해당한다.

11 北海 : '북쪽에 있는 바다'라는 뜻인데, 여기서는 발해渤海를 가리킨다.

12 枝 : 주자朱子는 '나무가지'로 해석하였고, 조기趙岐는 지枝를 지肢로 보아, 절지折枝를 '안마하여 관절을 굽히는 것'이라 하였다.

| 강설 |

이미 제선왕의 마음속에 왕도정치를 할 수 있는 근거가 있음을 제시하였고, 또 그 마음을 구체적으로 분석하여 깨닫게 하였으므로, 이제 남은 것은 왕도정치를 실행하려는 제선왕의 의지뿐이다.

실행하려는 의지만 있으면 왕도정치는 바로 실행할 수 있다. 왕도정치는 백성을 위하는 정치인데, 제선왕에게 짐승까지도 불쌍히 여기는 어진 마음이 있는 것을 보면 백성을 아끼는 마음이 당연히 있을 것이므로, 그 마음을 행동으로 옮기기만 하면 되는 것이다.

老吾老하여 以及人之老하며 幼吾幼하여 以及人之幼
면 天下를 可運於掌이니 詩云刑于寡妻하여 至于兄
弟하여 以御于家邦이라하니 言擧斯心하여 加諸彼而
已라 故로 推恩이면 足以保四海요 不推恩이면 無以
保妻子니 古之人所以大過人者는 無他焉이라 善推其

소 위 이 이 의   금 은 족 이 급 금 수 이 공 부 지 어 백 성 자
所爲而已矣라 今恩足以及禽獸而功不至於百姓者는

독 하 여   권 연 후   지 경 중   탁 연 후   지 장 단
獨何與니잇고 權然後에 知輕重하며 度然後에 知長短
                              ⑦   ⑧

이니 물 개 연   심 위 심   왕 청 탁 지
物皆然이어니와 心爲甚하니 王請度之하소서
          ⑨

| 국역 |

내 집의 노인을 노인으로 섬긴 뒤 그 마음이 남의 집의 노인에게까지 이르며, 내 집의 어린이를 어린이로 사랑한 뒤 그 마음이 남의 집의 어린이에게까지 이른다면, 천하를 손바닥에서 움직일 수 있을 것입니다. 『시경』에 이르기를 '과처寡妻에게 모범이 되어서 형제에게 이르고 그럼으로써 집과 나라에서 다스림을 이루게 된다' 하였으니, 이 마음을 들어서 저쪽으로 더해갈 뿐임을 말한 것입니다. 그러므로 은혜를 미루어 가면 족히 사해四海를 보존할 수 있고, 은혜를 미루어 가지 못하면 처자도 보호할 수 없는 것입니다. 옛사람이 남들보다 크게 뛰어난 까닭은 다른 것이 없습니다. 그 해야 할 것을 잘 미루어 갔을 뿐입니다. 지금 은혜가 족히 금수에게까지 미치었으되 효과가 백성들에게 이르지 아니한 것은 유독 무엇 때문입니까? 저울질을 한 뒤에야 가볍고 무거운 것을 알며, 재어본 뒤에야 길고 짧은 것을 알 수 있습니다. 사물이 다 그러하거니와 (그 중에서도) 마음이 더욱 그러하니 왕은 청컨대 이것을 헤아리소서.

1 老 : 노인으로 잘 모시는 것.

2 詩 : 『시경』 대아大雅 문주지십文主之什 중의 사제편思齊篇.

3 刑 : 모범이 된다.

4 御 : 다스림을 이룬다.

5 諸 : 지어之於의 의미. 음은 '저'.

6 四海 : 사방이 바다로 둘러싸인 지상의 모든 곳. 곧 천하를 지칭한다.

7 權 : 저울질한다.

8 度 : '자로 잰다'는 뜻. 음은 '도'. 위에 나오는 '왕청도지王請度之'의 '도度' 는 '헤아린다'는 뜻으로 음이 '탁'이 된다.

9 甚 : '정도가 심하다'는 뜻이니, '심위심心爲甚'이란 '모든 사물은 헤아려보지 않으면 알 수 없는 것인데 그 중에서도 마음이 그 정도가 가장 심하니 마음이야말로 헤아려보지 아니하면 도저히 알 수 없는 것이다'라는 뜻이다.

| 강설 |

왕도정치의 실행은 왕이 마음먹기에 달린 것이라고 왕의 의욕을 고조시킨 뒤, 맹자는 이제 왕도정치를 실행할 수 있는 구체적인 방법을 제시한다.

왕도정치는 모든 사람이 한마음 한뜻이 되는 사회를 실현하는 것인데, 그 구체적인 방법은, 현실적으로 남과 '하나됨'의 관계에 있는 부자父子간의 관계를 단계적으로 확산시켜 가는 것이다. 우리 집의 부모와 '하나됨'의 관계를 이웃의 부모에게로, 또 그 이웃의 부모에게로 확산시키고, 우리 집의 자녀와 '하나됨'의 관계를 이웃의 자녀에게로, 또 그 이웃의 자녀에게로 확산시키면 결국 모든 사람과 '하나됨'의 관계를 회복할 수 있다. 그렇게 되면 천하를 움직이는 것이 손바닥에서 움직이는 것처럼 쉬울 것이다.

또 자기 처와 서로 사랑함으로써 이상적인 형태를 이룬 후에, 그것을 형제에게 확산시키고, 온 나라의 백성들에게 확산시키면 모든 백성이 가족처럼 될 수 있을 것이다. 남을 사랑하는 마음으로 가득 차면 온 세상 사람이 형제처럼 되지만, 욕심으로 가득 차면 부모, 형제, 처자와도 다투게 된다.

이와 같이 왕도정치의 실행방법은 가까운 곳에서부터 차츰 확산시켜 가는 것인데, 제선왕은 가까운 백성들에게는 사랑을 실천하지 않으면서 먼 짐승에게 사랑을 실천하고 있으니 그 마음에 잘못됨이 있는 것이다.

맹자가 여기서 사랑의 단계적 실천방법을 제시한 것에는 사상사적 배경이 있으니, 그것은 묵자墨子의 겸애설兼愛說이 널리 퍼지고 있었던 것을 말한다.

묵자는 사회 혼란의 원인을 찾아내어 그 원인을 제거하는 방법을 추구함으로써 혼란을 극복하고자 하였다. 묵자가 찾아낸 사회를 혼란하게 하는 원인 중의 하나는 사람들이 남의 것과 자기 것, 남의 아버지와 자기 아버지, 남의 아들과 자기 아들, 남의 나라와 자기 나라 등을 구별하는 것이었다. 이 원인을 제거하는 방법으로 묵자는 겸애설을 제창했다. 그 내용은 남의 것과 자기의 것, 남의 아버지와 자기 아버지 등을 동시에 똑같이 사랑한다는 것인데, 이는 이론적으로는 가능할지 몰라도 실제로는 실현가능성이 없다. 실현가능성이 있는 구체적인 방법은, 자기 아버지와 아들을 먼저 사랑하고, 그 마음을 이웃으로 차츰 확산시켜 가는 것이다.

抑王은 興甲兵하여 危士臣하고 構怨於諸侯然後에
快於心與잇가 王曰否라 吾何快於是리오 將以求吾
所大欲也로이다 曰王之所大欲을 可得聞與잇가 王笑
而不言한대 曰爲肥甘不足於口與며 輕煖不足於體
與잇가 抑爲采色不足視於目與며 聲音不足聽於耳

與며 便嬖不足使令於前與잇가 王之諸臣이 皆足以

供之하나니 而王豈爲是哉시리잇고 曰否라 吾不爲是

也로이다 曰然則王之所大欲을 可知已니 欲辟土地하
　　　　　　　　　　　　　　　　　　　　　　　⑦

며 朝秦楚하여 莅中國而撫四夷也로소이다 以若所爲
　　　　　　　　⑧ ⑨　　　　　　　　　　⑩ ⑪

로 求若所欲이면 猶緣木而求魚也니이다 王曰若是其

甚與잇가 曰殆有甚焉하니 緣木求魚는 雖不得魚나
　　　　⑫

無後災어니와 以若所爲로 求若所欲이면 盡心力而爲

之라도 後必有災하리이다 曰可得聞與잇가 曰鄒人與
　　　　　　　　　　　　　　　　　　　　⑬

楚人戰則王以爲孰勝이니잇고 曰楚人勝하리이다 曰然
⑭

則小固不可以敵大며 寡固不可以敵衆이며 弱固不

可以敵强이니 海內之地方千里者九에 齊集有其一

하니 以一服八이 何以異於鄒敵楚哉리잇고 蓋亦反其
　　　　　　　　　　　　　　　　　　　　　　⑮

本矣니이다

| 국역 |

또한 왕은 갑병甲兵을 일으켜 군사와 신하들을 위태롭게 하고 제
후들에게 원한을 얽어 만들어 놓은 뒤에야 마음이 유쾌하시겠습

니까?" 왕이 말했다. "아닙니다. 내가 어찌 이러한 것에서 유쾌하게 여기겠습니까? 장차 내가 크게 하고자 하는 것을 구하려고 합니다." "왕께서 크게 하고자 하는 것을 들을 수 있겠습니까?" 왕이 웃고서 말을 하지 않자, 맹자께서 말씀하셨다. "기름지고 단 음식이 입에 부족하기 때문입니까? 가볍고 따뜻한 옷이 몸에 부족하기 때문입니까? 아니면 채색采色이 눈으로 보기에 부족하기 때문입니까? 소리와 음악이 귀로 듣기에 부족하기 때문입니까? 편폐便嬖(내시나 궁녀)가 앞에서 시키고 부리기에 부족하기 때문입니까? 왕의 여러 신하들이 모두 충분히 이러한 것들을 공급하고 있으니 왕은 어찌 이것 때문이겠습니까?" "아닙니다. 나는 이것 때문에 그러하지 않습니다." "그렇다면 왕이 크게 하고자 하는 것을 알 수 있겠습니다. 나라 땅을 넓혀 진秦나라와 초楚나라에 조회를 받고 중국中國에 군림하여 사방의 오랑캐들을 어루만지고자 하시는 것입니다. 이와 같은 소행으로 이와 같은 욕심을 추구한다면 나무에 올라가서 물고기를 구하는 것과 같습니다." 왕이 말했다. "이와 같이 심합니까?" "아마도 더 심함이 있을 것이니, 나무에 올라가서 물고기를 구하는 것은 비록 물고기를 얻지 못하더라도 뒤에 재앙이 없지만, 이와 같은 소행으로 이와 같은 욕심을 추구한다면 마음과 힘을 다해서 하더라도 뒤에 재앙이 있을 것입니다." "(그 내용을) 들을 수 있겠습니까?" "추鄒나라 사람들과 초楚나라 사람들이 전쟁을 한다면 왕은 누가 이기리라고 생각하십니까?" "초楚나라가 이길 것입니다." "그렇다면 작은 것은 본래 큰 것에 대적할 수 없으며, 적은 것은 본래 많은 것에 대적할 수 없으며, 약한 것은 본래 강한 것에 대적할 수 없습니다. 해내海內의 땅 중에 사방 천리가 되는 것이 아홉인데, 제齊나라가 그 하나를 차지한 것이니, 하나를 차지하여 여덟

을 복종시키는 것이 어찌 추鄒가 초楚를 대적하는 것과 다르겠습니까? 그러하니 역시 그 근본으로 돌아가야 할 것입니다.

| 난자풀이 |

[1] 抑 : 발어사. '아마도', '또한' 등으로 해석하면 된다.

[2] 爲 : ~ 때문이다.

[3] 肥 : 기름진 고기. 음은 '비'.

[4] 甘 : 단 음식. 음은 '감'.

[5] 輕煖 : 가볍고 따뜻한 옷. 옷은 가볍고 따뜻할수록 좋다. 난煖은 난暖과 같은 뜻.

[6] 抑 : 아니면.

[7] 辟 : 문맥에 따라 벽僻, 비譬, 피避, 벽闢 등으로 쓰인다. 여기서는 벽闢의 의미이다. '개척한다', '넓힌다' 등의 뜻.

[8] 莅 : '임한다'는 뜻으로 음은 '리'.

[9] 中國 : 천하의 중앙이라는 뜻이므로, 지금의 중국中國으로 알면 안 된다.

[10] 若 : '이와 같은'이라는 뜻이다. 조기는 순順, 즉 '따른다'라고 해석했다.

[11] 所爲 : '흥갑병위사신구원어제후興甲兵危士臣構怨於諸侯'를 의미한다.

[12] 殆 : 아마도.

[13] 鄒 : 맹자의 조국. 매우 작은 나라로 초楚에 대적할 수 있는 나라가 아니다.

[14] 楚 : 춘추시대에는 오패五覇 중의 한 나라이고 전국시대에는 칠웅七雄 중의 한 나라로 강국이었다.

[15] 蓋 : '대개'라는 뜻의 발어사이므로 여기서는 '그러하니'라고 번역하는 것이 좋다. 조기는 '마땅히'로 번역하였고, 또 뒷문장에 합盍으로 쓰인 예가 있으므로 여기서도 합盍으로 읽어야 한다는 설도 있다.

| 강설 |

맹자는 제선왕의 마음에 왕도정치를 실행할 수 있는 근거를 제시하고, 또 그 마음이 어떤 것인지 분석하였으며, 왕도정치를 실행하는 구체적인 방법까지 제시하였으나, 제선왕은 나라를 부강하게 하여 제후의 맹주盟主가 되고 싶은 욕망을 버리지 못하기 때문에 맹자의 말을 솔깃하게 받아들이지 못하였다.

이에 맹자는 제선왕에게 그러한 욕망을 버리지 아니하면 큰 재앙을 받게 될 것이라고 경각시킴으로써 제선왕으로 하여금 헛된 욕망을 버리고 정치의 근본인 왕도정치를 하는 쪽으로 방향을 전환하도록 설득하기에 이른 것이다.

今王이 發政施仁하사 使天下仕者로 皆欲立於王之 ①
朝하며 耕者로 皆欲耕於王之野하며 商賈로 皆欲藏
於王之市하며 行旅로 皆欲出於王之塗하시면 天下之 ②
欲疾其君者皆欲赴愬於王하리니 其如是면 孰能禦之 ③
리잇고

| 국역 |

지금 왕께서 훌륭한 정치를 펴고 인仁을 베푸시어 천하의 모든 벼슬하는 자들로 하여금 모두 왕의 조정에 서고 싶어하도록 하며, 경작하는 자들로 하여금 모두 왕의 들에서 경작하고 싶어하도록 하며, 상인들로 하여금 모두 왕의 시장에서 상품을 저장하고 싶어하도록 하며, 여행하는 자들로 하여금 모두 왕의 길에 나가고 싶어하도록 한다면, 천하에 임금을 미워하던 모든 자들이 다 왕에게 나아가 호소하려 할 것이니, 그 상황이 이와 같다면 누가 이것을 막을 수 있겠습니까?"

| 난자풀이 |

① 天下仕者 : 천하의 벼슬하는 사람. 즉 '벼슬하는 천하의 모든 사람' 또는 '벼슬하는 사람이면 누구나'라는 뜻이다.

② 商賈 : 상인. 상商은 행상으로 물건을 파는 사람을 말하고, 고賈는 점포에서 물건을 파는 사람을 말한다.

③ 欲疾其君者 : 그 임금을 미워하며 구체적으로 어떤 반대운동을 하려는 자.

| 강설 |

맹자는 앞에서, 왕도정치를 실행할 수 있는 근본이 되는, 마음을 넓혀가는 방법을 역설했으나, 제선왕이 워낙 패도정치覇道政治(힘으로 남을 제압하여 패권을 차지하려는 정치)에 대한 미련을 버리지 못하므로, 패도정치의 위험성을 지적하여 경각시킨 후, 여기서 왕도정치의 효과를 열거하여 부각시킴으로써 왕으로 하여금 왕도정치로 돌아오도록 유도한다.

　힘으로 다른 나라의 사람을 제압하려 하면 반발할 것이므로 나라가 위태롭게 되지만, 어질게 백성을 위하는 정치를 하면 모든 사람이 모여들 것이므로 저절로 부강해질 것이다.

王曰吾惛하여 不能進於是矣로니 願夫子輔吾志하여
[1]
明以敎我하소서 我雖不敏이나 請嘗試之하리이다 曰
[2]
無恒産而有恒心者는 惟士爲能이어니와 若民則無恒
[3]　[4]
産이면 因無恒心이니 苟無恒心이면 放辟邪侈를 無不
爲已니 及陷於罪然後에 從而刑之면 是는 罔民也라
[5]

焉有仁人在位하여 罔民而可爲也리오 是故로 明君이
⁶
制民之産하되 必使仰足以事父母하며 俯足以畜妻子
⁷　　　　　　　　　　　　　　　　　　　⁸
하여 樂歲에 終身飽하고 凶年에 免於死亡하나니 然後
⁹　　　⑩
驅而之善故로 民之從之也輕하니이다 今也에 制民之
産하되 仰不足以事父母하며 俯不足以畜妻子하여 樂
歲에 終身苦하고 凶年에 不免於死亡하나니 此惟救
死而恐不贍이어니 奚暇에 治禮義哉리오 王欲行之則
盍反其本矣니잇고
⑪

| 국역 |

왕이 말했다. "나는 몽매하여 이러한 정치에 나아갈 수 없으니, 원컨대 선생께서는 나의 뜻을 도와 밝은 지혜로 나를 가르쳐주소서. 나는 비록 민첩하지 못하지만 한번 시험해보겠습니다."

"일정한 재산이 없으면서도 항상 일정한 마음을 가지고 있는 자는 오직 선비만이 그러할 수 있습니다. 일반백성과 같은 경우에는 일정한 재산이 없으면 인하여 항상 일정할 수 있는 마음이 없어집니다. 진실로 항상 일정할 수 있는 마음이 없어지면 방자함·편벽됨·사악함·사치스러움 등을 하지 아니함이 없을 것이니, 그리하여 죄罪에 빠지는 지경에 이른 뒤에 좇아가서 그들을 벌준다면, 이는 백성을 그물질하는 것입니다. 자리에 있으면서 백성을 그물질하고서도 어찌 왕도정치를 해낼 수 있는 인인仁人이 있겠습니까? 이 때문에 현명한 군주가 백성의 생업을 관장할 경우에는, 반드시 위로는 부모를 섬기기에 충분하도록 하며, 아래로는 처자를 기르기에 충분하도록 하며, 풍년에는 1년 내내 배부르게 하고 흉년에는 죽는 것에서 벗어나도록 합니다. 그런 후에 (백성들을) 몰아서 선善에 나아가게 하는 것이니 그러므로 백성들이 따르기가 쉬운 것입니다. 지금은 백성의 생업을 관장하되 위로는 부모를 섬기는 데 부족하도록 하며, 아래로는 처자를 기르기에 부족하도록 하며, 풍년에는 1년 내내 고생하고, 흉년에는 죽는 것에서 벗어나지 못하도록 합니다. 이렇게 되면 오직 죽음을 구제하기에도 부족할까 두려워할 것이니 어느 겨를에 예의禮義를 다스리겠습니까? 왕이 (왕도정치를) 행하고자 하신다면 어찌 그 근본으로 돌아가지 아니하십니까?

| 난자풀이 |

1 惛 : 마음이 어둡고 몽매한 것. 음은 '혼'.
2 嘗試 : 시험해보는 것.
3 恒産 : 일정한 재산과 수입.
4 恒心 : 상황이 바뀌더라도 변하지 않는 일정한 마음.
5 罔 : 그물. 망網의 본 글자. 망민罔民은 고기를 그물질 하듯이 사람을 그물질하여 죄에 빠뜨리는 것을 말한다. 망罔을 '속이는 것'으로 보고 망민을 '백성을 속이는 것'으로 해석하는 경우도 있다.
6 爲 : '왕도정치를 한다'는 뜻. 위爲가 이러한 의미로 쓰인 용례는 「공손축하편公孫丑下篇」의 '장대유위지군심유소불소지신將大有爲之君心有所不召之臣'이라는 문장에도 있다. 전통적으로는 위爲의 목적어를 망민으로 보았는데, '망민이가위호罔民而可爲乎'와 같은 문장에서 이而의 앞에 있는 망민이 이而의 뒤에 있는 위爲의 목적어가 되는 경우는 다른 데에서는 찾아볼 수 없으므로 취할 수 없다. 그렇다면 '언유焉有'로 시작되는 이 문장 전체인 '언유인인재위망민이가위호焉有仁人在位罔民而可爲乎'의 형태를 분

석해보기로 하자. 이 문장의 해답으로 예상할 수 있는 것은 '미유인인재위망민이가위야未有仁人在位罔民而可爲也'인데, 이 문형은 '미유인이유기친자야未有仁而遺其親者也'와 같다. 다만 전자에서는 사람을 의미하는 말, 즉 인인仁人이 이而의 앞에 있고, 후자에서는 사람을 의미하는 말인 자者가 이而의 뒤에 있는 차이가 있을 뿐이다. '미유인이유기친자야未有仁而遺其親者也'를 보면, 이而의 위와 아래, 즉 '인仁'과 '유기친遺其親'의 내용상의 의미가 서로 상반되므로 이 문장에서도 '인인재위망민仁人在位罔民'과 '가위可爲'의 내용상의 의미를 서로 상반되게 해석하는 것이 좋을 것이다. 따라서 이 문장의 해석은 '인인이 자리에 있으면서 백성을 그물질하고서도 왕도정치를 해낼 수 있는 경우는 있지 않다'가 된다. 이 문장에서 인인을 뒤에 놓아 '미유재위망민이가위지인인야未有在位罔民而可爲之仁人也'로 해도 역시 뜻이 통하므로, '언유인인재위망민이가위호焉有仁人在位罔民而可爲乎'는 '어찌 자리에 있으면서 백성을 그물질하고서도 왕도정치를 해낼 수 있는 인인이 있겠는가?'라고 해석하는 것이 좋다. 백성을 그물질하는 것은 왕도정치에서 가장 먼 행동이기 때문에 아무리 어진 사람이라 할지라도 백성을 그물질하면서 동시에 왕도정치를 해낼 수 있는 사람은 없다는 것이다.

⑦ 制 : '주관한다' 또는 '관할한다'는 뜻.

⑧ 畜 : 동사로서 '기른다'는 뜻이 될 때는 음이 '흑'이 된다.

⑨ 樂歲 : 풍년이 든 해.

⑩ 身 : 신身을 글자 그대로 해석하여 '종신포終身飽'를 '몸이 배부른 상태로 마친다'고 해석하는 경우도 있고, 신身을 년年으로 보아 '종신포終身飽'를 '그해가 끝날 때까지 배부르다'로 해석하는 경우도 있으며, 종신終身을 '늘', '언제나' 등으로 해석하는 경우도 있다.

⑪ 盍 : 하불何不의 뜻. '어찌 ～하지 아니하는가?'로 해석한다. 음은 '합'.

| 강설 |

맹자가 왕도정치를 함으로써 나타나는 효과를 설명하자, 그제사 솔깃해진 제선왕이 맹자에게 왕도정치를 할 수 있도록 가르침을 요청했다.

본마음을 회복하여 본마음을 따라서 사는 군자는, 몸은 마음의 움직임을 실천하는 도구에 불과하므로, 몸을 유지하는 데 필요한 의식주나 돈 등에 마음을 빼앗기지 않지만, 본마음을 상실하고 몸의 욕구를 충족시키기 위한 삶을 사는 사람은, 몸의 욕구를 충족시킬 수 있는 돈이나 재산이 삶의 목적이 되기 때문에, 재산이 없어지면 모든 것을 잃어버린 것으로 생각하게 되어, 삶을 정상적으로 유지하지 못하고 무슨 짓인들 안하는 것이 없게 된다. 걷잡을 수 없게 되는 것이다.

안정된 삶을 유지할 수 있는 근본적인 방법은 본마음을 회복하여 본마음을 따라서 사는 것에서 찾을 수 있지만, 그것은 마음을 회복하기 위한 노력과 수양이 필요하므로 빠른 효과를 기대할 수는 없다. 빠른 효과를 기대할 수 있는, 직접적이고 구체적인 방법은 우선 백성들에게 일정한 재산과 생업이 있도록 하는 것이다. 맹자는 제선왕에게 먼저 전자의 방법을 제시하였으나 잘 알아듣지 못하므로 여기에서 후자의 방법을 제시하였다.

왕도정치를 실행하는 바람직한 순서는, 먼저 백성을 먹고 사는데 지장이 없게 한 후에, 다음으로 인간의 본마음을 회복할 수 있도록 유도하는 것이다.

吾畝之宅에 樹之以桑이면 五十者可以衣帛矣며 雞

豚狗彘之畜을 無失其時면 七十者可以食肉矣며 百

畝之田을 勿奪其時면 八口之家可以無飢矣며 謹庠

序之敎하여 申之以孝悌之義면 頒白者不負戴於道

路矣리니 老者衣帛食肉하며 黎民이 不飢不寒이요

然而不王者未之有也니이다

오묘五畝의 집에 뽕나무를 심으면 50세 된 자가 비단옷을 입을 수 있으며, 닭과 돼지와 개와 큰 돼지를 기르는 데 때를 놓침이 없으면 70세 된 자가 고기를 먹을 수 있으며, 백묘百畝의 밭에 농사지을 때를 빼앗지 아니하면 여덟 식구의 집안에 굶주림이 없을 수 있으며, 상서庠序의 가르침을 신중히 하여, 효제孝悌의 도리를 거듭 가르친다면, 반백이 된 자가 도로에서 지거나 이지 않을 것입니다. 늙은이가 비단옷을 입고 고기를 먹으며, 여민黎民들이 굶주리지 않고 춥지 않게 되고서도 왕도정치를 하지 못하는 자는 있지 아니합니다."

| 강설 |

왕도정치를 실행하는 구체적인 방법으로 "백성에게 일정한 재산을 가질 수 있도록 할 것"을 제시한 맹자는, 이제 마지막으로 백성이 일정한 재산을 가질 수 있는 구체적인 방법을 제시함으로써 긴 논의의 끝을 맺었다.

위의 문장과 거의 같은 내용이 제3장에서 이미 나온 바 있다.

二. 양혜왕장구하梁惠王章句下

제 1 장

장포현맹자왈포현어왕　　왕어포이호악이어늘　　포
莊暴見孟子曰暴見於王하니 王語暴以好樂이어늘 暴
　　[1]　　　　　[2]

미유이대야하니　왈호악이　하여　　맹자왈왕지
未有以對也하니 曰好樂이 何如하니잇고 孟子曰王之

호악이　심즉제국은　기서기호인저　타일에　견어왕왈
好樂이 甚則齊國은 其庶幾乎인저 他日에 見於王曰
　　　　　　　　　　[3] [4]

왕상어장자이호악하사소니　유저잇가　왕변호색왈과
王嘗語莊子以好樂하사소니 有諸잇가 王變乎色曰寡

인은　비능호선왕지악야라　직호세속지락이로소이다
人은 非能好先王之樂也라 直好世俗之樂耳로소이다
　　　　　　　　　　[5]　　　　　　　[6]

왈왕지호락이　심즉제기서기호인저　금지악이　유고
曰王之好樂이 甚則齊其庶幾乎인저 今之樂이 由古
　　　　　　　　　　　　　　　　　　　　[7]

지악야니이다
之樂也니이다

| 국역 |

장포莊暴가 맹자를 뵙고 말했다. "포暴가 왕에게 가서 뵈오니, 왕께서 저에게 음악을 좋아한다고 말씀하셨으나 저는 대답할 수가 없었습니다. 음악을 좋아하는 것이 어떠합니까?" 맹자께서 대답

하셨다. "왕께서 음악을 아주 많이 좋아하신다면 제齊나라는 근사하게 될 것이다." 다른 날에 왕에게 가서 말씀하셨다. "왕께서 일찍이 장자莊子에게 음악을 좋아한다는 것을 말씀하셨다 하니 그러한 일이 있습니까?" 왕이 얼굴빛을 바꾸고서 말했다. "과인은 선왕先王의 음악을 좋아할 수 있는 것이 아니라, 다만 세속의 음악을 좋아할 뿐입니다." "왕께서 음악을 아주 많이 좋아하신다면 제齊나라는 근사하게 될 것입니다. 지금의 음악이 옛날의 음악과 같습니다."

| 난자풀이 |

1 莊暴 : 제齊나라의 신하. 자세한 내용은 알려져 있지 않다.
2 於 : 장소를 가리키는 말 앞에 놓여 '~에서'라는 뜻이 되므로, '견어왕見於王'은 '왕이 있는 곳에 가서 거기에서 왕을 본다'는 뜻이 된다.
3 其 : 호악시비好惡是非를 판단하는 말 앞에 붙여서 추측을 나타내는 뜻을 더하는 조음소.
4 庶幾乎 : 근사하다. 여기서는 '왕도정치에 가까울 수 있을 것이다'라는 뜻이다. 호乎는 추측을 나타내는 접미사.
5 直 : 부사로서 '다만'이라는 뜻으로 쓰인다.
6 耳 : 술어의 뒤에 붙어서 주로 '~일 뿐이다'라는 뜻으로 쓰인다.
7 由 : 유猶와 통용.

| 강설 |

『논어論語』 태백편泰伯篇에 "흥어시興於詩, 입어례立於禮, 성어락成於樂"이라는 말이 있다. 시詩를 배워서 학문을 하려는 마음이 흥기된 후에는 예禮를 배워서 예禮를 실천할 수 있는 군자가 되어야 하며, 나아가서는 예禮의 형식이 내포하고 있는 도道를 배우고 덕德을 밝히며 인仁을 터득한 뒤, 음악이라는 수단을 통하여 남과 내가 융화되는 즐거움을 완성한다는 뜻이다.

　　왕도정치란 사람들이 서로 조화를 이룬 사회를 건설하는 것을 목적으로 삼고 있기 때문에, 남과 내가 하나로 융화되는 즐거움을 표현하는 수단인 음악을 좋아하는 사람은 왕도정치를 할 가능성이 있다.

　왕이 음악을 좋아한다는 말을 장포에게 들은 맹자는 음악을 좋아하는 왕의 마음을 실마리로 풀어 가면, 왕에게 왕도정치를 하도록 유도할 수 있다고 생각하고 왕을 방문하여 설득하였다.

　맹자의 말을 들은 왕은 고대의 고상한 음악을 알지 못하는 자신이 부끄러운 나머지, 현대의 천박한 유행가만 좋아할 뿐이라고 변명하지만, 고대의 음악을 좋아하든 현대의 음악을 좋아하든 음악을 좋아하는 마음이 왕도정치를 할 수 있는 실마리가 되는 것에는 차이가 없으므로, 맹자는 그것에 상관하지 않고 왕도정치의 방법을 왕에게 제시하기에 이른 것이다. 여기서의 왕은 앞 문장에 등장하는 제선왕齊宣王으로 보아야 할 것이다.

曰可得聞與잇가 曰獨樂樂과 與人樂樂이 孰樂이니잇
　　　　　　　　　　　　　　　　　　　[1]
고 曰不若與人이니이다 曰與少樂樂과 與衆樂樂이

孰樂이니잇고 曰不若與衆이니이다 臣請爲王言樂하리

이다 今王이 鼓樂於此어시든 百姓이 聞王鐘鼓之聲과
　　　　　　　　[2]
管籥之音하고 擧疾首蹙頞而相告曰吾王之好鼓樂이
[3][4]　　　　　　[5]　　　　　[6][7]
여 夫何使我至於此極也오 父子不相見하며 兄弟妻
　　　　　　　　　[8]
子離散이라하며 今王이 田獵於此어시든 百姓이 聞王
　　　　　　　　[9][10]
車馬之音하며 見羽旄之美하고 擧疾首蹙頞而 相告曰
[11][12]

吾王之好田獵^{오왕지호전렵}이여 夫何使我至於此極也^{부하사아지어차극야}오 父子不^{부자불}

相見^{상견}하며 兄弟妻子離散^{형제처자이산}이라하면 此^차는 無他^{무타}라 不與民^{불여민}

同樂也^{동락야}니이다 今王^{금왕}이 鼓樂於此^{고악어차}어시든 百姓^{백성}이 聞王鐘^{문왕종}

鼓之聲^{고지성}과 管籥之音^{관약지음}하고 擧欣欣然有喜色而相告曰^{거흔흔연유희색이상고왈}

吾王^{오왕}이 庶幾無疾病與^{서기무질병여}아 何以能鼓樂也^{하이능고악야}오하며 今王^{금왕}이

田獵於此^{전렵어차}어시든 百姓^{백성}이 聞王車馬之音^{문왕거마지음}하며 見羽旄之^{견우모지}

美^미하고 擧欣欣然有喜色而相告曰吾王^{거흔흔연유희색이상고왈오왕}이 庶幾無疾^{서기무질}

病與^{병여}아 何以能田獵也^{하이능전렵야}오하면 此^차는 無他^{무타}라 與民同樂^{여민동락}

也^야니이다 今王^{금왕}이 與百姓同樂^{여백성동락}하시면 則王矣^{즉왕의}시리이다

| 국역 |

"들을 수 있겠습니까?" "홀로 음악을 즐기는 것과 남과 함께 음악을 즐기는 것 중에서 어느 것이 더 즐겁습니까?" "남과 함께 하는 것만 같지 못합니다." "적은 사람들과 함께 음악을 즐기는 것과 많은 사람들과 함게 음악을 즐기는 것 중에서 어느 것이 더 즐겁습니까?" "많은 사람과 함께 하는 것만 같지 못합니다." "신臣은 청컨대 왕을 위하여 음악을 말씀드리겠습니다. 지금 왕이 이곳에서 풍악을 잡히시면 백성이 왕의 종소리, 북소리, 피리소리 등을 듣고는 모두 머리를 아파하고 이마를 찌푸리며 서로 말하기를, '우리 임금이 풍류를 잡히기 좋아하는구나. 어찌

우리들로 하여금 이 곤궁한 지경에 이르게 하는가. 부자간에 서로 보지 못하며 형제 처자가 헤어져 흩어지게 되는구나' 하며, 지금 왕이 이곳에서 사냥을 하시면 백성들은 왕의 수레소리 말소리를 들으며 깃발의 아름다움을 보고는 모두 머리를 아파하고 이마를 찌푸리며 서로 말하기를, '우리 임금이 사냥을 좋아하는구나. 어찌 우리들로 하여금 이 곤궁한 지경에 이르게 하는가. 부자간에 서로 보지 못하며 형제 처자가 헤어져 흩어지게 되는구나' 한다면, 이는 다름이 아니라 백성들과 즐거움을 함께 하지 않기 때문입니다. 지금 왕이 이곳에서 풍악을 잡히시면 백성들이 왕의 종소리, 북소리, 피리소리 등을 듣고는 모두 싱글벙글 기쁜 빛을 띠고서 서로 말하기를, '우리 임금이 거의 질병이 없으시구나! (그렇지 않으면) 어떻게 풍악을 잡힐 수 있는가?' 하며, 지금 왕이 이곳에서 사냥을 하시면 백성들이 왕의 수레소리 말소리를 들으며 깃발의 아름다움을 보고는 모두 싱글벙글 기쁜 빛을 띠고는 서로 말하기를, '우리 임금이 거의 질병이 없으시구나! 어떻게 사냥을 할 수 있는가?' 한다면, 이는 다름이 아니라 백성들과 즐거움을 함께 하기 때문입니다. 지금 왕께서 백성들과 즐거움을 함께 하신다면 왕도정치를 실행하게 될 것입니다.”

| 난자풀이 |

1 樂樂 : 주자朱子의 『맹자집주孟子集註』에는 '악락'으로 음이 표시되어 있다. '악'으로 발음되면 '음악'이라는 뜻이 되고, '락'으로 발음되면 '즐거워한다'는 뜻이다.

2 樂 : '풍류' 또는 '음악'이라는 뜻의 추상명사로 쓰이기도 하지만, 종·북·피리·퉁소 등의 총칭인 '풍악'이란 뜻의 보통명사로 쓰이기도 하는데, 여기서는 '풍악'이라는 뜻으로 쓰였다. 따라서 '고악鼓樂'은 '풍악을 잡힌다', '북·장고 등을 친다' 등의 뜻으로 해석해야 한다.

3 管 : 피리. 음은 '관'.

④ 籥 : 피리. 음은 '약'.

⑤ 擧 : 부사로 쓰일 때는 '모두'라는 뜻이 된다.

⑥ 蹙 : '찡그리다', '찌푸리다' 등의 뜻으로 음은 '축'.

⑦ 頞 : 콧줄기. 콧잔등. 이마. 음은 '알'.

⑧ 極 : 극한 상황. 지극히 어려운 상황.

⑨ 田 : '사냥한다'는 뜻으로 음은 '전'.

⑩ 獵 : '사냥한다'는 뜻으로 음은 '렵'.

⑪ 羽 : 깃발의 일종. 특히 꿩의 깃털이나 꼬리털로 장식한 깃발을 일컫는다.

⑫ 旄 : 깃발의 일종. 특히 소의 꼬리털로 장식한 깃발을 일컫는다. 음은 '모'.

⑬ 欣欣然 : 기뻐하는 모양을 형용한 말. '싱글벙글'로 번역하면 될 것이다.

⑭ 庶幾 : '근사하다', '거의 ~에 가깝다' 등의 뜻이다.

| 강설 |

음악은 순수한 마음을 표현한 것이며, 순수한 마음은 남과 하나가 된 마음이다. 왕이 음악을 좋아한다는 것은 백성들과 하나가 될 수 있는 근거가 된다. 맹자는 왕에게 이를 확인한 후, 이러한 마음을 현실적으로 정치에 반영하여 즐거움을 백성과 함께 나누는 것이 왕도정치라고 설명함으로써, 왕도정치의 실행방법을 구체적으로 제시하였다. 그리고 즐거움을 백성과 함께 하지 않았을 때 나타나는 백성의 반발을 설명하여 왕을 경각시킴으로써 왕도정치로 유도하는 효과를 배가시켰다.

이와 같이 맹자의 대화법의 특징은 일반론을 교훈적으로 이야기하는 것이 아니라, 항상 듣는 자의 입장이 되어, 듣는 자의 마음 속에서 구체적인 실마리를 찾아내어 그것을 근거로 풀어나가는 데 있다.

왕이 백성들에게 세금을 걷어 자기 개인의 즐거움을 추구하면, 백성들은 왕의 즐거움이 자신들의 고통의 대가임을 통감하고 그 왕을 미워할 것이지만, 왕이 음악을 만들어 백성들과 함께 즐기며, 사냥터를 만들어 백성들이 함께 사냥할 수 있게 하여 즐거움을 함께 나눈다면, 왕에게 즐거운 일이 많을수록 백성들에게도

즐거운 일이 많게 되는 것이므로, 백성들은 왕에게 즐거운 일이
많게 되기를 바랄 것이다.

齊宣王이 問曰文王之囿方七十里라하니 有諸잇가 孟
① ② ③

子對曰於傳에 有之하니이다 曰若是其大乎잇가 曰民
④

猶以爲小也니이다 曰寡人之囿는 方四十里로대 民猶

以爲大는 何也잇고 曰文王之囿는 方七十里에 芻蕘
⑤ ⑥

者往焉하며 雉兎者往焉하여 與民同之하시니 民以爲
⑦ ⑧

小不亦宜乎잇가 臣始至於境하여 問國之大禁然後에

敢入하니 臣聞郊關之內에 有囿方四十里에 殺其麋
⑨ ⑩

鹿者如殺人之罪라하니 則是方四十里로 爲阱於國中
⑪ ⑫ ⑬

이니 民以爲大不亦宜乎잇가

국역

제선왕이 물었다. "문왕의 동산이 사방 70리라 하니 그러한 사실
이 있습니까?" 맹자께서 대답하셨다. "전傳에 그러한 것이 있습
니다." "이처럼 큽니까?" "백성들은 오히려 작다고 느꼈습니다."
"과인의 동산은 사방 40리인데도 백성들이 오히려 크다고 여기
는 것은 어째서입니까?" "문왕의 동산은 사방 70리인데 꼴 베고
나무하는 자들이 거기에 가며 꿩을 잡고 토끼를 잡는 자들이 거

기에 가게 되어, 백성과 더불어 함께 하였으니 백성들이 작다고
생각하게 된 것이 또한 마땅하지 않습니까? 내가 처음 국경에
이르러 나라가 크게 금지하는 것을 물은 연후에 감히 들어왔습
니다. 나는 들었습니다. 교외의 관문 안에 사방 40리의 동산이
있는데 그 동산의 사슴을 죽인 자의 죄가 사람을 죽인 죄와 같
다고 하였습니다. 이는 사방 40리로 서울 가운데에 함정을 만든
것이니, 백성들이 크다고 여기는 것이 또한 마땅하지 않습니
까?"

| 난자풀이 |

1. 囿 : 새와 짐승을 번식시키고 기르는 동산. 옛날에 왕들이 농한기에 사냥
   으로 무예를 닦기 위하여 곡식을 심지 않은 한가한 땅에 동산을 만들었다
   고 한다.
2. 里 : 일리一里는 약 360m에 해당한다고 한다.
3. 諸 : 지호之乎와 같은 뜻이다.
4. 傳 : 옛날부터 전해오는 책.
5. 芻 : '꼴'이라는 뜻으로 음은 '추'인데, 여기서는 '꼴을 벤다'는 뜻의 동사로
   쓰였다.
6. 蕘 : '땔나무'라는 뜻으로 음은 '요'인데, 여기서는 '땔나무를 한다'는 뜻의
   동사로 쓰였다.
7. 雉 : '꿩'이라는 뜻으로 음은 '치'인데, 여기서는 '꿩을 잡는다'는 뜻의 동사
   로 쓰였다.
8. 兎 : '토끼'라는 뜻으로 음은 '토'인데, 여기서는 '토끼를 잡는다'는 뜻의 동
   사로 쓰였다.
9. 郊 : 서울 밖 100리까지를 교郊라고 한다. 교외.
10. 關 : 교외에 있는 관문.
11. 者 : 자者의 뒤에 '지죄之罪' 두 글자가 생략된 것으로 볼 수 있다.
12. 爲 : '이以A위爲B'의 문형은 'A를 가지고 B를 만든다'는 뜻으로 해석되므로
    여기서는 방사십리方四+里 앞에 이以가 생략된 것으로 보아야 한다.
13. 阱 : 함정. 구덩이. 음은 '정'.

왕이 백성들과 희로애락을 함께 한다면 백성들은 왕의 기쁨을
함께 기뻐하고 왕의 슬픔을獨 함께 슬퍼할 것이다.

제
3
장

齊宣王이 問曰交鄰國이 有道乎잇가 孟子對曰有하니
惟仁者라야 爲能以大事小하나니 是故로 湯이 事葛하
[1] [2]
시고 文王事昆夷하시니이다 惟智者라야 爲能以小事
[3]
大하나니 故로 大王事獯鬻하시고 句踐이 事吳하니이다
[4] [5] [6] [7]
以大事小者는 樂天者也요 以小事大者는 畏天者也
니 樂天者는 保天下하고 畏天者는 保其國이니이다 詩
[8]
云畏天之威하여 于時保之라하니이다
[9]

국역

제선왕齊宣王이 물었다. "이웃나라를 사귀는 데 방법이 있습니
까?" 맹자께서 대답하셨다. "있습니다. 오직 인자仁者만이 대국大
國의 입장에서 소국小國을 섬길 수 있습니다. 그러므로 탕湯이
갈葛나라를 섬겼고 문왕文王이 곤이昆夷를 섬긴 것입니다. 오직
지자智者만이 소국小國의 입장에서 대국大國을 섬길 수 있습니다.
그러므로 대왕大王이 훈죽獯鬻을 섬겼고 구천句踐이 오吳나라를
섬긴 것입니다. 대국의 입장에서 소국을 섬기는 자는 하늘을 즐

거워하는 자이고, 소국의 입장에서 대국을 섬기는 자는 하늘을
두려워하는 자이니, 하늘을 즐거워하는 자는 천하를 보전하고
하늘을 두려워하는 자는 자기 나라를 보전합니다. 『시경詩經』에
이르기를, '하늘의 위엄을 두려워하여 이렇게 보전한다' 하였습
니다."

| 난자풀이 |

① 湯 : 혁명을 일으켜 하왕조夏王朝를 멸망시키고 은왕조殷王朝를 세운 임금.
② 葛 : 나라 이름. 갈葛나라 임금을 갈백葛伯이라 한다.
③ 昆夷 : 서방에 있는 이민족異民族 국가 중 한 나라. 『시경』 대아大雅 문왕
　　지십文王之什 중의 면편緜篇에 이러한 내용의 이야기가 실려 있다. 음은
　　'곤이'.
④ 大王 : 주周나라 문왕文王의 조부인 고공단보古公亶父를 가리킴. 대大는 태
　　太와 통용되므로 '대왕大王'은 '태왕'으로 발음하여야 한다.
⑤ 獯鬻 : 북방에 있는 이민족異民族 국가 중의 하나. 음은 '훈육'.
⑥ 句踐 : 춘추시대의 월越나라 임금. 오吳의 임금 부차夫差는 부왕父王의 원
　　수를 갚기 위하여 월越나라 임금 구천을 칠 때까지 늘 땔나무 위에서 지
　　내며 신고辛苦하였으며, 그 결과 부차에게 패배한 구천 또한 설욕할 수
　　있을 때까지 쓸개를 맛보며 각오를 늦추지 않았다고 한다. 따라서 뜻을
　　이루기 위하여 고통을 참고 견디는 것을 '땔나무에 눕고 쓸개를 맛본다'
　　는 뜻으로 와신상담臥薪嘗膽이라 한다. 여기서 '구천이 오吳를 섬겼다'는
　　말은 원수를 갚기 전의 오吳에 대한 태도를 말한다.
⑦ 吳 : 춘추시대 오패五覇 중의 한 나라. 월越나라와 이웃한 나라.
⑧ 詩 : 『시경』 주송周頌 청묘지십淸廟之什 중의 아장편我將篇.
⑨ 時 : 시是와 통용.

| 강설 |

사람은 인자의 부류에 속하는 사람과 지자의 부류에 속하는 사
람으로 나눌 수 있다. 인자의 부류에 속하는 사람은 남과 나를
구별하지 않는 특징이 있고, 지자의 부류에 속하는 사람은 남

과 나를 잘 구별하는 특징이 있다.

인자의 부류에 속하는 사람은 또 둘로 나눌 수 있다. 하나는 남과 나를 구별하지 않음으로써 남을 나처럼 여기고 사랑하는 사랑의 실천자이고, 다른 하나는 고생은 남이 하고 챙기는 것은 내가 하려는 의타심의 소유자인데, 전자에 해당하는 사람이 인자이다.

지자의 부류에 속하는 사람도 둘로 나눌 수 있다. 하나는 남과 나를 구별함으로써 주체적·독립적으로 행동하며 자기가 한 일에 책임을 지는 사람이고, 다른 하나는 남의 일에 무관심하고 몰인정한 사람인데, 이 중에서 전자에 해당하는 사람이 지자이다.

사람의 요소 중에서 남과 구별되지 않는 부분은 마음이고, 남과 구별되는 부분은 몸이므로, 인자는 마음을 중시하고 지자는 몸을 중시한다.

마음을 중시하는 사람은 남을 나처럼 여기고 아끼기 때문에 힘이나 세력이 자기보다 작은 사람일지라도 배려하고 아끼며 존중한다. 이와 반대로 몸을 중시하는 사람은 몸의 속성인 힘이나 세력을 존중하므로, 힘이나 세력이 큰 사람을 받든다.

탕湯은 천자天子가 되기 전에 이미 상당한 세력을 가지고 있었으나 자기의 세력을 잊고 갈백을 받들었으며, 문왕 또한 상당한 세력을 가지고 있었으나 곤이를 존중하고 받들었으니, 이것이 인자가 이대사소以大事小하는 예例이다. 태왕太王은 힘이 미약할 때 훈육獯鬻을 존중하고 받듦으로써 자신을 보전하였고, 구천은 오왕吳王 부차에게 원수를 갚을 수 있을 때까지 오吳를 잘 받듦으로써 자신을 보전하였는데, 이것이 지자의 예이다.

사람의 몸이 살아가는 원동력은 마음이며, 마음 중에서도 가장 깊숙한 곳에 존재하는 본마음이라고 할 수 있는데, 이 본마음은 다른 모든 사람의 본마음과 같은 것이며 하나이다. 이러한 의미에서 이 본마음을 천天(하늘)이라 하는 것이다. 그러므로 천天은 개인의 삶을 유지하는 원동력이며 동시에 모든 사람의 삶을 공통적으로 유지하는 원동력이다.

　마음을 중시하는 인자는 본마음, 즉 천天의 뜻에 따라서 살게 되므로, 모든 사람과 함께 살려는 입장에서 자기 개인의 삶을 영위하게 된다. 그러므로 인자는 자기 개인의 죽음이 모두를 살리는 데 필요한 것이라면 기꺼이 죽는다. 인자는 자기 개인의 삶을 위하여 근심하거나 두려워함이 없고, 오직 천天을 실천하여 전체가 조화되는 데서 나타나는 즐거움만을 누리는 것이다. 낙천자樂天者인 것이다.

　몸을 중시하는 지자는 몸의 삶을 유지하는 것에 주력하는데, 개인의 삶은 다른 사람들 전체의 삶에 조화될 때 유지될 수 있으므로, 다른 사람 전체의 삶의 방법에 조화되지 못할까 두려워하게 된다. 개인의 삶은 회사, 학교 등 그가 소속된 단체에 조화됨으로써 유지되고, 학교나 회사 등은 그것이 소속된 나라에 조화됨으로써 유지되며, 그 나라는 세계의 국제질서에 조화됨으로써 유지될 수 있고, 이 세상은 대자연의 질서에 조화됨으로써 유지될 수 있다. 학교·회사 등은 개인의 삶을 유지시키는 천天이고, 나라는 각 사회단체를 유시시키는 천天이며, 국제질서는 각 나라를 유지시키는 천天이고, 대자연의 질서는 이 세상을 유지시키는 천天이다. 그러므로 지자는 자기 개인의 삶을 유지하기 위하여, 자기가 소속된 사회단체에 조화되지 못할까 두려워하며, 사회단체의 장長은 그 사회단체가 나라의 움직임에 조화되지 못할까 두려워하며, 국가의 원수는 그 나라가 국제질서에 조화되지 못할까 두려워한다. 외천자畏天者인 것이다.

　천天을 즐거워하는 자는 이 세상 모두가 전체적으로 조화되는 상태를 즐거워하기 때문에 세계평화를 이룩하는 데 적합하고, 천天을 두려워하는 자는 개인의 삶을 유지하는 데 탁월한 능력이 있다.

王曰大哉라 言矣여 寡人有疾하니 寡人은 好勇하노이다 對曰王請無好小勇하소서 夫撫劍[1]疾視[2]曰彼惡敢當[3]我哉리오하나니 此는 匹夫之勇[4]이라 敵一人者也니 王請大之하소서 詩云王赫斯[6]怒하사 爰整其旅[8]하여 以遏[9]徂莒[10][11]하여 以篤周祜[12]하여 以對于天下[13]라하니 此는 文王之勇也니 文王一怒而安天下之民하시니이다 書曰天[14]降下民하사 作之君作之師[15][16]는 惟曰其助上帝[17][18]하여 寵之[19]四方[20]이시니 有罪無罪에 惟我在어니 天下曷敢有越厥[22]志[23]리오하니 一人衡行於天下어늘 武王恥之[24]하시니 此는 武王之勇也니 而武王亦一怒而安天下之民하시니이다 今王亦一怒而安天下之民하시면 民惟恐王之不好勇也리이다

| 국역 |

왕이 말했다. "크도다. 말씀이여! (그러나) 과인은 병통이 있으니, 과인은 용기를 좋아합니다." 맹자께서 대답하셨다. "왕께서는 청컨대 작은 용기를 좋아하지 마소서. 칼을 어루만지고 상대방을 노려보며 말하기를, '저것이 어찌 감히 나를 당하겠는가' 하나니, 이는

필부匹夫의 용기이니 한 사람을 대적하는 것입니다. 왕은 청컨대 용기를 크게 가지소서. 『시경』에 이르기를, '왕께서 발끈 성을 내어 마침내 그 군대를 정돈하여, 침략하러 가는 무리를 막아서 주周나라의 복을 돈독히 하여 천하天下의 기대에 부응하였다' 하였으니, 이것은 문왕의 용기입니다. 문왕이 한번 성을 내어서 천하의 백성을 편안케 하였습니다. 『서경』에 이르기를, '하늘이 하민下民을 내리시어 그들에게 임금을 만들어주고 스승을 만들어준 것은 오직 「상제上帝를 도와 사방에서 그들(백성들)을 사랑하라」고 한 것이니, 죄가 있는 것과 죄 없는 것을 오직 내가 가릴 것이니, 천하에 어찌 감히 그 뜻을 월권하는 자가 있겠는가?' 하였습니다. 한 사람이 천하에 횡행하거늘 무왕武王이 이를 부끄러워하였으니, 이것은 무왕의 용기입니다. 무왕이 또한 한번 성을 내어서 천하의 백성을 편안케 하였습니다. 지금 왕께서 또한 한번 성내어서 천하의 백성을 편안케 하신다면, 백성들은 오직 왕께서 용기를 좋아하지 아니할까 두려워할 것입니다."

| 난자풀이 |

1 撫 : '어루만지다'는 뜻으로 음은 '무'.
2 疾 : '원망한다', '미워한다' 등의 뜻. 음은 '질'. 질시疾視는 '미워하여 노려 본다'는 뜻.
3 惡 : '어찌'라는 의문사로서 음은 '오'.
4 匹夫 : 평범한 한 남자.
5 詩 : 『시경』 대아 문왕지십 중의 황의편皇矣篇. 주周나라와 문왕의 덕德을 찬양한 시詩.
6 赫斯 : 크게 화를 내는 모양. '발끈'으로 번역하면 될 것이다.
7 爰 : 이에. 마침내. 음은 '원'.
8 旅 : 군대. 군사.
9 遏 : '막는다'는 뜻으로 음은 '알'. 지금의 『시경』에는 '접接'으로 되어 있다.

⑩ 徂 : '간다'는 뜻으로 음은 '조'.

⑪ 莒 : '군대', '무리'라는 뜻으로 음은 '거'. 지금의 『시경』에는 '여旅'로 되어 있다. '조거徂莒'는 '밀密나라의 군대가 완阮나라를 침략하기 위하여 공共이라는 곳을 지나가는 군대'를 말한다.

⑫ 周祐 : 주周나라의 복.

⑬ 天下 : 천하 사람들의 기대.

⑭ 書 : 지금의 『서경書經』 주서周書 태서편泰誓篇에 거의 같은 문장이 보인다. 지금의 『서경』에는 대체로 맹자가 보았던 내용 그대로가 전해진 부분과 진한秦漢 때 없어졌다가 4세기경 진晉나라 때 고대古代의 자료를 참고하여 위작僞作한 부분이 함께 들어 있다. 이 태서편은 후자에 속하기 때문에, 후한後漢 때 조기趙岐의 주注에는 『서경』 중에서 없어진 부분에 해당한다'고 하였다.

⑮ 作 : 영어문법에서 말하는 수여동사授與動詞에 해당하므로, '만들어준다'는 뜻으로 번역해야 할 것이다. '작作AB'는 'A에게 B를 만들어준다'는 뜻이다.

⑯ 之 : '그것'이라는 뜻의 지시대명사이므로 여기서는 앞의 '하민下民'을 가리키는 것으로 보아야 할 것이다.

⑰ 其 : 명령문 앞에 놓여서 명령하는 뜻을 부드럽게 하는 조음소 역할을 한다.

⑱ 上帝 : '하늘'. '하늘'을 뜻하는 말로 은殷 이전에는 '상제上帝'를 많이 썼고, 주周 이후에는 '천天'을 많이 썼다. '천天'이라는 말은 원래 중국의 서부지방과 중앙아시아에서 쓰던 용어였는데, 주周가 중원中原을 차지한 후 일반화되었다는 설이 있다.

⑲ 之 : 역시 하민을 가리키는 것으로 보아야 할 것이다. 주자朱子는 군君과 사師를 가리키는 것으로 보았다.

⑳ 四方 : 사방四方이란 '사방으로 전개되는 이 세상'을 의미하는데, 이 말은 장소를 나타내는 말이므로 앞에 어於가 있어야 하지만, 한문은 네 글자씩 만드는 경향이 있으므로 이를 생략한 것으로 볼 수 있다.

㉑ 天下 : 장소를 나타내는 말이므로 궐지厥志 뒤에 '어천하於天下'의 상태로 놓여야 할 것이나 강조되어 앞으로 나오고 어於는 생략되었다.

㉒ 厥 : 기其와 같은 뜻. 음은 '궐'.

㉓ 衡 : 횡橫과 통용. 따라서 음은 '횡'. 형행衡行은 바로 가는 것이 아니라 옆으로 간다는 뜻이므로 '세상을 어지럽힌다'는 뜻이 된다.

㉔ 武王 : 문왕의 아들. 이름은 발發. 아우 주공단周公旦과 협력하여 은殷을

멸하고 주周를 세웠다. 태공망太公望을 사사師事하여 선정善政을 베풀었다.

| 강설 |

이웃나라와 사귀는 방법을 질문한 제선왕에게 맹자는 인자의 경우와 지자의 경우로 나누어 설명하였는데, 이에 의하면 작은 나라도 잘 받들 수 있어야 하며, 큰 나라도 잘 받들 수 있어야 한다. 그러나 제선왕은 작은 나라를 받들기보다는 작은 나라를 합병하여 나라를 키워가고 싶고, 큰 나라와 싸워 이김으로써 제후의 맹주盟主가 되고 싶기 때문에 맹자의 가르침을 따르지 못하고 "나는 용기를 좋아하는 병폐가 있기 때문에 따를 수 없다"며 사양하고 있다.

그러나 맹자는 놓치지 않고 용기를 좋아하는 왕의 마음을 근거로 하여 왕도정치를 실행하는 방법을 제시하였다.

용기를 좋아하는 것 중에서 남에게 지기 싫어하여 덤비는 것은 작은 용기로 보잘것이 없지만, 세상의 사람을 편안케 하려는 용기는 왕도정치를 실행할 수 있는 원동력이 된다.

밀密나라 사람들이 왕명을 어기고 완阮나라를 침략하기 위하여 공共이라는 곳을 지나갈 때, 군사를 동원하여 이를 저지함으로써 평화를 바라는 세상 사람들의 기대에 부응하고, 그 결과 주周나라의 위치를 더욱 굳건히 하여 주周나라의 복을 두텁게 한 문왕의 용기나, "하늘이 백성을 내리고서 그들을 위하여 임금을 만들고 스승을 만든 까닭은, 자기의 뜻을 도와 사방에서 백성들을 사랑하게 한 것이므로, 죄 있는 사람에게 벌을 주고 죄 없는 사람에게 상을 주는 하늘의 역할을 대신하는 내가 있으니, 아무도 하늘의 뜻을 어길 수 없을 것이다"라고 하고서 주紂를 처벌하여 혁명을 성공시킨 무왕의 용기야말로 본받아야 할 참다운 용기라는 것이다.

천天은 사람의 몸을 살려가는 가장 근원적인 원동력이며, 사람을 포함한 천하의 모든 물체는 천天에 의하여 생겨났고, 천天에 의

하여 삶을 유지하고 있다고 할 수 있다. 이를 "천天이 사람을 낳고 천天이 사람의 삶을 유지시키고 있다"고 할 수 있을 것이다. '천강하민天降下民'이라는 말은 이러한 내용을 상징적으로 표현한 것이다.

모든 사람에게 공통적으로 내재해 있는 공통의 의지에 의하여 임금이 추대되는 것이므로, 모든 사람의 공통의 의지가 임금을 추대하는 것이라고 할 수 있는데, '작지군作之君'이란 이러한 의미로 쓰여진 것으로 이해할 수 있다.

그러므로 임금의 역할은 모든 사람을 다 같이 살려가려는, 모든 사람의 공통의 의지를 현실적으로 실행하여 모든 사람을 다 같이 잘 살도록 하는 것이다.

제 4 장

齊宣王이 見孟子於雪宮이러니 王曰賢者도 亦有此樂
①
乎잇가 孟子對曰有하니 人不得則非其上矣니이다 不
②
得而非其上者도 非也나 爲民上而不與民同樂者도
亦非也니이다 樂民之樂者民亦樂其樂하고 憂民之憂
③
者民亦憂其憂하나니 樂以天下하며 憂以天下하고 然
而不王者未之有也니이다

| 국역 |

제선왕齊宣王이 설궁雪宮에서 맹자를 뵈었다. 왕이 말했다. "현자賢者도 또한 이러한 즐거움이 있습니까?" 맹자께서 대답하셨다. "있습니다. 사람들은 (이러한 즐거움을) 얻지 못하면 그 윗사람

을 비난합니다. 얻지 못하고서 그 윗사람을 비난하는 자도 잘못이고, 백성의 윗사람이 되어 백성과 더불어 즐거움을 함께하지 아니하는 자도 또한 잘못입니다. 백성의 즐거움을 즐거워하면 백성들 또한 그 임금의 즐거움을 즐거워하고, 백성들의 근심을 근심하면 백성들 또한 그 임금의 근심을 근심합니다. 온 세상 사람들과 하나 되어 즐거워하며 온 세상 사람들과 하나 되어 근심하고 그러고서도 왕도정치를 하지 못하는 자는 아직 있지 아니합니다.

| 난자풀이 |

① 雪宮 : 제齊나라의 이궁離宮 이름. 이궁이란 임금이 유람하기 위하여 궁성에서 떨어진 곳에 지은 궁전.

② 非 : 동사로 쓰이면 '비난한다'는 뜻이 된다.

③ 其 : 앞의 '낙민지락樂民之樂'하는 사람을 가리키므로 '그 임금의'로 번역하면 된다.

| 강설 |

제선왕이 설궁에서 설궁의 뜰에 있는 새나 짐승들을 감상하면서 맹자에게 "현자도 이와 같은 즐거움이 있습니까?" 하고 물은 것인데, 맹자는 역시 왕의 즐거워하는 마음을 실마리 삼아서 왕도정치의 방법을 제시하였다.

일반 사람들은 자신에게 즐거움이 없어지면 모든 것을 임금의 탓으로 돌리고 비난하는데, 비난하는 백성도 잘한 것이라고 할 수는 없지만, 근본적으로 잘못한 것은 임금이 백성과 즐거움을 같이 하지 않은 데 있다.

맹자가 여기서 백성이 비난하는 것을 잘한 것이라고 하지 않은 것은, 즐거움이란 근본적으로 마음속에서 찾아지는 것이므로 전적으로 임금에게만 달려 있는 것이 아니기 때문이다. 그러나 이 문장에서 맹자가 강조하고자 하는 것은 백성과 즐거움을 같이 하지 못하는 임금의 잘못에 관한 것이다.

임금의 역할은 천天을 대신하여 모든 백성을 다 같이 잘 살도록 하는 것이므로, 임금은 전체의 입장에서 모든 것을 판단해야 하고, 전체의 입장에서 즐거워하며 슬퍼해야 하는 것이니 이것이 왕도정치이다.

임금이 백성과 하나가 되어 백성 전체의 즐거움을 자기의 즐거움으로 삼고 백성 전체의 슬픔을 자기의 슬픔으로 삼는다면, 백성들은 임금의 즐거움이 자신들의 즐거움이며, 임금의 근심이 자신들의 근심임을 알게 되어, 임금이 즐거워하면 함께 즐거워하고 임금이 근심하면 함께 근심하게 된다.

맹자는 다음과 같은 제경공齊景公과 안영晏嬰의 문답을 통하여 백성과 고락苦樂을 함께하는 경우와 그렇지 못한 경우를 구체적으로 제시하고 있다.

昔者에 齊景公이 問於晏子曰吾欲觀於轉附朝儛하
[1]   [3]   [4] [5]

여 遵海而南하여 放於琅邪하노니 吾何修而可以比於
                [6]   [7]

先王觀也오 晏子對曰善哉라 問也여 天子適諸侯曰

巡狩니 巡狩者는 巡所守也요 諸侯朝於天子曰述職

이니 述職者는 述所職也니 無非事者요 春省耕而補
                                        [8]

不足하며 秋省斂而助不給하나니 夏諺에 曰吾王不遊
        [9]   [10] [11]

면 吾何以休며 吾王不豫면 吾何以助리오하니 一遊

一豫爲諸侯度니이다
[12]

| 국역 |

옛적에 제경공이 안자晏子에게 묻기를, '나는 전부산轉附山과 조무산朝儛山에서 구경하고 바닷가를 따라 남쪽으로 가서 낭야산琅邪山에 이르고자 하노니, 내가 어떻게 해야 선왕의 관광하는 것에 견줄 수 있겠는가?' 하였습니다. 안자는 (다음과 같이) 대답하였습니다. '좋습니다. 질문이여! 천자가 제후에게 가는 것을 순수巡狩라고 하니, 순수란 지키고 있는 것을 돌아본다는 뜻이고, 제후가 천자에게 가서 조회하는 것을 술직述職이라 하니, 술직이란 담당하고 있는 것을 진술한다는 뜻이니, 일 아닌 것이 없습니다. 봄에는 밭 가는 것을 살펴서 부족한 것을 보충해주며, 가을에는 수확하는 것을 살펴서 넉넉하지 못한 것을 도와줍니다. 하夏나라의 속담에 이르기를, '우리 임금이 유람하지 않으면 우리가 어떻게 쉬며, 우리 임금이 즐기지 않으면 우리가 어떻게 도움을 받으리오?' 하였으니, 한번 유람하고 한번 즐기는 것이 제후들의 본보기가 되는 것입니다.

| 난자풀이 |

1 者 : 어세語勢를 강조하는 역할을 한다.
2 齊景公 : 제齊나라에서 경공景公이라는 이름을 가진 임금은 두 사람이 있는데, 여기서의 경공은 이름이 저구杵臼. 기원전 547년에서 490년까지 재위한 임금을 말한다. 제齊나라에는 원래 태공망太公望의 자손들의 나라였는데, 후에 전씨田氏가 임금의 자리를 빼앗고서 나라 이름은 그대로 사용하였다. 선왕宣王은 전씨가 제齊나라의 임금이기 때문에, 맹자는 같은 제齊나라의 임금인 경공景公을 일컬을 때 이와 구별하여 제경공이라 한 것이다.
3 晏子 : 이름은 영嬰, 자는 평중平仲. 제齊나라의 명신名臣으로『안자춘추晏子春秋』라는 저서가 있다.

④ 轉附 : 제齊나라 국내에 있는 산 이름.

⑤ 朝儛 : 제齊나라 국내에 있는 산 이름.

⑥ 放 : 지至의 뜻. 즉 '이른다'는 뜻이다.

⑦ 琅邪 : 제齊나라의 동남쪽 국경에 있는 고을 이름. 음은 '랑야'.

⑧ 省 : '살핀다'는 뜻으로 음은 '성'. '줄인다'는 뜻으로 쓸 때는 음이 '생'이 된다.

⑨ 斂 : 수확하는 것. 음은 '렴'.

⑩ 夏 : 우禹임금이 세운 나라 이름.

⑪ 諺 : 속담. 음은 '언'.

⑫ 度 : 법도. 본보기. 음은 '도'.

| 강설 |

임금이 놀러다니면 다닐수록 백성들에게 도움이 되기 때문에, 백성들은 임금을 놀러다니기를 바라게 된다.

今也엔 不然하여 師行而糧食하여 飢者弗食하며 勞者弗息하여 睊睊胥讒하여 民乃作慝이어늘 方命虐民하여 飮食若流하여 流連荒亡하여 爲諸侯憂하나니이다

從流下而忘反을 謂之流요 從流上而忘反을 謂之連이요 從獸無厭을 謂之荒이요 樂酒無厭을 謂之亡이니

先王은 無流連之樂과 荒亡之行하더시니 惟君所行也니이다 景公說하여 大戒於國하고 出舍於郊하여 於是에 始興發하여 補不足하고 召大師曰爲我作君臣相說

지_之 악_樂하라하니 개_蓋 치_徵 소_招[10] 각_角 소_招[11] 시_是 야_也라 기_其 시_詩 왈_曰 축_畜 군_君 하_何 우_尤[12]리

오하니 축_畜 군_君 자_者는 호_好 군_君 야_也니이다

| 국역 |

지금에는 그렇지 못하여 왕의 군사들이 따라가면서 식량을 걷어 먹으므로 굶주린 자가 먹지 못하며 수고로운 자가 쉬지 못해서 힐끔힐끔 흘기며 서로 비방하다가 백성들이 마침내 간악한 일을 하거늘, 명命(천명天命)을 거스르고 백성을 학대하여, 마시고 먹는 것이 물 흐르듯하여, 유연流連하고 황망荒亡하여 제후들의 걱정거리가 되고 있습니다. 물길을 따라 아래로 내려가 놀면서 돌아옴을 잊어버리는 것을 유流라 하고, 물길을 따라 위로 거슬러 올라가 놀면서 돌아옴을 잊어버리는 것을 연連이라 하고, 짐승을 쫓아 사냥하면서 싫어함이 없는 것을 황荒이라 하고, 술을 즐기면서 싫어함이 없는 것을 망亡이라 합니다. 선왕은 유연하는 즐거움과 황망한 행실이 없으셨으니 오직 임금께서 행해야 할 것입니다.' 경공景公이 기뻐하여 나라 안에 크게 포고령을 내리고 교외에 나가서 머물면서 비로소 창고를 열어 부족한 백성들에게 보조해주고, 태사를 불러 말하기를, '나를 위하여 군신이 서로 기뻐하는 음악을 만들라' 하였으니, 대개 치소徵招와 각소角招가 그것입니다. 그 시詩에 이르기를, '임금을 따르니 무슨 허물이 있겠는가' 하였으니, 임금을 따른다는 것은 임금을 좋아한다는 것입니다."

| 난자풀이 |

1. 師 : 2500인 규모의 군대.
2. 食 : 타동사이기 때문에 '먹히다', '먹어 없어지다' 등으로 해석해야 할 것이다.
3. 睊睊 : 옆눈으로 흘겨보는 모양. '힐끔힐끔'으로 번역하면 될 것이다.
4. 胥 : 상相과 같은 뜻. 따라서 뜻은 '서로', 음은 '서'.
5. 讒 : 비방하는 것. 음은 '참'.
6. 慝 : 도둑질이나 탈세 등의 간특하고 나쁜 일. 음은 '특'.
7. 方 : '거스른다'는 뜻. '방명方命'은 '천명天命을 거스른다'는 뜻.
8. 說 : 열悅과 통용. '기뻐한다'는 뜻으로 음은 '열'.
9. 大師 : 음악을 담당하는 관리들 중 우두머리. 대大는 태太와 통용되므로 '태사'로 발음해야 한다.
10. 徵招 : 치徵는 음악의 오성五聲 중의 하나이고, 소招는 순舜임금의 음악이니 소韶와 통용된다. 음악의 오성五聲은 궁宮, 상商, 각角, 치徵, 우羽인데, 치徵는 일에 관한 음악에 주로 쓰고 각角은 백성을 위한 음악에 주로 쓴다. 따라서 '치소徵招'는 '순舜임금의 음악을 본받아 만든, 일에 관한 음악'이라 할 수 있다. 음은 '치소'이다.
11. 角招 : 순舜임금의 음악을 본받아 만든, 백성을 위한 음악. 음은 '각소'.
12. 畜 : 축慉과 통용되므로 '따른다'는 뜻으로 보아야 할 것이다. 따라서 '축군하우畜君何尤'는 '임금이 훌륭하기 때문에 임금을 따르기만 하면 만사가 잘 진행되므로 무슨 허물이 있겠는가?'라는 뜻으로 해석할 수 있다. 주자朱子는 축畜을 지止의 뜻으로 보고 '임금의 욕심을 막는 것'이라 했다.

| 강설 |

여기서는 경공이 신하의 말을 듣고 정치방법을 쇄신한 경우를 제시하였다.

96

齊宣王이 問曰人皆謂我毀明堂이라하나니 毀諸잇가
[1]

已乎잇가 孟子對曰夫明堂者는 王者之堂也니 王欲

行王政則勿毀之矣소서 王曰王政을 可得聞與잇가 對

曰昔者文王之治岐也에 耕者에 九一하며 仕者에 世
[2] [3]

祿하며 關市에 譏而不征하며 澤梁에 無禁하며 罪人에
[4][5] [8] [9]

不孥하시더니 老而無妻曰鰥이요 老而無夫曰寡요 老
[10]

而無子曰獨이요 幼而無父曰孤니 此四者는 天下之

窮民而無告者어늘 文王이 發政施仁하시되 必先斯四

者하시니 詩云哿矣富人이어니와 哀此煢獨이라하니이다
[11] [12] [13]

| 국역 |

제선왕이 물었다. "사람들이 모두 나에게 명당明堂을 헐라고 하니,
그것을 헐어야 합니까? 그만두어야 합니까?" 맹자께서 대답하셨다.
"대저 명당이란 왕자王者의 집이니 왕께서 왕도정치를 행하고자 하
신다면 헐지 마십시오." 왕이 말했다. "왕도정치를 들을 수 있겠습
니까?" 맹자께서 대답하셨다. "옛적에 문왕文王이 기산岐山 지역을
다스릴 적에 경작하는 자들에게 9 가운데 1의 세금을 받았으며, 벼
슬하는 자들에게는 대대로 녹祿을 주었으며, 관문과 시장에서는 살
피기만 하고 세금을 걷지 않았으며, 못이나 통발로 고기잡는 도랑

에 대해서 금지시키는 것이 없었으며, 사람들에게 죄를 다스리는 경우에는 처자에까지 파급하지 않았습니다. 늙어서 아내가 없으면 홀아비라 하고, 늙어서 남편이 없으면 과부라 하며, 늙어서 자식이 없으면 무의탁자(독獨)라 하고, 어려서 부모가 없으면 고아라 하니, 이 네 가지는 이 세상에서 (가장) 곤궁한 백성으로 하소연할 데가 없는 자들입니다. 문왕이 정사政事를 펴고 인仁을 베푸시되 반드시 이 네 종류의 사람들에게 먼저 하였습니다. 『시경詩經』에 이르기를, '부자들은 괜찮거니와 이 외롭고 고독한 사람들이 가엾다' 하였습니다."

| 난자풀이 |

1. 明堂 : 명당의 건물 양식·제도 등에 대해서는 이설異說이 많다. 여기서 말하는 명당은 제齊의 영토 안 태산泰山의 동북쪽의 산기슭에 있는 것으로서, 주周의 천자天子가 동쪽으로 순수巡狩할 때 제후와 만나던 곳이었으나 당시에는 천자의 순수가 없으므로 무용無用한 상태로 남아 있었던 것으로 보인다. 따라서 주위의 사람들은 쓸모도 없이 유지비만 드는 이 명당을 헐어버리자고 하였던 것이다.
2. 岐 : 지명. 기산岐山 주변의 땅으로 주周나라가 천자국天子國이 되기 전에 통치하고 있었던 지역이다.
3. 耕者 : 뒷문장인 구일九— 의 뒤에 놓여 '구일어경자九—於耕者'로 되어야 할 것인데 경자耕者가 강조되어 앞으로 나오고 어於가 생략된 것으로 볼 수 있다 뒷문장의 사자仕者, 관시關市, 택량澤梁, 죄인罪人 등도 모두 같은 예例이다.
4. 關 : 관문.
5. 市 : 시장.
6. 譏 : '살핀다'는 뜻으로 음은 '기'.
7. 征 : '세금을 걷는다'는 뜻으로 음은 '정'.
8. 梁 : '고기를 잡는 발' 또는 '통발'이라는 뜻이지만 여기서는 '통발이나 발로 고기를 잡을 수 있는 도랑이나 개울'로 보아야 할 것이다.
9. 罪 : 동사로서 '죄를 다스린다'는 뜻이다.
10. 孥 : '처자'라는 뜻으로 음은 '노'.

⑪ 詩 : 『시경』 소아小雅 절남산지십節南山之什 중의 정월편正月篇.

⑫ 哿 : 가可와 통용.

⑬ 煢 : '외로운 사람'이라는 뜻으로 음은 '경'.

| 강설 |

명당은 왕도정치를 행하던 곳이기 때문에 현재는 쓸모가 없이 유지비만 든다 하더라도 왕도정치를 실행할 뜻이 있다면 남겨 놓고 기념으로 삼을 필요가 있다.

맹자는 제선왕에게 왕도정치를 하는 근본 방법, 구체적이고 직접적인 방법 등을 두루 설명하였으나 왕이 잘 알아듣지 못하므로 이제는 역사적 사실 가운데에서 실례實例를 들어 구체적이고 알기 쉽게 설명하는 방법을 택했다.

왕왈선재 언호 왈왕여선지즉하위불행
王曰善哉라 言乎여 曰王如善之則何爲不行이니잇고
①

왕왈과인유질 과인 호화 대왈석자
王曰寡人有疾하니 寡人은 好貨하노이다 對曰昔者에
②

공류호화 시운내적내창 내과후량
公劉好貨하시더니 詩云乃積乃倉이어늘 乃裹餱糧하여
③ ④ ⑤

우탁우낭 사집용광 궁시사장 간과척양
于橐于囊하고 思戢用光하여 弓矢斯張하며 干戈戚揚
⑥⑦ ⑧ ⑨⑩ ⑪ ⑫⑬

원방계행 고 거자유적창 행자유
으로 爰方啓行이라하니 故로 居者有積倉하며 行者有
⑭

과량야연후 가이원방계행 왕여호화
裹糧也然後에야 可以爰方啓行이니 王如好貨어시든

여백성동지 어왕 하유
與百姓同之하시면 於王에 何有리잇고
⑮

왕이 말했다. "좋습니다. 말씀이여!" "왕께서 만약 좋게 여기신다
면 무엇 때문에 행하지 아니하십니까?" 왕이 말했다. "과인은 병
이 있으니 과인은 재물을 좋아합니다." 대답하여 말씀하셨다.
"옛날에 공유公劉가 재물을 좋아하였는데 『시경』에 이르기를, '노
적가리를 쌓고 창고에 저장하여, 마른 양식을 싸서 전대에 넣고
자루에 넣어서, (백성을) 모아서 (나라를) 빛낼 것을 생각하여,
활과 화살을 가득 싣고 방패와 창과 도끼를 가지고 비로소 길을
떠났다' 하였으니, 그러므로 집에 남아 있는 자들에겐 노적가리
와 창고가 있으며, 길을 떠나는 자들에겐 가져 간 양식이 있은
뒤에야 비로소 길을 떠날 수 있는 것입니다. 왕께서 만일 재물
을 좋아하시거든 백성과 함께 하신다면 왕도정치를 하는데 무슨
어려움이 있겠습니까?"

| 난자풀이 |

1 爲 : ~ 때문에.

2 者 : 어세語勢를 강하게 하는 말.

3 公劉 : 주왕조周王朝의 시조로 일컬어지는 후직后稷의 증손. 처음에 태邰
라는 곳에 거주하고 있었으나 하夏나라 사람들이 무도하였으므로 서융西
戎이 있는 곳으로 가서 서융을 몰아내고 빈邠이라는 땅에 거주하였다.

4 詩 : 『시경』 대아大雅 생민지십生民之什 공유편公劉篇. 공유公劉의 선정善政
을 노래한 시詩.

5 餱 : '말린 밥'이라는 뜻으로 음은 '후'.

6 于 : 우于의 앞에 '넣는다'는 뜻의 동사가 생략되었으므로 '~에 넣다'로 해
석하는 것이 좋다.

7 橐 : 밑이 없는 주머니. 물건을 넣고 두 끝을 묶어서 등에 메고 다니는
주머니. 전대. 음은 '탁'.

8 囊 : 밑이 있는 주머니. 음은 '낭'.

9 戢 : '편안하게 백성들을 모은다'는 뜻.

⑩ 用 : 以와 같은 뜻.

⑪ 張 : '차리다', '준비하다' 등의 뜻. 음은 '장'.

⑫ 戚 : 도끼. 음은 '척'. 척戚은 '작고 등이 편편한 도끼'를 말한다.

⑬ 揚 : 도끼. 음은 '양'. 양揚은 '크고 등이 뾰족하며 등의 끝이 꼬부라진 도끼'를 말한다. '간과척양干戈戚揚' 앞에도 이以가 생략되었다.

⑭ 啓 : 개開와 통용. 행行은 '길'을 뜻하므로 계행啓行은 '길을 연다', 즉 '출발한다'는 뜻이다.

⑮ 何有 : 하난지유何難之有. '무슨 어려움이 있겠는가?'라는 뜻이다.

| 강설 |

재물은 인간의 삶을 유지하는 데 필수적인 것이므로, 인간의 삶의 원동력인 본마음은 재물을 좋아할 것이고, 본마음을 따라서 사는 군자 또한 재물을 좋아할 것이다. 그런데 인간의 본마음은 자기 개인의 삶의 원동력인 동시에 다른 모든 사람의 삶의 원동력이기 때문에, 본마음을 따라서 사는 군자는 남의 재물을 빼앗아 가지려고 하지 않는다. 모든 사람이 다 같이 재물을 갖게 되기를 바란다.

맹자가 문왕의 정치를 예로 들어서 설명한 왕도정치의 구체적인 방법을, 제선왕이 재물을 좋아하기 때문에 실행할 수 없다고 하자, 맹자는 다시, 재물을 좋아하되 자기만 가지려고 하지 않고 모든 백성이 다 같이 재물을 가지기를 바란다면 그것이 바로 왕도정치가 된다고 설명함으로써, 선왕의 마음을 근거로 하여 왕도정치의 방법을 풀어내었다.

재물을 좋아한 공유는 모든 백성이 재물을 넉넉하게 가지기를 바라게 되었고, 그 결과 모든 백성으로 하여금 농사에 충실하도록 하여 부유하게 만들었다. 그리고 이를 바탕으로 무도한 하夏나라를 떠나 빈豳으로 이주하여 백성들을 안락하게 할 수 있었다.

王曰寡人有疾하니 寡人은 好色하노이다 對曰昔者에
大王[1]이 好色하사 愛厥妃[2]하시더니 詩云古公亶父[3]來朝
走馬하사 率西水滸[4]하여 至于岐下[5]하여 爰及姜女로
聿來胥宇[6][7]라하니 當是時也하여 內無怨女[8]하며 外無曠[9]
夫하니 王如好色이어시든 與百姓同之하시면 於王에
何有리잇고

국역

왕이 말했다. "과인은 병이 있으니 과인은 색色을 좋아합니다."
맹자께서 말씀하셨다. "옛적에 태왕이 색色을 좋아하시어 그 왕
비를 사랑하였는데, 『시경』에 이르기를 '고공단보古公亶父가 오셨
습니다. 아침부터 말을 달려서 서쪽의 물가를 따라 기산 아래
에 이르렀습니다. 마침내 강녀姜女와 함께 와서 집터를 보셨습
니다' 하였으니, 당시에 안으로는 원망하는 여자가 없었으며 밖
으로는 홀아비가 없었으니, 왕께서 만약 색色을 좋아하시거든
백성과 함께하신다면 왕도정치를 하는 데 무슨 어려움이 있겠
습니까?"

난자풀이

[1] 大王 : 공유의 구세손九世孫이며 문왕의 조부. 대大는 태太와 통용되므로

'태왕'으로 발음해야 한다. 적인狄人이 자주 침범하기 때문에 빈邠을 버리고 기산 아래로 이주하였다. 원래 고공단보古公亶父라 하였으나 무왕武王이 천자天子가 된 후 태왕大王으로 추증追贈하였다.

2 詩 :『시경』대아 문왕지십文王之什 중의 면편綿篇.

3 古公亶父 : 태왕大王. 고공古公은 옛 호칭이고 단보亶父는 이름이다. 부父는 이름에 쓰일 때 음이 '보'가 되므로 '고공단보'로 발음해야 한다. 고공단보를 '옛날의 공단보公亶父'로 보아야 한다는 설(초순焦循)도 있다.

4 滸 : 물가. 음은 '호'.

5 岐 : 기산.

6 聿 : 마침내. 드디어. 음은 '율'.

7 胥 : 상相과 같은 뜻. '본다'는 뜻으로 음은 '서'.

8 怨女 : 남편이 없어 원망하는 여자.

9 曠夫 : 광曠은 '비었다'는 뜻이므로, 광부曠夫는 아내가 없어 비어 있는 집의 남자.

| 강설 |

사람이 살아갈 수 있는 첫째 조건은 의식주를 갖추는 것이고 두 번째 조건은 자녀를 낳는 것이다. 의식주를 충족하여 자신의 삶을 충실하게 영위할 수 있다 하더라도 인간은 영원히 살 수는 없기 때문에 삶을 지속시키기 위해서는 자녀를 낳아야 한다. 그러므로 인간의 삶의 원동력인 본마음은 사람들에게 의식주를 충족할 수 있도록 재물을 좋아하게 만들고 자녀를 낳을 수 있도록 색色을 좋아하게 만든다.

색色을 좋아하는 마음을 자기만 충족시키는 게 아니라 모든 사람이 충족할 수 있도록 하면 그것이 바로 왕도정치이다. 일부일처제一夫一妻制가 이상적인 제도인 까닭은 여기에 있다.

색色을 좋아한 고공단보古公亶父는 백성이 모두 색色을 좋아할 수 있도록 하였기 때문에, 당시에는 남편이 없는 아내가 없었고, 아내가 없는 남편이 없었다.

맹 자 위 제 선 왕 왈 왕 지 신　　유 탁 기 처 자 어 기 우 이 지
孟子謂齊宣王曰王之臣에 **有託其妻子於其友而之**

초 유 자　　비 기 반 야 즉 동 뇌 기 처 자　　즉 여 지 하
楚遊者하여 **比其反也則凍餒其妻子**어든 **則如之何**잇고
　　　　　　①　　　　　　②

왕 왈 기 지　　왈 사 사 불 능 치 사　　즉 여 지 하
王曰棄之니이다 **曰士師不能治士**어든 **則如之何**잇고
　　　　　　　③

왕 왈 이 지　　왈 사 경 지 내 불 치　　즉 여 지 하
王曰已之니이다 **曰四境之內不治**어든 **則如之何**잇고
　　　　　　　④

왕 고 좌 우 이 언 타
王顧左右而言他러라

| 국역 |

맹자께서 제선왕齊宣王에게 말씀하셨다. "왕의 신하 중에 그 처자
妻子를 친구에게 맡기고 초楚나라에 가서 놀던 자가 있었는데, 돌
아올 때쯤 (그 친구가) 그 처자를 얼고 굶주리게 하였다면 어떻
게 하겠습니까?" 왕이 말했다. "버릴 것입니다." "사사士師가 사士
를 다스리지 못하면 어떻게 하겠습니까?" 왕이 말했다. "그만두
게 할 것입니다." "사방의 국경 안이 다스려지지 않는다면 어떻
게 하겠습니까?" 왕은 좌우를 돌아보며 다른 것을 말했다.

| 난자풀이 |

① 比 : 급及과 같은 뜻. '쯤해서', '미쳐서' 등의 뜻.
② 餒 : '굶주린다'는 뜻으로 음은 '뇌'.
③ 士師 : 소송을 다스리는 재판관.
④ 四境之內 : 사방의 국경 안. 즉, 온 나라.

친구의 부탁을 지키지 못하면 그 친구에게 절교를 당할 것이고 재판관이 재판을 잘못하면 파면되듯이, 임금이 임금의 역할을 잘못하면 그만두어야 한다는 사실을, 왕의 논리에 입각하여 논증한 것이다.

제 7 장

孟子見齊宣王曰所謂故國者는 非謂有喬木之謂也
      [1] [2]   [3] [4] [5]
라 有世臣之謂也니 王無親臣矣로소이다 昔者所進을
      [6]
今日에 不知其亡也온여 王曰吾何以識其不才而舍
                                        [7]
之리잇고 曰國君이 進賢하되 如不得已니 將使卑踰
尊하며 疏踰戚이니 可不愼與잇가 左右皆曰賢이라도
未可也하며 諸大夫皆曰賢이라도 未可也하고 國人皆
曰賢然後에 察之하여 見賢焉然後에 用之하며 左右
皆曰不可라도 勿聽하며 諸大夫皆曰不可라도 勿聽하
며 國人皆曰不可然後에 察之하여 見不可焉然後에
去之하며 左右皆曰可殺이라도 勿聽하며 諸大夫皆曰
可殺이라도 勿聽하고 國人皆曰可殺然後에 察之하여
      [8]
見可殺焉然後에 殺之니 故曰國人殺之也라하니이다
如此然後에 可以爲民父母니이다

맹자께서 제선왕을 보시고서 말씀하셨다. "이른바 고국故國이란 큰 나무가 있는 것을 말하는 것이 아니라 대대로 이어지는 신하가 있는 것을 말하는 것인데 왕에게는 친한 신하도 없습니다. 전에 등용한 사람이 오늘 없어진 줄을 알지 못하십니다." 왕이 말했다. "내가 어떻게 그 재주 있지 아니함을 알아서 버려둘 수 있겠습니까?" "나라의 임금이 어진이를 등용하되 부득이한 것처럼 해야 합니다. 지위가 낮은 자로 하여금 높은 자의 위에 가게 하며 남을 친척들보다 윗자리에 있게 하려는 것이니, 신중히 하지 않을 수 있겠습니까? 좌우의 신하가 모두 현명하다고 하더라도 아직 안 되며, 여러 대부大夫들이 모두 현명하다고 하더라도 아직 안 되고, 나라 사람들이 모두 현명하다고 한 연후에 살펴서 현명함을 발견한 연후에 등용하며, 좌우의 신하들이 모두 불가不可하다고 하더라도 듣지 말며, 여러 대부들이 모두 불가하다고 하더라도 듣지 말고, 나라 사람들이 모두 불가하다고 한 연후에 살펴서 불가함을 발견한 연후에 제거해야 합니다. 좌우의 신하들이 모두 죽여야 된다고 하더라도 듣지 말며, 여러 대부들이 모두 죽여야 된다고 하더라도 듣지 말고, 나라 사람들이 모두 죽여야 된다고 한 연후에 살펴서 죽여야 되는 점을 발견한 연후에 죽이는 것이니, 그러므로 나라 사람들이 죽였다고 말하는 것입니다. 이와 같이 한 연후에 백성의 부모가 될 수 있습니다."

| 난자풀이 |

① 所謂 : 원래 '~라고 일컫는 바'라는 뜻인데, '이른바'라는 우리말로 정착되었다.

② 故 : 구舊의 뜻. 고국은 '오래된 나라'라는 뜻.

③ 謂 : 중복 사용된 것으로 보인다. 위謂를 빼고 해석하는 것이 좋을 듯하다.

④ 喬 : 고高의 뜻. 음은 '교'. 오래된 나라의 왕궁에는 크고 오래된 나무가 있으므로 권위의 상징이기도 하다.

⑤ 之 : 교목喬木과 위謂가 도치되었음을 나타낸다. '위유교목謂有喬木'으로 놓고 해석하면 될 것이다.

⑥ 世臣 : 대대로 이어지는 신하.

⑦ 舍 : 사捨와 통용. '놓아둔다', '버린다' 등의 뜻.

⑧ 可 : '~할 수 있다'는 뜻으로 쓰이지만 '~해야 된다'는 뜻으로도 쓰인다.

| 강설 |

훌륭한 정치가 지속되면, 사람들이 각자의 역할에 충실함으로써 전체적으로 조화를 이루는 사회가 된다. 이러한 사회에서는 대신大臣은 대대로 대신이 되고 창고지기는 대대로 창고지기가 된다. 훌륭한 정치가 지속되지 못하면 사람들은 모두 자기의 역할에 불만을 품게 되고, 따라서 전체적으로 조화를 이루지 못함으로써 사회는 혼란스러워진다. 이러한 사회에서는 사람들의 직업이 수시로 바뀌게 된다.

제齊나라에서는 조정의 대신들이 늘 바뀌기 때문에 며칠 전에 등용한 신하들이 아직 있는지 없는지 알 수도 없는 상황이었다. 왕이 정치를 잘못하면 폐단이 속출하는데 대신들이 그 책임을 추궁당하기 때문에 늘 파면당하게 된다.

신하들을 등용하였다가 적임자가 아님을 알고서 곧 파면시키고 다른 신하를 등용하는 일을 되풀이하던 제선왕이 맹자에게 그 점을 지적당하자 재주 없는 사람을 식별하여 등용하지 않고 놓아두는 방법을 물어온 것인데, 이에 대하여 맹자는 관리를 등용하거나 파면시키는 데 대한 근본적인 방법을 제시하였다.

정치는 백성을 위하여 하는 것이므로, 관리를 임명하는 것도 백성의 뜻에 따라 하는 것이 원칙이다. 그러나 백성의 뜻이 반드시 다 진리인 것은 아니다. 백성의 공통된 뜻이라 하더라도 그것이 일시적인 욕심에 의한 것일 수도 있으므로, 백성의 뜻이 하나로 모아진다 하더라도 그것이 양심에서 나온 것인지 아니면 일시적인 욕심에서 나온 것인지를 파악하여, 전자에 속하는 것이면 따르고 후자에 속하는 것이면 따르지 말아야 할 것이다. 백성의 판단이 현명하다고 하더라도 바로 등용하지 않고 그것이 참된 것인지 살핀 뒤에 등용해야 한다.

이것을 보면 맹자의 정치사상은 현대의 민주주의 사상과는 다르다. 민주주의는 다수가 원하는 것이면 따라야 하지만, 맹자의 정치사상에 의하면, 정치가는 백성의 마음 중에서 진실된 것과 그렇지 않은 것을 분별하여 진실된 것은 따르고 그렇지 않다면 진실된 방향으로 유도할 수 있는 능력이 있어야 한다.

제8장

齊宣王이 問曰湯이 放桀하고 武王이 伐紂라하니 有
　[1]　　　　　[2]　　　　　　[3]
諸잇가 孟子對曰於傳에 有之하니이다 曰臣弑其君이
　[4]　　　　　　　　　[5]
可乎잇가 曰賊仁者를 謂之賊이요 賊義者를 謂之殘
　　　　　　　[6]
이요 殘賊之人을 謂之一夫니 聞誅一夫紂矣요 未聞
　　　　　[7]　　　　　　　　　　　　　[8]
弑君也니이다

| 국역 |

제선왕齊宣王이 물었다. "탕湯이 걸桀을 추방하고 무왕武王이 주紂를 정벌하였다 하니 그러한 일이 있습니까?" 맹자께서 대답하셨다. "전傳에 있습니다." "신하가 자기의 임금을 시해해도 됩니

까?" "인仁을 해치는 자를 적賊이라 하고 의義를 해치는 자를 잔殘이라 하며 잔적殘賊하는 사람을 일부—夫라 하니, 일부인 주紂를 죽였다는 말은 들었어도 임금을 시해했다는 말은 듣지 못했습니다."

| 난자풀이 |

1. 湯 : 고대 상왕조商王朝의 초대 왕. 성은 자子, 이름은 리履, 은탕殷湯 또는 성탕成湯이라고도 한다. 하夏의 걸왕桀王이 포악무도하여 제후들이 덕망이 있는 그를 섬기게 되자, 군사를 이끌고 하夏를 멸망시켰으며 걸왕桀王을 남소南巢로 추방하였다.

2. 桀 : 고대 하夏나라 최후의 왕. 성은 사姒, 이름은 리계履癸. 황음무도하여 포악한 정치를 하다가 명조鳴條 등 여러 곳에서 탕湯에게 패배하여 남소南巢로 도망갔다가 죽었다.

3. 紂 : 고대 상왕조商王朝 최후의 왕. 성은 자子, 이름은 수受. 주紂는 무도한 군주에게 주어진 시호이다. 제신帝辛, 은주殷紂, 제주帝紂라고도 한다. 주색酒色에 빠져 무도無道하였으므로 주周의 무왕武王이 제후를 이끌고 토벌하러 오자 목야牧野에서 막다가 패배하여 녹대鹿臺로 올라가서 보옥으로 된 옷을 입고 불에 뛰어들어 죽었다. 그는 걸桀과 함께 포악한 군주의 상징으로, 두 사람은 걸주桀紂라고 병칭되며, 이상적인 천자天子로 추앙받고 있는 요순堯舜과 대비된다.

4. 諸 : 지호之乎의 뜻.

5. 傳 : 전승傳承, 또는 전승되어 오는 말을 기록한 책.

6. 賊 : '해친다'는 뜻으로 음은 '적'.

7. 之 : 명사를 수식하는 말이 두 글자 이상일 때 그 사이에 들어가 음조를 부드럽게 하는 역할을 한다. 여기서는 인人을 수식하는 말이 잔殘 한 글자일 때는 잔인殘人이 되고 적賊 한 글자일 때는 적인賊人이 되지만 잔적 두 글자가 되면 지之를 넣어 잔적지인殘賊之人으로 된다.

8. 一夫紂 : 일개의 평민인 주紂. 천자일 수 있는 것은 모든 백성이 따르기 때문인데, 백성이 따르지 않는 천자는 형식적으로는 천자의 자리에 있으나 실질적으로는 천자가 아니라는 뜻이다. 『순자荀子』 의병편議兵篇에서는 『서경書經』 태서편泰誓篇을 인용하여 '독부주獨夫紂'라는 말을 하였다. 지금

의 『서경』에는 '독부주獨夫紂'라고 되어 있다.

| 강설 |

인仁은 남과 내가 하나가 되는 마음의 본질이므로, 인仁을 실천
하게 되면 남을 나처럼 여기고 사랑하게 된다. 이것이 인간존
재의 본래모습이다. 현실적인 인간관계에서 이러한 인仁이 실
현되는 최소한의 관계는 부모와 자녀와의 관계이다.

　　정치를 잘못하거나 전쟁을 일으킴으로써 부모와 자녀가 같은
집에서 화목하게 살지 못하고 흩어지게 하는 것이 인仁을 해치는
것이며, 사람들이 서로 사랑하지 못하도록 이간시키는 것이 인仁
을 해치는 것이며, 범죄자나 독재자가 자기들이 저지른 일로 피해
를 입은 사람을 도와주려는 사람에게 도와주지 못하도록 협박하는
것이 인仁을 해치는 것이며, 학문을 시키지 않음으로써 인仁을 터
득할 기회를 주지 않는 것이 인仁을 해치는 것이다.

　　양혜왕장구상梁惠王章句上 제일장第一章의 강설에 의하면, 의義
의 내용은 시험을 쳐서 우수한 사람이 합격하는 것이며, 깡패나
폭력배를 미워하는 것이며, 침략자에게 저항하는 것이며, 독재자
에게 항거하는 것이라고 서술되어 있다. 돈이나 권력을 가지고 시
험성적이 우수하지 못한 사람을 합격시키는 것은 의義를 해치는
것이며, 착취하는 자본가에게 저항하는 노동자의 데모를 탄압하는
것 또한 의義를 해치는 것이다.

　　인仁을 해치고 의義를 해치는 사람은 윗자리에 있을 자격이
없다. 그가 비록 임금 자리에 있다 하더라도 실상은 임금이 아니
다.

제
9
장

맹 자 견 제 선 왕 왈 위 거 실 즉 필 사 공 사　　　구 대 목
孟子見齊宣王曰爲巨室則必使工師로 求大木하시리
　　　　　　　　　　　　　　１

공 사 득 대 목 즉 왕 희　　　이 위 능 승 기 임 야
니 工師得大木則王喜하여 以爲能勝其任也라하시고

匠人_이 斲而小之則王怒_{하여} 以爲不勝其任矣_{라하시}
②

리니 夫人_이 幼而學之_는 壯而欲行之_니 王曰姑舍女
③ ④ ⑤

所學而從我_{라하시면} 則何如_{하니잇고} 今有璞玉於此_하
⑥

면 雖萬鎰_{이라도} 必使玉人彫琢之_{하시리니} 至於治國
⑦ ⑧ ⑨

家_{하여는} 則曰姑舍女所學而從我_{라하시면} 則何以異
⑩

於敎玉人彫琢玉哉_{리오}

| 국역 |

맹자께서 제선왕齊宣王을 보고 말씀하셨다. "큰 집을 지으려면 반
드시 공사工師로 하여금 큰 나무를 구하게 할 것인데, 공사工師가
큰 나무를 얻으면 왕王은 기뻐하면서 능히 자기의 임무를 감당하
였다고 할 것이고, 장인匠人이 깎아서 작게 만들면 왕王은 화를
내면서 자기의 임무를 감당하지 못했다고 할 것입니다. 대저 사
람이 어려서 배우는 것은 자라서 써먹으려고 하는 것인데, 왕王
이 우선 너의 배운 것을 놓아두고 나를 따르라고 하면 어떠하겠
습니까? 지금 여기에 박옥璞玉이 있다면 비록 만일萬鎰이라도 반
드시 옥인玉人으로 하여금 새기고 쪼아내게 할 것인데, 나라를
다스리는 데에 이르러서는 우선 너의 배운 것을 놓아두고 나를
따르라 하시면 어찌 옥인에게 옥玉을 조탁彫琢하는 방법을 가르
치는 것과 다르겠습니까?"

| 난자풀이 |

① 工師 : 공工은 목수, 사師는 우두머리. 따라서 공사工師는 목수의 우두머리를 말한다.

② 匠人 : 목수.

③ 姑 : 우선. 잠시.

④ 舍 : 사捨와 통용. '놓아둔다'는 뜻.

⑤ 女 : 여汝와 통용. '너'라는 뜻.

⑥ 璞 : 옥덩어리. 조각하기 전의 상태의 옥玉.

⑦ 鎰 : 금전의 단위. 음은 '일'. 이십양二十兩을 말한다. 이십사양二十四兩이라는 설說도 있다. 일량一兩은 약 15g. 일鎰을 무게의 단위로 보고 만일萬鎰을 '무게 만일萬鎰이나 되는 많은 양量'이라고 해석하는 경우도 있고(조기趙岐), 일鎰을 금전의 단위로 보고 만일萬鎰을 '돈 만일萬鎰에 해당하는 비싼 것'으로 보는 경우도 있다(주자朱子 등).

⑧ 彫 : '새긴다'는 뜻으로 음은 '조'.

⑨ 琢 : 망치와 정으로 쪼아내어 형상과 바탕을 이루는 것. 음은 '탁'.

⑩ 以 : 이以의 목적어는 하何이지만 하何가 의문대명사이기 때문에 앞으로 나갔다. '무엇을 가지고'라는 뜻이지만, 통상 '어찌'로 번역한다.

| 강설 |

맹자가 제시한 왕도정치王道政治보다 국토를 넓히고 힘을 기르는 부국강병책富國强兵策에 관심이 많은 제선왕이, 맹자에게 왕도정치는 잠시 놓아두고 부국강병할 수 있는 방법을 제시해줄 것을 요청하자, 이에 맹자가 그 불가함을 논한 것이 본 문장의 요지로 생각된다.

집을 지으려면 나무를 작게 깎고 다듬어야 한다. 그런데 큰 집을 지으려는 사람이 큰 것에만 집착하여 나무를 깎지 못하게 하면 집을 지을 수 없는 것처럼, 나라를 다스리는 데 있어서도 세금을 줄이고 재정규모를 축소시키더라도 참된 정치를 해야지 그렇지 않고 무조건 국력國力을 키우는 것만 고집하면 안 되는 것이다.

제인 벌연승지 선왕문왈혹위과인물취
齊人이 伐燕勝之어늘 宣王問曰或謂寡人勿取라하며

혹위과인취지 이만승지국 벌만승지국
或謂寡人取之라하나니 以萬乘之國으로 伐萬乘之國

호대 오순이거지 인력 부지어차 불취
호대 五旬而擧之하니 人力으론 不至於此니 不取면
　　　　　　①　②

필유천앙 취지하여 맹자대왈취지이연
必有天殃이니 取之何如하니잇고 孟子對曰取之而燕

민열즉취지 고지인 유행지자 무왕 시
民悅則取之하소서 古之人이 有行之者하니 武王이 是

야 취지이연민불열즉물취 고지인 유
也니이다 取之而燕民不悅則勿取하소서 古之人이 有

행지자 문왕 시야 이만승지국 벌만
行之者하니 文王이 是也니이다 以萬乘之國으로 伐萬

승지국 단사호장 이영왕사 기유타재
乘之國이어늘 簞食壺漿하여 以迎王師는 豈有他哉리
　　　　　③④⑤⑥　　　⑦

오 피수화야 여수익심 여화익열 역운
오 避水火也니 如水益深하며 如火益熱이면 亦運
　　　　　　　　　　　　　　　　　　　　⑧

이이의
而已矣니이다

| 국역 |

제齊나라 사람이 연燕나라를 쳐서 이겼다. 선왕宣王이 물었다.
"어떤 이는 과인에게 취取하지 말라 하며 어떤 이는 과인에게 취
取하라 합니다. 만승萬乘의 나라가 만승의 나라를 쳐서 50일 만에
함락하였으니 사람의 힘으로는 이러한 일에 이르지 못합니다.
취取하지 않는다면 반드시 하늘의 재앙이 있을 것이니 취取하는
것이 어떻겠습니까?" 맹자께서 대답하셨다. "취取해서 연燕나라
의 백성들이 기뻐하면 취取하십시오. 옛사람 중에 그렇게 하신

분이 있으니 무왕武王이 그러한 분입니다. 취取해서 연燕나라의
백성들이 기뻐하지 않으면 취取하지 마십시오. 옛사람 중에 그렇
게 하신 분이 있으니 문왕文王이 그러한 분입니다. 만승의 나라
가 만승의 나라를 치는데, 밥을 도시락에 담고 장을 병에 담아
서 왕王의 군대를 맞이한 것은 어찌 다른 이유가 있겠습니까?
물과 불을 피하기 위해서입니다. 만약 물이 더욱 깊고 불이 더
욱 뜨거울 것 같으면 또한 (민심이 다른 데로) 옮겨갈 따름입니
다."

| 난자풀이 |

① 旬 : 열흘. 음은 '순'.
② 擧 : 여기서는 '함락시킨다'는 뜻이 된다.
③ 簞 : 대로 만든 도시락. 음은 '단'.
④ 食 : '밥'이라는 뜻의 명사이므로 음은 '사'.
⑤ 壺 : '병'이라는 뜻으로 음은 '호'.
⑥ 漿 : 간장이나 된장 등을 말함. 음은 '장'.
⑦ 以 : 이以의 목적어는 앞의 단사호장簞食壺漿이다. 앞에 나왔기 때문에 여
기서는 생략하였다.
⑧ 運 : '민심民心이 다른 데로 옮겨간다'는 뜻.

| 강설 |

주자朱子는 『사기史記』 연세가燕世家에 "연왕燕王인 쾌噲가 나라를
대신大臣인 자지子之에게 양보하자 나라가 크게 혼란해졌으므로,
제齊가 그 틈을 타서 공격하여 크게 이겼다"는 기록이 있는 것
을 인용하여, 그때의 일이라 하였다. 그러나 『사기』에는 그것
을 제혼왕齊湣王 때의 사실로 기술하고 있으므로 주자의 해석이
옳은지 판단하기 어렵다.

　　국가는 원래부터 있었던 것이 아니다. 사람들이 잘 살 수 있는
사회를 만들기 위해 만든 것이므로, 백성을 위하여 존재하는 것이
다. 그러므로 제齊가 연燕을 쳐서 이겼다 하더라도 그 나라를 합병
하는 문제는 연燕나라 백성의 뜻에 따라 결정해야 한다.

문왕은 천하天下의 3분의 2를 점령하였으면서도 은殷의 백성이 모두 문왕의 백성이 되기를 희망하지 않았으므로 은殷을 받들었고, 무왕은 은殷의 백성이 모두 무왕의 백성이 되기를 희망하였으므로 은殷을 정복했다는 것이 맹자의 소론所論이다.

제11장

齊人이 伐燕取之한대 諸侯將謀救燕이러니 宣王曰諸
侯多謀伐寡人者하니 何以待之잇고 孟子對曰臣聞七
十里로 爲政於天下者는 湯이 是也니 未聞以千里畏 [1]
人者也니이다 書曰湯이 一征을 自葛始한대 天下信 [2]
之하여 東面而征에 西夷怨하며 南面而征에 北狄怨 [3]
하여 曰奚爲後我오하니 民望之若大旱之望雲霓也니 [4] [5] [6]
이다 歸市者不止하며 耕者不變이어늘 誅其君而弔其
民한대 若時雨降이라 民大悅하니 書曰徯我后하더소니 [7] [8]
后來하시니 其蘇라하니이다 [9]

| 국역 |

제齊나라 사람이 연燕나라를 쳐서 취取하자 제후들이 연燕나라를 구원할 것을 논의하려 하였다. 선왕宣王이 말했다. "제후들이 과인을 치려고 논의하는 자가 많으니, 어떻게 대응해야 합니까?" 맹자께서 대답하셨다. "신臣은 칠십리七十里로 천하天下의 정치를

한다는 것을 들었으니 탕湯이 그러합니다. 천리千里를 가지고 남을 두려워한다는 것은 아직 듣지 못했습니다. 『서경書經』에 이르기를, '탕湯이 첫 번째 정벌을 갈葛에서부터 시작하자 천하가 믿었으므로 동쪽으로 향하여 정벌하니 서이西夷가 원망하고 남쪽으로 향하여 정벌하니 북적北狄이 원망하여 「어찌 우리를 나중에 하는가?」하였다' 하였으니, 백성들이 큰 가뭄에 구름과 무지개를 바라는 것처럼 바랐기 때문이었습니다. 시장에 가는 자가 그치지 않았으며 밭 가는 자가 멈추지 않거늘 그 임금을 죽이고 그 백성을 위로하니 단비가 내린 것 같아서 백성들이 크게 기뻐하였으니 『서경』에 이르기를, '우리 임금님을 기다렸는데 임금이 오시니 소생하게 되었도다!' 하였습니다.

| 난자풀이 |

1. 七十里 : 이以의 목적어로 보아야 하므로 칠십리七十里 앞에 이以가 생략된 것이다.
2. 書 : 이 서書와 다음에 나오는 서書는 지금의 『서경』 상서商書 중훼지고편仲虺之誥篇에 있는 말이다. 이 편篇은 진대晉代에 위작僞作된 것이므로 후한後漢의 학자인 조기趙岐는 보지 못했다. 따라서 그는 『서경』의 일편逸篇의 글이라고 주석했다. 『서경』 본문의 글은 '해위후아奚爲後我'까지인데 약간의 차이가 있다. 민망지약대한지망운예야民望之若大旱之望雲霓也는 이 『서경』의 내용을 설명한 말이고, 귀시자歸市者에서 민대열民大悅까지는 뒤에 오는 『서경』의 내용을 설명한 말로 보인다.
3. 面 : '향한다'는 뜻.
4. 奚 : 뒤의 글자 위爲의 목적어. 해위奚爲는 '무엇 때문에', '어찌해서' 등의 뜻이다.
5. 之 : 대한大旱과 망운예望雲霓가 도치되었음을 나타내는 역할을 한다. '망운예어대한야望雲霓於大旱也'로 놓고 해석하면 될 것이다. 이 문장이 도치되어 대한이 앞으로 나가면 어於는 생략된다.
6. 霓 : '무지개'라는 뜻으로 음은 '예'.

| 강설 |

탕湯임금처럼 참으로 어진 정치를 하면 사방 70리의 땅을 가지
고 정치를 시작하더라도 천하의 사람들이 우러러보고 몰려올
것이므로 결국 천하를 얻게 될 것이다. 어진 정치를 하면 두려
울 것이 없다.

『서경』에 "탕湯이 첫 정벌을 갈葛에서 시작했는데, 천하 사람
들이 그 정당성을 믿고 좋아하였기 때문에, 동쪽을 향해서 정벌하
면 북쪽 사람들이 자기를 나중에 정벌한다고 원망하고, 남쪽을 향
해서 정벌하면 서쪽 사람들이 자기를 나중에 정벌한다고 원망하였
다"라고 하였는데, 이는 백성들이 큰 가뭄에 구름이나 무지개를 바
라듯이 탕湯임금이 오기를 바랐기 때문이었다.

외국에서 침략해오면 대부분의 경우에는 피난을 가지만, 탕湯
임금이 정벌해오는 것은 기다리던 바이므로 피난을 가지 않았다.
시장 가던 사람은 그대로 시장 가고 경작하던 사람은 그대로 경작
하고 있었던 것이다. 탕湯임금이 그들의 포악한 임금을 죽이고 그
백성을 위로하니, 가뭄에 시들어 있던 풀들이 단비를 맞은 듯 백
성들이 크게 기뻐하였으니 이를 『서경』에서는 "우리를 구해줄 진
정한 임금을 기다렸는데 이제 그 임금이 오시니 소생하게 되었도
다"라고 표현하였다.

今燕^{금 연}虐^학其^기民^민이어늘 王^왕往^왕而^이征^정之^지하시니 民^민以^이爲^위將^장拯^증己^기
①

於^어水^수火^화之^지中^중也^야라하여 簞^단食^사壺^호漿^장으로 以^이迎^영王^왕師^사어늘 若^약

살기부형   계루기자제   훼기종묘   천기중
殺其父兄하며 係累其子弟하며 毀其宗廟하며 遷其重
                [2][3]   [4]   [5]
기   여지하기가야   천하고외제지강야   금
器하면 如之何其可也리오 天下固畏齊之彊也니 今
            [6]
우배지이불행인정   시   동천하지병야   왕
又倍地而不行仁政이면 是는 動天下之兵也니이다 王
속출령   반기모예   지기중기   모어연
速出令하사 反其旄倪하시며 止其重器하시고 謀於燕
            [7][8]
중   치군이후   거지즉유가급지야
衆하여 置君而後에 去之則猶可及止也리이다
            [9]   [10]

국역

지금 연燕나라가 그 백성을 학대하거늘 왕께서 가서 정벌하시니,
연燕나라 백성들은 장차 자기들을 물과 불 속에서 구해줄 것이라
고 생각하여, 도시락 밥과 병에 담은 장물을 가지고 왕의 군대
를 맞이하였는데, 만약 그 부형을 죽이고 그 자제들을 구속하며
그 종묘宗廟를 부수고 중요한 그릇을 옮겨간다면 어떻게 되겠습
니까? 천하의 모든 사람은 본래 제齊나라가 강한 것을 두려워하
는데, 지금 또 땅을 배로 넓히고서 어진 정치를 하지 아니하면
이는 천하의 무기를 움직이도록 하는 것입니다. 왕께서 속히 명
령을 내리시어 노약자들을 돌려보내고 중요한 그릇 가지고 오는
것을 중단시키고, 연燕나라의 백성들과 논의하여 임금을 세워 둔
뒤에 떠나면 그래도 중지시킬 수 있을 것입니다."

난자풀이

[1] 拯 : '건진다', '구원한다' 등의 뜻.
[2] 係 : '결박한다'는 뜻.

118

③ 累 : '얽는다'는 뜻. 계루係累는 '결박하여 얽는다'는 뜻으로 '구속한다'는 뜻이 된다.

④ 宗廟 : 왕의 선조들이 신주神主를 모셔놓고 제사지내는 집.

⑤ 重器 : 중요한 그릇. 춘추전국시대春秋戰國時代에 철기문화가 시작되었으므로 당시에는 철로 만든 그릇, 특히 솥 따위가 매우 중요시되었다.

⑥ 如之何 : 원래 '여하如何'라는 낱말인데, 何가 의문사이므로 앞으로 나가 '하여何如'로 되기도 하고 또 '하여'가 도치될 때 지之가 들어가 '여지하如之何'로 되기도 한다. 뜻은 '무엇과 같은가'에서 '어떠한가', '어떻게 하는가' 등으로 변용되었다.

⑦ 旄 : 모耄와 통용. '늙은이'라는 뜻으로 음은 '모'.

⑧ 倪 : '어린이'라는 뜻으로 음은 '예'.

⑨ 猶 : '오히려', '여전히', '그래도' 등으로 해석하면 된다.

⑩ 及 : 제(齊나라를 공격하자는 논의를 멈추는 것에) 미친다는 뜻이므로, '가급지가可及止'는 '아직 중단시킬 수 있다'는 뜻이 된다.

제12장

鄒與魯鬨①이러니 穆公問曰吾有司死者三十三人이로되 而民莫之死也③④하니 誅之則不可勝誅요 不誅則疾⑤ 視其長上之死而不救⑥하니 如之何則可也잇고 孟子對曰凶年饑歲에 君之民이 老弱은 轉乎溝壑하고 壯者는 散而之四方者幾千人矣요 而君之倉廩實⑦하며 府⑧庫充이어늘 有司莫以告하니 是는 上慢而殘下也라 曾⑨子曰戒之戒之하라 出乎爾者는 反乎爾者也⑩라하니 夫民이 今而後에 得反之也로소니 君無尤焉하소서 君行仁政하시면 斯民이 親其上하며 死其長矣⑪리이다

| 국역 |

추鄒나라와 노魯나라가 싸웠는데 (추鄒나라의) 목공穆公이 물었다. "나의 유사有司로서 죽은 자가 33명이나 되지만 백성은 그들을 위해 죽은 자가 없으니, 그들을 죽이자니 이루 다 죽일 수 없고, 죽이지 않자니 장상長上들이 죽는 것을 질시疾視하면서 구하지 않았으니 어떻게 하면 되겠습니까?" 맹자께서 대답하셨다. "흉년이 들거나 굶주린 해에 임금의 백성 중에 노약자들은 (시체가 되어) 도랑과 골짜기에 뒹굴고, 장성한 자들은 흩어져서 사방으로 간 자가 몇천 명이나 되는데도 임금님의 창름倉廩은 (곡식으로) 차 있으며 부고府庫는 (재화로) 가득하나 유사 중에 그 사실을 아뢴 자가 없었으니, 이는 윗사람들을 업신여기고 아랫사람을 해친 것입니다. 증자曾子는 '경계하고 경계하라. 너에게서 나온 것은 너에게로 돌아간다' 하셨으니 대저 백성들은 지금 이후에야 갚을 수 있었습니다. 임금께서는 허물하지 마십시오. 임금께서 인정仁政을 행하시면 백성들은 바로 윗사람과 친할 것이며 연장자를 위해서 죽을 것입니다."

| 난자풀이 |

[1] 鬨 : '싸운다'는 뜻으로 음은 '홍'.

[2] 穆公 : 추鄒나라의 임금.

[3] 莫 : '~한 사람이 없다'로 해석하면 된다.

[4] 之 : 사死와 도치되었다. 의문사 다음에 타동사가 오고 그 다음에 목적어가 올 때, 타동사와 목적어가 도치되는 경향이 있다. '민막사지民莫死之'로 놓고 해석하면 될 것이다.

[5] 疾 : '미워한다'는 뜻. '질시'는 '(윗사람을 미워하기 때문에 죽는 것을 구해주지 않고) 가만히 보고만 있었다'는 뜻이다.

[6] 之 : 주격조사.

[7] 倉廩 : 곡식을 넣어두는 창고. 음은 '창름'.

⑧ 府庫 : 재화를 넣어두는 창고.

⑨ 曾子 : 공자의 제자로 이름은 참參. 자는 자여子輿. 효행으로 유명함.

⑩ 乎 : 어於와 같은 뜻.

⑪ 斯 : '~하면 곧'이라는 뜻이다.

| 강설 |

이 문장에서 맹자가 추鄒의 임금을 칭할 때, 제선왕齊宣王이나 양혜왕梁惠王과 달리 군君이라 한 것을 보면, 당시에는 일반적으로 큰 나라의 임금은 왕王이라 하고 작은 나라의 임금은 군君이라 하였던 것 같다.

제
13
장

> 등 문 공
> 滕文公이 問曰滕은 小國也로대 間於齊楚하니 事齊乎
> ①
> 사 초 호   맹 자 대 왈 시 모   비 오 소 능 급 야
> 잇가 事楚乎잇가 孟子對曰是謀는 非吾所能及也로소
> ②
> 무 이 즉 유 일 언   착 사 지 야   축 사 성 야
> 이다 無已則有一焉하니 鑿斯池也하며 築斯城也하여
> ③   ④
> 여 민 수 지   효 사 이 민 불 거 즉 시 가 위 야
> 與民守之하여 效死而民弗去則是可爲也니이다

| 국역 |

등문공滕文公이 물었다. "등滕나라는 작은 나라로 제齊나라와 초楚나라 사이에 끼여 있으니, 제齊나라를 섬길까요? 초楚나라를 섬길까요?" 맹자께서 대답하셨다. "이러한 계책은 내가 언급할 수 있는 바가 아닙니다. 그만두지 말라고 한다면 하나의 방법이 있으니, 해자를 파고 성城을 쌓아 백성과 함께 지키면서 목숨을 바쳐도 백성들이 떠나가지 않는다면 이는 해볼 만합니다.

1. 滕文公 : 등滕나라의 임금인 문공文公. 문文은 시호. 맹자의 가르침을 받아들여 어진 정치를 한 것으로 알려져 있다.
2. 所 : 뒤의 급及을 동사로 만드는 역할을 한다. 소所의 앞에 지之가 생략되었다.
3. 已 : '말다', '그만두다' 등의 뜻.
4. 斯 : 어세語勢를 강하게 하는 역할을 한다.

| 강설 |

나라가 약하면서 강한 나라를 섬기는 것으로 그 나라를 유지할 수 없다. 근본적으로 인정仁政을 베풀어 백성들과 한마음이 된다면 작은 나라라도 쉽사리 망하지는 않을 것이다.

이 문장에서 맹자가 등문공에게 자신을 칭할 때 신臣이라 하지 않고 오吾라고 한 것을 보면, 등滕나라에서는 벼슬한 일이 없었던 것으로 생각된다.

제14장

滕文公이 問曰齊人이 將築薛하니 吾甚恐하노니 如
등문공   문왈제인   장축설   오심공   여
①

之何則可잇고 孟子對曰昔者에 大王이 居邠할새 狄
지하즉가   맹자대왈석자   태왕   거빈   적
②

人이 侵之어늘 去하여 之岐山之下하여 居焉하니 非擇
인   침지   거   지기산지하   거언   비택
③   ④

而取之라 不得已也니이다 苟爲善이면 後世子孫이 必
이취지   부득이야   구위선   후세자손   필

有王者矣리니 君子創業垂統은 爲可繼也라 若夫成
유왕자의   군자창업수통   위가계야   약부성

功則天也니 君如彼에 何哉리오 彊爲善而已矣니이다
공즉천야   군여피   하재   강위선이이의
⑤   ⑥

| 국역 |

등문공滕文公이 물었다. "제齊나라 사람들이 장차 설薛 땅에 성을
쌓으려 하니, 나는 매우 두렵습니다. 어떻게 하면 되겠습니까?"
맹자께서 대답하셨다. "옛날에 태왕이 빈邠에 있었을 때 적인狄人
이 침략하자 그곳을 떠나 기산岐山 아래에 가서 거주하였는데,
그것은 그곳을 골라서 취取한 것이 아니라 부득이해서였습니다.
진실로 착한 일을 하면 후세의 자손 중에 반드시 (천하에) 왕
노릇하는 자가 있을 것이니, 군자가 왕업王業을 창시하여 전통을
드리우는 까닭은 이어받을 수 있도록 하기 때문입니다. 공功들인
것을 이루는 것은 하늘에 달려 있는 것이니, 임금이 저들을 어
떻게 하겠습니까? 힘써서 선善을 해야 할 따름입니다."

| 난자풀이 |

1 薛 : 원래는 나라였으나 당시에 제齊나라에게 망하여 제齊나라의 땅이 되
　어 있었다. 등문공이 두려워한 까닭은 제齊나라가 설薛에 성을 쌓아서 거
　기를 거점으로 하여 등滕을 공격해 올 것이라고 생각했기 때문이다.

2 者 : 어세語勢를 강하게 하는 말.

3 去 : (어떤 장소를) 떠나가는 것. 거去의 목적어로 지之가 있어야 할 것이
　지만 뒤에 지之가 있으므로 생략되었다.

4 之 : (어떤 구체적인 장소에) '간다'는 뜻. 막연하게 가는 것은 왕往이라는
　말을 쓴다.

5 如 : 뒤에 오는 하何와 연용되고, 여如와 하何 사이에 오는 명사를 목적어
　로 한다. 여기서는 '저들, 즉 제齊나라 사람들을 어떻게 하겠느냐?'라는
　뜻이다.

6 彊 : 억지로 힘써서.

세상의 일이 이루어지고 이루어지지 않는 것은 개인의 희망이나 욕구에 의하여 결정되는 것이 아니다. 그것은 세상 사람들의 공통된 의지에 의하여 결정되는 것이다. 그 공통된 의지를 천天이라 할 수 있으므로, 세상의 일이 이루어지고 이루어지지 않는 것은 천天에 의하여 결정된다고 할 수 있다. 세상 사람들의 공통된 의지는 인간의 본마음의 의지이며 그것은 또한 선善이기 때문에 진실로 선善을 행하면 차츰 사람들이 공감할 것이므로 언젠가는 많은 사람의 지지를 받을 수 있을 것이다. 그러므로 우선 위기에 처한 사람이 그 위기를 당장 극복할 수 없을 때는 물러나 착한 일을 실천함으로써 장래를 위하여 씨를 뿌리는 것도 하나의 방법이다.

제15장

滕文公이 問曰滕은 小國也라 竭力以事大國이라도

則不得免焉이로소니 如之何則可잇고 孟子對曰昔者

에 大王이 居邠할새 狄人이 侵之어늘 事之以皮幣라

도 不得免焉하며 事之以犬馬라도 不得免焉하며 事

之以珠玉이라도 不得免焉하여 乃屬其耆老而告之曰

狄人之所欲者는 吾土地也라 吾聞之也하니 君子는

不以其所以養人者로 害人이라하니 二三子는 何患乎

無君이리오 我將去之하리라하고 去邠하여 踰梁山하여

邑于岐山之下하여 居焉한대 邠人曰仁人也라 不可失

야 종지자여귀시 혹왈세수야 비신
也라고 從之者如歸市하니이다 或曰世守也라 非身
8
지소능위야 효사물거 군청택어사이자
之所能爲也니 效死勿去라하나니 君請擇於斯二者하

소서

| 국역 |

등문공滕文公이 물었다. "등滕은 작은 나라라서 힘을 다하여 큰
나라를 섬기더라도 (화를) 면할 수 없으니 어떻게 하면 되겠습
니까?" 맹자께서 대답하셨다. "옛날에 태왕이 빈邠에 있을 때 적
인狄人이 침략하였는데, 그들을 피폐皮幣를 가지고 섬겼어도 (화
를) 면하지 못하였고, 개와 말을 가지고 섬겼어도 (화를) 면하
지 못하였으며, 주옥珠玉을 가지고 섬겼어도 (화를) 면하지 못하
자, 드디어 늙은이들을 모아놓고 말하기를 '적인들이 원하는 것
은 우리의 토지이다. 나는 들으니 군자君子는 사람을 기르기 위
한 것(여기서는 토지를 지칭함)을 가지고 사람을 해치지는 아니
한다고 하였다. 여러분은 임금이 없다고 무슨 걱정이 있겠는가?
나는 장차 떠나리라' 하고 빈邠을 떠나 양산梁山을 넘어서 기산岐
山 아래에 마을을 만들어 거기에 거주하니 빈인邠人들이 말하기
를, '어진 사람이다. 놓칠 수 없다'라고 하며, 그를 따르는 자가
시장에 가는 것같이 줄을 이었습니다. 어떤 이는 말하기를, '대
대로 지켜오는 것이므로 자신이 마음대로 할 수 있는 것이 아니
다. 죽음을 바치더라도 떠나지 말라' 하니 임금께서는 이 두 가
지 중에서 선택하소서."

| 난자풀이 |

[1] 皮 : 범·표범·사슴 등의 가죽.

[2] 幣 : 비단. '피폐를 가지고 섬긴다'는 말은 '피폐를 선물로 주고서 섬긴다' 는 말이다.

[3] 珠 : 보배. 옥玉의 일종인데 옥玉과 구별하자면, 물에서 나는 것을 주珠라 하고 산에서 나는 것을 옥玉이라 한다.

[4] 屬 : '모은다'는 뜻. 이때의 음은 '촉'.

[5] 耆 : 늙은이. 『예기禮記』곡례상편曲禮上篇에 '육십六十을 기耆라 하고 칠십七十 을 노老라 한다'고 하였다.

[6] 所以 : 수단. 以의 목적어는 앞에 나온 토지土地이므로 여기서 말하는 '사람을 기르는 수단'은 토지이다.

[7] 二三子 : 스승이 제자를, 또는 임금이 신하를 부를 때 쓰는 말. '자네들', '여러분' 등의 뜻이다.

[8] 歸市 : 시장에 가는 것. 옛날에는 시장이 매일 열리지 않고 정기적으로 열렸 기 때문에, 시장이 열리는 날에는 사람들이 모두 시장에 가느라고 줄을 잇게 된다.

| 강설 |

위태로운 나라를 구하는 방법은 죽기를 각오하고 싸우는 것과 잠시 피하여 뒤에 기회를 보아 재기하는 방법이 있다. 인정仁政 을 하지 않으면 둘 다 성공할 수 없을 것이다.

제16장 —

魯平公이 將出할새 嬖人臧倉者請曰他日君出則必命 有司所之러시니 今乘輿已駕矣로대 有司未知所之하 니 敢請하노이다 公曰將見孟子하리라 曰何哉잇고 君 所爲輕身以先於匹夫者는 以爲賢乎잇가 禮義는 由賢

자 출 이 맹 자 지 후 상 유 전 상 군 무 견 언
者出이어늘 而孟子之後喪이 踰前喪하니 君無見焉하

⑤ ⑥

공 왈 낙 악 정 자 입 견 왈 군 해 위 불 견 맹 가 야
소서 公曰諾다 樂正子入見曰君奚爲不見孟軻也잇고

⑦ ⑧ ⑨

왈 혹 고 과 인 왈 맹 자 지 후 상 유 전 상 시 이 불
曰或告寡人曰孟子之後喪이 踰前喪이라할새 是以不

왕 견 야 왈 하 재 군 소 위 유 자 전 이 사
往見也호라 曰何哉잇고 君所謂踰者는 前以士요

⑩

후 이 대 부 전 이 삼 정 이 후 이 오 정 여 왈 부
後以大夫며 前以三鼎而後以五鼎與잇가 曰否라

⑪

위 관 곽 의 금 지 미 야 왈 비 소 위 유 야 빈 부 부 동 야
謂棺槨衣衾之美也니라 曰非所謂踰也라 貧富不同也

⑫

악 정 자 견 맹 자 왈 극 고 어 군 군 위 래 견 야
니이다 樂正子見孟子曰克이 告於君하니 君爲來見也

폐 인 유 장 창 자 저 군 군 시 이 불 과 래 야
러니 嬖人有臧倉者沮君이라 君이 是以로 不果來也

⑬

왈 행 혹 사 지 지 혹 닐 지 행 지 비 인 소 능
하니이다 曰行或使之며 止或尼之나 行止는 非人所能

⑭

야 오 지 불 우 노 후 천 야 장 씨 지 자 언 능 사 여 불
也라 吾之不遇魯侯는 天也니 臧氏之子焉能使予不

우 재
遇哉리오

| 국역 |

노평공魯平公이 장차 출타하려 하자 폐인嬖人인 장창臧倉이라는 자가 청하여 말하기를, "다른 날에는 임금께서 출타하시게 되면 반드시 유사有司에게 가는 곳을 하명하셨는데, 지금은 승여乘輿가 이미 멍에까지 한 상태인데도 유사가 가는 곳을 알지 못하니, 감히 청하옵니다." 공公이 말하였다. "장차 맹자를 뵙고자 한다." "어째서입니까? 임금께서 몸을 가볍게 하여 필부匹夫에게 먼저 예禮를 갖추는 까닭은 현명하다고 생각하셨기 때문입니까? 예의

禮義는 현명한 사람에게서 나오는 것인데 맹자의 나중 장례식이 먼저의 장례식보다 성대했으니 (예의를 모른 사람입니다) 임금께서는 뵙지 마십시오." 공公이 말했다. "그래." 악정자樂正子가 들어가 뵙고 말했다. "임금께서는 어찌해서 맹가孟軻를 뵙지 않으십니까?" "어떤 이가 과인에게 '맹자의 나중 장례식이 먼저의 장례식보다 성대하였다'고 하므로 그 때문에 가서 뵙지 않았다." "무엇 때문입니까? 임금께서 이른바 더 성대하였다는 것은 먼저는 사士의 예禮로써 장례를 하였고 나중에는 대부大夫의 예禮로써 하였으며, 먼저는 삼정三鼎을 써서 장례식을 하였고 나중에는 오정五鼎을 써서 한 것을 말합니까?" "아니다. 관곽의금棺槨衣衾을 아름답게 한 것을 말한다." "(그것은) 더 성대하다고 할 바가 아닙니다. 빈부貧富가 같지 않았기 때문입니다." 악정자가 맹자를 뵙고 말했다. "제가 임금에게 아뢰어서 임금이 뵈러 오려고 했는데 폐인 중에 장창이라는 자가 있어서 임금을 만류하였습니다. 임금이 이 때문에 오는 것을 실행하지 않았습니다." "가는 데도 혹 가도록 부추기는 것이 있고, 멈추는 데도 멈추도록 부추기는 것이 있으나 가고 멈추는 것은 사람이 그렇게 할 수 있는 것이 아니다. 내가 노魯나라의 임금을 만나지 못한 것은 하늘의 뜻이다. 장씨臧氏의 아들이 어찌 나로 하여금 만나지 못하게 할 수 있겠는가?"

| 난자풀이 |

1 魯平公 : 노魯나라의 평공平公. 이름은 숙叔, 평평은 시호이니 경공景公의 아들이다. 애공哀公의 7대손代孫. 기원전 314년에서 296년까지 재위.

2 嬖人 : 임금에게 총애받고 있는 신하. 남녀 모두에게 사용한다.

3 所 : 뒤의 자者와 연용되어, '~하는 까닭은'이라는 뜻이 된다. 앞에 주격 조사 지之가 생략되었다.

④ 由 : 자自와 같은 뜻. '~에서부터', '~으로 말미암아' 등의 뜻.

⑤ 後喪 : 나중의 장례식. 맹자는 먼저 아버지를 여의었고 나중에 어머니를 여의었으므로, 여기서 후상後喪이라 한 것은 어머니에 대한 장례식이고 전상前喪이라 한 것은 아버지에 대한 장례식이다.

⑥ 踰 : '넘는다'는 말이므로 '더 성대하게 하였다'는 뜻이다.

⑦ 諾 : 대답하는 말에는 유唯와 낙諾이 있다. 유唯는 공경스럽게 정색하고 대답하는 말이고 낙諾은 존경스러움이 들어 있지 않은 말이다.

⑧ 樂正子 : 맹자의 제자로서 평공平公의 신하가 된 사람이다. 악정樂正이 성이고 이름은 극克이다.

⑨ 爲 : 위爲의 목적어는 해奚이다. 의문사이므로 앞으로 나간 것이다. 해위奚爲는 '무엇 때문에', '어째서' 등의 뜻이다.

⑩ 以 : 주로 이以A위爲B라는 문형으로 쓰이는데 여기서는 위爲B에 해당하는 동사가 생략되었다.

⑪ 鼎 : 솥. 여기서는 제사음식을 담는 그릇을 말한다. 삼정은 사士의 예禮로 내용은 돈豚·어魚·석腊(말린 고기)을 쓰고, 오정은 대부大夫의 예禮로 삼정三鼎 외에 양羊·부膚(썬 고기)가 추가된다.

⑫ 衣衾 : 사자死者에게 입히는 옷과 이불.

⑬ 果 : 뿌린 씨가 결실하는 것이 과果인데, 여기서는 마음먹는 것을 실행에 옮기는 것을 말한다.

⑭ 尼 : '막는다'는 뜻으로 음은 '닐'. '여승'이라는 뜻일 때는 음이 '니'이다.

| 강설 |

맹자는 왕도정치를 제시한 사람이므로, 노평공이 진정코 왕도정치를 실행하려는 의지가 있었다면 아무리 만류하였더라도 맹자를 만나러 왔을 것이다. 그러므로 장창의 만류로 맹자를 만나지 않은 노평공은 왕도정치를 실행하려는 의지가 없는 사람이고, 그가 맹자를 만나려 했던 것은 악정자의 권유에 못 이겨서 그랬던 것으로 볼 수 있다. 그러한 사람은 맹자를 만나더라도 왕도정치를 실행할 수 없을 것이다. 장창이라는 개인이 좌우할 수 있는 문제가 아니다.

　세상사의 전체적인 움직임은 사람 전체의 공통적인 의지에 의하여 결정되는데, 그것을 천天이라고 한다. 대부분의 사람이 공통적으로 원하는 바가 있을 때, 정치가가 그것을 실행하지 않는다면 그것을 실행하려는 다른 사람이 나타나게 될 것이고, 그 결과 기존의 정치가와 대립하게 될 것이다. 그리고 결국에는 많은 사람의 지지를 받는 새로운 사람이 하늘의 뜻을 실현할 것이다.

맹자의 왕도정치가 아직도 받아들여지지 않는 까닭은 아직 왕도정치가 실현될 시기가 되지 않았기 때문이라고 봐야 할 것이다.

三. 공손추장구상 公孫丑章句上

공손추문왈부자당로어제　　　　　　관중안자지공　가
公孫丑問曰夫子當路於齊하시면　管仲晏子之功을　可
[1]　　　　　　　　　　　　　　　[4]

부허호　　　맹자왈자성제인야　　　지관중안자이이
復許乎잇가　孟子曰子誠齊人也로다　知管仲晏子而已
[5]　　　　　　　　[6]

의　　　혹문호증서왈오자여자로숙현　　증서축연
矣온여　或問乎曾西曰吾子與子路孰賢고　曾西蹴然
　　　　[7]　[8]　　　[9]　[10]　　　　　　[11]

왈오선자지소외야　　　왈연즉오자여관중숙현고
曰吾先子之所畏也니라　曰然則吾子與管仲孰賢고
　　[12]　[13]

증서불연불열왈이하증비여어관중　관중　　득군이
曾西艴然不悅曰爾何曾比予於管仲고　管仲은　得君이
　　　　[14]　　　　　[15]

여피기전야　　행호국정　　여피기구야　　공렬이
如彼其專也며　行乎國政이　如彼其久也로대　功烈이
　　[16]　　　　　　　　　　　　　　　　　[17]

여피기비야　　이하증비여어시　　　왈관중은
如彼其卑也하니　爾何曾比予於是오하니라　曰管仲은
　　　　　　　　[18]　　　　　　　　　[19]

증서지소불위야　　　이자위아원지호　왈관중은
曾西之所不爲也어늘　而子爲我願之乎아　曰管仲은

이기군패하고　안자는　이기군현하니　관중안자도　유부
以其君覇하고　晏子는　以其君顯하니　管仲晏子도　猶不

족위여잇가　왈이제왕이　유반수야니라
足爲與잇가　曰以齊王이　由反手也니라
　　　　　　　　　　　　　　[20]

공손추公孫丑가 물었다. "선생님께서 제齊나라에서 요로要路를 담당하신다면 관중管仲과 안자晏子의 공적을 다시 해내실 수 있겠습니까?" 맹자께서 말씀하셨다. "그대는 참으로 제齊나라 사람이로다. 관중과 안자를 알 뿐이로구나. 어떤 이가 증서曾西에게 묻기를 '그대와 자로子路는 누가 더 현명한가?' 하니 증서가 떨면서 말하기를, '자로는 우리 선자先子께서 두려워하신 바이다' 하였다. '그렇다면 그대와 관중은 누가 더 현명한가?' 하니, 증서가 발끈하여 기뻐하지 아니하고 말하기를, '네가 어찌 나를 관중에게 비교하는가. 관중은 임금의 신임을 얻은 것이 저렇게 독차지하였으며, 국정을 시행한 것이 저렇게 오래 하였는데도 효과가 저렇게 낮았으니 너는 어찌 나를 이에 비교하는가' 하였다. 관중처럼 되는 것은 증서도 아니하려는 것인데 자네는 날더러 그렇게 되기를 바라는가?" "관중은 그 임금을 패자覇者로 만들었고 안자는 그 임금을 유명하게 만들었는데, 관중과 안자도 오히려 되기에 부족한 것입니까?" "제齊나라를 가지고 왕업王業을 이루는 것은 손을 뒤집는 것처럼 쉬운 것이다."

| 난자풀이 |

1. 公孫丑 : 공손公孫은 성, 추丑는 이름이다. 맹자의 제자이다. 음은 '공손추'
2. 夫子 : '선생님', '그 사람' 등의 뜻이다. 여기서는 '선생님'으로 보아야 한다.
3. 路 : 정부의 중요한 지위. 요로要路.
4. 管仲 : 춘추시대春秋時代 제齊나라의 현명한 재상. 관管은 성, 이름은 이오夷吾, 자字는 중仲. 환공桓公을 섬겨 부국강병富國强兵에 힘쓰고 제후를 규합하여 환공으로 하여금 천하의 패권을 차지하게 하였다.
5. 許 : '허락한다'는 뜻. 허락하는 것은 자신하는 것이므로 여기서는 '관중과

안자 정도의 공업을 다시 일으킬 수 있다고 자신하는 것'을 말한다. 조기趙岐는 흥흥興으로 주석하였고 주자朱子는 기기期로 주석하였다.

⑥ 子 : 자네.

⑦ 乎 : 어於와 같은 뜻.

⑧ 曾西 : 공자의 제자인 증삼曾參의 아들로서 이름은 신申. 조기와 주자는 모두 증삼의 손자라 하였으나 본문에서는 증자曾子를 선자라고 칭하고 있으므로 증삼의 아들로 보는 것이 좋을 것이다.

⑨ 吾子 : 그대. 글자의 뜻은 '우리 자네'이다.

⑩ 子路 : 노魯나라 사람으로 성은 중仲, 이름은 유由, 자로는 그의 자字. 계로季路라고도 한다. 공자의 제자로서 정사政事에 뛰어난 사람이다.

⑪ 蹴然 : 송구스럽고 두려워서 떠는 모양.

⑫ 先子 : 선친先親, 즉 돌아가신 아버지를 일컬음.

⑬ 之 : 주격조사. 이 문장의 기본형은 오선자외야吾先子畏也인데, 이 문장의 앞에 주어인 자로가 생략되었으므로 이 문장은 생략된 주어인 자로를 서술하는 명사절이 되는 셈이다. 따라서 주부인 오선자吾先子와 술어인 외畏 사이에 주격조사 지之가 들어가고 또 외畏를 동사로 만들기 위하여 소所가 들어간 것이다.

⑭ 艴然 : 화를 내는 모양. '발끈'으로 번역하면 될 것이다.

⑮ 曾 : 내乃와 같은 뜻으로 여기서는 조음소로 쓰였다.

⑯ 其 : 조음소로 쓰였다.

⑰ 功烈 : 효과.

⑱ 是 : 관중을 지칭함.

⑲ 曰 : 맹자의 말이 계속되므로 왈曰이 필요없으나, 말을 중단하였다가 다시 말하였기 때문에 넣은 것인지, 아니면 기록자가 착각하여 잘못 넣은 것인지 알 수 없다.

⑳ 由 : 유猶와 통용.

| 강설 |

제齊나라의 명재상이었던 관중과 안자를 높이 평가하는 공손추는 스승인 맹자가 그 정도의 인물이 되는지 궁금하여 여쭈어본 것인데, 왕도정치의 실현을 목적으로 하는 맹자의 입장에서 보면 패도정치를 달성한 그들의 가치는 보잘것없다.

공자의 제자인 자로는 완전자인 공자의 수준에 미치지 못하므로 공자에게 많은 꾸중을 받지만, 일반인과 비교하면 매우 훌륭한 사람이므로 함부로 평가해서는 안 된다.

曰若是則弟子之惑이 滋甚하니이다 且以文王之德으 [1]

로 百年而後崩하되 猶未洽於天下하여 武王周公이 [2] [3]

繼之然後에 大行이어늘 今言王若易然하시니 則文王

은 不足法與잇가 曰文王을 何可當也리오 由湯으로 [4]

至於武丁히 賢聖之君六七이 作하여 天下歸殷이 久 [5]

矣니 久則難變也라 武丁이 朝諸侯有天下하되 猶

運之掌也하니 紂之去武丁이 未久也라 其故家遺俗 [6]

과 流風善政이 猶有存者하며 又有微子微仲王子比 [7] [8] [9]

干箕子膠鬲이 皆賢人也라 相與輔相之故로 久而後 [10] [11]

에 失之也라 尺地도 莫非其有也며 一民도 莫非其

臣也어늘 然而文王이 猶方百里起하니 是以難也니라 [12]

| 국역 |

"이와 같다면 제자의 의혹이 점점 더 심해집니다. 또한 문왕文王의 덕德을 가지고서 백년 뒤에 죽었는데도 여전히 천하에 (교화가) 두루 미치지 못하여, 무왕武王과 주공周公이 계속한 뒤에야 크게 행해졌습니다. 그런데 지금 왕업을 이루는 것을 쉬운 것같이 말씀하시니 문왕은 본받기에 부족합니까?" "문왕을 어찌 당할 수 있겠는가. 탕왕湯王으로부터 무정武丁에 이르기까지 어질고 성스러운 임금 6~7명이 나왔으므로 천하의 민심이 은殷나라에 돌아간 지 오래이니, 오래되면 바꾸기 어렵다. 무정이 제후들에게 조회받고 천하天下를 소유하되 손바닥에서 움직이듯 하였다. 주왕紂王은 무정과의 시차가 오래지 않았으므로 그 고가故家, 남은 습속, 유풍流風, 선정善政 등이 여전히 남아 있는 것이 있었으며, 또 미자微子·미중微仲·왕자인 비간比干·기자箕子·교격膠鬲 등이 있었는데 그들은 모두 현인賢人들이었다. 그들이 서로 더불어 받들고 도왔으므로 오래된 뒤에야 나라를 잃은 것이다. 한 자 되는 땅도 그의 소유 아님이 없었으며, 한 백성도 그의 신하 아님이 없었다. 그러한데 문왕이 사방四方 백리百里의 땅을 가지고 일어났으므로 그 때문에 어려웠던 것이다.

| 난자풀이 |

① 滋 : '물이 차츰 불어난다'는 원래의 뜻에서 물이 불어나듯이 정도가 점점 심해진다는 뜻으로 굴러간 것이다.

② 崩 : 천자天子가 죽는 것을 말한다. 음은 '붕'. 제후가 죽는 것은 훙薨이라 하고, 대부大夫나 사士가 죽는 것을 졸卒이라 하며, 일반인들이 죽는 것은 사死라 한다. 문왕은 97세에 죽었다고 하므로(『예기禮記』 문왕세자편文王世子篇), 대체로 100년으로 볼 수 있다.

③ 周公 : 무왕의 동생. 이름은 단旦. 무왕이 천자가 된 후 얼마 안 있다가

죽었으므로 주공이 무왕의 아들인 성왕成王을 도와 주왕조周王朝의 기초를 견고히 하였다고 한다.

4 法 : '본받는다'는 뜻. 법法·칙則·형刑 모두 '본받는다'는 뜻으로 번역할 때가 많다.

5 武丁 : 은殷의 20대 임금인 고종高宗을 말한다. 중흥의 명주名主로 알려져 있다.

6 去 : 주紂가 무정武丁까지 가는 거리인데 이때의 거리는 시간적 거리를 말한다.

7 微子 : 주紂의 이모형異母兄(동모형同母兄이라는 설說도 있다). 이름은 계啓. 미微는 국명. 주紂를 버리고 도망하였다고 전한다.

8 微仲 : 미자의 동생. 명名은 연衍.

9 比干 : 주紂의 숙부叔父. 주紂에게 간하다가 죽임을 당하였다.

10 箕子 : 주紂의 친척으로 광인狂人의 흉내를 내어 노예가 되었다.

11 膠鬲 : 주紂의 현신賢臣. 음은 '교격'.

12 方百里 : 사방 백리. 방백리方百里 앞에 이以가 생략된 것으로 보아야 할 것이다.

齊人有言曰雖有智慧나 不如乘勢며 雖有鎡基나 不
제 인 유 언 왈 수 유 지 혜   불 여 승 세   수 유 자 기   불
如待時라하니 今時則易然也니라 夏后殷周之盛에 地
여 대 시   금 시 즉 이 연 야   하 후 은 주 지 성   지
未有過千里者也하니 而齊有其地矣며 雞鳴狗吠相
미 유 과 천 리 자 야   이 제 유 기 지 의   계 명 구 폐 상
聞而達乎四境하니 而齊有其民矣니 地不改辟矣며
문 이 달 호 사 경   이 제 유 기 민 의   지 불 개 벽 의
民不改聚矣라도 行仁政而王이면 莫之能禦也리라 且
민 불 개 취 의   행 인 정 이 왕   막 지 능 어 야   차
王者之不作이 未有疏於此時者也하며 民之憔悴於
왕 자 지 부 작   미 유 소 어 차 시 자 야   민 지 초 췌 어
虐政이 未有甚於此時者也하니 飢者에 易爲食이며
학 정   미 유 심 어 차 시 자 야   기 자   이 위 식

갈 자　이 위 음　　　　공 자 왈 덕 지 류 행　　　속 어 치 우 이
渴者에 易爲飮이니라 孔子曰德之流行이 速於置郵而
　　　　　　　　　　　　　　　　　　　　　　　⑦ ⑧

전 명　　　　　　당 금 지 시　　　만 승 지 국　　　행 인 정
傳命이라하시니 當今之時하여 萬乘之國이 行仁政이면

민 지 열 지 유 해 도 현 야　　　고　　사 반 고 지 인　　　공
民之悅之猶解倒懸也리니 故로 事半古之人이요 功

필 배 지　　　유 차 시 위 연
必倍之는 惟此時爲然하니라

| 국역 |

제齊나라 사람의 말에 이르기를, '비록 지혜가 있으나 세勢를 타
는 것만 못하며, 비록 김매는 농구가 있으나 때를 기다리는 것
만 못하다' 하였으니 지금이 그렇게 되기 쉬운 때이다. 하후夏后
와 은殷·주周의 전성기에도 땅이 천리를 넘은 적이 있지 않았는
데 제齊나라는 그만한 땅을 소유하고 있으며, 닭 우는 소리 개
짖는 소리가 서로 들리어서 사방의 국경에 도달하고 있으니 제齊
나라가 그만한 백성을 가지고 있으므로, 땅을 더 넓히지 않고
백성을 더 모으지 않고서도 인정仁政을 행하여 왕도정치를 하면
막을 수 있는 자가 없다. 또 왕업을 이룬 자가 나타나지 않은 것
이 이때보다 더 드물었던 적이 있지 않았으며, 백성이 학정에
시달려 초췌해진 것이 이때보다 더 심한 적이 있지 않았다. 굶
주린 자에게는 밥 만들어주기가 쉽고 목마른 자에게는 마실 것
을 만들어주기가 쉽다. 공자께서 말씀하시기를, '덕德이 유행되
는 것이 파발마로 명命을 전달하는 것보다 빠르다' 하셨으니, 지
금과 같은 때에 만승萬乘의 나라가 인정仁政을 행한다면 백성들이
기뻐하는 것이 거꾸로 매달린 것을 풀어주는 것과 같을 것이다.

그러므로 일은 옛사람보다 반이면서 효과는 반드시 배가 되는
것은 오직 이때가 그러할 것이다."

| 난자풀이 |

[1] 勢 : '형세', '상황', '흐름' 등의 뜻.

[2] 鎡基 : 김매는 농구. 자鎡는 '호미'라는 뜻으로 음은 '자'.

[3] 后 : 왕조. 하후는 하왕조夏王朝라는 뜻인데 후后는 음률을 고르게 하기
위하여 넣은 것으로 보인다.

[4] 改 : 다시.

[5] 辟 : 문맥에 따라 비譬, 피避, 벽僻, 벽闢 등으로 두루 쓰인다. 여기서는
벽闢의 의미로 쓰였으므로, '개척한다', '넓힌다' 등의 뜻이고 음은 '벽'.

[6] 之 : 능어能禦와 도치되어 있다. '막능어지莫能禦之'로 놓고 해석하면 된다.

[7] 置 : 역마을 또는 역말. 음은 '치'.

[8] 郵 : 역말. 또는 역. 치置는 말을 타고 달려서 전달하는 것이고, 우郵는
보행步行으로 전달하는 것이라는 설說도 있다.

| 강설 |

무더운 여름 많은 사람이 땀을 흘리고 있을 때에는 아무리 지
혜로운 홍차장수라 할지라도 얼음장수만큼 팔 수는 없다. 계절
이 그러하다면 얼음장수는 세勢를 타고 홍차장수는 세勢를 타지
못한다. 아무리 좋은 농구를 가지고 아무리 열심히 일하더라도
때를 맞추지 못하면 성과가 없다.

제
2
장

公孫丑問曰夫子加齊之卿相하사 得行道焉하시면 雖
　　　　　　　　　[1]　[2]

由此覇王이라도 不異矣리니 如此則動心이릿가 否乎잇
　　　　　　　　　　　　　　[3]

가 <ruby>孟<rt>맹</rt></ruby><ruby>子<rt>자</rt></ruby><ruby>曰<rt>왈</rt></ruby><ruby>否<rt>부</rt></ruby>라 我는 四十이라 不動心호라 曰若是則

맹자왈부　　아　　사십　　　부동심　　　왈약시즉

夫子過孟賁이 遠矣로소이다 曰是不難하니 告子도 先

부자과맹분　　　원의　　　　왈시불난　　　고자　　선

我不動心하니라

아부동심

| 국역 |

공손추公孫丑가 물었다. "선생님께서 제齊나라의 경이나 재상의 자리에 오르시어 도道를 행할 수 있게 되신다면, 비록 그로 인해 패업을 이루거나 왕업을 이룬다 하더라도 이상하지 않을 것입니다. 그렇게 된다면 마음이 동요되겠습니까? 않으시겠습니까?" 맹자께서 말씀하셨다. "아니다. 나는 40세가 되었으니 마음이 동요되지 아니한다." "이와 같다면 선생님께서는 맹분孟賁보다 뛰어남이 훨씬 많으십니다." "그것은 어렵지 아니한 것이다. 고자告子도 나보다 먼저 마음이 동요되지 아니하였다."

| 난자풀이 |

1 加 : 제齊의 경상卿相의 자리에 오른다는 뜻이다.

2 卿相 : 경卿은 직급을 말하고, 상相은 직책을 말한다.

3 動心 : '마음이 움직인다'는 뜻. 글자 그대로 번역하면 '마음을 움직이게 한다'는 뜻이 되지만, 우리말에는 '나는 다리를 아파한다'라고 말하지 않고 '나는 다리가 아프다'라고 말하는 것에서 알 수 있듯이 목적어를 주어처럼 사용하는 경우가 많으므로, 여기서도 목적어인 마음을 주어처럼 해석하여, '마음이 움직인다'로 번역하는 것이 자연스럽다. '하우下雨'를 '비를 내리게 한다'로 번역하기보다는 '비가 내린다'로 번역하는 것과 같다.

4 四十 : 이 말을 하고 있을 당시 맹자의 나이를 40세로 보는 견해도 있고, 맹자의 나이는 이보다 훨씬 많은데 부동심不動心을 이루었을 당시의 나이

가 40세였다고 보는 견해도 있다. 『논어論語』에서 공자가 '사십이불혹四十
而不惑'이라 한 말은 70세가 지나서 한 말이지만, 여기서는 사십四十 뒤에
이而가 없으므로 전자의 견해가 옳다고 봐야 할 것이다.

⑤ 孟賁 : 힘이 세고 용감했던 장사의 이름. 제齊나라 사람이라고도 하고 위
衛나라 사람이라고도 한다. 진秦의 무왕武王이 역사力士를 좋아하였으므
로 맹분이 그에게 가서 귀속되었다. 살아있는 소의 뿔을 뽑을 수 있었다
고 한다.

⑥ 遠 : '맹분을 지나가는 것이 멀다'는 것은 '맹분보다 나은 정도가 많다'는 뜻이
다.

⑦ 告子 : 맹자와 동시대의 사람. 이름은 불해不害. 맹자와 성性에 관하여 많
은 논란을 한 사람이다.

| 강설 |

제齊나라의 정승이 되어 왕업王業이나 패업霸業을 이루게 되면
마음이 기뻐서 동요할 것인지 어떤지를 질문한 공손추에게 맹
자가 답변한 것이다.

공자는 40세에 유혹받는 일이 없었다고 하였으니, 그것은 어
떠한 유혹이나 고난을 받더라도 마음이 흔들리지 않고 고요한 상
태를 유지하였다는 말이다. 공자처럼 되기를 바라는 맹자도 40세
가 되었으므로 마음이 흔들리지 않아야 할 것이다.

사람은 누구나 끝없이 충격을 받으며 살아간다. 돈이 없는 것
도 충격이고 지위가 낮은 것도 충격이며, 아랫사람에게 존경받지
못하는 것도 충격이고 윗사람에게 사랑받지 못하는 것도 충격이
며, 늙고 병드는 것도 충격이며, 죽을 수밖에 없는 운명 또한 크
나큰 충격이다. 심지어는 남자로 태어난 것이 불만일 때는 그것이
충격이 되고, 한국에 태어난 것이 불만일 때는 그것 또한 충격이
된다. 그 충격들을 극복하지 못하면 고통받게 된다.

사람은 이러한 충격을 극복하여 고통에서 벗어나도록 노력해
야 하는 임무를 받게 되는데, 그것은 철학의 주요 과제이기도 하
다. 충격은 마음이 받는 것이므로, 충격을 극복한 상태가 바로 부
동심의 상태이다.

요컨대 모든 충격을 극복해야 하는 사람들의 임무는 부동심을 터득하는 것이라고 할 수 있다.

曰不動心이 有道乎잇가 曰有하니라 北宮黝之養勇也
① ②
는 不膚撓하며 不目逃하여 思以一毫挫於人이어든 若
③ ④ ⑤
撻之於市朝하여 不受於褐寬博하고 亦不受於萬乘之
⑥ ⑦ ⑧
君하며 視刺萬乘之君하되 若刺褐夫하여 無嚴諸侯하
⑨
며 惡聲이 至어든 必反之하니라 孟施舍之所養勇也는
⑩ ⑪
曰視不勝하되 猶勝也로니 量敵而後進하며 慮勝而後
會하면 是는 畏三軍者也니 舍豈能爲必勝哉리요 能
⑫ ⑬
無懼而已矣라하니라 孟施舍는 似曾子하고 北宮黝는
似子夏하니 夫二子之勇이 未知其孰賢이어니와 然而
⑭
孟施舍는 守約也니라 昔者에 曾子謂子襄曰子好勇
⑮ ⑯
乎아 吾嘗聞大勇於夫子矣로니 自反而不縮이면 雖
⑰
褐寬博이라도 吾不惴焉이어니와 自反而縮이면 雖千
⑱
萬人이라도 吾往矣라하니라 孟施舍之守는 氣라 又不
⑲
如曾子之守約也니라

"마음이 동요되지 않도록 하는 데에 방법이 있습니까?" "있다. 북궁유北宮黝가 용기를 기른 방법은, 피부가 찔려도 움직이지 아니하며 눈이 찔려도 피하지 않고서, 조금이라도 남에게 꺾이면 시장이나 조정에서 종아리를 맞는 것처럼 생각하여, 갈관박褐寬博에게도 (모욕을) 받지 않고 또한 만승萬乘의 임금에게도 (모욕을) 받지 않으며, 만승의 임금을 찌르는 것을 갈부褐夫를 찌르는 것처럼 하여 제후를 두려워함이 없으며 (자기를) 험담하는 소리가 이르면 반드시 보복하는 것이었다. 맹시사孟施舍가 용기를 기른 방법은, '이기지 못하는 것을 이기는 것처럼 하는 것이니, 적을 헤아린 뒤에 진격하여 이길 것을 고려한 뒤에 맞붙는다면 이는 (적의) 삼군三軍을 두려워하는 자이다. 내 어찌 반드시 이기는 것만을 할 수 있겠는가. 두려워하지 않을 수 있을 뿐이다'라고 말하는 것이었다. 맹시사는 증자曾子와 유사하고 북궁유는 자하子夏와 유사하니, 이 두 사람의 용기에 대해서는 누가 더 나은지 모르겠으나 그러나 맹시사의 지킴이 단단하다. 옛날에 증자曾子가 자양子襄에게 말하기를 '자네는 용기를 좋아하는가? 내 일찍이 선생님에게 큰 용기에 대해서 들었다. 스스로 돌이켜보아 바르지 아니하면 비록 갈관박에게도 내 두려워하지 않겠는가. 스스로 돌이켜보아 바르면 비록 천만의 사람이 있어도 내 가서 대적할 것이다'라고 하였다. 맹시사의 지킴은 기氣이니 또한 증자의 지킴의 단단한 것만 못하다."

| 난자풀이 |

① 北宮黝 : 북궁北宮은 성, 유黝는 이름. 제齊나라 사람이라는 설이 있다.
음은 북궁유.

② 之 : 주격조사.

③ 膚 : 요撓와 도치되어 있다. 부정을 나타내는 말, 타동사, 목적어가 연결
될 때, 타동사와 목적어가 도치되는 예를 따른 것이다. '부부요不膚撓'는
'(피부가 찔리더라도) 피부를 움직이지 아니한다'는 뜻이다. 완원阮元은
요撓로 되어 있는 판본은 잘못된 것이고 요橈로 되어 있는 판본이 옳은
것이라 하였다.

④ 目 : 역시 도逃와 도치되어 있다. '불목도不目逃'는 '(눈이 찔리더라도) 눈
을 피하지 아니한다'는 뜻이다.

⑤ 一毫 : 하나의 털은 적은 것이므로 여기서는 '조금'이라고 번역하였다.

⑥ 撻 : '종아리는 친다'는 뜻. 여기서는 피동으로 해석하는 것이 좋으므로
'종아리는 맞는다'고 번역하였다. 음은 '달'.

⑦ 市朝 : 시장이나 조정. 요컨대 '많은 사람이 지켜보는 공공연한 장소'라는
뜻이다.

⑧ 褐寬博 : 갈褐은 '베옷 입은 미천한 사람'이고, 관박寬博은 '몸에 맞지 않는
풍성한 옷을 입은 미천한 사람'이므로, 갈관박은 '미천한 사람'이라는 뜻
이다.

⑨ 褐夫 : 베옷을 입은 미천한 남자. 갈관박과 같은 뜻이다.

⑩ 惡聲 : 험담하는 소리.

⑪ 孟施舍 : 맹孟이 성이고 사舍가 이름이며 시施는 그냥 들어간 말이라는 설
(조기趙岐·주자朱子)이 있고, 맹孟이 성이고 시사施舍가 이름이라는 설翟灝
도 있다.

⑫ 三軍 : 큰 나라의 군대. 천자天子는 육군六軍을, 제후諸侯 중에서 큰 나라
는 삼군을 소유한다. 일군一軍은 12,500명 정도 된다고 한다.

⑬ 舍 : 맹시사 자신을 일컫는 말이므로 '나'로 번역하는 것이 좋다.

⑭ 子夏 : 공자의 제자. 성은 복卜, 이름은 상商. 예禮를 특히 중시한 사람이
다. 자하子夏의 계통을 이어받은 사람이 순자荀子이다.

⑮ 約 : 간요하다. 압축이 되어 있고 요령이 있다.

⑯ 子襄 : 증자의 제자.

⑰ 縮 : 직直과 같은 뜻. 음은 '축'.

⑱ 惴 : '두려워한다'는 뜻으로 음은 '췌'.

⑲ 氣 : 기운. 인간의 몸을 움직이는 원동력.

부동심不動心을 터득하는 방법에는 여러 가지가 있지만, 그 중에는 한 가지 일에만 관심을 집중시키는 것이 있다.

북궁유는 남에게 모욕을 당하지 않는 일에만 모든 신경을 집중시킴으로써 부동심을 터득하였고, 맹시사는 이기고 지는 결과에 상관하지 않고 오직 공격하는 것에만 신경을 집중함으로써 부동심을 터득하였다. 부동심을 터득했다는 점에서는 같지만, 북궁유가 남에게 모욕을 당하지 않는 것에 집중한 것은 남과 나를 구별하는 데 주력한 것이고, 맹시사가 이기고 지는 것을 따지지 않은 것은 남과 나를 구별하지 않는 데 주력한 것이다.

증자는 남과 나를 구별하지 않는 마음인 효孝와 충忠을 강조하고 덕德을 밝히는 데 주력한 사람이며, 자하는 남과 나를 구별하는 행동규범인 예禮를 강조한 사람이므로, 맹시사는 증자와 유사하고, 북궁유는 자하와 비슷하다. 그런데 인간의 본질인 인仁이라는 견지에서 보면, 맹시사가 중시하여 지키고 있는 것이 차원이 더 높으므로 더 치밀하다고 할 수 있다.

증자는 자신의 행동이 본마음에서 벗어나지 않은 것이면 과감하게 주장하여 상대가 아무리 강하더라도 대결하지만, 본마음에서 벗어난 것이라면 위축되어 보잘것없는 상대도 두려워했다. 이는 상대를 의식하지 않고 오직 본마음을 실천하는 데에만 주력한 것이다.

남과 나를 구별하지 않는다는 점에서는 맹시사와 증자가 유사하지만, 맹시사가 중시하여 지킨 것은 공격하는 것이므로 육체적인 요소에 속하는 것이고, 증자가 중시하여 지키는 것은 본마음을 실천하는 것이므로 마음의 차원에 속하는 것이다. 따라서 증자가 지킨 것이 더 중요하다.

日敢問夫子之不動心與告子之不動心을 可得聞與

잇가 告子曰不得於言이어든 勿求於心하며 不得於心

이어든 勿求於氣라하니 不得於心이어든 勿求於氣는

可커니와 不得於言이어든 勿求於心은 不可하니 夫志

는 氣之帥也요 氣는 體之充也니 夫志至焉이요 氣次
[1]

焉이라 故曰持其志오도 無暴其氣라하니라 旣曰志至

焉이요 氣次焉이라하시고 又曰持其志오도 無暴其氣者

는 何也잇고 曰志壹則動氣하고 氣壹則動志也니 今

夫蹶者趨者是氣也而反動其心이니라

| 국역 |

"감히 묻겠습니다. 선생님의 부동심과 고자告子의 부동심을 들을
수 있겠습니까?" "고자는 말하기를, '말에서 납득이 되지 아니하
면 마음에서 구하려고 하지 말며, 마음에서 납득이 되지 아니하
면 몸에서 구하려고 하지 말라'고 하였는데, 마음에서 납득이
되지 아니하면 몸에서 구하려고 하지 말라는 것은 가可하지만,
말에서 납득이 되지 아니하면 마음에서 구하지 말라는 것은 불
가不可하다. 대저 지志는 기氣를 거느리는 장수이고 기氣는 몸에
가득 차 있으며, 대저 지志는 지상至上이고 기氣는 그 다음이다.
그러므로 '그 지志를 간직하면서도 그 기氣를 난폭하게 하지 않

는다'고 한 것이다." "이미 지志는 지상이고 기氣는 그 다음이라 하시고 또 그 지志를 간직하면서도 그 기氣를 난폭하게 하지 않는다고 하신 것은 무슨 뜻입니까?" "지志가 한결같으면 기氣를 움직이고 기氣가 한결같으면 지志를 움직이는 것이니, 지금 넘어지거나 달리는 것은 기氣이지만 도리어 그 마음을 움직이는 것이다."

| 난자풀이 |

⑴ 之 : 체體와 충充이 도치되었음을 나타내는 역할을 한다. '충어체充於體'로 놓고 해석하면 될 것이다.

| 강설 |

앎에는 귀로 듣고 아는 것과 마음으로 이해하는 것, 몸으로 아는 것 등 세 종류가 있다.

귀로 듣고 아는 것은 들은 말 그대로만 알 뿐 그 말이 함축하고 있는 진정한 의미를 모르기 때문에 참으로 아는 것이 아니다. 예를 들어, 더워서 땀을 흘리고 있는 아버지에게 부채를 부쳐드리라고 말하면, 귀로 듣고 아는 사람은 부채를 부쳐드릴 줄만 알기 때문에 겨울에도 부채질을 할 것이다.

마음으로 아는 사람은 아버지에게 부채를 부쳐드리라고 한 말의 의미가 아버지의 고통을 덜어드리라는 뜻임을 헤아려 알기 때문에, 겨울에는 아버지를 따뜻하게 해드릴 것이다.

몸으로 아는 사람은 더울 때에는 아버지에게 부채를 부쳐드려야 한다는 사실을 마음으로 이해하고 있지 않더라도 저절로 부쳐드릴 것이다.

이러한 사실은 운전을 하는 경우에도 적용된다. 운전자에게 중앙선을 침범하지 말라고 하면, 귀로 듣고 아는 사람은 중앙선을 침범하면 교통사고를 내지 않을 수 있을 때에도 중앙선을 침범하지 못해 사고를 낼 것이지만, 마음으로 아는 사람은 중앙선을 침범하지 않아야 한다는 말의 의미가 사고를 내지 않아야 한다는 뜻임을 알기 때문에 중앙선을 침범해서라도 사고를 내지 않을 것이다. 몸으로 아는 사람은 마음에서 이해한 대로 운전하는 것이 아니라 마음이 텅빈 상태에서 무심히 운전하게 된다.

아는 것에 세 가지 유형이 있다는 것은, 『장자莊子』에 '무청지이이无聽之以耳, 이청지이심而聽之以心, 무청지이심无聽之以心, 이청지이기而聽之以氣(인간세편人間世篇)'라는 기록이 있는 것을 보아, 맹자孟子 당시에 이미 널리 인식되었던 것으로 보인다.

기氣는 몸의 움직임을 가능하게 하는 원동력이므로 '기氣로써 안다'든가, '기氣에서 구한다' 등의 말은 몸으로 아는 것을 의미하는 것이고, '말에서 납득한다'는 말은 귀로 듣고 아는 것이고, '마음에서 납득한다'는 말은 마음으로 이해하는 것임을 알 수 있다.

운전이라든가 운동경기 등 경험을 축적해야만 알 수 있는 것을 제외하면, 자고 나면 저절로 일어나고 배고프면 저절로 먹고 피곤하면 저절로 자는 것과 같이 사람은 원래 모든 것을 몸으로 알고서 저절로 행하였다. 그러다가 차츰 자라면서 사리를 분별하게 되면, 자고 나면 일어나야 되고 배고프면 먹어야 되며 피곤하면 자야 되는 삶의 행위를 마음으로 분별하고서 실천하게 된다. 그리고 말을 구사할 수 있게 되면, 앎이 말을 통하여 전달되기 시작하면서 모든 앎이 언어의 세계에 국한된다.

몸으로 아는 세계가 마음으로 다 이해될 수 없고, 마음으로 아는 세계가 말로 다 이해될 수 없다. 앎이 언어의 세계에 국한되면 앎의 세계는 그만큼 축소되고 제한되는 것이다. 몸에서 나타나는 자연스러운 현상인 사랑의 감정이 마음속에서 다 이해될 수 없고, 또 마음속에 있는 사랑의 감정이 말로 다 표현될 수 없으므로, 말로 표현된 사랑은 사랑 그 자체를 온전히 표현하고 있는 것이 아니다.

말은 마음을 표현한 것이지만 마음을 있는 그대로 표현한 것은 아니기 때문에, 말을 듣고 그 뜻이 다 이해되지 않을 때는, 그 말이 표현하려 했던 마음의 세계에 침잠하여 말로써 표현할 수 없었던 부분을 이해하지 않으면 안 된다. 그리고 마음의 세계에서 이해되지 않는 부분은 더욱 침잠하여 몸으로 체득하는 데까지 이르러야 원래의 완전한 상태에 도달할 수 있다.

고자는 사람의 본질에 있어서 동일성을 인정하지 않기 때문에, 사람의 마음도 사람마다 다른 것으로 이해할 수밖에 없었을 것이다.

남의 말을 듣고 잘 이해되지 않을 경우에는 그 말을 한 사람의 마음 상태를 내 마음속에서 잘 헤아려보아야 하지만, 그의 마음과 나의 마음이 다르다고 단정한다면, 내 마음속에서 아무리 헤아려보아도 그의 마음은 이해할 수 없을 것이므로, 애당초 헤아려보지 않는 것이 차라리 좋을 것이며, 또 내 마음속에서 이해되지 않을 경우에도 더 이상 이해하려고 노력할 필요가 없을 것이다.

이해되지 않는 말을 듣고 그것을 마음속에서 이해하려고 고심苦心할 때 번민이 생기므로, 고자의 입장처럼 남의 말을 듣고 이해되지 않더라도 마음속에서 그것을 이해하려고 번민하지 않으며, 내 마음에서 납득되지 않더라도 몸으로 실천할 수 있도록 노력하지 않는다면 마음이 동요되는 일은 적을 것이다.

맹자의 입장은 이와 다르다. 인간의 존재는 마음과 몸의 두 요소로 구성된다. 샘의 밑바닥에는 샘물로 솟아오르는 지하수가 있듯이 마음의 저 밑바닥에는 마음으로 솟아 나오는 움직임이 있으니 그것이 이른바 성性이다.

성性이란, 마음[忄=心]과 삶[生]이 결합된 글자의 모양에서도 알 수 있듯이, '살려는 마음' 또는 '살려는 의지'로 풀이할 수 있다. 지하수가 샘으로 솟아난 것이 샘물인 것처럼 성性이 마음으로 나타난 것이 정情이다. 정情이 밖으로 나타나 삶을 이끌어가는 것이다.

한편 몸은 물질로 구성되는데, 여러 물질의 합성체인 이 몸의 삶을, 호흡하고 심장이 뛰며 소화를 시키는 등의 작용을 통하여 유기적으로 유지하는 작용력을 기氣라고 한다. 성性과 기氣의 관계를 보면, 몸이라고 하는 컴퓨터가 계속 작동하도록 입력시키는 자를 성性, 입력된 대로 작동하는 소프트웨어를 기氣로 이해할 수 있다.

마음과 몸으로 구성된 인간의 본질은 결국 성性으로 귀결되므로, 인간의 삶은 성性을 터득하여 성性에 따라 살 때 본질적이고 고귀한 것이 된다. 귀로 아는 것, 마음으로 아는 것, 몸으로 아는 것이라는 앎의 세 층위가 일직선으로 연결되는 것은 아니다. 귀로 알고 마음으로 안 다음에 도달하는 근본적인 앎이 성性을 아는 것이다. 몸으로 아는 것은 성性을 알고 실천한 결과 저절로 도달하는 지점이다.

참다운 삶을 회복하기 위해서는, 먼저 말을 이해해야 하고, 다음에 그 말이 표현하려 했던 마음의 세계를 이해해야 하며, 그 마음의 밑바닥에 존재하는 성性을 아는 데로 심화되어야 한다. 그러나 몸으로 아는 단계에 도달하기 위하여 굳이 노력할 필요는 없다. 왜냐하면 몸으로 아는 단계는 성性을 알기만 하면 저절로 터득되기 때문이다. 그러므로 맹자는 '마음에서 납득되지 아니하면 기氣에서 구하지 아니한다는 말은 가可하지만, 말에서 납득되지 아니하면 마음에서 구하지 아니한다는 말은 불가하다'고 했다.

사람의 마음이 밖으로 나타나 어떤 방향으로 나아가는 것이 지志이다. 지志는 몸에 기氣가 작동하도록 유도하는 존재이므로 기氣의 장수將帥라 할 수 있다. 기氣는 몸에 가득 차 있으면서 몸의 삶을 유기적으로 유지해나가는 기능으로 볼 수 있으므로, 지志가 본질적인 것이고 기氣가 그 다음의 차원인 것으로 볼 수 있다. 삶이 본질적이고 고귀하게 영위되기 위해서는 먼저 그 지志를 잘 간직하여 그대로 실천할 수 있도록 해야겠지만, 입력된 대로 기氣가 원활하게 작용할 수 있기 위해서는 기氣 그 자체도 깨끗하게 잘 보존하여야 할 것이다.

몸의 삶을 유지하는 원동력이 기氣이고 그 기氣를 작용하도록 지시하는 것이 지志이므로 지志와 기氣의 관계는 장수將帥와 병졸兵卒의 관계와 같다. 장수가 우수하면 병졸을 잘 거느릴 수 있고 병졸이 충실하면 장수를 강하게 할 수 있는 것처럼 지志와 기氣는 서로 영향을 준다.

기氣가 말이라면 지志는 말을 타고 있는 사람과 같다. 사람이 의지대로 말을 몰고 가는 것이다. 마찬가지로 지志가 기氣를 조종하고 움직인다. 지志가 우수할수록 기氣의 작동이 순조롭다. 그러나 말이 갑자기 넘어지거나 놀라서 뛰면 말에 탄 사람을 놀라게도 하고 떨어지게도 한다. 이와 마찬가지로 기氣 때문에 지志가 영향받기도 한다. 맹자는 지志를 동요시킨다고 하지 않고 심心을 동요시킨다고 했다. 심心에는 정情은 물론이고 생각하고 분별하고 지각知覺하는 기능이 포함된다.

> 감 문 부 자   오 호 장   왈 아   지 언   아
> 敢問夫子는 惡乎長이시니잇고 日我는 知言하며 我는
>   ①
> 선 양 오 호 연 지 기
> 善養吾浩然之氣하노라

| 국역 |

"감히 묻겠습니다. 선생님께서는 어디에 장점이 있으십니까?"
"나는 말을 알며 나는 나의 호연지기浩然之氣를 잘 길렀다."

| 난자풀이 |

① 惡乎 : '어디에', '어떻게' 등의 뜻.

| 강설 |

맹자孟子는 부동심을 터득하는 방법으로, 지언知言 즉 말을 아는 것과 양호연지기養浩然之氣 즉 호연지기를 기르는 것을 제시하였는데, 말을 안다는 것은 무엇이며, 호연지기를 기른다는 것은

어떠한 것인가.

『논어강설論語講說』 학이편學而篇 제1장의 강설을 참조해보기로
하자.

인간존재의 본질은 무엇인가? 지금까지 나는 내 '몸'이 '나'인
것으로 착각하고 있었다. 내 '몸'이 죽는 것을 내가 죽는 것으로
여겨왔으며, 내 '몸'이 남자인 것을 내가 남자인 것으로 착각하고
있었던 것이다. 그러나 분명한 것은 내 '몸'이 '나' 그 자체가 아니
라는 점이다.

잘 생각해보면 내 '몸'은 원래 오늘날의 이러한 모습으로 존재
했던 것이 아니다. '모음'이라는, '몸'의 어원에서도 알 수 있듯이
'몸'은 부모에게서 생겨난 조그만 물체가 물, 밥, 채소, 고기 등 다
른 물체를 받아들여 모인 것이다. 따라서 본디 나의 것이 아니었
던 물체들을 돌려주고 나면 남는 것은 아무것도 없다. 그러므로
내 '몸'에는 '나'라고 하는 실체가 없다. 따라서 '몸'을 중심으로 영
위되는 현재의 삶은 본래의 '나'의 삶이 아니며, 현재의 나는 본래
의 나를 잃고 있음을 알 수 있을 것이다. 참다운 삶을 영위하기
위해서는 잃고 있는 본래의 '나'를 찾아야 하고 본래의 나의 삶을
회복하여야 한다. 학문이란 잃어버린 '나'와 '나의 삶'을 되찾는 길
이다.

내 몸이 생겨나게 된 동기는 아버지와 어머니의 결합에 기인
한 것이지만, 잘 생각해보면 그것은 아버지와 어머니의 뜻이라기
보다는, 근본적으로 모든 양陽[남성]은 음陰[여성]을 좋아하고 모든
음陰은 양陽을 좋아하게끔 되어 있는 자연의 이치에 의한 것이고,
내 몸이 태어나게 된 것도 양陽과 음陰이 결합하면 새로운 생명체
가 생겨나는 '자연의 이치'에 의한 것이며, 새로운 생명체가 호흡
을 하고 심장이 뛰며, 먹고 자면서 점점 자라게 되는 것도 모두 이
'자연의 이치'에 의한 것임을 알 수 있다.

내가 호흡하는 것이 아니라 이 '자연의 이치'에 의하여 호흡을
하게 되는 것이고, 내가 자는 것이 아니라 자게 되는 것이며, 내
가 이성을 사랑하는 것이 아니라 사랑하게 되는 것이다. 내 뜻대

로 호흡하는 것이라면 호흡하지 않을 수도 있어야 하고, 자지 않을 수도 있어야 하며, 누군가를 사랑하지 않을 수도 있어야 하기 때문이다. 따라서 삶 그 자체는 기본적으로 내가 영위하는 것이 아니라 영위되는 것이다. 그렇다면 삶의 주체는, 이 '몸'에 있는 것이 아니라 이 몸의 삶을 주도하고 있는 '자연의 이치'라고 할 수 있다. 이러한 사실을 인식하면 내 '몸'의 삶을 영위하는 주체로서의 '나'는 '자연의 이치'임을 명확히 알 수 있다.

'자연의 이치'는 내 '몸'의 삶을 이끄는 주체이면서 동시에 남의 '몸'의 삶을 이끄는 주체이기도 하며 만물의 삶을 이끄는 주체이기도 하기 때문에, '자연의 이치'를 나의 참존재로 파악하면, 나의 참존재가 곧 너의 참존재이며, 만물의 참존재가 된다. 참존재라는 차원에서 만물은 하나가 되는 것이다.

'자연의 이치'는 태양이 비추도록 하고 사계절이 순환되도록 하는 등 만물 전체의 삶의 조건을 제공하면서 동시에 만물 하나하나를 낳고 기르는 원동력이 된다. 유학儒學에서는 '자연의 이치'가 갖는 이 두 측면을 구별하여, 전자를 천명天命이라 하고 후자를 성性이라 한다.

천명이란 만물 전체를 낳고 기르는 '자연의 이치'가 마치 하늘이 만물이 생겨나고 자라도록 조성하는 것과 같다는 의미에서 붙여진 이름이고, 성性이란 만물 하나하나에 주어져 있는 생성과 성장의 원동력을 '살려는 의지'로 파악함으로써 붙여진 이름이다. 성性이라는 글자가 심心(忄)과 생生이 결합하여 이루어진 점을 보면, 성性의 의미를 '살려는 마음', '살려는 의지' 등으로 파악할 수 있기 때문이다.

피조된 만물은 또 이 '자연의 이치'에 따라서 각각의 삶을 유지하는데, '자연의 이치'에 따라서 사는 길을 도道라고 한다. 다시 말하면, 천명이 만물의 각 개체에 내재되어 있는 것이 성性이고, 그 성性이 밖으로 나타나는 길이 도道인 것이다.

그렇다면 참존재로서의 나의 삶은 궁극적으로 천명 그 자체를 실천하는 것이지만, 이것은 또한 성性을 실천하는 것이기도 하며, 구체적으로는 도道를 따라서 사는 것이기도 하다.

만물을 낳고 기르는 '자연의 이치'에 의하여 생겨난 사람은 만물과 마찬가지로 처음에는 '자연의 이치'대로 삶을 영위함으로써, 질투·사기·투쟁·배신·압박·착취·독재 등 남과 나를 구별함으로써 나타나는 갈등으로 동심動心함이 없이, 영원과 평화, 사랑과 조화로 충만되어 있는 부동심의 존재였다. 그러던 것이 사람의 몸에 있는 감각기관이 작용하면서부터 보는 자, 듣는 자, 냄새맡는 자, 맛보는 자, 생각하는 자로서의 감각주체가 형성되고, 그 감각주체를 '나'로 착각하게 됨으로써, 육체적 삶을 영위하는 존재로 전락하고 만다.

육체를 중심으로 하는 삶은, '나'와 대립된 개념으로 생겨난 '너'와 더불어, 몸이 필요로 하는 먹이를 구하기 위하여 다툴 수밖에 없는 고달픈 삶이 되고, 죽음과 함께 그 내용이 끝나고 마는 허무한 삶이 되므로, 부동심의 상태를 유지할 수 없다.

이를 극복하는 방법은, 동심으로 전락하기 이전의 삶의 형태를 회복하는 길밖에 없다. 그렇다면 그 방법은 무엇인가?

천명을 실천하는 것이 성性을 실천하는 것으로 구체화되고 다시 도道에 따라서 사는 것으로 구체화되기 때문에, 사다리를 타고 위로 올라가는 사람이 밑에서부터 밟고 올라가듯이, 우선 가장 구체화된 도道에 따라서 사는 삶을 회복하는 것이다. 도道는 성性이 나타나는 길인데, 그 길이 제 역할을 못하는 까닭은, 남과의 경쟁에서 이기려고 하는 사람의 욕심이 만물을 모두 살리는 방향으로 작용하는 성性의 작용을 막아버리기 때문이다. 따라서 사람이 그 길을 다닐 수 있게 하기 위해서는 막힌 그 길을 다시 뚫어야 한다.

천명으로서의 성性은 모두에게 내재하지만, 그 성性이 나타날 때의 기운과 나타나는 길의 막힘의 정도 등에 따라 실현되는 정도가 각각 다르게 나타나는데, 성性이 실현되는 정도를 성性을 실현하는 능력으로 바꾸어 말할 수 있다. 성性이 나타날 때의 기운이 힘차고 나타나는 길이 막히지 않으면 성性을 실현하는 능력이 많은 것이고, 기운이 약하고 길이 막히면 능력이 적은 것이다. 그렇기 때문에 도道를 실천하기 위해서는 근본적으로 성性을 실현하는 능력을 확충하면 된다. 성性이 나타나는 길은 마음속에 있는 것이므로 성性을 실현하는 능력은 결국 마음의 능력에 속하는 것인데, 이를 덕德이라고 한다. 덕德의 원래 글자는 덕悳이니, 직直과 심心의 합체어이다. 덕德의 뜻은 '성性을 곧게 발휘할 수 있는 마음의 능력'이 된다.

이렇게 하여, "도道를 닦아서 실천한다"고 하는 학문의 목적은 덕德을 확충하는 것으로 대치된다. 『대학大學』에서는 사람에게 원래 성性을 실현하는 능력이 있었음을 감안하여 '명명덕明明德', 즉 "과거에 밝았던 덕德을 다시 밝히는 것"이라 하였는데, 이것이 바로 호연지기를 기르는 것에 해당한다고 할 수 있다. 호연지기란 인간의 본래모습을 실현할 수 있는 호연浩然한 기운을 말하는 것이다.

호연지기를 잘 기르면 인간의 본성이 잘 실현될 것이지만, 다만 호연지기를 기르는 방법은 막막하다. 그러므로 인간의 본성 그 자체가 얼마나 고귀하고 가치 있는 것인가를 인식하는 것이 인간의 본성을 실현하는 데 더욱 효과적일 것이다. 이는 마치, 부정행위를 하지 않는 꿋꿋한 기상을 기르는 것도 중요하지만, 그보다는 부정행위를 하지 않는 것이 얼마나 고귀하고 가치 있는 것인지를 인식하는 것이 더 효과적인 것과 마찬가지이다. 인간의 본성은 다 같은 것으로 이를 천명이라고도 하므로, 인간의 본성을 아는 것은 지성知性이며 동시에 지천명知天命인데, 이것이 다음에 설명할 지언知言과 같은 맥락이다.

말은 마음, 즉 심心에서 나오고 심心의 근원이 성性이므로, 말을 안다는 것은 심心을 안다는 것이고 성性을 안다는 것이지만, 맹자가 여기서 지성이나 지천명이라고 말하지 않고 지언이라 한 것은, 당시 맹자의 나이는 40세로서 공자가 지천명한 나이인 50세에 달하지 못하였기 때문이라고 생각된다. 말을 듣고 그 말에 내포되어 있는 마음을 다 알면 결국 성性을 알게 될 것이므로 말을 안다고 한 맹자가 성性을 알고 천명을 아는 것은 시간문제일 것이다.

敢問何謂浩然之氣니잇고 曰難言也니라 其爲氣也至
[1]   [2]

大至剛하니 以直養而無害則塞于天地之間이니라 其
[3]   [4][5]

爲氣也配義與道하니 無是면 餒也니라 是集義所生
[6]

者니 非義襲而取之也라 行有不慊於心則餒矣라 我
[7]

故曰告子未嘗知義라하노니 以其外之也일새니라
[8]   [9][10]

必有事焉而勿正하여 心勿忘하며 勿助長也하여 無若
[11]

宋人然이어다 宋人이 有閔其苗之不長而揠之者러니
[12][13]   [14]

芒芒然歸하여 謂其人曰今日病矣로라 予助苗長矣로
[15]   [16]   [17]   [18]

라하여늘 其子趨而往視之하니 苗則槁矣러라 天下之
[19]

不助苗長者寡矣니 以爲無益而舍之者는 不耘苗者
[20]   [21]

也요 助之長者는 揠苗者也니 非徒無益이라 而又害
[22]

之니라

| 국역 |

"감히 묻겠습니다. 무엇을 호연지기라 합니까?" "말하기 어렵다. 그 기氣는 지극히 크고 지극히 굳세니, 곧은 마음으로 길러서 해침이 없으면 하늘과 땅 사이에 꽉 차게 된다. 그 기氣는 의義와 도道에 짝이 되는 것이니, 이것이 없으면 쭈그러든다. 이는 의로움을 거듭하여 만들어내는 것이니 (하나의) 의로움으로 갑자기 취하는 것이 아니다. 행한 것이 마음에 만족스럽지 아니함이 있으면 쭈그러든다. 나는 그러므로 '고자告子는 애당초 의義를 알지 못한다'고 말한 것이니, 그 의義를 바깥에 있는 것으로 여기기 때문이다. 반드시 (호연지기를 기르는 것을) 일삼음이 있으면서 효과를 미리 기대하지 말고, 마음에 잊지도 말며, 조장助長하지도 말아서 송宋나라 사람처럼 하지 말아야 한다. 송宋나라 사람 중에 곡식의 싹이 자라지 않음을 안타깝게 여겨 뽑아서 키워놓은 자가 있었다. 비실거리며 돌아와 자기 집 사람들에게 말하기를, '오늘은 피곤하다. 나는 곡식의 싹을 도와서 자라게 했다'고 하자, 그 아들이 달려가서 보니 곡식의 싹은 말라 있었다. 천하에는 곡식의 싹을 도와서 자라게 하지 아니하는 자가 적다. 유익함이 없다고 생각해서 내버려두는 자는 곡식의 싹에 김을 매지 아니하는 자이고, 도와서 자라게 하는 자는 곡식의 싹을 뽑아 올리는 자이니, 다만 유익함이 없을 뿐만 아니라 또한 해치는 것이다."

| 난자풀이 |

① 何 : 위謂의 직접목적어이지만 의문사이므로 도치되어 앞으로 나간 것이다. 따라서 어순을 '위하호연지기謂何浩然之氣'로 놓고 번역하면 된다.

② 爲氣 : 기氣의 양상. 위인爲人이 '사람됨'으로 번역되므로 위기爲氣도 '기氣

됨'으로 번역하여야 할 것이지만, 용어가 익숙하지 않으므로 그냥 '기氣'로 번역했다.

③ 直 : 곧게 행하는 것. 조기趙岐는 '차지대지강정직지도야此至大至剛正直之道也'라 주석하여, 직直을 지대지강至大至剛과 함께 기氣를 형용하는 말로 보았고, 정이천程伊川도 『이정유서二程遺書』 권십오卷十五・십구十九, 『역전易傳』 등에서, 『역경易經』 곤괘坤卦에 보이는 직방대直方大의 삼덕三德이 여기의 대大・강剛・직直에 해당된다고 하였으며, 명明의 초약후焦弱侯 등도 직直을 위로 붙여서 해석하였으나, 주자朱子는 직直을 아래로 붙여서 해석하였다.

④ 塞 : '꽉 찬다'는 뜻으로 음은 '색'.

⑤ 于 : 어於와 같은 뜻으로, 장소를 나타내는 말 앞에 오는 전치사이다.

⑥ 餒 : '굶주린다'는 뜻으로 음은 '뇌'이지만, 굶주리면 줄어들기 때문에 여기서는 '쭈그러든다'로 번역하는 것이 좋다.

⑦ 慊 : '만족한다'는 뜻으로 음은 '협'.

⑧ 嘗 : 애당초.

⑨ 以 : ~ 때문이다.

⑩ 外 : 목적어인 지之를 동반하고 있기 때문에 타동사로 해석해야 한다. '바깥에 있는 것으로 여긴다'라고 번역하면 된다.

⑪ 正 : 성급하게 효과를 미리 기대하는 것. 태권도를 배우는 사람이 한달 후에는 반드시 초단이 되겠다고 미리 작정하는 것과 같다. 조기는 지止 또는 단但의 의미로 해석하였고, 송宋의 예사倪思, 명明의 조태정趙台鼎・육수성陸樹聲, 청淸의 고염무顧炎武 등은 정正과 다음의 글자인 심心이 원래 한 글자인 망忘이었는데 잘못되어 두 글자로 분리된 것이라고 하였으나, 주자는 예기豫期 즉 '미리 기대한다'는 뜻으로 해석하였다.

⑫ 宋 : 하남성河南省의 남부에 있었던 나라. 주周가 은殷을 멸망시킨 뒤, 은왕조殷王朝의 일족인 미자微子를 송宋나라에 봉하여 선조의 제사를 계속하게 하였다고 한다.

⑬ 然 : 앞의 약若과 연용되어 '~처럼 그렇게 한다'는 뜻이 된다.

⑭ 揠 : '뽑는다'는 뜻으로 음은 '알'.

⑮ 芒芒然 : 몹시 피곤한 모양 '비실거리며'로 번역하면 될 것이다.

⑯ 其人 : '자기의 사람'이라는 뜻인데 여기서는 '가족'이라는 뜻으로 사용되었다.

⑰ 病 : '피곤하다'는 뜻.

⑱ 助 : 사使, 교敎 등과 마찬가지로 사역형 문장을 만든다. 조묘장助苗長은 '벼의 싹을 도와 자라게 한다'는 뜻이다.

⑲ 之 : 천하와 불조묘장不助苗長이 도치되었음을 나타내는 역할을 한다. '불

조묘장어천하자不助苗長於天下者'로 놓고 해석하면 된다. 천하란 '이 세상'을 뜻하므로 이 문장은 '이 세상에 벼의 싹을 도와서 자라게 하지 아니하는 자'로 번역하면 된다.

20 以爲 : 以의 목적어는 조묘장이지만 여기서는 생략되어 있다. 그러므로 이 문장의 정확한 뜻은 '벼의 싹을 도와서 자라게 하는 것을 무익無益한 것으로 여긴다'이지만, 통상 이위以爲를 '여긴다', '생각한다' 등으로 번역하여, '무익한 것으로 여긴다'라고 번역한다.

21 舍 : 사捨와 통용. '놓아둔다'는 뜻이다.

22 徒 : 비非와 연용되면 '다만 ~일 뿐만 아니라'로 번역된다.

| 강설 |

호연지기를 기르는 방법에는 어떤 것이 있는가. 예를 들어 생각해보기로 하자. 빵이 하나 있다고 할 때, 성性 즉 "살려는 의지"는 나의 몸과 남의 몸이 동시에 살아가도록 유도하는 의지이기 때문에 남과 내가 동시에 살기 위해 나누어 먹으려는 마음으로 발휘되지만, 남이 먹어버린 만큼 나는 덜 먹게 되므로 내가 다 먹어야 되겠다는 생각의 영향을 받게 되면, 나누어 먹으려던 애초의 마음이 혼자 다 먹으려는 마음으로 변하게 되고, 이는 결국 투쟁하는 마음으로 나타난다. 이때 전자의 경우는 호연지기가 있다고 할 수 있고 후자의 경우는 없다고 할 수 있다.

위의 예를 보면, 호연지기를 기르는 방법에는 두 종류가 있음을 유추할 수 있다. 하나는 나누어 먹으려는 본래의 마음을 굳세게 유지하는 것이고, 다른 하나는 자기 혼자만 먹으려는 이기적인 생각을 갖지 않는 것이다. 이 두 가지 방법 중에서 전자에 해당하는 것이 성의誠意이니 여기서 말하는 집의集義이고, 후자에 해당하는 것이 지경持敬이니 여기서 말하는 이직양以直養이다.

성誠이란 단절되거나 왜곡됨이 없이 계속 이어지는 것을 말하며, 의意란 성性이 발동한 것을 말한다. 성性은 마음의 근원을 이루고 있는 것인데, 이 성性이 발동하여 구체화된 마음이 정情이다.

그러므로 의意는 성性에서 발동은 했으나 정情으로 구체화되지는 않은 상태에 있는 마음이다. 그러므로 성의誠意란 성性에서 정情으로 가는 과정에서 단절되거나 왜곡됨이 없이 곧바로 이어지도록 한다는 뜻이 된다. 그리고 의義란 외부의 객관적 상황에 가장 알맞게 나타나는 본마음인데, 이러한 본마음을 일시적으로 갖는 것이 아니라 지속적으로 갖는 것이 집의集義이므로 성의와 집의는 상통한다.

경敬이란, 생각하고 헤아리고 계산하는 등의 마음의 기능을 중단시킨 상태에서 경건성을 유지하는 것이므로, 경敬을 가지면 성性의 발현이 왜곡되지 않는다. 이직양以直養, 즉 곧은 마음을 간직함으로써 기르는 것은, 곧은 마음의 상태를 왜곡시키는 요소인 생각하고 헤아리고 계산하는 등의 마음의 기능을 중단시킬 때 가능한 것이므로, 지경持敬과 이직양은 상통한다. 집의集義는 의義로움을 지속시키는 적극적 학문방법이고, 이직양은 기존의 생각이나 헤아림을 중단시키거나 없애는 소극적 학문방법이다.

나의 '몸'을 '나'라고 생각하는 삶에서 나는 남과 경쟁하는 관계에 있고 나의 마음은 늘 나의 몸을 위하여 남에게 이기는 데 진력盡力하게 되므로, 나의 마음은 나의 몸만을 위하여 작용하는 왜소한 존재이며, 이 마음을 싣고 실행에 옮기는 나의 몸과 기운 역시 그만큼 왜소해진다.

내 몸이 '나'라고 하는 생각에서 벗어나, 내 몸을 낳고 살게 하는 존재원리('자연의 이치'라고 해도 되고, '창조원리'라고 해도 무방함)를 나의 본질로 생각하고 그것을 실천하는 삶을 산다면, 나의 삶의 내용과 천지우주天地宇宙의 운행은 일치하게 된다. 나의 삶을 영위하는 나의 몸과 나의 기운은 천지우주를 운행하는 기운과 하나가 되는 것이다. 따라서 나의 호연지기가 천지天地 사이에 꽉 찬다는 말은, 나의 기운과 천지 사이에 꽉 차 있는 기운이 일치한다는 뜻으로 받아들일 수 있다.

인간의 본질은 남과 나를 구별하지 않고 만물을 모두 살리는 '자연의 이치'인데, 그것을 인간에 국한시켜서 말하면 인仁이고, 살아 있는 모든 유기물에 적용시켜서 말하면 성性이며, 무기물까지 포함시켜서 말하면 리理이고, 천지우주 전체의 입장에서 말하면 천명이 된다.

인仁이 실현되는 길이 의義이고, 성性 · 리理 · 천명이 실현되는 길이 도道이므로 의義와 도道는 적용되는 범위가 다를 뿐 맥락은 같다. 호연지기는 개인의 욕심을 실현하는 것이 아니라 인간의 본질 · 우주자연의 본질을 실현하는 도구이므로 의義 및 도道와 짝이 된다. 말을 타고 달리는 사람은 말이 없으면 달릴 수 없고 오직 말과 짝을 이룰 때 달릴 수 있는 것처럼 의義나 도道도 호연지기와 짝을 이루어야 나타날 수 있다. 그러므로 호연지기가 없으면 의義와 도道는 나타나지 못하고 쭈그러든다.

호연지기가 없으면 의義가 쭈그러들지만, 역逆으로 의義를 지속시키는 노력을 집중하면 호연지기가 이로 말미암아 되살아난다. 그러나 의義롭지 않은 행동을 하여 만족스럽지 못한 점이 있으면 호연지기는 자꾸 쭈그러든다. 요컨대 호연지기가 없으면 의義가 쭈그러지고 의義가 없으면 호연지기가 쭈그러지는 것이다. 의義는 내적內的인 것이고 호연지기는 외적外的인 것이다.

호연지기를 기르는 방법 중, 마음을 다스리는 방법 외에 호연지기 자체를 기르는 방법이 있다. 사람이 코로 외부의 맑은 공기를 깊이 들이쉬어 몸 밖의 맑은 공기를 몸 안에 가득 채우면, 호연지기가 몸에 가득해져 우주의 호연지기와 하나가 된다.

호연지기를 가득 채우는 방법 중에 가장 오래된 방법은 단군조선 시대에 행했던 조식調息으로 보인다. 조식은 숨을 고르게 쉬는 것인데, 주의할 사항은 조식 호흡 수련을 늘 일삼되, 얼마 뒤에 호흡의 길이를 몇 초 되도록 하겠다는 등으로 미리 작정하는 것은 금물이고, 마음에서 한순간도 잊어버리지 않고 호흡 수련을 계속해야 하지만, 호흡의 길이를 억지로 늘어뜨리지 않도록 해야 한다. 호흡의 길이를 억지로 늘어뜨리면 뇌에 산소가 부족하여 치료하기 어려운 병에 걸린다. "반드시 (호연지기 기르는 것을) 일삼음이 있으면서 …… 또한 해치는 것이다'로 끝나는 부분은 조식 호흡 수

련의 내용을 설명한 것으로 보인다.

何謂知言^[1]이니잇고 曰詖辭^[2]에 知其所蔽하며 淫辭^[3]에 知
其所陷하며 邪辭에 知其所離하며 遁辭^[4]에 知其所窮이
니 生於其心하여 害於其政하며 發於其政하여 害於
其事하나니 聖人이 復起사도 必從吾言矣시리라

| 국역 |

"무엇을 지언이라 합니까?" "비뚤어진 말에서 그 가리워진 바를
알며, 지나친 말에서 그 빠져 있는 바를 알며, 사악한 말에서 그
이탈된 바를 알며, 회피하는 말에서 그 곤궁한 바를 아는 것이
니, 그 마음에서 생겨나 그 정책에 해를 끼치며, 그 정책에서 발
로되어 그 일에 해를 끼친다. 성인聖人이 다시 일어나시더라도
반드시 내 말을 따를 것이다."

| 난자풀이 |

[1] 何 : 위謂의 목적어. '위하지언謂何知言'이어야 할 것이지만 하何가 의문사
이므로 앞으로 나온 것이다.
[2] 詖 : '비뚤어진 말'이라는 뜻으로 음은 '피'. 피詖는 말이 비뚤어진 것이고,
파跛는 다리를 저는 것이며, 파坡는 산의 기울어진 부분, 즉 산비탈을 의
미한다.
[3] 淫 : 지나친 것. 음은 '음'.

④ 遁 : 달아나는 것.

| 강설 |

뇌물을 받지 않는 방법은 양심을 지속적으로 지키도록 노력하는 것과 이기적인 계산을 하지 않는 것이지만, 이보다 더욱 근본적인 방법은 양심적으로 사는 것이 얼마나 고귀한 것인지를 깨닫는 것이다. 사랑하는 사람과 헤어지는 조건으로 돈을 준다면, 대부분의 사람은 돈보다 사랑하는 사람이 더 고귀한 것인줄 알기 때문에 거절할 것이다.

호연지기를 길러 부동심을 터득하는 보다 근본적인 방법은 인간의 본질 그 자체의 고귀함을 참으로 인식하는 것이다. 인간의 본질을 인식하는 것이 지성이고 지천명이며, 『대학』에서 말하는 '격물치지格物致知'이며, 여기서 말하는 지언이다. 말은 마음에서 나오는 것이므로 말을 아는 단계가 심화되면 마음을 알 수 있고, 나아가서는 마음의 근원을 이루는 성性을 알 수 있으며 천명을 알 수 있다.

말이 비뚤어지게 나오는 것은 순수한 마음이 이기적인 욕심으로 가려져 있기 때문이다. 말이 비뚤어지는 정도를 넘어서 지나칠 정도로 격해지는 것은, 순수한 마음이 가려지는 정도를 넘어서서 명예욕이나 물욕物慾 등 어느 한 곳에 푹 빠져 있기 때문이다.

명예욕에 빠져 있는 사람은 명예에 손상을 입을 때 마음의 평정을 유지하지 못하므로 말이 격해지고, 물욕에 빠져 있는 사람은 돈을 잃으면 말이 격해진다. 말이 격해지는 정도가 지나치면 사악해진다. 말이 사악해지는 정도에 이르는 까닭은 순수한 마음에서 완전히 이탈해버리기 때문이다. 순수한 마음에서 완전히 이탈하면 욕심으로 모든 것을 판단하고 행동하기 때문에 자기의 이익을 위해서는 수단과 방법을 가리지 않게 된다. 말이 사악한 단계를 지나면 말은 이제 마음속에 간직하고 있는 사실을 표현하는 수단이 아니라, 책임회피와 남에게 지지 않기 위한 수단으로만 이용된다.

진실성을 잃고 책임을 회피하는 타락한 정치인이나, 논쟁에서 지지 않기 위해 형식논리에 치중하는 궤변론자들의 말이 모두 이 둔사遁辭에 해당한다. 궁窮이란 궁지에 몰려 다급해진 것을 말한다. 피사詖辭는 비뚤어진 말, 음사淫辭는 지나치거나 격한 말, 사사邪辭는 가시 돋친 말, 둔사遁辭는 회피하거나 잡아떼는 말이다.

일을 처리하는 원리나 지침이 되는 것이 정책인데, 정책은 마음에서 나오고 일은 정책에 의하여 처리된다. 따라서 마음이 순수하지 못하면 정책이 제대로 모색될 리 없고, 그 정책에 의하여 처리되는 일 또한 제대로 되지 않는다.

재아 자공   선위설사   염우 민자 안연   선언덕
宰我 子貢은 善爲說辭하고 冉牛 閔子 顔淵은 善言德

행   공자겸지   왈아어사명즉불능야
行이러니 孔子兼之하시되 曰我於辭命則不能也로라하

연즉부자   기성의호   왈오   시하언야
시니 然則夫子는 旣聖矣乎잇가 曰惡라 是何言也오

석자   자공문어공자왈부자   성의호   공자왈
昔者에 子貢問於孔子曰夫子는 聖矣乎잇가 孔子曰

성즉오불능   아   학불염이교불권야   자
聖則吾不能이어니와 我는 學不厭而敎不倦也로라 子

공왈학불염   지야   교불권   인야   인차지
貢曰學不厭은 智也요 敎不倦은 仁也니 仁且智하시

니 부자   기성의   부성   공자   불거
니 夫子는 旣聖矣신저하니 夫聖은 孔子도 不居하시니

시하언야
是何言也오

"재아宰我와 자공子貢은 말을 잘하였고, 염우冉牛·민자閔子·안연
顔淵은 덕행德行을 잘 말하였는데, 공자께서는 이를 겸하셨으되,
'나는 사명辭命에는 능하지 못하다' 하셨으니, 그렇다면 선생님께
서는 이미 성인이십니까?" "아아! 이 무슨 말인가. 옛날에 자공
이 공자께 묻기를 '선생님은 성인이십니까?' 하자, 공자께서 '성
인의 일은 내가 능하지 못하지만 나는 배우기를 싫어하지 아니
하고 가르치기를 게을리 하지 아니한다' 하시니, 자공이 말하기
를, '배우기를 싫어하지 아니함은 지혜로운 것이고 가르치기를
게을리 하지 아니함은 어진 것이니, 어질고 또한 지혜로우시니
선생님께서는 이미 성인이십니다' 하였다. 성인은 공자께서도 자
처하지 아니하시니 이 무슨 말인가?"

| 난자풀이 |

① 宰我 : 공자의 제자. 노魯나라 사람. 이름은 여予, 자字는 자아子我. 변론
   에 능하였다.
② 子貢 : 성은 단목端木, 이름은 사賜, 자공은 그의 자字이다. 위衛나라 사람
   이며 공자보다 31세 연하이다. 공자의 대표적인 제자 중 한 사람이다. 말
   을 잘하고 특히 이재理財를 잘하여 경제적으로 공자를 많이 도운 것으로
   전해진다.
③ 冉牛 : 공자의 제자. 성은 염冉, 이름은 경耕, 자는 백우伯牛. 공자보다 7
   세 연하.
④ 閔子 : 성은 민閔, 자字는 자건子騫, 이름은 손損. 공자의 제자. 15세 연하
   이며 노魯나라 사람이다.
⑤ 顔淵 : 성은 안顔, 이름은 회回, 자字는 자연子淵. 공자의 수제자로 노魯나
   라 사람이다. 29세에 머리가 희어졌고 32세에 사망하였다.
⑥ 命 : 명령하는 말.
⑦ 惡 : '아아!'라는 감탄사로 음은 '오'.

⑧ 者 : 어세語勢를 강하게 하는 조음소.

⑨ 學 : 타동사인 厭의 목적어이지만 앞으로 나왔다. 한문漢文 문장文章은 고대로 올라갈수록 이처럼 목적어가 앞에 있는 경우가 많다.

⑩ 居 : 자처한다. '성인의 영역에 거居한다'는 말은 성인임을 자처하는 것이다.

| 강설 |

말 그 자체를 잘하는 재아와 자공의 장점과 덕행德行에 대해서 말을 잘한 염우·민자·안연의 장점을 겸비한 공자도 "나는 말을 잘하지 못한다"고 하였으므로, "나는 말은 안다"고 한 맹자의 말을 들은 공손추는, 맹자가 공자보다 더 훌륭한 수준일 수도 있다고 판단한 나머지, "성인이신 공자에 견주어본다면 선생님께서도 이미 성인이시군요?" 하고 질문한 것이다.

마음의 근원을 이루고 있는 성性은 모든 사람이 공통으로 가지고 있는 것이므로 마음을 기준으로 판단하면 사람은 모두 하나이지만, 몸은 물질로 구성되어 사람마다 다르기 때문에 몸을 기준으로 판단한다면 사람은 하나일 수 없다. 따라서 마음을 중시하고 마음의 근원을 추구하는 사람은 남과 자기를 동일시하여 남을 자기처럼 여기게 되는데, 남을 자기처럼 여기는 마음이 인仁이다. 몸을 중시하는 사람은 남과 자기를 구별하는데, 이러한 마음이 지智에 속한다.

사람은 마음과 몸 가운데 어느 하나가 없어도 존재할 수 없다. 서로 조화를 이룰 때 원만한 삶이 영위된다. 또한 본질적으로는 남과 내가 하나라는 사실을 전제하면서, 현실적으로는 각각 다르게 주어진 자신의 역할에 충실함으로써 전체적으로 조화를 이루게 된다. 친구와 내가 경쟁하면서 입학시험을 친 결과, 내가 합격하면 마음속에서는 친구의 불합격을 나의 불합격처럼 슬퍼할 수 있어야 하고, 친구가 합격하면 내가 합격한 것처럼 기뻐해줄 수 있어야 하는 것이다.

이처럼 본질적으로는 인仁한 마음을 가지고 있으면서 현실적으로는 각각 다르게 주어지는 상황에 지혜롭게 적응하는 것이 중용中庸이고, 이 중용을 완벽하게 실천하는 사람이 성인聖人이며, 중용을 완벽하게 실천하지는 못하더라도 거의 실천하여 성인에 근접한 사람이 현인賢人이다.

지혜로운 사람은 무엇이 가장 중요한 것인지를 분석적으로 추구하여 그것이 학문임을 안다. 그러므로 지혜로운 사람은 학문에 열중하여 인仁을 터득한다. 인仁을 터득하면 남을 나처럼 사랑하게 되므로 남을 구제하기 위해 가르치기를 게을리 하지 않는다. 어진 사람이 되는 것이다.

어진 사람은 남을 구제하려는 노력을 한다. 남을 구제하기 위해서는 현실적으로 나타나는 다양한 문제들을 알아야 하기 때문에 많은 공부를 하게 되어 지혜로운 사람이 되는 것이다. 이처럼 지혜로운 사람이 어진 마음을 터득하거나 어진 사람이 지혜로움을 터득하면 성인이 되는 것이다.

성인은 완벽한 인격자를 뜻하는 것이므로, 현실적으로는 아무도 스스로를 성인이라고 자처하지 않는다.

昔者에 竊聞之하니 子夏 子游 子張은 皆有聖人之一
體하고 冉牛閔子顔淵은 則具體而微라하니 敢問所安
하노이다 曰姑舍是하라 曰伯夷 伊尹은 何如하니잇고 曰
不同道하니 非其君不事하며 非其民不使하여 治則進
하고 亂則退는 伯夷也요 何事非君이며 何使非民이리
오하여 治亦進하며 亂亦進은 伊尹也요 可以仕則仕하

며 可以止則止_{하며} 可以久則久_{하며} 可以速則速_은
가 이 지 즉 지   가 이 구 즉 구   가 이 속 즉 속

孔子也_라 皆古聖人也_니 吾未能有行焉_{이어니와} 乃所
공 자 야   개 고 성 인 야   오 미 능 유 행 언   내 소

願則學孔子也_{로라}
원 즉 학 공 자 야

| 국역 |

"전에 제가 들으니, '자하子夏·자유子游·자장子張은 모두 성인의
한 부분만을 가지고 있었고, 염우·민자·안연은 전체를 갖추고
있었으나 미약하다' 하셨습니다. 감히 묻겠습니다. 선생님께서는
어느 쪽이신지요?" "이 논의는 잠시 놓아두자." "백이伯夷와 이윤
伊尹은 어떠합니까?" "도道가 같지 아니하니, 제대로 된 임금이
아니면 섬기지 아니하며, 제대로 된 백성이 아니면 부리지 않고,
(세상이) 다스려지면 나아가고 어지러워지면 물러가는 것은 백
이이고, '누구를 섬기면 군주가 아니며 누구를 부리면 백성이 아
닌가' 하여, 다스려진 세상에서도 나아가고 혼란한 세상에서도
나아가는 것은 이윤이며, 벼슬해야 될 때는 벼슬하고 그만두어
야 될 때는 그만두며, 오래 머물러야 될 때는 오래 머물고, 빨리
떠나야 될 때는 빨리 떠나는 것은 공자이시다. 모두 옛 성인이
시니 나는 아직 그런 것을 행할 수 없지만 원하는 것은 공자를
배우는 것이다."

| 난자풀이 |

1 竊 : '가만히', '저으기', '몰래' 등의 뜻인데, 자신의 행위를 겸손하게 표현
할 때 쓴다.

② 子游 : 공자의 제자. 성은 언言, 이름은 언偃, 자유는 그의 자字.『사기史記』에 의하면 吳나라 사람으로 공자보다 45세 연하이나,『공자가어孔子家語』에 의하면 노魯나라 사람으로 35세 연하이다.

③ 子張 : 공자의 제자. 성은 전손顓孫, 이름은 사師, 자장子張은 그의 자字이다. 진陳나라 사람으로 공자보다 48세 연하이다.

④ 安 : '희망한다'는 뜻. 명예를 희망하는 사람은 명예를 얻으면 편안해지고, 돈을 희망하는 사람은 돈을 얻으면 편안해지기 때문이다. 이 문장에서는 두 경우를 예를 든 뒤 그 중에서 어느 쪽을 택해야 편안한지를 물은 것이다.

⑤ 姑 : '잠시'라는 뜻의 부사로서 음은 '고'.

⑥ 舍 : 사捨와 통용. '놓아둔다'는 뜻이다.

⑦ 伯夷 : 은말殷末의 고죽국孤竹國의 왕자. 성은 묵태씨墨胎氏, 이름은 원元, 자字는 공신公信. 아버지가 죽자 동생 숙제叔齊와 더불어 서로 왕위를 양보하다가 모두 나라를 떠나 문왕文王이 있는 데로 가서 살았다. 무왕이 무력武力으로 은殷의 주왕紂王을 치려 하자 그 말의 고삐를 붙들고 간하였다. 주周의 혁명이 성공하자 주周의 곡식을 먹지 않고 수양산首陽山으로 들어가 고사리로 연명하다가 굶어죽었다.

⑧ 伊尹 : 탕湯과 그의 아들 태갑太甲을 보좌하여 은왕조殷王朝를 성립시킨 명재상. 이름은 체摯. 처음에 초야草野에서 밭 갈고 있었는데, 탕湯이 세 번이나 초빙하자 이에 응하여 재상이 되었다. 탕湯은 이윤을 높여 아형阿衡이라 불렀다.

⑨ 道 : 도리. 방법. 여기서는 동同의 목적어가 되었으므로 이 문장은 '도道를 같게 하지 않았다'로 해석해야 하고, 주어는 백이와 이윤으로 보아야 한다. 그런데 한국어에서는 하우下雨를 '비를 내린다'로 해석하지 않고 '비가 내린다'로 해석하는 경우에서도 알 수 있듯이 목적어를 주어처럼 사용하는 경우가 많으므로, 이 문장도 '도道가 같지 아니하다'로 번역하는 것이 좋다.

⑩ 其 : '제대로 된', '자격이 있는' 등의 뜻이다.

⑪ 以 : 이以의 목적어는 생략되어 있으나 그 내용은 벼슬할 수 있는 '근거', 또는 '상황'이다. 따라서 '가이사可以仕'는 '벼슬해야 하는 상황'을 뜻한다.

| 강설 |

성인임을 자처할 수 없다는 맹자의 말을 곧이곧대로 받아들인

공손추는 다시 맹자에게 질문한다. "인仁과 지智를 두루 원만하게 갖추어야 성인인데, 자하·자유·자장은 인仁과 지智 중에서 어느 하나만을 갖추었고, 염우·민자·안연은 둘 다 갖추기는 했으나 완전히 갖추지는 못하고 미약한 상태에 머물렀으니 선생님께서는 이들 중 어느 쪽을 희망하십니까?"

맹자가 성인임을 자처하지 않은 것은 말에서이지 마음에서가 아니므로, 자기의 말을 알아듣지 못하고 자기를 격하시켜 공자의 제자들에게 견주는 공손추의 질문을 맹자는 탐탁하게 받아들일 수 없었을 것이다. 그리하여 그는 어느 쪽이라고 답변하지 않고, "이 질문은 놓아두자"라고 했다. 그러나 공손추는 여전히 말뜻을 알아듣지 못하고 맹자의 말을 곧이곧대로 해석하여 '공자와 같은 성인도 아니고 또 공자의 제자들과 같은 수준도 아니라면 백이나 이윤과 같은 수준일 것이다'라고 생각하고 백이와 이윤에 대해서 질문했다. 이에 맹자는 백이와 이윤에 대해서 설명하고 공자에 대한 설명을 덧붙인 뒤에 자기는 공자처럼 되는 것이 소원이라고 명확하게 답변하기에 이른 것이다.

백이는 원리원칙대로 살기를 고집하여 원칙대로 되어 있지 않은 곳에는 아예 발을 들여놓지 않는 사람이고, 이윤은 원칙대로 되어 있지 않은 곳이라도 일단 인정한 뒤 다시 그곳을 원칙대로 되도록 만들어 놓는 사람이며, 공자는 일정한 행동지침이 없이, 벼슬해야 하는 상황에서는 벼슬하고, 그만두어야 하는 상황에서는 그만두며, 오래 머물러야 하는 상황에서는 오래 머물고, 빨리 떠나야 하는 상황에서는 빨리 떠나는, 다시 말하면 상황에 맞게 대처하는 사람이다. 중용을 실천하는 완벽한 성인인 것이다.

백이이윤　어공자　약시반호　왈부　자유생
伯夷伊尹이 於孔子에 若是班乎잇가 曰否라 自有生
　　　　　　　　　　　　　　①

민이래　미유공자야　왈연즉유동여　왈유
民以來로 未有孔子也시니라 曰然則有同與잇가 曰有

득백리지지이군지　개능이조제후유천하
하니 得百里之地而君之면 皆能以朝諸侯有天下이어
　　　　　　③　　④　　　⑤

행일불의　살일불고　이득천하　개불
니와 行一不義하며 殺一不辜면 而得天下라도 皆不
　　　　　　　　　　⑥

위야　시즉동
爲也리니 是則同하니라

| 국역 |

"백이와 이윤이 공자와 이처럼 동등하십니까?" "아니다. 사람이
있고부터 그 이래로 공자 같은 분은 있지 않다." "그렇다면 같은
점이 있습니까?" "있다. 백리 되는 땅을 얻어서 임금 노릇을 하
면 모두 제후들에게 조회받고 천하를 소유할 수 있거니와, 하나
의 의義롭지 아니한 일을 하고 한 사람의 죄 없는 자를 죽이면
천하를 얻는다 하더라도 모두 하지 않을 것이니, 이것이 같은
점이다."

| 난자풀이 |

① 班 : '같다', '비슷하다'는 뜻. 음은 '반'. 반班 다음에 '어공자於孔子'가 와야
　　할 것이지만 '어공자'가 강조되어 앞으로 나간 것이다. 우리말에서는 '~
　　와 같다', '~과 다르다' 등의 예처럼, '같다', '다르다', '비슷하다' 등의 단
　　어는 조사 '와' 또는 '과' 다음에 오지만, 한문에서는 전치사 '어於'를 동반
　　한다.
② 自 : ~에서부터. ~으로부터.
③ 之 : 명사인 지地를 수식하는 말인 백리百里가 두 글자 이상이므로 그 사

170

이에 들어가는 조음소.

④ 之 : 앞의 글자 君군을 타동사로 만들어주는 역할을 하는 대명사.

⑤ 以 : 以이의 목적어는 앞의 '득백리지지이군지得百里之地而君之'이지만 앞에 이미 나왔으므로 생략된 것이다.

⑥ 辜 : '죄' 또는 '허물'이라는 뜻. 음은 '고'.

| 강설 |

맹자가 백이와 이윤과 공자의 특징을 설명하자, 이를 들은 공손추는 백이와 이윤이 공자와 비슷한 수준이기 때문에 그렇게 설명한 것인가 하고 물은 것이다. 서로 같은 점은 있으나 공자처럼 위대한 사람은 자고로 없다는 것이 맹자의 대답이다.

한 사람의 죄 없는 자를 죽여서 천하를 얻은 뒤 잘 다스리면 천하의 사람이 모두 잘 살 수 있을 것이므로 한 사람의 희생 정도는 감수하여야 할 것이라고 생각하기 쉽지만, 그렇지 않다. 죄 없는 한 사람을 죽이는 것은 양심良心에 저촉되는 일이므로 해서는 안 되는 일이다. 천하가 잘 다스려지고 안 다스려지고는 개인의 힘에 달려 있는 것이 아니므로, 개인이 자기가 통치하면 천하가 잘 다스려질 것이라고 가정하는 것 자체가 월권이다. 천하가 잘 다스려진다는 것을 가정하고 한 사람의 희생을 감수할 수 있어야 한다는 논리는 열 사람의 희생도 때로는 백, 천, 만 사람의 희생도 감수할 수 있어야 한다는 논리로 이어지기 때문에 엄청난 독재를 초래할 것이다. 양심을 실천함으로써 모든 사람을 감동시킬 수 있을 때 훌륭한 정치는 가능하다.

日敢問其所以異하노이다 日宰我子貢有若은 智하여
足以知聖人이요 汚하여도 不至阿其所好니라 宰我曰

以予觀於夫子컨대 賢於堯舜이 遠矣로다 子貢曰見
其禮而知其政하며 聞其樂而知其德이니 由百世之後
하여 等百世之王이라도 莫之能違也니 自生民以來로
未有夫子也시니라 有若曰豈惟民哉리오 麒麟之於走
獸와 鳳凰之於飛鳥와 泰山之於邱垤과 河海之於行
潦에 類也며 聖人之於民에 亦類也니 出於其類하며
拔乎其萃는 自生民以來로 未有盛於孔子也니라

| 국역 |

"감히 그 다른 점을 묻겠습니다." "재아와 자공과 유약有若은 지혜로워서 족히 그 지혜로 성인을 알아볼 수 있으니, (인격이 다소) 낮더라도 자기가 좋아하는 사람에게 아첨하는 데에 이르지는 아니한다. 재아는 말하기를, '나의 안목으로 선생님에게서 관찰한다면, 요순堯舜보다 현명한 정도가 훨씬 많다'고 하였고, 자공은 말하기를, '그 예禮를 보면 그 정치 능력을 알 수 있고, 그 음악을 들으면 그 덕德을 알 수 있는 것이니, 백세百世가 지난 뒤에 백세의 왕들을 평가해 보아도 어길 수 있는 사람이 없을 것이다. (그 예禮와 악樂을 기준으로 정치 능력과 덕德을 살펴본다면) 사람이 있고부터 그 이래로 선생님 같은 분은 있지 않았다'고 하였으며, 유약이 말하기를, '어찌 오직 백성에서뿐이겠는가. 기린의 달리는 짐승에서의 위치, 봉황의 나는 새에서의 위치,

172

태산泰山의 언덕에서의 위치, 황하黃河나 바다의 고인 물에서의 위치는 같은 종류이다. 성인의 백성들에서의 위치도 또한 같은 종류이다. 그러나 그 종류에서 벗어나고 그 모여 있는 무리에서 빼어나는 정도는 사람이 있고부터 그 이래로 공자보다 더한 사람이 있지 않다'고 하였다."

| 난자풀이 |

1 有若 : 유有는 성, 약若은 이름. 자字는 자유. 공자의 제자로서 공자보다 43세 아래이고 노魯나라 사람이다. 용모가 공자와 닮았다고 전해진다.

2 以 : 이以의 목적어는 지智인데 앞에서 나왔으므로 생략되었다. 생략하지 않았다면 '이기지지성인以其智知聖人'이 될 것이다.

3 汚 : '낮다'는 뜻으로 음은 '오'. 여기서는 '지혜롭지만 인격의 정도가 낮다'로 해석하는 것이 좋다.

4 遠 : 여기서 '멀다'고 한 것은 요순보다 현명한 정도를 말하므로, '훨씬 많다'라고 해석하는 것이 좋다.

5 由 : 자自와 같은 뜻. '~으로부터' 또는 '~에서'라는 뜻으로, 판단의 기준점이나 이동의 출발점을 나타낸다.

6 之 : 후後를 수식하는 말인 백세가 두 글자 이상이므로 그 사이에 들어가는 조음소

7 等 : '견주다', '등차를 매기다' 등의 뜻.

8 莫 : ~한 사람이 없다.

9 之 : 능위能違와 도치되어 있다. 부정을 나타내는 말, 타동사, 목적어가 이어질 때는, 타동사와 목적어가 도치되는 경우가 많다. '막능위지야莫能違之也'로 놓고 해석하면 된다.

10 之 : 지之 다음에 '위치', '입장' 등의 뜻을 나타내는 말이 생략되었다.

11 垤 : '개밋둑'이라는 뜻으로 음은 '질'.

12 河 : 황하.

13 潦 : '비온 뒤에 고인 물'이라는 뜻으로 음은 '로' 또는 '료'. '행료行潦'는 '다니는 길에 고여 있는 물'이라는 뜻이다.

14 萃 : '모여 있는 무리들'이라는 뜻으로 음은 '췌'.

공자와 다른 성인의 차이점에 대해서 질문받은 맹자는, 공자에 대한 자신의 평가보다 공자에게서 직접 가르침을 받은 제자들의 평가가 더욱 설득력이 있을 것이라 생각하고 제자들의 평가를 제시하는 것으로써 답변에 대신하였다.

'덕행德行엔 안연민자건염백우중궁顏淵閔子騫冉伯牛仲弓이요 언어言語엔 재아자공宰我子貢'이라는 『논어論語』 선진편先進篇 제2장의 말을 보면 재아와 자공은 도덕을 실천하는 사람이라기보다는 말을 잘하는 지혜로운 사람임을 알 수 있다. 『논어』에는 유약에 대한 평가는 없지만, 『맹자』의 이 문장을 보면 유약도 재아·자공과 마찬가지로 말을 잘하는 지혜로운 사람에 속할 것이다. 재아·자공·유약은 지혜롭기 때문에, 성인인지 아닌지, 또 성인 중에서도 누가 더 훌륭한지 분별할 수 있는 사람이며, 또 인격의 수준이 낮다 하더라도 자기가 좋아하는 사람에게 아첨할 정도는 아니기 때문에 그들의 공자에 대한 평가는 정확할 것이다.

재아는, "나의 방식대로 평가한다면 공자는 요순보다 훨씬 더 현명하다"고 하였다. 자공은, "어떤 사람의 예모나 그가 만든 제도 등을 보면 그의 정치 수준을 알 수 있고, 그의 음악을 들으면 그의 인격 수준을 알 수 있으니, 이와 같이 예禮와 악樂을 가지고 사람을 평가하는 방법은 백세가 지난 뒤에 백세의 왕들을 평가해 보아도 한치의 오차도 없을 정도로 정확한 것인데, 이러한 방법을 가지고 평가한다면, 공자보다 더 훌륭한 사람은 있지 않다"고 하였다. 유약은, "기린도 달리는 짐승이고 봉황도 나는 새이며 태산도 언덕이며 하해河海도 고인 물이듯이 성인도 역시 사람이지만, 사람의 무리에서 빼어난 정도를 보면, 공자보다 더 나은 사람은 없다"고 하였다.

제3장

孟子曰以力假仁者는 覇니 覇必有大國이요 以德行
[1]

仁者는 王이니 王不待大라 湯以七十里하시고 文王
[2] [3]

以百里하시니라 以力服人者는 非心服也라 力不贍也
[4] [5]

요 以德服人者는 中心悅而誠服也니 如七十子之服
[6]

孔子也라 詩云自西自東하며 自南自北이 無思不服
[7] [8] [9]

이라하니 此之謂也니라
[10]

| 국역 |

맹자께서 말씀하셨다. "힘을 가지고 인仁을 표방하는 자는 패권覇權을 차지하니 패권을 차지하면 반드시 큰 나라를 가지게 된다. 덕德을 가지고 인仁을 행하는 자는 왕업王業을 이루니 왕업을 이루는 것은 큰 것을 필요로 하지 않는다. 탕湯은 칠십리七十里를 가지고 왕업을 이루었고 문왕文王은 백리百里를 가지고 왕업을 이루었다. 힘을 가지고 남을 복종시키는 자에게는 (사람들이) 마음으로 복종하는 것이 아니다. 힘이 모자라기 때문이다. 덕德을 가지고 남을 복종시키는 자에게는 (사람들이) 속마음이 기뻐서 진실로 복종하는 것이니, 칠십七十 제자가 공자에게 복종하는 것과 같은 것이다. 『시경詩經』에서 말하기를, '서쪽에서 동쪽에서 남쪽에서 북쪽에서 복종하지 않음이 없다' 하였으니 이것을 말한 것이다."

| 난자풀이 |

[1] 假 : 거짓으로 표방하는 것. 칭탁稱託하는 것. 가인假仁은 실제로는 인仁을 하지 않으면서 인仁을 하는 것처럼 표방하는 것을 말한다.

[2] 待 : 원래 '기다린다'는 뜻인데, 기다리는 것은 무엇이 필요하기 때문이므로, '필요로 한다'는 뜻으로 해석해도 된다.

[3] 以 : 기본적으로 이以는 '이以A위爲B'의 형태로 사용되므로, 여기서는 위爲B에 해당하는 말이 생략되었다고 봐야 한다. 위爲B에 해당하는 말은 왕王일 것이다.

[4] 服 : 복종하는 것. 여기서는 복服의 주어가 생략되었다. '이력복인자以力服人者'는 복服의 목적어인데 강조하기 위하여 앞으로 낸 것이다.

[5] 贍 : '넉넉하다'는 뜻으로 음은 '섬'.

[6] 七十子 : 70명의 제자. 『사기史記』 공자세가孔子世家에, 공자의 문인門人은 3000인이지만 그 가운데 몸소 문예文藝를 통달한 자가 72인이었다고 하였다. 여기서 70이라 한 것은 그 대략적인 수를 말한 것이다.

[7] 詩 : 『시경』 대아大雅 문왕지십文王之什 중의 문왕유성편文王有聲篇.

[8] 自 : 행위의 기점을 표시한다. ~으로부터. ~에서.

[9] 思 : 의미없이 들어간 조음소. 한문漢文 중에서도 특히 『시경』의 문장은 넉자씩 맞추기 위해 조음소를 넣는 경우가 많다.

[10] 之 : 차此와 위謂가 도치되었음을 나타낸다.

| 강설 |

힘을 중시하는 사람은 강하게 되기를 바라기 때문에 크고 강한 나라를 좋아한다. 명분 없이 크고 강한 나라를 만드는 것을 추진하면 다른 나라 사람들이 쉽게 결속하기 때문에 실패하게 되지만, 대내적으로는 힘을 기르고 나라를 키우는 한편 대외적으로는 늘 평화주의를 표방하고 평화의 실현을 위한다는 명분을 앞세운다면 다른 나라 사람들이 쉽게 결속하지 못하므로 소기의 목적을 이루고 패권을 차지하게 된다.

　덕德은 남을 나처럼 사랑하고 아끼는 마음을 실현하는 능력이다. 덕德이 있는 사람은 남과 나를 구별하지 않으며, 남이 나에게 이로움을 주는 사람인지 해로움을 주는 사람인지 따지지 않는다.

176

덕德을 갖고 있는 사람은 손님을 계산적인 마음으로 대하지 않고
형제처럼 반기며 따뜻하게 대한다. 그는 어리석은 사람도 똑똑한
사람도 약한 사람도 강한 사람도 모두 용납한다. 그러므로 많은
사람이 그에게서 편안함을 느끼고, 좋아하며 따르게 된다.

만약 정치하는 사람이 덕德으로 정치를 하여 모든 백성을 자
기 아들처럼 아끼고 사랑하는 정책을 실시한다면 모든 백성은 그
정책에 편안함을 느끼고 따를 것이다. 이러한 정치가 왕도정치이
다. 왕도정치를 하면 학정에 시달리는 이웃나라의 백성들마저 흠
모하고 따를 것이므로 적이 없어진다. 따라서 큰 나라를 갖지 않
더라도 왕도정치를 실현할 수 있다.

孟子曰仁則榮하고 不仁則辱하나니 今에 惡辱而居不

仁이 是猶惡濕而居下也니라 如惡之인댄 莫如貴德 [1]

而尊士니 賢者在位하며 能者在職하여 國家閒暇어든 [2] [3]

及是時하여 明其政刑이면 雖大國이라도 必畏之矣리 [4]

라 詩云迨天之未陰雨하여 徹彼桑土하여 綢繆牖戶면 今 [5] [6] [7] [8] [9]

此下民이 或敢侮予아하여늘 孔子曰爲此詩者는 其知 [10]

道乎인저 能治其國家면 誰敢侮之리오하시니라 今國家

閒暇어든 及是時하여 般樂怠敖하나니 是는 自求禍也 [11] [12]

니라 禍福이 無不自己求之者니라 詩云永言配命이 [13] [14] [15]

自求多福이라하며 太甲曰天作孽이면 猶可違어니와 自
          [16]   [17]
作孽이면 不可活이라하니 此之謂也니라

| 국역 |

맹자께서 말씀하셨다. "인仁하면 영화롭게 되고 불인不仁하면 치
욕을 당하게 되는데, 지금 치욕당하는 것을 싫어하면서 불인한
데 처하니 이는 마치 축축한 곳을 싫어하면서 낮은 곳에 처하는
것과 같다. 만약 싫어한다면 덕德을 귀하게 여기고 선비를 높이
는 것과 같은 것이 없다. 어진 자가 높은 자리에 있게 되고 유능
한 자가 실무를 담당하는 자리에 있게 되어 나라 일이 한가하거
든, 그때를 놓치지 않고 행정과 형벌에 관한 것을 명확하게 하
면 비록 강대국이라도 반드시 두려워할 것이다. 『시경詩經』에 이
르기를, '하늘이 음우陰雨하지 않을 때에 저 뽕나무 뿌리의 껍질
을 벗겨다가 창문을 얽어매면, 지금 이 아래의 백성들이 혹시라
도 감히 나를 업신여기겠는가' 하였다. 공자께서는 '이 시를 지
은 자는 아마 도道를 아는가 보다. 자기 나라를 잘 다스린다면
누가 감히 업신여기겠는가라고 하셨다. 지금은 나라 일이 한가
하면 이때를 놓칠세라 놀고 즐기며 게으르고 오만하니 이는 스
스로 재앙을 구하는 것이다. 화禍와 복福이 자기가 구하지 않는
것이 없다. 『시경』에 이르기를, '길이 천명天命에 짝이 되어 스스
로 많은 복을 구한다' 하였으며, 「태갑太甲」에 이르기를, '하늘이
재앙을 만들면 오히려 피할 수 있으나, 스스로 재앙을 만들면
살아남을 수 없다' 하였으니, 이를 말한 것이다."

1 猶 : 마치 ~와 같다.
2 位 : 높은 자리. 고위관직.
3 職 : 실무를 담당하는 자리. 하급 공무원들의 직책.
4 及 : '미친다'는 뜻은 '놓치지 않는다'는 뜻이므로 '놓치지 않는다'고 해석
   해도 될 것이다.
5 陰 : 구름이 끼고 흐린 날씨.
6 徹 : '벗긴다'는 뜻으로 음은 '철'.
7 土 : 뿌리의 껍질. 음은 '두'.
8 綢 : '얽어맨다'는 뜻으로 음은 '주'.
9 繆 : '얽어맨다'는 뜻으로 음은 '무'.
10 其 : 막연한 추측을 나타내는 역할을 한다.
11 及 : 놓치지 않는다.
12 般 : 놀며 즐긴다.
13 自 : 由와 통용.
14 詩 : 『시경』 대아大雅 문왕지십文王之什 중의 문왕편文王篇.
15 言 : 뜻없이 들어간 조음소. 주자朱子는 염송이라 주석하였다.
16 太甲 : 『서경書經』 상서商書의 편명.
17 孼 : 재앙. 음은 '얼'.

| 강설 |

남을 나처럼 여기고 사랑하면 남들도 나를 좋아하고 나를 추대
하게 되므로 영화롭게 되지만, 남을 무시하고 나만을 위하면
남들도 나를 싫어하고 무시할 것이므로 치욕을 당하게 된다.
치욕을 당하는 것이 싫으면 인仁을 해야 하는데, 치욕을 당하는
것이 싫으면서도 불인을 하는 것은 마치 축축한 곳을 싫어하면
서 물이 많은 낮은 곳에 있는 것과 같다.

맹자의 이 문장은 정치를 담당하는 사람에게 한 말인 듯하
다. 정치를 담당하고 있는 사람이 남에게 치욕을 당하는 것이 싫
다면, 현명한 자를 받들어서 높은 자리에 있게 하고, 재능이 있
는 선비들을 높여서 관직을 담당하게 하여 행정과 법률 등을 정

비해야 한다. 정치의 목적은 도덕을 확립하고 경제를 건설하는 것인데, 도덕이 높은 사람을 높은 지위에 있게 하는 것은 도덕을 확립하는 역할을 할 수 있기 때문이며, 유능한 선비들을 관직에 있게 하는 것은 경제 건설의 실무를 수행하는 능력이 뛰어나기 때문이다.

『시경』 빈풍豳風 치효편鴟鴞篇에는 새의 말을 빌어서 "하늘에 구름이 끼거나 비 오지 아니할 때에 뽕나무 뿌리의 껍질을 벗겨 둥우리의 문을 얽어매면 아래에 있는 사람들이 돌을 던지거나 하여 나를 업신여기지 못할 것이다"라고 노래하였는데, 이는 주공周公이 정치하는 방법을 새에 빗대어 읊은 것이다.

『시경』 대아 문왕지십 중의 문왕편에서는 "길이 천명天命에 합치되게 하여 스스로 많은 복福을 구한다"고 하였고, 『서경』 상서 태갑편太甲篇에서는 "하늘이 지은 재앙에서는 벗어날 수 있으나 스스로 지은 재앙에서는 살아남을 수 없다"고 하였다. 태어날 때부터 몸이 불구라든가 하는 것은 하늘이 지은 재앙이다. 이는 노력 여하에 따라서 극복할 수 있다. 하지만 자기가 불인한 일을 하여 남들에게 버림을 받으면 도와주는 사람이 없으므로 살아남을 길이 없다.

제
5
장

맹 자 왈 존 현 사 능　　　준 걸 재 위 즉 천 하 지 사 개 열 이
孟子曰尊賢使能하여 俊傑在位則天下之士皆悅而
　　　　　　　　　　　　　　　　　　　　　　　　　　[1]

원 립 어 기 조 의　　　시　　전 이 부 정　　　법 이 부 전 즉
願立於其朝矣리라 市에 廛而不征하거나 法而不廛則
　　　　　　　　　　　[2]　　[3]　　　　　[4]

천 하 지 상　　개 열 이 원 장 어 기 시 의　　관　　기 이 부
天下之商이 皆悅而願藏於其市矣리라 關에 譏而不

정 즉 천 하 지 려 개 열 이 원 출 어 기 로 의　　경 자　　조
征則天下之旅皆悅而願出於其路矣리라 耕者에 助
　　　　　　　　　　　　　　　　　　　　　　　　　　　　　[5]

而不稅則天下之農이 皆悅而願耕於其野矣라 廛
이불세즉천하지농 개열이원경어기야의 전
⑥ ⑦

에 無夫里之布則天下之民이 皆悅而願爲之氓矣리
무부리지포즉천하지민 개열이원위지맹의
⑧ ⑨ ⑩ ⑪

라 信能行此五者則鄰國之民이 仰之若父母矣리니
신능행차오자즉인국지민 앙지약부모의

率其子弟하여 攻其父母는 自生民以來로 未有能濟
솔기자제 공기부모 자생민이래 미유능제
⑫

者也니 如此則無敵於天下하리니 無敵於天下者는
자야 여차즉무적어천하 무적어천하자

天吏也니 然而不王者未之有也니라
천리야 연이불왕자미지유야

| 국역 |

맹자께서 말씀하셨다. "현자賢者를 높이고 재능이 있는 자를 부려서 준걸俊傑들이 높은 자리에 있으면 천하의 선비들이 모두 기뻐하여 그 조정에 서기를 원할 것이다. 시장에서 점포세만 받고 물품세를 받지 않거나 관리만 하고, 점포세도 받지 않으면 천하의 상인들이 모두 기뻐하여 그 시장에 상품을 보관하기를 원할 것이다. 관문에서 살피기만 하고 통관세를 받지 않으면 천하의 여행자들이 모두 기뻐하여 그 도로로 나가기를 원할 것이다. 밭가는 자들에게(공전公田의 경작을) 돕게만 하고 따로 세금을 걷지 아니하면 천하의 농민이 모두 기뻐하여 그 들에서 밭 갈기를 원할 것이다. 주거지에 대해서 부포夫布나 리포里布를 걷지 아니하면 천하의 백성들이 모두 기뻐하여 그 백성이 되기를 원할 것이다. 진실로 능히 이 다섯 가지를 시행한다면, 이웃나라 백성들이 그를 우러러보기를 부모처럼 할 것이니, 그 자제를 거느리고

그 부모를 공격하는 것은 생민生民이 있고부터 그 이래로 능히 성공한 자가 있지 않다. 이와 같다면 천하에 적이 없을 것이다. 천하에 적이 없는 자는 천리天吏이니, 이렇게 하고서도 왕업을 이루지 못하는 자는 있지 않다."

| 난자풀이 |

1 位 : 높은 자리. 즉 고위관직을 말한다.

2 廛 : 상인들이 물건을 파는 자리, 즉 점포를 말하는데, 여기서는 점포에 대해서 받는 세금, 즉 점포세를 말한다. 음은 '전'. 『예기禮記』 왕제편王制篇 및 『관자管子』 오보편五輔篇에도 '시전이불세市廛而不稅'라는 구절이 있다.

3 征 : 물품세를 받는 것.

4 法 : 시장의 관리인이 법法을 정하여 법法대로 시장을 관리하는 것.

5 助 : 정전법井田法은 밭을 정자井字 모양으로 9등분하여 여덟 사람에게 가장자리의 땅을 하나씩 나누어주고, 가운데의 땅을 공전으로 하여 여덟 사람이 공동으로 경작하여 수확물을 나라에 바치게 하는 것인데, 공전의 경작을 돕는 것을 조助라고 한다.

6 稅 : 공전의 경작을 돕는 것으로 끝나지 않고 또 각각에게 나누어준 사전에 대해서 세금을 걷는 것.

7 廛 : 각 개인의 주거지.

8 夫 : 『주례周禮』 지관여사地官閭師에 '범무직자凡無職者, 출부포出夫布'라는 말이 있는 것을 보면, 부포夫布는 직업을 갖지 않고 노는 남자에게 벌과금으로 부과하는 베 또는 돈임을 알 수 있다.

9 里 : 『주례』 지관재사地官載師에 '범택불모자凡宅不毛者, 유리포有里布'라는 말이 있는 것을 보면, 리포里布는 집에 뽕나무 등을 심지 않는 사람에게 벌과금으로 부과하는 베 또는 돈임을 알 수 있다. 그런데 전국시대戰國時代에는 부포夫布를 오늘날의 주민세 같은 형태로 모든 사람에게 부과하고, 또 이포里布를 오늘날의 가옥세 같은 형태로 모든 집에 부과하였던 것으로 생각된다.

10 之 : 맹氓을 수식하는 말로 '그 백성'이라는 뜻인데 위의 문장처럼 其를 쓰지 않은 이유는 위爲가 타동사로 쓰이지 않고 '~이 된다'는 뜻의 자동사로 쓰였기 때문이다.

182

| 강설 |

현賢은 덕德이 있는 사람이고, 능能은 재능이 있는 사람이다. 정
치의 요체는 도덕을 확립하는 것과 민생民生을 안정시키는 것이
다. 덕德이 있는 사람이 높은 자리에 있으면 도덕이 확립되고,
재능 있는 사람이 실무행정을 담당하면 민생이 안정된다.

사士는 벼슬하는 것에 대비하여 학문을 하는 사람이므로 사士
가 벼슬길에 나가는 것은 당연하다. 그런데, 정당하지 못한 사람
이 높은 자리에 있으면, 그 아래에 있는 사람이 정당하게 하는 일
은 통과되지 못하는 반면 뇌물수수와 같은 부정한 방법이 통용되
므로, 우수한 선비들은 그러한 곳에서는 벼슬을 하지 않는다. 정
당한 사람이 높은 자리에 있으면 정당하게 하는 일이 통과되므로
우수한 선비들은 그러한 곳에서 벼슬하기를 원한다.

징세보다는 상인을 보살피는 데 중점을 두며, 관문을 지킬 때
는 통행세를 걷지 않으며, 포악한 자들을 색출하는데 목적을 두
며, 농민에게 과다한 세금을 징수하지 않으며, 주민세나 가옥세를
일률적으로 부과하기보다는 놀고 먹는 자들에게만 걷으면 이는 모
두 백성을 위하는 정치이므로, 모든 사람이 그런 정치를 하는 나
라로 몰려들 것이다.

모든 백성의 공통된 의지가 天이므로 백성의 뜻을 따르는 정
치를 하는 사람은 하늘의 뜻을 따르는 사람, 천리라고 할 수 있
다.

제
6
장

맹 자 왈 인 개 유 불 인 인 지 심   선 왕   유 불 인 인 지
孟子曰人皆有不忍人之心하니라 先王이 有不忍人之
      ① ② ③ ④
심   사 유 불 인 인 지 정 의   이 불 인 인 지 심   행
心하여 斯有不忍人之政矣니 以不忍人之心으로 行

不忍人之政이면 治天下는 可運之掌上이니라 所以謂
⑤ ⑥
人皆有不忍人之心者는 今人이 乍見孺子將入於井
하고 皆有怵惕惻隱之心하나니 非所以內交於孺子之
⑦ ⑧ ⑨ ⑩
父母也며 非所以要譽於鄉黨朋友也며 非惡其聲而
⑪
然也니라 由是觀之컨댄 無惻隱之心이면 非人也며
無羞惡之心이면 非人也며 無辭讓之心이면 非人也며
無是非之心이면 非人也니라

| 국역 |

맹자께서 말씀하셨다. "사람은 모두 남에게 차마 하지 못하는 마음이 있다. 선왕先王에게 남에게 차마 하지 못하는 마음이 있어서 곧 남에게 차마 하지 못하는 정치가 있었다. 남에게 차마 하지 못하는 마음을 가지고 남에게 차마 하지 못하는 정치를 하면 천하를 다스리는 것은 손바닥 위에서 움직일 수 있는 것이다. 사람들에게 모두 남에게 차마 하지 못하는 마음이 있다고 말하는 근거가 되는 것은 지금 사람들이 갑자기 어린 아이가 우물에 들어가려는 것을 보고는 모두 깜짝 놀라고 측은하게 여기는 마음을 갖는 것이니, 그렇게 함으로써 어린 아이의 부모와 교분을 맺으려는 것이 아니며, 그렇게 함으로써 향당鄉黨과 친구들에게 명예롭게 되기를 구하려는 것도 아니며, 그 (비난하는) 소리를 (듣기) 싫어해서 그렇게 한 것도 아니다. 이로 말미암아 살펴본

다면, 측은하게 여기는 마음이 없으면 사람이 아니며, 부끄러워
하고 미워하는 마음이 없으면 사람이 아니며, 사양하는 마음이
없으면 사람이 아니며, 시비是非를 가리는 마음이 없으면 사람이
아니다.

| 난자풀이 |

① 有 : 타동사로서 목적어인 불인인지심不忍人之心을 '소유한다'는 뜻인데,
한국어에는 목적어를 주어처럼 사용하는 습관이 있기 때문에, 여기서도
불인인지심을 주어처럼 번역하는 것이 낫다.
② 忍 : '잔인하게 행하는 것'을 말하는 것이니 차마 할 수 없는 일을 어쩔 수
없이 하는 것을 뜻한다.
③ 人 : 남.
④ 之 : 명사를 수식하는 말이 두 글자 이상일 때 수식하는 말과 명사 사이
에 들어가는 글자.
⑤ 之 : 대명사로서 앞의 천하天下를 지칭한다. 지之 다음에 어於가 생략되었
다.
⑥ 以 : 이以의 목적어는 근거·이유 등을 나타내는 말이어야 하는데, 여기
서는 생략되어 있다. 이 문장을 의문문으로 바꾸려면, 그 근거를 물어보
면 되므로 '하이위인개유불인인지심何以謂人皆有不忍人之心'이 된다.
⑦ 怵 : '두려워한다'는 뜻으로 음은 '출'.
⑧ 惕 : '두려워한다'는 뜻으로 음은 '척'. 출척怵惕은 깜짝 놀라고 두려워하는
것.
⑨ 以 : 이以의 목적어는 '유출척측은지심有怵惕惻隱之心'인데 앞에 나왔으므
로 생략한 것이다.
⑩ 內 : 납納과 통용. 납교納交는 교분을 맺는 것을 말한다.
⑪ 聲 : 잔인하다고 비난하는 소리.

| 강설 |

이 문장은, 맹자가 사람이 공통적으로 가지고 있는 마음이 무
엇인지 구체적으로 제시한, 매우 중요한 문장이다.
현대철학은 사람을 역사와 더불어 변해가는 역사적 존재로

파악하여, 시간의 흐름을 초월한 동일성同一性, 어제의 나와 오늘의 나와 내일의 나가 동일하다고 할 수 있는 근거를 찾지 못함으로써 어렵고도 중요한 난관에 봉착해 있는데, 이 문제는 맹자가 시간과 공간을 초월한 인간의 동일성으로 제시한 불인인지심을 인식함으로써 해결될 수 있을 것이다.

불인인지심은 모든 사람이 공통적으로 가지고 있는 마음이고 의지이며 희망이므로 불인인지심에 입각하여 정치를 하면, 모든 사람의 공통적인 희망을 실현하는 것이 되므로, 모든 사람이 좋아하고 따르게 되어, 매우 순조로울 것이다.

모든 인간에게 공통적으로 존재하는 불인인지심은 인간의 이기적인 계산에 따라 조건적으로 발휘되는 것이 아니라 언제 어디서나 무조건적으로 발휘되는 인간존재의 본질이다.

모든 인간에게 공통적으로 존재하는 인간존재의 본질을 세분하여 제시하자면, 측은하게 여기는 마음, 부끄러워하고 미워하는 마음, 사양하는 마음, 시비是非를 가리는 마음 등이다.

이 네 가지 마음은 각각 다른 종류의 마음이 아니라 하나의 마음이다. 하나의 마음을 나타나는 양상에 따라 다르게 표현한 것에 불과한 것이다. 측은하게 여기는 마음은 남을 나처럼 아끼고 사랑하는 마음이다. 사랑스러운 동식물을 잡아서 먹게 되면 사랑하는 마음은 부끄러워하는 마음으로 나타나며, 죄 없는 약한 자를 괴롭히는 사람을 보면 그를 미워하는 마음으로 나타난다. 그리고 노약자를 보면 사랑하는 마음은 양보하는 마음으로 나타난다. 남을 사랑하는 마음은 남의 악惡을 사랑하는 것이 아니라 그 본질적인 마음인 선善을 사랑하는 마음이므로, 옳고 그름을 분별하는 마음으로 나타난다.

측은지심 인지단야 수오지심 의지단야 사
惻隱之心은 仁之端也요 羞惡之心은 義之端也요 辭

양지심 예지단야 시비지심 지지단야 인
讓之心은 禮之端也요 是非之心은 知之端也니라 人
[1]

186

之有是四端也는 猶其有四體也니 有是四端而自謂
지유시사단야   유기유사체야   유시사단이자위
[2]

不能者는 自賊者也요 謂其君不能者는 賊其君者也
불능자   자적자야   위기군불능자   적기군자야
[4]   [3]

니라 凡有四端於我者를 知皆擴而充之矣면 若火之
     범유사단어아자   지개확이충지의   약화지
                                    [5]

始然하며 泉之始達이니 苟能充之면 足以保四海이어
시연   천지시달   구능충지   족이보사해
[7]   [8]   [9]

니와 苟不充之면 不足以事父母니라
     구불충지   부족이사부모

| 국역 |

측은하게 여기는 마음은 인仁을 알 수 있는 단서이고, 부끄러워
하고 미워하는 마음은 의義를 알 수 있는 단서이고, 사양하는 마
음은 예禮를 알 수 있는 단서이고, 시비를 가리는 마음은 지知를
알 수 있는 단서이다. 사람이 이 사단四端을 가지고 있는 것은
사지를 가지고 있는 것과 같다. 이 사단을 가지고 있으면서 자기
는 할 수 없다고 하는 자는 자신을 해치는 자이고, 자기 임금은
할 수 없다고 하는 자는 자기 임금을 해치는 자이다. 무릇 사단
이 나에게 있는 것을 모두 넓혀서 채울 줄 알면 마치 불이 처음
타오르며 샘물이 처음 솟아나는 것과 같을 것이니, 참으로 이것
을 채울 수 있다면 사해四海를 보호할 수 있거니와 참으로 이것
을 채우지 못하면 부모를 섬길 수도 없을 것이다."

| 난자풀이 |

1 知 : 지智로 되어 있는 곳도 있음.
2 之 : 주격조사.

③ 自 : 강조되어 위謂의 앞으로 나온 것이다. '위자불능자謂自不能者'로 놓고 해석하면 될 것이다.

④ 自 : 강조되어 적賊의 앞으로 나온 것이다.

⑤ 之 : 대명사로 앞의 유사단어아자유有四端於我者를 지칭한다.

⑥ 之 : 주격조사.

⑦ 然 : 연燃과 통용. '불탄다'는 뜻.

⑧ 達 : 흘러나오는 것.

⑨ 以 : 이以의 목적어는 기소충지사단其所充之四端이나 생략되었다.

| 강설 |

사람의 몸을 움직이게 하는 것은 정情이다. 그런데 이 정情은 성性에서 나오는 것이므로, 인간존재의 본질은 성性이라 할 수 있다. 성性이란 글자의 모양이 마음[忄=心]과 삶[生]의 결합체로서, "살려는 마음" 또는 "살려는 의지"로 풀이할 수 있다.

나의 육체에 작용하는 이 '살려는 의지'는 다른 사람의 육체에 작용하는 '살려는 의지'나 동물과 식물에 작용하는 그것과도 일치한다. 즉 나의 본질로서 존재하는 '살려는 의지'와 꼭 같은 것이 바로 너에게도 존재하는 것이다. 따라서 본질로서의 나는 나의 육체를 중심으로 파악되는, 남과 구별되는 유한자로서의 나에게 국한되지 않는다. 그러므로 이 국한되지 않는 점을 강조하여 말하면 초월적인 존재이다. 이러한 의미에서 성性을 형이상자形而上者라고 한다.

성性은 초월적인 존재이기 때문에 직접 파악할 수는 없지만, 성性에서 나온 정情을 파악함으로써 성性의 존재를 파악할 수 있다. 정情은 마음이라는 그릇에 담겨 있다. 성性과 정情과 심心의 관계는 지하수와 샘과 샘물의 관계로 비유해볼 수 있을 것이다. 지하수가 성性에 해당한다면, 샘은 심心에, 샘물은 정情에 해당한다. 여러 샘에 있는 샘물이 각각 따로 존재하지만 그 샘물이 솟아 나온 지하수는 하나이듯이, 사람마다 정情이 따로 존재하지만 정情이 나오는 근원인 성性은 하나라는 것을 알 수 있다.

지하수가 각각의 샘에 오염됨이 없이 그대로 솟아난다면 모든 샘물은 같을 것이며, 성性이 각각의 사람에게 정情으로 타나날 때 변질됨이 없다면 모든 사람의 정情은 같을 것이다. 따라서 사람의 정情 가운데에서 공통적인 것을 찾아낸다면 그것이 바로 성性에서 변질됨이 없이 나타난 것임을 알 수 있다. 모든 사람에게 공통적으로 존재하는 정情이 바로 사단임이 밝혀졌으므로 사단이 성性을 간접적으로 파악할 수 있는 단서가 된다. 사단이 네 가지로 분류되었으므로 성性의 내용 역시 네 가지로 파악할 수 있다.

　　맹자는 측은하게 여기는 마음이 나오는 곳을 인仁, 부끄러워하고 미워하는 마음이 나오는 곳을 의義, 사양하는 마음이 나오는 곳을 예禮, 시비是非를 가리는 마음이 나오는 곳을 지智로 파악하여, 사단을 인의예지仁義禮智를 파악하는 단서라고 하였다. 맹자가 여기서 측은하게 여기는 마음이라고 했을 때의 마음은 마음속에 있는 정情을 지칭하는 것임은 말할 나위도 없다.

　　일본日本의 이토 진사이伊藤仁齋는 단端을 본本으로 해석함으로써 사단을 인의예지의 덕德을 달성시키는 근본으로 보았다. 그에 의하면, 성性이 구족具足하고 있는 것은 사단이고 인의예지의 덕德은 이 사단이 사회 속에서 구체적으로 실현된 것이라 했다. 참고는 할 수 있으나 옳다고 할 수는 없다.

　　사람의 참된 삶은 본질에 입각한 삶이고 본질에 입각한 삶은 사단을 실천하는 것이므로, 사단을 실천하는 것이 가장 참되고 고귀한 삶이다. 이 사단은 사람의 몸에 팔과 다리가 있듯이 본래부터 있는 것이어서, 의지만 있으면 누구나 실천할 수 있다. 자기는 실천할 수 없다고 생각하면 자기의 참된 삶을 포기하는 것이고, 자기의 임금은 실천할 수 없다고 생각하면 임금의 참된 삶을 기대하지 않는 것이 된다.

　　성性은 모든 사람에게 공통적으로 존재하는 '살려는 의지'이기 때문에 성性이 곧게 발휘되면 남과 함께 살려는 마음사단으로 나타나지만, 성性이 발휘되는 순간에 생각하고 계산하는 등의 마음의 기능이 이기적으로 작용하면 남을 희생시키고 자기만 살리고 하는 마음으로 변하는데 이것이 욕심欲心이다. 마음이 사단으로 가득 차면 욕심이 없어지고 욕심으로 가득 차면 사단이 없어진다.

마음의 기능이 늘 이기적으로 작용하면 성性이 곧게 발휘되지 못하고 왜곡되지만, 이기적으로 작용하지 않으면 아무 저항이 없으므로 곧게 발휘되어 사단이 확충된다. 사단이 확충되면 불이 처음 타오르고 샘물이 처음 솟아나듯 약하게 솟아나다가 자꾸 커져 간다. 그 결과 마음이 사단으로 가득 차게 되면, 그의 삶은 모든 사람뿐만 아니라 만물까지도 다 살리는 방향으로 영위될 것이므로 이 세상을 다 보호할 수 있지만, 마음이 욕심으로 가득 차게 되면, 그는 자기만 잘 살려는 극도의 이기주의자가 될 것이므로 부모형제까지도 경쟁상대로 생각함으로써 보살피지 않음은 물론 희생시키려고까지 할 것이다.

제 7 장

孟子曰矢人이 豈不仁於函人哉리오마는 矢人은 惟恐
[1]
不傷人하고 函人은 惟恐傷人하나니 巫匠亦然하니 故
[2][3]
術不可不愼也니라 孔子曰里仁이 爲美하니 擇不處
[4]
仁이면 焉得智리오하시니 夫仁은 天之尊爵也며 人之
安宅也어늘 莫之禦而不仁하니 是는 不智也니라 不
[5]
仁不智하여 無禮無義면 人役也니 人役而恥爲役은
由弓人而恥爲弓하며 矢人而恥爲矢也니라 如恥之인
[6]

190

댄 莫如爲仁이니라 仁者는 如射하니 射者는 正己而^{막여위인} ^{인자} ^{여사} ^{사자} ^{정기이}

後에 發하여 發而不中이라도 不怨勝己者요 反求諸^후 ^발 ^{발이불중} ^{불원승기자} ^{반구저}
⑦

己而已矣니라^{기 이 이 의}

| 국역 |

맹자께서 말씀하셨다. "화살 만드는 사람이 어찌 갑옷 만드는 사람보다 인仁하지 못하겠는가마는, 화살 만드는 사람은 오직 사람을 다치게 하지 못할까 두려워하고, 갑옷 만드는 사람은 오직 사람을 다치게 할까 두려워하는 것이니, 무당과 관 만드는 목수도 또한 그러하다. 그러므로 생업으로 삼을 기술을 선택하는 것은 신중하지 아니할 수 없다. 공자께서 말씀하시기를, '마을은 어진 것이 아름다운 것인데 (마을을) 선택하되 어진 마을에 거처하지 아니하면 어떻게 지혜로울 수 있겠는가?' 하셨다. 대저 인仁은 하늘의 높은 벼슬이며 사람의 편안한 집이다. 그것을 막지 아니하는데도 인仁하지 아니하는 이는 지혜롭지 아니한 것이다. 인仁하지 못하고 지혜롭지 못하여 예禮가 없고 의義로움이 없으면 남에게 부림을 당하게 되는 것이니, 남에게 부림을 당하면서 부림당하는 것을 부끄러워하는 것은 활 만드는 사람이 활 만드는 것을 부끄러워하고 화살 만드는 사람이 화살 만드는 것을 부끄러워하는 것과 같다. 만약 그것을 부끄러워한다면 인仁을 하는 것만 못하다. 인자仁者의 마음가짐은 활 쏠 때와 같다. 활 쏘는 자는 자기를 바로잡은 뒤에 쏘지만 쏘아서 적중하지 않더라도 자기를 이긴 자를 원망하지 아니하고 돌이켜 자기에게서 원

인을 찾을 따름이다."

| 난자풀이 |

① 函 : '갑옷'이라는 뜻으로 음은 '함'.
② 巫 : 무당. 기도를 하여 사람의 병을 낫게 하는 사람. 오늘날 의사와 같은 역할을 맡은 사람으로 볼 수 있다.
③ 匠 : 일반적으로는 목공을 말하지만 여기서는 관槨을 만드는 사람으로 보아야 한다.
④ 術 : 생업으로 삼는 기술.
⑤ 之 : 어禦와 도치되어 있다.
⑥ 由 : 유猶와 통용.
⑦ 諸 : 지어之於와 같다.

| 강설 |

직업에 귀천은 없지만, 의사는 사람을 살리는 데 힘쓰고 장의사는 사람이 죽으면 돈을 벌기 때문에, 의사는 불인인지심不忍人之心이 확충되기 쉽고 장의사는 확충되기 어렵다.

직업뿐만 아니라 사람이 사는 마을도 마찬가지다. 물 좋고 공기 맑고 경치 좋은 산마을은 교통이 불편하지만 거기에 사는 사람은 인심이 좋고 어질다. 그러나 교통이 좋은 들마을은 사람의 왕래가 빈번하고 시장이 형성되므로, 그러한 곳에 살면 집값이 올라가고 돈을 쉽게 벌지만, 서로 경쟁하게 됨으로써 불인不仁해지기 쉽다.

어진 마을에 살면 당장은 수입이 적다하더라도 자녀들이 건실하게 자라며 조용한 분위기에서 공부도 잘하게 되므로 장래가 밝다. 하지만 번화한 마을에 살면 돈은 벌기 좋을지 모르나 인심이 각박해지고, 환경 때문에 자녀들이 건실하게 자라지 못하며, 공부도 제대로 못하게 되므로 장기적으로 보면 이로울 것이 없다.

인仁은 남을 나처럼 여기고 사랑하는 마음이므로 인仁을 실천하는 사람은 자기가 높아지고 싶은 만큼 남을 높이고, 자기가 앞서고 싶은 만큼 남을 앞세우며, 남의 단점을 숨기고 남의 장점을 찾아내어 칭찬하므로, 남들은 모두 그를 좋아하게 된다. 이와 반대로 인仁을 실천하지 못하는 사람은 자기가 높아지고 싶을 때 남을 낮추고, 자기가 앞서고 싶을 때 남을 뒤로 돌리며, 남의 단점을 드러내어 선전하고 남의 장점은 감추기 때문에 남들은 모두 그를 싫어하게 된다. 따라서 인仁을 실천하는 사람은 많은 사람의 지지를 받고 사랑을 받게 되어, 저절로 높은 자리에 오른다. 이는 어떤 개인이 임의로 높은 자리에 임명하는 것과는 다르다. 개인이 임명하는 것을 인작人爵이라 한다면 위와 같은 경우는 천작天爵인 것이다. 인작은 개인의 힘으로 빼앗을 수 있지만 천작은 빼앗을 수 없다.

인仁은 남을 나처럼 여기고 사랑하는 마음이므로 인仁을 실천하는 사람은 남과 경쟁하지 않고 긴장하지도 않는다. 또 인仁은 모든 사람이 다 같이 살아가기를 바라는 마음이므로 인仁을 실천하는 사람은 모든 사람이 다 같이 살아가는 데 도움이 될 경우에는 자신의 죽음까지도 기꺼이 받아들일 수 있어서 아무런 두려움도 없다. 따라서 인仁은 사람이 편안하게 거처할 수 있는 집과 같은 것이다.

인仁한 사람은 문제가 없다. 그러나 불인한 사람이라 하더라도 지혜롭기만 하면, 인仁과 불인 중 어느 것이 더 유리한 줄 알기 때문에 결국 인仁으로 돌아갈 수 있다. 다만, 인仁하지도 않으며 지혜롭지도 않은 사람은 구제불능이다.

지혜로운 사람이어야 예禮를 실천할 수 있고 인仁한 사람이어야 의義를 실천할 수 있기 때문에 인仁하지 못하고 지혜롭지 못한 사람은 예禮도 실천할 수 없고 의義로움도 실천할 수 없다. 이러한 사람은 남들이 따르지 않고 존경하지도 않는다. 그러므로 먹고 살기 위해서는 남에게 부림을 당하는 수밖에 없다.

'불인부지不仁不智'를 주자朱子는 '불인하기 때문에 지혜롭지 못하게 된다'고 해석했으나, 공자와 맹자는 사람의 유형을 애당초 인자의 유형과 지자智者의 유형으로 나누고 있으므로 주자의 해석은 타당하지 않다.

인자는 남을 사랑하므로 결과적으로 남에게 사랑받게 되지만, 남에게 사랑받기 위하여 남을 사랑하는 것이 아니므로, 남에게 사랑받지 못하는 일이 있다 하더라도 남을 원망하지 않고 오히려 자신의 인仁의 실천이 철저하지 못했음을 반성한다.

제8장

맹자왈자로 인고지이유과즉희 우 문선
孟子曰子路는 人告之以有過則喜하니라 禹는 聞善 [1]

언즉배 대순 유대언 선여인동 사
言則拜러시다 大舜은 有大焉하시니 善與人同하사 舍 [2] [3] [4]

기종인 낙취어인이위선 자경가도어
己從人하시며 樂取於人以爲善이러시다 自耕稼陶漁로 [5]

이지위제 무비취어인자 취저인이위선
以至爲帝히 無非取於人者러시다 取諸人以爲善이 [6]

시여인위선자야 고 군자 막대호여인위선
是與人爲善者也니 故로 君子는 莫大乎與人爲善이 [7] [8] [9]

니라

| 국역 |

맹자께서 말씀하셨다. "자로子路는 사람들이 그에게 허물이 있음을 말해주면 기뻐하였고, 우禹는 선언善言을 들으면 절하였다. 대순大舜은 위대한 것을 가지고 있으니, 잘 남과 하나가 되어 자기를 버리고 남을 따르며, 남에게서 취해서 선善을 하는 것을 좋아하셨다. 밭 갈고 곡식 심으며 질그릇 굽고 고기 잡을 때로부터 황제가 됨에 이르기까지 남에게서 취하지 않은 것이 없었다. 남에게 취해져서 선善을 하는 것은 남과 더불어 선善을 하는 것이니, 그러므로 군자의 도리로는 남과 더불어 선善을 하는 것보다

더 큰 것이 없다."

| 난자풀이 |

① 禹 : 순舜의 선위를 받아 하夏나라를 창업한 고대의 임금. 성은 사似, 이름은 문명文命. 홍수를 다스린 것으로 유명하다.

② 舜 : 성은 우虞, 이름은 중화重華, 순舜은 그의 호. 옛날의 성군聖君으로서 요堯의 선양을 받아서 통치함. 그가 통치하던 나라를 우虞라 한다.

③ 善 : '잘'이라는 뜻의 부사로 쓰였다. 주자朱子는 '선여인동善與人同'을 '선을 남과 더불어 같이 가진다'는 뜻으로 주석하였으며, 조기趙岐·초순焦循 등의 해석도 이와 유사하다. 그러나 '안평중선여인교晏平仲善與人交(『논어論語』공야장편公冶長篇 제16장)'라는 문장에서 선善이 '잘'이라는 뜻의 부사로 쓰인 것이라든지 또 맹자의 동화사상同化思想으로 볼 때, 이 문장에서는 선善을 '잘'이라는 뜻의 부사로 보아 '잘 남과 동화된다'고 해석하는 것이 옳을 것 같다.

④ 舍 : 사捨와 통용.

⑤ 以 : 이以의 목적어는 취어인取於人이지만 앞에 나왔으므로 생략하였다.

⑥ 以 : 이以의 목적어는 경가도어耕稼陶漁인데 생략되었다. '경가도어한 것을 바탕으로 해서'라는 뜻이다.

⑦ 與 : 더불어. 주자는 '허락하거나 돕는다'는 뜻으로 해석하였으나, 맹자의 동화사상을 감안하면 글자 그대로 '더불어'로 해석하는 것이 좋다.

⑧ 莫 : 더 ~한 것이 없다.

⑨ 乎 : ~보다.

| 강설 |

경쟁심으로 가득 차 있는 사람은 남이 자기의 허물을 말해주면 자존심이 상한다. 그것은 자기가 남보다 못한 것이 증명되는 것이다. 그래서 화를 낸다. 그러나 자로는 남과 경쟁하는 것보다 자신의 허물을 고쳐서 인격을 향상시키는 데 주력하기 때문에 남이 허물을 말해주면 허물을 고칠 수 있는 기회가 되므로 기뻐하였다.

인격을 향상하기 위해서 자기의 허물을 고치는 것도 중요하지만, 그보다 더 적극적이고 효과적인 방법은 훌륭한 것을 찾아서 자기의 것으로 만들어 가는 것이다. 우禹는 훌륭한 말을 들으면 기뻐하였다.

인격이 완성된 사람은 남과 나를 하나로 여기는 마음인 인仁을 실천하게 된다. 따라서 인격이 완성된 순舜은 남과 하나가 되기를 잘하였다. 남과 하나가 되면, 자기의 주장을 하지 않고 남을 따르게 된다.

『예기禮記』 곡례상편曲禮上篇에 '예문취어인禮聞取於人, 불문취인不聞取人'이라는 말이 있다. 이것을 보면 취인取人은 남의 것을 취하는 것을 말하고 취어인取於人은 남에 의해서 취해지는 것을 말한다. 힘으로 남을 강요하여 높은 자리에 올라가는 것은 취인取人에 해당하고, 다른 사람들의 추대에 의하여 높은 자리에 올라가게 되는 것은 취어인에 해당된다. 순舜이 천자天子가 되어 천하天下에 좋은 일을 한 것은 스스로 높은 자리에 올라가서 그렇게 한 것이 아니라, 남들에 의해 추대되어 높은 자리에 올라가 그렇게 한 것이다.

순舜은 밭을 갈고 곡식을 심고 질그릇을 굽고 물고기를 잡던 시절부터 황제가 되기에 이르기까지 남들의 추대에 의하여 점점 높은 자리로 올라갔다. 순舜은 인격이 완성되어 남을 자기처럼 사랑하였으므로 모든 사람이 순舜을 좋아하였기 때문이다.

순舜이 다른 사람들의 추대에 의하여 천자가 된 것은 다른 사람들의 뜻에 따른 결과이고, 천자가 된 순舜이 하는 일 또한 모든 사람의 공통된 의지를 대행한 것이므로, 순舜이 착한 일을 한 것은 곧 다른 모든 사람들이 착한 일을 한 것이 된다.

군자君子가 해야 할 도리 중에는 자기의 허물을 고치는 것도 있고, 훌륭한 것을 보고 자기의 것으로 만드는 것도 있지만, 무엇보다 중요한 것은 남과 하나가 되어 다른 사람들의 공통된 의지를 대행하는 것이다.

맹자왈백이　　　비기군불사　　　비기우불우　　　불
孟子曰伯夷는 非其君不事하며 非其友不友하며 不

립어악인지조　　　불여악인언　　　입어악인지조
立於惡人之朝하며 不與惡人言하더니 立於惡人之朝

와　　與惡人言을 如以朝衣朝冠으로 坐於塗炭하며 推
여악인언　　여이조의조관　　　좌어도탄　　　추

오악지심　　　사여향인립　　　기관불정　　　망망연
惡惡之心하여 思與鄕人立에 其冠不正이어든 望望然
　　　　　　　　　　　　　　2　　　　　　　　3

거지　　　약장매언　　　시고　　제후수유선기사명
去之하여 若將浼焉하니 是故로 諸侯雖有善其辭命
4　5　　　　　6　　　　　　　　7

이지자　　　불수야　　　불수야자　　　시역불설취이
而至者라도 不受也하니 不受也者는 是亦不屑就已니
　　　　　　　　　　　　　　　　　　　　　　8

라　유하혜　　　불수오군　　　불비소관　　　진불은현
라 柳下惠는 不羞汙君하며 不卑小官하여 進不隱賢
　　9

하여　필이기도　　　유일이불원　　　액궁이불민
하여 必以其道하며 遺佚而不怨하며 阨窮而不憫하더
　　10

니　고왈이위이　　　아위아　　　수단석라정어아측
니 故曰爾爲爾요 我爲我니 雖袒裼裸裎於我側인들
　　　　　　　　　　　　　　11　12　13　14

이언능매아재　　　고　　유유연여지해이불자실
爾焉能浼我哉리오하니 故로 由由然與之偕而不自失
　　　　　　　　　　　　　　　15　　　　　　16

언　　　원이지지이지　　　원이지지이지자　　　시역
焉하여 援而止之而止하니 援而止之而止者는 是亦

불설거이　　　맹자왈백이　　애　　유하혜　　불공
不屑去已니라 孟子曰伯夷는 隘하고 柳下惠는 不恭

하니　애여불공　　군자불유야
하니 隘與不恭은 君子不由也니라

맹자께서 말씀하셨다. "백이伯夷는 제대로 된 임금이 아니면 섬기지 아니하며, 제대로 된 벗이 아니면 벗삼지 아니하며, 나쁜 사람의 조정에는 서지 않으며, 나쁜 사람과는 말하지 않았다. 나쁜 사람의 조정에 서는 것과 나쁜 사람과 말하는 것을 마치 조정에서 입는 옷을 입고 조정에서 쓰는 갓을 쓰고서 진흙이나 숯에 앉아 있는 듯이 여겼으며, 악을 미워하는 마음을 확대하여, 시골사람과 서 있을 때 그의 갓이 바르지 못하면 횡하니 거기를 떠나서 마치 더럽혀질 것처럼 생각했다. 이 때문에 제후들 중에 비록 말을 잘 가다듬어서 찾아오는 자가 있더라도 받아들이지 않았으니, 받아들이지 않은 것은 이 또한 나아가는 것을 좋게 여기지 않았기 때문이다. 유하혜柳下惠는 더러운 임금도 부끄럽게 여기지 않으며, 작은 관직도 낮게 여기지 않으며, 나아가서는 현명함을 감추지 않고서 반드시 그 도道를 실현하였으며, 버려지고 소외되더라도 원망하지 않았으며, 고난을 당하여도 근심하지 않았다. 그러므로 말하기를, '너는 너이고 나는 나이니, 비록 내 곁에서 옷을 걷거나 몸을 드러내더라도 어떻게 나를 더럽힐 수 있겠는가?' 하였다. 그러므로 느긋하게 그와 함께 있으면서도 자기의 주관을 잃지 않았다. 끌어당겨서 멈추게 하면 멈추었으니, 끌어당겨서 멈추게 하면 멈추는 것은 이 또한 떠나가는 것을 좋게 여기지 않았기 때문이다."
맹자께서 말씀하셨다. "백이는 마음이 비좁고 유하혜는 공경스럽지 아니하니, 마음이 비좁거나 공경스럽지 아니한 것은 군자君子가 말미암지 아니한다."

│ 난자풀이 │

1. 惡 : '미워한다'는 뜻의 동사로서 음은 '오'. 뒤의 악惡은 명사이므로 '나쁜 것'이라는 뜻이고 음은 '악'이다.

2. 鄕人 : 시골에 사는 못나고 무식한 사람.

3. 望望然 : 횅하니 떠나는 모양.

4. 去 : '떠나간다'는 뜻.

5. 之 : 거기. 여기서는 향인鄕人과 함께 있는 장소를 말한다.

6. 浼 : '더럽다'는 뜻으로 음은 '매'.

7. 有 : 타동사이므로 다음에 나오는 '선기사명이지자善其辭命而至者'가 목적어이지만, 우리말에서는 목적어를 주어처럼 쓰는 경우가 많으므로, 여기서도 목적어를 주어처럼 해석하는 것이 좋다.

8. 屑 : '깨끗하게 여긴다'는 뜻으로 음은 '설'.

9. 柳下惠 : 노魯나라의 대부. 성은 전展, 이름은 획獲, 자字는 자금子禽. 유하柳下는 그의 식읍食邑이고 혜惠는 시호. 성은 전展, 이름은 금禽, 자字는 계季, 유하는 그의 호號라는 설도 있고, 집에 큰 버드나무가 있었고 또 은혜로운 사람이었기 때문에 유하혜라 하였다는 설도 있다.

10. 以 : 이以A위爲B라는 문형으로 보면 여기서는 위爲B에 해당하는 동사가 생략되었다.

11. 袒 : 웃통을 벗고 어깨를 드러내는 것. 음은 '단'.

12. 裼 : 웃통을 벗고 어깨를 드러내는 것. 음은 '석'.

13. 裸 : 옷을 모두 벗는 것. 음은 '라'.

14. 裎 : 옷을 모두 벗는 것. 음은 '정'.

15. 由由然 : 느긋한 모양.

16. 自 : 자기의 주관. 여기서는 타동사 실失의 목적어인데, 부정을 나타내는 말 다음에 타동사와 목적어가 이어지면 타동사와 목적어가 도치되는 예에 따라, 타동사인 실失과 도치되었다.

│ 강설 │

백이는 결벽증이 지나쳐서 제대로 된 사람이 아니면 상대하지 않고, 악을 미워하는 마음이 극에 달하여 갓을 바로 쓰지 않은 것만 보아도 용서하지 않았던 사람이며, 유하혜는 지나치게 너그러워 상대의 잘못을 따져야 할 것도 따지지 않는 폐단이 있었던 사람이다. 상대의 잘못을 따져야 하는데도 따지지 않는

것은 시비是非를 가리는 인간의 본마음을 따르지 않는 것이며,
남의 잘못을 결코 용납하지 않는 것은 남을 나처럼 여기는 마
음인 인仁을 실천하지 않는 것이다.

四. 공손추장구하 公孫丑章句下

맹 자 왈 천 시 불 여 지 리
孟子曰天時不如地利요

지 리 불 여 인 화
地利不如人和니라

삼 리 지
三里之 ①

성
城과 ②

칠 리 지 곽
七里之郭을 ③

환 이 공 지 이 불 승
環而攻之而不勝하나니

부 환 이 공
夫環而攻

지
之에

필 유 득 천 시 자 의
必有得天時者矣언마는 ④

연 이 불 승 자
然而不勝者는

시 천 시
是天時

불 여 지 리 야
不如地利也니라

성 비 불 고 야
城非不高也며

지 비 불 심 야
池非不深也며 ⑤

병 혁
兵革 ⑥ ⑦

이
이

비 불 견 리 야
非不堅利也며

미 속
米粟이

비 불 다 야
非不多也로되

위 이 거 지
委而去之하

나니

시 지 리 불 여 인 화 야
是地利不如人和也니라

고 왈 역 민
故曰域民하되

불 이 봉 강
不以封疆 ⑨ ⑩

지 계
之界하며

고 국
固國하되

불 이 산 계 지 험
不以山谿之險하며

위 천 하
威天下하되 ⑪

불
不

이 병 혁 지 리
以兵革之利니

득 도 자
得道者는

다 조
多助하고

실 도 자
失道者는

과 조
寡助라 ⑫

과 조 지 지
寡助之至에는

친 척 반 지
親戚畔之하고

다 조 지 지
多助之至에는

천 하 순 지
天下順之

니라

이 천 하 지 소 순
以天下之所順으로

공 친 척 지 소 반
攻親戚之所畔이라 ⑬

고
故로

군
君

자 유 불 전
子有不戰이언정

전 필 승 의
戰必勝矣니라 ⑭

| 국역 |

맹자께서 말씀하셨다. "천시天時가 지리地利만 못하고 지리가 인화人和만 못하다. 3리里 되는 성城과 7리里 되는 곽郭을 포위하여 공격하여도 이기지 못하는 경우가 있다. 대저 포위하여 공격하는 것 중에는 반드시 천시를 얻은 것이 있을 것이지만, 그런데도 이기지 못하는 것은 천시가 지리만 못하기 때문이다. 성城이 높지 않은 것도 아니며, 못이 깊지 않은 것도 아니며, 병기와 갑옷이 견고하거나 날카롭지 않은 것도 아니며, 쌀과 곡식이 많지 않은 것도 아니지만 버리고 그곳을 떠나게 되니 그 까닭은 지리가 인화만 못하기 때문이다. 그러므로 '백성을 구분하되 국경의 경계선으로써 하지 않으며, 나라를 견고하게 하되 산과 계곡의 험준한 것으로써 하지 않으며, 천하天下를 두렵게 하되 병기와 갑옷 등의 날카로움으로써 하지 않는다'고 하였다. 도道를 얻은 자는 도와주는 이가 많고, 도道를 잃은 자는 도와주는 이가 적다. 도와주는 이가 적은 것이 극에 달한 경우는 친척도 배반하고, 도와주는 이가 많은 것이 극에 달한 경우에는 천하의 사람들이 그를 따른다. 천하의 사람들이 따르는 상황에서 친척도 배반하는 자를 공격하는 것이므로 군자는 싸우지 않음이 있을지언정 싸우면 반드시 이기게 된다."

| 난자풀이 |

① 之 : 성城을 수식하는 말이 두 글자 이상이므로 그 사이에 조음소로 들어간 것이다.
② 城 : 성벽.
③ 郭 : 외성外城. 성벽 바깥에 이중으로 쌓은 성벽. 성城의 둘레를 3리里라 하고 곽郭의 둘레를 7리里라 한 것을 보면, 곽郭으로 둘러싸인 면적이 성城으로 둘러싸인 면적보다 5.5배 정도 넓다는 것을 알 수 있다.
④ 有 : 득천시자得天時者를 목적어로 하는 타동사이지만, 여기서도 득천시

자를 주어처럼 번역하고 유有를 자동사처럼 번역하는 것이 좋다.

⑤ 池 : 성 바깥에 방어하기 위하여 띠 모양으로 파놓은 못.

⑥ 兵 : 창이나 칼 등의 공격용 무기.

⑦ 革 : 갑옷 등 가죽으로 만드는 방어용 무기.

⑧ 粟 : 곡식. 음은 '속'.

⑨ 以 : 이以A위爲B의 문형을 기준으로 보면, 여기서는 위爲B에 해당하는 것이 역민域民인데 강조하기 위하여 앞에 놓은 것이다.

⑩ 封疆 : 제후에게 봉封한 나라의 국경.

⑪ 固 : 견고하게 하는 것.

⑫ 多 : 조助를 목적어로 하는 타동사이지만, 조助를 주어처럼 번역하고 다多를 형용사처럼 번역하는 것이 좋다.

⑬ 之 : '천하순지天下順之'라는 하나의 완전한 문장을 이以의 목적절로 만들때, 주어인 천하天下와 술어인 순지順之 사이에 주격조사 지之를 넣고 그다음에 술어인 순順을 동사로 만들어주는 역할을 하는 소所를 넣는다. 소所가 들어감으로써 순順이 이미 동사가 되었으므로 원래 동사로 만들어주는 역할을 하였던 순지의 지之는 생략되었다.

⑭ 有 : 타동사이지만 자동사로 해석하고 불전不戰을 주어처럼 번역하는 것이 좋다.

| 강설 |

전쟁을 하는데 가장 중요한 것은 사람이 한마음 한뜻이 되는 것이고, 다음이 지형에 관계되는 것이며, 그 다음이 날씨 등 천시와 관계되는 것이다.

『중용中庸』 제1장에서 '솔성지위도率性之謂道'라고 한 것을 보면, 도道는 성性을 따르는 길이므로, 도道를 얻은 자는 성性을 실천하고 인仁을 실천하게 되어 남을 자기처럼 아끼고 사랑할 것이고, 그 결과 남들도 모두 그를 좋아하여 도와줄 것이다. 이와 반대로 도道를 얻지 못한 자는 자기를 위하여 남을 희생시킬 것이므로 친척까지도 배반할 것이다.

따라서 모든 사람이 도와주는 득도得道한 군자君子가 친척도 배반하는 실도失道한 소인을 공격하는 경우에는 반드시 이기게 된다. 군자에게는 싸우지 않는 경우와 싸워서 이기는 경우만 있을 뿐이다.

제2장

맹자장조왕
孟子將朝王이러시니 王使人來曰寡人이 如就見者也
왕사인래왈과인　　여취견자야
[1]
러니 有寒疾이라 不可以風일새 朝將視朝하리니 不識
유한질　　불가이풍　　조장시조　　불식
[2]　　[3]　　[4]
케이다 可使寡人得見乎잇가 對曰不幸而有疾이라 不
가사과인득견호　　대왈불행이유질　　불
能造朝로소이다 明日에 出弔於東郭氏러시니 公孫丑
능조조　　명일　출조어동곽씨　　공손추
[5]
曰昔者에 辭以病하시고 今日弔이 或者不可乎인저
왈석자　　사이병　　금일조　　혹자불가호
[6]　　[7]　　[8]
曰昔者엔 疾이요 今日엔 愈하니 如之何不弔리오
왈석자　질　　금일　유　　여지하불조

| 국역 |

맹자께서 장차 왕王에게 조회하려고 하셨는데, 왕이 사람을 시켜 보내와서 말하기를, "과인이 가서 뵈어야 할 것 같습니다만, 한 질寒疾[감기]이 있어서 그 때문에 바람을 쐴 수 없습니다. 내일 아침에는 조회에 참가하려고 하니, 모르겠습니다만 과인에게 뵐 수 있도록 해주실 수 있겠습니까?" 하자, "불행하게도 병이 있어서 조회에 나갈 수 없습니다" 하고 대답하셨다. 이튿날에 동곽씨東郭氏에게 조문하러 나가시니, 공손추가 말했다. "어제는 병으로 사양하시고 오늘 조문하시는 것은 아무래도 불가不可할 듯합니다." "어제는 아팠고 오늘은 나았으니 어째서 조문하지 않겠는 가?"

① 如 : 여如의 해석에는 이설異說이 많다. '시도한다'焦循, '장차 ~하려 한다'
　　王引之, '간다'郝敬, '즉'安井息軒 등이 있으나, 글자 그대로 '~인 듯하다'로
　　보는 것이 무난하다.

② 有 : 타동사이지만 여기서는 자동사로 해석하고 한질을 주어처럼 해석하
　　는 것이 좋다.

③ 以 : 이以의 목적어는 한질이나 생략되었다.

④ 朝 : 내일 아침.

⑤ 東郭氏 : 제齊나라 대부大夫의 집.

⑥ 者 : 어세語勢를 강하게 하는 말.

⑦ 辭 : 이병以病의 뒤에 놓여야 하지만 강조되어 앞에 놓였다.

⑧ 者 : 어세를 강하게 하는 말.

| 강설 |

이때의 왕王은 제齊나라의 선왕宣王으로 보인다.

　　독립운동을 하던 사람이 체포되어 고문을 당하면서 동지들의
행방을 알면서도 모른다고 대답하는 것은, 동포를 사랑하는 측은
지심惻隱之心의 발로이고 침략자를 미워하는 수오지심羞惡之心의 발
로이기 때문에 거짓이 아니라 진실이다.

　　백성이 왕을 위해 존재하는 것이 아니라 왕이 백성을 위해 존
재하는 것이므로, 왕은 백성을 오라 가라 명령할 권리가 없다. 따
라서 백성의 입장에서는 왕이 권력을 믿고 오라 가라 한다면 그에
게 저항하는 것이 또한 수오지심의 발로이다. 따라서 왕의 명령을
피하기 위하여 사실을 말하지 않는다 하더라도 그것은 거짓이 되
지 않는다. 진실인 것이다.

　　　왕　　사인문질　　　의 래　　　맹 중 자 대 왈 석 자 에　　유
　　王이 使人問疾하고 醫來어늘 孟仲子對曰昔者에 有
　　　　　　　　　　　　　　　　　　　①　　　　　　　②

王命이어늘 有采薪之憂라 不能造朝러시니 今病小愈
③
어시늘 趣造於朝하더시니 我는 不識케라 能至否乎아하
고 使數人으로 要於路曰請必無歸而造於朝하소서 不
④
得已而之景丑氏하여 宿焉이러시니 景子曰內則父子
⑤ ⑥ ⑦
요 外則君臣이 人之大倫也니 父子는 主恩하고 君臣
⑧
은 主敬하니 丑見王之敬子也요 未見所以敬王也니이
다 曰惡라 是何言也오 齊人에 無以仁義與王言者는
⑨
豈以仁義爲不美也리오 其心曰是何足與言仁義也云
⑩ ⑪ ⑫
爾則不敬이 莫大乎是라 我는 非堯舜之道어든 不敢
⑬ ⑭
以陳於王前하노니 故로 齊人엔 莫如我敬王也니라

| 국역 |

왕王이 사람을 시켜 문병하고 의사가 오자, 맹중자孟仲子가 대답
하여 말하기를, "어제 왕명王命이 있었으나 땔나무를 하다가 피
로해진 우환憂患이 있어서 조회朝會에 나가지 못하시더니, 지금은
병이 조금 나으셨으므로 조정에 달려가셨습니다. 나는 모르겠습
니다만 능히 도착하셨는지 어떤지요?" 하고 몇 사람으로 하여금
길에서 목을 지키게 하고서 말하기를, "청컨대 반드시 돌아오시
지 말고 조정으로 가십시오" 하자, 부득이 경추씨景丑氏 집에 가

서 유숙하였는데, 경자景子가 말하였다. "안으로는 부자父子관계,
밖으로는 군신君臣관계가 사람의 큰 윤리입니다. 부자관계에서는
은혜가 중심이고 군신관계에서는 공경심이 중심인데, 저는 왕王
이 선생을 공경하는 것은 보았지만 왕王을 공경하는 것을 보지
못했습니다." "아! 이 무슨 말인가. 제齊나라 사람 중에 인의仁義
를 가지고 王과 말하는 이가 없는 것은 어찌 인의仁義를 불미不美
한 것으로 여겨서이겠는가? 그 마음에 '이 사람과 어찌 더불어
인의를 말할 가치가 있겠는가'라고 여긴 것이니 불경不敬한 것이
이보다 더 큰 것이 없다. 나는 요순堯舜의 도道가 아니면 감히 그
것을 왕王 앞에서 진술하지 아니한다. 그러므로 제齊나라 사람
중에는 나처럼 왕王을 공경하는 이가 없다."

| 난자풀이 |

1 孟仲子 : 맹자의 종제從弟이며 제자인 사람.

2 有 : 타동사이지만 목적어인 왕명王命을 주어처럼 해석하고 유有도 자동
사로 해석하는 것이 좋다.

3 采薪之憂 : 부신지우負薪之憂와 같은 뜻. 『예기禮記』 곡례하편曲禮下篇에
'군사사사君使士射, 불능즉사이질不能則辭以疾, 언왈모유부신지우言曰某有負
薪之憂'라는 말이 있는데, 이를 보면 부신지우란 선비가 임금에게 병을 핑
계로 사양할 때 쓰는 말이다. 그 뜻은 '땔나무를 하다가 피로하게 되었다'
는 것이니, 자기의 병을 겸손하게 일컫는 말이다.

4 要 : 길목을 지키다.

5 之 : 어떤 특정한 장소에 들어가는 것을 말한다. 어떤 특정한 장소를 떠나가는
것을 거去라 하고, 특정한 장소를 지정하지 않고 가는 것은 행行 또는 왕往이
라 한다.

6 景丑氏 : 경景이 성이고 추丑가 이름인 듯하다.

7 景子 : 경추씨를 말한다.

8 主 : '중심으로 삼는다'는 뜻의 타동사이지만, 목적어인 은恩을 주어처럼
해석하는 것이 좋으므로 主도 자동사처럼 해석하는 것이 좋다.

9 無 : 타동사이지만 목적어인 이인의여왕언자以仁義與王言者를 주어처럼 해

석하고 무無도 형용사로 해석하는 것이 좋다.

⑩ 是 : 왕王을 지칭하는 대명사. 여與의 목적어이지만 강조되어 앞으로 나왔다.

⑪ 足 : '족히 ~할 수 있다' 또는 '~할 가치가 있다'는 뜻이다.

⑫ 云爾 : ~라고 할 뿐이다.

⑬ 莫 : 더 ~한 것이 없다. 막莫에 무無와 자者의 뜻이 다 들어 있으므로, 이 문장을 무無와 자者를 넣어서 바꾸면 '무대호시자자無大乎是者'가 된다.

⑭ 乎 : ~보다.

| 강설 |

맹자의 뜻을 이해하지 못한 맹중자는, 왕王이 사람을 시켜 문병을 오고 의사가 오자 당황하여 거짓말로 둘러대었다.

　경추씨景丑氏 역시 왕王에게 백성을 오게 할 권리가 없음을 이해하지 못하고 왕王에게 거부하는 맹자를 공경스럽지 못한 것으로 생각했다. 맹자가 생각하는 공경스러움이란 인간의 본마음을 실천하는 것이며 이기적인 계산을 하지 않는 것이다 .

경자왈부　　비차지위야　　예왈부소　　　　무낙
景子曰否라 非此之謂也라 禮曰父召어시든 無諾하며
　　　　　　　　①　　　　　②　　　　　③

군명소　　　불사가　　고장조야　　문왕명이
君命召어시든 不俟駕라하니 固將朝也라가 聞王命而

수불과　　　의여부예　　약불상사연　　왈기위
遂不果하시니 宜與夫禮로 若不相似然하이다 曰豈謂
④　　　　⑤

시여　　　증자왈진초지부　　불가급야　　피이기부
是與리오 曾子曰晉楚之富는 不可及也나 彼以其富
　　　　　　　　　　　　　　　　　　　⑥

아이오인　　피이기작　　아이오의　　오하
어든 我以吾仁이요 彼以其爵이어든 我以吾義니 吾何
⑦　　　　　　　　　　　　　　　　⑧

겸호재　　　부기불의이증자언지　　시혹일
慊乎哉리오하시니 夫豈不義而曾子言之시리오 是或一
⑨

道也니라 天下에 有達尊三이니 爵一齒一德一이니
〔10〕〔11〕
朝廷엔 莫如爵이요 鄉黨엔 莫如齒요 輔世長民엔 莫
如德이니 惡得有其一하여 以慢其二哉리오

| 국역 |

경자가 말하였다. "아닙니다. 이것을 말한 것이 아닙니다. 예禮에 이르기를, '아버지가 부르시면 예—라고 함이 없어야 하고, 임금이 명命으로 부르시면 멍에하기를 기다리지를 않는다' 하였습니다. 본래 곧 조회하려 하시다가 왕명을 듣고서 마침내 결행하지 않으셨으니 분명히 이 예禮와 서로 같지 아니한 것 같습니다." "어찌 이것을 말한 것이겠는가? 증자曾子께서 말씀하시기를, '진晉나라와 초楚나라의 넉넉함은 따를 수 없거니와, 저들이 자기의 넉넉함을 가지고 으스대면 나는 나의 인仁을 가지고 대항할 것이며, 저들이 자기의 작위爵位를 가지고 으스대면 나는 나의 의義로움을 가지고 대항할 것이니, 내가 무엇을 부족하게 여기겠는가?' 하셨으니, 어찌 (이러한 것이) 의義롭지 아니한 것인데 증자가 그것을 말했겠는가? 이것도 혹 하나의 도리이다. 천하에는 달존達尊 세 가지가 있으니, 작위가 하나이고 나이가 하나이며 덕德이 하나이다. 조정에는 작위만한 것이 없고 향당鄉黨에는 나이만한 것이 없으며 세상을 돕고 백성들을 계발시키는 데는 덕德만한 것이 없으니, 어떻게 그 한 가지를 가지고서 그 두 가지를 무시할 수 있겠는가?

| 난자풀이 |

① 之 : 차此와 위謂가 도치되었음을 나타내는 역할.

② 禮 : 『예기』 옥조편玉藻篇에 유사한 말이 있으므로 『예기』를 지칭하는 것
으로 볼 수 있으나, 현존하는 『예기』는 나중에 만들어진 것이므로 여기
서는 단순히 '예禮에 관한 기록' 정도로 볼 수 있다.

③ 諾 : '예—' 하고 느리게 대답하는 말. '옛' 하고 빠르게 대답하는 말은 유唯이
다.

④ 果 : 꽃이 진 후에 결실한다는 뜻이었는데, 이것이 굴러 생각이나 말을
실천에 옮긴다는 뜻으로 쓰이기도 한다.

⑤ 宜 : 강한 추측을 나타내는 말. '마땅히', '분명히' 등으로 해석된다.

⑥ 以 : 이以A위爲B의 문형으로 보면, 여기서는 위爲B에 해당하는 말이 생략
되었다. 생략된 부분을 보충하여 '으스댄다'로 해석하면 될 것이다.

⑦ 以 : 여기서도 위爲B에 해당하는 말이 생략되었으나, 생략된 부분을 '저
항한다'로 해석하였다.

⑧ 何 : 겸慊의 목적어이지만 의문대명사이므로 앞으로 나온 것이다.

⑨ 慊 : '부족하다'는 뜻의 동사. 음은 '겸'.

⑩ 有 : 타동사이지만 목적어인 달존삼達尊三을 주어처럼 해석하고 유有를
형용사로 해석하는 것이 좋다.

⑪ 達 : 여덟 갈래의 길이므로 '어디서나 통한다', '일반적으로 통용된다' 등
의 뜻이 된다.

| 강설 |

부자가 가지고 있는 돈은 자기의 몸을 위하여 필요한 것이므
로, 몸이 없어지는 순간 무의미하게 되고 마는 것이다. 인仁은
마음을 풍요롭게 하는 것이므로, 인仁을 터득한 사람은 본질적
으로 남과 내가 하나가 되고 만물과 내가 하나가 되어 나는 우
주만물 전체가 되는 것이므로 이보다 더 넉넉한 것이 없다.

작위는 사람에 의하여 높여지기도 하고 낮추어지기도 하는 외
형적인 것이므로 늘 불안한 것이지만, 의義는 윗사람이 옳을 때는
따르지만 옳지 못할 때는 저항할 수 있는 마음속의 실천원리이므로
계급이나 힘에 굴복하지 않는 떳떳하고 느긋한 것이다.

인仁과 의義를 갖지 못하면 육체적인 존재가 되므로 돈 많고

계급 높은 사람이 부러워지지만, 인仁과 의義를 가지면 육체적인 존재에서 벗어나므로 돈 많고 계급 높은 사람을 부러워하지 않는다. 따라서 인仁과 의義를 갖는 것이 살아가는 방법의 하나이다.

일반적으로 통용되는 상하관계는, 공무원 중에서는 계급 순이고 시골에서는 나이 순이며, 세상을 교화시키는 일에서는 덕德의 순이므로, 이 세 가지 중에서 많이 갖춘 자가 윗사람이라 할 수 있다.

임금이 명령하여 부를 때는 수레에 멍에를 할 때까지 기다리지 않고 바로 달려가는 것이 예禮라는 것은 공무원이 지켜야 할 행동원리이다.

故로 將大有爲之君은 必有所不召之臣이라 欲有謀
焉則就之하나니 其尊德樂道이 不如是면 不足與有
爲也니라 故로 湯之於伊尹에 學焉而後에 臣之故로
不勞而王하시고 桓公之於管仲에 學焉而後에 臣之
故로 不勞而覇하니라 今天下地醜德齊하여 莫能相尙
은 無他라 好臣其所敎而不好臣其所受敎니라 湯之
於伊尹과 桓公之於管仲에 則不敢召하니 管仲且猶
不可召而況不爲管仲者乎아

| 국역 |

그러므로 장차 크게 훌륭한 정치를 함이 있을 임금은 반드시 부르지 못할 것으로 여기는 신하를 두었으므로 의논을 하고 싶으면 그에게 찾아갔다. 덕德을 높이고 도道를 즐거워하는 것이 이와 같지 아니하면 족히 더불어 훌륭한 정치를 함이 있을 수 없다. 그러므로 탕湯이 이윤伊尹에게 배운 뒤에 그를 신하로 삼았기 때문에 수고롭지 않고서 왕업王業을 이루었고, 환공桓公이 관중管仲에게 배운 뒤에 그를 신하로 삼았기 때문에 수고롭지 않고서 패업霸業을 이루었다. 지금의 천하天下에서 (각 나라들의) 땅의 크기가 비슷하고 정치 능력이 비슷하여 서로 뛰어나지 못함은 다름이 아니다. 자기가 가르쳐야 될 사람을 신하로 삼기 좋아하고, 자기가 가르침을 받아야 할 사람을 신하로 삼기를 좋아하지 않기 때문이다. 탕湯이 이윤에게 만큼은, 환공이 관중에게 만큼은 감히 부르지 못하였다. 관중管仲도 오히려 부르지 못했으니 하물며 관중(의 수준에서 하는 일)을 하지 아니하는 자에 있어서랴!"

| 난자풀이 |

① 爲 : 왕도정치王道政治를 한다. 훌륭한 정치를 한다. 맹자의 목적은 왕도정치를 실현하는 데 있으므로 '한다'라고만 표현하더라도 거기에는 '왕도정치를 한다'는 뜻이 내포되어 있다.

② 所 : 뒤의 말을 동사로 만드는 역할을 한다. 따라서 여기서는 뒤의 말인 '불소불검'를 동사로 해석하여 '부르지 못하는 것으로 여긴다'로 번역하는 것이 좋다. 『중용中庸』 제1장의 '계신호기소불도戒愼乎其所不睹'에서 소所는 장소라는 뜻이고, 그 뒤의 불도不睹는 소所를 수식하는 형용사로 쓰인 것이므로 이 문장은 '계신호기불도지소戒愼乎其不睹之所'로 바꾸어도 된다.

③ 有 : '가진다'는 뜻의 타동사인데, '회합會合을 가진다'는 말이 '회합을 한다'는 뜻으로 쓰이는 예에서도 알 수 있는 것처럼, '가진다'는 말은 '한다'

는 뜻으로 쓰이기도 하므로, 여기서도 '한다'로 번역하는 것이 낫다.

④ 之 : 주격조사. 지之가 주격조사이므로 그 다음에 술어가 와야 하는데, 여기서는 술어가 생략되었다. 생략되지 않았다면 그것은 대待 정도일 것이다.

⑤ 所 : 일반적으로 '바'로 번역하지만, 그 내용은 경우에 따라서 '장소', '사람', '것' 등이 될 수 있다. 여기서는 '사람'이라는 뜻이다.

제3장

陳臻이 問曰前日於齊에 王이 餽兼金一百而不受
시고 於宋에 餽七十鎰而受하시고 於薛에 餽五十鎰
而受하시니 前日之不受是則今日之受非也오 今日之
受是則前日之不受非也니 夫子必居一於此矣시리이
다 孟子曰皆是也니라 當在宋也하여는 予將有遠行이
러니 行者는 必以贐이라 辭曰餽贐이어니 予何爲不受
리오 當在薛也하여는 予有戒心이러니 辭曰聞戒故로
爲兵餽之어니 予何爲不受리오 若於齊則未有處也하
니 無處而餽之는 是貨之也니 焉有君子而可以貨取
乎리오

| 국역 |

진진陳臻이 물었다. "전일前日에 제齊나라에서 왕王이 겸금兼金 일백 일—百鎰을 주었는데 받지 않으셨고, 송宋나라에서는 칠십 일

七十鎰을 주었는데 받으셨고, 설薛나라에서는 오십 일五十鎰을 주었는데 받으셨으니, 전일前日의 받지 않으심이 옳다면 오늘의 받으심이 잘못일 것이고, 오늘의 받으심이 옳다면 전일의 받지 않으심이 잘못일 것이니, 선생님께서는 반드시 이 중에서 하나에 해당되실 것입니다." 맹자께서 말씀하셨다. "다 옳다. 송宋나라에 있을 때는 내가 장차 멀리 갈 일이 있었는데, 길 떠나는 자에게는 반드시 노자를 주는 법이다. '노자를 주는 것이다' 하고 말했으니 내가 무엇 때문에 받지 않겠는가? 설薛나라에 있을 때는 내가 경계하는 마음을 갖고 있었는데, '경계하고 계시다는 말을 들었기 때문에 병사들을 위하여 드리는 것입니다' 하고 설명하니 내가 무엇 때문에 받지 않겠는가? 제齊나라에서와 같은 경우는 (돈을 받을 수 있는 상황에) 처해 있지 않았다. 처함이 없는데 돈을 주는 것은 돈으로 매수하는 것이다. 어떻게 군자君子이고서 뇌물로 주는 돈을 받을 수 있는 경우가 있겠는가?"

| 난자풀이 |

1 陳臻 : 맹자의 제자.
2 餽 : 주는 것.
3 兼金 : 질이 좋은 금. 그 값이 보통의 배가 된다고 한다(조기趙岐·주자朱子). 또 이 금金은 은銀으로서 동銅이나 철鐵보다 값이 배가 된다고 하는 설(학경郝敬)도 있다.
4 鎰 : 무게의 단위 일일一鎰을 일금一金이라고도 하는데, 일일은 이십량二十兩이라고도 하고 이십사량二十四兩이라고도 한다. 음은 '일'.
5 居 : 해당된다. 상반되는 두 경우 중에서 어느 하나의 경우에, '거처한다'는 말은 '해당된다'는 말이다.
6 當 : ~일 때에.
7 以 : 이以A위爲B의 문형에서 보면, 여기서는 위爲B에 해당하는 말이 생략되었다. 생략되지 않았다면 그것은 궤餽일 것이므로, 이 문장은 '필이신

궤행자必以贐饋行者'일 것인데, 행자行者가 강조되어 앞으로 나간 것이다.

⑧ 贐 : 노자. 음은 '신'.

⑨ 何 : 위爲의 목적어이지만 의문사이므로 앞으로 나온 것이다. 하위何爲는 '무엇을 위하여' 또는 '무엇 때문에' 등의 뜻이다.

⑩ 以 : 이以의 목적어는 군자이나 앞에 나왔으므로 생략되었다.

⑪ 貨取 : 뇌물로 주는 돈을 받는 것.

| 강설 |

돈을 줄 경우, 그것이 예禮에 맞고 정당한 것이면 받아도 되지만 그렇지 않으면 뇌물일 가능성이 높으므로 받을 수 없다.

자기 나라에 와 있는 귀빈이 먼 길을 떠날 때는 보살펴야 하므로 노자를 주는 것이 예禮이고, 또 국가는 자기 나라에 와 있는 외국인을 보호할 책임이 있으므로 안전관리에 필요한 돈을 지불하는 것도 예禮에 속한다.

제 4 장

孟子之平陸하사 謂其大夫曰子之持戟之士一日而
［1］

三失伍則去之아 否乎아 曰不待三이니이다 然則子之
［2］

失伍也亦多矣로다 凶年饑歲에 子之民이 老羸로 轉
［3］

於溝壑하고 壯者로 散而之四方者幾千人矣로다 曰

此非距心之所得爲也니이다 曰今有受人之牛羊而爲
［4］

之牧之者則必爲之求牧與芻矣리니 求牧與芻而不
［5］［6］　　　［7］　　［8］

得則反諸其人乎아 抑亦立而視其死與아 曰此則距
［9］

심 지 죄 야　　　　　　타 일　　　견 어 왕 왈 왕 지 위 도 자　　　신
心之罪也로소이다 他日에 見於王曰王之爲都者를 臣
　　　　　　　　　　　　　　⑩　　　　　⑪

지 오 인 언　　　　지 기 죄 자　　　유 공 거 심
知五人焉이로니 知其罪者는 惟孔距心이러이다하시고
　　　　　　　　　　　　⑫

위 왕 송 지　　　　　왕 왈 차 즉 과 인 지 죄 야
爲王誦之하신대 王曰此則寡人之罪也로소이다
　⑬

| 국역 |

맹자께서는 평륙平陸에 가서 그 대부大夫[평륙平陸의 읍재邑宰]에게 이르시기를, "그대의 창을 잡은 전사戰士가 하루를 지내면서 세 번 대오隊伍를 이탈한다면 제거하겠는가? 아니하겠는가?" 하시자, "세 번 기다리지 않겠습니다" 하고 대답하였다. "그렇다면 그대가 대오를 이탈한 것이 또한 많다. 흉년이 들고 굶주린 해에 그대의 백성 중에 노약자로서 구렁에 떨어져 구르거나, 장성한 자로서 흩어져 사방으로 가는 자가 수천 명이로다." "이것은 제가 할 수 있는 것이 아닙니다." "지금 남의 소와 양을 받아서 그를 위해 기르는 자가 있다면 반드시 그렇게 하기 위해 반드시 목장과 꼴을 구할 것이지만, 목장과 꼴을 구하여도 얻지 못하면 그 주인에게 돌려줄 것인가? 아니면 또한 서서 그 죽는 것을 보고 있을 것인가?" "이는 저의 죄입니다." 다른 날에 왕王에게 가서 보고 말씀하시기를, "왕의 도읍을 다스리는 자를 내가 다섯 사람을 알고 있는데, 자기의 죄를 알고 있는 자는 오직 공거심孔距心뿐입니다" 하시고, 왕에게 그 내용을 말하자, 왕王이 말하기를, "이는 과인의 죄입니다" 하였다.

216

| 난자풀이 |

1 士 : 전사.

2 去 : 제거한다.

3 羸 : 파리한 사람. 음은 '리'.

4 距心 : 평륙을 다스리던 대부의 이름. 성은 공孔.

5 之 : 대명사로서 앞의 인사, 즉 소와 양의 주인을 말한다.

6 之 : 대명사로서 앞의 우牛와 양羊을 말한다.

7 之 : 대명사로서 앞의 '위지목지爲之牧之'를 말한다. '위지爲之'는 '그를 위해 기르기 위하여'라는 뜻이다.

8 芻 : 꼴. 음은 '추'.

9 諸 : 지어之於와 같다.

10 於 : 에서. 에게서. 이 문장에서 어於가 없으면 '왕王을 본다'는 뜻이지만, 어於가 있으면 '왕王에게 가서 본다'는 뜻이 된다.

11 爲 : 치治와 같은 뜻. 다스린다.

12 惟 : 오직 ~일 뿐이다.

13 爲 : '~를 위하여'라고 번역하기보다 '~에게'로 번역하는 것이 좋다.

| 강설 |

자기가 맡은 일이 제대로 진행되지 않을 때, 그 원인이 자기에게 있지 않다고 하여 책임을 모면할 수 있는 것은 아니다. 사표를 내고 그만두어야 한다.

제5장

孟子謂蚳鼃曰子之辭靈丘而請士師似也는 爲其可
　　　　　　　　　1　　　　2　　　　　　3

以言也니 今旣數月矣로되 未可以言與아 蚳鼃諫於
4

王而不用이어늘 致爲臣而去한대 齊人曰所以爲蚳鼃
　　　　　　　5　　　　　　　　　　　6

則善矣어니와 所以自爲則吾不知也로라 公都子以告
　　　　　　　7　　　　　　　　　　　　8　9

四. 공손추장구하 217

한대 曰吾聞之也하니 有官守者不得其職則去하고 有

言責者不得其言則去라하니 我無官守하며 我無言責
⑩   ⑪

也則吾進退豈不綽綽然有餘裕哉리오
⑫

| 국역 |

맹자께서 지와蚔蛙에게 말씀하시기를, "그대가 영구靈丘의 읍재邑宰 자리를 사양하고 사사士師가 되기를 청한 것이 그럴듯했던 것은 그렇게 됨으로써 말을 할 수 있기 때문이었는데, 지금 이미 수개월이 지났으나 아직도 말을 할 수 없는 것인가" 하셨으므로 지와가 왕王에게 간諫했으나 쓰여지지 않자, 신하됨을 내놓고 떠나갔다. 제齊나라 사람이 말하기를, "지와에게 하는 처사는 좋지만 자기에게 하는 처사는 내가 알지 못하겠다"고 하므로 공도자公都子가 그 사실을 아뢰자, 이에 맹자께서 말씀하셨다. "나는 들으니, 관직을 지켜야 하는 책임을 가진 자가 그 직책을 수행하지 못하면 떠나고, 말을 해야 하는 책임을 가진 자가 그 말을 해내지 못하면 떠난다고 했는데, 나는 관직을 지켜야 할 책임도 없으며 나는 말을 해야 하는 책임도 없으니, 내가 나아가고 물러가는 데 어찌 느긋하게 여유가 있지 않겠는가?"

| 난자풀이 |

① 蚔蛙 : 제齊나라의 대부大夫.
② 靈丘 : 제齊나라에 있는 읍邑.
③ 似 : 근사하다.
④ 以 : 以의 목적어는 사사이다.

218

⑤ 致 : '돌려준다'는 뜻.

⑥ 所以 : '근거', '바탕', '행동원리' 등의 뜻이므로 여기서는 '처사'로 번역하는 것이 좋다.

⑦ 自 : 위爲의 목적어이지만 강조되어 앞으로 나온 것이다.

⑧ 公都子 : 맹자의 제자.

⑨ 以 : 이以의 목적어는 제齊나라 사람이 말한 내용인데 생략되었다.

⑩ 官守 : 관직을 지키고 있으면서 직무를 수행하는 것.

⑪ 言責 : 임금에게 잘못이 있을 때 말로써 간諫하여 바로잡아야 하는 책임.

⑫ 綽綽然 : 느긋한 모양.

| 강설 |

공무원이나 남에게 월급을 받으며 고용되어 있는 사람은 맡은 바 역할이 있고, 그 역할을 완수해야 할 책임이 있다. 이를 완수하지 못하면 월급을 훔치는 도둑이 된다.

제 6 장

맹자위경어제 孟子爲卿於齊하사 출조어등 出弔於滕하실재 왕 王이 사합대부왕 使蓋大夫王[1]

환 驩으로 위보행 爲輔行[2]이러시니 왕환 王驩이 조모현 朝暮見이어늘 반제등 反齊滕[3]

지로 之路토록 미상여지언행사야 未嘗與之言行事也하시다[4] 공손추왈제경지 公孫丑曰齊卿之

위불위소의 位不爲小矣며 제등지로불위근의 齊滕之路不爲近矣로되[5] 반지이미상여 反之而未嘗與[6]

언행사 言行事는 하야 何也잇고[7] 왈부기혹치지 曰夫旣或治之어니 여하언재 予何言哉리오[8]

| 국역 |

맹자께서 제齊나라에서 경卿이 되시어 등滕나라에 조문하러 나가시는데 왕王이 개蓋 땅의 대부大夫인 왕환王驩에게 보행輔行하게

했다. 그리하여 왕환이 아침저녁으로 뵈었으나 제齊나라와 등滕
나라 사이의 길을 돌아와도 일찍이 그와 더불어 행사行事에 대
해서 말씀하시지 않으셨다. 이에 공손추公孫丑가 말했다. "제齊
나라 경卿의 자리가 작지 아니하며 제齊나라와 등滕나라 사이의
길이 가깝지 아니한데도 그 길을 돌아올 때까지도 일찍이 더불
어 행사行事에 대해서 말씀하시지 않으신 것은 어째서입니까?"
"이미 (알아서) 그것을 다스리고 있으니 내가 무엇을 말하겠는
가."

| 난자풀이 |

① 蓋 : '덮는다'는 뜻일 때는 음이 '개'이지만, '지붕을 잇는다'는 뜻일 때는
음이 '합'이다. 여기서는 제齊나라에 있는 읍邑의 이름이고 음은 '합'이다.

② 王驩 : 개蓋 땅의 읍재邑宰.

③ 輔行 : 보좌역. 오늘날의 부사副使에 해당한다.

④ 見 : '뵙는다'는 뜻으로 음은 '현'.

⑤ 爲 : 위爲가 없어도 뜻은 통하지만, 넉자씩 만들면 음률이 부드러워지기
때문에 넣은 것이다.

⑥ 之 : 제등지로齊滕之路를 지칭한다.

⑦ 或 : '혹 ~함이 있다'는 뜻이다.

⑧ 何 : 언言의 목적어인데 의문대명사이므로 강조되어 앞으로 나간 것이다.

| 강설 |

문상하는 일은 어려운 일이 아니다. 예禮에 따라 기계적으로 하
면 되는 것이므로 꼼꼼하게 따질 것이 없다. 그리고 왕환은 제
왕齊王의 총애를 받는 세력가로서 인격적인 매력이 없으므로 친
근하게 대하고 싶지도 않았을 것이다.

여기서 형식적인 것보다 본질적인 것을 중시하는 맹자의 태
도를 엿볼 수 있다.

孟子自齊葬於魯하시고 反於齊하실재 止於嬴이러시니
[1]　　　　　　　　　　　　　[2]

充虞請曰前日에 不知虞之不肖하사 使虞敦匠事어시
[3]　　　　　　　　　　　　　　　[4]

늘 嚴하여 虞不敢請하니 今願竊有請也하오니 木若以
　　　　[5]　　　　　[6][7]　　　　　[8]

美然하더이다 曰古者에 棺槨이 無度하더니 中古에 棺

이 七寸이오 槨을 稱之하여 自天子達於庶人하니 非
　　　　　　　　　　　[9]

直爲觀美也라 然後盡於人心이니라 不得이면 不可以
　　　　　　　　　[10]

爲悅이며 無財면 不可以爲悅이니 得之하고 爲有財하

여는 古之人이 皆用之하니 吾何爲獨不然이리오 且比
　　　　　　　　　　　　　[11]　　　　　　[12]

化者하여 無使土親膚면 於人心에 獨無恔乎아 吾聞
[13]　　　　　[14]　　　　　　　　[15]

之也하니 君子는 不以天下儉其親이라하니라

| 국역 |

맹자께서 제齊나라로부터 노魯나라에 가서 장례를 지내시고 제齊
나라로 돌아오시다가 영嬴이라는 땅에 머무르시니 충우充虞가 여
쭈어 말하기를 "지난날에 저의 불초不肖함을 알지 못하시어 저에
게 목수의 일을 감독하게 하셨는데 엄숙하여 제가 감히 여쭙지
못했습니다. 지금 좀 질문을 드리오니, (관棺과 곽槨에 쓴) 나무
가 너무 아름다운 것 같습니다"고 하자, 말씀하셨다. "옛날에는
관棺과 곽槨에 일정한 치수가 없었는데, 중고中古에 관棺은 칠촌七

ㅜ이고 곽槨도 이에 걸맞게 하여, 천자天子로부터 서인庶人에 이르기까지 통용되었으니, 단지 보기에 아름답게 하기 위해서가 아니라, 그렇게 한 뒤에야 사람의 마음에 흡족하기 때문이다. (법제法制 때문에) 그렇게 할 수 없어도 그 때문에 기뻐할 수 없으며, 재력이 없어도 그 때문에 기뻐할 수 없는 것이다. (법제에 따라서) 할 수 있고 또 재력도 가지게 되면 옛사람들이 모두 그것을 썼으니, 내가 무엇 때문에 홀로 그렇게 하지 않겠는가? 또한 죽은 자를 위하여 흙으로 하여금 살갗에 닿지 않게 한다면 사람의 마음에 홀로 만족함이 없겠는가? 나는 들으니 군자는 천하天下의 일 때문에 자기의 어버이에게 검약하게 하지는 않는다고 했다."

| 난자풀이 |

1 於 : ~에서 또는 ~에 가서.
2 嬴 : 제齊의 남쪽에 있는 고을 이름. 음은 '영'.
3 充虞 : 맹자의 제자.
4 敦 : 감독한다. 주자朱子는 돈敦의 목적어를 장사匠事로 보아 '목수의 일을 감독한다'는 뜻으로 해석하였고, 조기趙岐는 돈敦의 목적어를 장匠으로 보고 사事를 아래에 붙여 '일이 엄숙하였다'라고 해석하였다.
5 請 : 이 경우는 '질문을 해도 될까요 하고 간청한다'는 뜻이므로 '질문한다'로 번역하는 것이 좋다.
6 竊 : 일반적으로는 '몰래', '가만히' 등으로 번역하지만, 이 말은 말을 겸손하게 만드는 역할로 쓰이므로 '좀'이라고 번역하는 것이 좋을 듯하다.
7 有 : 회합會合을 갖는다는 말이 회합을 한다는 뜻이 되는 경우에서도 알 수 있듯이, 유有는 '한다'로 번역할 수 있다.
8 以 : 이已와 통용. '너무'라는 뜻이다.
9 稱 : 원래 '저울' 또는 '저울추'라는 뜻인데, 저울을 달 때 다는 물건에 맞추어 저울추를 이동하므로, 여기서 '걸맞게 한다'는 뜻이 생겼다.
10 盡 : 마음을 다하면 미련이 남지 않고 흡족하므로 '흡족하다'로 번역하였다.

⑪ 何 : 위爲의 목적어이지만 의문대명사이므로 앞으로 나온 것이다.

⑫ 比 : 위하여.

⑬ 化者 : 사자死者.

⑭ 親 : '하나가 된다', '맞닿는다' 등의 뜻.

⑮ 恔 : '유쾌하다'는 뜻으로 음은 '교'.

| 강설 |

공자 이후의 이론가이며 사상가인 묵자墨子는 전쟁을 중단시킬
수 있는 이론을 제창함으로써 많은 사람으로부터 큰 호응을 얻
었는데, 그 이론 중 하나가 절장론節葬論이라는 것이다. 절장론
의 내용은, 사람들이 싸우게 되는 원인 중의 하나인 물질物質의
부족함을 해소하기 위하여 장례식을 간소하게 하자는 것이었
다.

묵자의 이론은 인간존재의 두 요소인 마음과 몸이 조화를 이
룰 수 있는 삶의 방법을 제시하지 못함으로써 결국 사람들의 삶에
해독을 끼치고 만다고 파악한 맹자는 묵자의 이론을 퇴치하는 것
을 사명으로 삼았다.

맹자가 그 어머니의 장례식을 성대하게 치르자, 묵자의 이론
에 상당히 영향을 받았던 것으로 보이는 충우는 비판적으로 질문
하였다.

예법禮法에는 사람의 지위에 따라 장례식의 수준을 정하고 있
으므로, 지위가 낮으면 성대하게 하고 싶어도 할 수 없고, 또 재
력이 없어도 할 수 없다.

유교儒敎의 이론에서는, 모든 인간관계 중에서 가장 원초적인
관계인 부모와 자녀의 관계를 돈독히 한 후에, 형제, 삼촌三寸, 사
촌四寸, 이웃 등으로 그 돈독한 관계를 확산시킴으로써 인간사회의
안정을 도모하는 방법을 택하고 있으므로, 부모에 대한 효도가 가
장 강조된다. 따라서 사회적인 문제를 해결하기 위해서 부모를 가
볍게 할 수 있다는 이론은 성립되지 않는다.

沈同이 以其私問曰燕可伐與잇가 孟子曰可하니라 子
　　　　　　　　　　　　　　　　　　[1]　　　　　　　[2]

噲도 不得與人燕이며 子之도 不得受燕於子噲니 有
　　　　　　　　　　　　[3]

仕於此어든 而子悅之하여 不告於王而私與之吾子之
[4]　　　　　　　　　　　　　　　　　　　　　[5]

祿爵이어든 夫士也亦無王命而私受之於子則可乎아

何以異於是리오 齊人이 伐燕이어늘 或問曰勸齊伐燕
[6]　　[7]　　　　　　　　　　　　　　　　　　　[8]

이라하니 有諸잇가 曰未也라 沈同이 問燕可伐與아하

여늘 吾應之曰可라하니 彼然而伐之也로다 彼如曰孰

可以伐之오하면 則將應之曰爲天吏則可以伐之라하
[10]　　　　　　　　　　　　　　　　[11]

리라 今有殺人者어든 或問之曰人可殺與아하면 則將

應之曰可라하리라 彼如曰孰可以殺之오하면 則將應之

曰爲士師則可以殺之라하리라 今以燕伐燕이어니 何爲

勸之哉리오

| 국역 |

심동沈同이 사적私的인 입장에서 "연燕나라를 정벌해도 됩니까?"
하고 묻자, 맹자께서 말씀하셨다. "된다. 자쾌子噲도 남에게 연燕
나라를 줄 수 없으며, 자지子之도 연燕나라를 자쾌에게 받을 수
없는 것이다. 여기에 벼슬할 만한 선비가 있을 경우, 자네가 그

를 기뻐하여 왕王에게 알리지 않고 사사私私로이 그에게 자네의 작록爵祿을 주고, 그 선비 또한 왕명王命이 없이 사사로이 그것을 자네에게 받는다면 되겠는가? 무엇을 가지고 이것과 다르다고 하겠는가?" 제齊나라 사람들이 연燕나라를 정벌하자, 어떤 사람이 물었다. "제齊나라에 권하여 연燕나라를 정벌하게 하셨다는데 그런 일이 있습니까?" "아니다. 심동이 '연燕나라를 정벌해도 됩니까?' 하고 묻기에 내가 '된다'고 대답하였더니 그 사람이 그리하여 정벌한 것이다. 그 사람이 만약 '누가 정벌할 자격이 있습니까?' 하고 물었더라면 나는 곧 '천리天吏가 되면 정벌할 자격이 있다'라고 대답했을 것이다. 지금 사람을 죽인 자가 있을 경우에, 어떤 사람이 '그 사람을 죽여도 됩니까?' 하고 물으면, 나는 곧 '된다'고 대답할 것이다. 그 사람이 만약 '누가 죽일 자격이 있습니까?' 하고 물으면, 나는 곧 '사사士師가 되면 죽일 자격이 있다'고 대답할 것이다. 지금은 연燕나라와 같은 입장에서 연燕나라를 정벌하는 것이니 무엇 때문에 권하였겠는가?"

| 난자풀이 |

1 沈同 : 제齊나라의 대신大臣.

2 子噲 : 당시 연燕나라 왕王의 이름.

3 子之 : 당시 연燕나라 재상의 이름.

4 仕 : 벼슬할 만한 선비.

5 吾子 : 그대. 자네. 자子가 자네 또는 그대라는 뜻인데 여기에 오吾를 덧붙인 까닭은 친근감을 더하기 위한 것이다. 우리말에도 '우리 김선생' 등의 표현이 있다.

6 何 : 이以의 목적어이지만 의문사이므로 앞으로 나왔다.

7 異 : 이以A위爲B의 문형에서 보면 이異는 위爲B에 해당하므로 동사로 해석하여야 한다. 그리고 이異나 동同 다음에는 전치사 어於를 동반한다.

8 勸 : 권하여 ~하게 하다. 사使·교敎 등과 마찬가지로 사역형 문장을

만든다.

⑨ 諸 : 지호之乎.

⑩ 以 : 以의 목적어는 물론 생략되어 있지만, 앞에 나온 孰이다. 그러므로 엄밀하게는 '누구의 입장에서 벌伐해야 합니까?'란 뜻이다.

⑪ 天吏 : 인간의 본마음은 모든 사람이 공통적으로 가지고 있으므로, 인간의 본마음을 실천하는 사람은 모든 사람의 공통적인 의지를 대행하는 사람인데, 모든 사람의 공통적인 의지가 하늘의 뜻이므로 그는 하늘의 뜻을 실천하는 관리라고 할 수 있다.

| 강설 |

『전국책戰國策』의 연책燕策 등에 의하면, 녹모수鹿毛壽라는 사람이 연왕燕王 자쾌에게 "옛날에 요堯임금은 천자天子의 자리를 허유許由에게 양보하려 했으나 허유가 이를 받지 않았으므로, 천자의 자리를 잃지 않으면서 명성을 얻게 되었다. 당신도 재상인 자지에게 나라를 양보하겠다고 말한다면 자지는 받지 않을 것이고 당신은 요堯와 같은 명성을 얻을 것이다"라는 내용의 말로 설득하자, 자쾌는 그와 같이 하였는데, 자지가 왕위王位를 덥썩 받아버렸으므로 그 후 나라가 혼란스럽게 되었다.

당시의 예제禮制를 보면, 제후들을 임명하는 권한은 주周의 천자에게 있는 것이므로, 제후 자신이 사표를 내어 제후의 자리를 천자에게 돌려줄 수는 있어도 자기 대신 다른 사람을 제후로 임명할 권한은 없다. 따라서 자쾌가 자지에게 제후의 자리를 물려준 것은 천자의 권한을 월권한 것이며 질서와 조화를 무너뜨린 것이 된다. 질서를 바로잡아야 할 책임을 가진 자가 응징을 하는 것이 마땅하다. 그러나 어디까지나 천자의 입장에서 응징해야 한다. 그렇지 않으면 월권이다.

제 9 장

燕人이 畔이어늘 王曰吾甚慙於孟子하노라 陳賈曰王 ①
無患焉하소서 王은 自以爲與周公孰仁且智니잇고 ②王
曰惡라 ③是何言也오. 曰周公이 使管叔監殷이어시늘 ④
管叔이 以殷畔하니 知而使之면 是不仁也요 不知而
使之면 是不智也니 仁智는 周公도 未之盡也시니 ⑤而
況於王乎잇가 賈請見而解之하리이다

│ 국역 │

연燕나라 사람이 모반하자, 왕王이 말했다. "나는 맹자에게 매우 부끄럽다." 진가陳賈가 말했다. "왕王께서는 걱정하지 마십시오. 왕王께서는 자신을 주공周公과 비교하여 누가 더 어질고 지혜롭다고 생각하십니까?" 왕王이 말했다. "아! 이게 무슨 말인가?" "주공周公이 관숙管叔에게 은殷나라를 감독하게 했는데, 관숙이 은殷나라를 근거로 하여 모반하였으니, (그럴 줄) 알고서도 시킨 것이라면 그것은 불인不仁한 것이고, 모르고서 시켰다면 그것은 지혜롭지 못한 것이니, 인仁과 지智는 주공도 다하지 못하셨으니, 하물며 왕王께서야 어떠하겠습니까? 제가 (맹자를) 뵙고 해명해드리겠습니다."

│ 난자풀이 │

[1] 陳賈 : 제齊나라의 대부大夫. 고賈는 '상인'이라는 뜻일 때는 음이 '고'이지만, 사람의 이름으로 쓰일 때는 음이 '가'이다.

② 自 : 以의 목적어이므로 以 다음에 와야 할 것이지만 강조되어 앞으로 나왔다. 이 문장은 자여주공숙인차지自與周公孰仁且智라는 문장이 以A위爲B의 문형 속에 들어간 형태이다.

③ 惡 : '아!'라는 뜻의 감탄사. 이때의 음은 '오'이다.

④ 管叔 : 주周의 무왕武王의 동생이고 주공의 형인데, 관管이라는 땅에 봉封해졌으므로 관숙이라 한다. 이름은 선鮮. 무왕이 은殷을 멸망시킨 후 주왕紂王의 아들 무경武庚을 세우고, 관숙과 채숙蔡叔(이름은 度, 무왕의 동생으로 채蔡에 봉封해졌다) 등에게 명하여 무경武庚을 도와 은殷의 유민遺民을 다스리게 했는데, 무왕이 죽은 후 그 아들 성왕成王이 즉위하고 주공이 섭정하게 된 사실에 불만을 품고 관숙과 채숙은 무경을 옹립하여 반란을 일으켰다. 이에 주공은 성왕의 명령에 의해 이들을 평정했다.

⑤ 之 : 진盡과 도치되어 있다.

| 강설 |

연燕나라 사람들이 제齊나라에게 멸명한 지 2년 만에 태자太子 평平을 옹립하여 왕으로 삼고 제齊나라에 저항하였다. 이에 제왕齊王은 연燕나라 사람들이 좋아하는 사람을 왕으로 세워주고 거기를 떠나라는 맹자의 충고를 듣지 않은 것을 뒤늦게 후회하고 맹자에게 부끄러움을 느꼈으나, 진고는 주공의 예를 들어 오히려 왕王을 위로했다. 진실한 신하가 아니다.

見孟子하고 問曰周公은 何人也잇고 曰古聖人也시니
①
라 曰使管叔監殷이어시늘 管叔이 以殷畔也라하니 有
諸잇가 曰然하다 曰周公이 知其將畔而使之與잇가
②
曰不知也시니라 然則聖人도 且有過與잇가 曰周公은
③

^{제 야} ^{관 숙} ^{형 야} ^{주 공 지 과} ^{불 역 의 호} ^차
弟也요 管叔은 兄也니 周公之過이 不亦宜乎아 且

^{고 지 군 자} ^{과 즉 개 지} ^{금 지 군 자} ^{과 즉 순 지}
古之君子는 過則改之러니 今之君子는 過則順之로다
④

^{고 지 군 자} ^{기 과 야 여 일 월 지 식} ^{민 개 견 지}
古之君子는 其過也如日月之食이라 民皆見之하고
⑤ ⑥

^{급 기 경 야} ^{민 개 앙 지} ^{금 지 군 자} ^{기 도 순 지}
及其更也하여는 民皆仰之러니 今之君子는 豈徒順之
⑦

^{우 종 이 위 지 사}
리오 又從而爲之辭로다
⑧ ⑨

| 국역 |

맹자를 뵙고 물었다. "주공은 어떤 사람입니까?" "옛 성인^{聖人}이
시다." "관숙에게 은^殷나라를 감독하게 하였는데, 관숙이 은^殷나
라를 가지고 반란을 일으켰다 하니, 그러한 일이 있었습니까?"
"그렇다." "주공은 그가 장차 반란을 일으킬 것임을 알고서 시켰
습니까?" "알지 못하셨다." "그렇다면 성인도 또한 허물이 있습
니까?" "주공은 아우이고 관숙은 형이니, 주공의 허물이 또한 마
땅하지 아니한가? 또한 옛날의 군자는 잘못을 저지르면 그것을
고쳤는데 지금의 군자는 잘못을 저지르고도 그것을 계속하는구
나. 옛날의 군자는 그 허물이 해와 달의 먹음[일식과 월식]과 같
아서 백성들이 모두 그것을 보았고, 그 고침에 이르러서는 백성
들이 모두 그것을 우러러보았다. 지금의 군자는 어찌 다만 그것
을 계속할 뿐이겠는가. 또한 (계속하는 일에) 뒤이어 남에게 변
명을 한다."

1 見 : '아랫사람이 윗사람을 뵙는다'는 뜻으로 쓰일 때는 음이 '현'이다.

2 諸 : 지호之乎의 뜻.

3 與 : 의문조사.

4 君子 : 여기서는 임금이나 대신大臣 등 지배계급에 있는 사람을 말한다.

5 其 : 앞의 고지군자古之君子를 가리키는 대명사. 고지군자와 기其는 동격으로 모두 과過를 수식한다.

6 食 : 먹음. 해의 먹음은 일식日蝕이고 달의 먹음은 월식月蝕이다.

7 更 : '다시'라는 뜻의 부사로 쓰일 때는 음이 '갱'이지만, '고친다'는 뜻의 동사로 쓰일 때는 음이 '경'이다.

8 從 : 타동사의 목적어 지之가 있어야 할 것이지만 뒤의 지之와 중복되기 때문에 생략되었다.

9 辭 : 변명.

| 강설 |

내가 남에게 해를 끼치면 남이 나에게 저항하는 것은 당연한 이치이므로 이를 예측하지 못하는 것은 지혜롭지 못한 일이지만, 의심하지 않아야 할 사람을 의심하는 것은 인仁하지 않은 것이므로 사람의 도리가 아니다.

부모와 자녀의 관계는 남남의 관계가 아니라 하나되는 관계이므로, 자녀가 부모의 사랑을 의심하는 것은 도리가 아니다. 부모와 내가 하나라면 부모와 형도 하나이므로 결국 형도 남으로 생각할 수 없다. 의심하지 않는 것이 인간의 도리이다.

옛날의 정치가들은 훌륭한 인격으로 말미암아 백성들이 추대한 사람들이므로, 남에게 이기기 위해서 자기 허물을 감추지 않았지만, 후대의 정치가들은 남과의 경쟁에서 이긴 사람들이기 때문에 자기 허물을 감추는 데 익숙해져 있다.

제 10 장

孟子致爲臣而歸하실새 王이 就見孟子曰前日에 願
[1]

見而不可得이라가 得侍하여는 同朝甚喜러니 今又棄
[2]

寡人而歸하시니 不識케이다 可以繼此而得見乎잇가
[3]

對曰不敢請耳언정 固所願也니이다 他日에 王謂時子
[4]

曰我欲中國而授孟子室하고 養弟子以萬鍾하며 使諸
[5] [6]

大夫國人으로 皆有所矜式하노니 子盍爲我言之오
[7][8] [9]

| 국역 |

맹자께서 신하됨을 내놓고 돌아가시자, 왕王이 맹자에게 나아가 뵙고서 말했다. "지난날에 뵙기를 원했으나 뵐 수 없었는데, 모실 수 있게 되자 조정에 함께 있는 사람들이 매우 기뻐했습니다. 그런데 지금 또 과인을 버리고 돌아가시니 모르겠습니다만 이 뒤로 계속하여 뵐 수 있겠습니까?" 맹자께서 대답하셨다. "감히 청하지는 못하지만 본시 원하는 바입니다." 타일他日에 왕王이 시자時子에게 말했다. "나는 서울 가운데쯤 터를 잡아 맹자에게 집을 주어, 제자들을 만종萬鍾의 녹祿으로 기르시게 하며, 여러 대부大夫들과 국민에게 모두 공경하고 본받는 바가 있게 하려고 하니, 자네는 어찌 나를 위하여 말해주지 않는가?"

| 난자풀이 |

1. 致 : 사표를 던져 벼슬자리 등을 내놓는다는 뜻.
2. 得 : 득得 다음에 동사 見이 있어야 하지만 여기서는 앞에 나왔으므로 생략되었다.
3. 以 : 이以의 목적어는 방법, 근거 등을 나타내는 단어이어야 할 것이지만 생략되었다.
4. 時子 : 제齊나라의 신하. 이름이 밝혀져 있지 않다.
5. 國 : 여기서는 '나라'라는 뜻이 아니고 '서울'이라는 뜻으로 쓰였다.
6. 鍾 : 양量의 단위. 일종一鍾은 사부四釜, 일부一釜는 육십사승六十四升. 당시의 일승一升은 약 194cc이기 때문에 일종은 약 50리터에 해당한다.
7. 矜 : '공경한다'는 뜻으로 음은 '긍'.
8. 式 : '본받는다'는 뜻으로 음은 '식'.
9. 盍 : 하불何不의 뜻.

| 강설 |

맹자가 벼슬을 한 것은 일신상의 부귀영화를 누리기 위해서가 아니라 진리를 펴서 세상을 바로잡고 만인萬人으로 하여금 참다운 삶을 살도록 하는 것이므로, 그것이 실현될 가능성이 보이지 않을 때는 거기를 떠나서 다른 방법을 모색해야 했을 것이다.

맹자의 이러한 뜻을 알지 못하는 제齊나라의 왕은, 맹자가 부富와 명예를 얻을 수 없기 때문에 떠나려는 것으로 오인하고 백성들에게 존경받을 수 있는 명예와 만종의 녹祿이라는 부富를 가지고 회유한 것이다.

사람은 자기의 가치기준으로 남을 평가하는 버릇이 있다. 제齊나라의 왕王은 부富와 명예를 얻게 되면 맹자가 떠나지 않을 것이라고 예단한 것이다.

時子因陳子而以告孟子어늘 陳子以時子之言으로 告
孟子한대 孟子曰然하다 夫時子惡知其不可也리오 如
使予欲富인댄 辭十萬而受萬이리오 是爲欲富乎아 季
孫曰異哉라 子叔疑여 使己爲政이라가 不用則亦已
矣어늘 又使其子弟爲卿하니 人亦孰不欲富貴리오마는
而獨於富貴之中에 有私龍斷焉이라하니라 古之爲市
者는 以其所有로 易其所無者어든 有司者治之耳러니
有賤丈夫焉하니 必求龍斷而登之하여 以左右望而罔
市利어늘 人皆以爲賤이라 故로 從而征之하니 征商이
自此賤丈夫始矣니라

| 국역 |

시자가 진자陳子를 통하여 그 사실을 맹자에게 아뢰게 하였으므
로, 진자가 시자의 말로써 맹자에게 아뢰었다. 맹자께서 말씀하
셨다. "그러하겠다. 저 시자가 어떻게 그 불가不可함을 알겠는
가? 가령 내가 부富를 원했다면 십만종十萬鐘을 사양하고 만종을
받겠는가? 이것이 부富를 원해 그러겠는가? 계손季孫이 말하기
를, '괴이하다. 자숙의子叔疑여! 자기에게 정사政事를 하게 하다가
쓰여지지 않으면 그만두어야 할 것인데, 또 그 자제子弟에게 경卿

이 되게 하였다. 사람이 또한 누구인들 부귀富貴를 원하지 않겠는가? 그런데 홀로 부귀 가운데에서 사적으로 농단龍斷하는 경우가 있다'고 하였다. 옛날에 시장에서 교역하는 자들은 자기가 가지고 있는 것을 가지고 자기가 가지고 있지 아니한 것과 바꾸었으며, 유사有司[시장을 관리하는 관리]는 (세금을 받지 않고) 다스리기만 할 뿐이었는데, 천박한 장부가 있어서 반드시 농단을 찾아서 거기에 올라가 좌우로 둘러보면서 시장의 이익을 그물질하자, 사람들이 모두 그렇게 하는 것을 천박하게 여겼다. 그리하여 (천박하게 여기는 데서 그친 것이 아니라) 뒤이어 그에게 세금을 거두었으니, 상인에게 세금을 거둔 것이 이 천박한 장부로부터 시작된 것이다."

| 난자풀이 |

① 因 : 직접 하지 않고 다른 사람을 통하거나 소개를 넣어서 한다는 뜻이다.

② 陳子 : 진진陳臻을 말함.

③ 以 : 이以의 목적어는 앞에 나온 사실, 즉 떠나려는 맹자를 만류하는 왕의 뜻.

④ 惡 : 어떻게. 이때의 음은 '오'이다.

⑤ 如使 : 가령.

⑥ 是 : 대명사로서 앞에 나온 사십만이수만십+萬而受萬을 지칭한다.

⑦ 季孫 : 조기趙岐는 맹자의 제자로 보았지만, 어떠한 사람인지 알 수 없다. 조기는 이재異哉만을 계손의 말로 보았다.

⑧ 子叔疑 : 조기는 자숙子叔을 사람 이름, 疑를 술어로 보고 자숙을 맹자의 제자로 보았다. 주자朱子에 의하면 자숙의가 사람의 이름이기는 하나 어떠한 사람인지는 알 수 없다고 한다.

⑨ 私 : '자기 개인의 것으로 한다', '독점한다' 등의 뜻.

⑩ 龍斷 : 가파른 언덕. 용龍은 롱壟과 통용되므로 '언덕'이라는 뜻이고 음은 '롱'. 농단은 '세로로 잘라놓은 듯이 가파른 언덕'을 말한다.

⑪ 所 : 소所+동사+자者의 문형에서 '~하는 바의 것'이라는 뜻으로 쓰이는

데, 여기서는 뒤의 문장에 나오기 때문에 자著가 생략되었다. 그리고 소
所 앞에 주격조사 지之가 생략되었다.

⑫ 以 : 이以의 목적어는 앞에 나온 등지등之이다.

⑬ 罔 : 망網과 통용. 그물질하여 고기를 모두 잡아버리듯이 이익을 독차지
하는 것.

⑭ 從 : 타동사이므로 목적어 지之를 동반해야 하지만 뒤에 지之가 있으므로 생략하
였다.

⑮ 自 : ~으로부터.

| 강설 |

제왕齊王은 맹자가 재물을 좋아하는 줄 알고 재물로 회유하려
하였으나, 맹자의 삶의 목적은 재물을 추구하는 데 있지 않다.
맹자는 전일前日에 십만종의 녹祿을 사양한 일이 있었는데, 맹
자가 진실로 재물을 추구하는 사람이었다면, 십만종을 사양하
고 만종을 받는 일이 없었을 것이다.

벼슬을 하는 목적은 부귀영화를 얻기 위함이 아니라 모든 백
성이 참되고 바른 삶을 영위할 수 있도록 유도하는 것이므로, 그
목적이 이루어지지 않을 때는 그 자리를 떠나야 한다. 자숙의처
럼 자신이 벼슬할 수 없게 되었을 때, 자기의 자제子弟나 친지들
로 하여금 벼슬을 대신하게 하는 것은 부귀영화를 얻는 것에 목
적이 있는 것이다. 맹자가 제齊나라에 남아서 제왕이 주는 녹祿으
로 제자를 가르치고 있다면, 이는 부귀영화에 뜻이 있는 것이 된
다.

시장의 원래 기능은 사람들이 필요한 물건을 서로 바꾸게 하
는 데 있으며, 화폐의 기능은 물물교환을 원활하게 하는 수단인
데, 어떤 개인이 많은 화폐를 가지고 가파른 언덕에 올라가 둘러
보고서 사용가치가 높은 물건을 모조리 사놓았다가 필요로 하는
사람들에게 비싸게 팔면 많은 이익을 얻게 된다. 매점매석이 바로
이러한 것이다. 이렇게 되면 화폐의 기능은 물물교환의 수단에서
자본축적의 수단으로 바뀌게 되고, 이때부터 자본가는 서민을 착

취하게 되고 서민은 자본가에게 착취당하게 되는 비극이 생겨나며, 궁극적으로 빈민은 자본가의 노예가 된다.

제11장

孟子去齊하실새 宿於晝러시니 有欲爲王留行者이 坐
[1]
而言이어늘 不應하시고 隱几而臥하신대 客이 不悅曰
[2][3]
弟子齊宿而後敢言이어늘 夫子臥而不聽하시니 請勿
[4][5]
復敢見矣로이다 曰坐하라 我明語子하리라 昔者에 魯
繆公이 無人乎子思之側則不能安子思하고 泄柳申
[6]   [7]
詳이 無人乎繆公之側則不能安其身이러니라 子爲長
[8]
者慮而不及子思하니 子絶長者乎아 長者絶子乎아
[9]

| 국역 |

맹자께서 제齊나라를 떠나시면서 주晝라는 땅에서 묵으시자, 왕王을 위하여 발걸음을 멈추게 하려는 자가 있어 앉아서 말을 하니, 맹자께서 응대하지 않으시고 안석에 기대어 누우셨다. 객客이 기뻐하지 아니하며 말했다. "제가 제숙齊宿한 뒤에 감히 말씀드렸는데, 선생께서는 누우시고 들어주지 않으시니 다시는 감히 뵙지 않겠습니다." "앉아라. 내 그대에게 분명하게 말해주겠다. 옛날에 노魯나라 목공繆公은 자사子思의 곁에 사람이 없으면 자사를 편안케 하지 못하였고, 설류泄柳와 신상申詳은 목공 곁에 사람이 없으면 자기의 몸

을 편안케 하지 못했다. 그대가 장자長子를 위하여 생각해주되 자사를 생각해주는 것에 미치지 못하니, 자네가 장자와 절교한 것인가? 장자가 자네와 절교한 것인가?"

| 난자풀이 |

① 晝 : 제齊의 수도인 임치臨淄의 서남쪽에 있는 읍邑.
② 隱 : '기댄다'는 뜻으로 음은 '은'.
③ 几 : 앉을 때 기대는 기구. 음은 '궤'.
④ 弟子 : 글자 그대로 동생이나 아들이라는 뜻인데, 여기서는 어린 사람이 연장자에게 자신을 일컬을 때 쓰는 말이다.
⑤ 齊 : 재齋와 통용. 따라서 음은 '재'. 제숙은 마음을 가다듬은 것이 밤을 넘긴다는 것을 말하므로 '오랫동안 마음을 가다듬었다'는 뜻이다.
⑥ 魯繆公 : 이름은 현顯. 기원전 409년에서 377년까지 재위. 『사기史記』노세가魯世家에서는 무繆이 목穆으로 되어 있다.
⑦ 泄柳 : 노魯나라의 현자賢者. 『예기禮記』잡기하편雜記下篇에 보인다.
⑧ 申詳 : 노魯나라의 현자. 공자의 제자인 자장子張의 아들인데 『예기』단궁상편檀弓上篇에 보인다.
⑨ 子思 : 공자의 손자. 이름은 급伋이고 자사는 그의 자字이다. 자사의 앞뒤로 위爲와 려慮가 생략되어 있다. 즉 이 문장은 '자위장자려이불급위자사려子爲長者慮而不及爲子思慮'이어야 할 것이지만, 위爲와 려慮가 앞에 있으므로 생략한 것이다.

| 강설 |

맹자가 제齊를 떠나실 때, 왕을 위하여 맹자의 발걸음을 멈추게 하려는 자가 있었는데, 그는 왕으로 하여금 맹자에게 돈을 주게 할 수 있었으므로, 맹자가 왕에게 돈을 받으려면 오히려 자기에게 잘 보여야 한다고 생각했을 것이다. 그리하여 그는 거만하게 앉아서 말을 걸었다. 그러나 맹자는 돈을 받는 것이 목적이 아니므로 그에게 잘 보일 이유가 없었다.
　옛날에 노魯나라의 무공繆公은 자사를 위하여 자사 곁에 사람을 두고 늘 자사의 뜻을 받들게 하였으며, 설류와 신상에 대해서는 자사만큼 받들지는 않았다 하더라도, 자기 곁에 있는 사람들로 하여금 설류와 신상의 뜻을 받들게 하였는데, 지금 맹자의 걸음을 만류하는 사람은 맹자의 참된 뜻을 받들어 왕에게 전하는 것이 아니라 오히려 거드름을 피우고 있으니, 현명한 사람을 받드는 도리가 아니다.

제 12 장

孟子去齊하실새 尹士語人曰不識王之不可以爲湯武
1
則是不明也요 識其不可요 然且至則是干澤也니 千
2
里而見王하여 不遇故로 去하되 三宿而後出晝하니
是何濡滯也오 士則玆不悅하노라 高子以告한대 曰夫
3   4
尹士惡知予哉리오 千里而見王은 是予所欲也이어니와

不遇故로 去이 豈予所欲哉리오 予不得已也로라

予三宿而出晝하되 於予心에 猶以爲速하노니 王庶幾
5
改之니 王如改諸則必反予리라 夫出晝而王不予追
6
也할새 予然後浩然有歸志하니 予雖然이나 豈舍王哉
7   8
리오 王由足用爲善하리니 王如用予則豈徒齊民安이
9 10
리오 天下之民이 擧安하리니 王庶幾改之를 予日望

之하노라 予豈若是小丈夫然哉리오 諫於其君而不受

則怒하여 悻悻然見於其面하여 去則窮日之力而後宿
　　　　　　　⑪
哉리오 尹士聞之曰士는 誠小人也로다
　　　　　　　　　　　　　⑫

| 국역 |

맹자께서 제齊나라를 떠나시자, 윤사尹士가 사람들에게 말했다.
"왕王이 탕湯이나 무武처럼 될 수 없다는 것을 알지 못했다면 이
는 밝지 못한 것이고, 될 수 없다는 것을 알고서도 왔다면 이는
혜택을 추구한 것이다. 천리千里를 와서 왕을 보았으나 뜻이 통
하지 않았기 때문에 떠나되 사흘을 묵은 뒤에 주晝를 벗어나니
이 어찌 느린가? 나는 이 사실을 기뻐하지 않는다." 고자高子가
이 말을 아뢰자, 맹자께서 말씀하셨다. "윤사尹士가 어떻게 나를
알겠는가? 천리를 와서 왕을 본 것은 내가 원한 바이거니와, 뜻
이 맞지 않았기 때문에 떠나감은 어찌 내가 원하는 바이었겠는
가? 나는 부득이해서였다. 내가 사흘을 묵고서 주晝를 벗어나되,
내 마음에는 오히려 빠르게 생각했으니 왕은 생각을 바꿀 것 같
았기 때문이었다. 왕이 만약 바꾼다면 반드시 나를 돌아오게 할
것이다. 주晝를 벗어나도 왕이 나를 좇아오지 않기에, 나는 그런
뒤에야 담담하여 돌아갈 뜻을 가졌다. 나는 비록 그렇더라도 어
찌 왕을 버리겠는가. 왕은 그래도 족히 선善을 할 수 있으니 왕
이 만일 나를 등용한다면 어찌 다만 제齊나라 사람들이 편안해질
뿐이겠는가. 천하天下의 백성들이 모두 편안해질 것이다. 왕이
바뀌기를 나는 날마다 바라노라. 나는 어찌 저 소장부小丈夫들이

하는 것처럼 그렇게 하겠는가? 자기 임금에게 간하다가 받아들여지지 아니하면 화를 내어 씩씩거리며 얼굴에 나타내고, 떠날 때는 하루에 갈 수 있는 힘을 다해서 간 뒤에 머물겠는가?" 윤사가 이 말을 듣고 말했다. "나는 진실로 소인小人입니다."

| 난자풀이 |

① 尹士 : 제齊나라 사람. 구체적으로 어떠한 사람인지는 알 수 없다.
② 澤 : 은택. 여기서는 녹禄을 말한다.
③ 玆 : 불열不悅의 목적어이지만 강조되어 앞으로 나온 것이다.
④ 高子 : 제齊나라의 사람으로 맹자의 제자이다.
⑤ 庶幾 : ~에 가깝다.
⑥ 諸 : 지之와 같은 역할을 한다.
⑦ 浩然 : 미련이 없이 담담한 모양.
⑧ 舍 : 사捨와 통용.
⑨ 由 : 유猶와 통용. '오히려', '여전히', '그래도' 등의 뜻으로 쓰이는데 여기서는 '그래도'로 번역하는 것이 좋다.
⑩ 用 : 이以와 통용.
⑪ 悻悻然 : 화가 나서 씩씩거리는 모양.
⑫ 誠 : 진실로.

| 강설 |

사람을 만나기도 전에 그 사람의 가능성을 부정하는 것은 그 사람에 대한 모독이고, 만나본 뒤에도 그 사람의 가능성을 알지 못하면 지혜롭지 못하다.

맹자의 목적은 세상을 구제하여 세상 사람들로 하여금 참된 삶을 살 수 있도록 하는 데 있었다. 그러기 위하여 여러 나라의 제후들을 만나본 결과, 그 중에서 제齊나라의 왕이 자신의 뜻을 이해해줄 가능성이 높았기 때문에 미련이 있었다.

자기가 출세하는 데 뜻이 있고, 남이 자기를 알아주는 것을 기쁨으로 삼는 사람은, 남이 자기를 알아주지 않으면 화가 나서 견디지 못한다.

孟子去齊하실새 充虞路問曰夫子若有不豫色然하시

니이다 前日에 虞聞諸夫子하니 曰君子는 不怨天하며
[1]

不尤人이라하시니이다 曰彼一時며 此一時也니라 五百
[2]

年에 必有王者興하나니 其間에 必有名世者니라 由

周而來로 七百有餘歲矣니 以其數則過矣요 以其時
[3]   [4]

考之則可矣니라 夫天이 未欲平治天下也시니 如欲

平治天下인댄 當今之世하여 舍我요 其誰也리오 吾
[5]

何爲不豫哉리오
[6]

| 국역 |

맹자께서 제齊나라를 떠나실 때 충우充虞가 길에서 물었다. "선
생님께서는 기쁘지 아니한 기색이 있는 듯합니다. 지난날 제가
선생님께 듣자오니, '군자君子는 하늘을 원망하지 아니하며 사람
을 탓하지 아니한다' 하셨습니다." "그러한 것도 하나의 경우이
고 이러한 것도 하나의 경우이다. 오백 년五百年에 반드시 왕업王
業을 이루는 자가 나오는데, 그 사이에는 반드시 세상에 이름난
자가 있다. 주周나라가 생긴 이래로 7백여 년이 되었으니, 연수
年數를 가지고 헤아려보면 그때가 지났고, 상황으로써 헤아려보

면 지금이 가능한 때이다. 하늘이 아직 천하天下를 평치平治하려
하지 아니하는 것이다. 만약 천하를 평치하려 한다면 지금 세상
에 나를 두고 그 누구이겠는가? (그렇지 않다면) 내가 무엇 때
문에 기쁘지 않겠는가?"

| 난자풀이 |

1 諸 : 지어之於의 뜻. 음은 '저'.
2 時 : 시간적인 때를 말하기보다는 상황이나 경우를 의미한다. 우리말에서
도, 옆집에 불이 났는데 점심시간이 되었다고 점심을 먹고 있으면, '지금
이 점심을 먹을 때냐?'라고 말하는데, 이때의 '때'는 상황이나 경우를 의
미한다. 즉 '지금이 점심을 먹을 상황이냐?'라는 뜻이다.
3 有 : 칠백七百에다가 또 남은 해가 '있다'는 뜻이다.
4 以 : 이以A위爲B의 문형으로 보면 여기서는 위爲B에 해당하는 말이 생략
되었다. 위爲B에 해당하는 말은 고지考之일 것이지만 뒤에 나오기 때문에
생략한 것이다.
5 舍 : 사捨와 통용.
6 何 : 위爲의 목적어이지만 의문대명사이므로 앞으로 나온 것이다.

| 강설 |

맹자는 40세에 부동심不動心의 경지에 도달하였으므로 출세를
하더라도 기쁘지 않고 실패를 하더라도 슬퍼하지 않았을 것이
다. 그런데 학문이 더욱 깊어져 나의 성性이 남의 성性임을 알
고, 그것이 천명임을 알면, 남을 나처럼 여기고 사랑하며, 하늘
의 뜻을 실천하여 세상을 구제한다. 세상을 구제하는 일이 뜻
대로 되지 않을 때는 마음이 언짢게 되기도 할 것이다. 그러나
아무리 마음이 언짢다 하더라도, 그 마음은 부동심을 바탕으로
하고 있으므로, 고요한 마음의 상태에서 벗어나는 것은 아니
다.
　하늘이 이 세상을 구제하려 한다면, 당시에 하늘의 뜻을 알고

실현할 수 있는 사람은 맹자뿐이므로, 반드시 맹자로 하여금 이 세상을 구제하는 일을 담당하게 할 것이다. 따라서 하늘의 뜻을 실천하는 것을 목적으로 하고 있는 맹자는 그 때문에 노심초사勞心焦思하는 것이지, 그렇지 않다면 부동심의 상태에서 조금도 벗어나지 않고 유유히 한평생을 지낼 것이다.

제
14
장

맹 자 거 제 거 휴 　　공 손 추 문 왈 사 이 불 수 록 　　고 지
孟子去齊居休러시니 公孫丑問曰仕而不受祿이 古之
　　　　　　　　　　　[1]

도 호 　왈 비 야 　어 숭 　오 득 견 왕 　　퇴 이 유 거
道乎잇가 曰非也라 於崇에 吾得見王하고 退而有去
　　　　　　　　　　　　　　　　　　[2]

지 　불 욕 변 고 　불 수 야 　　계 이 유 사 명 　　불
志하니 不欲變故로 不受也로라 繼而有師命이라 不
　　　　　　　　　　　　　　　　　　　　[3]

가 이 청 　　구 어 제 　비 아 지 야
可以請이언정 久於齊는 非我志也니라

| 국역 |

맹자께서 제齊나라를 떠나 휴休땅에 머무셨을 때 공손추公孫丑가 물었다. "벼슬하고서 녹祿을 받지 아니하는 것이 옛날의 도리입니까?" "아니다. 숭崇땅에서는 내가 왕을 만나볼 수 있었으나 물러나와 곧 떠날 마음이 있었는데, (그 마음을) 바꾸고 싶지 않았기 때문에 받지 않은 것이다. 뒤이어 군대의 출동명령이 있었으므로 그 때문에 (떠날 것을) 청할 수 없었다. 제齊나라에 오랫동안 머문 것은 나의 뜻이 아니었다."

□1 休 : 지명. 지금의 산동성山東省 연주부兗州府 등현滕縣의 북쪽 15리에 있
  으며 맹자의 집과 거리가 100리라고 한다(염약거閻若璩의 설).
□2 崇 : 지명. 제齊나라에 있었다고 한다.
□3 師 : 군대. 군사.

| 강설 |

돈을 버는 것은 삶의 목적이 아니다. 삶을 충실하게 영위한 결
과 그것이 공이 있을 때 결과적으로 받게 되는 것이다. 어떤 일
에 있어서 그것을 할 생각이 없었고 충실하게 하지도 않았을
때는 그 대가를 받지 않는 것이 도리이다.

五. 등문공장구상 滕文公章句上

제
1
장

滕文公(등문공)이 爲世子(위세자)에 將之楚(장지초)할새 過宋而見孟子(과송이견맹자)한대

孟子道性善(맹자도성선)하시되 言必稱堯舜(언필칭요순)이러시다 世子自楚反(세자자초반)하

여 復見孟子(부현맹자)한대 孟子曰世子(맹자왈세자)는 疑吾言乎(의오언호)잇가

[1]   [2]   [3]

夫道(부도)는 一而已矣(일이이의)니이다 成覸(성간)이 謂齊景公曰彼丈夫(위제경공왈피장부)

[4]   [5]

也(야)며 我丈夫也(아장부야)니 吾何畏彼哉(오하외피재)리오하며 顔淵曰舜何人(안연왈순하인)

[6]

也(야)며 予何人也(여하인야)오 有爲者亦若是(유위자역약시)라하며 公明儀曰文(공명의왈문)

[7]   [8]

王(왕)은 我師也(아사야)니 周公(주공)이 豈欺我哉(기기아재)리오하니이다 今滕(금등)은

絶長補短(절장보단)이면 將五十里也(장오십리야)니 猶可以爲善國(유가이위선국)이라 書(서)

[9]   [10]

曰若藥不瞑眩(왈약약불면현)이면 厥疾不瘳(궐질불추)라하니이다

[11]

| 국역 |

등문공滕文公이 세자世子가 되었을 때 초楚나라로 가는 길에 송宋나라를 지나다가 맹자를 뵈었다. 맹자께서 성性의 선善함을 말씀하시되, 말씀마다 반드시 요순堯舜을 일컬으셨다. 세자가 초楚나라로부터 돌아와 다시 맹자를 뵙자, 맹자께서 말씀하셨다. "세자는 내 말을 의심하십니까? 도道는 하나일 뿐입니다. 성한成覵이 제경공齊景公에 대해서 말하기를, '저도 장부이고 나도 장부이니 내가 저에게 무엇을 두려워하겠는가?' 하였으며, 안연顏淵이 말하기를, '순舜은 어떠한 사람이며 나는 어떠한 사람인가? 노력하여 이루면 그와 같이 된다' 하였으며, 공명의公明儀가 말하기를, '문왕文王은 나의 스승이니, 주공周公이 어찌 나를 속이겠는가?' 하였습니다. 지금 등滕나라는 (국토의) 긴 곳을 잘라 짧은 곳을 보충하면 50리가 되니, 그래도 그것을 가지면 좋은 나라를 만들 수 있습니다. 『서경書經』에 이르기를, '만약 약藥이 몸을 어지럽게 하지 아니하면 병이 낫지 아니한다' 하였습니다."

| 난자풀이 |

① 道 : '말한다'는 뜻.

② 堯 : 고대古代 당唐나라의 성군聖君 도당씨陶唐氏의 호인데, 본래는 고高라고 했다. 성은 당唐, 이름은 방훈放勳.

③ 復 : '다시'라는 뜻의 부사로 쓰일 때는 음이 '부'이다.

④ 成覵 : 제齊나라 경공景公 때의 신하.

⑤ 謂 : 여기서는 상대에게 직접 말하는 것이 아니고, 상대에 대해서 평하여 말하는 것이다.

⑥ 何 : 외畏의 목적어. 이 문장은 오외피하재吾畏彼何哉로 되어야 할 것이지만, 의문대명사이기 때문에 동사 앞으로 나온 것이다.

⑦ 爲 : 『맹자』에서 위爲가 목적어를 동반하지 않고 쓰일 때에는 '왕도정치王

道政治를 한다', '도道를 이룬다' 등의 뜻이 된다.

⑧ 公明儀 : 공명公明은 성, 의儀는 이름. 노魯나라의 현인賢人. 『예기禮記』 단궁상편檀弓上篇・제의편祭義篇 등에 보이는데, 증자曾子의 문인門人이라고도 하고鄭玄, 자장子張의 문인이라고도 한다(공영달孔穎達).

⑨ 將 : 차且와 같은 뜻. 또한.

⑩ 書 : 『서경書經』 상서商書 설명상편說命上篇. 이 편篇의 내용은 후대後代의 위작偽作이라는 설說이 있으므로, 맹자의 말이 더 오랜 근거가 될는지도 모른다.

⑪ 瞑 : '어지럽다'는 뜻으로 음은 '면'. 면현瞑眩이란 약을 먹은 뒤에 약기운으로 말미암아 어지러운 증세.

| 강설 |

혼란한 사회를 바로잡을 수 있는 방법으로 제시된 묵자墨子의 이론이 근본적인 해결책이 되지 못하고 실현가능성이 적다고 판단한 맹자는 보다 근본적인 해결책을 모색했다.

한 사람이 상대에게 욕을 하자, 화가 난 상대가 폭력을 가해 싸움이 벌어졌을 때, 묵자는 싸움이 일어나게 된 원인이 욕을 한 것과 폭력을 가한 것에 있다고 보고, 그 해결책으로 욕을 한 자는 욕한 것에 대해 사과를 하고, 폭력을 가한 자는 폭력에 대하여 사과를 하는 방법을 제시하지만, 맹자는 싸움이 일어나게 된 근본적인 원인이 욕과 폭력에 있는 것이 아니라 평소에 두 사람 사이에 서로 미워하는 감정이 형성되어 있기 때문이라고 보기 때문에, 그 미워하는 감정을 해소하는 방법을 모색한다. 묵자의 방법은 일시적으로 싸움이 중단되기는 하겠지만, 다른 계기가 있으면 싸움은 또 다시 발생할 것이다.

사람이 육체적인 요소를 자기 자신으로 알면, 육체가 필요로 하는 의식주를 서로 차지하기 위해 경쟁하게 된다. 그러나 사람의 존재의 본질은 육체적인 요소에 있는 것이 아니라 그 육체의 삶을 유도하는 마음에 있고, 마음의 본질은 사람으로 하여금 배고프면 먹게 하고 피곤하면 쉬게 하며 호흡을 시키면서 삶을 지속시키는

'삶에의 의지'이니, 그것이 이른바 성性이다. 성性은 자기의 육체에만 적용되는 것이 아니라 모든 사람에게 동일하게 작용하는 것이므로, 성性이 나의 본질임을 깨달아 성性의 작용에 따라서 살게 되면 남과 갈등하거나 경쟁하지 않고 조화를 이루며 살게 될 것이다. 이러한 의미에서 맹자는 성性을 선善한 것이라고 했다.

사람이 자기의 본질인 성性을 회복하여 성性의 작용대로 산다면 남과의 갈등이 해소되고, 혼란한 사회는 조화로운 사회로 바뀌게 될 것이다.

맹자는 자기에게 질문한 세자世子에게 먼저 성性에 대해 설명하고 그것이 선善한 것이라는 것, 그리고 사람으로 하여금 선善한 성性을 회복하여 실천하도록 하는 것이 가장 훌륭한 정치라는 것을 요堯임금과 순舜임금을 예로 들어 설명하였다.

세자가 그것을 잘 이해하지 못하자 맹자는 다시 설명하였다. 성性은 모든 사람이 공통적으로 가지고 있는 삶의 본질이므로, 성性은 모든 사람에게 똑같이 나타난다. 물에 빠진 아이를 보면 건지려는 방향으로 나타나고, 폭력배를 보면 미워하는 방향으로 나타나는데, 이와 같은 성性이 나타나는 길이 도道이다. 도道를 실천하는 것이 곧 성性을 따르는 것이다. 성性을 따르는 삶이 가장 본질적이고 가장 고귀한 것이므로 그보다 더 위대한 것이 없고 더 두려울 것도 없다. 내가 성性에 따라서만 살 수 있다면 임금을 두려워할 것도 없고 요순을 위대하게 생각할 것도 없으며 문왕을 높일 것도 없다. 맹자는 이러한 내용을 성한, 안연, 공명의의 예를 들어 구체적으로 설명하였다.

성한은 임금인 제경공齊景公에 대해서 말하기를, '저도 장부이고 나도 장부이니 내가 저에게 무엇을 두려워하겠는가?'라고 하였는데, 주자朱子는 피彼를 성현聖賢으로 보고, '성현들도 장부이고 나도 장부이니 내가 성현들에게 무엇을 두려워하겠는가?'라고 설명하였다. 주자가 살던 시대는 왕권王權이 강화될 필요가 있었던 시기였으므로 왕王에 대한 말로 보지 않았던 것으로 추측된다. 주자는 또 공명의의 말 중에서 '문왕은 아사야我師也'를 주공周公의 말로 설명하였는데 문맥상 통하지 않는다. '문왕이나 나나 성性은 다 같은 것이므로, 문왕을 거울삼아 성性을 실천할 수 있도록 할 것이니, 지혜로운 주공도 이를 잘못된 것이라고 할 수 없을 것이다' 라는 뜻으로 이해해야 할 것이다.

모든 사람에게 성性을 회복하게 하여 착하게 살도록 유도하는 정치는 기존의 정치방법과 정반대의 것이므로, 약간의 혼란이 있을 테지만, 이는 좋은 약을 먹었을 때 약기운으로 말미암아 잠시 어지러운 현상이 있는 것과 같은 것이므로, 참고 기다리면 곧 좋은 결과가 올 것이다.

제2장

滕定公이 薨커늘 世子謂然友曰昔者에 孟子嘗與我言
[1]   [2]   [3]
於宋이어시늘 於心終不忘이러니 今也不幸하여

至於大故하니 吾欲使子問於孟子然後에 行事하노라
[4]

然友之鄒하여 問於孟子한대 孟子曰不亦善乎아 親
[5]

喪은 固所自盡也니 曾子曰生事之以禮하며 死葬之

以禮하며 祭之以禮면 可謂孝矣라하시니 諸侯之禮는

吾未之學也어니와 雖然이나 吾嘗聞之矣로니 三年之

喪에 齊疏之服과 飦粥之食은 自天子達於庶人하여
    [6] [7]   [8] [9]

三代共之하니라

| 국역 |

등滕나라의 정공定公이 죽자, 세자世子가 연우然友에게 말했다. "지난번에 맹자께서 일찍이 나와 송宋나라에서 말씀하셨는데, 마음에 끝내 잊혀지지 아니한다. 이제 불행하여 큰 사고(부모의 죽음)에 이르렀으니, 내 자네를 시켜 맹자에게 물은 뒤에 일을 행하고자 한다." 연우가 추鄒에 가서 맹자에게 묻자, 맹자께서 말씀하셨다. "일을 행하기 전에 현명한 사람에게 묻는 것은 역시 좋지 아니한가! 친상親喪(부모상父母喪)은 본시 스스로 극진히 해야 하는 것이다. 증자曾子께서는 '살아있을 때는 예禮로써 섬기고, 죽었을 때는 예禮로써 장사지내며, 예禮로써 제사지내면 효孝라고 이를 수 있다'고 하셨다. 제후의 예禮는 내 아직 배우지 않았다. 비록 그러나 내가 일찍이 들으니, 3년상에 자소齊疏의 상복을 입으며 미음과 죽을 먹는 것은 천자天子부터 서인庶人에 이르기까지 삼대三代가 공통으로 하였다."

| 난자풀이 |

1 滕定公 : 등문공滕文公의 아버지. 조기趙岐의 주에 의하면, 정공定公은 고기古記인 『세본世本』에 보이는 효공孝公에 해당하고, 문공文公은 원공元公에 해당한다고 하지만 확실한지 알 수 없다.

2 薨 : 제후의 죽음을 일컫는 말로써 음은 '훙'. 천자가 죽는 것을 붕崩이라 하고 사士가 죽는 것을 졸卒이라 하며, 서민이 죽는 것을 사死라 한다.

3 然友 : 등문공이 세자世子일 때, 세자의 교육을 담당했던 사람의 이름.

4 大故 : 큰 사고. 즉 부모의 죽음을 일컫는다.

5 親 : 부모. 친상親喪은 부모상을 말한다.

6 齊 : 재齋와 통용. 상복의 종류이며 음은 '자'. 자소는 『의례儀禮』 상복전喪服傳에 보이는 '소최상자소상齊衰裳齊'의 약칭으로, 보통은 자최齊衰라고 한다. 소疏는 거친 베, 최衰는 상의上衣, 상裳은 하의下衣, 자齊는 하의下衣의 아랫단을 혼 것. 상복喪服을 입는 종류에는 참최斬衰(하의의 아랫단을 호

250

지 않은 것 : 부父·장자長子 등에 대한 3년상)·자최齊衰(모母·조모祖母 등에
대한 3년상)·자최장기齊衰杖朞(자최를 입고 지팡이를 짚는 것 : 남편 등에 대한
13월상)·자최불장기齊衰不杖朞(자최를 입고 지팡이를 짚지 않는 것 : 형兄·자
姉 등에 대한 13월상)·대공大功(종형從兄·종자從姉 등에 대한 9월상)·소공小
功(증조부모從祖父母·외조부모外祖父母 등에 대한 5월상)·시마總麻(종증조부모
從曾祖父母·재증조부모再從祖父母 등에 대한 3월상) 등이 있다. 衰의 음은 '최'
이다.

⑦ 之 : 자소齊疏와 복服이 도치되었음을 나타내는 역할을 한다. '복자소服齊
疏'로 놓고 해석하면 될 것이다.

⑧ 飦 : 농도가 된 죽. 미음. 음은 '전'. 『예기禮記』단궁상편檀弓上篇에는 전
饘으로 되어 있다.

⑨ 粥 : 죽. 음은 '죽'.

| 강설 |

등문공이 세자였을 당시 송宋나라에서 맹자를 뵙고 가르침을
받았을 때 매우 감명을 받았으므로, 늘 잊지 않고 있다가 큰 일
을 당하자, 연우를 시켜 맹자에게 물어서 일을 치르기로 작정한
것이다.

"생사지이례生事之以禮, 사장지이례死葬之以禮, 제지이례祭之以
禮"의 열 네 글자는 『논어論語』위정편爲政篇 제5장에 나오는 공
자의 말이지만 같은 내용을 증자도 말하였던 것으로 짐작된
다.

然友反命하여 定爲三年之喪한대 父兄百官이 皆不
연우반명　　　정위삼년지상　　　　부형백관　개불
[1]　　　　　　　　　　　　　　　　　[2]

欲曰吾宗國魯先君도 莫之行하시고 吾先君도 亦莫
욕왈오종국노선군　막지행　　　　오선군　역막
[3]

之行也하시니 至於子之身而反之는 不可하이다 且志
지행야　　　　지어자지신이반지　불가　　　　차지
[4]　　　　　　　　　　　　　　　　　　　　　　　[5]

曰喪祭는 從先祖라하이다 曰吾有所受之也니이다하고
왈상제　종선조　　　　　왈오유소수지야
[6]

謂然友曰吾他日에 未嘗學問이요 好馳馬試劍이러니
위연우왈오타일　미상학문　　　호치마시검

今也에 父兄百官이 不我足也하니 恐其不能盡於大
금야　부형백관　불아족야　　　공기불능진어대
[7]　　　　　　　　　[8]

事하노니 子爲我問孟子하라
사　　　자위아문맹자

| 국역 |

연우가 보고하여 3년상을 하기로 정하자, 부형父兄과 백관百官이
모두 거부하면서 말하기를, "우리의 종주국인 노魯나라의 선군先
君께서도 그것을 하지 않으셨고, 우리의 선군께서도 또한 하지
않으셨으니, 그대의 몸에 이르러 이를 뒤집는 것은 불가不可합니
다. 또 기록에도 '상례喪禮와 제례祭禮는 선조先祖를 따른다'고 했
습니다" 하였다. (이에 세자는) "나는 받은 바가 있습니다" 하고
연우에게 말하였다. "내 지난날에 일찍이 학문을 하지 않고 말달
리기와 칼쓰기를 좋아하였으므로, 지금 부형과 백관들이 나를
만족하게 여기지 않으니, 대사大事에 예禮를 다하지 못할까 염려
스럽다. 자네는 나를 위하여 맹자에게 물어보라."

① 反 : 명령받은 것을 되돌린다는 뜻이므로 결과를 보고한다는 말이다. 반명反命은 복명復命이라고도 한다.

② 父兄 : 동성同姓의 노신老臣들을 말한다.

③ 宗國 : 종주국宗主國. 여기서는 형의 나라라는 뜻이다. 노魯의 시조는 주공周公이고 등滕의 시조는 주공周公의 동생인 숙수叔繡이기 때문에, 노魯를 종국宗國이라 한 것이다.

④ 之 : 뒤의 행行과 도치되어 있다.

⑤ 志 : 옛 기록.

⑥ 曰 : 조기趙岐는 이를 부형백관父兄百官의 말이라는 설과 세자의 말이라는 설을 다 제시하였고, 주자朱子는 전자前者의 설을 취하여 부형백관의 말이라고 하였으나, 문맥상 세자의 말로 보는 것이 좋다.

⑦ 我 : 뒤의 족足과 도치되어 있다.

⑧ 其 : 막연한 추측을 할 때 쓰는 조음소.

| 강설 |

세자가 맹자의 가르침을 받들어 3년상을 하기로 정하자 부형과 백관들이 3년상을 하지 않던 당시의 예를 들어 반대했다. 이에 당황한 세자는, 자기가 마음대로 정한 것이 아니라 맹자의 가르침을 받아서 정한 것이라고 하고서, 연우로 하여금 다시 맹자에게 가서 가르침을 받아오게 한 것이다.

然友復之鄒하여 問孟子한대 孟子曰然하다 不可以他

求者也라 孔子曰君薨커시든 聽於冢宰하나니 歠粥하

고 面深墨하여 卽位而哭이어든 百官有司莫敢不哀는

先之也_라 上有好者_면 下必有甚焉者矣_니 君子之德

⑤ ⑥

은 風也_요 小人之德_은 草也_니 草尙之風_{이면} 必偃_이

⑦

라하시니 是在世子_{하니라} 然友反命_{한대} 世子曰然_{하다}

是誠在我_{라하고} 五月居盧_{하여} 未有命戒_{어늘} 百官族

⑧

人_이 可謂曰知_{라하며} 及至葬_{하여} 四方_이 來觀之_{하더}

⑨

니 顔色之戚_과 哭泣之哀_에 弔者大悅_{하더라}

⑩

| 국역 |

연우가 다시 추鄒에 가서 맹자에게 묻자, 맹자께서 말씀하셨다. "그러하겠다. 그러나 다른 것에서 구할 수 없는 것이다. 공자께서 말씀하시기를, '임금이 죽으면, (세자가 모든 일을 총재冢宰에게 위임하므로 백관들은) 총재에게 명령을 듣는다. 세자가 죽을 마시고 얼굴이 짙은 흑색黑色이 되어 자리에 나아가 곡哭을 하면 백관과 유사들이 감히 슬퍼하지 않음이 없는 것은, (세자가) 먼저 슬퍼하였기 때문이다. 윗사람이 좋아하는 것이 있으면 아랫사람은 반드시 그보다 더 심한 것이 있는 것이다. 군자君子의 덕德은 바람이고 소인小人의 덕德은 풀이니, 풀 위에 바람이 불면 (풀은) 반드시 넘어진다' 하셨으니, 이는 세자에게 달려 있는 것이다." 연우가 보고하자, 세자가 말하기를, "그렇다. 이것은 진실로 나에게 달려 있는 것이다" 하고, 5개월 동안 려막盧幕에 거처하여 명령과 경계를 내리지 않았다. 이에 백관과 종족들이 모

두 일컬어 "(예禮를) 안다"고 하였으며, 장례 때에 이르러 사방의 사람들이 와서 구경하였는데, 얼굴빛을 슬프게 하고 울기를 슬프게 함에, 조문하는 자들이 크게 흡족해 하였다.

| 난자풀이 |

⑴ 日 : 공자의 말이란, 『논어論語』 헌문편憲問篇 제43장의 '군훙君薨, 백관총 기百官總己, 이덕어총재삼년以德於冢宰三年'이라는 말과 안연편顏淵篇 제19 장의 '군자지덕풍君子之德風, 소인지덕초小人之德草, 초상지풍필언草上之風必 偃'이라는 말을 적당히 혼합하여 그 내용을 취한 것이다. 대화 속에서 공 자의 말을 간접 인용한 것이므로, 논문에서 인용하듯 그렇게 정확한 것은 아니다.

⑵ 冢宰 : 오늘날의 국무총리에 해당함. 총재.

⑶ 歠 : '마신다'는 뜻으로 음은 '철'.

⑷ 哭 : '소리내어 운다'는 뜻으로 음은 '곡'. 장례 때에 친족에 해당하는 사람 들은 빈소殯所에 나아가 곡哭을 하게 되어 있다.

⑸ 君子 : 여기서는 관직에 있는 자를 뜻한다.

⑹ 德 : 행동능력.

⑺ 之 : 초상草尙과 풍風이 도치되었음을 나타내는 역할을 한다. '풍어초상風 於草尙'으로 놓고 해석하면 될 것이다.

⑻ 五月 : 5개월. 상례喪禮에 의하면, 천자天子는 죽은 후 7개월 뒤, 제후는 5개월 뒤, 대부大夫는 3개월 뒤, 사士는 1개월 뒤에 매장하도록 되어 있 다. 매장하기 전에는 상주喪主가 중문中門 밖의 동쪽 담장 안에 초막을 짓고 거기에 머물게 되어 있는데, 이 초막을 려廬라 한다.

⑼ 可 : 주자는 이 문장에 탈자나 오자가 있는 것으로 보았으며 가可를 개皆 의 오자로 보기도 하였다. 가可를 개皆로 보면 문맥이 순조롭다.

⑽ 之 : 안색顏色과 척戚의 도치를 나타내는 역할을 한다.

| 강설 |

예禮는 본마음을 표현하는 형식이다. 세자가 평소에는 말 타고 칼 쓰는 것이나 좋아하여 효도孝道를 하지 않다가, 그 아버지가 죽은 후에 유별나게 3년상을 하려는 것은, 마음에서 우러나온 것이 아니라 남에게 효자임을 과시하기 위한 것이 되기 때문에 설득력이 없다. 그리하여 백관과 부형들이 반대한 것인데, 이는 당연한 결과라고 할 수 있다.

남들의 비난을 극복하고 예禮를 제대로 시행하는 방법은, 예禮의 본래의 정신에 맞게 진심에서 우러나오는 마음으로 시행하는 것 외에 다른 방법이 있을 수 없다. 공자의 말씀대로, 상주인 세자가 진실로 슬퍼져 밥이 넘어가지 않고 잠이 오지 않아서 죽을 마시고 얼굴이 검게 된 상태에서 진심으로 슬피 울면, 백관들이나 유사有司들도 따라서 슬퍼할 것이므로 비난할 이유가 없을 것이다.

부형백관들의 비난을 피할 수 있는 방법은 세자가 진심으로 슬퍼하는 마음에 있다.

제
3
장

滕文公이 問爲國한대 孟子曰民事는 不可緩也니
[1]
詩云晝爾于茅하고 宵爾索綯하여 亟其乘屋이오사 其
[2] [3] [4]   [5] [6]   [7]   [8]
始播百穀이라하니 民之爲道也는 有恒產者는 有恒心
[9]
이요 無恒產者는 無恒心이니 苟無恒心이면 放辟邪
侈를 無不爲已니 及陷乎罪然後에 從而刑之면 是는
罔民也니 焉有仁人이 在位하여 罔民而可爲也리오
是故로 賢君은 必恭儉하여 禮下하며 取於民에 有制
니이다 陽虎曰爲富면 不仁也요 爲仁이면 不富矣라하
[10]

256

니이다 夏后氏는 五十而貢하고 殷人은 七十而助하고

[11]

周人은 百畝而徹하니 其實은 皆什一也니 徹者는 徹

[13]

也요 助者는 藉也니이다

| 국역 |

등문공滕文公이 나라 다스리는 것을 묻자, 맹자께서 말씀하셨다. "백성의 일(농사)은 늦출 수 없으니, 『시경詩經』에 이르기를, '낮이면 띠풀을 베어오고 밤이면 새끼를 꼬아 지붕 올리는 것을 빨리하고서 비로소 백곡百穀을 파종한다' 하였습니다. 백성이 살아가는 방법은 일정한 재산이 있는 자는 일정한 마음을 갖지만 일정한 재산을 갖지 못한 자는 일정한 마음을 갖지 못하는 것이니, 진실로 일정한 마음을 갖지 못하면, 방자함·편벽됨·사악함·호화스러움을 하지 아니하는 것이 없으니, 죄罪에 빠지게 된 연후에 좇아가서 벌을 주면 이는 백성을 그물질하는 것입니다. 어떻게 어진 사람이 높은 자리에 있으면서 백성을 그물질하고서 (왕도정치를) 할 수 있겠습니까? 이 때문에 현명한 임금은 반드시 공손하고 절약하여, 아랫사람에게 예우하며 백성에게 취하는 것에 제한을 두는 것입니다. 양호陽虎가 말하기를, '부富를 추구하면 인仁해지지 아니하고, 인仁을 추구하면 부富해지지 아니한다' 하였습니다. 하후씨夏后氏 때에는 오십무五+畝를 경작하고서 공貢을 하였고, 은인殷人들은 칠십무七+畝를 경작하고서 조助를 하였으며, 주인周人들은 백무百畝를 경작하고서 철徹을 하였으니, 기실은 모두 10분의 1이었습니다. 철徹은 거둔다는 뜻이고, 조助는 빌린다는 뜻입니다.

| 난자풀이 |

1 爲 : '다스린다'는 뜻.

2 詩 : 『시경』 빈풍豳風 칠월편七月篇.

3 爾 : '너'라는 뜻으로 해석하지만, 여기서는 어조사로 보는 것이 좋을 듯하다.

4 于 : 가서 취하는 것.

5 索 : '새끼줄'이라는 뜻으로 음은 '삭'.

6 綯 : '새끼 꼰다'는 뜻으로 음은 '도'. '새끼를 꼰다'는 표현은 도삭綯索이 되어야 할 것이지만, 앞의 모茅와 운율을 맞추기 위하여 도綯를 뒤에 놓은 것이다.

7 亟 : '급하게 한다', '서두른다'는 뜻으로 음은 '극'. '자주'라는 뜻일 때는 음이 '기'이다.

8 乘屋 : 이엉을 엮어 지붕 위에 올리는 것. 가을이 오면 낡은 이엉을 걷어 내고 새로운 이엉을 짚이나 갈대 등으로 엮어 지붕 위에 올린다.

9 道 : 행동방식.

10 陽虎 : 양화陽貨라고도 한다. 노魯나라 계손씨季孫氏의 가신家臣이었는데, 『논어論語』에도 등장하지만, 좋은 인물로 평가되지 아니한다. 인물이 훌륭하지 않은 경우라도 가끔은 옳은 말을 하기 때문에, 그 옳은 말을 참고할 수 있다.

11 貢 : 여러 해 동안의 수확량의 평균치를 계산하고, 그것을 기준으로 일정 액의 세액을 부과하는 것.

12 助 : 토지를 정자井字 모양으로 9등분한 후, 가장자리의 여덟 필지를 여덟 사람에게 나누어주어 각각 경작하여 수확물을 모두 갖게 하고, 가운데의 한 필지를 공전公田으로 하여 여덟 사람이 공동으로 경작하고 그 수확물을 세금으로 바치도록 하는 것이 정전법井田法인데, 이때 공전의 수확물을 세금으로 받는 것을 조助라고 한다.

13 徹 : 취한다는 뜻. 철徹은 그해의 수확량의 10분의 1을 과세하는 것. 공貢 과 철徹은 수확량을 기준으로 하여 과세하는 것이므로 원칙적으로 공전이 없어야 할 것이다. 주자朱子는 철徹을 통한다는 뜻으로 보고, 향鄕과 수遂에서는 공법貢法, 도비都鄙에서는 조법助法을 썼으므로, 공貢과 조助가 다 통용되었다는 뜻으로 해석하였다.

세자世子 때부터 맹자를 흠모하였던 등문공이 임금의 자리에 오
르자 맹자에게 정치하는 법을 질문하였다.

인간존재를 구성하는 두 요소는 마음과 몸이므로 이 두 요소
가 어느 하나도 소홀함이 없이 조화를 이루는 것이 이상적인 삶이
므로, 정치의 목적도 이러한 이상적인 삶을 확립하는 데 있을 것
이다. 마음의 삶을 충족시키는 것은 도덕이고 몸의 삶을 충족시키
는 것이 경제이므로, 도덕의 확립과 경제의 건설이 정치의 두 목
적이다. 둘 가운데 더 근본적이고 중요한 것은 도덕의 확립이지
만, 우선시해야 할 것은 경제건설이다. 몸이 원만한 삶을 유지하
지 못하면 도덕의 건설은 불가능하기 때문이다.

따라서 맹자는 등문공에게 정치하는 방법을 설명할 때 먼저
경제적 안정책을 역설하였다.

농민은 가을에 추수를 하고 나면, 새끼를 꼬고 이엉을 만들어 지
붕을 새로 올린 후, 들에 나가 보리·밀 등을 파종해야 하므로 매우
바쁘다. 주자朱子는 파종하는 것을 이듬해 봄의 일로 보았으나 보리·
밀 등은 가을에 파종하므로 역시 가을의 일로 보아야 할 것이다.

일반 백성은 재물을 중시하므로, 일정한 재물이 없으면 불안
하여 무슨 짓이든 하게 된다. 그러므로 정치하는 사람이 백성으로
하여금 일정한 재산을 가질 수 있게 하지 않고서, 백성이 죄를 짓
게 되었을 때 벌을 내리는 것은 마치 물고기를 유인하여 그물로
잡는 것과 같다.

현명한 임금은 백성이 일정한 재산을 가질 수 있도록 세금을
걷을 때 일정한 제한을 두어 그 이상을 걷지 않으며, 설령 백성이
죄에 빠졌을 경우에도 법을 곧이곧대로 적용하지 않고 겸허하게
살펴 예禮에 맞게 처리한다.

龍子曰治地는 莫善於助요 莫不善於貢이니 貢者는
[1]
校數歲之中하여 以爲常하나니 樂歲엔 粒米狼戾하여
多取之而不爲虐이라도 則寡取之하고 凶年엔 糞其田
[2]
而不足이라도 則必取盈焉하나니 爲民父母하여 使民
盼盼然將終歲勤動하여도 不得以養其父母하고 又稱
[3]   [4]
貸而益之하여 使老稚로 轉乎溝壑이면 惡在其爲民
父母也리오하나이다 夫世祿은 滕固行之矣니이다 詩云
[5]
雨我公田하여 遂及我私라하니 惟助에 爲有公田하니
由此觀之컨대 雖周나 亦助也니이다

| 국역 |

용자龍子가 말하기를, '토지를 다스리는 데는 조助를 하는 것보다
더 좋은 것이 없고, 공貢을 하는 것보다 더 좋지 않은 것이 없다'
하였습니다. 공貢이란 몇 년의 중간치를 헤아려 일정한 양量으로
삼는 것이니, (풍년이 들어) 즐거운 해에는 곡식이 낭자하여 많
이 취하여도 포악함이 되지 않을지라도 적게 취하고, 흉년에는
그 밭에 거름 주는 데도 부족하더라도 반드시 (일정량을) 가득
채워서 취하니, 백성의 부모가 되어서 백성으로 하여금 헐떡거
리며 한 해 동안 내내 애쓰고 움직여도 그 부모를 봉양할 수 없
게 하고, 또 대출금에 대한 이자까지 받아 보태어서 늙은이와

어린아이로 하여금 도랑이나 골짜기로 굴러떨어지게 한다면, 백성의 부모가 된 뜻이 어디에 있겠습니까? 대저 세록世祿은 등滕나라가 본시 시행하고 있습니다. 『시경』에 이르기를, '우리 공전에 비를 내려서 드디어 우리 사전私田에 이른다' 하였으니, 오직 조법助法에만 공전을 두게 되는 것이니, 이로써 본다면 비록 주周나라라 하더라도 또한 조법을 쓴 것입니다.

| 난자풀이 |

1 龍子 : 옛날의 현인賢人. 구체적인 것은 알려져 있지 않다.
2 糞 : 원래 똥오줌이라는 뜻이지만 똥오줌으로 거름을 주므로 여기서는 '거름 준다'는 뜻으로 쓰였다. 음은 '분'.
3 盻盻然 : 숨가쁜 모양. 혜盻는 '눈을 흘긴다'는 뜻과 '숨가쁘다'는 뜻이 있다. 음은 '혜'.
4 稱 : '이자를 받는다'는 뜻으로 음은 '칭'.
5 詩 : 『시경』 소아小雅 보전지십甫田之什 대전편大田篇.

| 강설 |

경제정책의 으뜸은 조세제도를 정비하는 것과 관리들의 월급체계를 정비하는 것이다.

조세제도에는 공貢·조助·철徹 세 가지가 있다. 그 중에서 공법貢法은 몇 년간의 수확량 평균치를 조세액으로 산출하기 때문에, 풍년에는 상대적으로 조세액이 적지만 흉년에는 너무 많은데도 정해진 양을 꼭 채워서 징수하고, 양을 채우지 못한 백성들에게 대출을 해주고 이자까지 받으니 백성의 고통이 막심하므로 좋은 조세제도가 아니다. 조법은 사전의 10분의 1에 해당하는 공전을 공동으로 경작하여 그 수확량을 세금으로 납부하는 제도인데, 공전을 공동으로 경작하기 때문에 친목에 도움이 되는 등 장점이 많다.

관리들의 월급체계를 살펴보면, 공신功臣들에게는 대대로 급

료를 주는 세록제世祿制가 중요한데 이는 등滕이 이미 시행하고 있으니, 문제될 것이 없다. 조세제도 중 조법만 실시하면 될 것이다. 주대周代에는 철법徹法을 사용하였다고 하지만, 공전이라는 말을 쓰고 있는 시詩가 있는 것을 보면 역시 조법도 실시하고 있었음을 알 수 있다.

設爲庠序學校하여 以敎之하니 庠者는 養也요 校者
는 敎也요 序者는 射也라 夏曰校요 殷曰序요 周曰
庠이요 學則三代共之하니 皆所以明人倫也라 人倫이
明於上이면 小民이 親於下니이다 有王者起면 必來
取法하리니 是爲王者師也니이다 詩云周雖舊邦이나
其命維新이라하니 文王之謂也니 子力行之하시면 亦
以新子之國하시리이다

| 국역 |

상庠·서序·학學·교校를 설치하여 (백성들을) 가르쳤으니, 상庠은 기른다는 뜻이고, 교校는 가르친다는 뜻이며, 서序는 활을 쏜다는 뜻입니다. 하夏나라에서는 교校라 하였으며, 은殷나라에서는 서序라 하였으며, 주周나라에서는 상庠이라 하였으며 학學은 삼대三代가 공통이었으니, 모두 인륜人倫을 밝히기 위한 것이었습니다. 인륜人倫이 위에서 밝아지면 소민小民들이 아래에서 한마음이 됩니다.

왕업王業을 이룰 자가 나타남이 있으면 반드시 와서 이 법法을 취할 것이니, 이는 왕업을 이룰 자의 스승이 되는 것입니다. 『시경』에 이르기를, '주周나라가 비록 오래된 나라이나 그 정치이념이 계속 새롭다' 하였으니, 문왕文王을 말한 것입니다. 당신이 힘써 행하신 다면 또한 이로써 당신의 나라를 새롭게 할 수 있을 것입니다."

| 난자풀이 |

① 庠 : '학교'라는 뜻으로 음은 '상'.
② 詩 : 『시경』 대아大雅 문왕지십文王之什 중의 문왕편文王篇.

| 강설 |

정치의 두 가지 역할은 도덕의 확립과 경제의 건설이다. 이 중에서 경제의 건설이 시급하므로 맹자는 먼저 경제건설에 관하여 설명한 다음 도덕의 확립에 대해 언급하였다.

인륜이 정치를 담당하는 사람이나 지식인들에게 밝혀져서 실현된다면, 윗사람은 아랫사람을 아랫사람으로 여기거나 착취 대상으로 삼지 않고 자기의 자녀처럼 사랑하게 될 것이며, 그렇게 되면 아랫사람은 윗사람을 지배자로 생각하지 않고 은인으로 생각할 것이므로 온 국민이 한마음 한뜻이 되어 크게 조화를 이루게 될 것이다.

위의 『시경』에 있는 내용은, 『대학大學』의 전이장傳二章에도 나오는데, 『대학·중용강설大學·中庸講說』에서 자세히 설명하였으므로 여기서는 생략하기로 한다.

使畢戰으로 問井地한대 孟子曰子之君이 將行仁政하

여 選擇而使子하시니 子必勉之어다 夫仁政은 必自

經界始니 經界不正이면 井地不均하며 穀祿不平하리

니 是故로 暴君汚吏는 必慢其經界하나니 經界旣正

이면 分田制祿은 可坐而定也니라 夫滕이 壤地褊小

하나 將爲君子焉이며 將爲野人焉이니 無君子면 莫

治野人이요 無野人이면 莫養君子니라 請野에 九一

而助하고 國中에 什一하여 使自賦하라 卿以下는 必

有圭田하니 圭田은 五十畝니라 餘夫는 二十五畝니라

死徙라도 無出鄕이면 鄕田同井이 出入에 相友하며

守望에 相助하며 疾病에 相扶持하리니 則百姓이 親

睦하리라 方里而井이니 井九百畝니 其中이 爲公田이

라 八家皆私百畝하여 同養公田하여 公事畢然後에

敢治私事하니 所以別野人也니라 此其大略也니 若

夫潤澤之則在君與子矣니라

(등문공이) 필전畢戰을 시켜 정지井地(정전법井田法)를 묻자, 맹자께 서 말씀하셨다. "자네의 임금이 장차 인정仁政을 행하고자 하여 자네를 선택하여 보낸 것이니, 자네는 반드시 힘쓸지어다. 인정 은 반드시 (토지의) 경계를 다스리는 데서부터 시작되는 것이니, 경계가 바르지 않으면 정지가 균등하지 아니하며, 곡록穀祿이 공 평하지 아니할 것이니, 이 때문에 폭군과 더러운 관리들은 반드 시 그 경계를 다스리는 일을 게을리 한다. 경계가 바르게 되고 나면 토지를 나누고 곡록을 제정하는 일은 앉아서 정할 수 있다. 등滕나라는 국토가 좁고 작으나 또한 군자君子의 지위에 있는 사 람이 있고 또한 야인野人으로 사는 사람이 있으니, 군자가 없으면 야인을 다스리지 못하고, 야인이 없으면 군자를 봉양하지 못한 다. 청컨대, 지방에서는 아홉에 하나를 징수하되 조법을 쓰고, 서울에서는 열에 하나를 징수하되 스스로 납부하게 하라. 경卿 이하는 규전이 있었으니 규전圭田은 오십묘五十畝였으며, 여부餘夫 에게는 이십오묘二十五畝를 주었다. 죽거나 이사를 가더라도 고향 을 벗어남이 없으면, 고향땅에서 정지를 함께 하는 자들이 출입 할 때에 서로 벗하며, 지키고 망볼 때에 서로 도우며, 질병이 있 을 때에 서로 돌볼 것이니, 그렇게 되면 백성들이 친목하게 될 것이다. 사방 1리가 되면 정지가 되는 것이니, 구백묘九百畝를 정 자井字로 나누어 그 한가운데가 공전이 된다. 여덟 집에서 모두 백묘百畝씩을 사전으로 받는데, 함께 공전을 가꾸어 공전의 일이 끝난 뒤에 감히 사전의 일을 다스리게 되는 것이니 군자와 야인 을 구별하기 위한 것이다. 이것이 그 대략이다. 보충하고 응용하 는 것은 임금과 자네에게 달려 있다."

| 난자풀이 |

1. 畢戰 : 등문공의 신하.

2. 選擇 : 선택選擇의 목적어는 자子인데, 뒤의 사使의 목적어와 중복되어 있으므로 생략되었다. 한문漢文에서는 목적어를 나중에 말하므로 앞의 목적어를 생략하였지만, 우리말에서는 목적어를 먼저 말하기 때문에 목적어를 앞에 넣어서 해석하는 것이 좋다.

3. 將 : '또한'으로 번역하는 것이 좋다.

4. 君子 : 이때의 군자는 야인의 반대말로서 정치를 담당하는 자를 말한다.

5. 國 : '서울'이라는 뜻이다. '나라'라는 뜻도 있지만 고문古文에서는 '서울'이라는 뜻으로 많이 쓰였다.

6. 圭田 : 제사에 쓰는 음식을 장만하기 위한 토지를 의미한다. 규圭는 결潔이라는 뜻이다.

7. 餘夫 : 가족 내의 16세 이상의 미혼 남자. 결혼하여 가정을 갖게 되면 독립하여 따로 백묘를 받게 된다.

8. 別 : 구별하는 대상은 두 가지 이상이어야 하므로 별別 다음에 '군자여君子與'라는 세 글자가 생략된 것으로 볼 수 있다.

9. 潤澤 : '기름칠한다'는 뜻이므로, 여기서는 '보충하고 응용한다'고 해석하면 될 것이다.

| 강설 |

경계를 분명하게 하지 않으면 불공평해질 수 있고, 분란이 생길 가능성도 커진다. 백성을 배반하는 행정가라면 토지의 넓이를 속여서 그만큼 더 수탈할 수도 있다. 백성을 잘 살게 하는 것을 목적으로 하는 인정은 경계를 분명히 하는 데서부터 시작된다고 할 수 있다. 경계가 분명하면 토지정책은 가만히 앉아서 서류만 가지고도 해나갈 수 있을 것이다.

농민이 있어야 농민이 낸 세금으로 공무를 운영할 수 있고 공무원에게 급여를 줄 수 있다. 또한 공무원이 있어야 정치를 할 수 있으므로 세금을 징수하는 것과 월급을 주는 것이 경계를 분명히 하는 것 다음으로 중요하다. 먼 지방에 있는 농민은 9분의 1의 세금을 징수하되 조법을 쓰고, 서울 가까이에 있는 농민은 가까우므로 직접 납부하게 하되, 납부하는데 드는 비용을 절감하여 10분의 1의 세금을 징수하면 될 것이다. 먼 지방에 있는 백성들은 어진 정치의 영향을 적게 받기 때문에 친화력이 약화되기 쉬우므로 조법을 쓰면 공동으로 작업하게 되어 서로 친화하는 데 도움이 된다.

경卿 이하의 관직에 있는 사람은 제사에 드는 비용이 많기 때문에, 월급 이외에 규전을 주어 제사의 비용을 충당하게 하는 것이 좋다.

인정을 베풀어 살기 좋아지면 백성이 고향을 등지는 경우가 없어질 것이므로, 그렇게 되면 서로 친하게 될 것이다.

또 농사를 지을 때는 공전을 먼저 다스리게 할 것이니 그것은 공적公的인 일을 앞세우는 습관을 갖도록 하는 것이다. 그래야 공공의 질서가 잡히기 때문이다.

제4장

有爲神農之言者許行이 自楚之滕하여 踵門而告文公
유위신농지언자허행 자초지등 종문이고문공
[1] [2] [3] [4]

曰遠方之人이 聞君行仁政하고 願受一廛而爲氓하노이
왈원방지인 문군행인정 원수일전이위맹
[5] [6] [7]

다한대 文公이 與之處하니 其徒數十人이 皆衣褐하고
문공 여지처 기도수십인 개의갈
[8] [9] [10]

捆屨織席하여 以爲食하더라 陳良之徒陳相이 與其弟
곤구직석 이위식 진량지도진상 여기제
[11] [12] [13]

辛으로 負耒耜而自宋之滕하여 曰聞君行聖人之政하니
신 부뢰사이자송지등 왈문군행성인지정
[14] [15]

是亦聖人也시니 願爲聖人氓하노이다하니라 陳相이 見
시역성인야 원위성인맹 진상 견

許行이대열 진기기학이학언 진상 현맹
許行而大悅하여 盡棄其學而學焉이러니 陳相이 見孟

자 도허행지언왈등군즉성현군야 수연
子하여 道許行之言曰滕君則誠賢君也어니와 雖然이나

미문도야 현자 여민병경이식 옹손이치
未聞道也로다 賢者는 與民並耕而食하며 饔飧而治하
⑯ ⑰

금야등유창름부고즉시려민이이자양야 오득
나니 今也滕有倉廩府庫則是厲民而以自養也니 惡得
⑱ ⑲

현
賢이리오

| 국역 |

신농神農의 말을 실천하는 자인 허행許行이 초楚나라에서 등滕나
라로 가서 (궁궐의) 문에 다달아 문공文公에게 아뢰기를, "먼 곳
사람이 임금께서 인정仁政을 행하신다는 말을 듣고, 집 자리 하
나를 받아 백성이 되기를 원합니다" 하자, 문공이 그에게 거처할
곳을 주니, 그 제자 수십 명이 모두 갈옷을 입고는 신을 삼고 자
리를 짜서, 그것으로 양식을 마련하였다. 진량陳良의 제자 진상陳
相이 그의 아우 신辛과 함께 쟁기를 지고서 송宋나라에서 등滕나
라로 가서 말하기를, "임금께서 성인聖人의 정치를 행하신다고
들었으니, 이 또한 성인이시니 성인의 백성이 되기를 원합니다"
하였다. 진상이 허행을 보고 크게 기뻐하여, 자기가 배운 것을
다 버리고 그에게 배우더니, 진상이 맹자를 보고서 허행의 말로
써 거론하기를, "등滕나라의 임금은 진실로 현군賢君입니다. 비록
그러하나 아직 도道를 듣지는 못했습니다. 현자賢者는 백성들과
더불어 함께 밭 갈아서 먹으며, 손수 밥지어 먹으면서 다스립니
다. 지금 등滕나라에는 창름倉廩과 부고府庫가 있으니 이는 백성

을 괴롭혀서 자기를 봉양하는 것이니, 어떻게 어질 수 있겠습니까?" 하였다.

| 난자풀이 |

① 神農 : 처음으로 백성들에게 농사법을 가르쳤다고 하는 고대의 염제炎帝 신농씨神農氏를 말한다. 후대에 그를 받들고 농업을 중시하는 학파가 형성되었는데 이를 농가학파農家學派라 한다.

② 許行 : 허許는 성, 행行은 이름.

③ 自 : ~으로부터. ~에서.

④ 踵 : '발꿈치'라는 뜻으로 음은 '종'인데, 여기서는 동사로 쓰였으므로 '발꿈치가 닿았다' 즉 '다달았다'는 뜻이다.

⑤ 一 : 한문漢文에서는 명사의 수를 표시하는 말이 명사 앞에 와서 '한 권의 책', '두 잔의 커피' 등으로 표현하지만, 우리말에서는 '책 한 권', '커피 두 잔' 등에서와 같이 수를 표시하는 말이 뒤에 오므로, 여기서도 뒤에 붙여서 해석하는 것이 좋다.

⑥ 廛 : 거주하는 자리. 음은 '전'.

⑦ 氓 : '백성'이라는 뜻으로 음은 '맹'.

⑧ 之 : 여기서는 허행許行을 지칭하는 대명사로 쓰였다.

⑨ 徒 : 제자.

⑩ 褐 : 굵은 베나 거친 털가죽으로 만든 옷. 음은 '갈'.

⑪ 捆 : 신을 삼는다는 뜻. 음은 '곤'.

⑫ 陳良 : 초楚나라에 있었던 유가학파儒家學派 중의 한 사람.

⑬ 陳相 : 진량陳良의 제자.

⑭ 耒 : '쟁기자루'라는 뜻으로 음은 '뢰'.

⑮ 耜 : '보습'이라는 뜻으로 음은 '사'. 뢰사耒耜는 쟁기를 말한다.

⑯ 饔 : '아침밥'이라는 뜻으로 음은 '옹'.

⑰ 飧 : '저녁밥'이라는 뜻으로 음은 '손'. 옹손饔飧은 손수 밥을 짓는다는 뜻이다.

⑱ 以 : 이以의 목적어는 려민厲民이다.

⑲ 自 : 양養의 목적어이지만 강조되어 앞으로 나왔다.

등문공騰文公이 맹자에게 영향을 받아 훌륭한 정치를 하자 현자들이 사방에서 몰려왔는데, 그 중에서 유가儒家인 진상이 농가農家인 허행에게 감화되어, 농가로 변신하여 맹자에게 질문한 것이다.

孟子曰許子는 必種粟而後에 食乎아 曰然하다 許子
[1]

는 必織布而後에 衣乎아 曰否라 許子는 衣褐이니라

許子는 冠乎아 曰冠이니라 曰奚冠고 曰冠素니라 曰
[2]　　　　　　　　　　　　[3]　　　　[4]

自織之與아 曰否라 以粟易之니라 曰許子는 奚爲不
[5]

自織고 曰害於耕이니라 曰許子는 以釜甑爨하며 以
[6]

鐵耕乎아 曰然하다 自爲之與아 曰否라 以粟易之니
[7]

라 以粟易械器者는 不爲厲陶冶니 陶冶亦以其械器
[8][9]　　　　　[10][11]

易粟者이 豈爲厲農夫哉리오 且許子는 何不爲陶冶

舍하여 皆取諸其宮中而用之하고 何爲紛紛然與百工
[12]　　[13]　　　　　　　　　　[14][15]

交易고 何許子之不憚煩고 曰百工之事는 固不可耕
[16]

且爲也니라
[17]

맹자께서 말씀하셨다. "허자許子는 반드시 곡식을 심은 뒤에 먹는가?" "그렇습니다." "허자는 반드시 베를 짠 뒤에 입는가?" "아닙니다. 허자는 갈옷을 입습니다." "허자는 모자를 쓰는가?" "씁니다." "무엇을 쓰는가?" "흰 비단으로 된 모자를 씁니다." "스스로 그것을 짜는가?" "아닙니다. 곡식을 가지고 바꿉니다." "허자는 무엇 때문에 스스로 짜지 아니하는가?" "밭갈이에 방해되기 때문입니다." "허자는 가마솥과 시루로써 밥을 지으며, 철기鐵器로써 밭을 가는가?" "그렇습니다." "스스로 그것을 만드는가?" "아닙니다. 곡식을 가지고 바꿉니다." "곡식을 가지고 연장이나 그릇과 바꾸는 것은 질그릇 굽는 자나 대장장이를 괴롭히는 것이 되지 아니하니, 질그릇 굽는 사람이나 대장장이 또한 그 연장이나 그릇을 가지고 곡식과 바꾸는 것이 어찌 농부를 괴롭히는 것이 되겠는가? 또 허자는 어찌 질그릇 굽고 풀무질을 하는 집을 지어 모두 자기 집 안에서 그것을 만들어서 쓰지 아니하고, 무엇 때문에 어지러이 백공百工들과 교역하는가? 어찌하여 허자는 번거로움을 꺼리지 아니하는가?" "백공의 일은 본시 밭 갈면서 할 수는 없습니다."

| 난자풀이 |

1 許子 : 허행許行을 말함.
2 冠 : '모자를 쓴다'는 뜻의 동사.
3 奚 : 관冠의 목적어. 의문대명사이므로 앞으로 나왔다.
4 素 : 흰 비단으로 만든 모자.
5 奚 : 위爲의 목적어. 의문대명사이므로 앞으로 나왔다.
6 爨 : '불을 때어 밥을 짓는다'는 뜻. 음은 '찬'.
7 鐵 : 쇠붙이로 만든 연장.

8 械 : 연장.

9 器 : 그릇.

10 陶 : 질그릇을 굽는 사람.

11 冶 : 대장장이.

12 舍 : 지止와 통용되어, '다만' 또는 '~에 그친다'는 뜻으로 쓸 때는 사술를 '도야陶冶'와 떼어 뒤의 '개皆'와 붙이지만, 사술를 위에 붙이면 '도야사陶冶舍', 즉 질그릇 굽고 풀무질하는 집이라는 뜻으로 해석한다.

13 諸 : 지어之於의 뜻.

14 何 : 위爲의 목적어. 의문대명사이므로 앞으로 나왔다.

15 紛紛然 : 어지러운 모양.

16 之 : 주격조사.

17 且 : '~하면서'라는 뜻의 접속사.

| 강설 |

자기가 쓰는 물건을 모두 직접 만들어서 쓰고 먹는 것을 모두 직접 만들어서 먹는 것은 불가능하므로 필요한 것을 교환하는 것은 당연한 일이다.

然則治天下는 獨可耕且爲與아 有大人之事하고 有
小人之事하니 且一人之身而百工之所爲備하여 如必
自爲而後用之면 是는 率天下而路也니라 故曰或勞
心하며 或勞力이니 勞心者는 治人하고 勞力者는 治
於人이라하니 治於人者는 食人하고 治人者는 食於人
이 天下之通義也니라

"그렇다면 천하天下를 다스리는 것만은 유독 밭 갈면서 할 수 있
는 것인가? 대인大人의 일(정치·교육 등)이 있고, 소인小人의 일(농
업·어업 등)이 있으니, 또한 한 사람의 몸으로서 모든 기술자가
하는 것(능력)을 갖추어서 만약 반드시 스스로 만든 연후에 쓰게
한다면 이는 천하의 사람을 이끌어 길에 내놓는 것이다. 그러므
로 이르기를, '혹 마음을 쓰는 경우가 있고, 혹 힘을 쓰는 경우
가 있으니, 마음을 쓰는 자는 남을 다스리고, 힘을 쓰는 자는 남
에게 다스림을 받는다' 하였다. 남에게 다스림을 받는 자는 남을
먹여주고, 남을 다스리는 자는 남에게서 먹여지는 것이니, 천하
의 공통된 도리이다.

| 난자풀이 |

① 大人 : 여기서는 정신노동을 하는 자를 이름.
② 備 : '갖춘다'는 뜻의 타동사인데 목적어는 앞의 백공지사百工之事이다. 백
　　공百工은 모든 기술자를 뜻한다.
③ 食 : '먹여준다'는 뜻의 사역동사인데, 이때는 음이 '사'이다.
④ 食 : '먹여진다'는 뜻의 피동형을 나타내는 동사인데, 이때도 음이 '사'이
　　다.

| 강설 |

농사를 지으면서 다른 기술자들의 일을 겸할 수 없듯이, 정치
나 교육 등 마음을 쓰는 일도 다른 일과 겸할 수 있을 만큼 가
벼운 것이 아니다.

當堯^{당요}之時^{지시}하여 天下^{천하}猶未平^{유미평}하여 洪水^{홍수}橫流^{횡류}하여 氾濫於^{범람어}
[1]

天下^{천하}하여 草木^{초목}暢茂^{창무}하며 禽獸^{금수}繁殖^{번식}하여 五穀不登^{오곡부등}하며
[2]

禽獸偪人^{금수핍인}하여 獸蹄鳥跡之道交於^{수제조적지도교어}中國^{중국}이어늘 堯獨憂^{요독우}
[3]   [4]

之^지하사 擧舜而敷治焉^{거순이부치언}하시니 舜^순이 使益掌火^{사익장화}하신대 益^익
[5]

이 烈山澤而焚之^{열산택이분지}하여 禽獸逃匿^{금수도닉}이어늘 禹疏九河^{우소구하}하시

되 瀹濟漯而注諸海^{약제탑이주저해}하시며 決汝漢^{결여한}하시며 排淮泗而注^{배회사이주}
[6] [7]   [8]

之江^{지강}하시니 然後^{연후}에 中國^{중국}이 可得而食也^{가득이식야}하니 當是時^{당시시}

也^야하여 禹八年於外^{우팔년어외}에 三過其門而不入^{삼과기문이불입}하시니 雖欲耕^{수욕경}

이나 得乎^{득호}아

| 국역 |

요堯의 시대에 천하가 여전히 평정되지 못해서, 큰 물이 옆으로
흘러 천하에 범람하여 초목이 번창하고 무성하며, 금수禽獸가 번
식하여 오곡이 익지 못하며, 금수가 사람을 핍박하여 짐승의 발
자국과 새의 발자국으로 생긴 길이 나라 한가운데에서 교차하거
늘, 요堯가 홀로 이를 걱정하시어 순舜을 등용하여 다스림을 펴
게 하시니, 순舜이 익益으로 하여금 불을 담당하게 하셨는데, 익
益이 산과 늪에 불을 질러 태우자, 금수가 도망하여 숨었다. 우禹
가 구하九河(모든 강)를 소통하되, 제수濟水와 탑수漯水를 터서 바
다로 흘려보내고, 여수汝水와 한수漢水를 트고, 회수淮水와 사수泗

274

水의 물을 뽑아 강강으로 흘려보내시니, 그런 뒤에 나라의 한가운데는 (곡식을) 얻어서 먹을 수가 있었다. 이때에 우禹가 8년 동안 바깥에 있으면서 세 번이나 자기 집의 문을 지나가면서 들어가지 못했으니, 비록 밭을 갈고자 하나 할 수 있었겠는가?

| 난자풀이 |

① 猶 : '오히려', '여전히', '그래도' 등의 뜻인데, 여기서는 '여전히'로 번역하는 것이 좋다.

② 登 : '익는다'는 뜻.

③ 偪 : '핍박한다'는 뜻.

④ 中國 : 나라의 한가운데.

⑤ 益 : 순舜의 신하.

⑥ 瀹 : '소통한다'는 뜻으로 음은 '약'.

⑦ 潔 : 산동성山東省 임평현荏平縣에서 발원하여 동북으로 흐르는 도해하徒骸河의 지류支流. 음은 '탑'.

⑧ 諸 : 지어之於의 뜻.

| 강설 |

정치하는 것이 매우 바빠서 농사를 지으면서 할 수 없음을 우禹의 예를 들어 설명한 것이다.

지금의 지도를 보면, 오직 한수만이 양자강으로 들어갈 뿐이고, 여수와 사수는 회수로 들어가고, 회수는 따로 바다로 들어간다. 여汝·한漢·회淮·사泗가 모두 양자강으로 들어간다고 말한 것은 잘못된 것이다.

后稷[1]이 教民稼穡[2][3][4]하여 樹藝五穀[5][6]한대 五穀熟而民人

育하니 人之有道也[7]에 飽食煖衣하여 逸居而無教則

近於禽獸일새 聖人이 有憂之[8]하사 使契爲司徒[9]하여

教以人倫하시니 父子有親하며 君臣有義하며 夫婦有

別하며 長幼有序하며 朋友有信이니라 放勳曰勞之來[10]

之하며 匡之直之하며 輔之翼之하여 使自得之하고 又

從而振德之[11][12]라하시니 聖人之憂民이 如此하시니 而暇

耕乎아

| 국역 |

후직后稷이 백성들에게 곡식을 심고 거두는 일을 가르쳐서 오곡
을 심고 기르게 하니, 오곡이 익고 민인民人이 길러졌다. 사람은
도道를 가지고 있어야 한다. 먹는 것을 배불리 하고 입는 것을
따뜻하게 하여 편안히 거처하고 가르침이 없다면 금수에 가까워
진다. 성인聖人이 이를 근심함이 있어서 설契을 사도司徒로 삼아
인륜人倫을 가르쳤으니, 부자父子간에는 친親함이 있으며, 군신君
臣간에는 의義로움이 있으며, 부부夫婦간에는 구별함이 있으며,
장유長幼간에는 차례가 있으며, 붕우朋友간에는 믿음이 있는 것이
었다. 방훈放勳이 말씀하시기를, '위로하고 오게 하며, 바로잡아
주고 펴주며, 도와주고 가리워주어 스스로 얻게 하고 또 더 나

아가 떨쳐 일어나 실천하게 한다' 하셨으니, 성인이 백성을 걱정함이 이와 같으니, 밭 갈 틈을 낼 수 있겠는가?

| 난자풀이 |

[1] 后稷 : 농업을 관장하는 관리. 지금의 농림부장관에 해당한다. 주周의 선조先祖인 기棄가 후직이었다고 한다.

[2] 教 : '~에게 ~을 가르쳐 ~을 하게 한다'는 뜻이므로 사역형의 문장을 만들 수 있다.

[3] 稼 : '곡식을 심는다'는 뜻.

[4] 穡 : '곡식을 거둔다'는 뜻. 가색稼穡은 '곡식을 심고 거둔다'는 뜻이므로 '농사일'을 의미한다.

[5] 樹 : '심는다'는 뜻으로 음은 '수'.

[6] 藝 : '심는다'는 뜻으로 음은 '예'.

[7] 之 : 주격조사.

[8] 契 : 舜임금의 신하. 음은 '설'. 은殷의 선조라고 일컫는다.

[9] 司徒 : 교육을 관장하던 관직. 지금의 교육부장관에 해당한다.

[10] 放勳 : 요堯임금의 이름.

[11] 從 : 타동사이므로 목적어인 지之를 동반해야 하지만, 뒤의 '진덕지振德之'에 지之가 붙어 있으므로 생략한 것이다.

[12] 德 : 본래 '본마음을 실천하는 능력'이라는 뜻이므로, 여기서는 '실천하게 한다'로 번역하는 것이 좋을 것이다.

| 강설 |

정치·교육 등을 담당하는 일이 농사일을 겸할 수 있을 정도로 한가한 것이 아니라는 것을 후직·사도·요堯의 예를 들어 설명한 것이다.

부자유친父子有親, 군신유의君臣有義, 부부유별夫婦有別, 장유유서長幼有序, 붕우유신朋友有信은 이른바 오륜五倫인데 이에 대해서는 『논어강설論語講說』 학이편學而篇 제1장에서 자세히 설명하였으므로 생략하기로 한다.

요堯임금의 정치방법은, 정치하는 사람이 백성들에게 참다운 삶을 직접 제시하여 주입시키는 것이 아니라, 백성들 스스로가 참다운 삶을 터득하도록 하되, 부족한 부분을 뒤에서 보조해주는 역할만을 하고, 또 백성들이 참다운 삶을 터득하였을 때는 그것을 분발하여 실천할 수 있도록 유도하는 정도에서 그치는 것이다.

堯는 以不得舜으로 爲己憂하시고 舜은 以不得禹皐 [1]
陶로 爲己憂하시니 夫以百畝之不易로 爲己憂者는 [2]
農夫也니라 分人以財를 謂之惠요 教人以善을 謂之
忠이요 爲天下得人者를 謂之仁이니 是故로 以天下
與人은 易하고 爲天下得人은 難하니라 孔子曰大哉라
堯之爲君이여 惟天이 爲大어늘 惟堯則之하시니 蕩蕩 [3]
乎民無能名焉이로다 君哉라 舜也여 巍巍乎有天下 [4]
而不與焉이라하시니 堯舜之治天下에 豈無所用其心 [5][6]
哉리오마는 亦不用於耕耳니라

| 국역 |

요堯는 순舜을 얻지 못함을 자기의 근심으로 삼으셨고, 순舜은 우禹와 고요皐陶를 얻지 못함을 자기의 근심으로 삼으셨으니, 백묘百畝가 다스려지지 못함을 자기의 금심으로 삼는 자는 농부農夫이다. 남에게 재물을 나누어주는 것을 혜惠라 이르고, 남에게 선善을 가르쳐주는 것을 충忠이라 이르며, 천하 사람들을 위

278

하여 인재를 얻는 것을 인仁이라 이른다. 이 때문에 천하를 가지고 남에게 주는 것은 쉽고, 천하를 위하여 사람(후계자)을 얻는 것은 어렵다. 공자께서 말씀하시기를, '위대하도다. 요堯의 임금노릇하심이여! 오직 하늘만이 위대하거늘 오직 요堯임금만이 이를 본받으셨으니, 넓고 커서 백성들이 이름 붙일 수가 없도다. 임금답도다, 순舜이여! 우뚝하여 천하를 소유하고도 거기에 관여하지 않았다' 하셨으니, 요순堯舜이 천하를 다스림에 어찌 마음을 쓰신 바가 없겠는가마는, 역시 밭 가는 데는 쓰지 않으셨다.

| 난자풀이 |

① 皐陶 : 순舜임금의 신하. 형벌을 관장하였다. 우리말의 음은 '고요'.
② 易 : '다스린다'는 뜻으로 음은 '이'.
③ 蕩蕩乎 : 넓고 큰 모양.
④ 巍巍乎 : 우뚝한 모양.
⑤ 與 : '관여한다'는 뜻으로 음은 '여'.
⑥ 焉 : 장소를 나타내는 경우가 많으므로 '거기에'라고 번역하는 것이 좋다.

| 강설 |

정치의 역할은 우선 백성을 경제적으로 부유하게 하는 것이고, 다음으로 도덕적인 삶을 영위하도록 하는 것이다. 이러한 정치의 역할을 지속시키기 위해서는 그 역할을 담당할 수 있는 후계자를 찾아내야 한다. 경제적 부의 증진, 도덕의 확립, 후계자 양성 등의 일까지 해야 하기 때문에 직접 농사를 지을 수 있을 정도로 한가하지 않다.

충忠이란 중심中心, 즉 속에 있는 진실된 마음이다. 진실하지 못한 사람은 자기의 이익을 위해서 남을 해치기도 하고, 남에게 나쁜 일을 시키기도 하며, 남을 이용하기도 하지만, 진실된 사람은 자기 이익을 위하여 남을 이용하거나 남을 해롭게 만들지 않는다. 남을 착하게 만드는 것을 충忠이라 한다.

인仁은 남과 나를 하나로 여기는 마음이므로, 인仁을 실천하는 사람은 자기 입장에서 판단하지 않고 전체의 입장에서 판단한다. 따라서 인仁을 실천하는 사람은 대표자를 선출할 때 자기가 해야 된다든지 자기 아들을 시켜야 된다는 등 자기중심적인 욕심을 부리지 않고 전체의 입장에서 누가 가장 적임자인가를 찾아내는 데 주력할 것이다. 그러므로 천하를 위하여 사람을 얻는 것을 인仁이라 한 것이다.

적임자를 찾아내는 일은 매우 어렵지만, 일단 적임자를 찾아 놓으면 모든 백성이 그를 따를 것이므로 그에게 권력을 이양하는 데 부작용이 따르지 않을 것이다. 그러므로 쉽다고 한 것이다.

이름 붙일 수 있는 것은 다른 것과 구별되는 것에 한한다. 하느님과 같이 다른 것과 구별되지 않는 유일자唯一者의 모습은 표현하기 어렵다. 따라서 하늘을 본받아 백성을 자신처럼 여기고 사랑한 요堯임금의 훌륭한 점은 다른 것과 비교될 수 없기 때문에 표현할 수 없다고 한 것이다.

인仁을 실천하는 사람은 남과 자기를 하나로 생각하기 때문에, 왕이 되더라도 남을 지배한다는 의식을 갖지 못한다. 그러므로 순舜은 모든 백성 위에 군림하면서도 백성을 지배한다는 의식을 갖지 않았다.

요순처럼 백성과 하나되어 백성을 인도하였던 훌륭한 임금은 백성의 일을 두루 살피고 마음을 쓰지만, 직접 밭을 갈 정도로 여유가 있었던 것은 아니다.

```
오 문 용 하 변 이 자     미 문 변 어 이 자 야      진 량    초
吾聞用夏變夷者요  未聞變於夷者也로라  陳良은  楚
  ① ② ③
  산 야    열 주 공 중 니 지 도       북 학 어 중 국        북 방
産也나  悅周公仲尼之道하여  北學於中國이어늘  北方
                                      ④
  지 학 자    미 능 혹 지 선 야       피 소 위 호 걸 지 사 야
之學者이  未能或之先也하니  彼所謂豪傑之士也라
          ⑤                      ⑥
  자 지 형 제 사 지 수 십 년        사 사 이 수 배 지
子之兄弟事之數十年이라가  師死而遂倍之온여
```

| 국역 |

나는 중화中華의 법을 가지고 오랑캐의 법을 변화시킨다는 것은 들었으나, 오랑캐에게 변화를 당했다는 것은 듣지 못했다. 진량陳良은 초楚나라 태생이니, 주공周公·중니仲尼의 도道를 좋아하여 서울에 가서 북쪽의 공부를 하였는데, 북방의 학자들이 간혹이라도 그를 앞설 수 없었으니, 그는 이른바 굳세고 걸출한 선비이다. 자네 형제가 수십 년 섬기다가 스승이 죽자 드디어 배반하는구나!

| 난자풀이 |

① 用 : 以이와 통용.
② 夏 : 변방에 대한 상대개념으로서 중원中原지방을 말함.
③ 夷 : 원래는 동부지역에 살고 있었던 사람들과 그 나라를 일컫는 고유명사였으나, 전국시대에는 변방을 일컫는 말로 일반화되었다. 주周는 은殷을 멸망시키고 성립한 나라인데, 은殷이 이夷의 문화를 근거로 한 나라이므로, 은殷의 문화를 격하시키기 위한 의도에서 이夷를 변방지역 또는 오랑캐 등의 의미로 쓴 것이 아닌가 생각된다. 맹자 또한 당시에 일반화된 용어를 쓸 수밖에 없었을 것이다.
④ 中國 : 수도, 즉 서울이라는 뜻이다.

6 之 : 명사를 수식하는 말이 두 글자 이상일 때 수식하는 말과 명사 사이
에 쓰는 조음소.

| 강설 |

문화의 수준은 낮은 데서 높은 데로 발전해가는 것이 일반적인
데, 진상이 유학儒學을 버리고 농가의 학설을 추종한 것은 이와
반대인 것이다.

昔者에 孔子沒커시늘 三年之外에 門人이 治任將歸
할새 入揖於子貢하고 相嚮而哭하여 皆失聲然後歸어
늘 子貢은 反하여 築室於場하여 獨居三年然後歸하니
라 他日에 子夏子張子游이 以有若似聖人이라하여
欲以所事孔子로 事之하여 彊曾子한대 曾子曰不
可하니 江漢以濯之며 秋陽以暴之라 皜皜乎不可尙
已라하니라 今也에 南蠻鴃舌之人이 非先王之道어늘
子倍子之師而學之하니 亦異於曾子矣로다

| 국역 |

옛적에 공자께서 돌아가시자, 3년 뒤에 문인들이 짐을 챙겨 돌

아갈 적에, 자공子貢의 처소에 들어가 읍을 하고 서로 향하여 소리 내어 울어서 모두 목이 쉰 뒤에 돌아가거늘, 자공은 다시 돌아와 마당에 집을 짓고서 홀로 3년을 거처한 뒤에 돌아갔었다. 후일에 자하子夏·자장子張·자유子游가 유약有若이 성인聖人[공자]과 닮았다는 것을 가지고 공자를 섬기던 바로써 그를 섬기려 하여 증자曾子에게 강요하자, 증자가 말하기를, '안 된다. 강한江漢으로 씻는 것과 같으며 가을볕으로 쪼이는 것과 같아서 희고 희도다. 그보다 더할 수 없다' 하였다. 지금 남만南蠻의 때까치 혓바닥을 가진 사람이 선왕先王의 도道를 비난하거늘 자네가 자네의 스승을 배반하고 그것을 배우니 또한 증자와 다르도다.

| 난자풀이 |

① 外 : 외外가 시간개념으로 쓰이면 후後라는 뜻이 되고 내內가 시간개념을 쓰이면 전前이라는 뜻이 된다.

② 任 : 짐. 치임治任은 짐을 다스리는 것이므로 '짐을 챙긴다'라고 번역하는 것이 좋다.

③ 入 : 입入의 목적어는 어자공於子貢이다. 즉 이 문장은 '입어자공이읍어자공入於子貢而揖於子貢'이어야 할 것이지만, 한문漢文에서는 목적어를 나중에 말하기 때문에 앞의 '어자공'이 생략된 형태이다. 우리말은 목적어를 먼저 말하므로 앞의 '어자공'을 두고 뒤의 '어자공'이 생략된 상태로 번역하는 것이 좋다.

④ 失聲 : '소리를 잃는다'는 말은 '목이 쉰다'는 말이다.

⑤ 場 : 여기서는 묘 앞에 있는 마당을 말한다.

⑥ 蠻 : 남쪽 변방에 사는 사람 또는 그 지역을 지칭한다.

⑦ 鴃 : '때까치'라는 뜻으로 음은 '격'.

⑧ 先王 : 요堯·순舜·우禹·탕湯·문文·무武 등의 옛 성군聖君.

공자의 덕德은 양자강의 물이나 한수漢水와 같은 물로 세탁하고
가을의 태양 아래에서 말려서 깨끗하게 된 것처럼 완벽하다고
생각한 증자는 공자 외에 다른 사람을 스승으로 섬길 수 없었
는데, 진상은 스승이 죽자 때까치같이 형편없는 소리를 하는
사람을 스승삼았으니 잘못됨이 많은 것이다.

오 문 출 어 유 곡　　　　친 우 교 목 자　　미 문 하 교 목 이 입
吾聞出於幽谷하여 遷于喬木者요 未聞下喬木而入

어 유 곡 자　　　노 송　　왈 용 적 시 응　　　형 서 시 징
於幽谷者로라 魯頌에 曰戎狄是膺하여 荊舒是懲이라
　　　1　　　　　　2 3 4 5　　　6 7 8 9

주 공　　방 차 응 지　　　자 시 지 학　　역 위 불 선
하니 周公도 方且膺之어시늘 子是之學하니 亦爲不善
　　　　　10　　　　　　　　11

변 의
變矣로다

나는, 컴컴한 골짜기에서 나와서 높은 나무로 옮긴다는 것은 들
었어도 높은 나무에서 내려와 컴컴한 골짜기로 들어간다는 것은
듣지 못했다. 노송魯頌에 이르기를, '융戎과 적狄을 공격하여 형서
荊舒를 징계하였다' 하였으니, 주공도 그들을 거부하고 또한 응징
하셨거늘, 자네는 그것을 배우니 또한 잘 변하지 못한 것이로
다.”

| 난자풀이 |

① 魯頌 : 『시경詩經』의 편명. 이 시詩는 노송 비궁편閟宮篇에 보인다.

② 戎 : 주로 서쪽에 있는 오랑캐를 말한다.

③ 狄 : 주로 북쪽에 있는 오랑캐를 말한다. 그러나 여기서는 융戎과 적狄 모두 초楚나라 근방에 있는 오랑캐를 말하는 것으로 보아야 할 것이다.

④ 是 : 융적戎狄과 응膺이 도치되었음을 나타내는 역할을 한다. '응융적膺戎狄'으로 놓고 해석하면 될 것이다.

⑤ 膺 : '공격한다'는 뜻으로 음은 '응'.

⑥ 荊 : 초楚를 일컫는 말. 음은 '형'.

⑦ 舒 : 초楚나라 근방에 있었던 나라.

⑧ 是 : 형서荊舒와 징懲이 도치되었음을 나타내는 역할을 한다.

⑨ 懲 : 조심하도록 깨우치는 것.

⑩ 方 : '거부한다'는 뜻. 원래는 '방지차응지方之且膺之'로 되어야 할 것이나, 한문에서는 목적어를 뒤에 말하므로 앞의 목적어인 지之를 생략한 것이다. 우리말은 목적어를 먼저 말하므로, 뒤의 목적어를 생략하고 번역하는 것이 좋다.

⑪ 之 : 시是와 학學이 도치되었음을 나타내는 역할을 한다.

| 강설 |

오랑캐의 학문은 주공도 거부하고 응징하는 것인데 진상은 유학을 하다가 도중에 오랑캐의 학문을 하였으니 잘못된 것이다.

　『시경』 노송편魯頌篇의 서序에서는 이 시詩의 내용을, 노魯의 희공僖公을 찬송한 것이라 하였으므로, 주자朱子는 단장취의斷章取義하여 주공의 행위를 설명한 것이라 보았으나, 적호翟灝는 이 시詩는 본래 주공의 행적을 칭송한 것이라 하였다.

　또 『시경』 소아小雅 녹명지십鹿鳴之什 중의 벌목편伐木篇에 '출자유곡出自幽谷, 천우교목遷于喬木'이라는 말이 있으므로 맹자가 '출어유곡出於幽谷, 천우교목遷于喬木'이라 한 것은 『시경』에서 인용한 말일 것이다.

從許子之道則市賈不貳하여 國中이 無僞하여 雖使
[1] [2]
五尺之童으로 適市라도 莫之或欺니 布帛이 長短同
[3] [4] [5]
則賈相若하며 麻縷絲絮이 輕重同則賈相若하며 五
穀이 多寡同則賈相若하며 屨이 大小同則賈相若이니
라 曰夫物之不齊는 物之情也니 或相倍蓰하며 或相
[6] [7]
什伯하며 或相千萬이어늘 子比而同之하니 是는 亂天
[8]
下也로다 巨屨小屨同賈면 人豈爲之哉리오 從許子
[9] [10]
之道는 相率而爲僞者也니 惡能治國家리오

| 국역 |

(진상이 말하였다) "허자의 도道를 따르면 시장의 가격이 다르지 않
으므로 나라 안에 거짓이 없어질 것이니, 비록 오척五尺 되는 아이로
하여금 시장에 가게 하더라도 간혹이라도 그를 속이는 자가 없을 것
입니다. 포백布帛이 길이가 같으면 값이 서로 같으며, 삼·올실·명
주실·솜 등이 무게가 같으면 값이 서로 같으며, 오곡五穀이 양이 같
으면 값이 서로 같으며, 신이 크기가 같으면 값이 서로 같을 것입니
다."(맹자께서 말씀하셨다.) "물건이 똑같지 아니함은 물건의 실상
이니, 혹 (값의 차이가) 서로간에 배가 되고 다섯 배가 되며, 혹은
서로간에 열 배가 되고 백 배가 되며, 혹은 서로간에 천 배가 되고
만 배가 되거늘, 자네는 이것을 나란히 하여 똑같이 하려하니, 이는

천하를 어지럽히는 것이다. 좋은 신과 나쁜 신이 값이 같다면 사람들이 어찌 (좋은 신을) 만들겠는가? 허자의 방법을 따르는 것은 서로 다투어 거짓을 하게 하는 것이니 어떻게 국가를 다스릴 수 있겠는가?"

| 난자풀이 |

1. 賈 : 가價와 통용. 음은 '가'.
2. 貳 : 동사 또는 형용사를 부정하는 말인 부不 다음에 왔으므로 이貳는 동사 또는 형용사어야 한다. 일壹이 형용사로 쓰이면 '같다'는 뜻이 되고 이貳는 '다르다'는 뜻이 된다.
3. 莫 : ~하는 사람이 없다.
4. 之 : 혹기或欺와 도치되어 있다. '막혹기지莫或欺之'로 놓고 해석하면 될 것이다.
5. 長短 : 한문에서는 크기·양·무게·길이 등의 추상명사를 표현할 때, 대소大小·다과多寡·경중輕重·장단長短 등과 같이 크기·양·무게·길이 등을 구체적으로 표현하는 형용사 중에서 서로 상대적인 두 단어를 결합하여 사용한다.
6. 情 : 실상.
7. 蓰 : '다섯 갑절'이라는 뜻으로 음은 '사'.
8. 伯 : 백百과 통용. 백百으로 되어 있는 판본도 있다.
9. 巨 : 문맥으로 보아 '품질의 우수함'을 나타내는 말로 보아야 할 것이다.
10. 小 : 문맥으로 보아 '품질이 나쁘다'는 뜻으로 이해해야 할 것이다.

| 강설 |

허행은 직접적이고 외형적인 것만 따지기 때문에, 상품에 있어서도 크기·무게·수량·길이 등이 같으면 값을 모두 같게 할 것이다. 이는 일견 공평한 것처럼 보이지만, 상품의 품질을 도외시한 것이므로 실질적으로는 불공평한 것이 된다. 이렇게 되면 사람들은 경쟁적으로 품질이 나쁜 상품을 만들게 되므로 모든 면에서 퇴보하게 될 것이다.

현대의 공산주의 사회에서도 노동의 질을 무시한 채 노동의 값을 일률적으로 정하였으므로, 사람들이 질이 우수한 고급노동을 회피하게 되었다. 이것이 경제가 퇴보하게 된 원인이다.

맹자가 중시한 것은 학문을 달성하는 것, 학문의 내용을 실천하는 것, 이단異端의 해로운 학문을 배척하는 것이었으므로, 학문을 달성하는 내용에 관한 설명인 공손추장구상公孫丑章句上 제2장과 학문의 내용을 실천하는 구체적인 방법인 왕도정치王道政治의 실현 방법에 관한 설명인 양혜왕장구梁惠王章句 제7장, 그리고 이단의 해로운 학문을 배척하는 내용인 이 등문공장구상滕文公章句上 제4장이 『맹자』 가운데 설명이 가장 자세하고 풍부하다.

─
제
5
장
─

묵 자 이 지 인 서 벽 이 구 현 맹 자　　맹 자 왈 오 고 원 견
墨者 夷之因徐辟而求見孟子한대　孟子曰吾固願見이
　　① ②　　③　④

금 오 상 병　　병 유　　아 차 왕 견　　이 자
러니 今吾尙病이라 病愈어든 我且往見하리니 夷子는

불 래　　타 일　　우 구 현 맹 자　　맹 자 왈 오 금 즉 가 이
不來니라 他日에 又求見孟子한대　孟子曰吾今則可以

견 의　　부 직 즉 도 불 현　　아 차 직 지　　오
見矣어니와 不直則道不見하나니 我且直之하리라　吾
　　　　⑤　　⑥

문 이 자　　묵 자　　묵 지 치 상 야　　이 박 위 기 도 야
聞夷子는 墨者라하니 墨之治喪也는 以薄爲其道也라

이 자　　사 이 역 천 하　　기 이 위 비 시 이 불 귀 야
夷子는 思以易天下하나니 豈以爲非是而不貴也리오

연 이 이 자 장 기 친 후　　즉 시 이 소 천 사 친 야
然而夷子葬其親厚하니 則是以所賤事親也로다

| 국역 |

묵자墨子의 사상을 추종하는 자인 이지夷之가 서벽徐辟을 통해서

288

하여 맹자를 뵙기를 요구하자, 맹자께서 말씀하셨다. "내가 본시 만나보기를 원하거니와 지금 나는 아직도 병중이니, 병이 나으면 내 또한 가서 만나볼 것이니 이자夷子는 올 것이 없다." 타일他日에 또 맹자를 뵙기를 요구하자, 맹자께서 말씀하셨다. "내 지금은 만나볼 수 있거니와, 정직하지 아니하면 도道가 드러나지 아니하는 것이니 나는 우선 그를 정직하게 만들겠다. 나는, 이자는 묵자의 사상을 추종하는 자라고 들었는데, 묵자의 사상을 추종하는 자들이 상喪을 다스리는 것은 돈 안 쓰는 것을 도리로 삼는다. 이자는 천하天下를 바꿀 생각을 하고 있으니, 어찌 그 도道가 옳지 않다고 해서 (그 뜻도) 귀하지 않다고 하겠는가. 그러나 이자는 그 어버이를 장사지낼 때 돈을 많이 썼으니 이는 천하게 여기는 것으로써 어버이를 섬긴 것이다."

| 난자풀이 |

1 墨者 : 묵자의 사상을 추종하는 자. 묵자의 이름은 적翟으로 춘추말기春秋末期의 사람인데 공자 이후 최대의 세력을 가진 학파學派를 형성하였다. 묵자는 전쟁을 중단시키는 방법으로, 겸애교리설兼愛交利說, 상동론尚同論, 절장론節葬論, 비악설非樂說 등을 주장하였는데, 맹자는 이러한 이론들이 근본적인 해결책이 되지 못한다고 비판하고, 공자의 사상을 선양하는 것을 사명으로 삼았다.

2 夷之 : 이夷는 성, 지之는 이름. 묵자의 사상을 추종하던 자였다.

3 徐辟 : 맹자의 제자.

4 見 : '뵙는다'는 뜻으로 음은 '현'.

5 直 : 정직하다.

6 見 : '나타난다'는 뜻으로 음은 '현'.

사람이 순수하지도 정직하지도 못하면, 자기 식으로 모든 것을 판단하기 때문에 옳은 것을 옳게 받아들이지 못한다. 그러므로 남과 더불어 옳고 그름을 따지는 능력은 먼저 그 사람이 순수한 사람이 되어야 가능하다.

사람에게 항존하는 인간의 본질은 본마음이므로 본마음에 따르는 행위규범은 언제 어디서나 실현가능한 근원적인 것이며, 자신에게도 솔직한 것이 되지만, 외부적인 특정한 문제만 해결하는 것에 초점을 맞추어 만들어낸 행위규범은 일시적으로는 설득력이 있을지 모르지만 상황이 바뀌면 실현가능성이 사라지게 되고, 그러한 행위규범은 자신에게도 솔직한 것이 될 수 없다.

이지가 그 부모의 장례식을 풍족하게 한 것이 묵자의 주장과 어긋난다는 사실을 지적한 맹자의 의도는, 이자로 하여금 부모를 풍족하게 장사지낸 것이 순수한 마음에서 우러나온 것이며, 따라서 빈약하게 장사지내야 한다는 묵자墨子의 주장은 잘못된 것이라는 사실을 깨닫게 하는 데 있다.

徐子以告夷子한대 夷子曰儒者之道에 古之人이 若
保赤子라하니 此言은 何謂也오 之則以爲愛無差等이
나 施由親始라하노라 徐子以告孟子한대 孟子曰夫夷子는
[1]
信以爲人之親其兄之子爲若親其鄰之赤子乎아 彼有
[2]   [3]
取爾也니 赤子匍匐將入井이 非赤子之罪也라 且天
之生物也는 使之一本이어늘 而夷子는 二本故也로다

서자徐子가 그 말을 이자에게 아뢰자, 이자가 말했다. "유자儒者들의 도道에 '옛사람이 적자赤子를 보호하듯이 한다' 하였으니, 이 말은 무엇을 말한 것인가? 나는 사랑에는 차등이 없으나 베푸는 것은 어버이에서부터 시작된다고 생각한다." 서자가 이 말을 맹자에게 아뢰자, 맹자께서 말씀하셨다. "이자는 진실로 사람들이 그 형의 아들을 친하는 것을 그 이웃의 적자를 친하는 것과 같이 여기는가? 『서경書經』에 있는 그 말뜻은 (특별한 의미를) 취한 것이 있으니, 적자가 엉금엉금 기어서 우물로 들어가려는 것이 적자의 죄가 아니라는 뜻이다. 또 하늘이 만물을 만듦에 만물로 하여금 근본이 하나이게 하였는데, 이자는 근본을 둘로 여기기 때문이다.

│ 난자풀이 │

① 由 : 자自와 같은 뜻.
② 爲 : 기록자의 착오로 잘못 들어간 말인 듯하다.
③ 彼 : '고지인약보적자古之人若保赤子'라는 『서경』의 말을 가리킴.

│ 강설 │

약보적자若保赤子라는 말은 『서경』 주서周書 강고편康誥篇에 보이는 말인데, 고지인古之人 앞에 왈曰이라는 글자가 생략된 것으로 보아야 할 것이다. 조기趙岐는 유자지도儒者之道의 도道를 "말한다"는 뜻으로 보았다.

맹자의 말을 전해 들은 이자는, 먼저 '약보적자'라는 유가儒家의 말을 가지고 묵자의 겸애설兼愛說의 정당성을 증명하려 하였다. 또 사랑에는 차등이 없으나 그 사랑을 실천하는 순서가 어버이로부터 시작되는 것일 뿐이라고 하여, 사랑에 차등이 있다고 주장하는 맹자의 학설을 비판하였다.

이자의 말을 전해들은 맹자는, 자기의 조카와 이웃의 아이를 똑같이 사랑할 수 없는 현실성을 근거로 겸애설의 비현실성을 비판하였다. 또 이자가 겸애설의 정당성을 주장하는 근거가 되었던 '약보적자'라는 『서경』의 말은, 어린이가 우물에 기어들어가는 것이 어린이의 죄가 아니라 어린이가 우물에 들어갈 수 있는 환경을 만든 어른들의 잘못이듯이, 백성들이 죄를 짓는 것이 백성들의 죄가 아니라 죄를 짓는 환경을 만드는 정치가의 잘못이라는 뜻으로 쓰인 말이므로 이자의 인용이 잘못된 것이라고 지적함으로써 묵자의 이론이 잘못된 것임을 증명하였다.

자연현상을 보면, 만물은 각각의 모체에서 분리·생성되어 나오는 것이므로 각각의 모체를 근본으로 삼아 그 모체를 닮고, 그 모체의 삶을 연장해 감으로써 전체적인 조화를 이루는 것이 이치이다. 그리고 그 모체의 모체로 거슬러 올라가 보면 모든 것이 하나의 모체로 만난다. 그것이 하늘이다. 그러므로 각 개체가 자기 모체의 삶을 충실히 이어가면 전체적인 대조화를 이룬다. 그러나 묵자는 하늘을 몰랐고 모두가 근본적으로 하나임을 알지 못했다. 그래서 묵자는 대조화를 이룰 수 있는 근본방법을 몰랐다. 그리하여 묵자는 전쟁이 일어나는 원인 중의 하나가 남과 자기를 구별하기 때문이라고 보고, 전쟁을 막을 수 있는 방법으로 남과 자기를 구별하지 말고, 남의 부모와 자기의 부모를 똑같이 사랑하면 된다고 하는 부자연스러운 억지이론을 내놓게 된 것이다. 이는 모두가 하나로 통하는 하늘을 모르기 때문이다. 하늘을 모르면 각 개체는 본질적으로 남남이 된다. 이를 맹자는 이본二本으로 여긴다는 말로 표현했다. 이본이란 말은 만물이 두 개의 뿌리에서 갈라져 나온다는 말이 아니다. 모든 개체가 각각 다른 뿌리를 가지고 있다는 말이다.

개 상 세　　상 유 부 장 기 친 자　　기 친 사 즉 거 이 위 지
蓋上世에　嘗有不葬其親者러니　其親死則擧而委之
[1]　　　　　　　　　　　　　　　　　　[2]

어 학　　타 일 과 지　　호 리 식 지　　승 예 고 최 지
於壑하고　他日過之할새　狐狸食之하며　蠅蚋姑嘬之어
[3][4][5]

늘 其顙有泚하여 睨而不視하니 夫泚也는 非爲人泚
기 상 유 자   예 이 불 시   부 자 야   비 위 인 자
⑥ ⑦ ⑧
라 中心이 達於面目이니 蓋歸하여 反虆梩而掩之하니
중 심   달 어 면 목   개 귀   반 류 리 이 엄 지
⑨ ⑩
掩之誠是也則孝子仁人之掩其親이 亦必有道矣니라
엄 지 성 시 야 즉 효 자 인 인 지 엄 기 친   역 필 유 도 의
⑪
徐子以告夷子한대 夷子憮然爲間曰命之矣샷다
서 자 이 고 이 자   이 자 무 연 위 간 왈 명 지 의
⑫

| 국역 |

저 상고上古시대에 일찍이 그 어버이를 장사지내지 아니한 자가 있었는데, 그 어버이가 죽자 들어다가 골짜기에 버렸다. 다른 날에 거기를 지나가니 여우와 살쾡이가 먹으며 파리와 등에, 땅강아지 등이 모여서 빨아먹고 있었다. 그 이마에 땀이 흥건히 젖으며 곁눈으로 보고 바로 보지 못하였으니, 그 흥건한 땀은 남이 볼까봐 흘린 것이 아니라 속마음이 얼굴에 나타난 것이다. 그는 집으로 돌아가 삼태기와 들것을 가지고 돌아와서 그것을 뒤집어서 시신을 덮었다. 덮는 것이 참으로 옳다면 효자孝子와 인인仁人이 그 어버이를 덮는 것에 또한 반드시 마땅한 방법이 있을 것이다." 서자가 그것을 이자에게 아뢰자, 이자가 멍하니 한동안 있다가 말하기를, "나 (之)를 가르쳐주셨다" 하였다.

| 난자풀이 |

① 蓋 : 발어사이기 때문에 여기서는 '저'로 번역하였다.
② 委 : '버린다'는 뜻으로 음은 '위'.
③ 蚋 : 등에. 음은 '예'.
④ 姑 : 蛄와 통용. 땅강아지. 蛄에 대해서는 이외에도 여러 가지 해석

이 있다.

⑤ 嘬 : 파리 등이 모여서 빨아 먹는다는 뜻. 음은 '최'.

⑥ 顙 : 이마. 음은 '상'.

⑦ 泚 : '땀을 흥건하게 흘린다'는 뜻. 여기서는 '흥건한 땀'이라는 뜻으로 음은 '자'.

⑧ 睨 : '곁눈질한다'는 뜻으로 음은 '예'.

⑨ 虆 : 흙 담는 삼태기. 음은 '류'.

⑩ 梩 : 흙 담는 들것. 음은 '리'.

⑪ 道 : 마땅한 방법. 도리.

⑫ 之 : 이지의 이름.

| 강설 |

어버이를 풍족하게 장사지내는 것이 인간의 본마음에서 우러나
온 도리임을 입증한 것이다.

六. 등문공장구하滕文公章句下

제
1
장

진 대 왈 불 견 제 후 의 약 소 연　　　금 일 견 지
陳代曰不見諸侯宜若小然하여이다 今一見之하시면
　　①　　　　　　　②

대 즉 이 왕　　　소 즉 이 패　　　차 지　　　왈 왕 척 이 직 심
大則以王이요 小則以覇니이다 且志에 曰枉尺而直尋
　　③　　　　　　④　　　　　　　　　　⑤

의 약 가 위 야　　　　맹 자 왈 석　　제 경 공
이라하니 宜若可爲也로소이다 孟子曰昔에 齊景公이

전　　　초 우 인 이 정　　　부 지　　　장 살 지　　　지 사
田할새 招虞人以旌한대 不至어늘 將殺之러니 志士는
　⑥　　⑦　　⑧

불 망 재 구 학　　　용 사　　　불 망 상 기 원　　　공 자
不忘在溝壑이요 勇士는 不忘喪其元이라하시니 孔子
　　　　　　　　　　　　　　　　　　⑨

는 해 취 언　　취 비 기 초 불 왕 야　　　여 부 대 기 초 이 왕
는 奚取焉고 取非其招不往也시니 如不待其招而往
　⑩　　　　　　　　　　　　　　　　⑪

하 재　　차 부 왕 척 이 직 심 자　　이 리 언 야　　여 이 리 즉
何哉오 且夫枉尺而直尋者는 以利言也니 如以利則
⑫

왕 심 직 척　　　이 리　　역 가 위 여
枉尋直尺이라도 而利면 亦可爲與인저

| 국역 |

　　진대陳代가 말했다. "제후를 만나보지 않는 것은 마땅히 작은 일

인 것 같습니다. 지금 한번 만나보시면 크게는 왕업王業을 이루게 될 것이며 작게는 패업霸業을 이루게 될 것입니다. 또 옛 기록에 '한 자를 굽혀 여덟 자를 편다' 했으니, 마땅히 해봐야 될 것 같습니다." 맹자께서 말씀하셨다. "옛날에 제경공齊景公이 사냥할 적에 우인虞人을 정旌이라는 깃발을 가지고 불렀으나 오지 않자 곧 그를 죽이려 했었다. (공자께서 그를 칭찬하시기를) '지사志士는 (죽어서) 도랑이나 골짜기에 뒹굴고 있을 것을 잊지 않고, 용사勇士는 그 머리를 잃을 것을 잊지 않는다' 하셨으니, 공자는 그에게서 무슨 장점을 취하신 것인가? 제대로 된 부름이 아니면 가지 않는 것을 취하신 것이다. 부름을 기다리지 아니하고 가서 무엇을 하겠는가? 또, 한 자를 굽혀서 여덟 자를 편다는 것은 이利를 가지고서 말한 것이니, 만약 이利를 가지고서만 따진다면, 여덟 자를 굽혀서 한 자를 펴더라도 이로울 경우에는 또한 하게 될 것이로다.

| 난자풀이 |

① 陳代 : 맹자의 제자.
② 若 : '~인 듯하다'는 뜻인데, 형용사를 설명할 때는 형용사 뒤에서 연然을 연용하기도 한다.
③ 以 : 이以의 목적어는 앞에 나온 '일견지—見之'이다.
④ 志 : 옛 기록.
⑤ 尋 : 여덟 자. 음은 '심'.
⑥ 田 : 사냥한다.
⑦ 虞人 : 사냥터·산림山林·정원 등을 지키는 공무원.
⑧ 旌 : 새의 깃털을 막대 끝에 매단 깃발. 음은 '정'. 임금이 대부大夫를 부르고자 할 때 임금의 말을 전하러 가는 사람이 임금의 말임을 증명하기 위하여 이 깃발을 들고 간다. 우인虞人을 불러올 때는 피관皮冠을 가지고 간다.
⑨ 元 : 머리.

⑩ 奚 : 취取의 목적어이지만 의문대명사이므로 앞으로 나온 것이다.

⑪ 如 : '여如~하何'의 문형. 여如와 하何 중간에는 목적어가 오는데, 해석은 '~을 어떻게 하는가?' 또는 '~을 해서 무엇 하는가?'이다.

⑫ 以 : 이以A위爲B의 문형으로 보면, 여기서는 위爲B에 해당하는 말이 생략되었다. 생략하지 않았다면 '이리위지以利爲之' 정도가 될 것이다.

| 강설 |

맹자의 제자인 진대는 무한한 능력을 가진 맹자가 가만히 있는 것이 안타까웠을 것이다. 왕을 한번 찾아가서 정치에 가담하면, 크게는 왕업을 이룰 수 있고 작게는 패업을 이룰 수 있을 것이므로, 마땅히 한번 자존심을 굽혀 찾아감으로써 큰 일을 이루기를 바랐을 것이다.

맹자의 생각은 이와 달랐다. 정치에 관심을 갖는 것은, 벼슬하는 것에 뜻이 있는 것이 아니라 하늘의 뜻을 펴서 모든 사람이 잘 살 수 있는 사회를 이룩하는 데 있는 것인데, 예禮를 어기고 양심을 속이는 것 자체가 하늘의 뜻을 어기는 것이므로, 하늘의 뜻을 어기고서 하늘의 뜻을 펼 수 있다는 말은 논리적으로도 맞지 않는다.

왕업이 이루어져 세상이 평화롭게 되는 것은 하늘에 달려 있는 문제이므로, 내가 세상을 평화롭게 할 수 있다고 가정하는 것은 하늘에 대한 월권행위이다. 또 예禮를 지키고 양심을 따르는 것은 근본적인 도리이므로 어길 수 없다. 치국治國 평천하平天下를 이룩하는 근본은 수신修身에 있으므로, 개인적인 도리를 어기더라도 치국 평천하를 할 수 있다는 생각은 뿌리를 자르더라도 꽃이 피고 열매 맺을 수 있다는 생각과 같은 것이다.

한 자를 굽혀 여덟 자를 펴면 일곱 자가 이익이므로 해야 한다는 이해타산적인 생각을 하고 있다면, 두 자도 굽혀야 되고 석 자고 굽혀야 하며 일곱 자도 굽혀야 한다. 때에 따라서는 여덟 자를 굽혀 한 자를 펴는 것도 자기에게 유리할 경우에는 하게 될 것이다.

한 사람을 죽여서 온 나라가 이롭게 된다면 죽여도 괜찮다고 생각한다면 열 사람도 백 사람도 만 사람도 죽일 것이며, 궁극적으로 자기에게 이익이 된다면 모든 국민을 죽여도 된다는 지경에 이를 것이므로 매우 위험한 발상이다.

昔者에 趙簡子使王良으로 與嬖奚乘한대 終日而不
[1]   [2]   [3]
獲一禽하고 嬖奚反命曰天下之賤工也러이다 或以告
[4]   [5]   [6]
王良한대 良曰請復之하리이다 彊而後可하여늘 一朝
                        [7]
而獲十禽하고 嬖奚反命曰天下之良工也러이다 簡子
曰我使掌與女乘하리라하고 謂王良한대 良不可曰吾
   [8]   [9]
爲之範我馳驅하니 終日不獲一하고 爲之詭遇하니 一
      [10]   [11]
朝而獲十하니 詩云不失其馳어늘 舍矢如破라하니 我
                  [12]   [13]
는 不貫與小人乘하니 請辭라하니라 御者且羞與射者
                              [14]
比하여 比而得禽獸이 雖若丘陵이라도 弗爲也하니 如
   [15]
枉道而從彼何也오 且子過矣로다 枉己者未有能直
人者也니라

| 국역 |

옛적에 조간자趙簡子가 왕량王良으로 하여금 폐해嬖奚(총애하는 신하인 해奚)와 함께 수레를 타게 했는데, 종일토록 짐승 한 마리 잡지 못하

자 폐해가 보고하기를, '천하天下에 천박한 마부(말몰이꾼)입니다' 하였다. 어떤 사람이 이 말을 왕량에게 아뢰었다. 그러자 왕량이 (조간자에게) '다시 해보겠습니다' 하고 말하고, 강요한 뒤에 승낙 받았는데, 하루아침에 짐승 열 마리를 잡았다. 폐해가 보고하기를, '천하에 훌륭한 마부입니다' 하자, 간자簡子가 말하기를, '내가 (그로 하여금) 너와 함께 타는 것을 전담하게 하겠다' 하고는, 왕량에게 말하였는데, 왕량이 승낙하지 아니하고서 말하기를, '내 그를 위해서 나의 말 모는 방식을 기준으로 삼고 몰았더니 종일토록 짐승 한 마리 잡지 못하였고, 그를 위하여 (짐승을) 속여서 만나도록 하였더니 하루아침에 짐승 열 마리를 잡았습니다. 『시경詩經』에 '그 말 모는 법을 잃지 않았거늘, 활 쏘는 것이 깨뜨리듯이 명중한다' 하였으니, 나는 소인小人과 함께 타는 것을 익히지 않았으니 사양하겠습니다' 하였다. 말 모는 자도 또한 활 쏘는 자에게 아부하는 것을 부끄러워해서, 아부하여 짐승을 잡을 수 있는 것이 비록 구릉丘陵과 같더라도 하지 않는 것이니, 도道를 굽혀서 저들을 따르는 것을 어떻게 하겠는가? 또한 자네의 생각이 잘못이다. 자기를 굽히는 자 중에는 남을 펼 수 있는 자가 있지 않다."

| 난자풀이 |

1 趙簡子 : 진晉나라의 대부大夫 조앙趙鞅. 간자簡子는 그의 익호諡號. 그의 아들 조양자趙襄子 때에 이르러 한씨韓氏·위씨魏氏와 더불어 독립하여 조趙·한韓·위魏의 세 나라를 만듦으로써 진晉이 분해되었다.

2 王良 : 당시의 유명한 말몰이꾼.

3 嬖奚 : 폐嬖는 총애하는 신하라는 뜻이고, 해奚는 그의 이름이다.

4 禽 : 짐승의 총칭. 날짐승을 가리킬 때가 많다. 한문漢文에서는 짐승을 셀 때에 한 마리의 새 등과 같이 수사數詞가 앞에 쓰이지만, 우리말에서는 수사가 뒤에 오므로, '짐승 한 마리'로 번역하는 것이 좋다.

5 天下 : 천賤하다는 말이 통용되는 범위를 나타낸다. 가정에서 천하게 취급되

는 사람이라 하더라도 가정 밖에서는 다를 수 있고, 나라 안에서 천하게 여겨지는 사람이라 하더라도 나라 밖에서는 귀하게 여겨질 수 있지만, 천하에서 천하게 취급되면 천하지 않을 가능성이 없으므로 확실히 천한 것이다.

[6] 工 : 일반적으로 '기술자'를 뜻하지만, 여기서는 '말 모는 기술자'라는 뜻으로 쓰였다.

[7] 可 : '할 수 있게 되었다'는 말이므로, '승낙 받았다'는 뜻이다.

[8] 掌 : '전담한다'는 뜻. 여기서는 '전속 말몰이꾼으로 삼는다'는 뜻이다.

[9] 可 : '승낙한다'는 뜻.

[10] 範 : '기본대로 한다', '법대로 한다' 등의 뜻.

[11] 詭 : '속인다'는 뜻으로 음은 '궤'. 여기서 궤우詭遇라는 말의 뜻은, 말을 정식으로 몰지 않고 짐승을 속이고 살금살금 다가가 짐승과 맞닥뜨리는 것을 말한다.

[12] 舍 : 사捨과 통용. '화살을 놓는다'는 말은 '화살을 쏜다'는 뜻이다.

[13] 破 : 화살이 빗나감이 없이 물건을 깨뜨리듯 명중하는 것을 말한다.

[14] 與 : '편든다'는 뜻.

[15] 比 : '편당을 짓는다', '아부한다', '달라붙는다' 등의 뜻.

| 강설 |

사냥을 하는 목적은 짐승을 잡는 것이 아니라 심신을 단련하는 것이다. 그러므로 군자는 정당하게 말을 몰아 달아나는 짐승을 당당하게 쏘고서, 노획물을 통하여 자신의 몸의 자세와 정신의 통일을 시험하는 것이다. 그러나 소인은 짐승을 잡는 것에만 목적이 있으므로, 몰래 짐승이 달아날 법한 길목으로 숨어 들어가 짐승의 앞쪽에서 짐승을 쏘아 맞힌다.

군자가 정치에 가담하는 것은 하늘의 뜻을 실천하기 위한 것이므로, 벼슬을 하기 위해 양심을 속이지는 않지만, 소인이 정치에 가담하는 것은 벼슬에 뜻이 있으므로, 무슨 짓이든 가리지 않는다.

제 2 장

景春曰公孫衍 張儀는 豈不誠大丈夫哉리오 一怒而
① ② ③
諸侯懼하고 安居而天下熄하니이다 孟子曰是焉得爲
④
大丈夫乎리오 子未學禮乎아 丈夫之冠也에 父命之하
⑤
고 女子之嫁也에 母命之하나니 往에 送之門할새 戒
⑥
之曰往之女家하여 必敬必戒하여 無違夫子라하나니
⑦ ⑧
以順爲正者는 妾婦之道也니라 居天下之廣居하며 立
天下之正位하며 行天下之大道하여 得志하여는 與民
由之하고 不得志하여는 獨行其道하여 富貴不能淫하
⑨
며 貧賤不能移하며 威武不能屈이 此之謂大丈夫니라
⑩

| 국역 |

경춘景春이 말하기를, "공손연公孫衍과 장의張儀는 어찌 진실로 대장부답지 않겠습니까? 한번 화를 내었는데 제후들이 두려워하고 편안히 (조용히) 거처하였는데 천하가 잠잠합니다" 하자, 맹자께서 말씀하셨다. "이 어찌 대장부라 할 수 있겠는가? 그대는 예禮를 배우지 않았는가? 장부가 관례冠禮를 행할 때에 아버지가 훈계를 하고, 여자가 시집갈 때에 어머니가 훈계를 하는데, 갈 적에 문에서 전송하면서 훈계하기를, '너의 집에 가거든 반드시 공경하고 반드시 조심하여 남편을 어기지 말라' 하니, 순종함을

정도正道로 삼는 것은 첩부妾婦의 도리이다. 천하의 넓은 집에 거처하며, 천하의 바른 자리에 서며, 천하의 큰 도리를 행하여, 뜻을 얻으면 백성과 함께 도道를 행하고, 뜻을 얻지 못하면 홀로 도를 행하여, 부귀富貴 앞에서도 넘치지 않고, 빈천貧賤 앞에서도 뜻을 바꾸지 않으며, 위무威武 앞에서도 절개를 굽히지 않는 사람을 일컬어 대장부라 하는 것이다."

| 난자풀이 |

① 景春 : 맹자와 동시대同時代의 사람으로 종횡가縱橫家에 속하는 사람이라 한다.

② 公孫衍 : 위魏나라 사람. 다섯 나라의 재상을 겸하면서 합종책合從策을 주장하였다는 설(조기趙岐)도 있고, 장의張儀가 죽은 뒤 진秦의 재상이 되었다고도 한다(『사기史記』 장의열전張儀列傳).

③ 張儀 : 소진蘇秦과 함께 종횡가의 대표적인 인물로 일컬어지는 사람. 소진은 합종책을 주장하고 장의는 연횡책連衡策을 주장하였다. 종횡가들은 제후들을 설득하여 서로 공격하고 정벌하게 하였으므로 제후들은 그들에게 잘못보이면 다른 제후로 하여금 자기 나라를 공격하게 할 것이라 생각하여 두려워하였다.

④ 爲 : 위爲 다음에 사람을 지칭하는 말이 오면, '~라 한다'는 뜻이 된다. 예) 위자로爲子路 : 자로라 한다.

⑤ 冠 : 남자가 20세가 되었을 때 갓을 쓰게 하는 식. 오늘날의 성인식成人式에 해당한다.

⑥ 嫁 : '시집간다'는 뜻.

⑦ 往 : 구체적인 출발지나 목적지와 관계없이 가는 행위 자체를 표현하는 말. '간다'는 말 중에 어떤 장소에서 떠나가는 것은 거去이고, 어떤 장소로 가는 것은 지之이다.

⑧ 之 : 어떤 장소로 가는 것을 말한다.

⑨ 之 : 뒤의 기도其道를 의미한다.

⑩ 之 : 차此와 위謂가 도치되었음을 나타내는 역할.

소진과 같은 종횡가는 한韓·위魏·조趙·연燕·제齊·초楚의 여섯 나라로 하여금 종縱으로 연합하여 진秦에 대항케 한 사람이고, 장의는 진秦나라로 하여금 다른 나라들과 횡橫으로 연합한 후 한 나라씩 점령하게 한 사람이다. 종횡가들은 뛰어난 말솜씨와 계책으로 제후들을 설득하여 서로 공격하고 정벌하게 함으로써 제후들로 하여금 두려워하게 하였다. 경춘은 그들을 대장부라 평하였다.

맹자의 평가는 이와 다르다. 그들은 부국강병富國强兵을 추구하는 제후들의 야심을 충족시키는 이론과 방법을 제시하므로 이 세상을 전쟁의 도가니로 몰아넣는 악인惡人들이다.

인仁은 남과 나를 하나로 여기는 마음이며, 만물과 하나가 되는 마음이므로 인仁보다 더 큰 것은 없다. 따라서 인仁은 천하天下에서 가장 넓은 거처가 된다. 예禮는 남과 조화를 이루는 행동원리이므로, 예禮를 실천하면 올바른 삶을 영위할 수 있다. 따라서 예禮는 사람이 딛고 서야 할 가장 올바른 자리이다.

나라의 정치가 참신하여 백성들의 뜻이 실현될 때에는, 백성들의 뜻을 파악하고 있는 지식인들이 정치에 가담하게 되는데, 이것이 군자가 뜻을 얻는 경우이다. 군자가 뜻을 얻으면 백성들의 뜻을 정치에 반영하고 그 결과 모든 백성과 함께 참다운 삶을 영위할 수 있게 된다. 이와 반대로 나라의 정치가 참신하지 못하여 백성의 뜻이 실현되지 않을 때는, 지식인들이 백성의 뜻을 대변하면 탄압받기 쉬운데, 군자가 뜻을 얻지 못하는 경우이다. 군자가 뜻을 얻지 못하면 홀로 참신하고 바른 삶을 영위함으로써 후일에 대비해야 한다.

육체적인 삶에 집착하는 사람은 부귀富貴를 얻으면 그보다 더 큰 기쁨이 없으므로 그 기쁨을 주체하지 못하여 방탕하게 되며, 빈천貧賤하게 되면 그보다 더 큰 슬픔이 없으므로 거기에서 벗어나기 위하여 무슨 짓이든 하며, 목숨보다 더 소중한 것이 없으므로 목숨을 살리기 위해서는 아무리 비굴한 짓이라도 한다. 본마음을 실천

하는 사람은 육체적인 요소에 얽매이지 않기 때문에 부귀·빈천·
위무威武 등에 의해 삶이 흔들리지 않는다.

제 3 장

주 소 문 왈 고 지 군 자 사 호　　　맹 자 왈 사　　　전 왈 공 자
周霄問曰古之君子仕乎잇가 孟子曰仕니라 傳曰孔子
　　　　　　　　　　　　　　　　　　①　　　　　　　　　②

삼 월 무 군 즉 황 황 여 야　　　출 강　　필 재 지　　　공 명
三月無君則皇皇如也하시며 出疆에 必載質라하고 公明
　　　　　　　③　　　　　　　　　　　　　　　④

의 왈 고 지 인　　삼 월 무 군 즉 조　　　삼 월 무 군 즉 조
儀曰古之人이 三月無君則弔라하니라 三月無君則弔는

불 이 급 호　　　왈 사 지 실 위 야　　유 제 후 지 실 국 가 야
不以急乎잇가 曰士之失位也이 猶諸侯之失國家也니
　　　⑤

예 왈 제 후 경 서　　이 공 자 성　　부 인 잠 소　　　이 위
禮曰諸侯耕助하여 以供粢盛하고 夫人蠶繅하여 以爲
　　　　　⑥　　　　　　　⑦⑧　　　　　　⑨⑩

의 복　　　회 생 불 성　　자 성 불 결　　의 복 불 비
衣服하나니 犧牲不成하며 粢盛不潔하며 衣服不備하면
　　　　　　　⑪

불 감 이 제　　유 사 무 전 즉 역 부 제　　생 살 기 명 의
不敢以祭하고 惟士無田則亦不祭하나니 牲殺器皿衣
　　　　　　　　　　　　　　　　　⑫　　　　　　⑬

복　　불 비　　불 감 이 제 즉 불 감 이 연　　역 불 족 조 호
服이 不備하여 不敢以祭則不敢以宴이니 亦不足弔乎아
　　　　　　　　　　　　⑭

| 국역 |

주소周霄가 물었다. "옛날의 군자는 벼슬을 했습니까?" 맹자께서 대
답하셨다. "벼슬을 했다. 전傳에 이르기를, '공자께서는 3개월 동안
섬길 임금이 없으면 안절부절 못하시며 국경을 나가실 적에 반드
시 폐백을 실으셨다' 하였고, 공명의公明儀는 말하기를, '옛사람들은
3개월 동안 임금이 없으면 조문했다' 하였다." "3개월 동안 임금이
없으면 조문하는 것은 너무 급하지 않습니까?" "사士가 자리를 잃

는 것은 제후가 나라를 잃는 것과 같다. 예禮에 이르기를, '제후는 밭 갈고 김매어서 제사음식을 장만하고, 부인은 누에를 치고 실을 켜서 제사 때 입는 의복을 만든다. 희생犧牲이 이루어지지 못하며, 자성粢盛이 정결하지 못하며, 의복이 구비되지 못하면 감히 제사지 내지 못하고, 사士가 제전祭田을 갖고 있지 않으면 또한 제사를 지내지 못한다' 하였다. 생살牲殺과 제명祭皿과 의복衣服이 갖추어지지 못하여 감히 제사지내지 못하면 감히 잔치를 하지 못하나니, 또한 조문할 만하지 아니한가?"

| 난자풀이 |

1 周霄 : 위魏나라 사람.

2 傳 : 전해오는 말. 이 전왈傳曰에서 다음 단락의 불이급호不以急乎까지를 주소周霄의 말로 보는 설(일본日本의 죽첨정정竹添井井)도 있다.

3 皇皇如 : 뜻대로 안 되어 안절부절 못하는 모양.

4 質 : '폐백'이라는 뜻으로 음은 '지'. 폐백이란 현대어의 예물禮物에 해당한다.

5 以 : 이已와 통용. '너무'라는 뜻.

6 助 : 주자朱子는 '백성들이 돕는다'는 뜻으로 해석하였으나, 서鋤와 통용되므로 '김을 맨다'는 뜻으로 보는 것이 좋을 듯하다.

7 粢 : 피·기장 등의 제사음식.

8 盛 : 그릇에 담는 제사음식. 자성이란 피·기장 등과 같이 그릇에 담는 제사음식을 말한다.

9 蠶 : '누에' 또는 '누에를 친다'는 뜻으로 음은 '잠'.

10 繅 : '누에고치에서 실을 뽑는다'는 뜻으로 음은 '소'.

11 犧牲 : 소·돼지 등 제사에 올려놓는 희생물.

12 牲殺 : 희생물로 죽이는 것. 또는 희생물.

13 皿 : 제사음식을 올려놓는 접시.

14 宴 : 제사를 끝낸 후에 베푸는 잔치.

| 강설 |

공자가 벼슬을 하려는 것은 그것이 하늘의 뜻을 펴는 방법이었기 때문이다. 하늘의 뜻을 펴는 일이 절실할수록 벼슬에 대한 의지가 강했을 것이다.

　제후들이 제사를 지낼 때 쓰는 음식은 직접 경작하며 제복祭服은 그 부인이 직접 만들었다.

　제사를 지내는 목적 중의 하나는 그 제사에 관계되는 사람들의 일체감을 조성하는 것이므로, 제사가 끝난 뒤에는 모두 모여 잔치를 벌인다. 제사를 원만하게 지내면, 구성원의 일체감이 조성될 수 있으므로 정치는 순조로울 수 있다.

　사士는 정치에 참여할 것에 대비하여 능력을 배양하는 사람이므로, 정치를 염두에 두지 않는다면 사士의 존재이유는 없다.

出疆에 必載質는 何也잇고 曰士之仕也는 猶農夫之

耕也니 農夫豈爲出疆하여 舍其耒耜哉리오 曰晉國

亦仕國也로되 未嘗聞仕如此其急하니 仕如此其急也

인댄 君子之難仕는 何也잇고 曰丈夫生而願爲之有

室하며 女子生而願爲之有家는 父母之心이라 人皆
　　　　　　　　　　　　　　　　　　[2]

有之언마는 不待父母之命과 媒妁之言하고 鑽穴隙
[1]　　　　　　　　　　　　　[3][4]　　　　　　　[5]

相窺하며 踰牆相從則父母國人이 皆賤之하나니 古之

人이 未嘗不欲仕也언마는 又惡不由其道하니 不由其
　　　　[6]　　　　　　　　　　　　[7]

道而往者는 與鑽穴隙之類也니라
　　　[8]

306

| 국역 |

"국경을 나갈 적엔 반드시 폐백을 싣고 가는 것은 무슨 까닭입니까?" "사士가 벼슬하는 것은 농부가 밭을 가는 것과 같으니, 농부가 어찌 국경을 나간다고 해서 그 쟁기와 보습을 놓겠는가?" "진晉나라도 또한 벼슬하는 나라인데, 벼슬하는 것이 이와 같이 급하다는 말을 들어보지 못했습니다. 벼슬하는 것이 이와 같이 급하다면 군자[선생님]가 벼슬하는 것을 어렵게 여기는 것은 무엇 때문입니까?" "장부丈夫가 태어나면 그를 위해 실室[부인]이 있기를 원하고 여자가 태어나면 그를 위해 가家[남편]가 있기를 원하는 것은 부모의 마음이라서 사람마다 모두 그 마음을 가지고 있지만, 부모의 명령과 중매장이의 말을 기다리지 않고, 담 구멍을 뚫어서 서로 엿보며 담을 넘어 서로 따라다니면 부모와 나라 사람들이 모두 천박하게 여긴다. 옛사람들은 애당초 벼슬하지 아니하려고 하지는 않았지만 또한 제대로 된 방법에 의하지 아니하는 것을 미워하였으니, 제대로 된 방법에 의하지 아니하고 찾아가는 것은 (담을 넘거나) 담 구멍을 뚫는 것과 같은 종류이다."

| 난자풀이 |

① 室 : 아내. 아내가 거처하는 집이라는 뜻에서 '아내'라는 말이 나온 것이다.
② 家 : 남편. 남편의 집이라는 뜻에서 '남편'이라는 말이 나왔다.
③ 媒 : 매개. 중매.
④ 妁 : 중매. 매작媒妁은 '중매인'을 말한다.
⑤ 隙 : '틈'이라는 뜻으로 음은 '극'.
⑥ 嘗 : 보통 '일찍이'로 번역하지만, 여기서는 '애당초'로 번역하는 것이 좋다.
⑦ 其 : '제대로 된'이라는 뜻이다.
⑧ 與 : 여與 앞에 유장踰牆이 있어야 할 것인데 기록자가 빠뜨린 것으로 생각된

다. 조기趙岐는 '(담 구멍을 뚫는 것과) 더불어'라는 뜻으로 풀이하였으며, 공광삼孔廣森·왕인지王引之·초순焦循 등은 위의 글자인 자者 다음에 뜻 없이 붙어 있는 조음소로 보았다.

| 강설 |

농부는 농사를 짓는 것이 본업이므로 외국에 가더라도 농기구를 가지고 간다. 이와 마찬가지로 벼슬하는 것에 대비해온 선비는 벼슬하기 위하여, 제후들과 만날 때 필요한 예물을 항상 가지고 다닌다.

주소는 위魏나라 사람이다. 위魏는 한韓·조趙와 더불어 진晉이 분할되는 바람에 만들어진 나라이므로 위魏·한韓·조趙를 다 진晉이라고도 한다.

위魏나라에도 벼슬자리가 있고 벼슬하는 사람도 있지만, 벼슬하는 것을 이처럼 서둘러야 하는 것임을 알지 못하였던 주소는, 벼슬하는 것을 서둘러야 한다는 맹자의 말을 근거로, 맹자가 벼슬하는 것을 서두르지 않는 까닭을 질문한 것이다.

사람이 성장하면 결혼을 하는데, 결혼 그 자체가 목적이라면 결혼하기 위하여 수단과 방법을 가리지 않겠지만, 결혼은 삶의 한 과정이므로 결혼을 하는 데에는 일반적인 과정과 형식을 갖추어야 한다. 이와 마찬가지로 선비들이 벼슬하는 것 자체만을 목적으로 삼는다면 벼슬하기 위하여 수단과 방법을 가리지 않겠지만, 벼슬하는 것은 어디까지나 세상을 평화롭게 만들고 사람들로 하여금 참된 삶을 영위하도록 하기 위한 수단에 불과하다.

제4장 —

彭更問曰後車數十乘과 從者數百人으로 以傳食於諸
[1]　　　　[2]　　　　　[3]

侯이 不以泰乎잇가 孟子曰非其道則一簞食라도 不可
[4]　　　　[5]

受於人이어니와 如其道則舜受堯之天下하시되 不以爲

태　　　　자이위태호　　왈부　　사무사이식　　　불가야
泰하시니 子以爲泰乎아 曰否라 士無事而食이 不可也
니이다

| 국역 |

팽갱彭更이 물었다. "뒤에 따르는 수레가 수십 대이며, 따르는 자
수백 사람을 거느리고, 제후에게 밥을 전달받아 먹는 것이 너무
사치스럽지 아니합니까?" 맹자께서 말씀하셨다. "정당한 도리가
아니라면 한 도시락의 밥이라도 남에게 받아서는 안 되지만, 만
일 정당한 도리라면 순舜임금이 요堯임금의 천하를 받으시되 사
치스러운 것으로 여기지 않으셨으니, 자네는 사치스럽다고 생각
하는가?" "아닙니다. 선비가 일 없이 밥을 먹는 것이 옳지 않다
는 것입니다."

| 난자풀이 |

① 彭更 : 맹자의 제자.
② 乘 : 원래는 '네 마리 말이 끄는 전쟁 때 쓰는 수레'이지만, 여기서는 단순
　히 '수레'라는 뜻으로 쓰였다.
③ 食 : '밥'이라는 뜻의 명사로 음은 '사'.
④ 以 : 이已와 통용. '너무'라는 뜻이다.
⑤ 其 : '제대로 된'. '정당한'.

왈　자불통공　역사　　　　이연보불족즉농유여속　　　여
曰子不通功 易事하여 以羨補不足則農有餘粟하며 女
　　　　　　①　　②　　　　　　　③
유여포　　　　자여통지즉재장륜여개득식어자
有餘布어니와 子如通之則梓匠輪輿皆得食於子하리
　　　　　　　　　　　④⑤⑥⑦　　　⑧

니 於此有人焉_{하니} 入則孝_{하고} 出則悌_{하며} 守先王

之道_{하여} 以待後之學者_{하되} 而不得食於子_{하리니} 子

何尊梓匠輪輿而輕爲仁義者哉_오

| 국역 |

"자네가 공들인 내용을 소통시켜 일하여 만든 물건을 바꾸게 하여
남는 것을 가지고 부족한 것을 보충하게 하지 않는다면, 농부에게
는 남아서 버리는 곡식이 있을 것이고 여자에게는 남아서 버리는
베가 있을 것이지만, 자네가 만약 소통시킨다면 목수들이나 수레
만드는 사람들도 모두 밥을 얻어먹을 수 있을 것이다. 그런데 여기
에 어떤 사람이 있는데, 집에 들어와서는 효도하고 밖에 나가면 공
경하며, 선왕의 도道를 지켜 후세의 학자를 기다리더라도 자네에게
서 밥을 얻어먹을 수 없을 것이니, 자네는 어찌하여 목수들과 수레
만드는 사람들은 높이면서 인의仁義를 힘쓰는 자를 가벼이 여기는
가?"

| 난자풀이 |

① 通功 : 공들인 내용을 서로 비교하여 소통시키는 것. 예를 들면, 어떤 가
방 만드는 기술자가 1년 동안 가방을 백 개 만들었고, 어떤 농부가 1년
동안 농사지어 쌀 백 말을 만들었다면, 그 공들인 양을 비교해봄으로써
가방과 쌀이 서로 통할 수 있는 가치기준을 찾아낼 수 있다.

② 易事 : 일하여 만든 물건을 바꾸는 것. 통공通功하여 객관적인 가치기준이 정
해지면 사람들은 일하여 만든 물건을 바꿀 수 있게 된다.

③ 羨 : '남는다'는 뜻으로 음은 '연'.

④ 梓 : 목수. 주로 악기樂器, 음기飲器 등을 만드는 목공.

⑤ 匠 : 일반적인 목공.

⑥ 輪 : 주로 수레바퀴를 만드는 기술자.

⑦ 輿 : 주로 수레의 몸체를 만드는 기술자.

⑧ 子 : 자네. 여기서 '자네에게 밥을 얻어먹는다'는 말은 '자네가 직접 그들에게 밥을 주는 것이 아니지만, 사람들이 만든 물건의 객관적인 가치를 정해줌으로써 자기가 만든 물건을 가지고 필요한 밥을 바꾸어 먹을 수 있게 된다'는 뜻이다.

曰梓匠輪輿는 其志將以求食也어니와 君子之爲道也

도 其志亦將以求食與잇가 曰子何以其志爲哉오 其①

有功於子하여 可食而食之矣니라② 且子는 食志乎아③

食功乎아 曰食志니이다 曰有人於此하여 毁瓦畫墁이④⑤

라도 其志將以求食也則子食之乎아 曰否라 曰然則

子非食志也라 食功也로다

| 국역 |

"재장梓匠과 윤여輪輿는 그 뜻이 장차 밥을 구하려는 것이거니와 군자가 도리를 힘쓰는 것도 그 뜻이 역시 장차 밥을 구하려는 것입니까?" "자네가 그 뜻을 따져서 무엇을 하려느냐? 자네에게 공이 있어서 밥을 먹일 만하면 먹이는 것이다. 또한 자네는 뜻을 따져서 밥을 먹이겠는가? 공을 따져서 먹이겠는가?" "뜻을 따져서 먹이겠습니다." "여기에 사람이 있는데 기와장을 부수고

담장의 회칠한 곳을 그어놓더라도 그 뜻이 장차 밥을 구하는 것
이라면 자네는 그에게 밥을 먹이겠는가?" "아닙니다." "그렇다면
자네는 뜻을 따져서 밥을 먹이는 것이 아니다. 공을 따져서 먹
이는 것이다."

| 난자풀이 |

① 何 : 뒤에 나오는 爲의 목적어인데, 의문대명사이므로 앞으로 나온 것
   이다.
② 食 : '밥'이라는 뜻의 명사, '밥을 먹인다'는 뜻의 사역동사, 또는 '밥먹임
   을 당한다'는 뜻의 피동형의 동사로 쓰일 때는 모두 음이 '사'이다.
③ 食志 : 식지이지食之以志의 준말.
④ 畫 : '긋는다'는 동사로 음은 '획'.
⑤ 墁 : '담장에 칠을 하여 꾸민다'는 뜻으로 음은 '만'.

| 강설 |

맹자가 팽갱이 직접 행정을 담당했을 경우를 가정하여 대화를
이끌어가는 까닭은 피교육자로 하여금 더욱 긴밀하게 사고하게
함으로써 교육의 효과를 높이고자 했기 때문이다.

사람들은 각각 서로 다른 일을 하지만, 일한 결과의 공에 따
라서 밥을 먹게 된다. 바람직한 삶은 도덕적 삶과 경제적 삶이 조
화를 이루어야 하는 것이므로, 경제분야에 종사하는 사람뿐 아니
라 도덕의 확립에 종사하는 사람에게도 공이 있는 것이다. 따라서
마땅히 대가를 받아야 한다.

군자의 삶은 도덕을 확립하는 데 치중하는 것이며, 그 결과
대가를 받지만 대가를 받기 위해 도덕을 확립하려는 것은 아니다.
마찬가지로 노동 자체가 삶의 과정이고 돈은 결과적으로 받게 되
는 것이라고 생각하는 노동자가 있다면, 그를 군자라고 해야 마땅
할 것이다.

제5장

만 장 문 왈 송　소 국 야　금 장 행 왕 정　제 초 오
萬章問曰宋은 **小國也**라 **今將行王政**하나니 **齊楚惡**
① ②

이 벌 지 즉 여 지 하　맹 자 왈 탕　거 박　여 갈
而伐之則如之何니잇고 **孟子曰湯**이 **居亳**하실새 **與葛**
③

위 린　갈 백　방 이 불 사　탕　사 인 문 지
爲鄰이러시니 **葛伯**이 **放而不祀**어늘 **湯**이 **使人問之**

왈 하 위 불 사　왈 무 이 공 희 생 야　탕　사 유 지
曰何爲不祀오 **曰無以供犧牲也**로이다 **湯**이 **使遺之**
④

우 양　갈 백　식 지　우 불 이 사　탕　우 사
牛羊하신대 **葛伯**이 **食之**하고 **又不以祀**어늘 **湯**이 **又使**

인 문 지 왈 하 위 불 사　왈 무 이 공 자 성 야　탕
人問之曰何爲不祀오 **曰無以供粢盛也**로이다 **湯**이

사 박 중　왕 위 지 경　노 약　궤 사　갈 백
使亳衆으로 **往爲之耕**이어시늘 **老弱**이 **饋食**러니 **葛伯**
⑤

이 솔 기 민　요 기 유 주 사 서 도 자　탈 지　불
이 **帥其民**하여 **要其有酒食黍稻者**하여 **奪之**하되 **不**
⑥

수 자　살 지　유 동 자 이 서 육 향　살 이 탈 지
授者를 **殺之**하더니 **有童子以黍肉餉**이어늘 **殺而奪之**
⑦ ⑧

서 왈 갈 백　구 향　차 지 위 야　위 기
하니라 **書曰葛伯**이 **仇餉**이라하니 **此之謂也**니라 **爲其**

살 시 동 자 이 정 지　사 해 지 내 개 왈 비 부 천 하 야
殺是童子而征之하신대 **四海之內皆曰非富天下也**라
⑨

위 필 부 필 부　복 수 야
爲匹夫匹婦하여 **復讎也**라하니라

| 국역 |

만장萬章이, "송宋나라는 작은 나라입니다. 이제 장차 왕도정치王
道政治를 행하려 하니, 제齊나라와 초楚나라가 그것을 미워하여
공격하면 어떻게 합니까?" 하고 묻자, 맹자께서 말씀하셨다. "탕
湯임금이 박亳(은殷의 서울)에 거처하실 때에 갈葛나라와 이웃하였

는데, 갈백葛伯이 방탕하여 제사를 지내지 않자, 탕湯임금이 사람을 시켜 묻기를, '무엇 때문에 제사를 지내지 아니합니까?' 하니, '희생犧牲을 바칠 수 없기 때문입니다' 하였다. 이에 탕湯임금이 그에게 소와 양을 보내주게 하셨는데 갈백이 이것을 먹고 또 제사를 지내지 않았다. 탕湯임금이 또 사람을 시켜 묻기를, '무엇 때문에 제사를 지내지 아니합니까?' 하니 '자성粢盛을 바칠 수 없기 때문입니다' 하였다. 이에 탕湯임금이 박亳의 백성들로 하여금 가서 그를 위하여 밭을 갈아주게 하시니, 노약자老弱者들이 (밭 가는 자들에게) 밥을 날랐다. 이에 갈백이 그의 백성을 거느리고 술과 밥과 기장밥과 쌀밥을 가지고 오는 자들을 길목에서 맞이하여 그것을 빼앗되, 주지 아니하는 자를 죽였다. 어떤 어린이가 기장밥과 고기를 가지고 와서 먹이자, 그를 죽이고서 빼앗았다. 『서경書經』에 이르기를, '갈백이 밥을 먹이는 자를 원수로 삼았다' 하였으니, 이것을 말한 것이다. 이 어린이를 죽였기 때문에 갈葛을 정벌하시자, 사해四海의 안이 모두 말하기를, '천하天下에서 부자 되려는 것이 아니라 필부필부匹夫匹婦(백성 개개인)를 위해 원수를 갚으려는 것이다' 하였다.

| 난자풀이 |

1 萬章 : 맹자의 제자.
2 惡 : '미워한다'는 뜻의 동사로 음은 '오'. 타동사이므로 '오지이벌지惡之而伐之'가 되어야 할 것이지만 지之가 중복되므로 앞의 것을 생략하였다.
3 亳 : 은殷나라의 서울. 음은 '박'.
4 何 : 위爲의 목적어지만 의문대명사이므로 앞으로 나왔다.
5 饋 : 군인이나 밭에서 일하는 사람 등에게 음식을 날라다 먹이는 것. 음은 '궤'.
6 帥 : '통솔한다'는 뜻의 동사로 쓰일 때는 음이 '솔'이고, '장수'라는 뜻의 명사로 쓰일 때는 음이 '수'이다.
7 餉 : 밥을 날라다 먹이는 것, 또는 그 사람.
8 殺 : 타동사이므로 '살지이탈지殺之而奪之'로 되어야 할 것이지만, 한문漢文

에서는 목적어를 나중에 말하므로 앞의 지之를 생략하였다. 우리말은 목적어를 먼저 말하므로 번역할 때는 뒤의 목적어를 생략하는 것이 좋다.

⑨ 天下 : 여기서는 장소를 나타내는 말이므로 '비부어천하非富於天下'로 되어야 할 것이지만, 한문에서는 네 자씩 맞추기를 좋아하므로 어於를 생략하였다. '부어천하富於天下'의 뜻은 '나라 안에서 제일가는 부자가 되는 데 그치지 않고 다른 나라들을 합병하여 천하에서 제일가는 부자가 되는 것'이라는 뜻이다.

| 강설 |

이 문장은, 작은 나라가 훌륭한 정치를 하면 크게 발전할 것인데, 강대국들이 그것을 싫어하여 쳐들어올지도 모른다고 짐작한 만장의 질문에 대한 맹자의 답변으로 이루어져 있다. 맹자는, 작은 나라가 어진 정치를 하여 크게 성공한 경우를 탕湯임금을 예로 들어 설명하였다.

작은 나라가 어진 정치를 하여 성공하기 위해서는 백성을 내 몸같이 사랑하면서 동시에 강대국들을 잘 받들어야 한다. 그런데도 강대국이 계속 무시하면 강대국들의 악惡이 천하에 드러나게 된다. 그 결과 천하의 백성은 강대국을 싫어하고 이 작은 나라를 편들게 될 것이므로 결국 강력한 나라로 발전하게 된다.

湯이 始征을 自葛載하사 十一征而無敵於天下하니 ①

東面而征에 西夷怨하며 南面而征에 北狄이 怨하여

曰奚爲後我오하여 民之望之이 若大旱之望雨也하여 ③

歸市者弗止하며 芸者不變이어늘 誅其君弔其民하신대 ②

如時雨降이라 民大悅하니 書曰徯我后하노소니 后來 ④ ⑤

하시니 其無罰아하니라

탕湯임금이 첫 번째 정벌을 갈葛나라로부터 시작하여 열한 번 정벌하자 천하에 적敵이 없어졌다. 동쪽을 향하여 정벌하면 서쪽의 오랑캐가 원망하고, 남쪽을 향하여 정벌하면 북쪽의 오랑캐가 원망하여 말하기를, '무엇 때문에 우리를 나중에 정벌하시는가?' 하여, 백성들이 희망하는 것이 큰 가뭄에 비를 바라듯이 하여, 시장에 가는 자들이 그치지 않았으며, 김매는 자들이 동요하지 않았다. 그 임금을 죽이고 그 백성을 위로하시니 단비가 내린 듯이 백성들이 크게 기뻐하였으니, 『서경』에 이르기를, '우리를 인도해줄 임금님을 기다렸는데, 임금님이 오셨으니, 형벌 받을 일은 없겠구나!' 하였다.

| 난자풀이 |

1 載 : '시작한다'는 뜻. 음은 '재'.
2 之 : 주격조사.
3 之 : 대한大旱과 망우望雨가 도치되었음을 나타내는 역할을 한다.
4 時雨 : 때맞추어 오는 비. 단비.
5 書 : 『서경』 상서商書 태갑상편太甲上篇.

| 강설 |

백성의 고통을 자기의 고통으로 알고 그것을 해결하는 것에 전력을 기울이는 어진 정치를 하는 사람이 다른 나라의 고통받는 백성을 구제하기 위하여 전쟁을 일으키는 것은, 침략전쟁이 아니라 백성을 구원하는 전쟁이므로 그 백성들의 지지를 받게 된다.

有攸不爲臣이어늘 東征하사 綏厥士女하신대 匪厥玄[1][2][3][4][5]
黃하여 紹我周王見休하여 惟臣附于大邑周라하니 其[6][7][8]
君子이 實玄黃于匪하여 以迎其君子하고 其小人이
簞食壺漿하여 以迎其小人은 救民於水火之中하여[9][10]
取其殘而已矣일새니라 太誓曰我武를 惟揚하여 侵于[11][12]
之疆하여 則取于殘하여 殺伐用張하니 于湯에 有光이[13][14][15][16]
라하니라 不行王政云爾언정 苟行王政이면 四海之內[17]
이 皆擧首而望之하여 欲以爲君하리니 齊楚雖大나
何畏焉이리오[18]

| 국역 |

(『서경』 주서周書 무성편武成篇에는) '신하가 되지 않으려는 자가 있거늘 동쪽으로 정벌하여 그 나라의 선비와 여자들을 편안하게 하자, (그 선비와 여자들이) 검은 비단과 노란 비단을 광주리에 담아, 우리 주周나라의 왕 앞에 줄을 이어 서서, 우리 왕의 아름다움을 보고, 오직 큰 도읍지인 주周나라에 신하로서 복종하기만을 생각하였다'고 하였다. 그 나라의 군자들이 검은 비단과 노란 비단을 광주리에 담아 가지고 와서 주周의 군자들을 맞이하고, 그 나라의 소인들이 밥을 도시락에 담고 장을 병에 담아서 주周의 소인들을 맞이한 것은, 백성들을 물과 불 가운데에서 구원하

고 그 잔인한 자를 제거할 뿐이었기 때문이다. 『서경』태서太誓에 이르기를, '우리의 무력을 오직 떨쳐 저들의 국경을 침략하여, 그 잔인한 자를 제거함으로써 죽이고 정벌하는 효과가 그 때문에 크게 드러나니, 탕湯임금보다 더 빛남이 있다'고 하였다. 왕도정치를 하지 않는다고 하면 그뿐이거니와, 진실로 왕도정치를 행한다면 사해 안의 모든 사람들이 머리를 들고 우러러보면서 임금을 삼고자 할 것이니, 제齊나라와 초楚나라가 비록 크지만 무엇을 두려워하겠는가?"

| 난자풀이 |

1 攸 : 소所와 통용. ~하는 바. 여기서는 '~하는 자'로 번역하는 것이 좋다.

2 爲 : 완원阮元은 위爲가 유惟의 잘못이라고 하였다. 다른 판본에는 유惟로 되어 있다.

3 綏 : 수레에 달려 있는 손잡이 끈. 이 끈을 붙잡으면 편안하므로 '편안하게 한다'는 뜻이 된다. 음은 '수'.

4 匪 : '대로 만든 광주리' 또는 '광주리에 담는다'는 뜻. 음은 '비'.

5 玄 : 검은 색의 비단.

6 黃 : 노란 색의 비단.

7 紹 : '줄을 이어서 선다'는 뜻. '소어아주왕전紹於我周王前'의 준말로 보아야 할 것이다. 오늘날에는 외국의 원수가 오면 환영하기 위하여 그 나라의 국기를 들고 늘어서지만, 당시에는 예물로 주기 위한 비단을 들고 늘어섰던 것 같다. 조기趙岐와 초순焦循은 소紹를 소개한다고 풀이하여, '우리 주왕周王을 소개받아'로 해석하였고, 주자朱子는 '섬긴다'는 뜻으로 해석하였다.

8 休 : 아름다운 모습. 음은 '휴'.

9 實 : '담는다'는 뜻.

10 壺 : '병' 또는 '병에 담는다'는 뜻. 음은 '호'.

11 太誓 : 『서경』주서周書의 편명篇名. 현존하는 『서경』의 태서편太誓篇은 위작僞作이라는 설이 있음.

12 武 : 무력. 위엄.

13 之 : 기其와 통용.

⒁ 于 : 기其이어야 할 것인데, 기록자가 착오를 일으킨 것으로 보아야 할 것이다. 『서경』의 원문에는 우于 대신 피흉彼凶으로 되어 있다.

⒂ 用 : 이以와 통용.

⒃ 于 : ~보다.

⒄ 云爾 : ~라 하면 그뿐이다. ~라고 할 뿐이다.

⒅ 何 : 외畏의 목적어이지만 의문대명사이므로 앞으로 나온 것이다.

| 강설 |

이 문장의 앞부분은 『서경』 주서 무성편에 있는 무왕武王의 말인데, 『서경』의 원문과 차이가 있다. 맹자가 요약하여 인용한 것일 수도 있고, 현존의 『서경』 무성편이 나중에 만들어진 위작일 수도 있다.

제
6
장

孟子謂戴不勝曰子欲子之王之善與아 我明告子하리라
　　　　　　⑴　　　　　　⑵

有楚大夫於此하여 欲其子之齊語也則使齊人傅諸아
　　　　　　　　　　⑶　⑷　　　　　⑸　⑹

使楚人傅諸아 曰使齊人傅之니라 曰一齊人傅之어든
　　　　　　　　　　　　　　　　　　　　⑺

衆楚人咻之면 雖日撻而求其齊也라도 不可得矣어니와
　　⑻　　　　　　　　⑼

引而置之莊嶽之間數年이면 雖日撻而求其楚라도 亦
⑽　　　　⑾

不可得矣리라 子謂薛居州善士也라하여 使之居於王
　　　　　　　　⑿

所하나니 在於王所者長幼卑尊이 皆薛居州也면 王誰
　　　　　　　　　　　　　　　　　　　　　　　⒀

與爲不善이며 在王所者長幼卑尊이 皆非薛居州也면

王誰與爲善이리오 一薛居州獨如宋王何리오

맹자께서 대불승戴不勝에게 말씀하셨다. "자네는 자네의 왕이 착해
지기를 바라는가? 내 그대에게 분명하게 말해주겠다. 여기에 초楚
나라 대부大夫가 있는데 그 아들이 제齊나라의 말을 하는 것을 바란
다면 제齊나라 사람으로 하여금 가르치게 하겠는가? 초楚나라 사람
으로 하여금 가르치게 하겠는가?" "제齊나라 사람으로 하여금 가르
치게 할 것입니다." "제齊나라 사람 한 명이 그를 가르치거늘, 초楚
나라 사람 여럿이서 떠들어댄다면, 비록 날마다 종아리를 치면서
그가 제齊나라 말을 하기를 요구하더라도 될 수 없을 것이지만, 그
를 데려가서 장악莊嶽 사이에 수년 동안 놓아둔다면 비록 날마다
종아리를 치면서 그가 초楚나라 말을 하기를 요구한다 하더라도 또
한 될 수 없을 것이다. 자네는 설거주薛居州를 착한 선비로 평가하
여 그로 하여금 왕의 처소에 기거하게 하였는데, 왕의 처소에 있는
자들이 나이 많은 사람이나 어린 사람, 계급이 낮은 사람이나 높은
사람이 모두 설거주와 같다면 왕이 누구와 더불어 착하지 않은 일
을 하겠으며, 왕의 처소에 있는 자들이 나이 많은 사람이나 어린
사람, 계급이 낮은 사람이나 높은 사람이 모두 설거주와 같지 않다
면 왕이 누구와 더불어 착한 일을 하겠는가? 설거주 한 사람이 홀
로 송宋나라 왕을 어떻게 하겠는가?"

1 戴不勝 : 송宋나라의 신하.
2 之 : 주격조사.
3 之 : 주격조사.
4 齊語 : 제齊나라의 말을 하는 것.
5 傅 : 스승. 여기서는 동사로 쓰였기 때문에 '스승이 되게 한다' 또는 '가르
   치게 한다'는 뜻이다. 음은 '부'.

⑥ 諸 : 지호之乎의 뜻.

⑦ 一 : '하나의'라는 뜻의 형용사이지만, 우리말에서는 수를 세는 말을 명사 뒤에 붙이므로, 번역할 때는 제인齊人 뒤에 붙여서 '제齊나라 사람 한 명'이라고 번역하는 것이 좋다.

⑧ 咻 : '떠든다'는 뜻으로 음은 '휴'.

⑨ 齊 : 제齊나라의 말을 하는 것.

⑩ 引 : 타동사이므로 뒤에 지之가 있어야 하지만 뒤에 치지置之의 지之와 중복되므로 생략하였다.

⑪ 莊嶽 : 제齊나라 서울에 있는 거리 이름. 고염무顧炎武는 장莊을 거리 이름, 악嶽을 마을 이름이라 하였다.

⑫ 薛居州 : 송宋나라의 신하.

⑬ 誰 : 여與의 목적어이지만 의문대명사이므로 앞으로 나온 것이다.

제7장

公孫丑問曰不見諸侯何義잇고 孟子曰古者에 不爲臣하여는 不見하더니라 [1] 段干木은 踰垣而辟之하고 [2] [3] 泄柳는 閉門而不內하니 [4] 是皆已甚하니 迫이어든 斯可以見矣니라 [5] 陽貨欲見孔子而惡無禮하여 大夫有賜於士어든 [6] 不得受於其家則往拜其門일새 陽貨矙孔子之亡也하여 而饋孔子蒸豚한대 孔子亦矙其亡也하여 而往拜之하시니 當是時하여 陽貨先이면 豈得不見이시리오 [7] 曾子曰脅肩諂笑는 病于夏畦라하며 [8] 子路曰未同而言을 觀其色컨대 赧赧然이라 非由之所知也라하니 [9] 由是

觀之則君子之所養을 可知已矣니라
관 지 즉 군 자 지 소 양   가 지 이 의

| 국역 |

공손추公孫丑가 물었다. "제후를 만나보지 않는 것은 무슨 도리입니까?" 맹자께서 말씀하셨다. "옛날에는 신하가 되지 않았다면 만나보지 않았다. 단간목段干木은 담을 넘어가 피하였고, 설류泄柳는 문을 닫고 받아들이지 않았으니, 이는 둘 다 너무 심하다. 접근해 온다면 만나볼 수 있는 것이다. 양화陽貨가 공자를 만나보고 싶었으나 (공자를 오게 하면) 자기가 무례無禮하게 되는 것이 싫었다. 그런데 (당시의 예에 의하면) 대부大夫가 사士에게 물건을 하사함이 있을 경우, 자기 집에서 직접 받지 못하였으면 가서 대부大夫의 문 앞에서 절해야 하므로, 양화가 공자가 없는 것을 엿보아 공자에게 삶은 돼지고기를 보내주었는데, 공자께서도 또한 그가 집에 없는 것을 엿보아 가서 사례하였다. 당시에 양화가 먼저 찾아왔더라면 (공자께서) 어찌 만나보지 않을 수 있으셨겠는가? 증자曾子가 말하기를, '(아첨하기 위하여) 어깨를 으쓱거리고 아첨하여 웃는 것이 여름의 밭두둑보다 더 해롭다'고 하였고, 자로子路가 말하기를, '뜻이 같지 아니하면서 말하는 자는 그 얼굴빛을 보면 붉어지는데, (그러한 사람은) 내가 알 바 아니다'고 했으니, 이로 말미암아 살펴본다면 군자가 기르는 바를 알 수 있다."

| 난자풀이 |

① 義 : 인간이 마땅히 실천해야 하는 도리.

② 段干木 : 위魏나라 문후文侯 때의 현인賢人. 단간段干이 성이고 목木이 이름이다.

③ 辟 : 문맥에 따라 피避·벽僻·비譬·벽闢 등과 통용된다. 여기서는 피避와 통용되므로 음은 '피'.

④ 內 : 납納과 통용. '들여놓는다'는 뜻으로 음은 '납'.

⑤ 迫 : 접근해오는 것. 주자朱子는 '절실하다'는 뜻으로 해석하였다.

⑥ 陽貨 : 양호陽虎를 말함. 양화는 정공定公 5년에 주군主君인 계환자季桓子를 유폐시켰고, 정공定公 8년에 삼환三桓의 적자들을 다 죽이고 자기 마음에 드는 서자庶子를 세우려 한 사람이다.

⑦ 當 : '~을 당해서', '그때를 당해서'라는 말의 가장 적합한 현대어는 당시當時이다.

⑧ 脅 : '으쓱거린다'는 뜻으로 음은 '흡'.

⑨ 赧赧然 : 붉어지는 모양.

| 강설 |

백성들의 삶을 위하여 왕이 존재하는 것이므로 왕이 백성들의 삶에 해를 끼쳐서는 안 되며, 백성에게 명령할 권리도 없다. 왕이 부르지도 않았는데 찾아가는 것은 두 가지 측면에서 잘못이다. 하나는, 백성의 권리를 포기하는 것이기 때문이다. 다른 하나는, 벼슬하기 위하여 아첨하러 가는 경우가 되기 때문이다. 다만 왕을 도와 백성들의 삶을 위하여 헌신해야 하는 공무원의 경우는 왕을 받들어야 하고, 왕의 명령에 따라야 한다.

벼슬하기 위하여 아첨하는 자들은 자기의 부귀영화에만 목적이 있으므로, 그러한 사람들이 정치를 하게 되면 백성을 착취하게 된다. 백성은 한여름에 밭두둑에서 일하는 것보다 더 큰 피해를 입는 것이다.

뜻이 같지 아니한데도 서로 말을 하고 어울리는 사람들은 이익을 차지하기 위하여 양심을 속이는 사람들이므로, 이익이 되는 일이라면 무슨 짓이든 하는 사람이다.

제
8
장

戴盈之曰什一과 去關市之征을 今玆未能이니 請
輕之하여 以待來年然後已하면 何如하니잇고 孟子曰
今有人日攘其鄰之雞者어든 或告之曰是非君子之
道라한대 曰請損之하여 月攘一雞하여 以待來年然後
已로다 如知其非義인댄 斯速已矣니 何待來年이리오

| 국역 |

대영지戴盈之가 말했다. "10에 하나를 거는 것과 관문과 시장의
세금을 없애는 것을 금년에는 아직 할 수 없으니, 청컨대 세금
을 경감하여 내년이 오기를 기다린 연후에 그만두면 어떻겠습니
까?" 맹자께서 말씀하셨다. "지금 사람 중에 날마다 그 이웃의
닭을 훔치는 자가 있는데, 어떤 사람이 그에게 '이것은 군자의
도리가 아니다'라고 하자, '청컨대 그 수를 줄여서 달마다 닭 한
마리를 훔치다가 내년이 오기를 기다린 연후에 그만두겠다'고 하
는구나. 만약 그것이 도리가 아님을 알면 속히 그만두어야 할
것이니, 어찌 내년을 기다리겠는가?"

| 난자풀이 |

1 戴盈之 : 宋나라의 대부大夫.
2 玆 : 해. 금자今玆는 금년今年과 같음.

公^공都^도子^자曰^왈外^외人^인皆^개稱^칭夫^부子^자好^호辯^변하나니 敢^감問^문何^하也^야잇고

孟^맹子^자曰^왈予^여豈^기好^호辯^변哉^재리오 予^여不^부得^득已^이也^야로라 天^천下^하之^지生^생이 ①

久^구矣^의니 一^일治^치一^일亂^란이니라 當^당堯^요之^지時^시하여 ② 水^수逆^역行^행하여 氾^범

濫^람於^어中^중國^국하여 ③ 蛇^사龍^룡이 居^거之^지하니 民^민無^무所^소定^정하여 下^하者^자는

爲^위巢^소하고 上^상者^자는 爲^위營^영窟^굴하니 ④ 書^서曰^왈洚^홍水^수警^경余^여라하니 ⑤ ⑥ 洚^홍

水^수者^자는 洪^홍水^수也^야니라 使^사禹^우治^치之^지어시늘 禹^우掘^굴地^지而^이注^주之^지海^해

하시고 驅^구蛇^사龍^룡而^이放^방之^지菹^저하신대 ⑦ 水^수由^유地^지中^중行^행하니 江^강淮^회

河^하漢^한이 是^시也^야라 險^험阻^조既^기遠^원하며 鳥^조獸^수之^지害^해人^인者^자消^소하니

然^연後^후에 人^인得^득平^평土^토而^이居^거之^지하니라

| 국역 |

공도자公都子가 말했다. "바깥 사람들이 모두 선생님께서 변론하기를 좋아하신다고 일컫는데, 어째서 그러한지 감히 묻겠습니다." 맹자께서 말씀하셨다. "내 어찌 변론하기를 좋아하겠는가. 나는 부득이하다. 천하天下에 (사람이) 산 것이 오래되었는데, 한번 다스려지고 한번 혼란하고 하였다. 요堯임금 당시에 물이 거꾸로 흘러 나라 가운데에 범람하여 뱀과 용들이 거기에 살고 있으므로 백성들이 정착할 곳이 없어, 낮은 지역에 사는 자들은 둥지를 만들었고, 높은 지역에 사는 자들은 굴집을 만들었다. 『서

경書經』에 '홍수洚水가 나를 경계하였다' 하였으니, 홍수란 홍수洪水이다. 우禹로 하여금 다스리게 하시니, 우禹가 땅을 파서 바다로 흘려보내고 뱀과 용들을 몰아내어 늪으로 쫓아버리자, 물이 땅 속을 통하여 흐르게 되었으니, 장강, 회수淮水, 황하, 한수漢水가 그것이다. 험조한 것이 이미 멀어지고, 새나 짐승들이 사람을 해치는 것이 없어진 연후에, 사람이 평평한 땅을 얻어서 살 수 있게 되었다.

| 난자풀이 |

① 之 : 천하와 생生이 도치되었음을 나타내는 역할을 한다. '생어천하生於天下'로 놓고 해석하면 될 것이다.

② 當 : ~을 당해서. 이 문장을 글자 그대로 해석하면 '요堯의 때를 당해서'인데, 현대어로는 '요堯의 당시에'라고 하는 것이 좋다.

③ 中國 : 나라의 가운데.

④ 營 : 집. 영굴營窟은 굴집.

⑤ 書 : 『서경』 우서虞書 대우모편大禹謨篇.

⑥ 洚 : '물이 많아 끝이 없다'는 뜻. 음은 '홍' 또는 '강'.

⑦ 菹 : '늪'이라는 뜻으로 음은 '자', 또는 '저'.

堯舜이 旣沒하시니 聖人之道衰하여 暴君代作하여 壞
宮室以爲汚池하여 民無所安息하며 棄田以爲園囿하
[1]
여 使民不得衣食하고 邪說暴行이 又作하여 園囿汚
池沛澤多而禽獸至하니 及紂之身하여 天下又大亂하
[2]
니라 周公相武王하사 誅紂하시고 伐奄三年에 討其君
[3]

하시고 <ruby>驅<rt>구</rt></ruby><ruby>飛<rt>비</rt></ruby><ruby>廉<rt>렴</rt></ruby><ruby>於<rt>어</rt></ruby><ruby>海<rt>해</rt></ruby><ruby>隅<rt>우</rt></ruby><ruby>而<rt>이</rt></ruby><ruby>戮<rt>륙</rt></ruby><ruby>之<rt>지</rt></ruby>하시니 <ruby>滅<rt>멸</rt></ruby><ruby>國<rt>국</rt></ruby><ruby>者<rt>자</rt></ruby><ruby>五<rt>오</rt></ruby><ruby>十<rt>십</rt></ruby>이요

[4]

<ruby>驅<rt>구</rt></ruby><ruby>虎<rt>호</rt></ruby><ruby>豹<rt>표</rt></ruby><ruby>犀<rt>서</rt></ruby><ruby>象<rt>상</rt></ruby><ruby>而<rt>이</rt></ruby><ruby>遠<rt>원</rt></ruby><ruby>之<rt>지</rt></ruby>하신대 <ruby>天<rt>천</rt></ruby><ruby>下<rt>하</rt></ruby><ruby>大<rt>대</rt></ruby><ruby>悅<rt>열</rt></ruby>하니 <ruby>書<rt>서</rt></ruby><ruby>曰<rt>왈</rt></ruby><ruby>丕<rt>비</rt></ruby><ruby>顯<rt>현</rt></ruby><ruby>哉<rt>재</rt></ruby>

[5] [6]

라 <ruby>文<rt>문</rt></ruby><ruby>王<rt>왕</rt></ruby><ruby>謨<rt>모</rt></ruby>여 <ruby>丕<rt>비</rt></ruby><ruby>承<rt>승</rt></ruby><ruby>哉<rt>재</rt></ruby>라 <ruby>武<rt>무</rt></ruby><ruby>王<rt>왕</rt></ruby><ruby>烈<rt>렬</rt></ruby>이여 <ruby>佑<rt>우</rt></ruby><ruby>啓<rt>계</rt></ruby><ruby>我<rt>아</rt></ruby><ruby>後<rt>후</rt></ruby><ruby>人<rt>인</rt></ruby>하시되

[7] [8]

<ruby>咸<rt>함</rt></ruby><ruby>以<rt>이</rt></ruby><ruby>正<rt>정</rt></ruby><ruby>無<rt>무</rt></ruby><ruby>缺<rt>결</rt></ruby>이라하니라

| 국역 |

요순堯舜이 이미 별세하시니, 성인聖人의 도道가 쇠하여 폭군暴君이 대대로 나와서 궁실宮室(백성들의 집)을 헐어 웅덩이와 못을 만들었으므로 백성이 편안히 쉴 곳이 없었고, 밭을 버려 동산을 만들어 백성들로 하여금 입고 먹을 수 없게 만들었으며, 비뚤어진 학설과 포악한 행동이 또 일어나고, 동산·웅덩이·못·늪 등이 많아져서 금수禽獸가 이르게 되어, 주紂의 몸에 이르러서는 천하가 또 크게 어지러워졌다. 주공周公이 무왕武王을 도와 주紂를 죽이시고, 엄奄나라를 정벌한 지 3년 만에 그 임금을 죽이시고, 비렴飛廉을 바다 모퉁이로 몰아내어 죽이시니, 나라를 멸망시킨 것이 50개국이었고, 범·표범·코뿔소·코끼리를 몰아내어 멀리 쫓으시니, 천하가 크게 기뻐하였다. 『서경』에 이르기를, '크게 드러났도다. 문왕의 계책이여! 크게 계승하였도다. 무왕의 공덕이여! 우리 후인後人들을 돕고 계도해주시되 모두 정도正道로써 하고 결함이 없게 하셨다'고 하였다.

| 난자풀이 |

1 宮室 : 백성들의 집.

2 沛 : 늪. 음은 '패'.

3 奄 : 동방에 있었던 나라.

4 飛廉 : 주紂의 총애를 받던 신하.

5 書 : 『서경』 주서周書 군아편君牙篇.

6 丕 : '크다'는 뜻으로 음은 '비'.

7 謨 : 꾀. 계책.

8 我後人 : 무왕武王의 아들인 성왕成王 이하의 임금들을 지칭한다.

世衰道微하여 邪說暴行이 有作하여 臣弑其君者有
[1]

之하며 子弑其父者有之하니라 孔子懼하사 作春秋하

시니 春秋는 天子之事也라 是故로 孔子曰知我者도
[2]

其惟春秋乎며 罪我者도 其惟春秋乎인저하시니라

| 국역 |

세상의 풍속이 쇠퇴하고 인간의 도리가 미약해져서 비뚤어진 학설
과 포악한 행동이 또 일어나 신하로서 그 임금을 시해하는 자가 있
으며, 아들로서 그 아버지를 시해하는 자가 있었다. 공자께서 이를
두려워하시어 『춘추春秋』를 지으시니, 『춘추』는 천자天子가 짓는 것
이다. 이 때문에 공자께서 말씀하시기를, '나를 알아주는 자도 오직
『춘추』 때문이며, 나에게 죄를 주는 자도 오직 『춘추』 때문이다' 하
셨다.

| 난자풀이 |

① 有 : 우又와 같이 쓰이는 글자. 따라서 음이 '우'이다.

② 之 : 앞의 '신시기군자臣弑其君者'를 지칭한다. 이 문장은 '세유신시기군자世有臣弑其君者'이어야 할 것인데, 주어인 세世가 생략되고 목적어인 신시기군자臣弑其君者가 강조되어 앞으로 나온 것이다.

| 강설 |

『춘추』는 역사 속의 인물들의 잘잘못을 평가해 놓았으므로, 그들에 대한 평가가 『춘추』로 말미암아 영원히 세상에 드러나게 되었다. 후대의 사람들은 『춘추』와 같은 책이 또 나와서 자신들의 잘잘못이 영원히 드러나게 될 것을 염려하여 조심하지 않을 수 없게 되었다. 이러한 점에서도 『춘추』의 공은 크다고 할 수 있다.

　　『춘추』라는 역사책은 천자가 짓게 되어 있는데, 공자가 지었으므로 공자가 월권을 하였다는 악평을 하는 사람도 있을 것이다.

聖王이 不作하여 諸侯放恣하며 處士橫議하여 楊朱
① ② ③
墨翟之言이 盈天下하여 天下之言이 不歸楊則歸墨
④
하니 楊氏는 爲我하니 是無君也요 墨氏는 兼愛하니
是無父也니 無父無君은 是禽獸也니라 公明儀曰庖
⑤
有肥肉하며 廏有肥馬하고 民有飢色하며 野有餓莩면
此는 率獸而食人也라하니 楊墨之道不息이면 孔子之

道不著하리니 是는 邪說誣民하여 充塞仁義也니 仁

[6]

의 충 색 즉 솔 수 식 인   인 장 상 식
義充塞則率獸食人하다가 人將相食하리라

| 국역 |

성왕聖王이 나오지 아니하여 제후들이 방자하며, 재야의 선비들
이 논의를 멋대로 하여 양주楊朱와 묵적墨翟의 말이 천하에 가득
하여, 천하의 언론이 양주에게 돌아가지 아니하면 묵적에게 돌
아간다. 양씨楊氏는 자기만을 위하니, 이는 임금을 무시하는 것
이고, 묵씨墨氏는 사랑을 똑같이 하니, 이는 아버지를 무시하는
것이다. 아버지를 무시하고 임금을 무시하는 것은 금수이다. 공
명의公明儀가 말하기를, '(임금의) 푸줏간에 살찐 고기가 있고 마
구간에 살찐 말이 있는데도 백성들에게 굶주린 기색이 있으며
들에 굶어죽은 시체가 있다면 이는 짐승을 몰아 사람을 잡아먹
게 하는 것이다'라고 하였다. 양주와 묵적의 도道가 그치지 않으
면 공자의 도道가 드러나지 않을 것이니 그 이유는 비뚤어진 학
설이 백성을 속여 인仁과 의義를 틀어막기 때문이다. 인仁과 의義
가 틀어막히면 짐승을 몰아서 사람을 잡아먹게 하다가 사람들이
장차 서로 잡아먹게 될 것이다.

| 난자풀이 |

1 處士 : 직위나 직책이 없는 재야의 선비.
2 橫 : 바로 하지 못하고 옆으로 한다는 뜻. 제대로 하지 아니하는 것.
3 楊朱 : 양楊은 성, 주朱는 이름, 자字는 자거子居. 『열자列子』에 양주편楊朱
篇이 있으나 『열자』가 후대의 작품이므로 믿을 수 없다. 『장자莊子』에도

양자거楊子居라는 이름이 보인다. 극단적인 이기주의자이므로 그의 학설은 공적公的인 것을 인정하지 아니하여 무정부주의無政府主義로 발전하게 된다. 따라서 맹자는 그를 임금을 무시하는 자라고 비판한 것이다.

④ 墨翟 : 묵墨은 성, 적翟은 이름. 그의 사상은 『묵자墨子』라는 책에 들어 있다. 그는 겸애설兼愛說을 제시하여 남의 아버지와 자기의 아버지를 똑같이 사랑해야 한다고 주장했으므로, 맹자는 그를 아버지를 무시하는 자라고 비판하였다.

⑤ 是 : '이다'라는 뜻으로 영어英語의 be동사에 해당한다.

⑥ 充塞 : 어떤 것이 가득 차서 다른 것을 막는 것을 말한다.

吾爲此懼하여 閑先聖之道하여 距楊墨하며 放淫辭邪
說者하여 不得作케하노니 作於其心하여 害於其事하며
作於其事하여 害於其政하나니 聖人復起사도 不易吾
言矣시리라

| 국역 |

내가 이 때문에 두려워하여 선성先聖의 도道를 보호하고 양묵楊墨을 막으며, 지나친 말들을 하거나 비뚤어진 말을 하는 자를 추방하여 나타나지 못하게 한다. (잘못된 것이) 그 마음에서 나와서 그 일에 해가 되며, 그 일에서 나와서 그 정사政事에 해가 되는 것이니, 성인이 다시 나오셔도 내 말을 바꾸지 않으실 것이다.

| 강설 |

정치적 혼란을 바로잡으려면 사람들이 바로 처신할 수 있도록 바른 도리를 제시하여야 하며, 사람들이 바른 도리를 실천할 수 있게 하기 위해서는 그 마음을 바르게 가지도록 하여야 한다.

昔者에 禹抑洪水而天下平하고 周公兼夷狄驅猛獸

而百姓寧하고 孔子成春秋而亂臣賊子懼하니라 詩云
[1]

戎狄是膺하여 荊舒是懲하니 則莫我敢承이라하니 無
[2] [3] [4] [5]

父無君은 是周公所膺也니라 我亦欲正人心하여 息
[6]

邪說하며 距詖行하며 放淫辭하여 以承三聖者로니 豈
[7]

好辯哉리오 予不得已也니라 能言距楊墨者는 聖人

之徒也니라
[8]

| 국역 |

옛날에 우禹임금이 홍수를 억제하시자 천하가 화평해졌고. 주공

周公이 이적夷狄을 겸병하고 맹수猛獸를 몰아내시자 백성들이 편안해졌으며, 공자께서 『춘추』를 완성하시자 반란을 일으키는 신하와 부모를 해치는 아들이 두려워하였다. 『시경詩經』에 이르기를, '융적戎狄을 정벌하여 형서荊舒를 징계하니 감히 대적할 자가 없다'고 하였으니, 아버지를 업신여기고 임금을 업신여기는 것은 주공께서 응징하신 바이다. 내 또한 인심人心을 바로잡아 비뚤어진 학설을 그치게 하며 잘못된 행실을 막으며 지나친 학설을 추방하여 세 성인을 계승하려 하는 것이니, 어찌 변론하는 것을 좋아하겠는가? 나는 부득이不得已하다. 양묵을 막을 것을 말할 수 있는 자는 성인의 문도이다."

| 난자풀이 |

① 詩 : 『시경』 노송魯頌 비궁편閟宮篇.
② 膺 : 융적과 응膺이 도치되었음을 나타내는 역할을 한다.
③ 懲 : 형서와 징懲이 도치되었음을 나타내는 역할을 한다.
④ 我 : 감승敢承의 목적어인데 감승과 도치되었다.
⑤ 承 : '대적한다'는 뜻.
⑥ 是 : '이다'라는 뜻으로 영어의 be동사에 해당한다.
⑦ 三聖 : 여기서는 우禹·주공·공자를 말한다.
⑧ 徒 : 따르는 자. 문도.

| 강설 |

요堯임금 때 홍수가 나서 크게 혼란하였으나 우禹임금의 노력으로 극복되었고, 폭군이 계속되다가 은말殷末의 주왕紂王에 이르러 또 한번 크게 혼란하였으나 무왕武王을 도와서 선정善政을 한 주공의 노력에 의하여 극복되었으며, 춘추시대春秋時代에 도덕이 문란해짐으로써 또 다시 크게 혼란하였으나 『춘추』를 제작한 공자의 노력에 의하여 극복되었다.

그 후 양주와 묵적 등의 학설들이 횡행하여 천하가 다시 혼란하게 되었는데, 이를 극복하는 길은 양주와 묵적의 학설을 막고 공자의 사상을 부활시키는 길뿐이다. 그런데 이 양주와 묵적의 학설을 막고 공자의 사상을 부활시켜야 할 책임을 질 수 있는 사람은 맹자 자신뿐이므로, 이 책임을 완수하기 위하여 부득이 말을 많이 하게 되는 것이지, 변론하는 것을 좋아해서 말을 많이 하는 것이 아니다.

제10장

匡章曰陳仲子는 豈不誠廉士哉리오 居於陵할새
三日不食하여 耳無聞하며 目無見也러니 井上有李하여
螬食實者過半矣어늘 匍匐往將食之하여 三咽然後에
耳有聞하며 目有見하니라 孟子曰於齊國之士에 吾必
以仲子로 爲巨擘焉이어니와 雖然이나 仲子惡能廉이
리오 充仲子之操則蚓而後可者也니라 夫蚓은 上食
槁壤하고 下飮黃泉하나니 仲子所居之室은 伯夷之所
築與아 抑亦盜跖之所築與아 所食之粟은 伯夷之所
樹與아 抑亦盜跖之所樹與아 是未可知也로다

334

광장匡章이 말하였다. "진중자陳仲子는 어찌 참으로 청렴한 선비가 아니겠습니까? 오릉於陵에 거처할 적에 3일 동안 먹지 못하여 귀에는 들리는 것이 없었으며 눈에는 보이는 것이 없었습니다. 우물가에 오얏나무가 있었는데 굼벵이가 열매를 먹은 것이 반이 넘자 기어가서 따먹어 세 번 삼킨 뒤에야 귀에 들리는 것이 있었고 눈에 보이는 것이 있었습니다." 맹자께서 말씀하셨다. "제齊나라의 선비 중에 내 반드시 중자仲子를 엄지손가락으로 여기겠지만, 비록 그러나 중자가 어떻게 청렴할 수 있겠는가? 중자의 지조를 확충하려면 지렁이가 된 뒤에라야 할 수 있을 것이다. 저 지렁이는 위로 마른 흙을 먹고 아래로 누런 물을 마시나니, 중자가 거처하는 집은 백이伯夷가 세운 것인가? 아니면 또한 도척盜跖이 세운 것인가? 먹는 곡식은 백이가 심은 것인가? 아니면 또한 도척이 심은 것인가? 그것을 알 수 없구나!"

| 난자풀이 |

① 匡章 : 제齊나라 사람.
② 陳仲子 : 제齊나라 사람. 『한비자韓非子』, 『순자荀子』 등에 나오는 전중田仲이라고도 하고 『전국책戰國策』에 나오는 어릉중자於陵仲子라고도 한다.
③ 於陵 : 제齊나라 안에 있는 땅. 어於가 지명에 쓰일 때는 음이 '오'가 된다.
④ 螬 : '나무굼벵이'라는 뜻으로 음은 '조'.
⑤ 咽 : '삼킨다'는 뜻. 음은 '연'.
⑥ 擘 : 엄지손가락. 음은 '벽'.
⑦ 蚓 : 지렁이. 음은 '인'.
⑧ 所 : 뒤의 낱말을 동사로 만드는 역할을 한다. 앞에 지之가 생략되었다.
⑨ 盜跖 : 춘추시대春秋時代 악명 높았던 도적. 도盜는 도둑이라는 뜻이고 척

跖은 그의 이름이다. 유하혜柳下惠의 동생이다.

| 강설 |

진중자는 청렴하여 배가 고파서 죽을 지경이 되어도 남의 것은
먹지 않는 사람이었다. 우물가의 오얏나무에 오얏이 있어도 먹
지 않다가 벌레가 반 이상을 먹자, 주인이 없는 나무라고 생각
하고 따서 먹었다는 것인데, 이 정도는 지나치다.

　사람에게 가장 중요한 것은 산다는 것인데, 의義로움을 지켜
야 한다는 데에만 얽매여 목숨을 가벼이 여기는 것은 잘못된 것이
다.

　의義롭지 못한 것을 완벽하게 멀리하고자 한다면 자기가 사는
집, 먹는 밥, 입는 옷 등을 모두 의義로운 사람이 만든 것인가를
확인한 뒤에 취하여야 할 것이니, 이는 흙을 먹고 사는 지렁이가
아니면 불가능하다.

曰是何傷哉리오 彼身織屨하고 妻辟纑하여 以易之也
[1]　　　　　　　[2]　　　　　　[3][4]

니이다 曰仲子는 齊之世家也라 兄戴蓋祿이 萬鍾이러
　　　　　　　　　　　[5]　　　　　[6][7]　　[8]

니 以兄之祿으로 爲不義之祿而不食也하며 以兄之

室로 爲不義之室而不居也하고 辟兄離母하여 處於
　　　　　　　　　　　　　　　[9]

於陵이러니 他日에 歸則有饋其兄生鵝者어늘 己頻顣
　　　　　　　　　　　　　　　　　　　　　[10][11]

曰惡用是鶂鶂者爲哉리오하니라 他日에 其母殺是鵝
[12][13]　[14]

也하여 與之食之러니 其兄自外至曰是鶂鶂之肉也라

한대 出而哇之하니라 以母則不食하고 以妻則食之하
        출 이 왜 지   이 모 칙 불 식   이 처 즉 식 지
                    ⑮   ⑯

며 以兄之室則弗居하고 以於陵則居之하니 是尙爲能
    이 형 지 실 즉 불 거   이 오 릉 즉 거 지   시 상 위 능
                        ⑰

充其類也乎아 若仲子者는 蚓而後充其操者也니라
  충 기 류 야 호   약 중 자 자   인 이 후 충 기 조 자 야
    ⑱

| 국역 |

"그것이 무슨 지장이 있겠습니까? 그는 자신이 신을 삼고 아내
가 길쌈을 하여 그것을 가지고 바꾸었습니다." "중자仲子는 제齊
나라의 세가世家이다. 형兄인 대戴의 개蓋땅에서 나오는 녹祿이 만
종萬鍾이었는데, 형兄의 녹祿을 의義롭지 못한 녹祿으로 여겨서 먹
지 않았으며, 형兄의 집을 의義롭지 못한 집으로 여겨서 거처하
지 않고 형兄을 피하고 어머니를 떠나 오릉에 거처하였다. 후일
에 집에 돌아가니, 그 형兄에게 산 거위를 갖다준 자가 있었는
데, 그는 이마를 찌푸리며 말하기를, '이 꽥꽥거리는 것을 가지
고 무엇을 하려는가?' 하였다. 다른 날 그 어머니가 이 거위를
잡아 그와 함께 먹고 있었는데, 그 형이 밖에서 돌아와 '이것은
꽥꽥거리는 것의 고기이다' 하고 말하자, 밖으로 나가 그것을 토
하였다. 어머니가 만들었다고 생각하면 먹지 않고, 아내가 만들
었다고 생각하면 먹으며, 형의 집이라고 생각하면 거처하지 않
고, 오릉이라고 생각하면 거처하니, 이렇게 하는 것이 오히려
그 (지조를 지키는) 것을 확충시킬 수 있게 되겠는가? 중자와
같은 자는 지렁이가 된 뒤에야 그 지조를 채울 수 있을 것이다."

| 난자풀이 |

[1] 何 : 상傷의 목적어. '시하상재是何傷哉'는 '이것이 무엇을 손상시키겠는가' 라는 뜻이므로, '이것이 무슨 지장이 있겠는가'라고 번역하였다.

[2] 屨 : 신. 음은 '구'. 직구織屨는 '신을 삼는다'라는 뜻.

[3] 辟 : 길쌈을 하는 것. 음은 '벽'. 벽纑과 통용.

[4] 纑 : 삼베. 음은 '로'. '벽로辟纑'는 '삼으로 길쌈을 한다'는 뜻이다.

[5] 世家 : 대대로 녹을 받는 권세 있는 집.

[6] 戴 : 진중자의 형兄의 이름.

[7] 蓋 : 당시 대戴의 식읍食邑이었던 땅 이름.

[8] 鍾 : 양量의 단위. 종鍾은 4부釜, 일부—釜는 64승升.

[9] 辟 : 피避와 통용. 따라서 음은 '피'.

[10] 頻 : '찌푸린다'는 뜻으로 음은 '빈'.

[11] 顣 : '찌푸린다'는 뜻으로 음은 '축'.

[12] 惡 : 뒤에 있는 위爲의 목적어이지만 의문사이므로 앞으로 나온 것이다.

[13] 用 : 이以와 통용. 따라서 이 문장은 '용시예예예예자위악재用是鶂鶂鶂鶂者爲惡哉' 로 놓고 해석하면 된다.

[14] 鶂鶂 : 거위의 꽥꽥거리는 소리. 음은 '예예'.

[15] 哇 : '게운다'는 뜻으로 음은 '왜'.

[16] 以 : 이以A위爲B의 문형으로 보면, 이 문장은 '이기소식위기모지소위以其 所食爲其母之所爲'이어야 할 것인데, 생략하여 '이모以母'라고 한 것이다.

[17] 以 : 이以A위爲B의 문형으로 보면, 이 문장은 '이기소거위형지실以其所居 爲兄之室'이어야 할 것인데, 생략하여 '이형지실以兄之室'이라 한 것이다.

[18] 類 : 같은 종류. 충기류充其類, 즉 같은 종류를 채운다는 것은, 의義롭지 아니한 음식을 먹지 않기로 했다면, 어머니가 만든 음식이라도 먹지 않 아야 하고, 아내가 만든 음식이라도 먹지 않는 일관성이 있는 것을 말한 다. 만약 어머니가 만든 것은 먹지 않고 아내가 만든 것은 먹는다면, 이 는 의義롭지 않은 음식을 먹지 않는다는 마음을 일관성 있게 지키는 것 이 아니다.

| 강설 |

이 세상에는 완벽하게 의義롭기만 한 사람도 드물고 완벽하게 의義롭지 않은 사람도 드물다. 대개의 사람은 의義로운 면도 가지고 있고 그렇지 않은 면도 가지고 있다. 그러므로 사람들의 의義로운 면을 부각시켜 용납하면 용납되지 않을 사람이 드물고, 의義롭지 못한 면을 부각시켜 비난하면 비난받지 않을 사람이 드물다. 너그러운 사람은 남의 의義로운 면을 부각시켜 용납하고 의義롭지 않은 면을 숨겨주어 의義롭게 되도록 유도한다.

내가 가지고 있는 물건도 그것이 나에게 전달되기까지 수많은 사람의 손을 거치는데, 그 과정이 모두 의義로운 것이었는지를 확인한 뒤에 받아들인다면 받아들일 수 있는 것은 아무것도 없다. 나에게 주어질 때의 상황이 의義로운지 어떤지를 따지기만 하면 된다.

七. 이루장구상離婁章句上

맹 자 왈 이 루 지 명
孟子曰離婁之明과
①

공 수 자 지 교
公輸子之巧로도
②

불 이 규 구
不以規矩면
③ ④ ⑤

불 능 성 방 원
不能成方員이요
⑥

사 광 지 총
師曠之聰으로도
⑦

불 이 육 률
不以六律이면
⑧

불 능
不能

정 오 음
正五音이요
⑨

요 순 지 도
堯舜之道로도

불 이 인 정
不以仁政이면

불 능 평 치 천
不能平治天

하
下니라

금 유 인 심 인 문 이 민 불 피 기 택
今有仁心仁聞而民不被其澤하여

불 가 법 어 후
不可法於後

세 자
世者는

불 행 선 왕 지 도 야
不行先王之道也일새니라

고 왈 도 선 부 족 이 위
故曰徒善不足以爲
⑩ ⑪

정
政이요

도 법 불 능 이 자 행
徒法不能以自行이라하니라
⑫

시 운 불 건 불 망
詩云不愆不忘하여
⑬

솔 유 구 장
率由舊章이라하니

준 선 왕 지 법 이 과 자
遵先王之法而過者는

미 지 유 야
未之有也니라

| 국역 |

맹자께서 말씀하셨다. "이루離婁의 눈밝음과 공수자公輸子의 정교한
솜씨로도 규구規矩를 가지지 아니하면, 방형方形과 원형圓形을 이루
지 못하고, 사광師曠의 귀밝음으로도 육률六律을 가지지 아니하면

오음五音을 바로잡지 못하며, 요순堯舜의 도道로도 인정仁政을 가지고 하지 아니하면 천하天下를 평치平治할 수 없다. 지금 (임금의) 어진 마음과 어질다는 소문이 있으면서도 백성들이 그 혜택을 입지 못하여 후세後世에 모범을 보일 수 없는 까닭은 선왕先王의 도道를 행하지 않기 때문이다. 그러므로 말하기를, '단지 착한 마음만을 가지고서는 정치를 할 수 없으며, 단지 정치제도만을 가지고서는 스스로 행하게 할 수 없다'고 한 것이다. 『시경詩經』에 이르기를, '헐뜯지도 아니하고 잊지도 아니하여 옛 헌장憲章을 따르고 말미암았다' 하였으니, 선왕의 법法을 따르고서도 잘못되는 경우는 있지 않다.

| 난자풀이 |

1 離婁 : 눈 밝은 것으로 유명한 사람. 황제黃帝가 그의 옥玉을 잃었을 때 찾도록 명령하였다고 함. 백보百步 떨어진 거리에서 추호秋毫의 끝을 볼 수 있었다고 전한다. 이주離朱라고도 한다.

2 公輸子 : 이름은 반班(반般으로 쓰기도 한다). 노魯나라 사람이므로 노반魯般이라고도 한다. 정교한 기술을 가진 사람이었다. 『묵자墨子』노문편魯問篇·공수편公輸篇, 『전국책戰國策』송책宋策 등에 등장한다.

3 以 : 이以A위爲B의 문맥으로 보면, 여기서는 위爲B에 해당하는 말이 생략되었다. '불이규구위지不以規矩爲之'로 놓고 해석하면 될 것이다.

4 規 : 원을 그리는 기구. 음은 '규'.

5 矩 : 각을 그리는 기구. 음은 '구'.

6 員 : 원圓과 통용.

7 師曠 : 사師는 악사이고 광曠은 이름이다. 진평공晉平公 때의 유명한 악사였다.

8 六律 : 십이악률十二樂律 중 양성陽聲에 해당하는 여섯 음률. 그 내용은 황종黃鍾·대족大蔟·고세姑洗·유빈蕤賓·이칙夷則·무사無射이다. 이와 반대로 음성陰聲에 해당하는 여섯 음률은 육려六呂(육동六同 또는 육간六間이라고도 한다)라 한다. 서양음악의 음계에 해당한다.

9 五音 : 궁宮·상商·각角·치徵·우羽의 다섯 음音을 말한다. 나중에는 변

징변徵·변궁變宮이 첨가되어 칠음七音이 되었다. 서양음악의 도레미파솔
라시에 해당하는 것으로 궁宮이 가장 낮고 우羽가 가장 높은 음이다.

⑩ 故曰 : 이 문장 전체에는 '고왈故曰'로 시작되는 문장이 넷 있는데, 그 말
의 내용은 아마도 당시의 속담이나 격언 등이었을 것으로 추측된다.

⑪ 徒 : 한갓. 다만.

⑫ 詩 : 『시경』 대아大雅 생민지십生民之什 가악편假樂篇.

⑬ 憖 : 허물로 여기는 것. 헐뜯는 것.

| 강설 |

인간은 마음이라고 하는 내면적 요소와 몸이라고 하는 외형적
인 요소를 갖추고 있는 존재이다. 이 중에서 어느 하나가 없어
도 인간이 아니다.

유학사상儒學思想의 특징은 인간의 이 두 요소를 어느 하나도
소외시키지 않고 조화롭게 통합하려는 중용사상中庸思想에 있다.
그러므로 마음만 착하면 모든 것이 해결된다는 주관주의에 빠지지
도 않고, 법과 제도 등이 완비되면 모든 것이 저절로 해결된다고
보는 객관주의에 빠지지도 않는다. 노장사상老莊思想이나 불교사상
佛敎思想은 주관주의적 성격이 강하고 법가사상法家思想은 객관주의
적 성격이 강하다.

양심을 완벽하게 실천하는 훌륭한 사람이 있다 하더라도 그
마음만 가지고는 천하를 다스릴 수 없다. 정치를 하는 객관적이고
구체적인 방법을 터득하여야 하는데, 그 가장 좋은 본보기는 과거
를 돌이켜보아 훌륭한 정치가 행해졌을 때의 정치방법을 참고하는
것이다.

요순지도堯舜之道의 도道는 실천해야 하는 마땅한 도리를 말하
고, 불행선왕지도不行先王之道의 도道는 객관적인 정치방법을 의미
한다. 구장舊章은 옛날의 훌륭한 문물제도를 말하는 것이니, 그 훌
륭한 문물제도는 헐뜯지도 말고 잊지도 말며 잘 따라야 한다.

성인   기 갈 목 력 언   계 지 이 규 구 준 승   이
聖人이 既竭目力焉하시고 繼之以規矩準繩하시니 以
①   ② ③ ④
위 방 원 평 직   불 가 승 용 야   기 갈 이 력 언   계
爲方員平直에 不可勝用也며 既竭耳力焉하시고 繼
⑤
지 이 륙 률   정 오 음   불 가 승 용 야   기 갈 심 사
之以六律하시니 正五音에 不可勝用也며 既竭心思

언   계 지 이 불 인 인 지 정   이 인 부 천 하 의
焉하시고 繼之以不忍人之政하시니 而仁覆天下矣시니
⑥
고 왈 위 고   필 인 구 릉   위 하   필 인 천 택
라 故曰爲高하되 必因丘陵하며 爲下하되 必因川澤이

위 정   불 인 선 왕 지 도   가 위 지 호
라하니 爲政하되 不因先王之道면 可謂智乎아

| 국역 |

성인聖人은 이미 시력視力을 다 발휘하시고 (거기에 그치지 않고)
규規·구矩·준準·승繩을 만들어 눈 밝은 효과가 계속되게 하시
니, 방형方形·원형圓形·수평水平·직선直線을 만드는 데에 이루
다 쓸 수 없으며, 이미 청력聽力을 다 발휘하시고 육률六律을 만들
어 귀 밝은 효과가 계속되게 하시니, 오음을 바로잡는 데에 이루
다 쓸 수 없으며, 이미 마음과 생각을 다 발휘하시고 남에게 차
마 하지 못하는 정치방법을 만들어 마음과 생각을 발휘한 효과가
계속되게 하시니, 인仁이 천하를 덮었다. 그러므로 말하기를, '높
은 것을 만들되 반드시 구릉丘陵을 이용하고, 낮은 것을 만들되
반드시 천택川澤을 이용한다' 하였으니, 정치를 하면서 선왕의 도
道를 이용하지 아니한다면 지혜롭다 할 수 있겠는가?

① 聖人 : 옛날 인류에게 필요한 문명의 이기利器를 만든 성왕聖王. 『주역周易』 계사하전繫辭下傳에 나오는 포희씨包犧氏·신농씨神農氏·황제黃帝·요堯·순舜 등이 이에 해당한다.

② 以 : 이以A위爲B의 문형을 기준으로 보면, 이 문장에서 위爲B에 해당하는 술어는 계지繼之인데, 강조되어 앞으로 나온 것이다.

③ 準 : 수준기. 땅 등의 면을 수평되게 만들 때 쓰는 기구.

④ 繩 : 먹줄. 직선을 그을 때 쓰는 기구.

⑤ 勝 : '이긴다'는 뜻인데, '쓰는 것을 이길 수 없다'는 말은 '이루 다 쓸 수 없다'는 말이다.

⑥ 覆 : '덮는다'는 뜻으로 음은 '부'.

| 강설 |

옛날의 성왕聖王들은 밝은 눈을 이용하여 생활에 필요한 도구들을 정교하게 만들어 사람들의 삶을 윤택하게 하였는데, 거기에 그치지 않고 자기가 없을 때에도 일반 백성이 계속하여 정교한 도구를 만들 수 있도록 객관적인 방법과 기구들을 정비해 놓았으므로, 누구든지 그 객관적인 방법과 기구를 가지기만 하면 성인들이 만들어낸 것과 같은 정교한 도구를 얼마든지 사용할 수 있게 하였다.

　정치하는 데 있어서도 옛 성왕들은 어진 정치를 하는 객관적인 방법을 제시해 놓았기 때문에 훌륭한 정치를 하기 위해서는 그 방법을 이용하고 참고하는 것이 효과적이다. 그 방법들은 오랜 역사 속에서 수많은 실험을 통하여 그 우수성이 검증된 것이기 때문이다.

시 이 유 인 자　　　의 재 고 위　　불 인 이 재 고 위　　　시
是以惟仁者이아 宜在高位니 不仁而在高位면 是는
　　　①
파 기 악 어 중 야　　　상 무 도 규 야　　　하 무 법 수 야
播其惡於衆也니라 上無道揆也하며 下無法守也하여
　　　　　　　②

朝不信道하며 工不信度하여 君子犯義하고 小人犯刑
③ ④

이면 國之所存者幸也니라 故曰城郭不完하며 兵甲不
⑤

多이 非國之災也며 田野不辟하며 貨財不聚이 非國
⑥

之害也라 上無禮하며 下無學이면 賊民興하여 喪無

日矣라하니라 詩曰天之方蹶시니 無然泄泄라하니 泄
⑦ ⑧ ⑩ ⑪

泄는 猶沓沓也니라 事君無義하며 進退無禮하고 言
⑫

則非先王之道者猶沓沓也라 故曰責難於君을 謂之
⑬

恭이요 陳善閉邪를 謂之敬이요 吾君不能을 謂之賊

이라하니라

| 국역 |

이 때문에 오직 인자仁者만이 마땅히 높은 자리에 있어야 하는
것이니, 인仁하지 않으면서 높은 자리에 있으면, 이는 그 악폐를
뭇사람에게 퍼뜨리는 것이다. 위에서는 도道를 헤아림이 없으며
아래에서는 법法을 지킴이 없어서, 조정에서는 도道를 믿지 아니
하며 기술자들은 도량형을 믿지 아니하여, 군자가 의義를 범하고
소인이 법法을 범한다면 나라가 보존되는 것은 요행이다. 그러므
로 말하기를, '성곽城郭이 완비되지 아니하고 무기와 갑옷이 많지
아니한 것이 나라의 재앙이 아니며, 밭과 들이 개간되지 아니하
고 재화財貨가 모이지 아니하는 것이 나라의 해로움이 아니다.

윗사람에게 예禮가 없고 아랫사람에게 배움이 없으면 나라를 해치는 백성들이 생겨나 망하는 데 며칠 걸리지 않을 것이다. 『시경』에 이르기를, '하늘이 바야흐로 주왕실周王室을 넘어뜨리려 하니, 느긋하지 말라' 하였으니, 느긋하다는 것은 답답하다는 것과 같다. 임금을 섬기는 데 의義로움이 없고 진퇴進退함에 예禮가 없으며, 말을 하기만 하면 선왕의 도道를 비방하는 자는 오히려 답답한 것이다. 그러므로 말하기를, 어려운 것을 임금에게 요구하는 것을 공손함이라 하고, 착한 것을 진술하고 나쁜 것을 막는 것을 경건함이라 하며, 우리 임금은 할 수 없다고 하는 것을 해치는 것이라 한다'고 하였다."

| 난자풀이 |

1 以 : 이以의 목적어는 시是이지만 강조되어 앞으로 나간 것이다. 이以A위爲B라는 문형을 기준으로 보면, 이 문장은 '이시관지以是觀之'로 되어야 하겠지만 위爲B에 해당하는 관지觀之가 생략되었다.

2 道 : 규揆의 목적어. 부정을 나타내는 말·타동사·목적어가 이어질 때, 타동사와 목적어가 도치되는 예에 따라 규揆와 도道가 도치되었다.

3 朝 : 조정.

4 工 : 생활에 편리한 도구를 만들어내는 기술자.

5 郭 : 이중으로 성을 쌓을 경우 바깥의 성을 곽郭이라 한다.

6 辟 : 벽闢과 통용. '개척한다'는 뜻으로 음은 '벽'.

7 詩 : 『시경』 대아大雅 생민지십生民之什 판편板篇

8 之 : 방궐方蹶과 도치되어 있다. '천방궐지天方蹶之'가 되어야 할 것이지만, 시詩에서는 운율을 중시하므로, 뒷문장의 설泄와 운율이 맞는 궐蹶를 뒤에 놓은 것이다.

9 蹶 : 넘어뜨리다. 음은 '궤'.

10 然 : 예예泄泄와 도치되어 있다. 원래는 '무예예연無泄泄然'이어야 할 것이지만, 앞문장의 궤蹶와 운율이 맞는 예泄를 뒤에 놓기 위하여 도치시킨 것이다.

11 泄泄 : 서두르지 않고 느긋한 모양.

| 강설 |

가장 바람직한 정치형태는, 인자가 높은 자리에 있으면서 모든 백성을 자기처럼 아끼고 사랑하는 경우이다. 높은 자리에 있는 사람이 백성을 자신처럼 사랑하여, 백성을 즐겁게 해주는 것을 자기의 즐거움을 추구하듯이 하고, 백성의 고통을 자기의 고통으로 여기고 그것을 해결해준다면, 백성들은 그를 부모처럼 받들고 좋아하여 한마음이 될 것이다. 그러나 인仁하지 못한 사람이 높은 자리에 있게 되면, 그는 자기는 지배자이고 백성은 피지배자라고 규정하고 백성에게 복종하기를 요구하며, 자신은 지배자로서 즐거움을 누릴 자격이 있다고 생각함으로써, 백성을 수탈하는 등 여러 가지 악폐가 생긴다.

도道는 인간의 본마음을 따르는 길이므로, 인자는 도道가 어떤 것인지 의식하지 않고 행동하더라도 그의 행동은 저절로 도道에 합치되지만, 인자가 아닌 사람이 높은 자리에 있게 되면 그의 행동이 도道에 합치되는 것이 아니므로, 어떻게 행동하는 것이 도道에 합치되는 것인지를 헤아려서 행동하지 않으면 안 된다. 윗사람이 도道에 합치되는 행동을 하지 아니하면, 법망法網을 이용하여 아랫사람을 착취하게 되므로, 아랫사람은 법法을 지키는 것이 윗사람에게 착취당하는 것임을 알게 되어 법法을 지키지 않게 된다.

임금이 도道에 합치되는 행동을 하지 아니하는 경우에는, 관리들이 도道에 합치되는 행동을 하면 용납하지 아니하고 아첨 등 도리에 맞지 않게 행동하면 용납하므로, 조정의 분위기가 도道를 믿지 아니하는 방향으로 나아가게 된다. 법法을 지키면 손해를 보기 때문에 백성들은 법을 지키지 않게 되고, 그 결과 사회적 질서의 근간이 되는 도량형까지도 속이게 되어 사회가 크게 혼란해진다.

도道는 인간의 본마음이 밖으로 나타나는 길이므로 복잡한 인간관계 속에서 다양하게 나타나지만, 그 중에서 계급적 상하관계에서 지켜야 하는 도리가 의義이다. 따라서 조정에서 도道를 신뢰하지 않게 되면, 조정의 관리나 일반 공무원인 군자들이 의義를 행하지 않게 되어 공무원 내부의 질서가 무너진다. 또 백성들이 법을 범하는 것이 지나치면 형벌을 주더라도 듣지 않게 되고, 심지어는 형벌받는 것을 자랑스럽게 여기기까지 한다. 공무원의 질서가 무너지고 백성들이 형벌을 무서워하지 않게 되면 통제가 되지 않기 때문에 나라가 망한다. 그러고도 망하지 않는 나라는 요행히 버티고 있는 것일 뿐, 망하는 것은 시간문제인 것이다.

윗사람이 인자가 아니고 도道를 헤아리지도 않고 의義를 실천하지도 못하여 내면적으로는 질서가 이미 무너졌다 하더라도, 형식적인 예禮만이라도 지키고 있으면 당분간은 질서가 유지될 것이며, 아랫사람이 예禮를 배워 형식적으로만이라도 예禮를 지키면 외형적으로는 질서가 유지될 것이므로 나라는 당분간 더 보존될 것이지만, 윗사람이나 아랫사람이 형식적인 예禮조차도 지키지 못하면 반란을 일으키는 백성들이 영웅취급을 받게 되고 민심이 그 영웅을 지지하게 됨으로써 나라가 망하는 데는 며칠 걸리지 않는다.

나라가 곧 망하는 데도 각성하지 못하고, 옛날의 훌륭한 문물제도를 비난하기만 하는 사람들이 가장 답답한 사람들이다.

제
2
장

孟子曰規矩는 方員之至也요 聖人은 人倫之至也니
　　　　　　　　　　　　　　　　　　　　②
①

欲爲君인댄 盡君道요 欲爲臣인댄 盡臣道니 二者는
③

皆法堯舜而已矣니 不以舜之所以事堯로 事君이면
④　　　　　　　　　⑤

不敬其君者也요 不以堯之所以治民으로 治民이면

賊其民者也니라 孔子曰道二니 仁與不仁而已矣라하

시니라 暴其民이 甚則身弑國亡하고 不甚則身危國削

하나니 名之曰幽厲면 雖孝子慈孫이라도 百世에 不能

改也니라 詩云殷鑒不遠이라 在夏后之世라하니 此之

謂也니라

| 국역 |

맹자께서 말씀하셨다. "규規·구矩는 방형方形과 원형圓形의 표준이며 성인聖人은 인류의 표준이다. 임금 노릇을 하고자 한다면 임금의 도리를 다해야 하고 신하 노릇을 하고자 한다면 신하의 도리를 다해야 하는 것이니, 이 두 가지는 모두 요堯와 순舜을 본받을 뿐이다. 순舜이 요堯를 섬기던 방법으로 임금을 섬기지 아니하면 그 임금을 공경하지 아니하는 것이고, 요堯가 백성을 다스리던 방법으로 백성을 다스리지 아니하면 그 백성을 해치는 것이다. 공자께서 말씀하시기를, '길은 둘이니, 인仁을 하는 것과 인仁을 하지 아니하는 것뿐이다' 하셨다. 자기의 백성에게 포악하게 하는 것이 심하면 몸이 시해당하고 나라가 망하며, 심하지 아니하면 몸이 위태롭게 되고 나라가 삭감된다. 이름 붙이기를 유幽나 려厲라고 하게 되면 비록 효자孝子와 자손慈孫이라도 영원히 고칠 수 없다. 『시경詩經』에 이르기를, '은殷나라가 거울삼아

七. 이루장구상 349

야 할 것은 멀리 있지 않다. 하夏나라 시대에 있는 것이다' 하였
으니, 이것을 말한 것이다."

| 난자풀이 |

① 至 : 지극한 것. 둥근 것의 지극한 것이란 가장 완벽하게 둥근 것을 말하
　　므로, 둥근 것의 표준을 의미한다. 따라서 '표준'이라 번역하였다.

② 倫 : 류類와 통용. 인륜人倫은 인류人類라는 뜻이다.

③ 爲 : ~을 한다. 여기서는 임금 노릇을 한다는 뜻이다.

④ 法 : 본받는다. 모범으로 삼는다.

⑤ 以 : 이以의 목적어는 방법·수단 등의 의미를 갖는 말이지만 여기서는 생략되었
　　다.

⑥ 名 : 타동사로 쓰였으므로 '이름 붙인다'는 뜻으로 봐야 하는데, 여기서
　　'이름 붙인다'는 말의 뜻은, 임금이 죽은 뒤에 그 임금의 치적에 어울리는
　　익호諡號를 붙인다는 뜻이다.

⑦ 幽 : '어둡다'는 뜻으로 음은 '유'인데, 『일주서逸周書』 익법해諡法解를 보
　　면, 꽉 막혀서 통하지 아니한 경우나 비정상적인 행동을 한 경우에 유幽
　　라는 익호를 붙인다고 되어 있다.

⑧ 厲 : '사납다'는 뜻으로 음은 '려'인데, 역시 『일주서』 익법해를 보면, 무고
　　한 사람을 죽인 경우에 려厲라는 익호를 붙인다고 되어 있다.

⑨ 百世 : 일세一世를 30년으로 본다면 3000년이 되고, 일세를 한 왕조로 보
　　면 100왕조이지만, 여기서는 '영원히'라고 번역하는 것이 좋다.

⑩ 詩 : 『시경』 대아大雅 탕지십蕩之什 탕편蕩篇.

⑪ 夏后 : '하夏나라의 임금'이라는 뜻이지만, 막연히 하夏나라를 칭할 때 습
　　관적으로 하후夏后라고 일컫기도 한다. 여기서도 단순히 '하夏나라'로 번
　　역하는 것이 좋을 것이다.

| 강설 |

인간의 표준이 되는 완벽한 사람이 성인이므로 성인을 본받아서
행동하면 그것이 바로 인간이 마땅히 행해야 할 참된 행위가 된
다.

　　임금이 백성을 착취하면 백성은 그 임금을 원수처럼 여길 것

이다. 그 정도가 심하면 힘을 합하여 그 임금을 몰아내는 데 이를 것이며, 심하지 않더라도 많은 백성이 원수로 여기게 될 것이므로 항상 위험하다. 또 불만을 가진 백성들이 반란을 일으켜 독립하거나 다른 나라에 귀속되기도 함으로써 국토가 삭감된다.

—
제
3
장
—

孟子曰三代之得天下也는 以仁이요 其失天下也는
① ② ③
以不仁이니라 國之所以廢興存亡者亦然하니라 天子
不仁이면 不保四海하고 諸侯不仁이면 不保社稷하고
④ ⑤
卿大夫不仁이면 不保宗廟하고 士庶人不仁이면 不保
⑥
四體니라 今에 惡死亡而樂不仁하나니 是猶惡醉而强
⑦
酒니라

| 국역 |

맹자께서 말씀하셨다. "삼대三代가 천하天下를 얻은 것은 인仁으로써였고, 천하를 잃은 것은 불인不仁으로써였다. 나라가 황폐해지는 것, 부흥하는 것, 보존되는 것, 망하는 것도 또한 그러하다. 천자天子가 인仁하지 아니하면 사해四海를 보전하지 못하고, 제후가 인仁하지 아니하면 사직社稷을 보전하지 못하고, 경卿이나 대부大夫가 인仁하지 아니하면 종묘宗廟를 보전하지 못하고, 선비나 서인들이 인仁하지 아니하면 사체四體를 보전하지 못한다. 지금의 사람들은 죽고 망하는 것을 싫어하면서도 인仁하지 아니한

것을 즐거워하니, 이는 취하는 것을 싫어하면서도 술을 억지로
마시는 것과 같다."

| 난자풀이 |

①　三代 : 하夏·은殷·주周 삼대三代를 말한다.
②　之 : 주격조사.
③　以 : 이以의 목적어는 '득천하得天下'이다. 이 문장은 원래 '삼대이인득천
하야三代以仁得天下也'이어야 할 것인데, '이인以仁'을 강조하여 문장 뒤로
빼서 술어의 역할을 하게 하였으므로, 남아 있는 부분인 '삼대득천하야三
代得天下也'는 주어의 역할을 하는 명사절이 되었다. 따라서 '삼대'와 '득천
하야得天下也' 사이에 주격조사인 지之를 넣었다.
④　四海 : 네 바다로 둘러싸인 전체의 지역. 이 세상 또는 천하를 의미한다.
⑤　社稷 : 사社는 땅을 관장하는 신神이고, 직稷은 곡식을 관장하는 신神으로
서 모두 나라를 수호하는 역할을 한다. 따라서 사직社稷이 없어진다는 말
은 나라가 없어진다는 것을 의미하는 말이 되었다.
⑥　宗廟 : 조상의 신神을 모셔놓은 사당. 천자나 제후에게도 물론 종묘가 있
지만, 천자가 받들어야 할 것 중에서 가장 중심이 되는 것이 천天이고,
제후는 사직이며, 경卿이나 대부는 종묘이다. 제후나 경卿, 대부 등은 천
天을 제사할 수 없고, 경卿이나 대부 등은 사직을 제사할 수 없다.
⑦　四體 : 사지四肢. 몸이 넷이라는 뜻이 아니라, 몸 전체라는 뜻이다.

| 강설 |

인仁을 실천하여 남의 아픔을 나의 아픔으로 알고 남의 기쁨을
나의 기쁨으로 알며, 남의 장점을 좋아하고 칭찬하며 남의 단
점을 숨겨주면, 자신의 존재가치가 인정되므로 나를 좋아하고
나에게 모여들게 된다. 내가 천자라면 온 세상 사람들이 나를
좋아하게 되므로 천하가 보존될 것이고, 제후라면 온 나라 사람
들이 나를 좋아하므로 나라가 보존될 것이며, 경卿이나 대부라
면 가내家內의 사람들이 다 나를 좋아하므로 가家가 보존될 것
이고, 서인이라면 이웃들이 나를 좋아하므로 몸을 온전하게 보

존할 수 있다.

이와 반대로 인仁을 실천하지 못하여 늘 남과 경쟁함으로써, 남의 아픔을 기뻐하고 남의 기쁨을 질투하며 남의 장점을 은폐시키고 남의 단점을 드러내면, 남들은 나를 원수처럼 생각할 것이므로, 천자인 경우는 천하를 잃게 되고, 제후인 경우는 나라를 잃으며, 경卿이나 대부인 경우는 가家를 잃으며, 서인인 경우는 몸을 잃게 된다.

여기서 천자가 천하를 잃는다는 말의 뜻은 천자가 천하만을 잃고 그 몸을 보존한다는 뜻이 아니라 가지고 있는 모든 것을 잃는다는 뜻이다.

제4장

맹 자 왈 애 인 불 친　　반 기 인　　치 인 불 치
孟子曰愛人不親이어든 反其仁하고 治人不治어든
반 기 지　　예 인 불 답　　반 기 경　　행 유 부 득
反其智하고 禮人不答이어든 反其敬이니라 行有不得
자　　개 반 구 저 기　　기 신 정 이 천 하 귀 지　　시 운
者어든 皆反求諸己니 其身正而天下歸之니라 詩云
　　　　　　　　　　[1]　　　　　　　　　　　[2]
영 언 배 명　　자 구 다 복
永言配命이니 自求多福이라하니라

| 국역 |

맹자께서 말씀하셨다. "남을 사랑했는데도 친해지지 않으면 자기의 인仁을 반성하고, 남을 다스리는데 다스려지지 아니하면 자기의 지혜로움을 반성하며, 남에게 예禮를 베풀어도 반응이 없으면 자기의 공경심을 반성한다. 자기의 행위에 만족스러운 결과를 얻지 못하는 경우가 있으면 모두 자기에게서 그 원인을 찾아보아야 하는 것이니,

자기 자신이 바르게 되면 천하天下가 그에게 돌아간다. 『시경詩經』에 이르기를, '길이 천명天命과 같이 하여 스스로 많은 복을 구한다' 하였다."

| 난자풀이 |

① 諸 : 지어之於의 뜻.
② 詩 : 『시경』 대아大雅 문왕지십文王之什 문왕편文王篇. 공손추장구상公孫丑 章句上 제4장에 나온 내용이다.

| 강설 |

내가 남을 나처럼 생각하고 사랑하면 남도 나를 사랑하게 되어 있다. 만약 남이 나를 사랑하지 않는다면 그 원인은 나에게 있는 것이다. 남을 다스리는 것은 마음만으로 되는 것이 아니라 객관적인 사실을 분석하고 따질 수 있는 지혜가 있어야 하므로, 남이 다스려지지 않는다면 나의 지혜에 문제가 있지 않은가 반성해야 한다.

내가 바르면 천하가 나에게 돌아온다는 말은, 『대학大學』에서, 수신修身이 되면 제가齊家, 치국治國, 평천하平天下가 된다고 설명한 것과 같은 것이며, 『중용中庸』에서, 중화中和를 이루면 천지天地가 제 자리에 위치하고 만물이 제대로 길러진다고 설명한 것과 같다.

제 5 장

> 맹자왈인유항언   개왈천하국가   천하지
> 孟子曰人有恒言하되 皆曰天下國家라하나니 天下之
>
> 본   재국   국지본   재가   가지본   재신
> 本은 在國하고 國之本은 在家하고 家之本은 在身하
>
> 니라

| 국역 |

맹자께서 말씀하셨다. "사람들이 늘 하는 말이 있으니, 모두 천하天下·국國·가家를 말한다. 천하의 근본은 나라에 있고, 나라의 근본은 집에 있고, 집의 근본은 몸에 있다."

| 강설 |

사람들은 늘 국가의 일과 정치에 대해서 관심을 갖고 논하지만, 사실 국가는 원래부터 있는 것이 아니다. 본질적으로 존재하는 것은 개인이며, 개인의 삶을 윤택하게 하기 위하여 인위적으로 만들어낸 것이 국가이다. 따라서 개인의 삶에 부족함이 없다면 국가는 존재할 이유가 없다. 그러므로 국가를 위해서 개인을 희생시킨다는 것은 있을 수 없다.

학문은 세계평화를 위해서 하는 것도 아니고 국가를 위해서 하는 것도 아니다. 오직 나 자신의 참된 삶을 위해서 하는 것이며 고통을 극복하기 위해서 하는 것이다. 학문을 위기지학爲己之學이라 한 이유도 여기에 있다.

자신의 고통을 극복하고 참된 삶을 터득하면 다른 사람의 고통을 극복시켜줄 수 있는 능력이 생긴다. 자신이 참된 삶을 살지도 못하면서 국가를 위하고 백성을 위한다고 하는 것은 자리를 차지하기 위하여 거짓말을 하는 것이다.

제6장

孟子曰爲政이 不難하니 不得罪於巨室이니 巨室之所
맹자왈위정   불난   부득죄어거실   거실지소

慕를 一國慕之하고 一國之所慕를 天下慕之하나니 故
모   일국모지   일국지소모   천하모지   고

로 沛然德教이 溢乎四海하나니라
   패연덕교   일호사해
   ①   ②   ③

맹자께서 말씀하셨다. "정치를 하는 것은 어렵지 아니하니 거실
巨室(모범이 되는 양반의 집)에 죄를 짓지 말아야 한다. 거실이 흠모
하는 것을 온 나라가 흠모하고, 온 나라가 흠모하는 것을 천하天
下가 흠모한다. 그러므로 왕성한 덕교德敎가 사해四海에 넘치는
것이다."

| 난자풀이 |

① 沛然 : 왕성한 모양.
② 敎 : 교화. 덕교德敎는 도덕으로 교화하는 것.
③ 溢 : '넘친다'는 뜻으로 음은 '일'.

| 강설 |

좋은 정치란 모든 백성의 뜻을 대변하는 정치이다. 모든 백성
의 뜻을 단번에 헤아리기란 쉽지 않다. 그러므로 우선 백성들
의 모범이 되는 지식인들의 뜻을 살펴서 그 뜻을 대변하면 된
다.

제
7
장

孟子曰天下有道엔 小德이 役大德하며 小賢이 役
[1]

大賢하고 天下無道엔 小役大하며 弱役强하나니 斯二

者는 天也니 順天者는 存하고 逆天者는 亡하나니라
[2]

齊景公曰旣不能令이니 又不受命이면 是는 絶物也라

하고 涕出而女於吳하니라 今也에 小國이 師大國而
[3]   [4]

耻^치受^수命^명焉^언하나니 是^시猶^유弟^제子^자而^이耻^치受^수命^명於^어先^선師^사也^야니라 如^여

耻^치之^지인댄 莫^막若^약師^사文^문王^왕이니 師^사文^문王^왕이면 大^대國^국은 五^오年^년이

요 小^소國^국은 七^칠年^년에 必^필爲^위政^정於^어天^천下^하矣^의리라

| 국역 |

맹자께서 말씀하셨다. "천하天下에 도道가 있을 때에는 덕德이 작은 사람이 덕德이 큰 사람에게 부림을 받고 조금 현명한 사람이 크게 현명한 사람에게 부림을 받는다. 천하에 도道가 없을 때에는 작은 사람이 큰 사람에게 부림을 받고 힘이 약한 사람이 센 사람에게 부림을 받는다. 이 두 가지는 하늘이니, 하늘을 따르는 자는 살고 하늘을 거스르는 자는 죽는다. 제경공齊景公이 말하기를, '이미 명령할 수 없으니, 또한 명령을 받지 아니한다면 이는 남과의 관계를 끊는 것이다' 하고는 눈물을 흘리면서 오吳나라에 딸을 시집보내었다. 지금 약소국이 강대국의 소행을 본받으면서 명령받는 것을 부끄러워하니, 이는 제자이면서 스승에게 명령받는 것을 부끄러워하는 것과 같다. 만일 그것을 부끄러워한다면 문왕文王을 본받는 것만 같은 것이 없다. 문왕을 본받으면 큰 나라는 5년, 작은 나라는 7년이면 반드시 천하에서 정치하게 될 것이다.

| 난자풀이 |

① 役 : 부림을 받는다. 사역을 당한다.
② 天 : 삶이 유지되는 바탕. 삶을 유지하는 근원. 사람의 마음의 본질은 '살

려는 의지'이며, 그것은 모든 사람에게 공통적으로 내재하는 것이므로 전
체성을 갖는다는 의미에서 천명天命이라 하는데, 천명을 부리는 주체가
천天이다.
③ 女 : 딸을 시집보낸다.
④ 師 : '스승으로 삼는다'는 뜻인데, 스승으로 삼는 것은 본받기 위한 것이
므로, 사師를 '본받는다'는 뜻으로 해석하였다.

| 강설 |

천天은 모든 인간에게 공통적으로 내재하는, 삶을 유지하는 근
원자이다. 배고플 때는 먹도록 유도하고, 피곤할 때는 자도록
유도하며, 더울 때는 옷을 벗도록 유도하고, 추울 때는 옷을 입
도록 유도하는 것의 근원자가 천天인 것이다.

천하에 도道가 있다는 것은 다스리는 자가 백성의 뜻을 대
변함으로써 모두 한마음이 되어 있는 상태를 말하고, 천하에 도
道가 없다는 것은 다스리는 자가 백성의 뜻을 역행함으로써 백성
이 반발하고 또 그로 말미암아 탄압받고 있는 상태를 의미한다.

각 시대는 시대마다 문제점이 있고, 사람들은 그 문제점 때문
에 고통을 받는다. 이때 문제점을 해결할 수 있는 방법을 아는 지
식인이 나타나면, 사람들은 그 지식인을 좋아하게 될 것이고, 그
방법을 실천에 옮기는 정치가가 나타난다면 사람들은 그 정치가를
지지하게 될 것이다. 그리하여 정치가와 지식인과 백성들이 한마
음 한뜻이 되는 바람직한 사회가 건설될 것이다.

시대가 바뀌면 새로운 문제점이 발생한다. 그러므로 기존의
정치인이 새롭게 대두한 문제점을 해결하지 못하면 백성들은 그
정치인에게 불만을 갖고 반발하게 될 것이고, 그 결과 백성들이
탄압을 받게 되는 바람직하지 못한 사회가 될 것이다. 이러한 때
새로운 문제점을 해결할 수 있는 방법을 찾아내어 실행할 수 있는
새로운 지식인과 새로운 정치가가 나타난다면 사람들은 그 새로운
지식인과 새로운 정치가를 지지하게 될 것이고 바람직한 사회가
건설될 것이다.

바람직한 사회가 건설되었을 때를 천하의 도道가 있을 때라고 하고 그렇지 못할 때를 천하에 도道가 없을 때라고 한다면, 역사는 도道가 있는 시대에서 도道가 없는 시대로, 그러다가 다시 도道가 있는 시대로 순환하면서 흘러간다고 할 수 있는데, 이 역사의 큰 흐름은 사람들의 공통적인 의지에 의한 것이므로 천天이라고 할 수 있다.

천하에 도道가 있을 때에는 그 시대의 문제점을 해결할 수 있는 현명한 사람들이 정치를 주도하여 그렇지 못한 자들을 이끌어가지만, 천하에 도道가 없을 때는 권력을 가진 자들이 그렇지 못한 사람들을 억압하는데, 이 또한 天이라고 할 수 있다.

따라서 천하에 도道가 없는 시대에 살면서, '나는 착하고 현명하므로 출세해야 마땅하다'고 생각하는 사람이 있다면, 그는 하늘의 뜻과 역사의 흐름을 모르는 오만한 사람이다. 역사의 큰 흐름에 따르면서, 개인적으로 오늘날의 문제점이 어디에 있는지를 파악하고 그것을 해결할 수 있는 방법이 무엇인지 조용해 모색해보아야 할 것이다.

제경공은 오吳나라가 예禮를 지키지 않으면서도 강력하기 때문에 우선 살아남기 위해서는 오吳를 받들 수밖에 없다고 생각했다. 우선은 오吳를 받들고, 한편으로는 문왕처럼 참으로 백성들을 아끼는 정치를 하여 백성들과 한마음 한뜻으로 뭉칠 수 있게 된다면, 그때에 가서는 받들지 않아도 될 것이다.

詩云商之孫子이 其麗不億이언마는 上帝既命이라 侯
于周服이로다 侯服于周하니 天命靡常이라 殷士膚敏

^{관 장 우 경} ^{공 자 왈 인 불 가 위 중 야}
이 祼將于京이라하여늘 孔子曰仁不可爲衆也라하시니
[8] [9] [10] [11] [12] [13]
^{부 국 군} ^{호 인} ^{천 하 무 적} ^{금 야} ^{욕 무 적}
夫國君이 好仁이면 天下無敵이니라 今也에 欲無敵

^{어 천 하 이 불 이 인} ^{시 유 집 열 이 불 이 탁 야} ^{시 운}
於天下而不以仁하나니 是猶執熱而不以濯也니 詩云
[14] [15]

^{수 능 집 열} ^{서 불 이 탁}
誰能執熱하여 逝不以濯이리오하니라
[16]

| 국역 |

『시경詩經』에 이르기를 '상商나라의 자손이 그 수가 억億뿐만이 아니지만 상제上帝가 이미 (주周나라에) 명命한지라 오직 주周나라에 복종하는구나! 오직 주周나라에 복종하니, 천명은 한 곳에 머무르는 것이 아니다. 은殷나라 선비로서 뛰어나고 재주 있는 사람들이 (주周나라) 서울에서 관주灌酒를 하며 제사를 돕는구나' 하였다. 공자께서 말씀하시기를, '인仁을 하는 사람에게는 많은 사람으로도 대적할 수 없다'라고 하셨으니, 나라의 임금이 인仁을 좋아하면 천하에 대적할 사람이 없을 것이다. 지금 사람들은 천하에 대적할 자가 없기를 바라면서 인仁으로써 하지 않으니, 이는 뜨거운 것을 손에 쥐고서 물에 넣지 않는 것과 같다. 『시경』에 이르기를, '누가 뜨거운 것을 쥐고서 물에 넣지 않겠는가?' 하였다."

| 난자풀이 |

[1] 詩 : 『시경』 대아大雅 문왕지십文王之什 문왕편文王篇.
[2] 麗 : 수數와 같은 뜻.

③ 億 : 만萬의 10배수이므로 십만+萬이다.

④ 侯 : 유維와 같은 뜻. 오직.

⑤ 服 : 복종한다. 이 문장은 문법적으로는 '후복우주侯服于周'이어야 하지만, 앞문장의 억億과 압운押韻을 맞추기 위하여 복服을 뒤로 낸 것이다.

⑥ 膚 : '크다'는 뜻. 뛰어난 사람. 유명인사.

⑦ 敏 : 재주 있는 사람.

⑧ 祼 : 관灌과 같은 뜻. 제사를 지낼 때 강신降神하기 위하여 울창주鬱鬯酒를 땅에 붓는 것. 보통 관주라고 한다.

⑨ 將 : '돕는다'는 뜻.

⑩ 京 : 주周나라의 서울.

⑪ 仁 : 어진 사람.

⑫ 爲 : 위爲의 목적어는 인仁이며, '대적한다'는 뜻이다. 위爲는 영어의 do와 같아서 상황에 따라서 여러 가지 뜻으로 쓰일 수 있다.

⑬ 衆 : 많은 사람. 이 문장은 본래 '불가이중위인不可以衆爲仁'이어야 할 것이지만, 위인爲仁을 강조하여 이중以衆과 도치시킴으로써 '불가위인이중不可爲仁以衆'으로 되었고, 또 인仁을 강조하여 앞으로 냄으로써 '인불가위이중仁不可爲以衆'으로 되었으며, 이이가 생략되어 '인불가위중仁不可爲衆'으로 된 것이라고 생각할 수 있다.

⑭ 熱 : 뜨거운 것.

⑮ 詩 : 『시경』대아大雅 탕지십蕩之什 상유편桑柔篇.

⑯ 逝 : 어조사.

| 강설 |

은대殷代의 상제라는 말이 주대周代에는 천天이라는 말로 바뀌었으므로 상제上帝의 명命이 곧 천명이다. 하늘은 사람들 중에서 가장 어진 사람에게 천자天子가 되도록 명령하지만, 한번 천자로 임명한 사람을 계속 천자이도록 유지시켜주는 것이 아니라 천자가 덕德이 없어지면 그를 폐위시키고 다른 덕德 있는 사람을 천자로 임명한다는 것이 이른바 천명사상天命思想이다.

천명이란 백성들의 공통된 의지이므로, 하늘이 덕德 있는 사람을 천자로 임명한다는 말은 백성들이 덕德 있는 사람을 지지한다는 것으로 이해할 수 있다. 그러므로 일단 천자가 된 사람이 자기의 백성의 수가 많다고 계속 천자인 것은 아니다. 덕德을 잃으면 백성들은 덕德 있는 다른 사람에게로 옮겨가기 때문에 천자의 자리를 잃게 된다.

상商나라(탕湯이 세운 나라인데, 도중에 은殷으로 천도한 후 나라 이름을 은殷이라고 하였음)의 후손들이 수가 많지만, 문왕文王이 어진 정치를 하자 상商의 백성들이 자기의 왕을 버리고 문왕을 따랐기 때문에 상商나라가 망하고 주周나라가 성립했다. 백성의 수가 많더라도 어진 사람에게는 대적할 수가 없다.

제8장

孟子曰不仁者는 可與言哉아 安其危而利其菑하여 [1]
樂其所以亡者하나니 不仁而可與言則何亡國敗家之 [2]
有리오 有孺子歌曰滄浪之水淸兮어든 可以濯我纓이 [3] [4]
요 滄浪之水濁兮어든 可以濯我足이라하여늘 孔子曰
小子아 聽之하라 淸斯濯纓이요 濁斯濯足矣로소니 自 [5]
取之也라하시니라 夫人必自侮然後에 人侮之하며 家 [6]
必自毁而後에 人毁之하며 國必自伐而後에 人伐之
하나니라 太甲曰天作孽이면 猶可違어니와 自作孽이면 [7] [8]
不可活이라하니 此之謂也니라 [9]

맹자께서 말씀하셨다. "불인자不仁者와 더불어 말을 할 수 있겠는가? 위태롭게 되는 것을 편안하게 여기고, 재앙을 입게 되는 것을 이롭게 여기며, 망하는 짓을 즐기는구나. 불인不仁한데도 더불어 말을 할 수 있다면 어찌 나라를 망치고 집을 무너뜨리는 일이 있겠는가? 어린이들이 '창랑滄浪의 물이 맑으면 나의 갓끈을 씻을 수 있고, 창랑의 물이 흐리면 나의 발을 씻을 수 있다'고 노래함이 있었는데, 공자께서 말씀하셨다. '얘들아, (저 노래를) 들어보아라. 물이 맑으면 갓끈을 씻고 물이 흐리면 발을 씻는다는 것이니, 스스로 그렇게 만든 것이다' 하셨다. 사람들은 반드시 스스로를 무시한 뒤에 남이 그를 무시하고, 집은 반드시 스스로를 무너뜨린 뒤에 남이 그 집을 무너뜨리며, 나라는 반드시 스스로를 멸망시킨 후에 남이 그 나라를 멸망시킨다. 「태갑太甲」에 이르기를, '하늘이 재앙을 만들면 오히려 피할 수 있거니와 스스로 재앙을 만들면 살아남을 수 없다' 하였으니, 이것을 말한 것이다."

| 난자풀이 |

1 與 : 여與의 목적어는 불인자이므로 이 문장은 '가여불인자언재可與不仁者言哉'이어야 할 것이지만, 불인자가 강조되어 앞으로 나간 것이다.

2 之 : 망국패가亡國敗家와 유有가 도치되었음을 나타내는 역할을 한다. '하유망국패가何有亡國敗家'로 놓고 해석하면 될 것이다.

3 滄浪 : 강 이름. 창랑은 지명이며, 창랑지수滄浪之水는 그 지역에 흐르는 강이라는 설도 있다. 이 노래는 『초사楚辭』의 어부편漁夫篇에도 나오는데, 어부편에서는 '물이 맑으면 갓끈을 씻으면 되고 물이 흐리면 발을 씻으면 되듯이 세상에 맞추어 살면 된다'는 뜻으로 쓰였다.

4 纓 : 갓끈. 음은 '영'.

5 小子 : 제자.

⑥ 自 : 모모侮의 목적어이지만 일인칭대명사로서 강조되어 앞으로 나간 것이다.

⑦ 太甲 : 『서경書經』 상서商書의 편명.

⑧ 孼 : 재앙. 음은 '얼'.

⑨ 之 : 차此와 위謂의 도치를 나타내는 말.

| 강설 |

어질지 못한 행동은 자신을 망치고 집안을 망치고 나라를 망치는 것이지만, 어질지 못한 사람은 그러한 행동을 자연스럽게 하고 이롭게 여기며 즐겨하고 있으므로 구제할 수 없다. 어질지 못한 사람을 구제할 수 있다면 집이 망하고 나라가 망하는 일이 없을 것이다.

물이 맑으면 갓끈을 씻고 물이 흐리면 발을 씻듯이, 내가 훌륭하면 남들이 나를 훌륭한 사람으로 대접하고 내가 나쁘면 남들이 나를 나쁜 사람으로 대접하는 것이다. 남이 나에게 대접하는 근거는 남에게 있는 것이 아니라 나에게 있다. 사람이 망하고 집이 망하고 나라가 망하는 것도 먼저 자신들이 망할 짓을 해놓은 뒤에 남들이 망치는 것이다.

몸이 불구로 태어나는 등 하늘이 재앙을 내린 경우에는 착한 마음과 행동으로 남들의 도움을 받아 그것을 극복할 수 있지만, 착하지 못한 마음과 행동으로 남의 미움을 받게 되면 살아갈 수 없다. 혼자서는 살아갈 수 없기 때문이다.

제9장

孟子曰桀紂之失天下也는 失其民也니 失其民者는
맹자왈걸주지실천하야   실기민야   실기민자

失其心也라 得天下有道하니 得其民이면 斯得天下
실기심야   득천하유도   득기민   사득천하

矣리라 得其民有道하니 得其心이면 斯得民矣리라 得
의   득기민유도   득기심   사득민의   득

364

其心有道하니 所欲을 與之聚之요 所惡를 勿施爾也

기 심 유 도 / 소 욕 / 여 지 취 지 / 소 오 / 물 시 이 야

其心有道하니 所欲을 與之聚之요 所惡를 勿施爾也
① ② ③ ④

민 지 귀 인 야 / 유 수 지 취 하 / 수 지 주 광 야

니라 民之歸仁也는 猶水之就下하며 獸之走壙也니
⑤

고 / 위 연 구 어 자 / 달 야 / 위 총 구 작 자 / 전 야

라 故로 爲淵敺魚者는 獺也요 爲叢敺爵者는 鸇也요
⑥ ⑦ ⑧

위 탕 무 구 민 자 / 걸 여 주 야 / 금 천 하 지 군 / 유 호

爲湯武敺民者는 桀與紂也니라 今天下之君에 有好

인 자 즉 제 후 개 위 지 구 의 / 수 욕 무 왕 / 불 가 득 이

仁者則諸侯皆爲之敺矣리니 雖欲無王이나 不可得已

금 지 욕 왕 자 / 유 칠 년 지 병 / 구 삼 년 지 애 야

니라 今之欲王者는 猶七年之病에 求三年之艾也니
⑨

구 위 불 휵 / 종 신 부 득 / 구 부 지 어 인 / 종 신

苟爲不畜이면 終身不得하리니 苟不志於仁이면 終身

우 욕 / 이 함 어 사 망 / 시 운 기 하 능 숙 / 재

憂辱하여 以陷於死亡하리라 詩云其何能淑이리오 載
⑩ ⑪ ⑫

서 급 닉 / 차 지 위 야

胥及溺이라하니 此之謂也니라
⑬ ⑭

| 국역 |

맹자께서 말씀하셨다. "걸桀이나 주紂가 천하天下를 잃은 것은 그
백성을 잃은 것이며 그 백성을 잃었다는 것은 그 (백성의) 마음
을 잃은 것이다. 천하를 얻는 것에 방법이 있으니, 백성을 얻으
면 천하를 얻을 것이다. 백성을 얻는 것에 방법이 있으니, 그
(백성의) 마음을 얻으면 백성을 얻을 것이다. 마음을 얻는 것에
방법이 있으니, 좋아하는 것을 백성들과 함께 모으고, 싫어하는
것을 베풀지 않는 것이다. 백성들이 인자仁者에게 돌아감은 물이
아래로 내려가는 것과 같고 짐승들이 들로 달아나는 것과 같다.
그러므로 못을 위하여 물고기를 몰아주는 것은 수달이고, 나무

숲을 위하여 참새를 몰아주는 것은 매이며, 탕湯·무武를 위하여 백성을 몰아준 자는 걸桀·주紂이다. 지금 천하의 임금 중에 인仁을 좋아하는 자가 있다면 제후들이 모두 그를 위하여 백성들을 몰아줄 것이니, 비록 왕업王業을 이루지 않으려 하더라도 될 수 없을 것이다. 지금에 왕업을 이루려 하는 것은 7년 된 병에 3년 묵은 약쑥을 구하는 것과 같으니, 만일 저축해두지 않는다면 종신토록 얻지 못할 것이다. 진실로 어진 정치에 뜻을 두지 아니한다면 종신토록 근심하고 치욕을 받아 죽거나 망하는 지경에 빠질 것이다. 『시경詩經』에 이르기를, '어찌 착할 수 있겠는가. 곧 서로 (경쟁적으로) 재난에 빠지는 지경에 이를 것이다' 하였으니, 이것을 말한 것이다."

| 난자풀이 |

1 與 : 더불어. 함께. 조기趙岐는 '준다'는 뜻으로 해석하였고, 주자朱子는 위爲와 같은 뜻으로 해석하였다.

2 之 : 백성을 지칭함.

3 之 : 소욕所欲을 지칭함. '좋아하는 것을 백성과 더불어 모은다'는 말은, '재물이나 여색女色 등 내가 좋아하는 것을 나 혼자만 차지하는 것이 아니라 백성들과 함께 가지도록 한다'는 말이므로 '여민동락與民同樂'과 같은 뜻으로 이해하면 될 것이다.

4 爾 : 조기는 근近과 같은 뜻으로 보았으나, 조음소로 보는 것이 좋다.

5 壙 : 들판. 음은 '광'.

6 獺 : 수달. 음은 '달'.

7 爵 : 작雀과 통용. 참새.

8 鸇 : 매. 음은 '전'.

9 艾 : 쑥. 음은 '애'. 한방에서 뜸을 할 때 쓰는 재료.

10 詩 『시경』 대아大雅 탕지십蕩之什 상유편桑柔篇.

11 淑 : 선善과 같은 뜻.

12 載 : 조음소. 주자朱子는 즉則의 뜻으로 보았다.

13 胥 : 서로. 음은 '서'.

⑭ 溺 : 재난에 빠지는 것.

| 강설 |

오래된 병이 하루아침에 낫지 않듯이 오래 지속된 혼란은 하루 아침에 극복되지 않는다. 헝클어진 실타래를 서둘러서 풀려고 하면 더욱 엉기게 되어 영영 풀 수 없게 되지만, 천천히 실마리를 찾아 차근차근 풀어가면 결국 해결되는 것처럼, 혼란이 오래 지속된 경우에는 그 혼란하게 된 원인을 찾아서 차분하게 풀어가야 할 것이다. 빠른 효과를 기대하여 성급하게 외형적으로만 안정을 시켜놓으면 혼란은 가중된다.

제
10
장

맹 자 왈 자 포 자   불 가 여 유 언 야   자 기 자   불 가
孟子曰自暴者는 不可與有言也요 自棄者는 不可
　　　　　　①　　　　　　②　　　③

여 유 위 야   언 비 예 의   위 지 자 포 야   오 신 불 능 거
與有爲也니 言非禮義를 謂之自暴也요 吾身不能居
　　④

인 유 의   위 지 자 기 야   인   인 지 안 택 야   의   인
仁由義를 謂之自棄也라 仁은 人之安宅也요 義는 人

지 정 로 야   광 안 택 이 불 거   사 정 로 이 불 유
之正路也라 曠安宅而弗居하며 舍正路而不由하나니
　　　　　　　⑤　　　　　　　　⑥

애 재
哀哉라

| 국역 |

맹자께서 말씀하셨다. "스스로를 해치는 자와는 더불어 진리를 말할 수 없고, 스스로를 버리는 자와는 더불어 진리를 행할 수 없다. 말로써 예의禮義를 비방하는 것을 스스로를 해치는 것이라 하고, 내 몸은 인仁에 거居하거나 의義를 말미암을 수 없다고 하

는 것을 스스로 버리는 것이라 한다. 인仁은 사람의 편안한 집이고 의義는 사람의 바른 길이다. 편안한 집을 비워두고 거처하지 않으며, 바른 길을 버려두고 말미암지 아니하니 불쌍하다."

① 自 : 폭暴의 목적어이지만, 일인칭대명사로서 강조되어 앞으로 나왔다.
② 與 : 여與의 목적어는 자폭자自暴者이다.
③ 言 : 인의仁義에 대해서 언급하는 것.
④ 爲 : 인의를 행하는 것.
⑤ 曠 : '비운다'는 뜻으로 음은 '광'.
⑥ 舍 : 사捨와 통용. '버려둔다'는 뜻.

| 강설 |

남을 해치는 자는 자기를 이롭게 하려는 마음이 있기 때문에, 자기를 이롭게 하려는 마음에 근거하여 참으로 자기를 이롭게 하는 것이 어떤 것인지를 따져 들어가면 인의를 실천하는 것이 가장 이로운 것이라는 결론에 도달할 수 있지만, 스스로를 해치는 자는 자기를 이롭게 하려는 마음이 없기 때문에, 인의仁義를 실천하는 것이 이롭다는 것을 설명할 방법이 없다.

자기를 버리는 자는 자기를 구제하려는 마음이 없기 때문에, 위기지학爲己之學을 하도록 유도할 수 없다.

자기의 몸이 자기의 모든 것으로 알고서, 몸이 필요로 하는 의식주를 해결할 수 있는 돈을 버는 것에 주력하는 사람의 삶은, 늘 남과 경쟁하여야 하는 긴장된 삶이며, 몸이 늙고 죽으면 모든 것이 없어지고 마는 허망한 삶이다. 그러나 인仁이 사람의 본질임을 알고, 인仁에 마음의 바탕을 두면 긴장하는 삶과 허망한 삶이 사라지게 되어, 편안함을 얻을 수 있다. 남과 나를 구별할 수밖에 없는 현실적인 삶도 인仁에 바탕을 두면 갈등을 일으키지 않고 서로 조화를 이루게 되는데, 이러한 행동원리가 의義이다.

인仁에 바탕을 두고 의義를 실천하는 것이 가장 참된 것이며 가치 있는 것인데, 그렇게 하지 않는 것은 스스로를 해치고 버리는 것이다.

제 11 장

맹 자 왈 도 재 이 이 구 저 원　　사 재 이 이 구 저 난
孟子曰道在爾而求諸遠하며 事在易而求諸難하나
　　　　　　　①　　　②
니 人人이 親其親하며 長其長이면 而天下平하리라
　　인 인　친 기 친　　　장 기 장　　이 천 하 평

| 국역 |

맹자께서 말씀하셨다. "(천하를 다스리는) 방법은 가까운 곳에 있는데도 그것을 먼 곳에서 구하며, 일은 쉬운 데 있는데도 그 것을 어려운 데서 구하는도다. 사람들이 자기의 어버이를 친하며 자기의 어른을 어른으로 섬기면 천하가 화평해질 것이다."

| 난자풀이 |

① 爾 : 이邇와 통용.
② 諸 : 지어之於의 뜻.

| 강설 |

혼란한 사회를 바로잡는 근본적인 방법은 수신修身에 있다. 수신이 되면 저절로 제가齊家, 치국治國, 평천하平天下가 될 것이므로, 수신에 힘쓰도록 유도하는 것이 무엇보다 중요하다.

제 12 장

맹 자 왈 거 하 위 이 불 획 어 상　　　민 불 가 득 이 치 야
孟子曰居下位而不獲於上이면 民不可得而治也리라

획 어 상 유 도　　　불 신 어 우　　　불 획 어 상 의　　　신 어 우
獲於上有道하니 不信於友면 弗獲於上矣리라 信於友

유 도　　　사 친 불 열　　　불 신 어 우 의　　　열 친 유 도
有道하니 事親弗悅이면 弗信於友矣리라 悅親有道하니

반 신 불 성　　　불 열 어 친 의　　　성 신 유 도　　　불 명 호
反身不誠이면 不悅於親矣리라 誠身有道하니 不明乎

선　　　불 성 기 신 의　　　시 고　　　성 자　　　천 지 도 야
善이면 不誠其身矣리라 是故로 誠者는 天之道也요

사 성 자　　　인 지 도 야　　　지 성 이 부 동 자 미 지 유 야　　　불
思誠者는 人之道也니라 至誠而不動者未之有也니 不

성　　　미 유 능 동 자 야
誠이면 未有能動者也니라

| 국역 |

맹자께서 말씀하셨다. "아랫자리에 있으면서 윗사람에게 신임을
얻지 못하면 백성들의 마음을 얻어서 다스릴 수 없을 것이다.
윗사람에게 신임을 얻는 데 방법이 있으니, 벗에게 신용을 얻지
못하면 윗사람에게 신임을 얻지 못할 것이다. 벗에게 신용을 얻
는 것에 방법이 있으니, 어버이를 섬겨서 기쁘게 하지 못하면
벗에게 신용을 얻지 못할 것이다. 어버이를 기쁘게 하는 것에
방법이 있으니, 몸을 돌이켜보아 정성스럽지 못하면 어버이에게
기쁜 마음을 갖게 하지 못한다. 몸을 정성스럽게 하는 것에 방
법이 있으니 선善을 밝게 알지 못하면 그 몸을 정성스럽게 하지
못한다. 이 때문에 정성스러움 그 자체는 하늘의 작용이고, 정
성스럽게 되기를 생각하는 것은 사람의 도리이다. 지극히 정성

스럽고서 남을 감동시키지 못하는 것은 있지 않으니, 정성스럽
지 못하면 남을 감동시킬 수 있는 것이 있지 아니하다."

| 강설 |

위의 내용은 『중용中庸』 제20장의 설명과 유사하므로 『대학·중용강
설大學·中庸講說』 제20장의 강설을 참조하면 이해할 수 있을 것이다.

제13장

맹자왈백이이　　　피주　　　거북해지빈　　　　문문왕
孟子曰伯夷는 辟紂하여 居北海之濱이러니 聞文王
　　　　　　　①　　　　　　　②

작흥　　　왈익귀호래　　　오문서백　　선양로자
作興하고 日益歸乎來리오 吾聞西伯은 善養老者라
③　　　　④　　⑤　　　　⑥

　　태공　　피주　　　거동해지빈　　　문문왕작흥
며 太公은 辟紂하여 居東海之濱이러니 聞文王作興하
　　⑦

　　왈익귀호래　　　오문서백　　선양로자　　　　　이
고 日益歸乎來리오 吾聞西伯은 善養老者라하니라 二

로자　　천하지대로야이귀지　　시　　천하지부귀
老者는 天下之大老也而歸之하니 是는 天下之父歸
　　　　　　⑧

지야　　천하지부귀지　　기자언왕　　　제후유행
之也라 天下之父歸之어니 其子焉往이리오 諸侯有行
　　　　　　　　　　　　⑨

문왕지정자　　칠년지내　　필위정어천하의
文王之政者면 七年之內에 必爲政於天下矣리라
　　⑩

| 국역 |

맹자께서 말씀하셨다. "백이伯夷가 주紂를 피하여 북쪽 바닷가에
살고 있다가 문왕文王이 일어났다는 말을 듣고 말하기를, '어찌
돌아가지 아니하리오. 나는 서백西伯이 늙은이를 잘 봉양한다고
들었다' 하였으며, 태공太公이 주紂를 피하여 동쪽 바닷가에 살고

있다가 문왕이 일어났다는 말을 듣고 말하기를, '어찌 돌아가지 아니하리오. 나는 서백이 늙은이를 잘 봉양한다고 들었다' 하였다. 두 노인은 천하의 대로大老인데 그(문왕)에게 돌아갔으니, 이는 천하天下의 아버지가 그에게 돌아간 것이다. 천하天下의 아버지가 그에게 돌아갔으니 그 아들이 어디에 있겠는가? 제후 중에 문왕의 정치를 행하는 자가 있다면 7년 안에 반드시 천하에서 정치를 할 것이다."

| 난자풀이 |

1 辟 : 피避와 통용. 음은 '피'.

2 濱 : 바닷가. 음은 '빈'.

3 作興 : 주자朱子는 작作과 흥興을 다 '일어난다'는 뜻으로 해석하였고, 조기趙岐는 작作은 '문왕이 일어나는 것', 흥興은 '왕도정치를 일으키는 것'으로 해석하였다. 여기서는 주자의 해석을 따르기로 한다.

4 盍 : 하불何不의 뜻. 음은 '합'.

5 來 : 조음소.

6 西伯 : 문왕을 지칭함. 주紂가 문왕을 서방西方의 제후들의 우두머리로 삼은 데서 연유함.

7 太公 : 성姓은 강姜, 씨氏는 여呂, 이름은 상尙. 문왕의 스승. 여상呂尙을 보통은 태공망太公望이라고 한다. 태공이란 조부祖父를 지칭하는데, 문왕의 할아버지인 고공단보古工亶父가 '성인聖人이 주周에 가고 주周가 그의 힘으로 크게 일어난다'고 한 말에 연유하여, 태공이 바라던 사람이라는 뜻에서 태공망이라는 호號가 붙여진 것이다.

8 大老 : 존경받는 원로元老.

9 焉 : 왕往의 목적어. 의문대명사이므로 앞으로 나온 것이다.

10 七年 : 대국大國은 5년, 소국小國은 7년이라 하였으므로 7년 안이라 하면 대국과 소국이 다 포함된다. 사람의 몸을 구성하는 세포의 수명은 3년이기 때문에 3년이면 체질이 바뀔 수 있다. 주자학적朱子學的 설명에 의하면, 사람의 착한 본성이 몸이라는 기질氣質 속에 있으므로, 기질이 맑지 못하면 착한 본성이 착하게 발휘되지 못한다. 사람의 본성이 착하게 발휘되게 하기 위해서는 기질을 맑게 변화시켜야 된다고 한다. 7년이면 사람의 체질을 두 번 변화

시킬 수 있는 시간이므로 선善으로 유도할 수 있는 충분한 시간이 된다고 볼 수 있다.

제 14 장

孟子曰求也爲季氏宰하여 無能改於其德而賦粟倍他
맹자왈구야위계씨재　　　무능개어기덕이부속배타
　　　① 　　　 ② 　　　 ③ 　 ④
日한대 孔子曰求는 非我徒也로소니 小子아 鳴鼓而攻
일　　공자왈구　비아도야　　　소자　명고이공
之可也라하시니라 由此觀之컨대 君不行仁政而富之는
지가야　　　　　유차관지　　　군불행인정이부지
皆棄於孔子者也니 況於爲之强戰하여 爭地以戰에
개기어공자자야　　황어위지강전　　　쟁지이전
　　　　　　　　　　　　　　　　　 ⑤
殺人盈野하며 爭城以戰에 殺人盈城이온여 此所謂率
살인영야　　쟁성이전　 살인영성　　　차소위솔
土地而食人肉이라 罪不容於死니라 故로 善戰者服上
토지이식인육　　　죄불용어사　　고　선전자복상
刑하고 連諸侯者次之하고 辟草萊任土地者次之니라
형　　연제후자차지　　 벽초래임토지자차지
　　　　　　　　　　　 ⑥

| 국역 |

맹자께서 말씀하셨다. "구求가 계씨季氏의 가신家臣이 되어 그 계씨의 덕德에서 고쳐내는 것이 없고, 도리어 곡식을 세금으로 걷는 것이 다른 때보다 배가 되자, 공자께서 말씀하시기를, '구求는 나의 제자가 아니다. 애들아, 북을 쳐서 성토하는 것이 좋겠다' 하셨다. 이로 말미암아서 본다면, 임금이 어진 정치를 하지 아니하는데도 그를 부유하게 해주는 것은 모두 공자에게 버림받을 자이다. 하물며 임금을 위하여 무리하게 전쟁을 하여, 땅을 다투어 싸워서 사람을 들에 가득하게 죽이며, 성城을 다투어 싸

위서 사람을 성城에 가득하게 죽이는 것에 있어서랴! 이는 이른
바 토지土地를 거느려 사람의 고기를 먹게 한다는 것이니, 죄罪는
죽어서도 용서받지 못할 것이다. 그러므로 전쟁을 잘하는 자는
상형上刑(극형)을 받아야 하고, 제후와 연합하는 자는 그 다음이
고, 풀밭과 쑥밭을 개간하여 (백성들에게) 토지를 맡기는 자가
그 다음이다."

| 난자풀이 |

☐ 求 : 공자의 제자. 염구冉求.
② 季氏 : 노魯나라의 대부大夫 계손씨季孫氏. 당시의 권력자였다.
③ 能 : '능히 ~을 한다'는 말은 '~을 해낸다'는 말이다.
④ 其 : 계씨를 말한다.
⑤ 以 : 이以의 목적어는 쟁지爭地. '땅을 다투는 것을 가지고'라는 뜻이다.
⑥ 辟 : 벽闢과 통용. 음은 '벽'.

| 강설 |

선전자善戰者는 손빈孫臏, 오기吳起 등의 장수로, 땅을 넓히기 위
하여 많은 사람을 죽이는 자를 말한다. 땅을 넓히기 위하여 사
람을 죽이는 것은 땅으로 하여금 사람을 잡아먹게 하는 것과
같다. 죄가 제일 큰 것이다.

　연제후자連諸侯者는 소진蘇秦, 장의張儀 등의 종횡가縱橫家를 말
한다. 그들은 직접 전쟁을 일으키지는 않지만, 제후들을 연합하게
하고 전쟁을 일으키도록 유도하는 자들이다.

　벽초래임토지자辟草萊任土地者는 세금을 많이 받을 목적으로 땅
을 넓혀 사람들로 하여금 경작하게 하는 자이다. 이성李悝, 상앙商
鞅 등의 중농주의자重農主義者가 이에 속한다. 이들은 사람들을 죽
이는 자는 아니지만 재정수입을 늘이기 위해 사람을 괴롭히는 자
들이다.

맹자왈존호인자막량어모자　모자불능엄기악
孟子曰存乎人者莫良於眸子하니 眸子不能掩其惡하나
　　　　　　①　　　　　　②
흉중정즉모자료언　흉중부정즉모자모언
니 胸中正則眸子瞭焉하고 胸中不正則眸子眊焉이니라
　　　　　　③　　　　　　　　　　④
청기언야　관기모자　인언수재
聽其言也요 觀其眸子면 人焉廋哉리오
　　　　　　　　　　⑤

| 국역 |

맹자께서 말씀하셨다. "사람에게 있는 것 중에 (마음을 살필 수 있는 것으로는) 눈동자보다 더 좋은 것이 없으니, 눈동자는 자기의 악惡을 가리지 못한다. 가슴속의 마음이 바르면 눈동자는 밝고 가슴속의 마음이 바르지 아니하면 눈동자가 흐리다. 그의 말을 듣고 그의 눈동자를 관찰한다면 사람들이 어떻게 숨기겠는가?"

| 난자풀이 |

① 存 : 초순焦循은 '살핀다'는 뜻으로 풀이하여, '사람의 마음속의 선악善惡을 살필수 있는 것 중에'라고 해석하였으나, '눈·코·귀·입 등 사람에게 있는 것 중에'라는 뜻으로 이해하는 것이 무난할 것이다.
② 眸子 : 눈동자. 음은 '모자'.
③ 瞭 : '밝다'는 뜻으로 음은 '료'.
④ 眊 : '흐리다'는 뜻으로 음은 '모'.
⑤ 廋 : '숨긴다'는 뜻으로 음은 '수'.

> ^{맹 자 왈 공 자} ^{불 모 인} ^{검 자} ^{불 탈 인} ^{모 탈}
> 孟子曰恭者는 不侮人하고 儉者는 不奪人하나니 侮奪
>
> ^{인 지 군} ^{유 공 불 순 언} ^{오 득 위 공 검} ^{공 검}
> 人之君은 惟恐不順焉이어니 惡得爲恭儉이리오 恭儉을
> [1]
>
> ^{기 가 이 성 음 소 모 위 재}
> 豈可以聲音笑貌爲哉리오

| 국역 |

맹자께서 말씀하셨다. "공손한 자는 남을 업신여기지 않고, 검소
한 자는 남의 것을 빼앗지 아니한다. 남을 업신여기고 남의 것
을 빼앗는 임금은 오직 (사람들이 자기에게) 순종하지 아니할까
두려워하니, 어떻게 공손함과 검소함을 실천할 수 있겠는가? 공
손함과 검소함을 어찌 음성이나 웃는 모양으로써 실천할 수 있
겠는가?"

| 난자풀이 |

[1] 爲 : '실천한다'는 뜻.

| 강설 |

공손한 사람은 자기의 양심을 잘 받들어 행하는 사람인데, 양
심은 남을 나처럼 사랑하는 마음이므로 남을 업신여기지 않는
다. 그리고 검소한 사람은 물질적인 욕구에 끌려다니는 사람이
아니므로 남의 것을 빼앗지 않는다.
　백성을 업신여기고 백성의 것을 빼앗는 임금은, 업신여김을
당하거나 빼앗긴 백성들의 반발을 무마하는 한편 자리를 유지하기

에도 급급하므로 공손함과 검소함을 실천할 수 없다.

　백성의 반발을 무마하는 근본적인 방법은 공손함과 검소함을 실천하는 것이다. 그것은 양심을 따르는 것이므로, 양심을 회복하지 않고 성급하게 부드러운 음성과 웃는 얼굴모양을 꾸미는 것은 기만에 불과하다.

<table>
<tbody>
<tr><td rowspan="8">제
17
장</td><td>
순 우 곤 왈 남 녀 수 수 불 친　　　예 여　　　맹 자 왈 예 야
<u>淳于髡</u>曰男女授受不親이 禮與잇가 孟子曰禮也니라
</td></tr>
<tr><td>
왈 수 닉 즉 원 지 이 수 호　　　왈 수 닉 불 원　　　시　　　시
曰嫂溺則援之以手乎잇가 曰嫂溺不援이면 是는 豺
</td></tr>
<tr><td>
랑 야　　　남 녀 수 수 불 친　　　예 야　　　수 닉　　　원 지 이
狼也니 男女授受不親은 禮也요 嫂溺이어든 援之以
</td></tr>
<tr><td>
수 자　　　권 야　　　왈 금 천 하 닉 의　　　부 자 지 불 원
手者는 權也니라 曰今天下溺矣어늘 夫子之不援은
</td></tr>
<tr><td>
하 야　　　왈 천 하 닉　　　원 지 이 도　　　수 닉　　　원
何也잇고 曰天下溺이어든 援之以道요 嫂溺이어든 援
</td></tr>
<tr><td>
지 이 수　　　자 욕 수 원 천 하 호
之以手니 子欲手援天下乎아
</td></tr>
</tbody>
</table>

| 국역 |

　순우곤淳于髡이 "남자와 여자가 (물건을) 주고 받는 것을 직접 하지 아니하는 것이 예禮입니까?" 하고 묻자, 맹자께서 말씀하셨다. "예禮이다." "제수弟嫂가 물에 빠지면 손으로 끌어냅니까?" "제수가 물에 빠졌는데도 끌어내지 아니하면 승냥이나 이리이다. 남자와 여자가 (물건을) 주고 받는 것을 직접하지 아니하는 것은 예禮이고, 제수가 물에 빠지면 손으로 끌어내는 것은 권權이다" "지금 천하가 빠졌는데, 선생께서 끌어내지 않으심은 무엇

때문입니까?" "천하가 빠지면 도道를 가지고 끌어내고, 제수가 빠지면 손으로 끌어내는 것이니, 자네는 손으로 천하를 끌어내려 하는가?"

| 난자풀이 |

[1] 淳于髡 : 순우淳于는 성, 곤髡은 이름. 순우곤. 제齊나라 사람으로 말을 잘하는 사람으로 알려져 있다.

[2] 親 : '하나가 된다'는 뜻이다. 여기서는 손과 손이 맞닿아서 하나가 되는 것을 말하므로 물건을 직접 주고 받는 것을 말한다.

[3] 嫂 : 형수 또는 제수. 전통적으로 형수와 시동생의 사이보다 제수와 시아주버니의 사이가 더 어려운 사이이므로, 여기서는 제수로 번역하였다.

[4] 豺 : 승냥이. 음은 '시'.

[5] 狼 : 이리. 음은 '랑'.

[6] 權 : 저울대, 또는 저울추. 저울추는 고정되어 있는 것이 아니라 물건의 무게에 따라서 이동하는 것이므로, 이에 연유하여 '상황에 따라 달리 대처해야 하는 행동원리'라는 뜻이 되었다.

[7] 之 : 주격조사.

| 강설 |

예禮는 사람의 삶을 참되고 조화롭게 하기 위하여 만들어낸 행동양식이다. 그것은 구체화된 형식이므로 참되고 조화로운 삶의 모습을 일일이 다 표현하지 못한다. 따라서 예禮로 표현되지 않은 부분, 즉 예禮와 예禮 사이에 있는 부분을 실천해야 할 상황에서는 예禮에 집착하면 집착할수록 삶이 손상을 입게 된다.

남자와 여자가 직접 물건을 주거나 받지 않아야 한다는 것은, 남자와 여자가 직접 물건을 주거나 받다 보면 문란해질 수가 있고 그 때문에 삶이 손상을 입게 될 수 있기 때문이다. 이러한 예禮의 정신을 모르고 남자와 여자가 직접 손을 잡지 않는다는 형식에만 얽매여, 물에 빠진 여자를 구하지 않고 죽게 내버려둔다면 이는 삶을 위하여 만들어 놓은 예禮 때문에 오히려 삶을 해치게 되는 결과를 초래한다. 그러므로 예禮의 정신을 알고 예禮의 정신에 입각하여 상황에 맞게 변통할 수 있어야 하는데, 이러한 행동원리가 권權이다.

물에 빠진 사람을 손으로 건지듯이, 도탄에 빠진 세상은 도道로써 건져야 한다. 제후를 찾아가서 취직을 부탁하는 등 도道에 맞지 않은 행동을 하면서 세상을 건질 수는 없다.

公孫丑曰君子之不敎子는 何也잇고 孟子曰勢不行也
니라 敎者는 必以正이니 以正不行이어든 繼之以怒
하고 繼之以怒則反夷矣니 夫子敎我以正하시되 夫子도
未出於正也라하면 則是父子相夷也니 父子相夷則惡
矣니라 古者에 易子而敎之하니라 父子之間은 不責善
이니 責善則離하나니 離則不祥이 莫大焉이니라

| 국역 |

공손추公孫丑가 말했다. "군자가 아들을 가르치지 아니하는 것은 무엇 때문입니까?" 맹자께서 말씀하셨다. "모양새가 좋지 않기 때문이다. 가르치는 자는 반드시 바른 도리를 가지고 가르치는 것인데, 바른 도리를 가지고 가르쳤는데도 그 도리가 행해지지 아니하면 성을 내는 것으로 이어진다. 성을 내는 것으로 이어지면 도리어 (자식을 사랑하는 마음이) 손상된다. (자식이 부모에 대해서도) '선생님(여기서는 아버지)께서는 나에게 바른 도리를

하는 것으로써 가르치시지만, 선생님께서도 바른 도리에 나아가
지 못한다'고 여기게 되면 (아버지를 존중하는 마음이 손상되므
로), 아버지와 아들의 마음이 서로 손상된다. 아버지와 아들의
마음이 서로 손상되면 나쁜 것이다. 옛날에는 아들을 바꾸어서
가르쳤었다. 부자간에는 선善을 요구하지 아니하는 것이니, 선善
을 요구하면 (정이) 떨어지게 된다. (정이) 떨어지면 좋지 않은
것이 이보다 더 큰 것이 없다."

| 난자풀이 |

1 勢 : 모양새. 형세.
2 不行 : '안된다', '통하지 않는다' 등의 뜻인데, 여기서는 '안된다'로 번역하였다.
3 以 : 이以A위爲B의 문형을 기준으로 보면 이 문장에서는 '이정교지以正敎
   之'이어야 할 것이지만, 위爲B에 해당하는 교지敎之가 생략되었다.
4 以 : 이 문장 역시 위爲B에 해당하는 교지가 생략된 것이다. 생략되지 않
   았다면 이 문장은 '이정교지이불행以正敎之而不行'이어야 할 것이다.
5 夷 : 손상된다. 음은 '이'.
6 責 : 요구한다.

| 강설 |

모든 인간관계 중에서 가장 원초적인 관계는 부모와 자녀와의
관계이다. 부모에게 자녀는 자기 자신보다 더 사랑스러운 존재
이고, 자녀에게 부모의 사랑은 이 세상의 무엇보다도 귀한 것이
다. 따라서 어떠한 일이 있더라도 부모와 자녀 사이의 사랑
의 감정을 손상시키지 않는 것이 행복의 근원이다.

　부모가 자녀를 직접 가르치다보면, 자녀가 가르침을 잘 이
행하지 못하여 속이 상하고 실망할 경우가 있다. 그렇게 되면 자
녀에 대한 사랑의 감정이 손상을 입을 가능성이 있으므로 직접
가르치지 않는 것이 좋다. 또 자녀가 부모에게 배우다보면 착한
일을 가르치는 부모의 착하지 않은 면을 발견하여 실망하게 되

기도 한다. 그렇게 되면 부모에 대한 사랑의 감정이 손상을 입을 수 있으므로 역시 직접적인 배움은 피하는 것이 좋다. 가장 귀중한 것을 잃어서는 안 되기 때문이다.

　　부모가 자녀에게 착하게 되라고 요구하거나 자녀가 부모에게 착하게 되라고 요구하여, 그것이 서로 받아들여지지 않으면 속이 상하고 정이 떨어지기 쉬운데, 그렇게 되면 또한 가장 귀중한 것을 잃게 되므로 착하게 되라고 직접 요구하는 것은 피하는 것이 좋다. 스스로 착하고 성실한 삶을 지속함으로써 상대가 뉘우치기를 기다리는 것이 최선이다. 착하게 되기를 직설적으로 요구하는 것은 상대의 자존심을 상하게 하기 때문에 큰 효과를 기대하기 어렵다.

제19장

孟子曰事孰爲大오 事親이 爲大하니라 守孰爲大오

守身이 爲大하니라 不失其身而能事其親者를 吾聞

之矣요 失其身而能事其親者를 吾未之聞也로라 孰

不爲事리오마는 事親이 事之本也요 孰不爲守리오마는

守身이 守之本也니라 曾子養曾晳[1]하되 必有酒肉하더

니 將徹[2]할새 必請所與[3]하며 問有餘[4][5]어든 必曰有라하니

라 曾晳死어늘 曾元養曾子[6]하되 必有酒肉하더니 將徹

할새 不請所與하며 問有餘어든 曰亡矣라하니 將以復[7]

進也라 此所謂養口體者也니 若曾子則可謂養志也[8]

사 친 약 증 자 자 가 야
니라 事親若曾子者可也니라

| 국역 |

맹자께서 말씀하셨다. "섬기는 것 중에 어떠한 것이 큰 것인가? 어버이를 섬기는 것이 큰 것이다. 지키는 것 중에 어떠한 것이 큰 것인가? 자신을 지키는 것이 큰 것이다. 자기 자신을 잃지 않아야 그 어버이를 섬길 수 있다는 것은 내가 들었지만, 자기 자신을 잃고서도 그 어버이를 섬길 수 있다는 것은 내가 듣지 못했다. 어떠한 것인들 섬기는 것이 되지 않겠는가마는 어버이를 섬기는 것이 섬기는 것의 근본이다. 어떠한 것인들 지키는 것이 되지 않겠는가마는 자신을 지키는 것이 지키는 것의 근본이다. 증자曾子가 증석曾晳을 봉양할 적에 반드시 술과 고기가 있었는데, 상을 물리려 할 때에 반드시 (남긴 음식을) 줄 사람을 여쭈었고, 남은 것이 있느냐고 물으면 반드시 '있습니다' 하고 대답했다. 증석이 죽자 증원曾元이 증자를 봉양했는데, 반드시 술과 고기가 있었으나, 상을 물리려 할 때에 줄 사람을 여쭙지 아니했고, 남은 것이 있느냐고 물으면 '없습니다' 하고 대답했으니, 장차 그 음식을 다시 올리려 했기 때문이었다. 이것은 이른바 입과 몸을 봉양한다는 것이니 증자처럼 봉양해야 뜻을 봉양한다고 할 수 있다. 부모를 증자처럼 섬기는 것이 좋다."

| 난자풀이 |

① 曾晳 : 이름은 점點, 석晳은 자字. 증자의 아버지.
② 將 : 장차 어떤 일이 일어날 경우를 말하므로, 여기서는 '~하려 할 때'로

번역하였다.

③ 徹 : 밥상을 물리는 것. 철撤과 통용.

④ 請 : 청문請問이 생략된 형태이다.

⑤ 所 : 여기서는 '~사람'이라는 뜻으로 쓰였다.

⑥ 曾元 : 증자의 아들.

⑦ 以 : 이以의 목적어는 앞에 나온 기여其餘인데 생략되었다.

⑧ 若 : 약若 앞에 사친事親이 있어야 하는데 생략되었다.

| 강설 |

부모와 자녀의 관계는 가장 원초적이고 중요한 관계이다. 자녀의 입장에서 볼 때 부모의 사랑만큼 귀중한 사랑이 없기 때문이다. 자녀는 부모와의 관계를 원만하게 유지하여 그 부모의 사랑을 지속적으로 향유하려는 노력을 하게 되는데, 그것이 효孝이다.

부모의 사랑을 계속 향유하기 위해서는 우선 부모가 살아 있어야 하므로 부모를 봉양하는 것이 효孝의 내용이 된다. 그러나 부모가 살아 있더라도 사랑을 받지 못하면 안 되기 때문에 사랑을 받기 위해서 부모의 뜻을 잘 받들어야 한다.

증자는 그 아버지를 봉양할 때 반드시 술과 고기를 밥상에 올렸는데, 상을 물릴 때 남은 음식이 있으면 그 아버지가 특별히 주고 싶은 사람이 있어서 남긴 것인지 모르기 때문에 누구에게 줄까를 물었으며, 또 아버지가 다른 사람에게 주고 싶어서 그 음식(술과 고기)이 더 있느냐고 물으면 없더라도 또 마련하면 되기 때문에 있다고 대답했는데, 이러한 것이 부모의 뜻을 받드는 것에 해당한다. 증원이 증자를 봉양할 때에도 반드시 술과 고기를 상에 올렸지만, 상을 물릴 때 남은 것이 있어도 여쭙지 않았고, 또 다른 사람에게 주고 싶어서 그 음식이 더 있느냐고 물으면, 남겨두었다가 다음에 더 드리기 위하여 없다고 대답했다. 이러한 것은 부모의 몸만을 봉양하는 것이므로 뜻을 봉양하는 것보다 못하다.

부모의 뜻을 받들 수 있는 것은, 자신이 육체적인 욕구에 얽매이지 않고 본마음의 뜻을 실천할 수 있는 경우이므로, 자신의 참모습을 잘 지켜, 뜻을 실천할 수 있는 참된 사람이 되어야 참된 효孝를 할 수 있다. 여기서 수신守身이라 함은 수신修身을 뜻한다.

제 20 장

맹자왈인부족여적야　정부족간야　유대인
孟子曰人不足與適也며 政不足間也라 惟大人이아
　　　1 2　　　　　　3
위능격군심지비　군인　막불인　군의　막
爲能格君心之非니 君仁이면 莫不仁이요 君義면 莫
　　4　　　　　　5
불의　군정　막부정　일정군이국정의
不義요 君正이면 莫不正이니 一正君而國定矣니라

| 국역 |

맹자께서 말씀하셨다. "(정치에 가담하고 있는) 사람들을 일일이 편들거나 꾸짖을 것이 못되며, 정책을 일일이 논란할 것이 못된다. 오직 대인大人만이 임금의 마음의 잘못을 바로잡아내는 일을 할 수 있다. 임금이 어질면 어질지 아니한 사람이 없고, 임금이 의義로우면 의義롭지 아니한 사람이 없으며, 임금이 바르면 바르지 아니한 사람이 없으니, 한번 임금의 마음을 바르게 하면 나라가 안정된다."

| 난자풀이 |

1 與 : 편들고 칭찬하는 것.
2 適 : 꾸짖는다. 적讁과 통용. 음은 '적'.
3 間 : 틈을 보인다는 말은 논란거리를 제공한다는 말이므로, 간間은 '논란한다'는 뜻으로 해석하면 될 것이다.

④ 格 : '바로잡는다'는 뜻.
⑤ 莫 : ~한 사람이 없다.

| 강설 |

현재 정치에 가담하고 있는 사람 중에 누구는 옳고 누구는 잘
못된 것이며, 현재 시행되고 있는 정책 중에서 어떤 것은 옳고
어떤 것은 옳지 않다는 등의 논란을 하는 것은 그다지 의미 있
는 일이 못된다. 근본적인 해결책은 임금의 마음을 바로잡는 것
에 있다.

임금이 바른 마음을 가지고 매사를 정당하게 처리하면 정상
적인 신하들은 용납되지만, 비정상적인 신하들은 용납되지 않을
것이므로, 모든 신하가 정당하게 되어 온 나라가 안정될 것이다.

제21장

맹 자 왈 유 불 우 지 예 　　 유 구 전 지 훼
孟子曰有不虞之譽하며 有求全之毁하니라
　　　　　　① 　　　　　　　②

| 국역 |

맹자께서 말씀하셨다. "예상하지 못한 명예로움이 있으며, 완전
함을 구해서도 비방받게 되는 경우가 있다."

| 난자풀이 |

① 虞 : 예상한다. 기다린다. 음은 '우'.
② 毁 : 허물. 비방. 음은 '훼'.

사람들에게 이용되는 사람은 자신의 뜻과 관계없이 조작되거나
왜곡당하는 경우가 많다. 그러므로 뭇사람이 평가하는 대로 특
정한 사람을 함부로 평가해서는 안 된다.

제
22
장

맹 자 왈 인 지 이 기 언 야   무 책 이 의
孟子曰人之易其言也는 無責耳矣니라

| 국역 |

맹자께서 말씀하셨다. "사람들이 그 말을 가볍게 하는 것은 책임
감이 없기 때문이다."

| 강설 |

말이란 나의 입에서 나와서 타인에게 전달되는 것이므로 결과
가 남는 것이다. 타인에게 전달되는 결과에 대해 확실히 책임
질 수 있을 때에만 그 말을 해야 한다.

　　주자朱子는 책責을 질책을 받는 것이라고 보고, 사람들이 말을
쉽게 하는 것은 질책을 받지 않았기 때문이라고 했다.

제
23
장

맹 자 왈 인 지 환   재 호 위 인 사
孟子曰人之患이 在好爲人師니라

| 국역 |

맹자께서 말씀하셨다. "사람들의 병통은 남의 스승이 되기를 좋
아하는 데 있다."

| 강설 |

남과 내가 경쟁하는 심리상태에서는 남에게 가르침을 받는 것
은 남보다 못한 것이 되므로 자존심이 상한다. 그러나 경쟁하
는 삶을 극복하고 조화를 이루는 삶을 회복하면, 남의 장점을
좋게 여기어 본받게 되고 남의 단점을 숨기게 된다.

제24장

樂正子從於子敖하여 之齊러니 樂正子見孟子한대 孟子曰子亦來見我乎아 曰先生何爲出此言也시니잇고 曰子來幾日矣오 曰昔者니이다 曰昔者則我出此言也不亦宜乎아 曰舍館을 未定이러이다 曰子聞之也아 舍館을 定然後에 求見長者乎아 曰克이 有罪호이다

| 국역 |

악정자樂正子가 자오子敖를 따르려고 제齊나라에 갔다. 악정자가
맹자를 뵙자, 맹자께서 말씀하셨다. "자네는 또한 나도 보러 왔
는가?" "선생님은 무엇 때문에 이 말씀을 하십니까?" "자네가 이
곳에 온 지가 며칠째인가?" "전일입니다." "전일이라면 내가 이

말을 하는 것이 또한 마땅하지 아니한가?" "머물 곳을 정하지 못해서였습니다." "자네는 들었는가? 머물 곳을 정한 뒤에 어른을 찾아보는 것인가?" "제가 죄를 지었습니다."

| 난자풀이 |

① 於 : 장소를 나타내는 말. 자오가 있는 곳으로 좇아가는 것을 말한다. 즉 제齊나라에 가는 자오를 따라서 제齊나라에 간 것이 아니라, 제齊나라에 있는 자오에게 가서 따르기 위해 제齊나라에 간 것이다.

② 子敖 : 제齊나라의 대부大夫 왕환王驩의 자字.

③ 亦 : 또한. '다른 사람을 보러 온 것인 줄 알았는데 나도 보러 온 것인가?' 라는 뜻을 나타내는 말.

④ 何 : 위爲의 목적어이지만, 의문대명사이므로 앞으로 나온 것이다.

⑤ 舍 : 머무는 집. 여인숙.

⑥ 館 : 머무는 집. 여관.

| 강설 |

훌륭한 인격을 가진 스승은 어진 마음으로 남을 사랑한다. 그 중에서도 특히 제자를 더욱 사랑한다. 남들을 사랑하게 되면 남들로 하여금 참된 삶을 살 수 있도록 유도하고 싶은 마음이 생긴다. 그 마음을 이해하여 참된 삶을 추구하는 사람이 제자이다. 그래서 제자를 더 사랑하는 것이다. 더구나 악정자처럼 착하고 착실히 공부하는 제자는 유독 사랑스러울 것이고 늘 보고 싶을 것이다. 그러므로 스승의 마음을 헤아린다면, 스승이 계시는 곳에 오자마자 스승을 먼저 찾아뵈어야 할 것이다. 그러나 악정자는 그렇게 하지 않고 다른 사람을 만난 뒤에 찾아뵈었다. 맹자는 섭섭했다. "자네는 나도 만나러 온 것인가?"라고 한 말은 사랑하는 마음이 섭섭함으로 바뀌어 표현된 것이다.

제
25
장

맹자위악정자왈자지종어자오래　도포철야
孟子謂樂正子曰子之從於子敖來는 **徒餔啜也**로다
　　　　　　　　　　　　　　　　①　②

아 불 의 자 학 고 지 도 이 이 포 철 야
我不意子學古之道而以餔啜也호라
　　　　　　　　　　　③

| 국역 |

맹자께서 악정자樂正子에게 말씀하셨다. "자네가 자오子敖를 따르려고 온 것은 한갓 먹고 마시기 위해서구나. 나는 자네가 옛 도道를 배우고서 그것으로 먹고 마시는 데 쓰리라고는 생각하지 못했다."

| 난자풀이 |

① 餔 : '먹는다'는 뜻으로 음은 '포'.
② 啜 : '마신다'는 뜻으로 음은 '철'.
③ 以 : 이以의 목적어는 '학고지도學古之道'이다.

| 강설 |

악정자가 취직을 하여 돈을 버는 일에 급급하자 이를 질책한 것이다.

제
26
장

맹 자 왈 불 효 유 삼　　　무 후 위 대　　　순　불 고 이 취
孟子曰不孝有三하니 **無後爲大**하니라 **舜**이 **不告而娶**
　　　　　　　　　　　　　　　　　　　　　①

는 위 무 후 야　　　　군 자 이 이 위 유 고 야
는 **爲無後也**시니 **君子以爲猶告也**하니라
　　　②

| 국역 |

맹자께서 말씀하셨다. "불효不孝에 세 가지가 있으니, 후손後孫이
없는 것이 가장 크다. 순舜임금이 부모에게 아뢰지 않고 장가든
것은 후손이 없을 것을 염려하였기 때문이니, 군자는 그렇게 한
것을 아뢴 것과 같다고 생각하였다."

| 난자풀이 |

① 娶 : '장가든다'는 뜻으로 음은 '취'.
② 以 : 이以의 목적어는 '불고이취不告而娶'이다.

| 강설 |

부모의 가장 근원적인 희망은 자녀가 참되고 올바른 삶을 영위
하는 것이므로, 참되고 올바른 삶을 사는 것이 가장 큰 효도이
다.

성性에 입각한 본질적인 삶은 우선 자신을 보존하는 삶을 영
위하는 것이고 다음으로 자신의 삶이 영원하게 이어질 수 있도록
자녀를 낳는 것이다. 자녀를 낳지 않는 것은 참된 삶이 아니며, 부
모에게 불효하는 것이 된다.

순舜임금의 부모가 순舜임금으로 하여금 장가들지 못하게 한
것은 일시적인 욕심에 기인한 것이다. 순舜임금이 장가들지 않는
것은 부모의 일시적인 욕심을 따르기 위해 근원적인 희망을 저버
리는 것이므로 불효가 된다.

제
27
장

맹자왈인지실 사친 시야 의지실 종형
孟子曰仁之實은 事親이 是也요 義之實은 從兄이
　　　　　①
시야 지지실 지사이자 불거 시야 예
是也니라 智之實은 知斯二者하여 弗去이 是也요 禮
　　　　　　　　　　　　　　②

之實은 節文斯二者이 是也요 樂之實은 樂斯二者니
지실 절문사이자 시야 악지실 낙사이자
③ ④   ⑤   ⑥

樂則生矣니 生則惡可已也리오 惡可已則不知足之
낙즉생의 생즉오가이야 오가이즉부지족지
⑦

蹈之하며 手之舞之니라
도지   수지무지

| 국역 |

맹자께서 말씀하셨다. "인仁의 핵심은 어버이를 섬기는 것이 그
것이고, 의義로움의 핵심은 형을 따르는 것이 그것이다. 지혜로
움의 핵심은 이 두 가지를 알아서 버리지 않는 것이 그것이고,
예禮의 핵심은 이 두 가지를 절도에 맞게 나타내는 것이 그것이
며, 음악의 핵심은 이 두 가지를 즐거워하는 것이니, 즐거워하
면 (이 두 가지의 마음이) 생겨난다. (이 두 가지의 마음이) 생
겨나면 어떻게 그만둘 수 있겠는가? '어떻게 그만둘 수 있겠는
가'라는 상태가 되면 알지 못하는 사이에 발이 춤을 추고 손이
춤을 추게 될 것이다."

| 난자풀이 |

① 實 : 열매. 열매는 핵심에 해당되므로 여기서는 '핵심'으로 번역했다.
② 去 : 인仁과 의義에서 떠나가는 것.
③ 節 : 절도 있게. 질서 있게.
④ 文 : 무늬. 무늬는 바깥으로 나타내는 것이기 때문에 여기서는 '나타낸다'
로 번역하였다.
⑤ 樂 : '음악'이라는 뜻으로 음은 '악'.
⑥ 樂 : '즐거워한다'는 뜻으로 음은 '락'.
⑦ 不知 : 여기서는 동사인 부지不知를 먼저 해석하여 '알지 못하는 사이에'로
번역하는 것이 좋다.

인仁은 남을 나처럼 사랑하는 마음이다. 남을 나처럼 사랑하는 관계 중에서 가장 원초적인 것은 부모와 자녀와의 관계이므로, 부모가 자녀를 사랑하는 마음이나 자녀가 부모를 사랑하는 마음이 인仁의 핵심이다. 의義는 인仁에 입각하여 윗사람이나 현명한 사람을 받들고 따르는 마음이다. 한 단체에서 대표를 선출하려고 할 때, 남들을 나처럼 사랑하는 마음을 가진다면 내가 대표가 되려고 하지 않고 모두가 필요로 하는 가장 훌륭한 사람을 대표로 선출하고자 할 것이다. 이러한 마음가짐이 의義이다. 부모와 한마음이 되면, 부모와 한마음이 되는 형과도 한마음이 될 것이고, 그렇게 되면 내가 형보다 앞서려고 하는 마음보다는 형을 앞세우려는 마음이 생길 것이다. 이러한 마음가짐이 또한 의義이다. 부모를 사랑하는 마음은 인仁의 핵심이고, 형을 따르는 마음이 의義의 핵심이 된다.

인간의 도리 중에서 인仁과 의義가 가장 중요하다는 것을 아는 것이 지혜로운 것이고, 그것을 정당하게 실천하는 것이 예禮이다. 그런데 인仁과 의義를 실천하는 것이 즐거운 단계에 이르지 못하면 억지로 하는 것이 되어 지속성이 없다. 인仁과 의義를 실천하는 것이 즐거운 단계에 이르러야 실천하려는 마음이 자꾸 생겨나 지속성이 유지된다.

공자는 아는 것이 좋아하는 것보다 못하고, 좋아하는 것이 즐거워하는 것보다 못하다고 하였다.

맹자왈천하대열이장귀기 시천하열이귀기유초
孟子曰天下大悅而將歸己어늘 視天下悅而歸己猶草

개야 유순 위연 부득호친 불가이위인
芥也는 惟舜이 爲然이나 不得乎親이면 不可以爲人이
①

불순호친 불가이위자 순 진사친지도
요 不順乎親이면 不可以爲子러시다 舜이 盡事親之道

이고수 저예 고수저예이천하화 고수저예이
而瞽瞍 底豫하니 瞽瞍底豫而天下化하며 瞽瞍底豫而
②③

천하지위부자자정 차지위대효
天下之爲父子者定하니 此之謂大孝니라

| 국역 |

맹자께서 말씀하셨다. "천하天下의 사람들이 크게 기뻐하면서 장차 자기에게 돌아오려 하였는데, 천하의 사람들이 기뻐하면서 자기에게 돌아오는 것을 초개草芥처럼 본 것은 오직 순舜임금이 그러하셨다. 어버이에게 사랑을 얻지 못하면 사람이 될 수 없고, 어버이에게 순종하지 못하면 아들이 될 수 없다. 순舜임금이 어버이 섬기는 도리를 다하여 고수瞽瞍가 기쁨을 이루었는데, 고수가 기쁨을 이루자 천하天下가 교화되었으며, 고수가 기쁨을 이루자 천하의 아버지 되고 아들된 자들이 안정되었으니, 이것을 대효大孝라고 하는 것이다."

| 난자풀이 |

① 芥 : 지푸라기. 음은 '개'.

② 瞽瞍 : 순舜임금의 아버지. 후처後妻의 꼬임에 빠져 두 번이나 순舜임금을 죽이려 하였다.

③ 底 : 치致와 통용되므로 '이룬다'는 뜻. 음은 '저'.

세상 사람들에게 사랑을 받아 황제가 된다 하더라도 인仁을 실천하는 사람은 크게 기뻐하지 않는다. 남보다 높은 자리에 올라가려는 경쟁심이 없기 때문이다.

남을 나처럼 사랑하는 마음이 인仁이며 인仁을 실천하는 삶이 참되고 행복한 삶이므로, 참된 사람의 관심은 오직 인仁을 실천하느냐 못하느냐에 집중된다. 그런데, 부모와 하나가 되어 부모의 사랑을 받음과 동시에 부모를 사랑하는 것이 인仁을 실천하는 핵심이므로, 부모에게 사랑받지 못하면 참된 사람이 될 수 없으며, 부모를 사랑하지 못해도 참된 사람이 되지 못한다.

순舜임금의 관심은 자기를 죽이려고까지 한 부모에게 어떻게 하면 사랑받을 수 있으며, 어떻게 하면 사랑하고 따를 수 있을까 하는 데에 있었다. 그래서 그는 착한 삶을 지속하여 그 아버지를 착하게 만들고 행복하게 만들었다. 그리하여 모든 사람이 순舜임금을 통하여 어버이를 섬기는 것의 귀중함을 깨닫고 본받게 되었다. 온 나라가 안정된 것이다. 각각의 가정이 안정되면 나라는 저절로 안정된다.

착한 마음을 실천하면 가정이 화목하게 되고 나라가 잘 다스려지게 되며 온 세상이 평화롭게 된다는 수신修身·제가齊家·치국治國·평천하平天下의 이론을 순舜임금은 실천한 것이다.

제
1
장

맹 자 왈 순　　생 어 저 빙　　천 어 부 하　　졸 어 명 조
孟子曰舜은 生於諸馮하사 遷於負夏하사 卒於鳴條하시
　　　　　　　　①　　　　　②　　　③　　④

동 이 지 인 야　　　　문 왕　　생 어 기 주　　　졸 어 필
니 東夷之人也시니라 文王은 生於岐周하사 卒於畢
　　⑤　　　　　　　　　　　　⑥　　　　　⑦

영　　　서 이 지 인 야　　　지 지 상 거 야 천 유 여 리
郢하시니 西夷之人也시니라 地之相去也千有餘里며

세 지 상 후 야 천 유 여 세　　득 지　　행 호 중 국　　약
世之相後也千有餘歲로되 得志하여 行乎中國하산 若
　　　　　　⑨　　　　　　　　　　　　⑩

합 부 절　　　선 성 후 성　　기 규 일 야
合符節하니라 先聖後聖이 其揆一也니라
⑪⑫　　　　⑬

| 국역 |

　　맹자께서 말씀하셨다. "순舜임금은 저빙諸馮에서 태어나 부하負夏로
옮기셨다가 명조鳴條에서 돌아가셨으니 동이인東夷人이다. 문왕文王
은 기주岐周에서 태어나 필영畢郢에서 돌아가셨으니 서이인西夷人이
다. 땅이 서로간에 떨어진 것이 천여 리가 되며, 세대가 서로간에
떨어진 것이 천여 년이 되지만, 뜻을 얻어 중앙의 지역에서 행해
진 것은 부절符節을 합한 듯이 똑같았다. 앞의 성인聖人과 뒤의 성

인이 그 헤아림이 똑같다."

| 난자풀이 |

① 諸馮 : 적호翟灝·조우趙佑 등의 설에 의하면, 저빙은 산동성山東省 제성현諸城縣에 있었다고 한다.

② 負夏 : 주자朱子·조기趙岐는 저빙·부하·명조가 모두 동방에 있는 땅이라 하였으나, 적호·조우 등은 부하를 위衛나라의 땅(지금의 산서성山西省)에 있었다고 한다.

③ 卒 : 『예기禮記』 곡례하편曲禮下篇에 있는 '천자天子가 죽으면 붕崩이라 하고, 제후諸侯는 홍薨이라 하며, 대부大夫는 졸卒이라고 하며, 사士는 불록不祿이라 하며, 서인庶人은 사死라고 한다'는 말에 의하면, 순舜과 문왕은 모두 천자이므로 붕崩이라고 해야 할 것이지만, 『예기』 단궁상편檀弓上篇에 있는 '군자에 있어서는 종終이라고 하고 소인小人에 있어서는 사死라고 한다'는 말에 의하면, 종終이라고 해야 하는데, 여기서는 종終이라는 뜻으로 졸卒이라고 한 것이리라.

④ 鳴條 : 산동성山東省 정도현定陶縣 부근에 있었다고 한다.

⑤ 之 : 명사를 수식하는 말이 두 글자 이상일 때 그 가운데에 넣는 조음소

⑥ 岐周 : 기산岐山의 기슭에 있는 주周의 구읍舊邑.

⑦ 畢郢 : 유태공劉台拱에 의하면, 필정畢程이라고도 하는데, 문왕의 도읍지인 풍豊과 무왕武王의 도읍지인 호鎬의 부근에 있었으며, 현재의 섬서성陝西省 장안현長安縣에 있었던 것으로 짐작된다.

⑧ 夷 : 원래 동쪽에 살고 있었던 부족들의 총칭인데, 동이족東夷族이 세운 나라인 은殷을 멸망시킨 주周나라에서는 동이족을 멸시하는 습관이 생겨나, 변방의 사람을 낮추어 말할 때 그들을 모두 이夷로 불렀던 것으로 짐작된다.

⑨ 後 : 시간적인 간격을 말한다. 순舜임금의 시대를 기준으로 하여 문왕의 시대사이의 간격을 말한다.

⑩ 中國 : 중앙에 있는 지역

⑪ 符 : 부신符信.

⑫ 節 : 부신. 부절符節은 죽竹·옥玉·금金 등으로 만든 패에 글자나 그림을 새긴 뒤에 둘로 찢어서 하나씩 나누어 가지고 있다가 나중에 서로를 증명할 때 맞추어보는 신표信標.

⑬ 揆 : '헤아린다'는 뜻으로 음은 '규'.

순舜임금은 동쪽의 변방사람이고 문왕은 서쪽의 변방사람이며, 순舜임금은 천년 전의 사람이고 문왕은 천년 뒤의 사람이며, 순舜임금은 요堯임금에게 선양을 받아 천자가 되었고 문왕은 창업하여 무왕으로 하여금 혁명하게 하였으므로 모든 것이 서로 달랐지만, 천명天命을 실천하였다는 점에서는 일치한다. 놓여진 상황에서 최선을 다하는 것이 천명을 따르는 것이므로, 순舜임금이 문왕의 입장이었다면 문왕처럼 했을 것이고, 문왕文王이 순舜임금의 입장이었다면 순舜임금처럼 했을 것이다.

제2장

子産이 聽鄭國政할새 以其乘輿로 濟人於溱洧러니

孟子曰惠而不知爲政이로다 歲十一月에 徒杠成이오

十二月에 輿梁이 成이면 民未病涉也니라 君子平其

政이면 行辟人이 可也니 焉得人人而濟之리오 故로

爲政者이 每人而悦之면 日亦不足矣니라

자산子産이 정鄭나라의 정치에 가담했을 때 자기의 수레를 가지고 진수溱水와 유수洧水에서 사람들을 건네주었는데, 맹자께서 말씀하셨다. "은혜롭기는 하나 정치하는 법을 알지 못하였도다. 해가 11월이 될 때 도강徒杠이 만들어지고 12월이 될 때 여량輿梁이 만들어지면 백성들은 건너는 것을 고통스러워하지 않을 것이다. 군자가 그 정사를 화평하게 다스려 놓는다면 길을 갈 때에 사람을 물리치는 것이 좋으니, 어떻게 사람 사람을 일일이 만나서 건네주겠는가? 그러므로 정치를 하는 사람이 사람을 각각 만나서 그들을 기쁘게 해주려면 날마다 하여도 또한 부족할 것이다."

| 난자풀이 |

[1] 子産 : 정鄭나라의 대부大夫 공손교公孫僑. 자산은 그의 자字. 춘추시대春秋時代의 유명한 재상이었다. 자산이 죽었을 때 공자가 눈물을 흘렸다고 한다.
[2] 聽 : 정사를 처리하는 과정에 참여하여 듣는 것을 말하므로 여기서는 '가담한다'로 번역했다.
[3] 徒杠 : 걸어서 건너는 작은 다리. 杠의 음은 '강'.
[4] 輿梁 : 수레가 통행할 수 있는 큰 다리.
[5] 辟 : 고관들이 큰 길을 통행할 때 행인들을 물리치는 것. 음은 '벽'.
[6] 得 : 원래 '얻는다'는 말이므로 여기서는 '만난다'라고 번역했다.
[7] 每 : 주어와 목적어 사이에 있으므로 동사의 역할을 한다.

| 강설 |

정치를 하는 근본적인 방법은 지엽적인 일보다 큰 줄거리를 세우는 게 중요하다. 자산은 일반적으로 정치의 큰 줄거리를 세울 수 있는 사람일 것이므로, 맹자가 백성들에게 일일이 물을 건네준 자산의 일을 거론한 것은 자산을 비난하는 데 뜻이 있는 것이 아니라, 정치의 근본 방법을 설명하는 데 뜻이 있었을 것이다.

제3장

맹 자 고 제 선 왕 왈 군 지 시 신 여 수 족 즉 신 시 군 여 복 심
孟子告齊宣王曰君之視臣如手足則臣視君如腹心하

군 지 시 신 여 견 마 즉 신 시 군 여 국 인   군 지 시 신
고 君之視臣如犬馬則臣視君如國人하고 君之視臣

如土芥則臣視君如寇讐니이다 王曰禮에 爲舊君有服[1]

하니 何如라야 斯可爲服矣니잇고 曰諫行言聽하여 膏

澤이 下於民이요 有故而去則君이 使人導之出疆하고

又先於其所往하며 去三年不反然後에 收其田里하나

니 此之謂三有禮焉이니 如此則爲之服矣니이다 今也

엔 爲臣하여 諫則不行하며 言則不聽하여 膏澤이 不

下於民이요 有故而去則君이 搏執之하고[2] 又極之於[3]

其所往하며 去之日에 遂收其田里하나니[4] 此之謂寇讐

니 寇讐에 何服之有리오[5]

| 국역 |

맹자께서 제선왕齊宣王에게 아뢰셨다. "임금이 신하를 손이나 발처럼 보면 신하는 임금을 배나 심장처럼 보고, 임금이 신하를 개나 말처럼 보면 신하는 임금을 나라의 사람(일반 백성)처럼 보고, 임금이 신하를 흙이나 지푸라기처럼 보면 신하는 임금을 도적이나 원수처럼 볼 것입니다." 왕王이 말했다. "예禮에는 옛 임금을 위하여 복服(상복喪服) 입는 것이 있는데, 어떻게 해야 복服을 입게 할 수 있습니까?" "간諫한 것이 실행되고 말이 받아들여져 혜택이 백성들에게 내려지고, 까닭이 있어 떠나게 되면 임금이 사람을 시켜 그를 국경을 벗어날 때까지 인도하고, 또 그가 가는 곳에 먼저 연락

하며, 떠난 지 3년 동안 돌아오지 아니한 뒤에야 그의 전리田里(토지와 주택)를 거두어들이는 것이니, 이것이 세 가지로 예우함이 있다고 하는 것입니다. 이와 같이 하면 그를 위해 복服을 입습니다. 지금엔 신하가 되어 간諫한 것은 실행되지 않고, 말을 해도 들어주지 아니하여 혜택이 백성들에게 내려가지 아니하며, 까닭이 있어 떠나게 되면 임금이 붙잡아 체포하며, 또 (혹 외국으로 간 사람에 대해서는) 그 가는 곳에 (그를 받아들이지 않도록) 극한상황을 만들어 놓으며, 떠나는 날에 기다렸다는 듯이 바로 그의 전리田里를 거두어들이니, 이것을 도적이나 원수라고 하는 것입니다. 도적이나 원수에게 무슨 복服 입는 것이 있겠습니까?"

| 난자풀이 |

1 禮 : 지금의 『의례儀禮』 상복편喪服篇에 의하면, 옛 임금을 위하여 3개월 동안 복服을 입는다고 한다.

2 搏 : '잡는다'는 뜻으로 음은 '박'.

3 極 : 극한상황을 만든다. 그를 받아들이지 말고 체포하게 하는 등 미리 공작을 해놓는 것을 말한다.

4 遂 : 드디어. 그가 떠나기 전부터 그의 전리를 회수하려는 마음이 있었는데, 떠나게 되었으니 드디어 회수한다는 뜻이므로, '기다렸다는 듯이 바로'로 번역하였다.

5 之 : 하복何服과 유유가 도치되었음을 나타내는 역할.

제
4
장

맹자왈무죄이살사즉대부가이거   무죄이륙민즉사
孟子曰無罪而殺士則大夫可以去요 無罪而戮民則士
          1
가 이 사
可以徙니라

맹자께서 말씀하셨다. "죄罪가 없는데도 사士를 죽이면 대부大夫가 그 나라를 떠나야 하고, 죄罪가 없는데도 백성을 죽이면 사士가 옮겨가야 한다."

| 난자풀이 |

① 無罪 : 이而의 앞에 있는 무죄無罪는 술어인데, 주어인 사士가 생략되었다.

| 강설 |

죄 없는 사士를 죽이는 정치는 곧 죄 없는 대부도 죽이게 되므로 대부는 떠나는 것이 마땅하며, 죄 없는 백성을 죽이는 정치는 곧 죄 없는 사士를 죽이게 되므로 사士 또한 떠나는 것이 마땅하다.

제
5
장

孟子曰君仁이면 莫不仁이요 君義면 莫不義니라

| 국역 |

맹자께서 말씀하셨다. "임금이 어질면 어질지 아니할 사람이 없고, 임금이 의로우면 의롭지 아니할 사람이 없다."

| 강설 |

임금이 모든 백성을 자기처럼 사랑하여 백성을 위하는 정치를 하면, 백성은 그 임금을 따르는 것이 행복하게 되는 길이므로 모두

임금을 따르게 되고, 그 결과 모두 어질게 된다. 임금이 공평하고 마땅하게 처리하면 공평하고 마땅하게 처리하는 백성들만이 인정받게 되므로, 결국 모든 백성이 의義롭게 된다.

제
6
장

맹 자 왈 비 례 지 례　　비 의 지 의　　대 인　　불 위
孟子曰非禮之禮와 非義之義를 大人은 弗爲니라

| 국역 |

맹자께서 말씀하셨다. "예禮가 아닌 예禮와 의義가 아닌 의義를 대인大人은 하지 아니한다."

| 강설 |

실제로는 예禮가 아닌데 예禮인 것처럼 가장된 예禮나 실제로는 의義가 아닌데 의義인 것처럼 가장된 의義를 하는 것은 남에게 잘 보이고 자기의 이익을 차지하려는 욕심에서 나온 것이다.

완전자라는 의미로 사용되는 성인聖人이라는 칭호는 살아 있는 사람에게는 부여하지 않으므로, 살아 있는 사람으로서 완전한 인격을 갖춘 자를 대인이라 부른다. 대인은 예禮나 의義를 가장하지 않는다.

맹자 왈 중 야 양 부 중　　재 야 양 부 재　　고　　인 락 유
孟子曰中也養不中하며　才也養不才라　故로　人樂有
　　　　　　① ②
현 부 형 야　　여 중 야 기 부 중　　재 야 기 부 재 즉 현 불
賢父兄也니　如中也棄不中하며　才也棄不才則賢不

초 지 상 거　　기 간　　불 능 이 촌
肖之相去는　其間을　不能以寸이니라
　　　　　③　　　　　④ ⑤

국역

맹자께서 말씀하셨다. "중용中庸을 실천하는 자가 중용을 실천하지 못하는 자를 길러주며, 재주 있는 자가 재주 없는 자를 길러주기 때문에, 사람들은 현명한 부형父兄이 있는 것을 즐거워한다. 만약 중용을 실천하는 자가 중용을 실천하지 못하는 자를 버리며, 재주 있는 자가 재주 없는 자를 버린다면 현자賢者와 불초不肖한 자의 서로의 거리는 그 사이를 (한 치 두 치 등의) 치의 단위로 잴 수도 없다."

난자풀이

① 中 : 중용을 실천하는 자.
② 才 : 재주 있는 자. 재주란 사고력思考力·분별력分別力·지각력知覺力·운동력運動力 등을 말한다.
③ 去 : 떨어진 거리.
④ 以 : 이以의 목적어는 기간其間이다.
⑤ 寸 : '치를 단위로 하여 잰다'는 뜻의 동사. 치를 단위로 하여 잴 수도 없다는 것은 매우 짧은 거리임을 말하는 것이다.

강설

유학儒學의 특징은 현실사회에서 떠나지 않으면서 현실사회를 이

상사회로 만드는 것을 목적으로 삼는 데 있으며, 배움과 가르침을 통해서 그것이 가능하다는 것이다. 그러므로 아무리 중용을 실천하는 재주 있는 사람이라 하더라도 그렇지 못한 사람을 가르치지 않는다면 인정할 수 없다. 중용을 실천하는 사람이라 할 수 없고 재주 있는 사람이라 할 수 없다.

제
8
장

孟子曰人有不爲也而後에 可以有爲니라
맹 자 왈 인 유 불 위 야 이 후   가 이 유 위

| 국역 |

맹자께서 말씀하셨다. "사람은 하지 아니하는 것이 있은 뒤에야 하는 것이 있을 수 있다."

| 강설 |

철학哲學이란 고통을 극복하는 노력이라 할 수 있다. 고통 중에는 돈이나 명예가 없고 지위가 낮기 때문에 발생하는 고통도 있으며, 죽을 수밖에 없는 운명을 전제함으로써 나타나는 근원적인 고통도 있다. 이 모든 고통을 다 해소할 수 있다면 그것을 추구하겠지만, 그렇지 못하다면 돈·명예·권력 등의 세속적인 가치를 추구하다가 근본적인 가치를 놓칠 수는 없다.

'나는 세속적인 가치를 추구하는 길을 가지 않겠다'고 철저하게 반성한 사람만이 본질적인 가치를 추구하는 길로 굳건하게 나아갈 수 있다. 그렇지 않고 부귀富貴를 얻는 수단으로 학문을 선택한 사람은, 학문의 길이 멀고 어렵기 때문에 도중에 포기한다. 학문을 완성하면 많은 사람의 추앙을 받게 되어, 스승이 되고 일정

한 수입도 생기게 되지만 이는 어디까지나 학문을 완성한 결과 저절로 얻어지는 것이지 학문의 목적은 아니다.

제 9 장

맹 자 왈 언 인 지 불 선   당 여 후 환   하
孟子曰言人之不善하다가 當如後患에 何오
　　　　　　　　　　　　　　　⑴

| 국역 |

맹자께서 말씀하셨다. "남의 착하지 아니한 것을 말하다가 후환을 만나면 어떻게 하겠는가?"

| 난자풀이 |

⑴ 如 : 뒤의 하何와 연용되어 여如A하何로 되면, 'A를 어떻게 하겠는가?'로 해석된다.

| 강설 |

후환이 두려워서 남의 착하지 못한 것을 말하지 않는 것이 아니라 남을 사랑하는 어진 마음이 있기 때문에 말하지 않는 것일 뿐이다. 여기서 맹자가 이렇게 말한 것은 남의 흉을 잘 보는 제자나 어떤 특정한 사람에게 주의를 주기 위해서였을 것이다.

제 10 장

맹 자 왈 중 니   불 위 이 심 자
孟子曰仲尼는 不爲已甚者이시다

| 국역 |

맹자께서 말씀하셨다. "중니仲尼께서는 하지 아니하시는 것이 매우 심하신 분이시었다."

| 강설 |

주자朱子는 이심已甚을 목적어로 보아 '너무 심한 것은 하지 않으셨다'라고 해석했으나, 앞의 문장에서 계속 불위不爲를 강조하고 있는 점, 또 너무 심한 것을 하지 아니하는 것은 일반인이 대체로 다 그러하므로 크게 중요한 것이 아닌 점 등을 염두에 둔다면, '하지 아니하는 것이 매우 심하다'로 번역해야 할 것이다. 세속적인 가치를 조금도 추구하지 않고 인격을 완성할 수 있는 학문에 큰 뜻을 두었다는 말이다.

제
11
장

孟子曰大人者는 言不必信이며 行不必果요 惟義所
在니라
[1]

| 국역 |

맹자께서 말씀하셨다. "대인大人은 말을 할 때에도 반드시 (남에게) 신뢰되어야 된다고 고집하지 아니하고, 행위를 할 때도 반드시 결과가 있어야 된다고 고집하지 아니하며, 오직 의義가 있는 곳을 따를 뿐이다."

| 난자풀이 |

① 在 : 所의 다음에 있으므로 술어이다. 所 앞에 之지가 생략되었다. '~을 살핀다' 등의 뜻이다.

| 강설 |

참된 사람은 자기의 말이 반드시 남에게 신뢰를 얻어야 하고 자기의 행동이 반드시 성공적으로 결실을 맺어야 한다고 고집하지 않는다. 말과 행동은 결과에 상관하지 않고 현재 의義로운 것인지 어떤지를 살펴 의義로우면 할 뿐이다. 결과에 집착하는 것은 자기에 대한 집착이 있기 때문이다.

제 12 장

맹 자 왈 대 인 자   불 실 기 적 자 지 심 자 야
孟子曰大人者는 不失其赤子之心者也니라

| 국역 |

맹자께서 말씀하셨다. "대인大人이란 그 적자赤子 때의 마음을 잃지 아니한 자이다."

| 강설 |

본마음은 남과 나를 구별하지 않는 마음이다. 갓 태어난 어린아이의 마음이 바로 그것이다. 그러나 사람들은 자라면서 감각기관이 발달하고 남과 구별하는 의식이 생겨나 그 본마음을 상실한다. 현실적으로는 남과 나를 구별하지만, 본질적으로는 남과 나를 구별하지 않는 본마음을 가지고 있다면, 현실적인 구별이 갈등으로 나타나지 않고 조화를 이루게 될 것이다. 이러한

삶을 사는 사람이 대인이다.

제13장

맹자왈양생자　부족이당대사　유송사　　가이
孟子曰養生者는 不足以當大事요 惟送死라야 可以

당대사
當大事니라

| 국역 |

맹자께서 말씀하셨다. "살아 있는 사람을 봉양하는 것은 큰 일에
해당될 수 없고, 오직 죽은 자를 장송葬送하는 것이라야 큰 일에
해당될 수 있다."

| 강설 |

사람이 겪는 일 중에 가장 큰 일이 '죽음'이다. 부모의 죽음을 당
하면 충격에서 벗어나기 어렵다. 그러므로 죽은 자를 전송하는 것
이 가장 큰 일에 해당한다.

제14장

맹자왈군자심조지이도　　욕기자득지야　　자득지
孟子曰君子深造之以道는 欲其自得之也니 自得之

즉거지안　　거지안즉자지심　　자지심즉취지
則居之安하고 居之安則資之深하고 資之深則取之
①

좌우　봉기원이니　고　군자　욕기자득지야
左右에 逢其原이니 故로 君子는 欲其自得之也니라

408

맹자께서 말씀하셨다. "군자君子가 도道를 실천함으로써 깊이 나아
가는 것은 자기가 스스로 터득하고자 해서이니, 스스로 터득하면
거처함이 편안하고, 거처함이 편안하면 삶의 근거로 삼는 것이 깊
으며, 삶의 근거로 삼는 것이 깊으면 좌우에서 취하여 행동하더라
도 그 근원을 만나게 된다. 그러므로 군자는 스스로 터득하고자
하는 것이다."

│ 난자풀이 │

① 資 : 행동할 수 있는 바탕. 행동원리. 행동근거. 사람은 각각 행동함에 있어
서 나름대로 그 행동원리를 가지고, 그 행동원리에 따라서 행동한다.

│ 강설 │

학문의 과정은 성인聖人의 행위를 모방하여 따르는 것, 즉 예禮를
배워서 실천하는 것에서 출발하여 예禮의 본질인 도道를 알아서 실
천하는 데로 나아가고, 덕德을 밝히는 것으로 심화되고, 천명天命
을 알아서 실천하는 데서 완성된다. 예禮를 실천하거나 도道를 배
워 실천하는 데에서 그치면 그것은 어디까지나 성인의 삶을 모방
하는 것에 지나지 않으므로 참된 삶을 영위하는 것은 못된다.

따라서 도道를 실천하면서 점차 나아가 덕德을 밝히고 천명을
알고 실천하는 차원에까지 도달해야 참된 삶을 살 수 있다. 천명
을 실천하게 되면, 천명은 천하만물天下萬物 전체를 이끌어가는 원
동력이므로, 자기 자신이 전체를 이끌어가는 입장에서 행동하게
된다.

전체를 이끌어가는 입장에서 살아갈 때, 자신의 죽음이 바
람직하다면 기쁘게 죽을 수도 있으므로 아집我執에서 비롯되는
일체의 고통이 해소되고 삶이 편안하게 유지될 수 있다. 그의

행동원리는 천명이므로 깊다. 부모에게 효도하고 윗사람을 존경하는 등 평범한 행동이라 하더라도 그것이 모두 깊은 천명에서 나온 것이다.

일반인들의 도덕적인 행동은 마음속에서 우러나온 자연스러운 것이 아니라 그것을 지키지 않으면 남에게 비난받기 때문에 어쩔 수 없이 지키는 부자연스러운 것이지만, 학문을 완성한 사람의 도덕적 행동은 마음속에 있는 천명에서 우러나오는 자연스러운 것이기 때문에, 외형적으로는 같아 보이지만 내용에 있어서는 전혀 다르다.

제 15 장

맹 자 왈 박 학 이 상 설 지　　　장 이 반 설 약 야
孟子曰博學而詳說之는 將以反說約也니라

| 국역 |

맹자께서 말씀하셨다. "널리 배우고 그것을 자세히 설명하곤 하는 것은 장차 그렇게 함으로써 도리어 집약된 곳을 설명하기 위해서이다."

| 강설 |

두루두루 예禮와 도道를 배우고 설명하는 것은 그 자체에 목적이 있는 것이 아니라, 장차 덕德을 밝히고 성性을 알며 천명天命을 깨닫게 하는 데 있다. 모든 것은 천명 그 하나로 집약되는 것이므로 천명을 알아서 따르기만 하면, 모든 행동이 최선의 상태로 되어 저절로 조화를 이루게 된다.

제
16
장

> 맹자왈이선복인자　　미유능복인자야　　이선양인
> **孟子曰以善服人者**는 **未有能服人者也**니 **以善養人**
>
> 연후　　능복천하　　　천하불심복이왕자　　미지
> **然後**에 **能服天下**하나니 **天下不心服而王者**는 **未之**
>
> 유야
> **有也**니라

국역

맹자께서 말씀하셨다. "선善으로써 남을 복종시키려 하는 자 중에는 남을 복종시킬 수 있는 자가 있지 않으니, 선善으로써 사람을 기른 뒤라야 세상 사람을 복종시킬 수 있다. 세상 사람이 마음으로 복종하지 않는데도 왕업을 이룬 자는 아직 있지 않다."

강설

선善한 사람이 악惡한 사람을 제압하려 하면, 악惡한 자들은 제압당하지 않기 위하여 집단적으로 반발하므로, 오히려 선善한 사람이 다치게 된다. 선善한 사람이 악惡한 사람을 가르치고 교화시켜서 선善한 사람으로 만들어 놓으면 모두가 한마음이 되어 진심으로 따르게 된다.

제
17
장

> 맹자왈언무실　　　불상　　　불상지실　　　폐현자당지
> **孟子曰言無實**이면 **不祥**하니 **不祥之實**은 **蔽賢者當之**
>
> 니라

맹자께서 말씀하셨다. "말에 진실성이 없으면 상서롭지 못한 것이
니, 상서롭지 못한 것 중의 핵심은 현명한 것을 은폐하는 것이 이
에 해당한다."

| 강설 |

질 낮은 코미디 등에서 진실되지 못한 말, 거짓말 등으로 사람을
웃기곤 하는데, 거기에 익숙해지면 사람은 진실되고 훌륭한 말도
웃기는 말로 가볍게 받아들이기 쉽다. 그렇게 되면 사람을 참된
삶으로 유도하기 어렵다.

제18장

서자왈 중니 기칭어수 왈수재수재
徐子曰仲尼亟稱於水曰水哉水哉여하시니
[1] [2]
하취어수
何取於水
[3]
야 잇고 맹자왈 원천이 혼혼하여 불사주야 영과
也잇고 孟子曰原泉이 混混하여 不舍晝夜하여 盈科
[4] [5]
이후진 방호사해 유본자여시 시지취이
而後進하여 放乎四海하나니 有本者如是라 是之取爾
[6] [7] [8]
시니라 구위무본 칠팔월지간 우집 구회
시니라 苟爲無本이면 七八月之間에 雨集하여 溝澮
개영 기학야 가립이대야 고 성문과정
皆盈이나 其涸也는 可立而待也라 故로 聲聞過情을
군자치지
君子恥之니라

| 국역 |

서자徐子가 물었다. "중니仲尼께서 자주 물을 일컬어 말씀하시기를,

'물이여! 물이여!' 하셨으니, 물에서 무엇을 취하셨습니까?" 맹자께서 말씀하셨다. "근원이 있는 샘이 콸콸 솟아나 밤낮을 쉬지 아니하고 구덩이를 채운 뒤에 나아가 사해四海에 이른다. 근원이 있는 것이면 이와 같으니, 이 점을 취하신 것이다. 진실로 근원이 없는 것이라면 7, 8월 사이에 빗물이 모여서 도랑들이 모두 가득할 것이지만, 그것이 마를 때까지는 선 채로 있으면서 기다릴 수도 있다. 그러므로 명성과 소문이 실제보다 지나친 것을 군자는 부끄러워한다."

난자풀이

1 徐子 : 서벽徐辟을 말함.
2 亟 : '자주'라는 뜻으로 음은 '기'. '급하다'는 뜻이 되면 음이 '극'이 된다.
3 何 : 취取의 목적어.
4 混混 : 샘에서 물이 콸콸 솟아나는 모양.
5 科 : 구덩이.
6 放 : 이른다.
7 之 : 시是와 취取가 도치되었음을 나타내는 역할을 한다.
8 爾 : 어조사.

강설

지하수 큰 줄기에서 솟아나오는 물은 밤낮 없이 솟아나와 시내를 이루어 흐르다가 구덩이가 있으면 그 구덩이를 채운 뒤 다시 흘러 결국 바다에 이르지만, 그렇지 못하고 소나기가 올 때 갑자기 불어난 물은 소나기가 그치면 금방 말라버린다. 이와 마찬가지로 천명天命에서 나온 행동은 사람들에게 감명을 주기 때문에 오래도록 효과가 있고 생명력이 있지만, 그렇지 않고 시대에 영합하고 언론에 아부하여 일시적으로 유명하게 된 사람의 행동은 생명력이 없다.

맹자왈인지소이이어금수자기희   서민   거지
孟子曰人之所以異於禽獸者幾希하니 庶民은 去之
                        ①
     군자   존지   순   명어서물   찰어인
하고 君子는 存之니라 舜은 明於庶物하시며 察於人

륜   유인의행   비행인의야
倫하시니 由仁義行이라 非行仁義也시니라
②

| 국역 |

맹자께서 말씀하셨다. "사람이 금수와 다른 것이 아주 적은데, 서민은 그것을 버리고 군자는 그것을 보존한다. 순舜임금은 여러 가지 사물에서 그 이치를 밝게 살피시고, 사람에게서 그것을 살피시었으니, 인의仁義로부터 행하신 것이지, 인의를 행하신 것은 아니다."

| 난자풀이 |

① 希 : 희稀와 통용. '적다', '드물다' 등의 뜻.
② 倫 : 류類와 같은 의미.

| 강설 |

사람이 입으로 먹고 귀로 들으며 눈으로 보는 것은 금수와 다를 바가 없지만, 인의예지仁義禮智를 갖추고 있다는 것이 금수와 다르다. 순舜임금은 천지자연天地自然의 모습에서 그 운행되는 이치(원형이정元亨利貞 등)를 밝게 살피고, 또 사람들에게 공통적으로 존재하고 있는 본마음을 살펴서 그것이 인의예지인 것임을 알았기 때문에, 그것을 잘 보존하였다. 그러므로 순舜임금의 행동은 마음속에 보존되어 있는 인의예지에서 저절로 솟아나오는 것이었지 마음

속에 인의예지를 가지고 있지 않으면서 의식적으로 인의예지를 실천하기 위해 겉으로 꾸며서 한 것이 아니었다.

제 20 장

맹자왈우 오지주이호선언
孟子曰禹는 惡旨酒而好善言이러시다 湯은 執中하시
　　　　　　　　　　　　　　　　　　　　　　[1]　　당　집중

입현무방 문왕 시민여상 망도이
며 立賢無方이러시다 文王은 視民如傷하시며 望道而
　　　[2]
미지견 무왕 불설이 불망원
未之見이러시다 武王은 不泄邇하시며 不忘遠이러시다
　　　　　　　　　　　　　　　[4]
주공 사겸삼왕 이시사사 기유불합자
周公은 思兼三王하사 以施四事하시되 其有不合者어
　　　　　[5]　　　　　　[6]
앙이사지 야이계일 행이득지 좌이
든 仰而思之하여 夜以繼日하사 幸而得之어시든 坐以

대단
待旦이러시다

| 국역 |

맹자께서 말씀하셨다. "우禹는 맛있는 술을 싫어하고, 선언善言을 좋아하셨다. 탕湯은 중용中庸을 실천하고 어진 이를 등용하는 데 모난 것이 없으셨다. 문왕文王은 백성들 보기를 다친 사람 보듯이 하셨으며 도道를 바라보고도 보지 못한 듯이 하셨다. 무왕武王은 가까이 있는 자를 친압하지 않도록 하셨으며 먼 데 있는 자를 잊지 않으셨다. 주공周公은 세 왕王을 겸하시어 네 가지의 일을 시행하시되, 그 부합되지 아니하는 것이 있으면, 우러러 생각하여 밤으로써 낮을 잇고, 다행히 터득하게 되면 앉아서 아침이 되기를 기다리셨다."

1 酒 :『전국책戰國策』위책魏策에, 옛날 의적儀狄이 처음으로 술을 만들어 우
禹에게 바쳤는데, 우禹가 마셔보니 맛이 있으므로, 의적을 물리쳐서 술을 못
만들게 하고서, 후세에 반드시 술 때문에 나라를 망치는 자가 있을 것이라고
하였다고 한다.
2 方 : 주자朱子는 '종류'로 해석하였으나, 원래 '모서리'라는 뜻이므로 '모난 것'
으로 번역하였다.
3 而 : 여如와 같은 뜻.
4 泄 : 압狎과 같은 뜻. 사랑해주는 사람에게 버릇없이 구는 것. 음은 '설'.
5 三王 : 하夏 · 은殷 · 주周 삼대三代의 왕王 곧 우禹 · 탕湯 · 문무文武를 지칭한
다.
6 四事 : 우禹 · 탕湯 · 문文 · 무武가 시행한 일.

| 강설 |

자기에게 도움이 되는 말은 주로 자기의 잘못을 꾸짖는 말인데, 자
존심이 상하기 때문에 사람들은 도움이 되는 말을 싫어한다.

어진 사람을 등용하는 데 있어서 학벌, 출신지, 집안 등을 따
지면 원만하게 되지 않는다.

사람의 도리를 어느 정도 실천할 수 있게 되었다고 만족해서
는 안 된다. 더욱 정진하여 덕德을 밝히고 성性을 알고 천명天命을
아는 데까지 나아가야 한다.

예禮를 갖추고 있으면 가까이에서 사랑하는 사람도 버릇없이
굴지 못하며, 인仁을 가지고 있으면 멀리 있는 사람도 잊지 못한
다.

어떤 일이 잘 풀리지 않거나 그 이유를 잘 모를 때 곰곰이 생
각하다보면 조용한 밤에 그 이유를 깨닫게 될 때가 많다.

맹 자 왈 왕 자 지 적 식 이 시 망 　　시 망 연 후 　　춘 추 작
孟子曰王者之迹熄而詩亡하고 詩亡然後에 春秋作
　　　　　　　　　　[1]　　[2]

진 지 승 　　초 지 도 올 　 노 지 춘 추 　　일 야
하니라 晉之乘과 楚之檮杌과 魯之春秋이 一也니라
　　　　[3]　　　　[4]

기 사 즉 제 환 진 문 　　기 문 즉 사 　 공 자 왈 기 의 즉 구
其事則齊桓晉文이요 其文則史니 孔子曰其義則丘
　　　　　　　　　　　　　　　　　　　　　[5]

절 취 지 의
竊取之矣로라하시니라
[6]

국역

맹자께서 말씀하셨다. "왕도정치를 한 자의 자취가 사라지자 시詩
가 없어졌고, 시詩가 없어진 연후에 춘추春秋가 나왔다. 진晉나라
의 승乘과 초楚나라의 도올檮杌과 노魯나라의 춘추가 같은 것이다.
그 일은 제환공齊桓公·진문공晉文公의 일이요, 그 글은 사관史官이
쓴 것이다. 공자께서 말씀하시기를, '그 의義를 내가 좀 취했다'고
하셨다."

난자풀이

[1] 熄 : '꺼진다'는 뜻으로 음은 '식'.
[2] 亡 : '없어진다'는 뜻. 음은 '망'.
[3] 乘 : 진晉나라의 역사서. 승乘이란 말을 사용한 까닭은 사냥·부역·승마 등
　　을 기록하였기 때문이라는 설(조기趙岐)과 당시의 행사를 기록했기 때문이라
　　는 설(주자朱子)이 있다.
[4] 檮杌 : 조기는 흉악한 무리라 하였고, 주자는 나쁜 짐승에서 연유한 말로 흉
　　악한 사람을 일컫는다고 하였다. 훈계하기 위하여 흉악한 일을 기록한 초楚
　　나라의 역사서.
[5] 義 : 역사를 기록하는 뜻. 역사는 과거의 잘잘못을 기록하여 오늘의 거울로
　　삼는데 그 뜻이 있으므로 역사를 쓰는 사관은 비판의식을 지녀야 한다.
[6] 竊 : 겸손한 뜻을 표현하는 말이므로, '좀'이라고 번역했다.

시詩는 찬양하는 것이고 역사는 비판하는 것이다. 왕도정치의 흔
적이 없어지자 찬양할 것이 없어져 시詩가 사라진 대신 비판할 것
이 많아졌기 때문에 역사서가 나타나게 되었다.

역사서는 비판의식을 가진 사관이 기록하는 것인데, 공자는
사관이 아니지만 그러한 뜻을 가지고 춘추를 기록하였다.

제
22
장

맹자왈군자지택　오세이참　　소인지택　　오세이
孟子曰君子之澤도 五世而斬이요 小人之澤도 五世而

참　　　여미득위공자도야　　여　　사숙저인야
斬이니라 予未得爲孔子徒也나 予는 私淑諸人也로라
　　　　　　　　　　① 　　　　　　②③④

| 국역 |

맹자께서 말씀하셨다. "군자의 영향도 오세五世가 지나면 없어지
고, 소인의 영향도 오세가 지나면 없어진다. 나는 공자의 제자가
되지 못했으나, 나는 공자의 가르침을 실천하고 있는 사람에게서
공자의 가르침을 개인적으로 잘 이어받았다."

| 난자풀이 |

① 徒 : 제자.
② 淑 : 선善과 같은 뜻. 여기서는 '잘 이어받는다'는 뜻이다.
③ 諸 : 지어之於의 뜻.
④ 人 : 공자의 가르침을 실천하고 있는 사람. 자사子思의 제자를 지칭한다고도
한다.

| 강설 |

일세—世는 대략 30년이다. 훌륭한 가르침도 오세 즉 150년 정도가
지나면 거의 없어진다. 맹자의 시대는 공자로부터 오세가 지나지
않았기 때문에 공자의 가르침이 남아 있었다. 맹자는 공자의 가르
침을 실천하고 있는 사람을 찾아서, 그에게서 공자의 가르침을 이
어받을 수 있었다.

제23장

孟子曰可以取며 可以無取에 取면 傷廉이요 可以與

며 可以無與에 與면 傷惠요 可以死며 可以無死에

死면 傷勇이니라

| 국역 |

맹자께서 말씀하셨다. "취해도 되고 취하지 않아도 되는 경우 취
하면 청렴함에 손상을 입으며, 주어도 되고 주지 않아도 되는 경
우 주면 은혜로움에 손상을 입으며, 죽어도 되고 죽지 않아도 되
는 경우 죽으면 용기에 손상을 입는다."

| 강설 |

하는 것과 하지 않는 것, 움직이는 것과 움직이지 않는 것 중에서는,
하는 것과 움직이는 것 쪽에 인간적인 계산이 더 많이 들어간다. 그
러므로 하지 않는 것과 움직이지 않는 것이 무위자연無爲自然에 더
가깝다. 해도 되고 안 해도 될 때에는 하지 않는 것이 무난하다.

제24장

逢蒙이 學射於羿하여 盡羿之道하고 思天下惟羿爲
己라하여 於是에 殺羿한대 孟子曰是亦羿有罪焉
이니라 公明儀曰宜若無罪焉하니다 曰薄乎云爾언정
惡得無罪리오 鄭人이 使子濯孺子侵衛어늘 衛使庾
公之斯追之러니 子濯孺子曰今日我疾作이라 不可以
執弓이로소니 吾死矣夫인저하고 問其僕曰追我者誰也
오 其僕曰庾公之斯也로소이다 曰吾生矣로다 其僕曰
庾公之斯는 衛之善射者也어늘 夫子曰吾生은 何謂
也잇고 曰庾公之斯는 學射於尹公之他하고 尹公之
他는 學射於我하니 夫尹公之他는 端人也라 其取友
必端矣리라 庾公之斯至曰夫子何爲不執弓고 曰今
日我疾作이라 不可以執弓이로라 曰小人은 學射於尹
公之他하고 尹公之他는 學射於夫子하니 我不忍以
夫子之道反害夫子하노라 雖然이나 今日之事는 君事
也라 我不敢廢라하고 抽矢扣輪하여 去其金하고 發乘
矢而後反하니라

| 국역 |

방몽逢蒙이 궁술을 예羿에게서 배워, 예羿의 기술을 다 익히고서 천하에 오직 예羿만이 자기보다 낫다고 생각하고 이에 예羿를 죽였는데, 맹자께서 말씀하셨다. "이 또한 예羿에게도 죄罪가 있다." 공명의公明儀가 말했다. "의당 죄罪가 없을 것 같습니다." "적다고 할 뿐이지 어떻게 죄罪가 없을 수 있겠는가? 정鄭나라 사람이 자탁유자子濯孺子를 시켜 위衛나라를 침공하였는데, 위衛나라가 유공지사庾公之斯를 시켜 추격하자, 자탁유자가 말하기를, '오늘 나는 병이 나서 그 때문에 활을 잡을 수 없으니 나는 죽었구나'하고서 그의 마부에게 '나를 추격하는 자가 누구인가?' 하고 물었다. 그의 마부가 '유공지사입니다' 하고 대답하자, '나는 살았다'고 말했다. 그의 마부가 말하기를, '유공지사는 위衛나라에서 활을 잘 쏘는 자인데 선생께서 나는 살았다고 하시니 무엇을 말씀하신 것입니까?' '유공지사는 궁술을 윤공지타尹公之他에게서 배웠고, 윤공지타는 궁술을 나에게서 배웠다. 윤공지타는 단정한 사람이니 그가 벗을 취하는 것도 반드시 단정할 것이다.' 유공지사가 이르러 말하였다. '선생은 무엇 때문에 활을 잡지 않으십니까?' '오늘 나는 병이 나서 그 때문에 활을 잡을 수 없다.' '소인은 궁술을 윤공지타에게서 배웠고, 윤공지타는 궁술을 선생에게서 배웠으니, 나는 차마 선생의 궁술을 가지고 도리어 선생을 죽일 수는 없습니다. 비록 그렇기는 하지만 오늘의 일은 임금이 시키신 일이므로 나는 감히 그만둘 수가 없습니다' 하고 화살을 뽑아 수레바퀴에 두들겨 그 쇠로 된 살촉을 제거하고, 네 개의 화살을 발사한 뒤에 돌아갔다."

| 난자풀이 |

1 逢蒙 : 예羿의 부하. 방몽.

2 羿 : 유궁有窮의 임금으로 활을 잘 쏘았던 사람. 하후夏后를 죽이고 왕위를 찬탈하였으나, 백성을 다스리지 않고 사냥을 즐기다가 신하에게 죽임을 당했다.

3 道 : 여기서는 궁술을 말함.

4 子濯孺子 : 정鄭나라의 대부大夫.

5 庾公之斯 : 위衛나라의 대부. 지之는 어조사. 『춘추좌씨전春秋左氏傳』에는 유공차庾公差로 되어 있다.

6 僕 : 마부.

7 尹公之他 : 위衛나라 사람. 지之는 어조사. 『춘추좌씨전』에는 윤공타尹公佗로 되어 있다.

8 金 : 화살 끝에 붙어 있는 쇠붙이. 화살촉.

9 乘 : 원래 '네 마리 말이 끄는 수레'라는 뜻인데, 여기서는 '넷'이라는 뜻으로 쓰였다. '승시乘矢'는 네 개의 화살이다.

| 강설 |

국가는 참된 삶을 위해서 필요한 것이다. 그러므로 국가 때문에 참된 삶을 포기할 수 없다. 참된 삶을 일관한 결과 국가의 이익에 해를 끼치게 되는 경우도 있지만, 그것은 국가의 정치이념이 바람직하지 않을 때에만 나타난다.

제 25 장

> 맹 자 왈 서 자 몽 불 결 즉 인 개 엄 비 이 과 지   수 유 악
> 孟子曰西子蒙不潔則人皆掩鼻而過之니라 雖有惡
>   [1]   [2]
> 인   제 계 목 욕 즉 가 이 사 상 제
> 人이라도 齊戒沐浴則可以祀上帝니라

| 국역 |

맹자께서 말씀하셨다. "서자西子가 깨끗하지 아니한 것을 뒤집어쓰

422

고 있으면 사람들은 모두 코를 막고 지나가지만, 비록 추악한 사
람이 있을지라도 재계하고 목욕하면 상제上帝에게 제사지낼 수 있
다."

| 난자풀이 |

① 西子 : 옛날의 미인인 서시西施를 말함. 오왕吳王 부차夫差가 사랑했던 사람
　이라는 설이 있다.
② 惡 : 얼굴이 못생기고 추악함. 음은 '악'.

| 강설 |

얼굴이나 육체적인 조건을 가지고 그 사람을 평가해서는 안 된다.
문제는 마음가짐에 있다.

제26장

맹자왈천하지언성야　　즉고이이의　　고자　　이
孟子曰天下之言性也는 則故而已矣니 故者는 以
　　　　　①　　　　　　　②

리위본　　　소악어지자　　　위기착야　　　여지자약
利爲本이니라 所惡於智者는 爲其鑿也니 如智者若
　　　　　　　　　　　　　　　③

우지행수야즉무악어지의　　　우지행수야　　　행기
禹之行水也則無惡於智矣리라 禹之行水也는 行其

소무사야　　　여지자역행기소무사즉지역대의
所無事也시니 如智者亦行其所無事則智亦大矣리라

천지고야　　성진지원야　　구구기고　　천세지일지
天之高也와 星辰之遠也나 苟求其故면 千歲之日至
　　　　　　　　　　　　　　　④

　가좌이치야
를 可坐而致也니라

맹자께서 말씀하셨다. "세상 사람들이 말하는 성性은 편벽된 존재원리일 뿐이다. 편벽된 존재원리는 이익을 근본으로 삼게 된다. 지혜로운 자를 미워하는 까닭은 (자기들이 만든 개체주의적 존재원리를) 천착하기 때문이다. 만약 지혜로운 자가 우禹가 물을 소통시킨 것처럼 하면 지혜로움에 나쁠 것이 없다. 우禹가 물을 소통시킨 것은 일이 없도록 처리한 것이니, 만약 지혜로운 자가 또한 일이 없도록 처리한다면 지혜로움 또한 대단한 것이다. 하늘은 높고 별들은 멀리 있지만, 진실로 참된 존재원리를 찾아낸다면 천 년간의 일지日至(동지 또는 하지)를 앉아서도 따질 수 있을 것이다.

| 난자풀이 |

① 天下之 : '천하지天下之'라는 말의 뜻은 '세상의 모든 사람들'이다. 따라서 '천하지언성天下之言性'은 '세상의 모든 사람들이 말하는 성性'이라는 뜻이다.

② 則故 : 側故. '편벽된 존재원리'. 만물의 존재원리는 하늘이라는 공통분모를 뿌리로 삼는다. 그러므로 만물의 존재의 본질은 하늘이다. 만물은 하나의 뿌리를 가지고 존재하는 형제들인 셈이다. 그런데 뿌리는 보이지 않기 때문에 없는 것으로 생각하면 만물은 각각 구별되는 개체처럼 생각된다. 만물을 개체적 존재로 파악하면 만물은 각각 개체로서 서로 경쟁하면서 살아가는 존재로 파악된다. 이러한 판단으로 설명된 만물의 존재원리는 편벽된 존재원리이다. 여기서 말하는 則故는 側故, 즉 제대로 된 존재원리가 아닌 편벽된 존재를 말한다.

③ 鑿 : 천착하다. 후벼 파다. 잘못된 존재원리를 자꾸 심화시켜 나가는 것을 천착이라 한다.

④ 其故 : 제대로 된 존재원리. 본질적인 모습에서 찾아낸 참된 존재원리.

| 강설 |

많은 대나무들이 지하에 있는 하나의 뿌리에서 자라고 있는 것처럼, 사람을 포함한 만물은 하늘을 뿌리로 삼고 존재한다. 이를 이

해한다면 만물은 본질적으로 모두 하나다.

　　한 나무의 가지를 자꾸 잘라 꺾꽂이를 하여 많은 그루의 나무가 되었다고 하자. 이 여러 그루의 나무는 본래 여러 그루의 나무가 아니다. 여러 그루의 나무로 보이지만 실상은 한 그루의 나무다. 그러므로 여러 그루의 나무로 보이는 이 나무들은 서로 사랑을 할 것이다. 사람의 삶도 이와 같다. 사람은 본래 모두 형제다. 그리고 만물과도 본래 하나다. 그래서 사람들은 본질적으로 사람을 사랑하게 되어 있고, 만물을 아끼게 되어 있다. 이런 면을 보면 사람의 본성은 착하다고 말할 수 있다. 이른바 성선설이 성립하는 것이다. 착한 본성을 가지고 서로 사랑하며 사는 사람은 전체가 '나'인 사람이다. 그는 개체가 아니다. 그의 몸이 죽는 것은 나무 가지 하나가 꺾어지는 것이지 그 나무가 죽는 것이 아니다. 이런 면에서 본다면 그의 몸이 죽어도 그는 죽는 것이 아니다. 그러므로 전체가 '나'인 삶은 사는 사람은 본질적인 삶을 사는 사람이며, 영생하는 사람이며, 행복한 사람이다. 그러한 사람이 군자이고 참된 사람이다.

　　그런데 하나로 이어진 뿌리가 보이지 않는 것처럼 하늘은 보이지 않는다. 보이지 않기 때문에 사람들이 그것을 알지 못하고 없는 것으로 생각하면 많은 착오를 일으킨다. 사람들은 모두 각각 독립적으로 살아가는 개체적인 존재로 보인다. 만물도 모두 독립적으로 존재하는 개체적인 존재로 보인다. 이와 같이 파악을 하면 모든 존재들은 남남이 된다. 남남이 되면 형제애가 생겨나지 않는다. 그렇게 되면 맹자가 말하는 것 같은 성선설은 성립하지 않는다. 성선설이 성립하지 않으면 여러 가지 성설들이 대두한다. 그런데 이 모든 성설들은 뿌리를 제거하고 나온 것이므로 모두 잘못된 것이다. 사람의 본성이 착하다는 것을 제외하면, 사람의 본성에 대한 정의는 뿌리가 없다는 의미에서 무선무악설無善無惡說이 되기도 하고, 백지설白紙說이 되기도 한다. 또 사람들은 각각 구별되는 개체로 이해되기 때문에 사람의 성은 모두 다르다고 파악한다. 그 중에는 착한 사람도 있고 악한 사람도 있기 때문에 착한 본성을 가진 사람이 있고 악한 본성을 가진 사람이 별개로 존재한다고 하는 학설이 나오기도 한다. 또 사람들의 관계는 남남이기 때문에 서로 경쟁하고 투쟁할 수밖에 없다고 파악하는 사람들은 성악설을 주장하기도 한다. 그러나 이 모든 성설들은 본질을 왜곡한 데서 나온 것이다 그런 의미에서 편벽되어 있는 이론들이다. 맹자가 말하는 고故가 그것이다. 여기서 말하는 고故는 편벽된 존재원리이다. 편벽된 모든 존재원리는 사람들을 모두 개체적 존재로 보는 데서 출발한다. 사람들을 모두 개체적 존재라면 사람이 산다는 것은 개체적 존재끼리의 경쟁으로 이해된다. 경쟁이 삶의 바탕이라면 산다는 것은 이해득실을 따지는 것으로 일관된다. 경쟁에서 이기기 위해서는 이익을 챙겨야 하기 때문이다.

그래서 세상의 똑똑한 자들은 이익을 챙기는 방법을 연구하는 데 여념이 없다. 그 방법들은 자꾸 심화되어 거대한 학문체계를 갖추게 되었다. 오늘날의 학문들이 거의 그러하다. 경영학이 그러하고 경제학이 그러하며, 법학이 그러하고 정치학이 그러하다. 그렇지 않은 학문이 없다.

사람이 경쟁적 삶을 살면 빠른 성과를 가져온다. 성과를 올리는 방법 중에는 경쟁시키는 것보다 더 빠른 것이 없다. 그러나 경쟁적 삶을 사는 것은 근본적으로 잘못 사는 것이다. 그것은 있는 뿌리를 없다고 하는 착각에서 출발하는 것이다. 그 결과 나중에 가서는 엄청난 문제들이 쏟아져 나온다. 사람이 지나친 경쟁을 하다가 보면 친구가 없어진다. 친구 사이도 경쟁자이기 때문이다. 그래서 사람들은 한 없이 외로워진다. 그래서 사람들은 사람을 만나기보다 개하고 어울려 노는 것을 선호하는 지경에 이르게 되었다. 사람들은 친구를 사귀는 것도 경쟁적으로 사귄다. 사귀어서 이익이 되는 친구를 골라서 사귄다. 그러다가 이익이 되지 않는다고 판단이 되면 금방 바꾼다. 남자와 여자가 연애를 하는 것도 마찬가지다. 이익이 되는 사람을 골라 연애를 하다가 이익이 되지 않는다고 판단이 되면 금방 상대를 바꾼다. 따라서 사람은 연애를 하고 있어도 외롭다. 나도 상대를 바꾸지만 상대도 나를 바꿀 것이기 때문이다. 이러한 상태로 살아가는 사람의 마음은 얼어붙는다. 남의 불행을 보는 것이 행복이고 남의 행복을 보는 것이 불행이 된다. 이처럼 얼어붙은 마음으로 하는 정책이 제대로 될 리가 없고 이처럼 얼어붙은 마음으로 하는 경영이 제대로 될 리가 없다. 그래서 세상은 총체적인 위기를 맞이한다.

또 개체적 삶을 살아가는 사람은 늙고 병들고 죽는 고통에서 벗어날 길이 없다. 가난하고 배고플 때는 열심히 노력하지만, 배가 부르게 되면 사람들은 늙고 죽는 자신의 운명을 직시하게 되고 그 때문에 허무주의에 빠지게 된다. 허무주의에 빠지면 착실한 삶이 이루어지지 않는다. 이 때문에 또 세상은 위기를 맞는다.

세상이 총체적으로 위기를 맞게 되면 걷잡을 수 없다. 이는 근본적으로 인간의 존재원리를 잘못 파악한 데서 비롯된다. 이는 농부가 과일나무에서 많은 과일을 빨리 생산하기 위해서 농약을 많이 쓰고 비료를 많이 쓴 것과 같다. 처음에는 많은 과일을 수확하지만 나중에 뿌리가 상하고 나면 돌이킬 수 없는 큰 위기에 직면한다. 힘이 들고 효과가 적은 것 같지만 뿌리를 가꾸는 일에서 시작을 하면 점점 일이 적어진다. 청소를 할 때 쓰레기를 구석에 넣어버리면 청소가 빨리 끝나지만, 나중에 구석에 있는 쓰레기를 치울 때 일이 더 커진다. 일이 없도록 청소하는 방식은 우선은 힘이 들어도 원칙대로 쓰레기를 먼 곳에 있는 쓰레기통에 갔다 버리는 것이다. 우禹가 홍수를 해결한 방식은 이와 같았다. 사람의 삶도 이러해야 한다. 존재의 본질인 하늘을 알고 하늘의 뜻을 따르는 것은 어렵고 힘든 것으로 보인다. 그러나 그 어려운 일을 차분히 해 나가는 것이 결국 일이 커지지 않는 제대로 된 방식이다.

맹자의 이 깨우침은 오늘날 더욱 빛을 발한다.

公行子^{공행자}有子之喪^{유자지상}이어늘 右師往弔^{우사왕조}할새 入門^{입문}커늘 有進^{유진}
① ② ③
而與右師言者^{이여우사언자}하며 有就右師之位而與右師言者^{유취우사지위이여우사언자}러니

孟子不與右師言^{맹자불여우사언}하신대 右師不悅曰諸君子皆與驩言^{우사불열왈제군자개여환언}
④
이어늘 孟子獨不與驩言^{맹자독불여환언}하시니 是^시는 簡驩也^{간환야}로다 孟子聞^{맹자문}
⑤
之^지하시고 曰禮^{왈예}에 朝廷^{조정}에 不歷位而相與言^{불력위이상여언}하며 不踰^{불유}

階而相揖也^{계이상읍야}하나니 我欲行禮^{아욕행례}어늘 子敖以我爲簡^{자오이아위간}하니
⑥
不亦異乎^{불역이호}아

| 국역 |

공행자公行子가 아들의 상喪이 있자, 우사右師가 조문하러 갔다. 우
사가 문에 들어가자, 우사에게 나아가서 함께 말하는 자도 있었
고, 우사의 자리로 다가가서 우사와 말하는 자도 있었다. 그러나
맹자께서는 우사와 말씀하시지 않으셨으므로, 우사가 기뻐하지 않
으며 말했다. "여러 군자들이 다 나[환驩]와 말을 하는데, 맹자만이
유독 나와 말하지 않으니, 이는 나를 무시하는 것이다." 맹자께서
이를 들으시고 말씀하셨다. "예禮에, '조정에서는 남의 자리를 지
나가서 서로 더불어 말하지 않으며, 품계를 뛰어넘어서 서로 읍하
지 않는다'고 했다. 나는 예禮를 행하고자 하였는데, 자오子敖는 나
를 무시하는 사람으로 여기니 또한 이상하지 아니한가."

| 난자풀이 |

1. 公行子 : 제齊나라의 대부大夫.
2. 右師 : 관명官名. 제후의 경卿을 우사와 좌사左師로 나눈 것이다. 여기서는 왕환王驩을 말한다.
3. 進 : 진進 다음에 우사가 있어야 하지만, 뒤에 나오기 때문에 생략했다. 우리 말은 목적어를 먼저 말하기 때문에 번역할 때는 뒤의 우사를 생략하는 것이 좋다.
4. 驩 : 왕환.
5. 簡 : 소홀히 여긴다. 가볍게 본다.
6. 階 : 품계. 정일품 정이품 등의 품계를 말한다. 오늘날의 1급 공무원, 2급 공무원 등과 같다.

| 강설 |

문상을 갔을 때는 문상하는 예를 다하면 된다. 그런데 사람들 중에는 문상을 갔을 때라도 거기에 영향력이 있는 사람이 나타나면, 문상하는 것보다도 그에게 인사하여 잘 보이려는 것에 더 신경을 쓰는 사람이 있다.

― 제28장 ―

孟子曰君子所以異於人者는 以其存心也니 君子는
[1]
以仁存心하며 以禮存心이니라 仁者는 愛人하고 有禮
者는 敬人하나니 愛人者는 人恒愛之하고 敬人者는
人恒敬之니라 有人於此하여 其待我以橫逆則君子必
[2]
自反也하여 我必不仁也며 必無禮也로다 此物이 奚
[3]   [4]
宜至哉오하나니라 其自反而仁矣며 自反而有禮矣로되
其橫逆이 由是也어든 君子必自反也하여 我必不忠이
[5]   [6]

로다하나니 <ruby>自反而忠矣<rt>자 반 이 충 의</rt></ruby>로되 <ruby>其橫逆<rt>기 횡 역</rt></ruby>이 <ruby>由是也<rt>유 시 야</rt></ruby>어든 <ruby>君<rt>군</rt></ruby>

<ruby>子曰此亦妄人也已矣<rt>자 왈 차 역 망 인 야 이 의</rt></ruby>로다 <ruby>如此則與禽獸奚擇哉<rt>여 차 즉 여 금 수 해 택 재</rt></ruby>리오

[7]

<ruby>於禽獸<rt>어 금 수</rt></ruby>에 <ruby>又何難焉<rt>우 하 난 언</rt></ruby>이리오하나니라

| 국역 |

맹자께서 말씀하셨다. "군자가 다른 사람들과 다른 까닭은 그 마음을 보존하는 것 때문이다. 군자는 인仁으로써 마음을 보존하며 예禮로써 마음을 보존한다. 인仁한 자는 남을 사랑하고 예禮가 있는 자는 남을 공경한다. 남을 사랑하는 자는 남도 항상 그를 사랑하고, 남을 공경하는 자는 남도 항상 그를 공경한다. 여기에 있는 어떤 사람이 자기에게 횡역橫逆으로 대한다면, 군자는 반드시 스스로를 돌이켜, '내가 반드시 인仁하지 않았으며, 반드시 예禮가 없었는가보다. (그렇지 않으면) 이 물건[사람]이 어찌 마땅히 이런 지경에 이르렀겠는가?' 하고 반성한다. 스스로를 반성해 보아서 인仁하였으며, 스스로를 반성해 보아서 예禮가 있었는데도 그 횡역橫逆함이 여전하다면 군자는 스스로 돌이켜, '내가 반드시 진실하지 않았을 것이다' 하고 반성한다. 스스로를 반성해 보아서 진실하였는데도 그 횡역함이 여전하다면 군자는 말하기를, '이는 또한 망령된 사람일 따름이다. 이와 같다면 금수와 무엇을 구별하겠는가? 금수에게 또한 무엇을 어렵게 여기겠는가?' 한다.

① 以 : 이以A위爲B라는 문형으로 보면 여기서 위爲B에 해당하는 말은 '이어인 異於人'이다. 이 문장을 원형대로 놓으면, '군자이기존심이어인君子以其存心異 於人'일 것인데 '이어인'을 강조하여 앞으로 낸 것이다.

② 橫逆 : 바로 된 것이 아니라 옆으로 되고 거꾸로 된 것. 즉 횡폭한 것을 말한다.

③ 自 : 반反의 목적어이므로 '자기를 돌이켜본다'는 뜻이다.

④ 物 : 물건. 여기서는 횡역으로 대하는 사람을 지칭한다. 주자朱子는 물物을 사事라 하여 '횡역으로 대하는 일'로 해석했다.

⑤ 由 : 유猶와 통용. 유시由是는 '여전하다'는 말이다.

⑥ 忠 : 중中과 심心의 합체어인 점에서도 알 수 있듯이 '속에 있는 마음', 즉 '진실한 마음'이라는 뜻이다.

⑦ 奚 : 택擇의 목적어. 의문대명사이므로 앞으로 나온 것이다.

| 강설 |

사람과 사람의 관계에서 나타나는 법칙은, 내가 그를 사랑하면 그도 나를 사랑하고, 내가 그를 존경하면 그도 나를 존경한다는 것이다. 그러므로 어떤 사람이 나를 사랑하지 않거나 존경하지 않는다면 그 원인은 내가 그를 사랑하지 않았고 존경하지 않은 데 있다. 만일 내가 그를 사랑하고 존경한 것이 진실되지 못하고, 그에게 사랑받고 존경받기 위한 계산적인 것이었다면, 그것은 효과가 없다. 내가 그를 사랑하고 존경하는 것이 진심이었다면 반드시 그도 나를 사랑하고 존경할 것이다. 이것은 인간관계에서 나타나는 당연한 법칙이다. 그렇지 않다면 그 사람은 인간이 아니다. 인간이 아닌 사람에게는 신경 쓸 것이 없다.

요컨대, 인간관계가 원만하지 못할 경우, 그 원인은 자신에게 있기 때문에 나 스스로 고치면 된다. 그렇지만 그 원인이 나에게 있지 않을 경우에는 상대가 인간이 아니므로 신경 쓰지 않아도 된다. 이와 같이 하면, 인간관계에서 파생되는 일체의 문제점은 해소될 수 있을 것이다.

是故로 君子有終身之憂요 無一朝之患也니 乃若所
憂則有之하니 舜도 人也며 我亦人也로되 舜은 爲法
於天下하사 可傳於後世어시늘 我는 由未免爲鄕人也
하니 是則可憂也라 憂之如何오 如舜而已矣니라 若
夫君子所患則亡矣니 非仁無爲也며 非禮無行也라
如有一朝之患이라도 則君子不患矣니라

| 국역 |

이 때문에 군자는 종신토록 하는 근심은 있어도, 하루아침의 걱정
거리는 없다. 근심해야 할 것으로는 다음과 같은 것이 있다. 순舜
임금도 사람이며 나도 또한 사람이지만, 순舜임금은 천하天下에 모
범이 되어 후세에 전할 수 있었는데, 나는 여전히 향인鄕人이 됨을
면하지 못했으니 이것을 근심해야 하는 것이다. 근심을 어떻게 할
것인가? 순舜임금처럼 할 따름이다. 군자는 걱정할 것이 없다. 인
仁이 아니면 하지 않으며 예禮가 아니면 행하지 않기 때문이다. 만
일 하루아침의 걱정거리가 있다고 하더라도 군자는 걱정하지 않는
다."

| 난자풀이 |

1 乃若 : 발어사發語辭. 말을 시작할 때 쓰는 말이므로 해석할 필요가 없다.
2 由 : 유猶와 통용. 해석은 '오히려', '여전히', '그래도' 중에서 하나를 택하면

된다. 여기서는 '여전히'로 하는 것이 좋다.

③ 鄕人 : 미천한 시골 사람.

④ 之 : 憂의 목적어.

⑤ 若夫 : 발어사發語辭.

⑥ 亡 : 無와 같음. 음은 '무'.

| 강설 |

군자는 돈이나 명예 등 세속적인 가치에 한계를 느끼고 참으로 가치 있는 진리를 탐구하는 사람이다. 그러므로 돈이 없거나 명예가 없는 것 따위의 걱정거리는 애당초 걱정거리로 여기지 않는다. 또 남과의 관계에 있어서도 인仁과 예禮를 실천함으로써 모든 갈등이 해소되기 때문에 일시적인 걱정거리가 생기지 않는 사람이다. 군자의 근심은 진리를 터득하는 것에 있으며, 이러한 근심은 진리를 완전히 터득할 때까지 지속된다.

제29장

禹稷이 當平世하여 三過其門而不入하신대 孔子賢之
[1]

하시니라 顔子當難世하여 居於陋巷하여 一簞食一瓢
[2]

飮하니 人不堪其憂나 顔子不改其樂한대 孔子賢之하

시니라 孟子曰禹稷顔回同道하니라 禹는 思天下有溺
[3]

者어든 由己溺之也하시며 稷은 思天下有飢者어든 由
[4]

己飢之也하니 是以로 如是其急也니라 禹稷顔子易

地則皆然이리라 今有同室之人에 鬪者어든 救之하되
[5]

雖被髮纓冠而救之라도 可也니라 鄕鄰에 有鬪者어든
[6]

被髮纓冠而往救之則惑也니 雖閉戶라도 可也니라

피 발 영 관 이 왕 구 지 즉 혹 야　　수 폐 호　　가 야

☐7

국역

우禹와 직稷이 평화로운 시대에 살면서 세 번 자기 집 문 앞을 지나가면서도 들어가지 못했는데, 공자께서 그들을 어질게 여기셨다. 안자顏子가 어지러운 세상에 살면서 누추한 골목에서 거처하며 한 도시락의 밥을 먹고 한 그릇의 마실 것을 마시고 살았다. 남들은 그 근심을 감당하지 못하지만 안자는 그 즐거움을 바꾸지 않았으므로, 공자께서 그를 어질게 여기셨다. 맹자께서 말씀하셨다. "우禹와 직稷과 안회顏回는 도道가 같다. 우禹는 천하에 물에 빠진 자가 있으면 자기가 빠뜨린 것처럼 생각하며, 직稷은 천하에 굶주린 자가 있으면 자기가 굶주리게 만든 것처럼 생각했다. 이 때문에 그와 같이 급하게 여긴 것이다. 우禹와 직稷과 안자는 처지를 바꾸면 다 그렇게 했을 것이다. 지금 한 집에 있는 사람 중에 다투는 자가 있는 경우가 있다면, 이를 말려야 하는데, 비록 머리를 풀어 흐트린 채 갓에 끈만 매고서 말리더라도 좋은 것이다. 그러나 시골이나 이웃에 다투는 자가 있다면, 머리를 풀어 흐트린 채 갓에 끈만 매고서 가서 말린다면 정신이 헛갈린 것이니, 비록 문을 닫더라도 좋은 것이다."

난자풀이

☐ 稷 : 후직后稷. 주왕조周王朝의 시조. 성은 희姬, 이름은 기棄. 강원姜嫄이 들에서 거인의 발자국을 밟고 잉태하여 낳았다. 그 때문에 불길하다고 버려졌으나 그때마다 구조되었으므로, 강원은 이를 신神이라 생각하여 양육했다. 기棄라는 이름이 이에서 유래하였다고 한다. 요堯임금과 순舜임금 때 백성들에게 농사짓는 법을 가르쳤다고 한다.

② 一簞食 : 한 도시락의 밥. 食의 음은 '사'이다. 이 문장의 앞에 동사 식食이
   생략된 것으로 보아야 할 것이다.

③ 道 : 행동원리.

④ 由 : 유猶와 통용.

⑤ 鬪 : 투鬪 앞에 유有가 생략되었다.

⑥ 被 : 피披와 통용. '흐뜨러트린다'는 뜻. 음은 '피'.

⑦ 惑 : 정신이 헛갈리는 것.

| 강설 |

우禹와 직稷은 매우 바쁘게 살았고 안자는 가난하면서도 느긋하게 살았으므로, 삶의 형태가 서로 달랐지만 진리를 실천하였다는 점에서는 같다. 바빠야 할 때는 바쁘게 움직이는 것이 진리이고 바쁘지 않아도 될 때에는 느긋하게 있는 것이 진리이므로, 진리가 실현되는 모습은 상황에 따라서 다르게 나타난다.

한 방에 있는 사람이 다툴 때는 머리를 묶을 틈도 없을 정도로 재빨리 말리는 것이 진리이지만, 이웃이나 시골의 먼 곳의 사람이 다툴 때는 가만히 있어도 된다. 각자에게 일어난 문제는 각자가 해결해야 전체적으로 조화가 되기 때문이다. 내가 모든 것을 해야 된다고 생각하는 데서 독단과 독재가 생긴다.

제30장 —

公都子曰匡章을 通國이 皆稱不孝焉이어늘 夫子與
공 도 자 왈 광 장   통 국   개 칭 불 효 언   부 자 여
①

之遊하시고 又從而禮貌之하시니 敢問何也잇고 孟子
지 유   우 종 이 예 모 지   감 문 하 야   맹 자
②

曰世俗所謂不孝者五니 惰其四支하여 不顧父母之
왈 세 속 소 위 불 효 자 오   타 기 사 지   불 고 부 모 지
③

養이 一不孝也요 博奕好飮酒하여 不顧父母之養이
양   일 불 효 야   박 혁 호 음 주   불 고 부 모 지 양
④ ⑤

二不孝也요 好貨財하며 私妻子하여 不顧父母之養이
이 불 효 야   호 화 재   사 처 자   불 고 부 모 지 양
⑥

三不孝也요 從^{삼불효야}從^{종이목지욕}耳目之欲하여 以^{이위부모륙}爲父母戮이 四^{사불효}不孝

也요 好^{호용투한}勇鬪狠하여 以^{이위부모}危父母이 五^{오불효야}不孝也니 章^{장자유}子有

一^{일어시호}於是乎아 夫^{부장자}章子는 子^{자부책선이불상우야}父責善而不相遇也니라 責^책

善^선은 朋^{붕우지도야}友之道也니 父^{부자책선}子責善은 賊^{적은지대자}恩之大者니라 夫^부

章^{장자}子는 豈^{기불욕유부처자모지속재}不欲有夫妻子母之屬哉리오마는 爲^{위득죄어}得罪於

父^부하여 不^{부득근}得近이라 出^{출처병자}妻屛子하여 終^{종신불양언}身不養焉하니 其^기

設^{설심}心에 以^{이위불약시}爲不若是면 是^{시즉죄지대자}則罪之大者라하니 是^{시즉장}則章

子^{자이의}已矣니라

국역

공도자公都子가 말했다. "광장匡章을 온 나라 사람들이 모두 불효不
孝[불효자不孝子]라고 칭하는데, 선생님께서는 그와 함께 놀러 다니
시고, 또 게다가 예모까지 갖추시니 감히 무슨 까닭인지 묻겠습니
다." 맹자께서 말씀하셨다. "세속에서 이른바 불효라는 것이 다섯
가지이니, 그 사지四肢를 게을리 하여 부모의 봉양을 돌보지 않는
것이 첫 번째 불효이고, 장기두고 바둑두며 술마시기를 좋아하여
부모의 봉양을 돌아보지 않는 것이 두 번째 불효이고, 재물을 좋
아하며 처자妻子만을 사랑하여 부모의 봉양을 돌아보지 않는 것이
세 번째 불효이고, 귀와 눈의 욕구를 따름으로써 부모를 욕되게
하는 것이 네 번째 불효이고, 용기를 좋아하여 잘 다투며 사나워

서 부모를 위태롭게 하는 것이 다섯 번째 불효인데 장자章子는 이 중에서 하나라도 있는가? 장자는 아들과 아버지가 착하게 되기를 요구하다가 서로 뜻이 맞지 않은 것이다. 착하게 되기를 요구하는 것은 친구간의 도리이니 부자父子간에 착하게 되기를 요구하는 것은 은혜로움을 해치는 것 중에서 큰 것이다. 장자는 어찌 부처夫妻와 자모子母 등의 가속家屬이 있기를 바라지 않았겠는가마는 아버지에게 죄를 얻었기 때문에 가까이 할 수 없었다. 아내를 내보내고 아들을 물리쳐서 종신토록 봉양받지 않았으니, 마음에 설정하기를, '이처럼 하지 아니하면 이는 죄 중에서 큰 것이다'라고 생각하였으니, 이렇게 하는 것이 장자인 것이다."

난자풀이

1 通國 : '나라를 통틀어서'란 '온 나라'라는 뜻이다.
2 從 : 종從의 목적어 지之가 생략되었다. 지之에 해당하는 내용은 그와 함께 놀러 다니는 것이니, '종지從之'란 '그와 함께 놀러 다니는 데 그치지 않고 더 나아가서'라는 뜻이다.
3 支 : 지肢와 통용.
4 博 : 장기.
5 奕 : 바둑. 음은 '혁'.
6 私 : 개인적으로 특별히 사랑하는 것. 부모, 형제, 아내, 아들 등을 다 사랑하여야 하는데, 아내와 아들만을 특히 자기 것으로 생각하여 사랑하는 것.
7 爲 : '~하게 한다'는 뜻.
8 戮 : 치욕을 당하는 것. 음은 '륙'.
9 以爲 : ~라고 생각한다.

강설

부모와 자녀 사이에서 서로 착해지기를 요구하다가 통하지 않으면 서로간의 사랑에 흠집이 생길 수 있기 때문에, 착해지기를 요구하지 않는 것이 도리이다. 그러나 친구는 원래부터 맺어져 있는 관계가 아니고 필요에 따라서 맺어진 관계이다. 그래서 가장 이상적인 친구관계는, 인격의 향상을 위해 한편으로는 격려하고 다른 한편으로는 비판하는 관계이다. 그러므로 친구에게는 착해지기를 요구해야 할 것이며, 그것이 통하지 않을 때는 친구관계를 청산하는 것이 좋은 것이다. 착하지 않은 친구를 사귀는 것은 그 친구를 이용하기 위한 것일 뿐 순수한 것은 아니다.

제31장

曾子居武城하실새 有越寇러니 或曰寇至하나니 盍去諸
① ②

리오한대 曰無寓人於我室하여 毀傷其薪木하라하며 寇

退라한대 則曰修我牆屋하라 我將反하리라하며 寇退어

늘 曾子反한대 左右曰待先生이 如此其忠且敬也어늘

寇至則先去하여 以爲民望하시고 寇退則反하시니 殆於

不可로소이다 沈猶行曰是는 非汝所知也라 昔에 沈猶

有負芻之禍어늘 從先生者七十人이 未有與焉이라하니
③

라 子思居於衛할새 有齊寇러니 或曰寇至하나니 盍去

諸리오한대 子思曰如伋去면 君誰與守리오하니라 孟子
④ ⑤

曰曾子子思同道하니 曾子는 師也며 父兄也요 子思는

臣也며 微也니 曾子子思易地則皆然이리라

증자曾子가 무성武城에 거처할 적에 월越나라의 침략이 있었는데, 어떤 사람이 말하기를, "침략군이 도착하는데 어찌 떠나가지 않으십니까?" 하자, 증자가 말하기를, "내 집에 사람을 살게 함으로써 섶이나 나무를 훼손하는 일이 없도록 하라"고 하고, 침략군이 물러간다고 하자, "나의 담장과 건물을 수선하라. 내 장차 돌아갈 것이다" 하였다. 침략군이 물러가자 증자가 돌아왔는데, 좌우에 있는 자들이 말하기를 "(무성의 대부大夫가) 선생님을 대접하기를 이처럼 충성스럽고 공경스럽게 하였는데, 침략군이 이르자 먼저 떠나가시어 백성들이 우러러 따르게 하시고 침략군이 물러가자 돌아오시니, 아마도 불가不可한 듯합니다"라고 하자, 심유행沈猶行이 말했다. "이는 너희들이 알 수 있는 것이 아니다. 옛날 우리 심유씨沈猶氏들 집에 부추負芻의 화禍가 있었는데, 선생님을 따르는 자 칠십인七十人이 그 화禍를 입은 자가 있지 않았다." 자사子思가 위衛나라에 있을 적에 제齊나라의 침략이 있었는데, 어떤 사람이 말하기를, "침략군이 이르는데 어찌 떠나가지 않으십니까?" 하자, 자사가 말하기를, "만약 내가 가면 임금이 누구와 더불어 지키겠는가?" 하였다. 맹자께서 말씀하셨다. "증자와 자사는 도道가 같다. 증자는 스승이며 부형父兄이었고, 자사는 신하였고 미천하였기 때문이다. 증자와 자사가 처지를 바꾼다면 다 그렇게 하였을 것이다."

| 난자풀이 |

1. 盍 : 하불何不의 뜻.
2. 諸 : 지호之乎의 뜻.
3. 負芻 : 사람의 이름. 증자가 심유씨의 집에 머물고 있었는데, 부추라는 자가 난리를 일으키자, 증자는 제자들을 모두 이끌고 피하여 아무도 난리를 수습하는 데 참여하지 않았던 것이다.

| 강설 |

남의 나라에 스승으로 초빙되어 가 있을 때는 그 나라의 혼란한
사태에 대한 책임이 없기 때문에 거기에 말려들어 희생될 필요가
없다. 또 남의 집에 손님으로 가 있을 경우에도 그 집의 문제 때
문에 희생될 필요가 없다. 하지만 어떤 나라의 신하로 있을 때는
그 나라의 안전에 대한 책임이 있으므로, 그 나라에 문제가 있을
때는 희생을 감수하고서라도 책임을 져야 한다.

　　증자가 무성에 있을 때는 스승으로 초빙되어 가 있었고, 심유
씨의 집에 있을 때는 제자인 심유행의 학부형 자격으로 있었다.
그러나 자사가 위衛나라에 있을 때는 신하로 있었다. 각각의 입장
에서 행동양식은 서로 달랐지만 행동원리는 같은 것이다.

제
32
장

儲子曰王이 使人瞷夫子하나니 果有以異於人乎잇가
　　　① ②
孟子曰何以異於人哉리오 堯舜도 與人同耳시니라
　　　　③

| 국역 |

저자儲子가 물었다. "왕王이 사람을 시켜 선생님을 엿보게 하였는
데, 과연 다른 사람과 다른 것이 있으십니까?" 맹자께서 말씀하셨
다. "어찌해서 다른 사람과 다르겠는가? 요순堯舜도 다른 사람들과
같으시다."

난자풀이

1 儲子 : 제齊나라 사람. '저자'.

2 瞯 : '엿본다'는 뜻으로 음은 '감'.

3 何 : 以의 목적어.

강설

사람들은, 성인聖人은 일반 사람과 다른 특이하고 기이한 존재로 생각하는 경향이 있으나 사실은 그렇지 않다. 보편적인 인간일 따름이다.

제33장

齊^{제인}에 有一妻一妾而處室者₁러니 其良人^{기량인}이 出則必^{출즉필}

饜酒肉而後₃^{염주육이후}에 反^반이어늘 其妻問所與飮食者則盡富貴^{기처문소여음식자즉진부귀}

也^야러라 其妻告其妾曰良人^{기처고기첩왈량인}이 出則必饜酒肉而後^{출즉필염주육이후}에

反^반할새 問其與飮食者^{문기여음식자}하니 盡富貴也^{진부귀야}로되 而未嘗有顯^{이미상유현}

者來^{자래}하니 吾將瞯良人之所之也^{오장간량인지소지야}하리라하고 蚤起^{조기}하여

施從良人之所之₇^{이종량인지소지}하니 徧國中_{8 9}^{변국중}하되 無與立談者^{무여립담자}러니 卒^졸

之東郭墦間之祭者_{10 11}^{지동곽번간지제자}하여 乞其餘^{걸기여}하고 不足^{부족}이어든 又顧^{우고}

而之他^{이지타}하니 此其爲饜足之道也₁₂^{차기위염족지도야}러라 其妻歸告其妾曰^{기처귀고기첩왈}

良人者^{양인자}는 所仰望而終身也₁₃^{소앙망이종신야}어늘 今若此^{금약차}라하고 與其妾^{여기첩}

으로 訕其良人而相泣於中庭₁₄^{산기량인이상읍어중정}이어늘 而良人^{이량인}이 未之知^{미지지}

也하여 施施從外來하여 驕其妻妾하더라 由君子觀之
則人之所以求富貴利達者는 其妻妾이 不羞也而不
相泣者幾希矣리라

국역

(맹자께서 말씀하셨다.) "제齊나라 사람 중에 아내 하나와 첩 하나를 데리고 함께 거처하는 자가 있었는데, 그 남편이 밖에 나가면 반드시 술과 고기를 실컷 먹은 뒤에 돌아오곤 했다. 그 아내가 함께 마시고 먹는 자들에 대해서 물었더니, 모두 부귀富貴한 사람들이었다. 그 아내가 그 첩에게 말하기를, '남편이 밖에 나가서 반드시 술과 고기를 실컷 드신 뒤에 돌아오기에 그 함께 마시고 먹는 사람에 대해서 물었더니 모두 부귀한 사람들이었는데, 일찍이 유명인사가 찾아온 일이 없었으니 내 장차 남편이 가는 곳을 엿보겠다' 하고는, 아침 일찍 일어나 남편이 가는 곳을 미행하여 따라가 보니, 시내를 두루 다니는데 함께 서서 이야기하는 자가 없었다. 마침내 동쪽 성곽 밖의 무덤 사이에서 제사지내는 자에게 가서 남은 음식을 빌어먹고, 모자라면 또 돌아보고 딴 곳으로 가니, 이것이 그가 실컷 먹고 만족하게 먹는 방법이었다. 그 아내가 돌아와 그 첩에게 말하기를, '남편이란 우러러 바라보면서 평생을 바치는 사람인데, 지금 이와 같다' 하고는, 첩과 더불어 남편을 헐뜯으며 뜰 가운데에서 서로 붙들고 울고 있었는데, 남편이 그것을 알지 못하고 의기양양하게 밖으로부터 와서 그 아내와 첩에게 교만하게 굴었다. 군자의 입장에서 본다면, 사람의 부귀·이로움·출세 등

을 구하는 방법은 그 아내와 첩이 부끄러워하지 아니하고 서로 붙들고 울지 않을 것이 거의 없을 것이다."

| 난자풀이 |

① 處室 : 실실室은 아내의 방이므로 '처실處室'은 '아내와 함께 거처한다'는 말이다.
② 良人 : 남편.
③ 饜 : '실컷 먹는다', '만족한다' 등의 뜻.
④ 盡 : 모두.
⑤ 顯者 : 세상에 드러난 사람. 유명인사.
⑥ 之 : 주격조사.
⑦ 施 : '둘러간다'는 뜻으로 음은 '이'. '이종施從'은 '미행한다'는 뜻이다.
⑧ 徧 : 두루 돌아다닌다.
⑨ 國 : 도시. 특히 도읍지를 지칭할 때가 많다.
⑩ 墦 : 무덤. 음은 '번'.
⑪ 之 : 동곽번간東郭墦間과 제제祭가 도치되었음을 나타내는 역할을 한다. 이 문장은 '졸지제어동곽번간자卒之祭於東郭墦間者'로 놓고 해석하면 될 것이다.
⑫ 爲 : ~을 하는. 여기서는 '염족饜足을 하는'이라는 뜻이다.
⑬ 所 : 여기서는 '~하는 사람'이라는 뜻이다.
⑭ 訕 : '헐뜯는다'는 뜻으로 음은 '산'.
⑮ 中庭 : 뜰 가운데.
⑯ 施施 : 의기양양한 모습. 음은 '시시'.
⑰ 所以 : ~하는 방법.
⑱ 希 : 희稀와 통용. '드물다', '적다' 등의 뜻.

| 강설 |

남자들은 대체로 밖에 나가서는 출세하고 돈벌기 위해 아부하거나 비굴한 행동을 하면서 집에 돌아와서는 훌륭한 체하는 경우가 많다.

제1장

만 장 문 왈 순 왕 우 전　　호 읍 우 민 천　　하 위 기
萬章問曰舜往于田하사 號泣于旻天하시니 何爲其
[1]

호 읍 야　　맹 자 왈 원 모 야　　만 장 왈 부 모 애 지
號泣也잇고 孟子曰怨慕也시니라 萬章曰父母愛之어

희 이 불 망　　부 모 오 지　　노 이 불 원　　연
시든 喜而不忘하고 父母惡之어시든 勞而不怨이니 然

즉 순 원 호　　왈 장 식 문 어 공 명 고 왈 순 왕 우 전 즉 오
則舜怨乎잇가 曰長息問於公明高曰舜往于田則吾
[2]　　　[3]

기 득 문 명 의　　호 읍 우 민 천 우 부 모 즉 오 부 지 야
旣得聞命矣어니와 號泣于旻天于父母則吾不知也로
[4]

공 명 고 왈 시　　비 이 소 지 야　　부 공 명 고
이다 公明高曰是는 非爾所知也라하니 夫公明高는

이 효 자 지 심　　위 불 약 시 개　　아　　갈 력 경 전
以孝子之心으로 爲不若是恝이니 我는 竭力耕田하여
[5][6]

공 위 자 직 이 이 의　　부 모 지 불 아 애　　어 아 하 재
共爲子職而已矣니 父母之不我愛는 於我何哉오하니라
[7]

| 국역 |

　만장萬章이 물었다. "순舜임금이 밭에 가서 하늘에 호소하며 우셨

는데, 무엇 때문에 호소하며 우신 것입니까?" 맹자께서 말씀하셨다. "(부모를) 원망하고 사모하신 것이다." 만장이 말했다. "부모가 자기를 사랑해주면 기뻐하고 잊지 말며, 부모가 자기를 미워하면 (부모의 마음을 돌이키기 위하여) 애를 쓰지만 원망하지는 말아야 하는 것인데, 그렇다면 순舜임금은 원망하신 것입니까?" "장식長息이 공명고公明高에게 묻기를, '순舜임금이 밭에 갔다는 것에 대해서는 내가 이미 가르침을 들었거니와, 하늘과 부모에게 호소하고 우셨다는 것에 대해서는 나는 모르겠습니다' 하자, 공명고가 말하기를, '이것은 네가 알 수 있는 것이 아니다' 하였으니, 공명고는 효자孝子의 마음을 이처럼 냉담한 것, 즉 '내가 힘을 다해 밭을 갈아 공손히 자신의 직분을 할 따름이니 부모가 나를 사랑하지 아니하는 것은 나에게 무슨 상관이 있겠는가?'라고 할 수 있는 것이 아니라고 생각한 것이다."

| 난자풀이 |

1. 旻天 : 주자朱子는 민旻을 '불쌍히 여긴다'는 뜻으로 해석하여 '민천旻天'을 '세상을 불쌍히 여기는 하늘'로 풀이하였고, 조기趙岐는 '가을 하늘'로 풀이하였다.
2. 長息 : 공명고의 제자.
3. 公明高 : 증자曾子의 제자.
4. 命 : 가르침.
5. 是 : '이것'이란, 다음에 오는 '아갈력我竭力 …… 어아하재於我何哉'를 지칭한다.
6. 忝 : '무관심하고 냉담하다'는 뜻으로 음은 '개'.
7. 何 : 여기서는 '무슨 상관이 있겠는가'라고 번역하는 것이 좋다. 주자는 '무슨 죄가 있겠는가'라고 번역하였으며, '아갈력' 이하의 네 구절을 하늘에 호소하는 말로 보았다.

| 강설 |

효孝는 부모의 사랑을 지속적으로 받기 위기 위한 자녀의 노력
이므로, 부모가 사랑해주고 해주지 않고에 상관하지 않고 자녀
의 도리를 다하기만 하면 된다는 식의 냉담한 마음가짐과는 다
른 것이다.

제 사 기 자 구 남 이 녀　　　　　 백 관 우 양 창 름　　　　 비　　 이 사
帝使其子九男二女로 百官牛羊倉廩을 備하여 以事
　　⃞1　　　　　　　　　　　　　　　　　　⃞2

순 어 견 묘 지 중　　　　　　 천 하 지 사 다 취 지 자　　　 제 장 서
舜於畎畝之中하시니 天下之士多就之者어늘 帝將胥
　　⃞3　　　　　　　　　　　　　　　　　　　　⃞4

천 하 이 천 지 언　　　　　　 위 불 순 어 부 모　　　 여 궁 인 무 소
天下而遷之焉이러시니 爲不順於父母라 如窮人無所

귀　　　　　 천 하 지 사 열 지　　 인 지 소 욕 야　　　 이 부 족 이
歸러시다 天下之士悅之는 人之所欲也어늘 而不足以
⃞5

해 우　　 호 색　　 인 지 소 욕　　　　　 처 제 지 이 녀 이 부 족
解憂하며 好色은 人之所欲이어늘 妻帝之二女而不足

이 해 우　　 부　　 인 지 소 욕　　　　　 부 유 천 하 이 부 족 이
以解憂하며 富는 人之所欲이어늘 富有天下而不足以

해 우　　 귀　　 인 지 소 욕　　　　　 귀 위 천 자 이 부 족 이 해
解憂하며 貴는 人之所欲이어늘 貴爲天子而不足以解

우　　 인 열 지　　 호 색　　 부 귀　　 무 족 이 해 우 자
憂하니 人悅之와 好色과 富貴에 無足以解憂者요

유 순 어 부 모　　 가 이 해 우　　 인　　 소 즉 모 부 모
惟順於父母라야 可以解憂러시다 人이 少則慕父母하

　　　　 지 호 색 즉 모 소 애　　　 유 처 자 즉 모 처 자　　 사 즉
다가 知好色則慕少艾하고 有妻子則慕妻子하고 仕則
　　　　　　　　　⃞6

모 군　　 부 득 어 군 즉 열 중　　 대 효　　 종 신 모 부 모
慕君하여 不得於君則熱中이나 大孝는 終身慕父母하

　　 오 십 이 모 자　　 여 어 대 순　　 견 지 의
나니 五十而慕者를 予於大舜에 見之矣로라

요^堯임금께서 그 자녀인 구남이녀^{九男二女}로 하여금 백관^{百官}과 우양^{牛羊}과 창름^{倉廩}을 갖추어 순^舜을 견묘^{畎畝} 가운데에서 섬기도록 하시니, 천하^{天下}의 선비 중에 그에게 찾아가는 자가 많았으므로, 요^堯임금이 장차 천하의 인심을 살펴보아 (순^舜에게 자리를) 물려주려 하셨는데, (순^舜은) 부모에게 순조롭지 못하였기 때문에, 곤궁한 사람이 의지하러 갈 데가 없는 것 같았다. 천하의 선비가 좋아해주는 것은 사람들이 바라는 바이지만, (천하의 선비가 좋아해주어도) 근심을 풀기에 부족하였으며, 아름다운 여색^{女色}은 사람들이 바라는 바이지만, 요^堯임금의 두 딸을 아내로 삼았는데도 근심을 풀기에 부족하였으며, 부^富는 사람들이 바라는 바이지만, 부^富로 말하면 천하를 소유하였어도 근심을 풀기에 부족하였으며, 귀^貴는 사람들이 바라는 바이지만, 귀하기로 말하면 천자^{天子}가 되었어도 근심을 풀기에 부족하였으니, 사람들이 좋아해주는 것과 아름다운 여색과 부귀^{富貴}에도 근심을 풀 수 있는 것이 없었고, 오직 부모에게 순조롭게 되어야 근심을 풀 수 있으셨다. 사람들이 어릴 때에는 부모를 사모하다가 여색을 좋아할 줄 알게 되면 젊고 예쁜 소녀를 사모하고, 처자^{妻子}를 두면 처자를 사모하고, 벼슬하면 임금을 사모하여 임금에게 신임을 얻지 못하면 속을 태우지만, 대효^{大孝}는 종신토록 부모를 사모하나니, 50세가 되었는데도 부모를 사모하는 것을 나는 대순^{大舜}에게서 보았다."

1 帝 : 여기서는 요^堯임금을 지칭함.
2 備 : '갖춘다'는 뜻의 타동사인데, 목적어는 앞부분에 있는 백관우양창름^{百官}^{牛羊倉廩}이다. 고어^{古語}일수록 목적어가 앞에 나오는 경우가 많다.
3 畎 : 밭도랑. 음은 '견'.
4 胥 : 상^相과 같은 뜻. '본다', '살핀다' 등의 뜻이다. 음은 '서'.

⑤ 歸 : 의지하러 가는 것.
⑥ 艾 : '예쁘다'는 뜻으로 음은 '애'.

| 강설 |

남에게 인기를 얻고 호색好色과 부귀를 얻는 것은 남과의 경쟁에서
이김으로써 내가 취하게 되는 것이다. 그러므로 남을 나처럼 여기
고 사랑하는 참다운 사람이 추구하는 것이 아니다. 남을 나처럼
사랑하는 참다운 삶의 핵심은 부모와 내가 한마음이 되는 것이다.
부모와 내가 한마음이 된 뒤라야 참된 삶이 가능하다. 참된 삶을
바라는 마음과 부모를 그리워하는 마음은 일치한다.

제2장

萬章問曰詩云娶妻如之何오 必告父母라하니 信斯
言也인댄 宜莫如舜이니 舜之不告而娶는 何也잇고
孟子曰告則不得娶하시리니 男女居室은 人之大倫也
니 如告則廢人之大倫하여 以懟父母라 是以不告也
시니라 萬章曰舜之不告而娶則吾旣得聞命矣어니와
帝之妻舜而不告는 何也잇고 曰帝亦知告焉則不得
妻也시니라

| 국역 |

만장萬章이 물었다. "『시경詩經』에 이르기를, '아내를 얻는 것을 어

448

떻게 해야 하는가? 반드시 부모에게 아뢰어야 한다' 하였는데, 이 말을 믿는다면 마땅히 순舜임금처럼 하지 않아야 할 것입니다. 순舜임금이 부모에게 아뢰지 않고 아내를 얻은 것은 무엇 때문입니까?" 맹자께서 말씀하셨다. "아뢰었다면 아내를 얻지 못하였을 것이기 때문이다. 남녀가 결혼하여 한 방에 거처하는 것은 사람의 큰 도리이니, 만일 아뢰면 사람의 큰 도리를 못하게 되어 부모로 하여금 원망하게 만들 것이니 이 때문에 아뢰지 않으신 것이다." 만장이 말했다. "순舜임금이 아뢰지 않고 아내를 얻은 것에 대해서는 나는 이미 가르침을 받았습니다만, 요堯임금이 순舜임금에게 딸을 시집보내면서 (순舜의 부모에게) 아뢰지 아니한 것은 무슨 까닭입니까?" "요堯임금도 또한 아뢰면 딸을 시집보낼 수 없음을 아셨기 때문이었다."

│ 난자풀이 │

① 詩 : 『시경』 제풍齊風 남산편南山篇.
② 信 : 주자朱子는 '참으로'라는 뜻의 부사로 보았으나, 여기서는 '믿는다'는 뜻의 동사로 보는 것이 좋을 것이다.
③ 倫 : 도리.
④ 懟 : '원망한다'는 뜻으로 음은 '대'. 여기서는 '부모를 원망한다'는 뜻보다는, '부모로 하여금 원망하게 만든다'는 뜻으로 보는 것이 좋다.

│ 강설 │

『예기禮記』에, 아버지가 회초리로 때릴 때는 맞는 것이 효孝이지만, 몽둥이로 때릴 때는 도망가는 것이 효孝라는 말이 있다. 효孝의 내용 중에는 부모의 뜻을 받드는 것이 으뜸이다. 부모의 뜻에는 본질적인 것이 있고 일시적인 것이 있으므로, 본질적인 것을 받드는 것이 참다운 효孝다. 부모가 자녀에게 회초리로 때리는 것은 자녀의 잘못을 고치고자 하는 사랑의 매이므로, 본질적인 마음에서 나온 것이다. 따라서 맞는 것이 효孝다. 그러나 몽둥이로 때리는 것은 일시적인 흥분과 감정에서 나온 것이므로 따르지 않는 것이 효孝다. 만약 그 뜻을 따라 맞다가 죽기라도 한다면 부모가 본마음을 되찾았을 때 매우 슬퍼할 것이다. 따라서 피해야 한다.

부모가 자녀에게 바라는 가장 큰 희망은 자녀가 건강하게 살아주는 것과 자녀를 낳아 대代를 이어주는 것이다. 그러므로 순舜임금의 부모가 순舜임금의 결혼을 반대하는 것은 일시적인 감정에 속하는 것이다. 순舜임금이 부모의 일시적인 감정을 받들어 결혼을 하지 않고 자녀를 낳지 않는다면, 부모가 본래의 마음을 되찾았을 때 매우 슬퍼할 것이고 순舜임금을 원망하는 데 이르게 될 것이다. 그러므로 불효不孝가 된다.

萬章이 曰父母使舜으로 完廩捐階하고 瞽瞍焚廩하며 使浚井하고 出커시늘 從而揜之하고 象이 曰謨蓋都君은 咸我績이니 牛羊父母요 倉廩父母요 干戈朕이요 琴朕이요 弤朕이요 二嫂는 使治朕棲하리라하고 象이 往入舜宮한대 舜在牀琴이어시늘 象이 曰鬱陶思君爾라하고 忸怩한대 舜이 曰惟玆臣庶를 汝其于予治라하시니 不識케이다 舜이 不知象之將殺己與잇가 曰奚而不知也시리오마는 象憂亦憂하시고 象喜亦喜하시니라

국역

만장이 말했다. "순舜의 부모가 순舜으로 하여금 창고를 손질하게 하고 사다리를 치운 다음 고수瞽瞍가 창고에 불을 질렀으며, 우물을 파게 하고 (판 뒤에) 나오시거늘 뒤이어 그에게 흙을 덮었다. 상象이 말하기를, '꾀를 내어 도군都君을 덮은 것은 모두 나의 공적이니, 우양牛羊은 부모가 가지고 창름倉廩은 부모가 가지고, 간과干 戈는 내가 가지고, 거문고는 내가 가지고, 활은 내가 가지고, 두 형수는 나의 집을 다스리게 하겠다' 하고는, 상象이 순舜의 궁宮으로 가서 들어가니, 순舜이 마루에서 거문고를 타고 계셨다. 상象이 말하기를, '사무치도록 그대를 생각했습니다' 하고는 부끄러워하자, 순舜이 말씀하셨다. '이 여러 신하들을 네가 나에게 와서 다스리라' 하셨는데, 모르겠습니다. 순舜은 상象이 자기를 죽이려 한 것을 알지 못했습니까?" "어째서 알지 못하셨겠는가마는, 상象이 근심하면 또한 근심하시고 상象이 기뻐하면 또한 기뻐하신 것이다."

난자풀이

① 完 : 완성시키다. 창고를 완성시키는 것은 지붕을 만듦으로써 끝이 나는 것이므로, 창고를 완성시킨다는 것은 창고의 지붕에 올라가는 것을 의미한다.

② 出 : 고수가 순舜에게 명령한 대로 순舜이 우물을 다 파고 난 뒤 밖으로 나오는 것을 의미한다.

③ 從 : 이어서 '우물을 파고 나오게 하고서 뒤이어서 또'라는 뜻이다.

④ 揜 : 흙을 덮는 것. 음은 '엄'.

⑤ 象 : 순舜의 이복異腹 동생.

⑥ 都君 : 순舜을 지칭함. 주자는, 순舜이 있는 곳에는 3년 안에 도시를 이루게 되기 때문에 붙여진 이름이라 하였고, 일본日本의 중정리헌中井履軒·좌등일제佐藤一齊 등은 백관百官·우양牛羊·창름을 갖추고 있어서 도읍지의 임금의 모습을 갖추고 있었기 때문에 붙여진 이름이라 하였다.

⑦ 咸 : 모두.

⑧ 朕 : 일인칭대명사. 나.
⑨ 弤 : 붉은 칠을 한 활. 음은 '저'.
⑩ 鬱陶 : 매우 그리워서 사무치는 상태.
⑪ 忸怩 : 부끄러워함. 음은 '뉵니'.
⑫ 其 : 가벼운 명령을 나타낼 때 쓰는 조음소
⑬ 之 : 주격조사.
⑭ 奚 : 어째서.
⑮ 而 : 원래 두 문장을 잇는 말이지만, 여기서는 이以와 발음이 같기 때문에, 이以와 통용된다.

│ 강설 │

『사기史記』에는, '순舜으로 하여금 창고에 올라가 흙을 바르게 하고는 고수가 아래에서 불을 놓아 창고를 불태우자, 순舜은 마침내 두 개의 삿갓으로 자기 몸을 가리고 내려와서 죽지 않았다. 그 뒤 또 순舜으로 하여금 우물을 파게 하니, 순舜은 우물을 파면서 옆으로 나올 수 있는 숨을 구멍을 만들어 놓았다. 순舜이 이미 깊이 들어가자, 고수는 상象과 함께 흙을 내리부어 우물을 메우거늘, 순舜은 숨겨 놓았던 구멍을 따라 나왔다'는 기록이 있다.

순舜이 그 아버지의 일시적인 뜻을 받들어 죽는다면, 본마음으로 돌아왔을 때의 아버지가 크게 슬퍼할 것이고, 또 죽은 순舜에게 '내가 죽으라고 한다고 따라 죽는 바보가 어디에 있느냐?' 하고 원망을 할 것이므로 불효가 된다. 따라서 순舜은 아버지의 명령을 따르면서도 지혜롭게 대처하여 살아남은 것이다.

순舜은 아버지를 자기 자신처럼 사랑하고 형제를 자기 자신처럼 사랑하기 때문에 비록 자기를 죽이려고 했더라도 미워할 수 없다. 아버지와 형제의 본마음은 자기를 사랑하고 있음을 알기 때문이다. 동생을 자기 자신처럼 여기고 사랑하면, 동생의 기쁨이 자기의 기쁨이며 동생의 슬픔이 자기의 슬픔이 된다.

曰然則舜은 僞喜者與잇가 曰否라 昔者에 有饋生魚 [1]

於鄭子産이어늘 子産이 使校人畜之池한대 校人烹之 [2]

하고 反命曰始舍之하니 [3] 圉圉焉이러니 [4] 少則洋洋焉하 [5]

여 攸然而逝하더이다 [6] 子産曰得其所哉인저 [7] 得其所哉

인저하여늘 校人出曰孰謂子産智오 予旣烹而食之어늘

曰得其所哉인저 得其所哉인저하니 故로 君子는 可欺

以其方이어니와 難罔以非其道니 彼以愛兄之道來라

故로 誠信而喜之시니 奚僞焉이시리오 [8]

국역

"그렇다면 거짓으로 기뻐한 것입니까?" "아니다. 옛날에 살아있는 물고기를 정鄭나라 자산子産에게 선물한 자가 있었는데, 자산이 교인校人을 시켜 그것을 못에서 기르게 하였으나, 교인校人이 삶아먹고 나서 보고하기를, '처음에 고기를 놓아주자 비실비실하더니, 조금 지나자 생생해져 유유히 갔습니다' 하니, 자산이 말하기를, '제 자리를 얻었구나! 제 자리를 얻었구나!' 하였다. 교인이 나와서 말하기를, '누가 자산을 지혜롭다고 했는가? 내가 이미 삶아서 먹었는데, 「제 자리를 얻었구나! 제 자리를 얻었구나!」 하더라' 하니, 그러므로 군자는 그 그럴듯한 방법을 가지고 속일 수는 있으나, 도리가 아닌 것을 가지고 속일 수는 없다. 그가 형을 사랑하는 도리로써 왔으므로 그 때문에 참으로 믿고 기뻐한 것이니 무엇을 위장하였겠는가?"

난자풀이

1. 饋 : '선물한다'는 뜻. 음은 '궤'.
2. 校人 : 연못 등을 관장하는 관리.
3. 舍 : 捨와 통용. '놓아준다'는 뜻.
4. 圉圉焉 : 힘이 없어 비실비실하는 모양.
5. 洋洋焉 : 힘이 나서 생기 있는 모양.
6. 攸 : 悠와 통용. '유연攸然'은 '유유히'라는 뜻.
7. 其所 : 자기의 장소 즉 제자리.
8. 罔 : 欺罔의 목적어.

강설

군자는 남을 자기처럼 사랑하기 때문에 남의 기쁨을 진심으로 기뻐하고 남의 슬픔을 진심으로 슬퍼한다. 그러므로 남이 도리에 맞는 말을 하면 차마 그 말이 진실인지 거짓인지를 따지지 않고 받아들이고 좋아한다. 남들은 도리에 맞는 말을 하면 인정을 받기 때문에, 처음에는 거짓이었다 하더라도 반성을 하게 되어 차츰 진실하게 된다.

제3장 —

만장문왈상 일이살순위사 입위천자즉방지
萬章問曰象이 日以殺舜爲事어늘 立爲天子則放之는

하야 맹자왈봉지야 혹왈방언 만
何也잇고 孟子曰封之也어시늘 或曰放焉이라하니라 萬

장왈순 유공공우유주 방환도우숭산
章曰舜이 流共工于幽州하시고 放驩兜于崇山하시고
　　　　　　　1 2 3 　　　　　　4 5

살삼묘우삼위 극곤우우산 사죄이천하함
殺三苗于三危하시고 殛鯀于羽山하사 四罪而天下咸
　　　6 7 　　　　8 9 10 　　　　11

454

服은 誅不仁也니 象이 至不仁이어늘 封之有庳하시니

有庳之人은 奚罪焉고 仁人도 固如是乎잇가 在他人

則誅之하고 在弟則封之온여 曰仁人之於弟也에 不藏

怒焉하며 不宿怨焉이요 親愛之而已矣니 親之인댄 欲

其貴也요 愛之인댄 欲其富也니 封之有庳는 富貴之

也시니 身爲天子요 弟爲匹夫면 可謂親愛之乎아

| 국역 |

만장萬章이 물었다. "상象이 날마다 순舜을 죽이는 것으로 일을 삼 았거늘, 순舜이 즉위하여 천자天子가 되어서는 그를 (죽이지 않고) 추방한 것은 무슨 까닭입니까?" 맹자께서 말씀하셨다. "그를 봉封 해준 것인데, 어떤 사람이 '추방했다'고 한 것이다." 만장이 말했 다. "순舜이 공공共工을 유주幽州에 유배하시고, 환도驩兜를 숭산崇山 으로 추방하시고, 삼묘三苗를 삼위三危에서 죽이시고, 곤鯀을 우산 羽山에서 죽이시어, 넷을 처벌하시자 천하天下가 모두 복종한 것은 불인不仁한 자를 처벌했기 때문입니다. 상象이 지극히 불인하였는 데도 그를 유비有庳에 봉封해주셨으니, 유비有庳의 사람들은 무슨 죄를 지었습니까? 어진 사람도 본시 이와 같습니까? 타인의 경우 에는 죽이고 동생의 경우에는 봉封해주시는군요." "어진 사람은 동 생에게 대해서 화난 마음을 오래 감추어두지 아니하며 원망하는 마음을 묵혀두지 아니하고, 그를 내 몸처럼 여기고 사랑할 뿐이

다. 그를 내 몸처럼 여긴다면 그가 귀하게 되기를 바랄 것이고, 그를 사랑한다면 그가 부유해지기를 바랄 것이다. 그러니 그를 유비에 봉하신 것은 그를 부귀富貴하게 하신 것이다. 자신은 천자가 되고 아우는 필부匹夫가 된다면 아우를 내 몸처럼 여기고 사랑한다고 할 수 있겠는가?"

| 난자풀이 |

① 流 : 유배한다.
② 共工 : 요堯임금 때의 관직명.
③ 幽州 : 지명. 지금의 하북성河北省 북쪽에서 동북쪽으로 걸쳐 있는 지역.
④ 驩兜 : 사람의 이름. '환도'.
⑤ 崇山 : 지명. 남쪽에 있는 산의 이름.
⑥ 三苗 : 나라 이름.
⑦ 三危 : 지명. 서쪽에 있었음.
⑧ 殛 : 주誅와 같은 뜻으로 '죽인다'는 뜻. 초순焦循은 '문책한다'는 뜻으로 풀이하였고, 단옥재段玉裁는 극極과 통용되는 글자로 보아 '유폐시킨다'는 뜻으로 해석했다.
⑨ 鯀 : 우禹의 아버지의 이름.
⑩ 羽山 : 지명. 동쪽에 있었다고 함.
⑪ 罪 : 죄를 다스린다. 처벌한다.
⑫ 奚 : 죄罪의 목적어.
⑬ 親 : 내 몸처럼 여기는 것.

| 강설 |

어진 사람은 남을 내 몸처럼 사랑한다. 그 실천방법은 먼저 부모를 사랑하고, 그 다음에 형제를 사랑하고, 다음으로 삼촌三寸, 사촌四寸…… 이웃으로 확산된다. 자신이 부귀를 누리게 되면 차츰 부모 형제 이웃으로 파급되어 온 나라가 부귀를 누리게 되는 것이다. 그러므로 자신은 부귀한데 부모형제가 곤궁하다면 잘못된 것이다.

부모와 형제를 사랑하여 그들을 부귀하게 해주는 것은 좋지만, 그것이 남에게 폐를 끼치는 것이어서는 안 된다.

敢問或曰放者는 何謂也잇고 曰象이 不得有爲於其
[1]
國하며 天子使吏로 治其國而納其貢稅焉이라 故로
謂之放이니 豈得暴彼民哉리오 雖然이나 欲常常而見
之故로 源源而來하니 不及貢하여 以政接于有庳라하
[2]
니 此之謂也니라

국역

"감히 묻겠습니다. 어떤 사람들이 '추방했다'고 말한 것은 무엇을 말한 것입니까?" "상象이 그 나라에서 좋은 정치를 할 수 없어서, 천자가 관리를 시켜 그 나라를 다스리게 하고 그 공물과 세금을 납부하게 하였기 때문에 그것을 추방한 것이라고 한 것이다. 그러니, 어찌 그 백성들에게 난폭하게 할 수 있었겠는가? 비록 그렇지만 항상 그를 만나보고자 하였기 때문에 끊임없이 오게 하였으니, '조공할 시기에 미치지 아니하여 정치적인 일로써 유비의 임금을 접견했다' 한 것이 이것을 말한 것이다."

난자풀이

[1] 爲 : '좋은 정치를 한다'는 뜻.
[2] 源源 : 물이 흐르듯이 계속 이어지는 모양.

강설

능력 없는 동생을 제후로 봉하면 그 나라의 백성들에게 폐해를 끼치게 되므로, 순舜은 동생을 유비라는 나라의 제후로 봉하기는 했으나 정치에 가담하게 하지는 않고 다른 관리로 하여금 실제적인 정치를 대신하게 했다. 이것이 남에게 폐를 끼치지 않고 동생을 사랑하는 방법이었다.

옛날의 제도에 제후는 5년에 한 번씩 천자에게 조공하게 되어 있으므로, 순舜이 상象을 공식적으로 만날 수 있는 것은 5년에 한 번이다. 따라서 순舜은 더 자주 보고 싶기 때문에 다른 정치적인 일을 핑계로 자주 오게 하였다. 이 내용은 옛날의 책에 기록되어 있던 내용이라고도 하고(주자朱子), 『서경書經』의 기록이지만 현재의 『서경』에는 누락되어 있는 부분이라고도 한다(강성江聲).

<table>
<tr><td>제
4
장</td><td>咸丘蒙이 問曰語云盛德之士는 君不得而臣하며 父不
[1]
得而子라 舜南面而立이어시늘 堯帥諸侯하여 北面而
[3]
朝之하시고 瞽瞍亦北面而朝之어늘 舜見瞽瞍하시고
其容有蹙이어늘 孔子曰於斯時也에 天下殆哉라 岌
[4]
岌乎인저하사소니 不識케이다 此語誠然乎哉잇가 孟子
曰否라 此非君子之言이요 齊東野人之語也라 堯老
而舜攝也러시니 堯典曰二十有八載에 放勳이 乃徂
[5] [6]
落커시늘 百姓은 如喪考妣三年하고 四海는 遏密 八
[7][8] [9] [10]
音이라하며 孔子曰天無二日이요 民無二王이라하시니
舜旣爲天子矣요 又帥天下諸侯하여 以爲堯三年喪
이면 是는 二天子矣니라</td></tr>
</table>

함구몽咸丘蒙이 물었다. "옛말에 이르기를, '덕德이 성대한 선비는
임금이 그를 신하로 삼을 수 없으며, 아버지가 그를 아들로 삼을
수 없었다. 순舜이 남면南面하여 서 계셨는데, 요堯가 제후를 거느
리고 북면北面하여 조회하셨고, 고수瞽瞍 또한 북면하여 조회하자,
순舜이 고수를 보시고 (불안하여) 그 얼굴에 찌푸림이 있었거늘,
공자께서 말씀하시기를, 이때에 「천하天下가 위태로운지라 (그래
서) 불안하였다」고 하셨다' 하니, 모르겠습니다만 이 말이 참으로
그러합니까?" 맹자께서 말씀하셨다. "아니다. 이것은 군자의 말이
아니라 제齊나라 동쪽의 야인野人들의 말이다. 요堯가 늙어서 순舜
이 섭정하셨는데, 「요전堯典」에 이르기를, '(순舜이 섭정하신 지)
28년 만에 방훈放勳이 별세하시니, 백성들이 부모를 잃은 것같이
한 것이 3년이었고, 온 세상에서는 모든 음악을 중지하여 조용하
였다' 하며, 공자께서는 '하늘에는 두 태양이 없고 백성에게는 두
임금이 없다' 하셨으니, 순舜이 이미 천자天子가 되었고, 또 천하의
제후들을 거느리고 요堯를 위하여 3년상을 하셨다면, 이는 두 천
자가 되는 것이다."

1 咸丘蒙 : 맹자의 제자.
2 語 : 당시에 전해져 내려오던 말.
3 南面 : 임금은 북쪽에서 남南으로 향하고 신하는 남쪽에서 북北으로 향하므
  로, 남면이란 '임금 노릇한다'는 뜻이 된다.
4 㤼㤼 : 불안해하는 모양.
5 堯典 : 『서경書經』우서虞書의 편명. 현존하는 『서경』에는 이 문장이 『순전舜
  典』에 들어 있는데, 이는 남제南齊 때(5세기 후반)의 책에 따라 원래의 요전
  을 둘로 나눈 것이라 한다.
6 徂落 : '죽는다'는 뜻. 주자朱子는, '조徂는 올라간다는 뜻이고 락落은 내려간

다는 뜻인데, 사람이 죽으면 혼魂은 올라가고 백魄은 내려가기 때문에, 죽는 것을 조락祖落이라 한다'고 했다.

7 考 : 아버지. 후대에는 죽은 아버지에 대한 칭호가 되었다.

8 妣 : 어머니. 후대에는 죽은 어머니에 대한 칭호가 되었다.

9 遏密 : 막아서 조용하게 하는 것.

10 八音 : 모든 음악. 금金·석石·사絲·죽竹·포匏·토土·혁革·목木을 재료로 하여 만든 모든 악기에서 나는 소리.

咸丘蒙曰舜之不臣堯則吾旣得聞命矣어니와 詩云普
天之下이 莫非王土며 率土之濱이 莫非王臣이라하니
而舜이 旣爲天子矣시니 敢問瞽瞍之非臣은 如何잇고
曰是詩也는 非是之謂也라 勞於王事而不得養父母
也하여 曰此莫非王事니 我獨賢勞也라하니 故로 說
詩者不以文害辭하며 不以辭害志요 以意逆志라야
是爲得之니 如以辭而已矣인댄 雲漢之詩曰周餘黎
民이 靡有孑遺라하니 信斯言也인댄 是는 周無遺民
也니라 孝子之至는 莫大乎尊親이요 尊親之至는 莫
大乎以天下養이니 爲天子父하니 尊之至也요 以天
下養하시니 養之至也라 詩曰永言孝思라 孝思維則이
라하니 此之謂也니라 書曰祗載見瞽瞍하시되 夔夔齊
栗하신대 瞽瞍亦允若이라하니 是爲父不得而子也니라

함구몽이 말했다. "순舜이 요堯를 신하삼지 않으신 것은 내가 이미 가르침을 들었습니다만, 『시경詩經』에 이르기를, '온 하늘의 아래가 왕의 땅이 아님이 없고, 모든 땅의 끝까지가 왕의 신하가 아님이 없다' 하였으니, 순舜이 이미 천자가 되셨습니다만, 감히 묻겠습니다. 고수를 신하삼으신 것이 아님은 어떠한 것입니까?" "이 시詩는 이것을 말한 것이 아니다. 왕의 일에 시달려어 부모를 봉양할 수 없어서 (탄식하여) 말하기를, '모두가 왕의 일이 아닌 것이 없으니, (왕의 일이 바빠서 부모를 봉양할 시간이 없으므로) 나 홀로 수고롭다'고 한 것이다. 그러므로 시詩를 설명하는 자는 글자 때문에 말을 해치지 말며, 말 때문에 뜻을 해치지 말고, 마음으로 시의 뜻을 헤아려야 그것이 시의 뜻을 터득하는 것이다. 만약 말만을 가지고 해석할 뿐이라면, 「운한雲漢」이라는 시에, '주周나라의 남은 백성이 하나도 남아 있는 것이 없다' 하였는데, 이 말을 믿는다면 이는 주周나라에는 남아 있는 백성이 없는 것이 된다. 효자孝子의 지극한 것으로는 어버이를 높이는 것보다 더 큰 것이 없고, 어버이를 높이는 것 중의 지극한 것으로는 천하로써 봉양하는 것보다 더 큰 것이 없는데, 천자의 아버지가 되었으니 높은 것의 극치이고, 천하로써 봉양하였으니 봉양함의 극치이었다. 『시경』에 이르기를, '길이 효도하며 사모하는구나. 효도하고 사모하는 것을 오직 본받아야겠다' 하였으니, 이것을 말한 것이다. 『서경』에 이르기를, '(천자가 된 뒤에) 조심스럽게 처음으로 고수를 뵈올 때에, 조심조심 마음을 가다듬고 두려워하셨는데, 고수도 또한 믿고 따랐다' 하였으니, 이것이 아버지가 아들삼지 못한 이유가 되는 것이다."

| 난자풀이 |

1 之 : 주격조사.

2 詩 : 『시경』 소아小雅 곡풍지십谷風之什 중의 북산편北山篇.

3 率 : '따라간다'는 뜻.

4 濱 : 물가. 음은 '빈'. 옛날에는 땅이 바닷가에서 끝난다고 생각하였으므로, 바닷가라는 말은 땅의 끝을 말한다. 그리고 땅의 끝까지 따라간다는 말은 모든 땅을 의미한다.

5 之 : 도치를 나타내는 역할을 한다.

6 如何 : '어떠한 것이냐?'라는 뜻.

7 之 : 도치를 나타내는 역할을 한다.

8 賢 : 노勞와 같은 뜻. 주자朱子는 '현명하다'는 뜻으로 해석하였으나, 『시경』 소아 곡풍지십 북산편에 '아종사독현我從事獨賢'이라는 말이 있는데, 이때의 현賢이 노勞로 해석된다.

9 意 : 마음. 의중意中.

10 逆 : '맞이한다'는 뜻. '의중으로 맞이한다'는 말은 '헤아린다'는 뜻을 말한 것이다.

11 以 : 이以A위爲B의 문형에서 보면, 위爲B에 해당하는 말이 생략되어 있는데, 그 생략된 말의 뜻은 '헤아린다', '해석한다' 등일 것이다.

12 雲漢 : 『시경』 대아大雅 탕지십蕩之什 중의 운한편雲漢篇.

13 黎 : '검다'는 뜻. 음은 '려'. '여민黎民'은 '머리가 검은 백성'이라는 뜻인데, 일반적으로 '백성'이라는 뜻으로 쓰인다.

14 子 : '홀로'라는 뜻으로 음은 '혈'.

15 詩 : 『시경』 대아大雅 문왕지십文王之什 중의 하무편下武篇.

16 言 : 조음소

17 之 : 도치를 나타내는 역할을 한다.

18 書 : 『서경』 우서虞書 대우모大禹謨.

19 祗 : 경건하게. 조심스럽게.

20 載 : 주자는 사事로 해석하였으나 『서경』에서의 재載는 대체로 '비롯한다', '처음으로' 등의 뜻으로 쓰인다.

21 見 : '뵙는다'는 뜻으로 음은 '현'.

22 夔夔 : 공경심을 가지고 조심조심하는 모양.

23 齊 : 마음을 가다듬는 것.

24 栗 : 두려워하는 것.

25 允 : 신信과 같은 뜻.

26 若 : 순順과 같은 뜻.

마음을 표현한 것이 말이고 말을 표현한 것이 글이므로, 글을 볼 때는 글에만 얽매이지 말고 그 글이 표현하고자 한 의미를 이해해야 하고, 말을 들을 때는 말에만 얽매이지 말고 그 말이 표현하고자 한 마음을 이해해야 한다.

제 5 장

만장왈요이천하여순
萬章曰堯以天下與舜이라하니 有諸잇가 孟子曰否라
　　　　　　　　　　　유저　　맹자왈부
　　　　　　　　　　　　　　1

천자불능이천하여인
天子不能以天下與人이라 然則舜有天下也는 孰與
　　　　　　　　　　　연즉순유천하야　　숙여

지　　왈천여지　　천여지자　　순순연명지호잇
之잇고 曰天與之시니라 天與之者는 諄諄然命之乎잇
　　　　　　　　　　　　　　　　　　2

　　왈부　천불언　　이행여사　시지이이의
가 曰否라 天不言이라 以行與事로 示之而已矣니라
　　　　　　　　　　3　　4　　5

왈이행여사　　시지자　　여지하　　왈천자능천인
曰以行與事로 示之者는 如之何잇고 曰天子能薦人

어천　　　　불능사천여지천하　　제후능천인어천자
於天이언정 不能使天與之天下며 諸侯能薦人於天子

이언정　불능사천자여지제후　　대부능천인어제후이
이언정 不能使天子與之諸侯며 大夫能薦人於諸侯이

언정　　불능사제후여지대부　　석자　　요천순어천이
언정 不能使諸侯與之大夫니 昔者에 堯薦舜於天而

천수지　　　폭지어민이민수지　　고왈천불언
天受之하고 暴之於民而民受之라 故曰天不言이라
　　　　6

이행여사　시지이이의
以行與事로 示之而已矣라하노라

만장萬章이 말했다. "요堯가 천하天下를 순舜에게 주었다 하니 그런 일이 있었습니까?" 맹자께서 말씀하셨다. "아니다. 천자天子는 천하를 남에게 줄 수 없는 것이다." "그렇다면 순舜이 천하를 가진 것은 누가 준 것입니까?" "하늘이 준 것이다." "하늘이 주는 것은 이러쿵저러쿵 명령하는 것입니까?" "아니다. 하늘은 말을 하지 아니한다. 운행과 일로써 보여줄 뿐이다." "운행과 일로써 보여주는 것은 어떻게 하는 것입니까?" "천자는 사람을 하늘에 추천할 수는 있지만 하늘로 하여금 그에게 천하를 주게 할 수는 없으며, 제후諸侯는 사람을 천자에게 추천할 수는 있지만, 천자로 하여금 그에게 제후 자리를 주게 할 수는 없으며, 대부大夫는 사람을 제후에게 추천할 수는 있지만, 제후로 하여금 그에게 대부 자리를 주게 할 수는 없다. 옛날에 요堯가 순舜을 하늘에 추천하여 하늘이 받아들였고, 백성들에게 드러내어 백성들이 받아들였다. 그러므로 '하늘은 말을 하지 않고 운행과 일로써 보여줄 뿐이다'라고 한 것이다."

| 난자풀이 |

① 諸 : 지호之乎의 뜻.
② 諄諄然 : 구체적으로 이러쿵저러쿵 말하는 모양.
③ 行 : 주자朱子는 '순舜의 행실'로 보았으나, '하늘의 운행'으로 보아야 할 것이다.
④ 事 : 주자는 '순舜의 사업'으로 보았으나, '백성들에게 받아들여져 일이 이루어지는 상태'로 이해해야 할 것이다.
⑤ 示 : '하늘의 뜻을 보여준다'는 뜻.
⑥ 暴 : '드러낸다'는 뜻으로 음은 '폭'.

| 강설 |

인간세상을 움직여가는 원동력은 크게 두 가지로 생각할 수 있다. 하나는 천지자연의 운행이고 다른 하나는 모든 사람의 공통적 의

지이다. 개인의 의지로 인간세상을 움직일 수는 없다.

따라서 이 세상을 이끌어가는 천자의 자리는 개인의 의지로 결정할 수 있는 것이 아니라 천지자연의 운행과 모든 사람의 공통적인 의지에 의해서 결정된다. 인간세상을 움직여가는 이 두 요소를 맹자는 천天의 역할로 본 것이다.

曰敢問薦之於天而天受之하고 暴之於民而民受之는

如何니잇고 曰使之主祭而百神享之하니 是는 天受之

요 使之主事而事治하여 百姓安之하니 是는 民受之

也라 天與之하며 人與之니 故曰天子不能以天下與

人이라하노라 舜相堯二十有八載하시니 非人之所能爲

也라 天也라 堯崩이어시늘 三年之喪을 畢하고 舜이

避堯之子於南河之南이어시늘 天下諸侯朝覲者不之

堯之子而之舜하며 訟獄者不之堯之子而之舜하며 謳

歌者不謳歌堯之子而謳歌舜하니 故曰天也라 夫然

後에 之中國하사 踐天子位焉하시니 而居堯之宮하여

逼堯之子면 是는 簒也라 非天與也니라 太誓曰天視

自我民視하며 天聽自我民聽이라하니 此之謂也니라

"감히 묻겠습니다. 하늘에 추천하였는데 하늘이 받아들였고, 백성에게 드러내 보이었는데 백성이 받아들였다는 것은 어떠한 것입니까?" "그로 하여금 제사를 주관하게 했는데 모든 신神들이 흠향했으니, 이는 하늘이 받아들인 것이고, 그로 하여금 일을 주관하게 하였는데 일이 잘 다스려져 백성들이 편안하였으니, 이는 백성들이 받아들인 것이다. 하늘이 그에게 주고 사람들이 그에게 준 것이니, 그러므로 '천자는 천하를 다른 사람에게 줄 수 없다'고 한 것이다. 순舜이 요堯를 28년 동안이나 도왔으니 사람이 해낼 수 있는 것이 아니므로 하늘의 뜻인 것이다. 요堯가 붕어하시자, 3년상을 마치고 순舜이 요堯의 아들을 하남河南의 남쪽에서 피하였는데, 천하의 제후들 중 조회에 나아가 배알하는 자들이 요堯의 아들에게 가지 않고 순舜에게 가며, 옥사獄事를 소송하는 자들이 요堯의 아들에게 가지 않고 순舜에게 가며, 찬송하는 자들이 요堯의 아들을 찬송하지 않고 순舜을 찬송하니, 그러므로 하늘의 뜻이라고 하는 것이다. 그러한 뒤에 서울에 가서 천자의 자리에 앉았으니 만일 요堯의 궁궐에 있으면서 요堯의 아들을 핍박하였다면 이는 빼앗은 것이지 하늘이 준 것이 아니다. 「태서太誓」에 이르기를, '하늘이 보는 것은 우리 백성이 보는 것으로부터 하며, 하늘이 듣는 것은 우리 백성이 듣는 것으로부터 한다'고 하니, 이것을 말한 것이다."

① 百 : 모든.
② 享 : 흠향한다. 신神들이 제사를 흠향한다는 말은 제사지내는 사람의 뜻을 받아들인다는 말이다. 기우제를 지낸 뒤 비가 오면 신神이 그 제사를 흠향한

것이 된다.

③ 南河 : 기주冀州의 남쪽.

④ 覲 : '배알한다'는 뜻. 음은 '근'.

⑤ 謳歌 : 덕德을 칭송하고 노래하는 것. 찬송.

⑥ 中國 : 서울. 국國은 고전古典에서 도읍지라는 뜻으로 쓰이는 경우가 많다.

⑦ 而 : 여如의 뜻. 만일.

⑧ 太 : 대泰로 쓰이기도 한다. 태서泰誓는 『서경書經』주서周書의 편명이다.

| 강설 |

인간세상을 움직여 가는 원동력은 천지자연의 운행과 모든 사람의 공통적인 의지이다. 그러므로 누군가가 이 세상을 이끌어갈 수 있기 위해서는, 천지자연의 운행에 이상이 없어야 하고, 대부분의 사람이 지속적으로 따라주어야 한다.

제6장 ―

萬章問曰人有言하되 至於禹而德衰하여 不傳於賢而
만장문왈인유언　　　지어우이덕쇠　　　부전어현이

傳於子라하니 有諸잇가 孟子曰否라 不然也라 天與賢
전어자　　　　유저　　맹자왈부　　불연야　　천여현

則與賢하고 天與子則與子니라 昔者에 舜이 薦禹於
즉여현　　　천여자즉여자　　　석자　　순　　천우어

天十有七年에 舜崩커시늘 三年之喪을 畢하고 禹避舜
천십유칠년　　　순붕　　　삼년지상　　필　　　우피순

之子於陽城이러시니 天下之民이 從之若堯崩之後에
지자어양성　　　　　천하지민　　종지약요붕지후
　　　　　①

不從堯之子而從舜也하니라 禹薦益於天七年에 禹崩
부종요지자이종순야　　　　우천익어천칠년　　　우붕

커시늘 三年之喪을 畢하고 益避禹之子於箕山之陰이
　　　　삼년지상　　필　　　익피우지자어기산지음
　　　　　　　　　　　　　　　　　　　　　　②　　　③

러니 朝覲訟獄者不之益而之啓曰吾君之子也라하며
　　　조근송옥자부지익이지계왈오군지자야
　　　　　　　　　　　　　　　　④

謳歌者不謳歌益而謳歌啓曰吾君之子也라하니라
구가자불구가익이구가계왈오군지자야

만장萬章이 물었다. "사람들이 말하되, '우禹에 이르러 덕德이 쇠하여, 현자賢者에게 전해지지 아니하고 아들에게 전해졌다' 하니, 그런 일이 있습니까?" 맹자께서 말씀하셨다. "아니다. 그렇지 않다. 하늘이 현자에게 주면 현자에게 주게 되고, 하늘이 아들에게 주면 아들에게 주게 되는 것이다. 옛날에 순舜이 우禹를 하늘에 추천한 지 17년만에 순舜이 붕어하였는데, 3년상을 마치고 우禹가 순舜의 아들을 양성陽城에서 피했는데, 천하의 백성들이 그를 요堯가 붕어한 뒤에 요堯의 아들을 따르지 않고 순舜을 따른 것처럼 따랐다. 우禹가 익益을 하늘에 추천한 지 7년만에 우禹가 붕어하였는데, 3년상을 마치고 익益이 우禹의 아들을 기산箕山의 북쪽에서 피하였는데, 조회에 나아가 배알하거나 옥사獄事를 소송하는 자들이 익益에게 가지 않고 계啓에게 가면서 말하기를, '우리 임금의 아들이다' 하였고, 찬송하는 자들이 익益을 찬송하지 않고 계啓를 찬송하면서 말하기를, '우리 임금의 아들이다' 하였다.

| 난자풀이 |

1. 陽城 : 지명. 이설異說이 많지만, 초순焦循에 의하면 하남성河南省 숭산嵩山의 남쪽에 있었다고 한다.
2. 箕山 : 지명. 이설異說이 많지만, 초순焦循에 의하면 양성陽城의 남쪽에 있었다고 한다.
3. 陰 : 산의 북쪽이나 강의 남쪽 지역을 일컫는다. 이와 반대로 양陽이란 산의 남쪽이나 강의 북쪽을 일컫는다.
4. 啓 : 우禹의 아들의 이름.

丹朱之不肖에 舜之子亦不肖하며 舜之相堯와 禹之
[1] [2]
相舜也는 歷年多하여 施澤於民이 久하고 啓賢하여
[3]
能敬承繼禹之道하며 益之相禹也는 歷年少하여 施
[4]
澤於民이 未久하니 舜禹益相去久遠과 其子之賢不
[5] [6]
肖이 皆天也니 非人之所能爲也라 莫之爲而爲者는
[7] [8] [9] [10]
天也요 莫之致而至者는 命也니라 匹夫而有天下者
[11] [12]
는 德必若舜禹而又有天子薦之者라 故로 仲尼不有
天下하시니라 繼世以有天下에 天之所廢는 必若桀紂
者也라 故로 益伊尹周公이 不有天下하시니라

| 국역 |

단주丹朱가 불초不肖하였던 것처럼 순舜의 아들 또한 불초하였다.
순舜이 요堯를 도운 것과 우禹가 순舜을 도운 것은, 해를 거듭한 것
이 많아서 백성들에게 혜택을 베푼 것이 오래되었고, 계啓는 현명
하여 공경스럽게 우禹의 도道를 승계할 수 있었으며, 익益이 우禹
를 도운 것은 해를 거듭한 것이 적어서 백성들에게 혜택을 베푼
것이 오래되지 않았다. 순舜·우禹·익益의 도운 기간이 오래고 먼
것의 차이와 그 아들의 어질고 불초함이 모두 하늘의 뜻이니, 사
람이 해낼 수 있는 것이 아니다. 일부러 하지 않아도 저절로 되는
것은 하늘의 뜻이고, 일부러 오게 하지 않아도 저절로 오는 것은

하늘의 작용이다. 필부匹夫이면서 천하天下를 가지는 것은 덕德이 반드시 순舜이나 우禹와 같아야 하고 거기에다 또 천자天子가 추천함이 있는 경우이다. 그렇기 때문에 중니仲尼는 천하를 갖지 못하신 것이다. 대代를 이어서 천하를 소유하고 있는 데에도 하늘이 폐지시키는 것은 반드시 걸桀이나 주紂와 같은 경우이다. 그러므로 익益·이윤伊尹·주공周公이 천하를 가지지 못한 것이다.

| 난자풀이 |

① 丹朱 : 요堯의 아들의 이름.
② 之 : 주격조사. 주격조사로서 지之는, 주어와 술어로 된 완전한 문장이 다른 문장을 구성하는 한 요소가 될 때, 그 주어와 술어 사이에 들어가는 것이므로, '단주지불초丹朱之不肖'는 다음 문장의 한 구성요소로 보아야 한다.
③ 啓 : 우禹의 아들의 이름.
④ 道 : 정치방법.
⑤ 相 : 여기서는 '돕는다'는 뜻으로 보는 것이 좋을 것이다.
⑥ 去 : '거리'라는 뜻인데, 시간개념으로 쓰이면 '기간'이라는 뜻이 된다.
⑦ 天 : 천天을 '인간세상을 이끌어가는 원동력'이라고 본다면, '역사의 큰 흐름'으로 파악할 수도 있다. 역사 속에서 일어나는 개개의 사건들은 역사의 큰 흐름과 무관하게 일어날 수 있는 것이 아니므로, 그 개개의 사건들을 결국 천天이라 할 수 있다. 옛날 사람들이 비행기를 탈 수 없었던 것도 천天이고, 오늘날의 사람들이 자동차를 타지 않을 수 없는 것도 천天이다. 여름으로 가는 과정에서 때로는 꽃샘추위가 있어 겨울로 역행하는 듯이 보이는 때가 있지만, 그것도 여름으로 가는 과정에서 나타나는 현상이듯이, 때로는 역사를 역행하는 듯한 사건도 결국 역사가 나아가는 과정 속에 있는 것이므로 천天인 것이다.
⑧ 之 : 위爲와 도치되어 있다.
⑨ 爲 : 일부러 의식적으로 하는 것.
⑩ 爲 : 저절로 되는 것.
⑪ 命 : 하늘의 작용. 즉 천명天命. 천天을 '역사의 큰 흐름'으로 이해한다면, 명命은 '그 흐름에서 나타나는 작용'으로 볼 수 있다. 이 흐름에서 나타나는 작용이 바로 삶의 근거이기 때문에 조금도 벗어날 수 없는 것이며 따라서 선택할 수 있는 것이 아니다. 심장을 1분에 한 번씩만 뛰게 하고 나이를 천천히 먹게 하는 것을 바랄 수 없는 것과 같다.
⑫ 匹夫 : 평범한 한 남자.

| 강설 |

천지만물의 삶의 원동력이 천天이며 이 세상을 이끌어가는 원동
력이 천天이다. 그러므로 사람은 근본적으로는 스스로 사는 것이
아니라 천天에 의하여 살게 되는 것이다. 주체적으로 호흡하는
것이 아니라 저절로 호흡하게 되는 것이며, 주체적으로 여자를
좋아하는 것이 아니라 남자는 여자를 좋아하게끔 만들어졌기 때
문에 저절로 좋아하게 되는 것이며, 늙고 싶어서 늙는 게 아니
라 저절로 늙어가는 것이니 이러한 모든 것이 천天인 것이다. 천
天의 작용이 명命이므로 명命은 마음대로 선택하여 받아들일 수
있는 것이 아니다.

伊尹이 相湯하여 以王於天下러니 湯이 崩커시늘 太
①
丁은 未立하고 外丙은 二年이요 仲壬은 四年이러니
②　　　　　　　　　③
太甲이 顚覆湯之典刑이어늘 伊尹이 放之於桐三年한
④　　⑤
대 太甲이 悔過하여 自怨自艾하여 於桐處仁遷義三
⑦
年하여 以聽伊尹之訓己也하여 復歸于亳하니라 周公
之不有天下는 猶益之於夏와 伊尹之於殷也니라 孔
⑨
子曰唐虞는 禪하고 夏后殷周는 繼하니 其義一也라하
⑩⑪　　⑫　　　⑬　　　　　⑭
시니라

이윤伊尹이 탕湯을 도와 천하天下에 왕업을 이루게 하였는데, 탕湯이 붕어하시니 태정太丁은 즉위하지 못하고 죽었으며 외병外丙은 재위 2년 만에 죽었고 중임仲壬은 재위 4년 만에 죽었다. 태갑太甲이 탕湯의 법도를 전복시키자 이윤이 그를 동桐땅에 3년 동안 유폐시켰다. 태갑이 과오를 뉘우쳐 자기 자신을 원망하고 다스려, 동桐땅에서 3년 동안 인仁을 실천하고 의義를 회복하여 이윤이 자기에게 훈계한 것을 받아들였기 때문에 다시 서울인 박亳으로 돌아왔다. 주공周公이 천하를 소유하지 못한 것은 익益이 하夏나라에서 그러했던 것이나 이윤이 은殷나라에서 그러했던 것과 같다. 공자께서 말씀하시기를, '당唐·우虞는 현자賢者에게 선위禪位하였고, 하후夏后와 은殷·주周는 아들에게 계승시켰으나 그 도리는 같은 것이다' 하셨다."

① 太丁 : 탕湯의 태자太子. 그는 즉위하기 전에 죽었다.

② 外丙 : 태정의 동생. 조기趙岐에 의하면, 그는 즉위한 지 2년 만에 죽었다.

③ 仲壬 : 외병의 동생. 조기趙岐에 의하면, 그는 즉위한 지 4년 만에 죽었다.

④ 太甲 : 태정의 아들.

⑤ 典 : 법도 제도

⑥ 桐 : 지명. 구체적으로 어디인지 알기 어렵다.

⑦ 自 : 원怨의 목적어.

⑧ 艾 : 치治의 뜻.

⑨ 之 : 주격조사이므로 다음에 술어가 있어야 한다. 여기서는 술어인 '불유천하不有天下'가 생략되었다.

⑩ 唐 : 요堯임금의 나라. 요堯임금의 성姓이기도 하다.

⑪ 虞 : 순舜임금의 나라. 순舜임금의 성姓이기도 하다.

⑫ 禪 : 자리를 선양하는 것.

⑬ 后 : 하夏에 습관적으로 붙어다니는 말. 따라서 '하후夏后'를 하왕조夏王朝로 해석해야 한다.

| 강설 |

현자賢者에게 선위禪位할 상황에서는 선위하고 아들에게 계승시킬 상황에서는 계승시켜야 한다. 양상이 서로 다르지만 백성을 위하여 한다는 뜻은 서로 같다.

제7장

萬章問曰人有言하되 伊尹이 以割烹要湯이라하니 有
①
諸잇가 孟子曰否라 不然하니라 伊尹이 耕於有莘之
②
野而樂堯舜之道焉하여 非其義也며 非其道也어든 祿之
以天下라도 弗顧也하며 繫馬千駟라도 弗視也하고 非
③
其義也며 非其道也어든 一介라도 不以與人하며 一
④
介라도 不以取諸人하니라

| 국역 |

만장萬章이 물었다. "사람들이 말하기를, '이윤伊尹이 요리하는 기술을 가지고 탕湯에게 등용되기를 요구하였다' 하니, 그러한 일이 있었습니까?" 맹자께서 말씀하셨다. "아니다. 그렇지 않다. 이윤이 유신有莘의 들에서 밭을 갈면서 요순堯舜의 도道를 즐겨서, 그 의義가 아니며 그 도道가 아니면 천하天下로써 녹을 주더라도 돌아보지

않고, 말 사천 필을 매어 놓아도 보지 않았으며, 그 의義가 아니며 그 도道가 아니면 지푸라기 하나라도 남에게 주지 않고, 지푸라기 하나라도 남에게서 취하지 않았다.

| 난자풀이 |

1 割烹 : 고기를 썰고 삶고 하는 것. 요리하는 것. 또는 요리. 음은 '할팽'.
2 莘 : 나라 이름. 하남성河南省 개봉부開封府 진유현陳留縣에 있었음. 유有는 한 글자로 된 낱말, 특히 나라 이름 등의 앞에 붙는 조음소.
3 駟 : 말 네 필. '천사千駟'는 '사천 필'.
4 介 : 개芥와 통용. 지푸라기.

湯使人以幣聘之하신대 囂囂然曰我何以湯之聘幣爲
    [1]   [2]
哉리오 我豈若處畎畝之中하여 由是以樂堯舜之道哉
리오하나라 湯三使往聘之하신대 旣而요 幡然改曰與我
                              [3]   [4]
處畎畝之中하여 由是以樂堯舜之道로는 吾豈若使是
君으로 爲堯舜之君哉며 吾豈若使是民으로 爲堯舜
之民哉며 吾豈若於吾身에 親見之哉리오 天之生此
民也는 使先知로 覺後知하며 使先覺으로 覺後覺也
시니 予는 天民之先覺者也로니 予將以斯道로 覺斯
民也니 非予覺之而誰也리오하나라 思天下之民이 匹
                          [6]
夫匹婦有不被堯舜之澤者어든 若己推而內之溝中하
                          [7] [8]

니 其^기自^자任^임以^이天^천下^하之^지重^중이 如^여此^차라 故^고로 就^취湯^탕而^이說^세之^지하 ⑨
여 以^이伐^벌夏^하救^구民^민하니라

| 국역 |

탕湯이 사람을 시켜 폐백을 가지고 초빙하자 거리낌없이 말하기를, '내가 탕湯의 초빙하는 폐백을 가지고 무엇을 하겠는가? 내 어찌 밭이랑 가운데 있으면서 이로 말미암아 요순의 도道를 즐기는 것만 같겠는가?' 하였다. 탕湯이 세 번이나 사람을 보내서 초빙하자, 이윽고 바람에 깃발의 앞뒤가 바뀌듯이 바꾸어 말하기를, '내가 밭이랑 가운데 있으면서 이로 말미암아 요순의 도道를 즐기기보다는, 내 차라리 이 임금으로 하여금 요순 같은 임금이 되게 하는 것이 나을 것이고, 내 차라리 이 백성으로 하여금 요순의 백성이 되게 하는 것이 나을 것이며, 내 차라리 내 몸에서 직접 보는 것이 나을 것이다. 하늘이 이 백성을 낳고서는 먼저 아는 사람으로 하여금 늦게 아는 사람을 깨우치게 하며, 먼저 깨닫는 사람으로 하여금 늦게 깨닫는 사람을 깨우치게 하였다. 나는 하늘이 낸 백성 중 선각자이니, 나는 장차 이 도道를 가지고 백성을 깨우칠 것이다. 내가 깨우쳐야 하는 것이 아니라면 누가 깨우쳐야 하는 것이겠는가?' 하였다. 천하의 백성 중에 필부필부匹夫匹婦라도 요순의 혜택을 입지 못하는 자가 있으면 자기가 그를 밀어서 도랑 가운데로 넣은 것과 같이 여겼으니, 그가 천하의 중책을 스스로 담당하는 것이 이와 같았기 때문에 탕湯에게 나아가 설득하여 하夏나라를 정벌하고 백성을 구제한 것이다.

난자풀이

① 囂囂然 : 거리낌없이 말하는 것.
② 何 : 뒤에 나오는 爲의 목적어인데, 의문대명사이므로 문장의 앞으로 나온 것이다.
③ 旣而 : 조금 있다가. 이윽고
④ 幡然 : 바람에 깃발의 앞뒤가 뒤바뀌듯이 바뀌는 모양.
⑤ 與 : 여與 다음에 기其가 생략되었다. 여기與其A령寧B, 여기A불약不若B, 여기A기약豈若B 등은 모두 'A보다는 차라리 B가 낫다'는 뜻이다.
⑥ 誰 : 수誰 다음에 각지覺之가 생략되었다.
⑦ 推 : '민다'는 뜻의 동사로 음은 '퇴'이다. 추推 다음에 목적어 지之가 생략되었다.
⑧ 內 : 납納과 통용.
⑨ 說 : '달랜다', '설득한다' 등의 뜻으로 음은 '세'.

오 미 문 왕 기 이 정 인 자 야   황 욕 기 이 정 천 하 자 호
吾未聞枉己而正人者也로니 況辱己以正天下者乎아

성 인 지 행   부 동 야   혹 원 혹 근   혹 거 혹 불 거
聖人之行이 不同也라 或遠或近하며 或去或不去나

귀   결 기 신 이 이 의   오 문 기 이 요 순 지 도   요 탕
歸는 潔其身而已矣니라 吾聞其以堯舜之道로 要湯

미 문 이 할 팽 야   이 훈 왈 천 주 조 공   자 목 궁
이요 未聞以割烹也로라 伊訓曰天誅造攻은 自牧宮이
　　　　　　　　　　　　　　①　　②　　③

나 짐 재 자 박
朕載自亳하니라
　④ ⑤

국역

나는 자기를 굽히고서 남을 바로잡는다는 것은 듣지 못했으니 하물며 자기를 욕되게 하여 천하를 바로잡는 것에 있어서랴. 성인聖人의 행동은 같지 않다. 혹 멀리 가기도 하고 혹 가까이 있기도 하며, 혹 떠나기도 하고 혹 떠나지 않기도 하지만, 귀결되는 점은 그 몸을 깨

꿋이 하는 것일 뿐이다. 나는 그가 요순의 도道를 가지고 탕湯에게 요구했다는 말은 들었어도 요리술을 가지고 요구했다는 말은 듣지 못했다. 「이훈伊訓」에 이르기를, '하늘이 벌을 주어 공격을 처음 시작한 것은 목궁牧宮에서부터였지만, 나의 일은 박亳에서 시작되었다' 고 하였다."

난자풀이

1 伊訓 : 『서경書經』 상서商書의 편명篇名.
2 造 : '시작한다'는 뜻.
3 牧宮 : 걸桀의 궁궐.
4 朕 : 일인칭대명사. 나. 여기서는 이윤을 지칭한다.
5 載 : '시작한다'는 뜻.

강설

하늘이 걸桀에게 벌을 주는 것은 목궁牧宮을 공격하는 데서 시작되었지만, 걸桀을 정벌하려는 이윤의 뜻은 이미 이윤이 박亳에 있을 때부터 시작되었다.

제8장

萬章問曰或謂孔子於衛에 主癰疽하시고 於齊에 主
侍人瘠環이라하니 有諸乎잇가 孟子曰否라 不然也라
好事者爲之也니라 於衛에 主顔讎由러시니 彌子之妻
與子路之妻兄弟也라 彌子謂子路曰孔子主我하시면
衛卿을 可得也라하여늘 子路以告한대 孔子曰有命이
라하시니 孔子進以禮하시며 退以義하사 得之不得曰

有命이라하시니 而主癰疽與侍人瘠環이시면 是는 無

義無命也니라 孔子不悅於魯衛하사 遭宋桓司馬將要[8][9]

而殺之하여 微服而過宋하시니 是時에 孔子當阨하시[10]

되 主司城貞子하시니 爲陳侯周臣이니라 吾聞觀近臣

以其所爲主요 觀遠臣以其所主라하니 若孔子主癰疽[11]

與侍人瘠環이시면 何以爲孔子리오

국역

만장萬章이 물었다. "어떤 사람이 이르기를, '공자가 위衛나라에서
는 옹저癰疽의 집에 묵으셨고, 제齊나라에서는 내시內侍인 척환瘠環
의 집에서 묵으셨다' 하니, 그런 일이 있습니까?" 맹자께서 말씀하
셨다. "아니다. 그렇지 않다. 일꾸미기를 좋아하는 자들이 만들어
낸 것이다. 위衛나라에서는 안수유顔讎由의 집에 묵으셨다. 미자彌
子의 처와 자로子路의 처는 형제간이었다. 미자가 자로에게 말하기
를, '공자께서 우리 집에 묵으시면, 위衛나라의 경卿이 될 수 있다'
하자, 자로가 그 말로써 아뢰니, 공자께서 말씀하시기를, '명命이
있는 것이다' 하셨다. 공자께서는 예禮에 따라 나아가시고 의義에
따라 물러나시며, 뜻대로 되거나 되지 않더라도 '명命이 있는 것이
다' 하셨으니, 그러고서도 옹저나 내시內侍인 척환의 집에서 묵으
셨다면 이는 의義를 무시하고 명命을 무시한 것이다. 공자께서 노
魯나라와 위衛나라에서 기뻐하시지 않으시어 (노魯와 위衛를 떠나

송宋을 지나가실 적에) 송宋의 환사마桓司馬가 기다렸다가 죽이려 하는 것에 당면하여, 미복微服을 입고서 송宋나라를 지나가셨으니, 이때 공자께서 어려움을 당하셨지만 (권세 있는 사람의 집에서 묵지 않으시고) 사성정자司城貞子의 집에서 묵으셨는데, (그는 뒤에) 진후陳侯 주周의 신하가 된 사람이었다. 나는, 가까이 있는 신하는 누구를 묵게 하는가를 가지고 관찰하고 멀리 있는 신하는 누구의 집에 묵는가를 가지고 관찰한다고 들었다. 만약 공자가 옹저나 내시인 척환의 집에서 묵으셨다면 무엇을 가지고 공자가 되셨겠는가?"

난자풀이

1 癰疽 : 옹癰도 저疽도 종기이므로, 옹저는 종기를 치료하는 의사의 이름이라 한다.
2 侍人 : 내시. 환관.
3 瘠環 : 척瘠은 성, 환環은 이름.
4 諸 : 지之와 같음.
5 顔讎由 : 위衛나라의 어진 대부大夫.
6 彌子 : 위衛나라 영공靈公에게 총애를 받았던 신하인 미자하彌子瑕.
7 之 : 득得의 목적어.
8 桓司馬 : 환桓은 성, 사마司馬는 군대를 다스리는 관직 이름 환퇴桓魋를 말한다.
9 要 : 기다렸다가 맞이하는 것.
10 微 : '미천하다'는 뜻. '미복微服'은 미천한 사람이 입는 옷.
11 所爲主 : 주인이 되는 것. 즉 남을 묵게 하는 것.

강설

어떤 사람을 주인 삼는다는 말은 그 사람의 집에서 묵는다는 말이다. 옛날에는 사람이 다른 고을이나 다른 나라에 갈 때, 여관에서 자지 않고 주로 개인의 집에서 묵는 관습이 있었는데, 누구의 집에서 묵는가 하는 것이 그 사람을 평가하는 기준이 되었다. 부귀를 탐하는 사람은 주로 권력 있는 사람의 집에서 묵기를 희망했을 것이고, 양심을 따르는 선비는 정직한 사람의 집에서 묵기를 희망했을 것이기 때문이다.

공자가 경卿이 되고자 한 것은, 경卿이 되는 것에 목적이 있는 것이 아니라 천명天命을 실천하는 데 목적이 있었다. 하늘이 이 세상에 인仁을 실현시키려 한다면 힘쓰지 않아도 공자는 저절로 정치에 참여하게 될 것이지만, 그렇지 않다면 공자가 비록 정치에 가담하더라도 인仁을 실현할 수 없으므로 가담하는 의미가 없다. 따라서 특정한 개인의 뜻에 힘입어 공자가 정치에 가담한다 하더라도 그것은 의미가 없는 것이다.

인仁을 실천하는 구체적인 방법이 예禮이므로, 인仁을 실천하기 위한 구체적인 행동은 예禮를 실천하는 것으로 나타난다. 그리고 인仁이 실천되지 않을 때 그것을 거부하는 행동원리가 의義이므로 인仁이 실천되지 않을 때 물러나는 것은 의義에 해당된다.

서울에 있는 신하는 먼 데서 온 사람을 묵게 할 기회가 있으므로, 누구를 묵게 하는가를 보면 그의 사람됨을 평가할 수 있고, 먼 데 있는 신하는 서울에서 남의 집에 묵을 일이 있으므로, 누구의 집에서 묵는가를 보면 그의 사람됨을 평가할 수 있다.

공자는 위급한 상황에서도 권력 있는 사람의 집에서 묵지 않고 정직하고 선량한 사람의 집에서 묵었다.

제 9 장

萬章問曰或曰百里奚自鬻於秦養牲者五羊之皮하여

食牛하여 以要秦穆公이라하니 信乎잇가 孟子曰否라

不然하니라 好事者爲之也니라 百里奚는 虞人也니

晉人이 以垂棘之璧與屈産之乘으로 假道於虞하여

以伐虢_{이어늘} 宮之奇_는 諫_{하고} 百里奚_는 不諫_{하니라}
⑪
知虞公之不可諫而去之秦_{하니} 年已七十矣_라 曾不
⑫
知以食牛干秦穆公之爲汚也_면 可謂智乎_아 不可諫
⑬
而不諫_{하니} 可謂不智乎_아 知虞公之將亡而先去之
⑭
_{하니} 不可謂不智也_{니라} 時擧於秦_{하여} 知穆公之可與
⑮
有行也而相之_{하니} 可謂不智乎_아 相秦而顯其君於

天下_{하여} 可傳於後世_{하니} 不賢而能之乎_아 自鬻以

成其君_은 鄕黨自好者_도 不爲而謂賢者爲之乎_아

| 국역 |

만장萬章이 물었다. "어떤 사람이 말하기를, '백리해百里奚가 스스로 진秦나라의 희생을 기르는 자에게 양 다섯 마리의 가죽값에 팔려 가서, 소를 먹이면서 (그 소먹이는 것을 기회로) 진목공秦穆公에게 벼슬자리를 요구하였다' 하니, 정말입니까?" 맹자께서 말씀하셨다. "아니다. 그렇지 않다. 일을 꾸미기 좋아하는 자들이 만들어낸 것이다. 백리해는 우虞나라 사람인데, 진晉나라 사람이 수극垂棘에서 생산된 벽璧과 굴屈에서 생산된 수레를 가지고 우虞나라에서 길을 빌려 괵虢를 정벌하려 하자, 궁지기宮之奇는 (임금에게 허가하지 말도록) 간하였고, 백리해는 간하지 않았다. 우공虞公에게 간할 수 없음을 알고 떠나서 진秦나라에 갔을 때의 나이가 이미 70이었다.

일찍이 소를 먹이는 일을 가지고 진목공에게 벼슬을 구하는 것이
더러운 일임을 알지 못했다면 지혜롭다고 할 수 있겠는가? 간해도
안 되기 때문에 간하지 않았으니 지혜롭다고 할 수 없겠는가? 우
공이 장차 망할 것을 알고 먼저 거기를 떠났으니 지혜롭지 않다고
할 수 없다. 그때 진秦나라에 등용되어, 목공穆公이 함께 좋은 정
치를 할 수 있는 사람인 줄 알아서 그를 도왔으니, 지혜롭지 않다
고 할 수 있겠는가? 진秦나라를 도와 그 임금을 천하에 드러내어
후세後世에 전할 수 있게 하였으니 현명하지 않고서 그렇게 할 수
있겠는가? 스스로 팔려가서 그 임금을 (훌륭한 임금으로) 완성시
키는 것은 시골에서 자기의 일만을 좋아하는 자들도 그렇게 하지
않는데, 현자賢者가 그런 일을 한다고 하겠는가?"

| 난자풀이 |

1 百里奚 : 우虞나라의 현명한 신하. 백리百里가 씨氏이고 해奚가 이름이다.

2 鬻 : '판다' 또는 '팔린다'는 뜻. 음은 '육'.

3 牲 : 제사에 쓰는 희생.

4 食 : '먹인다'는 뜻으로 음은 '사'.

5 秦穆公 : 진秦나라의 목공. 무공繆公으로 기록되어 있는 판본도 있다.

6 虞 : 나라 이름. 춘추시대春秋時代 때 진晉나라에게 멸망당하였다. 지금의
산서성山西省 평륙현平陸縣의 동북쪽에 있었다.

7 垂棘 : 지명. 진晉나라에 있었는데, 아름다운 옥이 생산되었다.

8 璧 : 옥玉으로 만든 장식품으로, 원판형의 가운데에 작은 구멍이 있는 것. 중앙
의 구멍의 직경이 전체 원판의 직경의 3분의 1이 넘는 것은 환瓛이라 한다.

9 屈 : 지명. 조기趙岐는 '굴산屈産'이 지명이라 했다.

10 乘 : 말 네 필이 끄는 수레. 주자朱子와 조기趙岐는 모두 '말'로 보았으나, 말
과 수레를 함께 지칭하는 것으로 보는 것이 좋다.

11 虢 : 나라 이름. 음은 '괵'.

12 之 : 우공과 불가간不可諫이 도치되었음을 나타낸다. '불가간어우공不可諫於
虞公'으로 놓고 해석하면 된다.

13 干 : '구한다'는 뜻. 음은 '간'.

14 之 : 주격조사.

15 之 : 목공과 가여可與가 도치되었음을 나타낸다.

十. 만장장구하 萬章章句下

제
1
장

맹 자 왈 백 이　　　　목 불 시 악 색　　　　이 불 청 악 성　　　　비 기
孟子曰伯夷는 目不視惡色하며 耳不聽惡聲하고 非其

군 불 사　　　비 기 민 불 사　　　치 즉 진　　　난 즉 퇴
君不事하며 非其民不使하여 治則進하고 亂則退하여

횡 정 지 소 출　　　횡 민 지 소 지　　　불 인 거 야　　　사 여 향
橫政之所出과 橫民之所止에 不忍居也하며 思與鄕
　　　１

인 처　　　여 이 조 의 조 관　　　좌 어 도 탄 야　　　당 주 지
人處하되 如以朝衣朝冠으로 坐於塗炭也러니 當紂之

시　　　거 북 해 지 빈　　　이 대 천 하 지 청 야　　　고　　문
時하여 居北海之濱하여 以待天下之淸也하니 故로 聞

백 이 지 풍 자　　　완 부 렴　　　나 부 유 립 지
伯夷之風者는 頑夫廉하며 懦夫有立志하니라

국역

맹자께서 말씀하셨다. "백이伯夷는 눈으로는 나쁜 빛을 보지 아니하며, 귀로는 나쁜 소리를 듣지 아니하고, 제대로 된 임금이 아니면 섬기지 않으며, 제대로 된 백성이 아니면 부리지 않으며, 세상이 다스려지면 나아가고 혼란하면 물러가서, 나쁜 정치가 나오는

곳과 나쁜 백성이 머무는 곳에는 차마 거처하지 못하였으며, 시골의 미천한 사람과 같이 있는 것을 마치 조복朝服과 조관朝冠을 하고 진흙이나 숯에 앉아 있는 것처럼 생각했다. 주紂의 시대에 당면하여서는 북쪽의 바닷가에 거처하면서 천하가 맑아지기를 기다렸다. 그러므로 백이의 풍도를 들은 자들은, 완고한 남자라면 청렴해지고 겁 많은 남자라면 뜻을 세우게 된다.

| 난자풀이 |

① 橫政 : 바로 된 정치가 아니라 옆으로 된 정치이므로, '나쁜 정치'라는 뜻이다.

伊尹曰何事非君이며 何使非民이리오하여 治亦進하며
亂亦進하여 曰天之生斯民也는 使先知로 覺後知하며
使先覺으로 覺後覺이니 予는 天民之先覺者也로니
予將以此道로 覺此民也라하며 思天下之民이 匹夫
匹婦有不與被堯舜之澤者어든 若己推而內之溝中하
니 其自任以天下之重也니라

| 국역 |

이윤伊尹은 말하기를, '누구를 섬긴들 임금이 아니며, 누구를 부린들 백성이 아니겠는가' 하여, 세상이 다스려져도 나아가며 혼란해도 나아가서 말하기를, '하늘이 이 백성을 낳고서는, 먼저 아는 사람으로 하여금 뒤에 아는 사람을 깨우치게 하며, 먼저 깨닫는 사람으로 하여금 뒤에 깨닫는 사람을 깨우치게 하는 것이니, 나는 하늘이 낸 백성 중에서 먼저 깨달은 사람이므로, 나는 장차 이 도道를 가지고 이 백성을 깨우치겠다' 하였으며, 천하의 백성들이 필부필부匹夫匹婦라도 요순堯舜의 혜택을 입지 못한 자가 있으면 마치 자기가 그를 밀어서 도랑 가운데에 넣은 것처럼 생각했으니, 그는 스스로 천하의 중책을 담당한 것이다.

柳下惠는 不羞汚君하며 不辭小官하며 進不隱賢하여

必以其道하며 遺佚而不怨하며 阨窮而不憫하며 與鄕

人處하되 由由然不忍去也하여 爾爲爾요 我爲我니

雖袒裼裸裎於我側인들 爾焉能浼我哉리오하니 故로

聞柳下惠之風者는 鄙夫寬하며 薄夫敦하니라

| 국역 |

유하혜柳下惠는 더러운 임금을 부끄러워하지 않으며, 작은 벼슬을 사양하지 아니하고, 나아가면 현명함을 숨기지 아니하여 반드시 자기의 도리를 다했다. 버림을 받아도 원망하지 않았고, 곤궁하게 되어도 고민하지 않았으며, 시골의 미천한 사람과 같이 있어도 느긋하여 차마 떠나지 못하고, '너는 너이고 나는 나이니, 비록 내 옆에서 옷을 걷어올리거나 벗는다한들 네가 어떻게 나를 더럽힐

수 있겠는가' 하였다. 그러므로 유하혜의 풍도를 들은 자들은, 비겁한 남자라면 너그러워지고, 각박한 남자라면 두터워진다.

孔子之去齊에 接淅而行하시고 去魯에 曰遲遲라 吾行
　①　　　 　②③

也여하시니 去父母國之道也라 可以速而速하며 可以

久而久하며 可以處而處하며 可以仕而仕는 孔子也시니라

| 국역 |

공자께서 제齊나라를 떠나실 적에는 밥하려고 일어서 담구어 놓은 쌀을 받아 가지고 가셨고, 노魯나라를 떠나실 적에는, '더디고 더디다, 나의 걸음이여!' 하셨으니, 부모의 나라를 떠나는 도리이다. 속히 떠나야 되는 상황이면 속히 떠나고, 오래 머물러야 하는 상황이면 오래 머물며, 은둔해야 되는 상황이면 은둔하고, 벼슬해야 되는 상황이면 벼슬하는 것은 공자이시다."

| 난자풀이 |

① 之 : 주격조사.
② 接 : 받는 것.
③ 淅 : 밥하려고 일어서 담구어 놓은 쌀. '접석이행接淅而行'은 밥을 할 때까지 기다리지 못하고 밥하려고 담구어 놓은 쌀을 받아서 가는 것을 말한다.

孟子曰伯夷는 聖之淸者也요 伊尹은 聖之任者也요

柳下惠는 聖之和者也요 孔子는 聖之時者也시니

孔子之謂集大成이니라 集大成也者는 金聲而玉振

之也라 金聲也者는 始條理也요 玉振之也者는 終

條理也니 始條理者는 智之事也요 終條理者는 聖

之事也니라 智는 譬則巧也요 聖은 譬則力也니 由

射於百步之外也하니 其至는 爾力也어니와 其中은

非爾力也니라

| 국역 |

맹자께서 말씀하셨다. "백이는 성인聖人 중의 청아淸雅한 자이고,
이윤은 성인 중의 사명감이 넘치는 자이고, 유하혜는 성인 중의
온화한 자이고, 공자는 성인 중에서 상황에 맞게 행동하는 자이시
니, 공자를 집대성集大成이라 하는 것이다. 집대성이라는 것은 쇠
로 만든 악기로 소리를 늘어뜨리고 옥玉으로 만든 악기로 거두어
들이는 것이다. 쇠로 만든 악기로 소리를 늘어뜨린다는 것은 가락
을 떼는(시작하는) 것이고, 옥玉으로 만든 악기로 거두어들인다는
것은 가락을 마무리하는 것이다. 가락을 떼는 것은 지혜로움을 가
지고 하는 일이고, 가락을 마무리하는 것은 성스러움을 가지고 하
는 일이다. 지혜로움은 비유하자면 공교로움에 해당하고, 성스러

움은 비유하자면 힘이 있는 것에 해당하는 것이니, 백보 밖에서 활을 쏠 때 화살이 과녁에 이르는 것은 너의 힘 때문이지만 적중하는 것은 너의 힘 때문이 아닌 것과 같다."

| 난자풀이 |

1 時 : 시중時中을 말함. 시時는 상황이라는 뜻이므로, 시중은 '상황에 맞게 행동하는 것'을 의미한다.

2 之 : 공자와 위謂가 도치되었으므로 나타내는 역할을 한다. '위공자집대성謂孔子集大成'으로 놓고 해석하면 된다.

3 集大成 : '모아서 크게 이룬다'는 뜻. 성成은 하나의 악기로 연주하여 하나의 가락을 완성하는 것이므로, 집대성이란 여러 악기가 연주하는 가락들을 모아서 크게 완성하는 것을 말한다. 오늘날의 서양음악에서 말하는 오케스트라에 해당한다.

4 金 : 쇠로 만든 악기.

5 聲 : 소리를 울려 여운을 길게 늘어뜨리는 것.

6 玉 : 옥玉으로 만든 악기.

7 振 : 소리를 수습하여 거두어들임으로써 여운을 남기지 않고 끝마치는 것.

8 條理 : 맥락. 사물의 가닥. 노래의 가락.

9 由 : 유猶와 통용.

| 강설 |

백이, 이윤, 유하혜는 모두 성스러운 사람이지만, 그들은 모두 한 부분으로 치우쳐 있는 사람이다. 백이는 인품이 고결하여 청아淸雅한 면이 두드러지고, 이윤은 사명감을 갖고 적극적으로 일하는 면이 두드러지고, 유하혜는 인품이 너그러워 온화한 면이 두드러지지만, 공자는 이들이 가진 부분적인 성스러움을 모두 합쳐서 완벽하게 다 갖추었다. 청아해야 할 때는 청아하고, 적극적으로 일할 때는 적극적으로 일하며, 온화해야 할 때는 온화하게 처신하는 사람이다. 따라서 각각의 악기가 연주하는 음악을 하나로 모아 크게 완성한 것을 집대성이라고 하였듯이 공자를 집대성이라고 한다.

집대성이란 모든 악기가 연주하는 가락이 각각의 개성을 발휘하면서 전체적으로 큰 조화를 연출하는 것을 말하는데 노래 가락이 각각의 개성을 발휘하기 위해서는 각각의 고유한 음계에 맞추어 음의 높낮이를 달리하면서 길게 여운을 끌어가야 하므로 종과 같은 쇠로 된 악기를 사용하는 것이 어울린다. 반면에 전체적으로 조화를 이루기 위해서는 모든 노래 가락이 혼연일체가 되었을 때 더 이상 여운을 남기지 말고 딱 마무리하는 것이 필요하다. 이때 어울리는 것이 옥玉으로 된 악기이다.

연주할 때, 가락을 뗄 때에는 각 음의 높낮이를 정확하게 분별하여 각각의 소리를 정확하게 내야 하므로, 음과 소리를 잘 분별할 수 있는 지혜로움이 필요하지만, 가락을 마무리할 때는 모든 가락이 혼연일체가 되어 전체적으로 조화를 이루어야 하므로, 남과 자기가 하나가 되는 인仁의 마음이 필요하다.

현실적으로 자기의 처지와 남의 처지를 분별하여 자기 처지에 맞는 역할을 할 수 있는 사람이 지혜로운 사람이라면, 본질적으로 남과 자기가 하나임을 자각하여 남을 자기처럼 생각함으로써 남과 자기가 조화를 이룰 수 있는 사람이 인자仁者, 즉 어진 사람이다. 그리고 이 둘을 겸한 사람이 성자聖者이다. 지혜를 가지고 각 악기의 음을 분별할 수 있는 사람이 전체적인 조화를 파악할 수 있는 인仁을 터득한다면 그 순간 성聖의 차원으로 승화된다. 그렇기 때문에 맹자는 가락을 마무리하는 종조리終條理를 성聖에 해당하는 일이라 한 것이다.

각각의 음을 분별하여 고유한 음을 낼 수 있는 것을 정교함이라고 한다면, 그 음들을 끌어서 전체적으로 조화를 이루는 데까지 가는 것을 추진력이라고 할 수도 있다.

백이, 이윤, 유하혜는 추진력이 있어 각각의 고유한 삶의 형태를 끝까지 관철하지만, 상황판단을 정확하게 할 수 있는 분별력이 모자라기 때문에, 그때그때 놓여진 상황에 꼭 맞게 행동하는 능력이 부족했다. 지知와 인仁을 완벽하게 갖추어야 완전한 성聖이 되는데, 그들은 지知에 모자람이 있기 때문에 성聖스러움 역시 부분적일 수밖에 없다.

북궁기문왈주실반작록야　　여지하　　맹자왈기
北宮錡問曰周室班爵祿也는 如之何잇고 孟子曰其
　①　　　　　②

상　　불가득이문야　　　제후오기해기야　　이개
詳은 不可得而聞也로라 諸侯惡其害己也하여 而皆

거기적　　　　연이가야상문기략야　　천자일위
去其籍이어니와 然而軻也嘗聞其略也로라 天子一位

공일위　　후일위　　백일위　　자남동일위　　범
요 公一位요 侯一位요 伯一位요 子男同一位니 凡

오등야　　군일위　　경일위　　대부일위　　상사일위
五等也라 君一位요 卿一位요 大夫一位요 上士一位

중사일위　　하사일위　　범륙등　　천자지제지
요 中士一位요 下士一位니 凡六等이라 天子之制地
　　　　　　　　　　　　　　　　　　　③

방천리　　공후　　개방백리　　백　　칠십리　　자
는 方千里요 公侯는 皆方百里요 伯은 七十里요 子

남　　오십리　　범사등　　불능오십리　　부달어천
男은 五十里니 凡四等이라 不能五十里는 不達於天
　　　　　　　　　　　　　　　　　　　　④

자　　부어제후　　왈부용　　천자지경　　수
子하여 附於諸侯하니 曰附庸이니라 天子之卿은 受
　　　　　　　⑤

지시후　　대부　　수지시백　　원사　　수지시자
地視侯하고 大夫는 受地視伯하고 元士는 受地視子
⑥

남
男이니라

| 국역 |

북궁기北宮錡가 물었다. "주周나라 왕실이 작록爵祿을 배열하는 것
은 어떻게 했습니까?" 맹자께서 말씀하셨다. "그 상세한 내용은
듣지 못했다. (작록은 천자天子를 중심으로 배열되어 있으므로)

제후들이 그것이 자기들에게 해가 되는 것이 싫어서 모두 그 전적들을 없애버렸다. 그러나 나는 일찍이 그 대략을 들었다. 천자가 한 자리, 공公이 한 자리, 후侯가 한 자리, 백伯이 한 자리, 자남子男이 한 자리이니 무릇 다섯 등급이다. 군君이 한 자리, 경卿이 한 자리, 대부大夫가 한 자리, 상사上士가 한 자리, 중사中士가 한 자리, 하사下士가 한 자리이니 무릇 여섯 등급이다. 천자가 땅을 차지하는 것은 사방 천리千里이고, 공후公侯는 다 사방 백리百里이며, 백伯은 칠십리七十里이고, 자남은 오십리五十里이니 무릇 네 등급인데, 오십리五十里가 못되는 나라는 천자天子에게 직접 통하지 못하여 제후에게 부속시키니 이를 '부용국附庸國'이라 한다. 천자의 경卿은 땅을 받을 때에 후侯에 견주고, 대부는 땅을 받을 때에 백伯에 견주며, 원사元士는 땅을 받을 때에 자남에 견준다.

| 난자풀이 |

1 北宮錡 : 북궁北宮은 성, 기錡는 이름. 위衛나라 사람. 음은 '북궁의'.
2 班 : 배열하는 것.
3 制 : 주자朱子는 '제도'라 하였으나, 여기서는 '차지하는 것'으로 보는 것이 좋다.
4 達 : 직접 통치하는 것.
5 附庸 : 천자에게 직접 소속되지 못하고 제후에게 부속되는 작은 나라.
6 視 : 견준다.

| 강설 |

천하天下를 여러 나라로 분할하여 가운데를 천자가 차지하고 주변의 각 나라들은 제후들을 임금으로 봉하여 다스리게 하는 것이 주실周室의 제도이다. 이때 천자와 제후들의 서열을 보면, 천자가 한 등급이고, 공公·후侯·백伯·자子·남男으로 분류되는 제후 중에서 공公이 그 다음의 등급에 해당하고, 다음이 후侯, 다음이 백伯, 다음이 자子와 남男으로 되어, 모두 다섯 등급이 된다.

제후들의 나라도 다시 여러 가家로 분할하여 가운데를 제후가 차지하고 주변의 각 가家를 경卿·대부·사士 등으로 하여금 다스리게 했다. 이때 제후국의 임금과 경卿·대부·사士와의 서열을 보면, 임금(제후)이 한 등급이고, 그 다음이 경卿, 대부, 상사, 중사, 하사로 이어지므로 여섯 등급이 된다.

천자가 땅을 차지하는 것은 사방 천리千里이고, 공公과 후侯는 백리, 백伯은 칠십리, 자子와 남男은 오십리인데, 오십리가 못되는 나라는 천자에게 직접 조회하거나 지시를 받지 않고, 가까이 있는 큰 나라를 통해서 간접적으로 연결하게 했다.

천자의 밑에서 정치를 담당하는 고급관리들은 제후와 같은 수준으로 취급하였으니, 경卿은 후侯, 대부는 백伯, 원사는 자子·남男과 같이 취급한 것이다.

大國은 地方百里니 君은 十卿祿이요 卿祿은 四大夫요 大夫는 倍上士요 上士는 倍中士요 中士는 倍下士요 下士與庶人在官者는 同祿하니 祿足以代其耕也라 次國은 地方七十里니 君은 十卿祿이요 卿祿은 三大夫요 大夫는 倍上士요 上士는 倍中士요 中士는 倍下士요 下士與庶人在官者는 同祿하니 祿足以代其耕也니라 小國은 地方五十里니 君은 十卿祿이요

卿祿은 二大夫요 大夫는 倍上士요 上士는 倍中士요
中士는 倍下士요 下士與庶人在官者는 同祿하니 祿
足以代其耕也니라 耕者之所獲은 一夫百畝니 百畝
③
之糞이면 上農夫는 食九人하고 上次는 食八人하고
④⑤   ⑥
中은 食七人하고 中次는 食六人하고 下는 食五人이
니 庶人在官者는 其祿이 以是爲差니라

| 국역 |

대국大國은 땅이 사방 100리인데, 임금은 경卿의 녹祿의 10배이고, 경卿의 녹祿은 대부의 4배이고, 대부는 상사의 배이고, 상사는 중사의 배이고, 중사는 하사의 배이고, 하사와 서인庶人으로서 관직에 있는 자는 녹祿이 같으니, 녹祿이 경작하는 자들의 수입을 대신할 만하였다. 그 다음 규모의 나라는 땅이 사방 70리인데, 임금은 경卿의 녹祿의 10배이고, 경卿의 녹祿은 대부의 3배이고, 대부는 상사의 배이고, 상사는 중사의 배이고, 중사는 하사의 배이고, 하사와 서인으로서 관직에 있는 자는 녹祿이 같으니, 녹祿이 경작하는 자들의 수입을 대신할 만하였다. 소국小國은 땅이 사방 50리인데, 임금은 경卿의 녹祿의 10배이고, 경卿의 녹祿은 대부의 2배이고, 대부는 상사의 배이고, 상사는 중사의 배이고, 중사는 하사의 배이고, 하사와 서인으로서 관직에 있는 자는 녹祿이 같으니, 녹祿이 경작하는 자들의 수입을 대신할 만

하였다. 경작하는 농민이 분배받는 토지는, 한 가장家長이 백묘百畝인데, 백묘를 가꾸면 상농부上農夫는 9명을 먹여 살릴 수 있고, 상농부의 다음은 8명을 먹여 살릴 수 있고, 중농부中農夫는 7명을 먹여 살릴 수 있고, 중농부의 다음은 6명을 먹여 살릴 수 있고, 하농부下農夫는 5명을 먹여 살릴 수 있으니, 서인으로서 관직에 있는 자는 그 녹祿이 이를 기준으로 하여 식구 수에 따라서 차등을 두었다."

| 난자풀이 |

1 祿 : 하사와 서인으로서 관직에 있는 자의 녹祿. 이 녹祿은 이以의 목적어이다.

2 耕 : 관직에 있지 않고 땅을 분배받아 농사지을 경우의 수입.

3 獲 : 땅을 분배받는 것.

4 之 : 백묘와 분糞이 도치되었음을 나타내는 역할을 한다. '분백묘糞百畝'로 놓고 해석하면 된다.

5 糞 : 똥이나 오줌. 똥이나 오줌이 주로 거름으로 쓰이기 때문에, 여기서는 '거름을 주어 가꾼다'는 뜻으로 쓰였다.

6 上農夫 : 힘이 세고 부지런하여 농사를 잘 짓는 농부.

제3장

萬章問曰敢問友하노이다 孟子曰不挾長하며 不挾貴하며 [1] 不挾兄弟而友니 友也者는 友其德也니 不可以 [2] 有挾也니라 孟獻子는 百乘之家也라 有友五人焉하더 [3] 니 樂正裘와 牧仲이요 其三人則予忘之矣로라 獻子 [4] [5] 之與此五人者로 友也에 無獻子之家者也니 此五人 [6] [7]

494

자역유헌자지가 즉불여지우의　비유백승지가
者亦有獻子之家則不與之友矣리라 非惟百乘之家

위연야　수소국지군　　역유지　비혜공왈오
爲然也라 雖小國之君이라도 亦有之하니 費惠公曰吾
　　　　　　　　　　　　　　　　　[8]

어자사즉사지의　오어안반즉우지의　왕순장식
於子思則師之矣오 吾於顏般則友之矣나 王順長息

즉사아자야
則事我者也라하니라

| 국역 |

만장萬章이 물었다. "감히 벗을 사귀는 방법에 대해서 묻겠습니다."
맹자께서 말씀하셨다. "나이 많음을 내세우지 않고 신분이 귀함을
내세우지 않으며 형이나 동생의 세력을 내세워 벗을 사귀지 않는
것이다. 벗을 사귄다는 것은 그 덕德을 벗하는 것이니, 다른 것을
내세워 사귀어서는 안 된다. 맹헌자孟獻子는 백승百乘의 집을 가진
사람이었다. 벗 다섯 명이 있었는데 악정구樂正裘와 목중牧仲이고
나머지 세 사람은 내가 잊어버렸다. 헌자獻子가 이 다섯 사람과 사
귈 적에 헌자의 집을 내세움이 없었고, 이 다섯 사람도 또한 (헌
자의 집을 염두에 둠이 없었으니) 헌자의 집을 염두에 둠이 있었
다면 헌자가 그들과 벗함이 없었을 것이다. 오직 백승의 집을 가
진 자만이 그렇게 하는 것이 아니라, 비록 작은 나라의 임금이라
도 그렇게 하는 것이 있으니, 비費의 혜공惠公이 말하기를, '내가
자사子思에 대해서는 스승으로 여기고, 내가 안반顏般에 대해서는
벗으로 사귀지만, 왕순王順과 장식長息은 나를 섬기는 자이다'라고
하였다.

난자풀이

1 挾 : 믿고 의지하는 것. 음은 '협'. 사람을 사귈 때 그의 배경이나 재력 등에 의지하는 것은, 그것을 염두에 두고서 사귀는 것을 말하므로 여기서는 '내세운다'고 번역했다.

2 以 : 以A爲B의 문형을 기준으로 하여 보면, 여기서는 爲B에 해당하는 友가 생략된 것이다.

3 孟獻子 : 맹孟은 맹손孟孫의 약칭略稱. 헌獻은 시호. 이름은 멸蔑. 중손멸仲孫蔑이라고도 한다.

4 樂正裘 : 노魯나라 사람.

5 牧仲 : 노魯나라 사람.

6 之 : 주격조사.

7 無 : 무협無挾의 준말이다.

8 費惠公 : 비費는 국명國名이고 혜공惠公은 비국費國의 임금.

강설

참된 삶이란 남과 나를 하나로 여기는 사람의 본마음을 실천하는 것이므로, 물질적인 이익을 차지하기 위하여 남과 경쟁하는 것은 참된 사람의 모습이 아니다. 친구를 사귀는 데 있어서도 친구의 세력이나 재산 등을 이용하기 위하여 사귀는 것은 참된 모습이 아니다.

非惟小國之君爲然也라 雖大國之君이라도 亦有之하

니 晉平公之於亥唐也에 入云則入하고 坐云則坐하고

食云則食하여 雖疏食菜羹이라도 未嘗不飽하니 蓋不

敢不飽也라 然이나 終於此而已矣요 弗與共天位也

하며 弗與治天職也하며 弗與食天祿也하니 士之尊賢

者也라 非王公之尊賢也니라 舜이 尙하여 見帝어시늘 ⑥
帝館甥于貳室하시고 亦饗舜하사 迭爲賓主하시니 是 ⑦ ⑧
는 天子而友匹夫也니라 用下敬上을 謂之貴貴요 用 ⑨
上敬下를 謂之尊賢이니 貴貴尊賢이 其義一也니라 ⑩

| 국역 |

오직 소국小國의 임금만이 그런 것은 아니다. 비록 대국大國의 임금이라도 또한 그러한 것이 있으니, 진평공晉平公이 해당亥唐에게 대할 때에, 들어오라고 하면 들어가고, 앉으라고 하면 앉으며, 먹으라고 하면 먹었는데, 비록 거친 밥과 나물과 국이라도 일찍이 배부르게 먹지 않음이 없었으니, 감히 배부르게 먹지 않을 수가 없었다. 그러하나 이에 그칠 뿐이었다. 그와 더불어 천위天位를 함께 하지 않았으며, 그와 더불어 천직天職을 다스리지 않았으며, 그와 더불어 천록天祿을 먹지 않았으니, 이는 사士가 현자賢者를 높인 것이고 왕공王公이 현자를 높인 것이 아니다. 순舜이 요堯임금의 딸과 혼인하고 요堯임금을 뵈오니, 요堯임금이 사위를 이실貳室에 머물게 하시고 또한 순舜에게 잔치를 베풀었으며, 그 후 번갈아 손님과 주인이 되었는데, 이는 천자天子이면서 필부匹夫와 벗한 것이다. 아랫사람으로서 윗사람을 공경하는 것을 귀귀貴貴라 하고, 윗사람으로서 아랫사람을 공경함을 존현尊賢이라 하는 것이니, 귀귀와 존현이 그 도리가 같은 것이다."

1. 晉平公 : 이름은 표彪. 기원전 557년에서 532년까지 재위.
2. 之 : 주격조사이므로 뒤에 술어가 있어야 하지만, 여기서는 '상대한다'는 뜻의 술어가 생략되었다.
3. 亥唐 : 진晉나라의 현인賢人. 누항陋巷에 은거隱居하고 있었다고 한다. 기당期唐, 당해唐亥 등으로 기록된 곳도 있다.
4. 天位 : 사람의 지위는 임금이 마음대로 만들어낸 것이 아니라 하늘이 만든 것이라는 의미에서 천위天位로 표현한 것이다.
5. 之 : 주격조사.
6. 尙 : '공주公主와 결혼한다'는 뜻. 조기趙岐 · 주자朱子는 모두 상上으로 풀이하여 '위로 올라간다'는 뜻으로 해석하였으나, 일본日本의 좌등일재佐藤一齋는 '공주와 결혼한다'는 뜻으로 해석하였는데, 문맥이 통한다.
7. 甥 : 사위.
8. 貳室 : 별궁別宮.
9. 用 : 이以와 통용.
10. 義 : 도리.

| 강설 |

임금이라 하더라도 자기의 신분을 염두에 두지 않고 평민平民과 사귈 수 있어야 하지만, 임금이 평민과 사귀는 것은 그 평민이 현명하기 때문이다. 백성을 잘 살게 만드는 것이 본분인 임금은 백성을 잘 살게 하기 위하여 현명한 평민을 등용하여 정치에 참여시켜야 하는 것이 도리이다.

제
4
장

만장문왈감문교제　　하심야　　맹자왈공야
萬章問曰敢問交際는 何心也잇고 孟子曰恭也니라

왈각지　　각지　　위불공　　하재　　왈존자사지
曰卻之에 卻之이 爲不恭은 何哉잇고 曰尊者賜之어든
　　　　　[1]

왈기소취지자　　의호　　불의호　　　이후수지
曰其所取之者이 義乎아 不義乎아하여 而後受之면
　[2]

以是爲不恭이니 故弗卻也니라 曰請無以辭卻之요

以心卻之曰其取諸民之不義也라하고 而以他辭로 無

受면 不可乎잇가 曰其交也以道요 其接也以禮면 斯

孔子도 受之矣시니라

| 국역 |

만장萬章이 물었다. "감히 묻겠습니다. 교제하는 것은 무슨 마음으로 하는 것입니까?" 맹자께서 말씀하셨다. "공손한 마음으로 하는 것이다." "물리쳐야 하는 것에서 물리치는 것이 불공不恭하게 되는 것은 무슨 까닭입니까?" "존귀한 자가 주는데, '그가 이 물건을 취한 것이 의義로운 것이었던가? 의義롭지 아니한 것이었던가?' 생각해보고, 그 뒤에 받는다면 이를 불공한 것으로 여기는 것이니 그러므로 물리치지 않는 것이다." "청컨대 말로써 물리치지 말고, 마음으로써 물리치면서 '그가 백성들에게서 받은 것이 의義롭지 아니하였다'고 생각하고서 다른 말을 하여 받지 않으면 되지 않습니까?" "그 사귐을 도道로써 하고, 그 만남을 예禮로써 하면 공자도 받으셨다."

| 난자풀이 |

1 卻之 : 물리쳐야 한다. 각지卻之가 중복되어 있으므로 이에는 여러 가지의 해석이 있다. 음은 '각지'.
2 曰 : 마음속에서 말하는 것인데, 마음속에서 말하는 것은 생각하는 것이므로 여기서는 생각하는 내용으로 보면 된다.

③ 曰 : 생각하는 내용을 말한다.

④ 之 : 주격조사.

⑤ 斯 : 즉則과 마찬가지로 조건을 나타내는 말 다음에 습관적으로 쓰인다.

| 강설 |

여기서 교제라 하는 것은 당시의 제후들이 지식인들에게 재물을 주면서 교제한 것을 말한다. 당시의 제후들의 재산은 부정으로 축재한 것이므로 그것을 받는 것이 옳지 않다고 생각한 만장萬章이 맹자에게 질문한 것이다.

과거에 잘못이 있었다 하더라도 현재의 태도가 정당하다면 그 태도는 인정해야 한다. 과거의 잘못을 꼬투리 잡아 현재를 부정한다면 부정되지 않을 사람이 아무도 없다.

> 만장왈금유어인어국문지외자　기교야이도　기
> 萬章曰今有禦人於國門之外者이 其交也以道요 其
> 　　　　　①　　　　②
> 궤야이례　사가수어여　왈불가　강고왈살
> 餽也以禮면 斯可受禦與잇가 曰不可하니 康誥曰殺
> 　③　　　　④　　　　　⑤
> 월인우화　민불외사　범민　망부대　시
> 越人于貨하여 閔不畏死를 凡民이 罔不譈라하니 是는
> ⑥　　　　⑦　　　　　⑧
> 부대교이주자야　은수하　주수은　소불사
> 不待教而誅者也이니 殷受夏하고 周受殷이니 所不辭
> 야　어금위렬　여지하기수지
> 也나 於今爲烈이라 如之何其受之리오

| 국역 |

만장이 말했다. "지금 서울의 문 밖에서 사람을 막아 강도질하는 자가 있는데, 그 사귀는 것을 도道로써 하고, 그 주는 것을 예禮로써 한다면 강도질한 물건을 받을 수 있습니까?" "안 된다. 「강고康

500

誥」에 이르기를, '사람을 돈 때문에 죽여 넘어뜨리고 완강하여 죽음을 두려워하지 않는 자를 모든 백성들이 원망하지 않음이 없다' 하였으니, 이는 교화시키는 것을 기다리지 않고서 죽일 자인 것이다. 이러한 것은 은殷나라가 하夏나라에서 받았고, 주周나라가 은殷나라에서 받은 것이니, 말로써 하지 아니한 것이지만 지금에 더욱 확실하다. 어떻게 해서 그것을 받을 수 있겠는가?"

| 난자풀이 |

1. 禦 : 사람을 막아서 강도질하는 것.
2. 國 : 서울. 도읍지.
3. 餽 : 선물로 주는 것.
4. 禦 : 강도질하여 빼앗은 물건.
5. 康誥 : 『서경書經』 주서周書의 편명.
6. 越 : '넘어뜨린다'는 뜻.
7. 閔 : 지금의 『서경』에는 민暋으로 되어 있다. '완강하다', '포악하다' 등의 뜻.
8. 譈 : '원망한다'는 뜻으로 음은 '대'.

| 강설 |

임금이 백성에게 재물을 착취하고 있으므로 그 임금이 주는 돈을 받는 행위는 강탈한 돈을 강도가 주는 것을 받는 것과 같다는 논리는 비약이다.

임금이 백성들을 위한 정치는 하지 않고 백성들의 재물만 착취하여 원망을 받는다면, 이는 이미 임금이 아니다. 그러므로 그러한 사람에게는 아무것도 받을 수 없을 뿐만 아니라, 혁명을 일으켜야 한다. 그렇지만 부정적인 부분을 부각시켜 전체를 부정하는 것은 인자仁者의 도리가 아니다.

길거리에서 사람을 막고 서서 돈을 빼앗는 흉폭한 사람은 극악한 사람이므로, 교화를 하여 선량해지기를 기다릴 필요 없이 바로 처벌하는 것인데, 이는 선량한 백성들을 보호하려는 어진 마음에서 나온 의義로운 행위이다.

　　은수하주수은소불사야어금위열殷受夏周受殷所不辭也於今爲烈에 대해서는 여러 가지 이설異說이 있다. 주자朱子는 뜻이 통하지 않는다고 하여 빼버리고 해석하지 않았다. 그러나 강도를 바로 처벌할 수 있다는 이론이 하夏에서부터 전해 내려온 것으로 해석한다면 뜻이 전혀 통하지 않는 것은 아니다.

曰今之諸侯取之於民也는 猶禦也어늘 苟善其禮際

矣면 斯君子도 受之라하시니 敢問何說也잇고 曰子以[1]

爲有王者作인댄 將比今之諸侯而誅之乎아 其敎之[2]

不改而後에 誅之乎아 夫謂非其有而取之者를 盜也

는 充類至義之盡也라 孔子之仕於魯也에 魯人이 獵[3][4][5]

較이어늘 孔子亦獵較하시니 獵較도 猶可이온 而況受

其賜乎아

| 국역 |

“지금의 제후들이 백성들에게서 취하는 것이 강도질하는 것과 같은데도 ‘진실로 그 예禮와 교제를 잘하면 군자도 받는다’고 하시니, 감히 묻겠습니다. 무엇을 말씀하신 것입니까?” “자네가 생각하기에 왕도정치王道政治를 하는 자가 나타난다면 장차 지금의 제후들을 나란히 세워서 죽일 것인가? 그들을 가르쳐서 고치지 않은 뒤

에 죽일 것인가? 자기의 것이 아닌데 취하는 것을 도둑이라 하는 것은, 같은 종류를 확충하여 원리에 도달하는 방법을 극도로 한 것이다. 공자께서 노魯나라에서 벼슬하실 적에, 노魯나라 사람들이 엽교獵較를 하자, 공자께서도 엽교를 하셨으니, 엽교도 할 수 있는 것인데 하물며 그 주는 것을 받는 것에 있어서랴."

| 난자풀이 |

① 以爲 : '~을 생각한다'는 뜻.

② 比 : 줄을 세운다.

③ 充類至義 : 어떤 결론을 도출할 때에 논리적으로 같은 종류를 채워가는 방법. 예컨대 도둑이란 남의 것을 훔치는 자인데, 남의 것을 훔친다는 것은 자기의 것이 아닌 것을 가지는 것을 말하므로, 자기의 것이 아닌 것을 가지는 종류에 해당하는 것을 모두 도둑이라고 이름 붙이는 것과 같다. 이러한 논리를 극도로 비약시켜 일반화하면, 일한 것보다 더 많은 월급을 받았을 때 그 사람은 도둑이며, 일을 시키고 돈을 적게 주었을 때도 도둑이며, 상품을 팔 때 생산비 이상의 가격으로 파는 것도 도둑이며, 소득이 생겼을 때 소득신고를 하지 않아도 도둑이 된다. 그렇기 때문에 결국 모든 백성이 다 도둑이 되고 만다.

④ 之 : 충류지의充類至義와 진盡이 도치되었음을 나타내는 역할을 한다. '충류지의지진充類至義之盡'은 '충류지의充類至義라고 하는 논리적 추구방법을 극진히 한 것이다'는 뜻이다.

⑤ 獵較 : 사냥하여 얻은 물건을 비교하여 많이 사냥한 사람이 적게 한 사람의 것을 차지하는 노름의 일종.

| 강설 |

사람은 좋은 점과 나쁜 점을 동시에 가지고 있으므로, 좋은 점을 발전시키고 나쁜 점을 고치도록 하는 것이 인자의 도리이다. 나쁜 점만을 부각시켜 그것으로 그 사람의 전체를 평가한다면, 나쁜 점을 조금 가진 사람도 많이 나쁜 사람과 같아지고 만다.

남의 나쁜 점을 바로 부정하면 오히려 반발을 사게 되어 효과를 기대할 수 없다. 그러므로 어느 정도 그들의 나쁜 점을 숨겨주고 묵인하면서 착한 점을 부각시키면 차츰 나쁜 점이 극복된다. 공자가 다른 사람들과 엽교를 마다하지 않은 까닭은 이러한 이유에서일 것이다.

日然則孔子之仕也는 非事道與잇가 日事道也시니라

事道어시니 奚獵較也니잇고 日孔子先簿正祭器하사
①②

不以四方之食으로 供簿正하시니라 日奚不去也시니잇

고 日爲之兆也시니 兆足以行矣로되 而不行而後去하
③

시니 是以로 未嘗有所終三年淹也시니라 孔子有見行

可之仕하시며 有際可之仕하시며 有公養之仕하시니

於季桓子엔 見行可之仕也요 於衛靈公엔 際可之仕
④⑤

也요 於衛孝公엔 公養之仕也니라
⑥

| 국역 |

"그렇다면 공자께서 벼슬하신 것은 도道를 일삼으신 것이 아닙니까?" "도道를 일삼으신 것이다." "도道를 일삼으시면서 어떻게 엽교를 하셨습니까?" "공자께서는 먼저 문서로 제기祭器를 정해놓으시고, 사방의 음식으로 문서로 정해놓은 제기에 공급하지 않게 하신 것이다." "어떻게 떠나지 아니하셨습니까?" "그들에게 도道를 펼 수 있는 조짐이 있었기 때문이다. 조짐으로 보면 도道가 행해질

수 있는데도 행해지지 않은 뒤에야 떠나셨으니, 이 때문에 일찍이 3년이 다할 때까지 머문 일이 있지 않으셨다. 공자께서는 도道를 행하는 것이 가능함을 보고서 하신 벼슬이 있으며, 교제해오는 것이 타당할 경우 하신 벼슬이 있으며, 공적公的으로 봉양을 하는 경우에 그 봉양을 받아들이는 형태로써 하신 벼슬이 있었다. 계환자季桓子에게 벼슬하신 것은 도道를 행하는 것이 가능함을 보고서 하신 벼슬이었고, 위衛의 영공靈公에게 벼슬하신 것은 교제해오는 것이 타당하여 하신 벼슬이었고, 위衛의 효공孝公에게 벼슬하신 것은 공적으로 봉양받음으로써 하신 벼슬이었다."

| 난자풀이 |

1 簿 : 장부. 문서.
2 正 : '제사에 쓰는 그릇이나 올려놓는 음식 등을 정하여 일정하게 해놓는다'는 뜻.
3 兆 : 조짐. 실마리.
4 季桓子 : 노魯나라의 경卿 계손사季孫斯. 계씨季氏라 부르기도 한다. 사斯는 이름, 환桓은 시호. 계강자季康子의 아버지.
5 衛靈公 : 기원전 534년에서 493년까지 재위하였던 위衛나라의 영공.
6 衛孝公 : 『춘추春秋』나 『사기史記』에는 위衛나라에 효공이라는 임금의 이름이 없으므로, 주자는 아마도 영공의 아들 첩輒(보통 출공出公이라 일컬어짐)을 일컫는 것이다.

| 강설 |

먼 지방에서 사냥하여 잡은 짐승들을 제사에 올려놓아야 하는데도 엽교를 하여 잃어버리거나 하면 문제가 심각해진다. 그렇지만 공자는 그런 짐승들을 제사에 올려놓지 않아도 되도록 제사에 올려놓아야 할 음식을 일정하게 정해놓았기 때문에, 엽교가 큰 문제가 되지 않았으며, 따라서 그것을 묵인할 수 있는 아량을 지닐 수 있었다.

　공자가 정치에 가담하는 것은 도道가 실현될 수 있는 조짐을 보고서 하는 것이니, 조짐으로 보아 실행될 가능성이 있을 때는 실행될 때까지 기다리지만, 가능성이 완전히 사라진 것을 본 뒤에는 거기를 떠났다.

제 5 장

孟子曰仕非爲貧也로되 而有時乎爲貧하며 娶妻非爲
養也로되 而有時乎爲養이니라 爲貧者는 辭尊居卑하
며 辭富居貧이니라 辭尊居卑하며 辭富居貧은 惡乎宜
乎오 抱關[1]擊柝[2]이니라 孔子嘗爲委吏矣[3]사 曰會計를
當而已矣라하시고 嘗爲乘田矣[4]사 曰牛羊을 茁壯長而[5]
已矣라하시니라 位卑而言高이 罪也요 立乎人之本朝[6]
而道不行이 恥也니라

| 국역 |

맹자께서 말씀하셨다. "벼슬은 가난을 해결하기 위해서 하는 것이 아니지만, 때로는 가난을 해결하기 위해서 하는 경우가 있다. 아내를 얻는 것은 봉양을 받기 위해서가 아니지만 때로는 봉양을 받기 위한 것도 있다. 가난을 해결하기 위해서 하는 것은 높은 자리를 사양하고 낮은 자리에 처하며, 녹禄이 많은 것을 사양하고 적은 것에 처해야 하는 것이다. 높은 자리를 사양하고 낮은 자리에 처하며 녹禄이 많은 것을 사양하고 적은 것에 처하는 것은 어떻게

하여야 타당한가? 관문을 여닫거나 목탁을 치는 일이다. 공자께서 일찍이 위리委吏가 되셔서 말씀하시기를, '회계를 마땅하게 할 뿐이다' 하셨고, 일찍이 승전乘田이 되셔서는 '소와 양을 무럭무럭 살찌고 자라게 할 뿐이다' 하셨다. 지위가 낮으면서 말이 높은 것이 죄이고, 남의 조정에 가 있으면서 도道가 행해지지 않음은 부끄러운 것이다."

| 난자풀이 |

① 抱關 : 관문을 열고 닫는 일을 맡아서 하는 관리.
② 擊柝 : 시간을 알리거나 할 때 목탁을 치는 일을 하는 관리.
③ 委吏 : 창고 등에서 물건을 관리하는 관리.
④ 乘田 : 공원에서 동물을 관장하는 관리.
⑤ 茁 : 동물들이 자라는 모양. 음은 '촬'.
⑥ 本朝 : 임금이 있는 조정. 지방의 공무원은 본조本朝에 서 있는 것이 아니다.

| 강설 |

덕德이 있으면 진리를 실천할 능력이 있고, 그렇기 때문에 정치에 가담하게 되며 그 결과 돈을 받는다. 돈을 벌기 위해 정치에 가담하는 것이 아니다.

그러나 생계가 곤란할 때에는, 돈을 벌기 위해서 공무원이 되기도 한다. 이 경우에는 정치적인 뜻을 실천하는 일과 무관한 직책을 택해야 한다. 공무원의 월급은 백성이 낸 세금이다. 그러므로 백성을 위해 큰 일을 하는 게 아니라 월급을 받기 위해 단순한 일을 하는 경우에는 많은 돈을 받아서는 안 된다.

공무원은 자기에게 주어진 역할을 다 해야 하는데, 자기 역할을 하지 못하거나 남의 역할에 간섭하여 혼란을 일으키면 그것은 죄가 된다.

제 6 장

만 장 왈 사 지 불 탁 제 후　　　　하야　　　맹 자 왈 불 감 야
萬章曰士之不託諸侯는 何也잇고 孟子曰不敢也니라
　　　　　　①　②
제 후　　실 국 이 후　　탁 어 제 후　　예 야　　사 지 탁 어 제
諸侯이 失國而後에 託於諸侯는 禮也요 士之託於諸
후 비 례 야　　만 장 왈 군　　궤 지 속 즉 수 지 호　　　왈
侯는 非禮也니라 萬章曰君이 餽之粟則受之乎잇가 曰
수 지　　수 지　　하 의 야　　왈 군 지 어 맹 야　　고 주 지
受之니라 受之는 何義也잇고 曰君之於氓也에 固周之
　　　　왈 주 지 즉 수　　사 지 즉 불 수　　하 야　　왈 불 감
니라 曰周之則受하고 賜之則不受는 何也잇고 曰不敢
　　　　　　　③
야　　왈 감 문 기 불 감　　하 야　　왈 포 관 격 탁 자 개 유
也니라 曰敢問其不敢은 何也잇고 曰抱關擊柝者皆有
상 직　　이 사 어 상　　무 상 직 이 사 어 상 자　　이 위
常職하여 以食於上하나니 無常職而賜於上者를 以爲
　　　　　④
불 공 야
不恭也니라

국역

만장萬章이 말했다. "선비가 제후에게 몸을 의탁하지 않는 것은 무엇 때문입니까?" 맹자께서 말씀하셨다. "감히 하지 못하는 것이다. 제후가 나라를 잃은 뒤에 제후에게 몸을 의탁하는 것은 예禮이지만 선비가 제후에게 몸을 의탁하는 것은 예禮가 아니다." 만장이 말했다. "임금이 곡식을 주면 그것을 받습니까?" "받는다." "받는 것은 무슨 도리입니까?" "임금은 백성에 대해서 본시 구휼해주는 것이다." "구휼해주면 받고 하사해주면 받지 않는 것은 무엇 때문입니까?" "감히 하지 못하는 것이다." "감히 묻겠습니다. 감히 하지 못하는 것은 무엇 때문입니까?" "관문을 여닫고 목탁을 치는 자들도 다 일정한 직책이 있어서 윗사람에게 밥을 얻어먹는다. 일

정한 직책이 없으면서 윗사람에게 하사받는 것을 불공不恭한 것으로 여기는 것이다."

| 난자풀이 |

1 之 : 주격조사.
2 託 : 망명하여 몸을 맡기는 것.
3 周 : 빈민들에게 빈민구제품을 두루 나누어주는 것.
4 食 : '먹여준다'는 말의 피동형으로 쓰였다. 음은 '사'.
5 以 : 以의 목적어는 '무상직이사어상자無常職而賜於上者'이다.

| 강설 |

임금은 빈민들을 구제할 의무가 있으므로 빈민들에게 구제품을 주어야 하고, 빈민은 그것을 받을 권리가 있다. 그러나 임금에게는 특정 개인에게 특혜를 주고 하사품을 줄 권리가 없고, 개인도 그것을 받아서는 안 된다.

曰君饋之則受之어니와 不識케이다 可常繼乎잇가 曰
繆公之於子思也에 亟問하며 亟饋鼎肉이어늘 子思不
悅하여 於卒也에 標使者하여 出諸大門之外하고 北
面稽首再拜而不受하고 曰今而後에 知君之犬馬畜
伋이라하니 蓋自是로 臺無饋也하니 悅賢不能擧요 又
不能養也면 可謂悅賢乎아

국역

"임금이 구휼해주면 받는 것입니다만, 모르겠습니다. 늘 받고 계속 받아도 되는 것입니까?" "목공繆公이 자사子思에 대해서 자주 문안하고 자주 삶은 고기를 주자, 자사는 기뻐하지 않았는데, 마지막에는 심부름 온 자를 손짓으로 막아서 대문 밖으로 내보내고, 북면北面하여 머리를 조아려 두 번 절하고 받지 않고서 말하기를, '지금이 되어서야 임금이 나를 개와 말처럼 길렀음을 알았다' 하였으니, 이때부터 하인들이 갖다주는 것이 없었다. 현자賢者를 기뻐하되 등용하지 못하고 또 봉양하지도 못한다면, 현자를 기뻐한다고 이를 수 있겠는가?"

난자풀이

1. 繆公 : 목공穆公으로 쓰이기도 한다. 기원전 409년에서 377년까지 재위하였던 노魯나라의 임금. 이름은 현顯.
2. 亟 : 자주. 음은 '기'.
3. 問 : 문안한다.
4. 鼎肉 : 삶은 고기.
5. 摽 : 손을 저어 못 오게 막는 것. 음은 '표'.
6. 稽 : '조아린다'는 뜻. 음은 '계'.
7. 臺 : 하인. 음은 '대'.

강설

빈민구제품은 어려울 때만 주는 것이지 계속 주는 것이 아니다.
상대가 빈민이 아니라 현자라고 하여 계속 준다면 그것은 현자에 대한 도리가 아니다. 현자로 생각한다면 반드시 등용하여 그로 하여금 정치적 역량을 발휘할 기회를 주고, 그에 따른 녹祿을 주어서 스스로 생계를 유지하도록 해야 한다. 등용하기 어려울 정도로 나이가 많을 경우는 그 현자를 스승으로 삼아 잘 봉양해야 한다. 먹을 것만 계속 갖다주는 것은 짐승에게 먹이를 주는 것과 같다.

日敢問國君이 欲養君子인댄 如何라야 斯可謂養矣니
잇고 日以君命將之어든 再拜稽首而受하나니 其後에
廩人이 繼粟하며 庖人繼肉하여 不以君命將之니 子
思以爲鼎肉이 使己僕僕爾亟拜也라 非養君子之道
也라하니라 堯之於舜也에 使其子九男으로 事之하며
二女로 女焉하시고 百官牛羊倉廩을 備하여 以養舜
於畎畝之中이러시니 後에 擧而加諸上位하시니 故日
王公之尊賢者也라하노라

| 국역 |

"감히 묻겠습니다. 나라의 임금이 군자를 봉양하고자 하면 어떻게 하여야 봉양한다고 이를 수 있습니까?" "임금의 명령으로써 물건을 가져올 경우에는 두 번 절하고 머리를 조아리며 받지만, 그 뒤에는 창고지기가 곡식을 계속 주며 푸줏간 사람이 고기를 계속 주어도, 임금의 명령으로 주는 것이 아니어야 한다. 그래서 자사는 (매번 절하여야 하므로) 삶을 고기가 자기로 하여금 번거롭게 자

주 절하게 만드니, 군자를 봉양하는 도리가 아니라고 생각한 것이다. 요堯임금은 순舜임금에 대해서, 자기의 아들 아홉 명으로 하여금 섬기도록 하시고, 두 딸을 시집보내시며, 백관百官과 우양牛羊과 창름倉廩을 갖추어 순舜을 밭이랑 가운데에서 봉양하시더니, 뒤에 등용하여 윗자리에 올려놓으셨다. 그러므로 왕공王公이 현자를 높인 것이라고 하는 것이다."

난자풀이

[1] 將 : 거행한다. 거느린다.
[2] 僕僕爾 : 번거로운 모양.

제7장

萬章曰敢問不見諸侯는 何義也잇고 孟子曰在國曰
[1]
市井之臣이요 在野曰草莽之臣이라 皆謂庶人이니 庶
[2]   [3]
人이 不傳質爲臣하여는 不敢見於諸侯이 禮也니라
[4]
萬章曰庶人이 召之役則往役하고 君欲見之하여 召
之則不往見之는 何也잇고 曰往役은 義也요 往見은
[5]
不義也니라 且君之欲見之也는 何爲也哉오

국역

만장萬章이 말했다. "감히 묻겠습니다. 제후를 만나지 않는 것은 무슨 도리입니까?" 맹자께서 말씀하셨다. "서울에 있으면 '시정지신市井之臣'이라 하고, 초야에 있으면 '초망지신草莽之臣'이라 하는데, 모두 서인庶人을 말하는 것이니, 서인이 폐백을 전하여 신하가 되지 않는다면 감히 제후에게 가서 만나지 아니하는 것이 예禮이다." 만장이 말했다. "서인은 그를 부역에 부르면 부역하러 가지만, 임금이 그를 보고 싶어서 부르면 보러 가지 않는 것은 무엇 때문입니까?" "부역하러 가는 것은 마땅하지만 만나러 가는 것은 마땅하지 않다. 또한 임금이 만나고자 하는 것은 무엇 때문인가?"

| 난자풀이 |

① 國 : 서울. 도읍지.
② 市井 : 도시의 거리. 도시는 우물을 중심으로 시장이 생겨나면서 형성되었다고 한다.
③ 莽 : 풀. 음은 '망'.
④ 質 : 폐백. 음은 '지'. 벼슬할 때 처음 예물禮物로 바치는 물건.
⑤ 義 : 마땅한 도리.

| 강설 |

임금은 백성을 위해서 존재한다. 그러므로 임금이 백성에게 명령할 권리는 없다. 다만 백성을 잘 살게 하기 위한 정치적 역할의 일환으로 부역제도를 만드는 것은 마땅하다. 따라서 백성에게 부역을 명령할 수 있다.

부역을 하는 것은 백성의 도리이므로 마땅히 해야 하지만, 자신이 공무원이 아닐 경우에는 임금을 만나야 할 이유가 없기 때문에 개인적으로는 임금을 만나지 않는 것이 도리이다.

曰爲其多聞也며 爲其賢也니이다 曰爲其多聞也則天

子도 不召師이온 而況諸侯乎아 爲其賢也則吾未聞

欲見賢而召之也케라 繆公이 亟見於子思曰古에 千

乘之國이 以友士하니 何如하니잇고 子思不悅曰古之

人이 有言曰事之云乎인저 豈曰友之云乎리오하니 子

思之不悅也는 豈不曰以位則子는 君也요 我는 臣也[1]

니 何敢與君友也며 以德則子는 事我者也니 奚可以

與我友리오 千乘之君이 求與之友로되 而不可得也이

온 而況可召與아 齊景公이 田할새 招虞人以旌한대

不至어늘 將殺之러니 志士는 不忘在溝壑이요 勇士는

不忘喪其元이라하시니 孔子는 奚取焉[2]고 取非其招[3]不

往也시니라

| 국역 |

"그가 들은 것이 많기 때문이며, 그가 현명하기 때문입니다." "들은 것이 많기 때문이라면 천자天子도 스승을 부르지 않는데, 하물며 제후에 있어서랴! 현명하기 때문이라면, 나는 현자賢者를 만나

보고자 하여 불렀다는 말을 들어보지 못했다. 목공繆公이 자주 자
사子思에게 가서 뵙고 말하기를, '옛날에는 천승千乘의 나라를 가진
사람이 선비와 벗하였으니 어떠합니까?' 하자, 자사가 기뻐하지
않으며 말하기를, '옛사람이 「섬긴다고 하여야 할 것이다. 어찌 벗
한다고 하는가?」라고 말한 것이 있습니다' 하였으니, 자사가 기뻐
하지 않은 것은 어찌 '지위로 보면 그대는 임금이고 나는 신하이니
어떻게 감히 임금과 벗할 수 있으며, 덕德으로 보면 그대는 나를
섬길 자이니 어떻게 나와 벗할 수 있겠는가?' 하고 생각하지 아니
한 때문이겠는가? 천승을 가진 임금이 그와 벗하기를 구하여도 할
수 없는데 하물며 부를 수 있겠는가! 제경공齊景公이 사냥할 적에
우인虞人을 정旌으로써 불렀는데, 오지 않자, 장차 죽이려 하니,
(공자께서 말씀하시기를) '지사는 시신屍身이 구렁에 뒹굴 것을 잊
지 않고, 용사勇士는 그 머리를 잃는 것을 잊지 아니한다' 하셨으
니, 공자께서는 그에게서 무엇을 취하셨는가? 자기를 부르는 것이
아니면 가지 않을 것을 취하신 것이다."

난자풀이

① 曰 : 여기서는 마음속에서 말하는 것이므로 '생각한다'로 번역하면 된다.
② 奚 : 취取의 목적어.
③ 焉 : 장소를 나타내는 뜻이 있으므로, 여기서는 '그에게서'로 번역하는 것이
좋다.

왈 감 문 초 우 인 하 이
日敢問招虞人何以니잇고 曰以皮冠이니 庶人은 以旃
　　　　　[1]　　　　　　　[2]　　　　　　[3]

사 이 기 　　대 부 이 정 　　이 대 부 지 초
이요 士는 以旂이요 大夫는 以旌이니라 以大夫之招로
　　　[4]　　　　　　　　　　　　　　　[5]

招虞人^{초 우 인}이어늘 虞人^{우 인}이 死不敢往^{사 불 감 왕}하니 以士之招^{이 사 지 초}로 招^초

庶人^{서 인}이면 庶人^{서 인}이 豈敢往哉^{기 감 왕 재}리오 況乎以不賢人之招^{황 호 이 불 현 인 지 초}로

招賢人乎^{초 현 인 호}아 欲見賢人而不以其道^{욕 견 현 인 이 불 이 기 도}면 猶欲其入而閉^{유 욕 기 입 이 폐}

之門也^{지 문 야}니라 夫義^{부 의}는 路也^{노 야}요 禮^예는 門也^{문 야}니 惟君子能由^{유 군 자 능 유}

是路^{시 로}하며 出入是門也^{출 입 시 문 야}니 詩云周道如底^{시 운 주 도 여 지}하니 其直如^{기 직 여}

矢^시로다 君子所履^{군 자 소 리}요 小人所視^{소 인 소 시}라하니라 萬章曰孔子^{만 장 왈 공 자}는

君命召^{군 명 소}어시든 不俟駕而行^{불 사 가 이 행}하시니 然則孔子^{연 즉 공 자}는 非與^{비 여}잇

가 曰孔子^{왈 공 자}는 當仕有官職而以其官召之也^{당 사 유 관 직 이 이 기 관 소 지 야}니라

| 국역 |

"감히 묻겠습니다. 우인을 부르는 것은 무엇을 가지고 합니까?"
"피관皮冠을 가지고 한다. 서인은 전旃을 가지고 하고, 사士는 기旂를 가지고 하며, 대부大夫는 정旌을 가지고 하는 것이다. 대부大夫를 부르는 것을 가지고 우인을 부르거늘 우인이 죽어도 감히 가지 않았으니, 선비를 부르는 것을 가지고 서인庶人을 부른다면 어찌 서인이 감히 가겠는가? 하물며 어질지 못한 사람을 부르는 것을 가지고 어진 사람을 부르는 데 있어서랴 현인賢人을 만나고자 하면서 그 도道(현인을 부르는 방법)를 가지고 하지 않는다면, 그가 들어오기를 바라면서 그가 들어오는 문을 닫아버리는 것과 같다. 대저 의義는 길이고 예禮는 문이다. 오직 군자만이 이 길을 다닐 수 있고 이

516

문을 출입할 수 있다. 『시경詩經』에서 이르기를, '주왕조周王朝가 정치하는 방법이 숫돌처럼 공평하니 그 곧음이 화살과 같도다. 군자[위정자爲政者]가 행하는 바이고 소인小人[백성들]이 바라보는 바이다' 하였다." 만장萬章이 말했다. "공자께서는 임금이 명령하여 부르면 말에 멍에하기를 기다리지 않고 가셨으니, 그렇다면 공자는 잘못된 것입니까?" "공자는 벼슬길에 올라 관직에 있었으므로 그 관직으로 불렀기 때문이었다."

| 난자풀이 |

1 以 : 이以의 목적어는 하何.
2 皮冠 : 사냥할 때 쓰는 모자.
3 旃 : 비단으로 만든 무늬 없는 붉은 기. 음은 '전'.
4 旂 : 교룡을 그리고 방울을 단 붉은 기. 음은 '기'.
5 之 : 대부大夫와 초招가 도치되었음을 나타내는 역할을 한다.
6 之 : 그를 위하여. '폐지문閉之門'은 '위지폐문爲之閉門'과 같으니, '그를 위해 문을 닫는다'는 뜻이다.
7 詩 : 『시경』 소아小雅 곡풍지십谷風之什 중의 대동편大東篇.
8 底 : 지砥와 통용. '숫돌'이라는 뜻으로 음은 '지'.
9 君子 : 여기서는 정치하는 사람을 말한다.
10 小人 : 여기서는 백성을 말한다.

| 강설 |

예禮는 참된 삶의 구체적인 행동양식이다. 사람이 본마음을 상실하고 육체적인 욕구를 충족하는 삶으로 일관한다면 참된 삶을 영위하지 못하게 된다. 참된 사람이 되지 못한다.

참된 사람은 본마음을 따라 남과 조화를 이루는 삶을 영위하는 사람이며 그러한 사람의 구체적인 행동양식이 예禮이다. 참되지 못한 사람이라면 우선 예禮를 배워서 예禮를 실천해야 참된 사람의 영역에 들어갈 수 있다. 예禮는 사람이 드나드는 문과 같은 것이니, 예禮를 실천하지 않는 것은 문으로 드나들지 않고 담을 뚫거나 넘어서 드나드는 것과 같아서 삶이 질서 있게 영위되지 않는다.

예禮는 인간의 참된 도리를 실천하는 형식이므로, 예禮만 실천하고 도리를 모르면 형식적으로만 참된 인간이 되고 내용적으로는 참된 인간이 되지 못한다. 예禮를 배웠다면 예禮의 본질인 도리를 또 알아야 하는 것이니, 마치 문을 통과한 뒤에 길을 알아야 제대로 갈 수 있는 것과 같다. 이러한 의미에서 인간의 도리인 의義는 길에 비유될 수 있다.

孟子謂萬章曰一鄉之善士라야 斯友一鄉之善士하고

一國之善士라야 斯友一國之善士하고 天下之善士라

야 斯友天下之善士니라 以友天下之善士로 爲未足

하여 又尙論古之人하나니 頌其詩하며 讀其書하되 不
[1]

知其人이 可乎아 是以論其世也니 是尙友也니라

| 국역 |

맹자께서 만장萬章에게 말씀하셨다. "한 고을의 선사善士이어야 한 고을의 선사를 벗삼을 수 있고, 한 나라의 선사이어야 한 나라의 선사를 벗삼을 수 있고, 천하天下의 선사이어야 천하의 선사를 벗삼을 수 있는 것이다. 천하의 선사를 벗삼는 것을 만족하지 않아서, 또한 과거로 올라가 옛사람을 논하는 것이니, 그 시詩를 외우며 그 글을 읽으면서도 그 사람을 알지 못하면 되겠는가? 이 때문

에 그 시대를 논하는 것이니, 이는 과거로 올라가 벗삼는 것이다."

| 난자풀이 |

① 尙 : 상上과 통용. 시간적으로 위는 과거를 말한다.

| 강설 |

친구가 되는 것은 수준이 비슷해야 하는데, 자기 수준이 자꾸 높아져 현재의 사람과 사귈 수 없게 되면 옛날로 거슬러 올라가 옛사람들과 사귀게 된다. 옛사람의 시나 글을 읽는 것은 그 옛사람을 알기 위한 것이다. 시나 글은 그 시대적 상황을 반영하고 있는 것이므로, 그것을 제대로 파악해야 옛사람을 알 수 있다.

제
9
장

齊宣王이 問卿한대 孟子曰王은 何卿之問也시니잇고
①
王曰卿不同乎잇가 曰不同하니 有貴戚之卿하며 有異
姓之卿하니이다 王曰請問貴戚之卿하노이다 曰君有大
過則諫하고 反覆之而不聽則易位니이다 王이 勃然變
②
乎色한대 曰王勿異也하소서 王問臣하실새 臣不敢不
以正對호이다 王色定然後에 請問異姓之卿한대 曰君
有過則諫하고 反覆之而不聽則去니이다

제선왕齊宣王이 경卿을 묻자, 맹자께서 말씀하셨다. "왕王이 무슨
경卿을 물으십니까?" 왕王이 말했다. "경卿이 같지 아니합니까?"
"같지 아니하니, 귀척貴戚의 경卿이 있고 이성異姓의 경卿이 있습니
다." 왕王이 말했다. "청컨대 귀척貴戚의 경卿을 묻겠습니다." "임금
이 큰 허물이 있을 때 간諫하고 반복하여도 듣지 않으면 자리를
바꿉니다." 왕王이 발끈 얼굴빛을 바꾸자, 맹자는 "왕王은 괴이하
게 여기지 마소서. 왕王께서 신臣에게 물으셨기에 신臣이 감히 바
른 것으로 대답하지 않을 수 없었습니다" 하고 말씀하셨다. 왕王이
얼굴빛이 안정된 뒤에 이성의 경卿에 대해 물으니, 맹자께서 말씀
하셨다. "임금이 허물이 있으면 간諫하고 반복하여도 듣지 않으면
떠납니다."

| 난자풀이 |

① 之 : 하경何卿과 문間이 도치되었음을 나타내는 역할을 한다.
② 勃然 : 얼굴빛이 갑자기 변하는 모양. 발끈.

| 강설 |

귀척지경貴戚之卿은 왕王과 함께 나라의 정치를 잘해야 할 공동책임
을 진 사람이다. 그러므로 왕王이 크게 잘못하면 왕王을 바꾸어야
할 책임이 있다. 이성지경異姓之卿에게는 그러한 책임이 없다. 그렇
기 때문에 왕王이 잘못할 경우 떠나면 된다.

十一. 고자장구상告子章句上

제
1
장

告子曰性은 猶杞柳也요 義는 猶桮棬也니 以人性爲
고 자 왈 성　　유 기 류 야　　의　　유 배 권 야　　이 인 성 위
　　　　　　　　① 　　　　　　②

仁義는 猶以杞柳爲桮棬이니라 孟子曰子能順杞柳之
인 의　　유 이 기 류 위 배 권　　　맹 자 왈 자 능 순 기 류 지

性而以爲桮棬乎아 將戕賊杞柳而後에 以爲桮棬也
성 이 이 위 배 권 호　　장 장 적 기 류 이 후　　이 위 배 권 야
　　　　　　　　　③

니 如將戕賊杞柳而以爲桮棬則亦將戕賊人하여 以
여 장 장 적 기 류 이 이 위 배 권 즉 역 장 장 적 인　　　이

爲仁義與아 率天下之人而禍仁義者는 必子之言夫
위 인 의 여　　솔 천 하 지 인 이 화 인 의 자　　필 자 지 언 부

인저

| 국역 |

고자告子가 말했다. "성性은 버드나무와 같고 의義는 나무로 만든 (코뚜레 등의)기구와 같으니, 사람의 본성을 가지고 인의仁義를 만드는 것은 버드나무를 가지고 기구를 만드는 것과 같다." 맹자께서 말씀하셨다. "자네는 버드나무의 성질을 따르고서도 기구를 만들

수 있는가? 버드나무의 성질을 해친 뒤에야 기구를 만들 것이니,
버드나무의 성질을 해쳐서 기구를 만들듯이 또한 사람을 해쳐서
인의仁義를 만드는 것인가? 천하天下의 사람들을 거느려서 인의를
망치게 하는 것은 반드시 그대의 말일 것이다.”

| 난자풀이 |

① 杞 : 땅버드나무. 음은 ‘기’.
② 桮棬 : 버드나무가지 등을 구부려서 만든, 코뚜레 등의 기구. 음은 ‘배권’.
③ 戕 : ‘해친다’는 뜻으로 음은 ‘장’.

| 강설 |

사람의 행동을 결정하는 것은 마음이므로, 맹자는 사람들이 서로
투쟁함으로써 비롯되는 당시의 혼란한 사회상을 극복할 수 있는
근본적인 방법은 마음의 문제를 해결하는 데 있다고 보았다. 그
결과 마음이 어떠한 것인지에 대해 관심을 갖게 되었고, 사람의
마음에는 남과 투쟁하는 것이 아니라 남을 자기처럼 아끼고 사랑
하는 방향으로 작용하는 성性이라는 본질이 있다는 것을 깨달았
다. 그래서 맹자는 마음의 본질인 성性을 회복하여 그 성性의 작용
을 따르기만 하면 사회적 갈등이 해소될 수 있다고 주장하기에 이
르렀다.

그러나 고자는 마음의 세계를 통찰하지 못하였고, 마음의 본
질인 성性이 어떠한 것인지 인식하지 못했기 때문에, 맹자가 말하
는 성性을 단순히 육체적인 욕구나 성질 정도로 이해함으로써 맹
자와 논란하기에 이른 것이다.

맹자에 의하면, 사람이 성性을 따르기만 하면 저절로 남과 조
화를 이루게 되므로 그것이 곧 도덕이 된다. 이에 반해 고자는 성
性을 단순한 성질 정도로 이해했기 때문에, 성질을 그대로 놓아두
면 도덕이 될 수 없고 그 성질을 인위적으로 변질시켜야 도덕을
실천할 수 있는 방향으로 유도할 수 있다고 주장한 것이다. 우리

는 이 고자의 사상에서 뒷날 순자荀子 철학의 싹이 트고 있음을 알
수 있다.

제2장

告子曰性은 猶湍水也라 決諸東方則東流하고 決諸
①
西方則西流하나니 人性之無分於善不善也는 猶水之
②
無分於東西也니라 孟子曰水信無分於東西이어니와
無分於上下乎아 人性之善也는 猶水之就下也니 人
無有不善하며 水無有不下니라 今夫水를 搏而躍之면
③
可使過顙이며 激而行之면 可使在山이어니와 是豈水
④
之性哉리오 其勢則然也니 人之可使爲不善이 其性이
⑤ ⑥
亦猶是也니라

| 국역 |

고자告子가 말했다. "성性은 고여서 맴돌고 있는 물과 같다. 이 물
은 동쪽으로 터놓으면 동쪽으로 흐르고, 서쪽으로 터놓으면 서쪽
으로 흐른다. 인성人性이 선善과 불선不善으로 나누어짐이 없는 것
은 물이 동서東西로 나누어짐이 없는 것과 같다." 맹자께서 말씀하
셨다. "물은 진실로 동서로 나누어짐이 없지만 상하上下로 나누어
짐이 없는 것인가? 인성이 선善한 것은 물이 아래로 내려가는 것
과 같으니, 사람은 선善으로 나아가지 아니함이 없으며 물은 아래

로 내려가지 아니함이 없다. 지금 물을 쳐서 튀어오르게 하면 이마보다 높이 올라가게 할 수 있으며, 거꾸로 쳐서 흐르게 하면 산에 있게 할 수 있지만 이것이 어찌 물의 본성이겠는가? 그 상황이 그렇게 된 것이다. 사람으로 하여금 불선을 하게 할 수 있는 것은 그 성性이 또한 이와 같은 것이다."

│ 난자풀이 │

① 湍 : 물이 고여서 맴도는 모양.
② 之 : 주격조사.
③ 搏 : '친다'는 뜻으로 음은 '박'.
④ 激 : 물을 쳐서 위로 올리는 것.
⑤ 勢 : 형세. 상황.
⑥ 之 : 인人과 가사可使가 도치되었음을 나타내는 역할을 한다. '가사인위불선 可使人爲不善'으로 놓고 해석하면 된다.

│ 강설 │

인성을 따르면 남과 조화를 이룬다. 이러한 의미에서 성性의 작용을 선善이라고 한 것이다. 아래로 내려가는 물이 인위적으로 쳐올릴 경우 위로 올라가는 수도 있듯이 사람의 본성도 욕심에 가려지면 때로는 악惡한 방향으로 나아가기도 한다.

제 3 장

고자왈생지위성
告子曰生之謂性이니라 맹자왈생지위성야
孟子曰生之謂性也는 유백지
猶白之
[1]

위백여
謂白與아 왈연
曰然하다 백우지백야
白羽之白也이 유백설지백
猶白雪之白이며

백설지백
白雪之白이 유백옥지백여
猶白玉之白與아 왈연
曰然하다 연즉견지성
然則犬之性이

유우지성
猶牛之性이며 우지성
牛之性이 유인지성여
猶人之性與아

524

고자告子가 말했다. "사는 것을 성性이라고 한다." 맹자께서 말씀하
셨다. "사는 것을 성性이라고 하는 것은 흰 것을 희다고 하는 것과
같은 것인가?" "그렇다." "그렇다면 흰 깃털의 흰 것이 흰 눈의 흰
것과 같은 것이며, 흰 눈의 흰 것이 흰 옥玉의 흰 것과 같은 것인
가?" "그렇다." "그렇다면 개의 성性이 소의 성性과 같으며, 소의
성性이 사람의 성性과 같은 것인가?"

| 난자풀이 |

① 之 : 생生와 위謂가 도치되었음을 나타낸다.

| 강설 |

배고프면 먹게 되고 피곤하면 쉬게 되며 호흡을 하는 등 삶의 작
용은 모두 육체적인 작용인데, 이를 성性이라고 하여 인간의 본질
로 본다면, 이러한 작용은 살아 있는 모든 생물에 공통적으로 존
재하는 것이므로, 사람과 다른 생물의 존재가치는 본질적으로 다
를 것이 없게 된다.

　　인간존재의 본질은 육체적인 삶의 작용이 아니라 그 삶의 작용
을 가능하게 하는 근원자인 본마음이기 때문에, 그 본마음을 실천하
는 정도에 따라서 사람의 가치가 결정되며, 본마음을 실천하는 능력
의 차이에 따라서 사람 동물 식물 등의 가치가 구별되는 것이다.

　　존재의 본질이 실현되는 현상을 보면, 모든 존재자에 있어서
본질이 실현되는 정도는 각각 다르지만, 만물은 본질적으로 하나
이다. 그러므로 존재의 본질이라는 시각으로 보면 개의 본질이나
소의 본질이 사람의 본질과 모두 같다. 사람과 소와 개가 다른 것
은 그 존재의 본질이 발현되는 장소인 사람의 몸, 소의 몸, 개의
몸이 각각 다르기 때문이다.

여기서 맹자가 개의 성性, 소의 성性, 사람의 성性을 각각 다르다고 한 것은 본질의 발현이 서로 다르다는 것을 말한 것이다.

제4장

告子曰食色이 性也니 仁은 內也라 非外也요 義는

外也라 非內也니라 孟子曰何以謂仁內義外也오 曰
[1]

彼長而我長之요 非有長於我也니 猶彼白而我白之

는 從其白於外也라 故로 謂之外也라하노라 曰異於
[3]

白馬之白也는 無以異於白人之白也어니와 不識케라

長馬之長也이 無以異於長人之長與아 且謂長者義

乎아 長之者義乎아 曰吾弟則愛之하고 秦人之弟則

不愛也하나니 是는 以我爲悅者也라 故로 謂之內요
[4]

長楚人之長하며 亦長吾之長하니 是는 以長爲悅者

也라 故로 謂之外也라하노라 曰耆秦人之炙이 無以

異於耆吾炙하니 夫物則亦有然者也니 然則耆炙亦

有外與아

526

고자告子가 말하였다. "식색食色이 성性이니, 인仁은 안에 있는 것이 고 밖에 있는 것이 아니며, 의義는 밖에 있는 것이고 안에 있는 것 이 아니다." 맹자께서 말씀하셨다. "무슨 이유로 인仁은 안에 있는 것이고 의義는 밖에 있는 것이라고 하는가?" "그가 어른이어서 내 가 그를 어른으로 여기는 것이지, 나에게 어른이 있는 것이 아니 니, 저것이 희어서 내가 그것을 희다고 하는 것은 (그 흰 것이 나 에게 있는 것이 아니라) 밖에서 그 흰 것을 따르는 것인 것과 같 다. 그러므로 그것을 밖에 있는 것이라고 하는 것이다." "말의 흰 것을 희다고 하는 것은 사람의 흰 것을 희다고 하는 것과 다를 것 이 없거니와, 알지 못하겠으나, 말이 늙은 것을 늙은 것으로 여기 는 것이 사람의 나이 많은 것을 나이 많은 것으로 여기는 것과 다 를 것이 없겠는가? 또한 나이 많은 것을 의義로운 것이라고 하겠 는가? 나이 많은 것으로 대접하는 것을 의義로운 것이라고 하겠는 가?" "나의 아우이면 사랑하고 진秦나라 사람의 아우이면 사랑하지 아니하니 이는 나를 기쁜 것으로 여기는 것이니, 그러므로 그것[인 仁]을 안에 있는 것이라고 하는 것이고, 초楚나라 사람의 나이 많 은 이를 어른대접하며, 또한 우리의 어른들도 어른 대접하는 것이 니 이는 나이 많은 것을 기쁜 것으로 여기는 것이니, 그러므로 그 것[의義]을 밖에 있는 것이라고 하는 것이다." "진秦나라 사람이 만 든 불고기를 좋아하는 것이 우리들이 만든 불고기를 좋아하는 것 과 다를 것이 없으니, 대저 물질의 경우에는 또한 그러한 것이 있 는 것이다. 그렇다면 불고기를 좋아하는 것도 또한 밖에 있는 것 인가?"

1 何 : 以의 목적어.
2 之 : 여기서는 '피장이아장지彼長而我長之'를 가리키는 것이지만 내용상으로
   는 의義를 의미한다.
3 異於 : 주자朱子는 장남헌張南軒의 설을 인용하여 연문衍文이라 했다. 타당한
   듯하다.
4 之 : 여기서는 '애지愛之'를 가리키는 것이지만 내용상으로는 인仁을 의미한
   다.

| 강설 |

고자는 식食을 좋아하고 색色을 좋아하는 삶의 현상을 인간의 본질
로 파악함으로써 사람의 본질을 외면적이고 물질적인 것으로 보았
으나, 맹자는 사람으로 하여금 식食을 좋아하게 하고 색色을 좋아
하게 하는 근원자를 인간의 본질로 봄으로써, 사람의 본질을 내면
적이고 비물질적인 것으로 보았다.

　이러한 견해 차이로 말미암아 두 사람은 수차례 토론을 가졌
다. 그 결과 고자는 인간의 내면에 인간의 본질이 있다는 맹자의
견해에 어느 정도 동조하게 되었다. 그러나 완전히 동조하는 데에
는 이르지 못하여, 맹자가 인간의 본질로 제시한 인의仁義 중에서
인仁은 인간의 내면內面에 있는 것임을 인정하지만 의義는 여전히
외면外面에 있는 것이라고 주장하게 되었다.

　희거나 검은 것과 같은 물질의 속성은 객관적으로 존재하는
것이지만, 윗사람을 존경한다거나 불고기를 좋아하는 것과 같은,
가치판단이 개입되는 행위는 내면적인 판단기준에 근거한다.

　인仁은 남을 나로 여기는 사람의 본마음이고, 의義는 인仁을
실현하는 현실적인 행동원리이며, 이 의義가 객관적 행동규범으로
구체화된 것이 예禮이다. 그러므로 인仁은 마음속에 존재하는 내면
적인 것이고 예禮는 객관적으로 드러나는 외면적인 것이지만, 의義
는 외면적인 것에 나타나는 내면적인 것이다. 따라서 인仁을 강조
하는 사람은 의義를 내면적인 것이라고 하고 예禮를 강조하는 사람

은 의義를 외면적인 것이라 한다.

제5장

맹계자문공도자왈하이위의내야   왈행오경고
孟季子問公都子曰何以謂義內也오 曰行吾敬故로
　①　　　　　　②
위지내야   향인   장어백형일세즉수경고   왈경
謂之內也니라 鄕人이 長於伯兄一歲則誰敬고 曰敬
　　　　　　　　　　　③　　　　　④
형이니라 작즉수선고   왈선작향인이니라   소경은 재차
兄이니라 酌則誰先고 曰先酌鄕人이니라 所敬은 在此
　　　　　⑤
하고 소장은 재피하니 과재외라 비유내야로다 공도
하고 所長은 在彼하니 果在外라 非由內也로다 公都
자불능답하여 이고맹자한대 맹자왈경숙부호아 경
子不能答하여 以告孟子한대 孟子曰敬叔父乎아 敬
제호아하면 피장왈경숙부라하리라 왈제위시즉수경고
弟乎아하면 彼將曰敬叔父라하리라 曰弟爲尸則誰敬고
하면 피장왈경제라하리라 자왈오재기경숙부야오하면
하면 彼將曰敬弟라하리라 子曰惡在其敬叔父也오하면
　　　　　　　　　　　　　　　⑥
피장왈재위고야라하리니 자역왈재위고야라하라 용
彼將曰在位故也라하리니 子亦曰在位故也라하라 庸
　　　　　　　　　　　　　　　　　　　　　　⑦
경은 재형하고 사수지경은 재향인하니라 계자문지하
敬은 在兄하고 斯須之敬은 在鄕人하니라 季子聞之하
　　　　　　　　⑧
고 왈경숙부즉경하고 경제즉경하니 과재외라 비유
고 曰敬叔父則敬하고 敬弟則敬하니 果在外라 非由
내야로다 공도자왈동일즉음탕하고 하일즉음수하나
內也로다 公都子曰冬日則飮湯하고 夏日則飮水하나
니 연즉음식도 역재외야로다
니 然則飮食도 亦在外也로다

국역

맹계자孟季子가 공도자公都子에게 물었다. "무슨 이유를 가지고 의義
가 안에 있는 것이라고 하는가?" "나의 공경심을 행하기 때문에

그것[의義]을 안에 있는 것이라고 하는 것이다." "향인鄕人이 백형伯兄보다 나이가 한 살이 더 많은 경우 누구를 공경하는가?" "형을 공경한다." "술을 따를 때에는 누구에게 먼저 하는가?" "향인에게 먼저 따른다." "공경하는 것은 이쪽[백형]에 있고 어른대접하는 것은 저쪽[향인]에 있으니, 과연 밖에 있는 것이지 안으로부터 말미암는 것이 아니다." 공도자가 답변하지 못하여 맹자께 아뢰자, 맹자께서 말씀하셨다. "'숙부叔父를 공경하는가, 아우를 공경하는가?' 하고 물으면, 그는 곧 '숙부를 공경한다'고 대답할 것이다. '아우가 시동尸童이 되면 누구를 공경하는가?' 하고 물으면, 그는 곧 '아우를 공경한다'고 대답할 것이다. 자네가 '숙부를 공경하는 것은 어디에 갔는가?' 하고 물으면, 그는 곧 '(아우가 시동의) 자리에 있기 때문이다'라고 대답할 것이니, 자네 역시 '(향인이 빈객의) 자리에 있기 때문이다'라고 말하라. 평상시 공경해야 하는 것은 형에게 있고, 잠시 공경해야 하는 것은 향인에게 있는 것이다." 계자季子가 이 말을 듣고 말했다. "숙부를 공경하게 되면 숙부를 공경하고, 아우를 공경하게 되면 아우를 공경하니, 과연 밖에 있는 것이지 안으로 말미암는 것이 아니다." 공도자가 말했다. "겨울날에는 끓는 물을 마시고 여름날에는 찬 물을 마시는 것이니, 그렇다면 마시고 먹는 것도 또한 밖에 있는 것이로다."

| 난자풀이 |

1. 孟季子 : 주자朱子는 맹중자孟仲子의 동생일 거라고 해석하였다. 구체적으로 어떠한 사람인지 알려져 있지 않다.
2. 何 : 以의 목적어. 의문대명사이므로 앞에 나온 것이다.
3. 伯兄 : 맏형. 형제의 순서는 백伯·중仲·숙叔·계季이다.
4. 誰 : 敬의 목적어. 의문대명사이므로 동사의 앞으로 나온 것이다.
5. 誰 : 先의 목적어.
6. 惡 : 在의 목적어. 의문대명사이므로 술어인 在보다 앞에 나온 것이다.

이 문장의 주부主部는 '기경숙부其敬叔父'이므로 원래는 '기경숙부재악其敬叔父在惡'이어야 할 것이지만, 의문대명사 오惡가 문장의 제일 앞으로 나가고 술어인 재在도 따라서 앞으로 나간 것이다.

7 庸 : 평상시.

8 斯須 : 잠시.

강설

시골에서 술을 마실 때, 형과 형보다 나이가 많은 사람이 함께 있으면, 마음으로는 형을 더 공경하지만, 술을 따를 때는 형보다 나이가 많은 사람에게 먼저 따라야 한다. 맹계자는 이러한 사실을 예로 들어서, 나이 많은 사람에게 대접을 하는 행동원리인 의義는 공경하는 마음과 관계없이 나이가 많다고 하는 외적外的 조건에 따르는 것이므로, 의義를 밖에 있는 것이라고 주장했다.

맹자의 생각은 이와 다르다. 평상시에는 형에게 공경하는 마음을 표현하는 것이 의義이지만 형과 형보다 나이가 많은 사람이 한 자리에 있다고 하는 특수한 상황에서는 형보다 나이 많은 사람에게 먼저 술을 따르는 것이 의義인데, 이는 형을 공경하는 마음의 연장이라고 보아야 할 것이다. 왜냐하면, 형에게 술을 먼저 따르면 자기보다 연장자를 존경해야 하는 형의 입장이 난처해지기 때문이다.

평상시에는 숙부와 동생 중에서 숙부를 더 존경해야 하지만, 제사를 지낼 때 동생이 시동이 되었다면 그때는 동생을 더 존경해야 한다. 그 이유는, 숙부 또한 동생을 존경해야 할 입장이 되어 있기 때문이다.

의義는 마음속에 있는 공경심을 바깥으로 표현하는 것이므로 속에서 나오는 것이라고 해야 할 것이다.

公都子曰告子曰性은 無善無不善也라하고 或曰性은

可以爲善이며 可以爲不善이니 是故로 文武興則民好

善하고 幽厲興則民好暴라하고 或曰有性善하고 有性

不善하니 是故로 以堯爲君而有象하며 以瞽瞍爲父而

有舜하며 以紂爲兄之子요 且以爲君이로되 而有微子

啓王子比干이라하나니 今曰性善이라하시니 然則彼皆

非與잇가

| 국역 |

공도자公都子가 말했다. "고자告子는 '성性은 선善한 것도 없고 불선
不善한 것도 없다'고 하였고, 어떤 사람은 '성性은 선善한 것으로 만
들 수도 있고 불선不善한 것으로 만들 수도 있으니, 이 때문에 문
왕文王과 무왕武王이 일어나면 백성들이 선善을 좋아하고, 유왕幽王
과 려왕厲王이 일어나면 백성들이 포악함을 좋아한다'고 하였으며,
어떤 사람은 '성性이 선善한 것도 있고 성性이 불선不善한 것도 있으니,
이 때문에 요堯를 임금으로 삼고서도 상象이 있었고, 고수瞽瞍를 아
버지로 삼고서도 순舜이 있었으며, 주紂를 형의 아들로 삼고 또 임
금으로 삼았는데도 미자微子 계啓와 왕자王者 비간比干이 있었다' 하
였으나, 지금 성性이 선善하다고 말씀하시니, 그렇다면 저들은 모
두 틀린 것입니까?"

강설

성性은 선善한 것도 없고 불선한 것도 없다는 것은 식食을 좋아하고 색色을 좋아하는 삶의 작용 그 자체를 성性으로 보는 경우이고, 성性은 선善한 것으로도 만들 수 있고 불선한 것으로도 만들 수 있다는 것은, 사람의 본성은 환경에 따라서 결정된다고 보는 환경결정론자들의 견해이다. 그리고 애당초 성性이 선善한 것도 있고 불선한 것도 있다고 하는 것은 선善을 하는 사람과 악惡을 하는 사람은 원래 그렇게 태어났다고 보는 견해이다.

맹자의 견해는 이들과 다르니, 사람은 모두 착한 본성을 타고났으므로 그 본성을 지키는 자는 선善을 하게 되고 그 본성을 지키지 못하고 욕심에 빠지는 자는 악惡을 하게 되는 것이라고 설명한다.

맹 자 왈 내 약 기 정 즉 가 이 위 선 의　　내 소 위 선 야
孟子曰乃若其情則可以爲善矣니 乃所謂善也니라
　　　　[1]
약 부 위 불 선　　비 재 지 죄 야
若夫爲不善은 非才之罪也니라

국역

맹자께서 말씀하셨다. "그 정情이 선善한 것이라고 할 수 있으니, 그래서 선善하다는 것이다. 불선을 하는 것은 재才의 죄가 아니다.

난자풀이

[1] 若 : 조기趙岐는 순順의 뜻으로 풀이하였고, 주자朱子는 내약乃若을 다 발어사發語辭라고 했다. 글자 그대로 '~과 같다'는 뜻으로 풀이하는 것이 좋을 듯하다.

성性은 인간의 본질로 형이상자形而上者이기 때문에 '선善하다', '선善하지 않다' 등의 형이상적形而上的 표현을 할 수 없지만, 성性에서 발현된 정情을 선善하다고 할 수 있기 때문에 이를 미루어 성性을 선善하다고 할 수 있다. 지하수를 성性에 비유한다면 지하수에서 솟아나온 샘물을 정情에 비유할 수 있다. 지하수는 '맑다'는 말로 표현할 수 없다. 왜냐하면 '맑다'는 말은 '흐리다'는 대립하는 개념이 있을 때 성립하기 때문이다. 그러므로 흐린 지하수가 없다면 지하수가 맑다고 표현할 수 없다. 지하수가 솟아나 샘물이 되었을 때 비로소 '맑은 물' '흐린 물'로 구별할 수 있다. 그런데 맑은 샘물은 지하수가 변질되지 않은 것이고 흐린 샘물은 지하수가 솟아날 때 오물이 섞여 변질된 것이다. 따라서 지하수가 맑은 샘물과 일치할 때 샘물의 차원에서 '지하수는 맑다'고 표현할 수 있는 것이다. 이처럼 성性은 선善과 악惡으로 표현할 수 없으나, 성性에서 발현한 정情 중에서 변질되지 않은 정情이 선善한 정情이고 변질된 정情이 악惡한 정情이므로 정情의 차원에서 성性은 선善하다 또는 악惡하다고 하는 것이다.

　　재才는 사려분별지각운동思慮分別知覺運動 등의 마음의 기능이다. 마음을 샘에 비유한다면 마음의 밑바닥에 있는 것은 샘 아래에 있는 지하수에 해당하는 성性이고, 마음속에 차 있는 것은 지하수에서 솟아나온 샘물에 해당하는 성性에서 발현된 정情이며, 마음의 기능인 재才는 솟아나오는 지하수를 조절하는 기능에 해당한다. 다시 말해 재才는 성性에서 정情이 발현되는 것을 조절하는 능력이다.

　　성性은 남과 내가 공통적으로 가지고 있는 마음의 본질이기 때문에, 성性에서 발휘되는 정情은 남과 내가 같이 사는 방향으로 발휘되지만, 성性에서 정情으로 발휘되는 찰나에 나 혼자만 잘 살려고 하는 이기적인 생각이 작용하게 되면 남과 투쟁하는 방향으로 발현되어 악惡이 된다. 따라서 사람이 악惡을 하게 되는 것은 마음의 기능인 재才가 이기적으로 작용하기 때문이지만, 악惡을 하게 되는 원인을 재才의 탓으로 돌릴 수는 없다. 왜냐하면 재才는 모든 사람이 다 가지고 있지만 재才가 이기적으로 작용하는가 그렇지 않은가는 사람에 따라서 다르기 때문이다.

　　재才는 마음의 기능이지만 육체적 요소의 지배를 받는 것이므로, 육체가 욕심에 의하여 타락하면 재才는 나쁜 방향으로 작용하기 마련이다. 그러므로 수신修身을 게을리 하지 말아야 한다. 수신을 하는 기본적인 방법은 맑은 공기, 맑은 물, 맑은 음식을 섭취하여 몸을 맑게 하는 동시에 마음을 순수하게 간직하는 것이다.

惻隱之心을 人皆有之하며 羞惡之心을 人皆有之하며
[1]
恭敬之心을 人皆有之하며 是非之心을 人皆有之하니

惻隱之心은 仁也요 羞惡之心은 義也요 恭敬之心은
[2]
禮也요 是非之心은 智也니 仁義禮智는 非由外鑠我
[3]
也라 我固有之也이언마는 弗思耳矣라 故로 曰求則

得之하고 舍則失之라하니 或相倍蓰而無算者는 不能
[4]　　　　　　　　　　[5]
盡其才者也니라 詩曰天生蒸民하시니 有物有則이로다
[6]　　　　　　[7]
民之秉夷니라 好是懿德이라하여늘 孔子曰爲此詩者는
[8][9]　　　[10]
其知道乎인저하시니 故로 有物이면 必有則이니 民之

秉夷也라 故로 好是懿德이니라

| 국역 |

측은지심惻隱之心을 사람마다 다 가지고 있으며, 수오지심羞惡之心을 사람마다 다 가지고 있으며, 공경지심恭敬之心을 사람마다 다 가지고 있으며, 시비지심是非之心을 사람마다 다 가지고 있으니, 측은지심은 인仁이요, 수오지심은 의義요, 공경지심은 예禮요, 시비지심은 지智이다. 인의예지仁義禮智는 밖으로부터 나에게 녹아 들어오는 것이 아니라 내가 본시 가지고 있는 것이지만 그것을 생각하지 않을 뿐이다. 그러므로 말하기를 '구하면 얻고 놓아두면 잃어버린다'고 하는 것이니 혹 얻은 것과 잃어버린 것이 서로 차이가 배가 되기도 하고 다섯 배가 되기도 하여 헤아릴 수 없게 되는 것은 그 재才를 다하지 못했기 때문이다. 『시경詩經』에 이르기를, '하늘이 뭇 백성을 낳으시니, 물체가 있으면 법칙이 있도다. 백성들이 본마음을 가지고 있는지라 이 아름다운 덕德을 좋아한다' 하였는데, 공자께서 '이 시詩를 지은 자는 도道를 아는도다'라고 하셨다. 그러므로 물체가 있으면 반드시 법칙이 있는 것이다. 백성들이 본마음을 가지고 있기 때문에 이 아름다운 덕德을 좋아하는 것이다."

| 난자풀이 |

① 之 : 앞의 측은지심을 가리킨다.
② 仁 : 공손축장구상公孫丑章句上 제6장에서는 인지단야仁之端也로 되어 있다.
　따라서 여기서는 '지단之端' 두 글자를 생략한 것으로 보아야 할 것이다.
③ 鑠 : '쇠를 녹인다'는 뜻으로 음은 '삭'.
④ 舍 : 사捨와 통용. '놓아둔다'는 뜻.
⑤ 蓰 : '다섯 갑절'이라는 뜻으로 음은 '사'.
⑥ 詩 : 『시경』 대아大雅 탕지십蕩之什 중의 증민편烝民篇.
⑦ 蒸 : 『시경』에는 증烝으로 되어 있다.
⑧ 之 : 글자를 넉자로 만들기 위하여 넣은 글자.
⑨ 夷 : 『시경』에는 이彝로 되어 있다. 변하지 않는 본마음을 말한다.

□10 懿 : '아름답다'는 뜻으로 음은 '의'.

| 강설 |

인간의 본질은 성性인데, 그 내용은 마음 깊숙한 곳에 존재하는 인의예지이다. 그러나 사람들은 이러한 것을 잘 생각해보지 않고 욕심에 가려짐으로써 인간의 본질을 상실하게 되고 참다운 삶을 영위하지 못하게 된다.

인간의 본질은 본래 자기의 내면에 간직되어 있는 것이므로, 마음의 기능인 재才를 극진히 활용하여 잘 생각하고 헤아리고 분별하면 누구든지 자기의 본질을 되찾을 수 있고, 그렇게 되면 참다운 삶을 영위할 수 있다.

하늘이 만물을 만들 적에, 물체를 만들면 반드시 그 물체의 내부에 그 물체를 존재하게 하는 존재원리를 부여하였으므로, 백성은 모두 자기의 존재원리를 내부에 지니고 있다. 백성들은 자기의 존재원리인 본마음을 대부분 상실하였다 하더라도, 본마음을 회복하여 실천하는 아름다운 모습을 보게 된다면 마치 고향 사람을 만난 듯 좋아하게 된다.

제7장

맹자왈부세 자제다뢰 흉세 자제다포
孟子曰富歲엔 子弟多賴하고 凶歲엔 子弟多暴하나니
[1]

비천지강재이수야 기소이함닉기심자연야
非天之降才爾殊也라 其所以陷溺其心者然也니라
[2] [3] [4]

금부모맥 파종이우지 기지동 수지시우
今夫麰麥을 播種而耰之하되 其地同하며 樹之時又
[5] [6]

동 발연이생 지어일지지시 개숙의
同하면 浡然而生하여 至於日至之時하여 皆熟矣나니
[7]

수유부동 즉지유비교 우로지양 인사지
雖有不同이나 則地有肥磽하며 雨露之養과 人事之
[8] [9] [10]

不齊也니라 故로 凡同類者擧相似也니 何獨至於人
而疑之리오 聖人도 與我同類者시니라 故로 龍子曰
不知足而爲屨라도 我知其不爲蕢也라하니 屨之相似
는 天下之足이 同也일새니라

| 국역 |

맹자께서 말씀하셨다. "넉넉한 해에는 자제子弟들이 풍년에 힘입어 온순해지는 것이 많고, 흉년에는 자제들이 포악해지는 것이 많으니, 하늘이 재才를 내리는 것이 그렇게 다른 것이 아니지만, 그 마음을 빠뜨리는 것이 그렇게 만드는 것이다. 지금 모맥을 파종하여 씨앗을 덮으면, 그 땅이 같고 심는 시기가 같을 경우 쑥쑥 자라나서 하지夏至 때에 이르러 모두 익는다. 비록 같지 아니한 것이 있다 하더라도, 그것은 곧 땅에 비옥함과 척박함이 있으며 우로雨露의 기름과 사람의 가꾸는 것이 같지 않기 때문이다. 그러므로 무릇 류類가 같은 것은 대개 서로 비슷한 것이니, 어찌 단지 사람의 경우에 이르러서만 그것을 의심하겠는가? 성인聖人도 나와 류類가 같은 자이시다. 그러므로 용자龍子가 말하기를, '발을 알지 못하고 신을 만들더라도 나는 그것이 삼태기가 되지 않음을 안다' 하였으니, 신이 서로 비슷한 것은 모든 발이 같기 때문이다.

| 난자풀이 |

① 賴 : '힘입는다'는 뜻으로 음은 '뢰'. 여기서는 풍년에 힘입어 온순해진다는 뜻.

之 : 주격조사.

③ 爾 : 그렇게.

④ 以 : 이以의 목적어는 생략되었으나, 그 내용은 사람의 마음을 빠뜨리는 요소인 부세富歲, 흉세凶歲 등이다.

⑤ 播種 : 두 자를 합하여 '씨 뿌린다'는 뜻의 동사로 보아야 한다. 동사의 목적어는 앞에 있는 모맥麰麥이다. 따라서 원래의 문장은 '파종모맥이우지播種麰麥而耰之'일 것인데 모맥을 강조하여 앞으로 내고 그 사이에 도치를 나타내는 之를 넣어 '모맥지파종이우지麰麥之播種而耰之'로 되고, 지之가 두 개 있으므로 앞의 지之를 생략하여 현재의 문장이 된 것으로 볼 수 있다.

⑥ 耰 : '씨앗을 곰방메 등으로 덮는다'는 뜻. 음은 '우'.

⑦ 日至 : 동지冬至와 하지를 가리키는데, 여기서는 하지로 보아야 할 것이다.

⑧ 則 : '그것은 곧 ~ 때문이다'라는 뜻을 내포하고 있다.

⑨ 磽 : '돌이 많고 단단하여 토지가 메마르다'라는 뜻. 음은 '교'.

⑩ 之 : 주격조사.

⑪ 擧 : 대개. 모두.

⑫ 簣 : 삼태기. 음은 '궤'.

⑬ 天下 : '천하의'라는 말은 '모든'이라는 뜻이다.

| 강설 |

성인聖人이나 일반인이나 본질적으로는 모두 같다.

口之於味에 有同耆也하니 易牙는 先得我口之所耆
耆也라 如使口之於味也에 其性與人殊이 若犬馬之
與我不同類也則天下何耆이 皆從易牙之於味也리오
至於味하여는 天下期於易牙하나니 是는 天下之口相
似也일새니라 惟耳도 亦然하니 至於聲하여는 天下期

어 사 광　　　시　　천 하 지 이 상 사 야　　　　유 목
於師曠하나니 是는 天下之耳相似也일새니라 惟目도

역 연　　　지 어 자 도　　　　천 하 막 부 지 기 교 야
亦然하니 至於子都하여는 天下莫不知其姣也하나니
　　　　　　　　　　⑤　　　　　　　　　　　　⑥

부 지 자 도 지 교 자　　무 목 자 야
不知子都之姣者는 無目者也니라

국역

입이 맛에 있어서 즐기는 것이 다 같은 것이 있으니 역아易牙는 먼저 자기의 입이 즐기는 것을 터득한 자이다. 가령 입이 맛에서 즐기는 것에 있어서 그 성질이 남과 다른 것이, 개와 말이 나와 맛을 즐기는 종류가 다른 것과 같다면, 천하에 어찌 맛 즐기는 것을 모두 역아가 맛낸 것을 따르겠는가? 맛에 이르러서는 천하가 역아에게 기대하는 것이니, 이는 모든 입이 서로 비슷하기 때문이다. 귀도 또한 그러하니, 소리에 이르러서는 천하가 사광師曠에게 기대하는 것이니, 이는 모든 귀가 서로 비슷하기 때문이다. 눈도 또한 그러하니, 자도子都에 이르러서는 천하의 사람들 중에 그 아름다움을 알지 못하는 이가 없으니, 자도의 아름다움을 알지 못하는 자는 눈이 없는 자이다.

난자풀이

① 之 : 주격조사이므로 다음에 술어인 嗜가 생략되었다.
② 易牙 : 옛날에 요리를 잘했던 사람의 이름. 제齊나라의 환공桓公 때 벼슬하였다고 한다.
③ 我 : 역아의 입장에서 '나'라고 하는 것이므로, '자기'라고 번역하는 것이 좋다.
④ 如使 : 가령.

540

⑤ 子都 : 옛날의 미인美人. 남자인지 여자인지 확실하지 않다. 『시경詩經』 정 풍鄭風 산유부소편山有扶蘇篇에 자도에 관한 이야기가 실려 있다.

⑥ 姣 : '아름답다'는 뜻으로 음은 '교'.

강설

사람의 입이 느끼는 맛이나 귀가 느끼는 소리의 아름다움이나 눈이 느끼는 모양의 아름다움은 누구에게나 다 같기 때문에, 자기의 입에 맞는 요리는 남도 좋아하며, 자기의 귀에 듣기 좋은 소리는 남의 귀에도 듣기 좋으며, 자기의 눈에 보기 좋은 것은 남의 눈에도 보기 좋다.

故로 曰口之於味也에 有同耆焉하며 耳之於聲也에
有同聽焉하며 目之於色也에 有同美焉하니 至於心하
여는 獨無所同然乎아 心之所同然者는 何也오 謂理
也義也라 聖人은 先得我心之所同然耳시니 故로 理
①
義之悅我心이 猶芻豢之悅我口니라
② ③

국역

그러므로 말하기를, '입이 맛에서 즐기는 것이 다 같은 것이 있으며, 귀가 소리에서 듣는 것이 다 같은 것이 있으며, 눈이 빛깔에서 아름답게 여기는 것이 다 같은 것이 있다'고 하는 것이니, 마음에 이르러서만 오직 다 같이 여기는 바가 없겠는가? 마음이 다 같이 여기는 것은 무엇인가? 리理와 의義라 한다. 성인聖人은 먼저 자기의 마음이 남과 다 같이 여기는 것을 터득한 것이다. 그러므로 리理와 의義가 나의 마음을 기쁘게 하는 것이 고기가 내 입을 기쁘게 하는 것과 같다."

| 난자풀이 |

① 我 : 성인의 입장에서 '나'라고 하는 것이므로 '자기'라고 번역하는 것이 좋다.
② 芻 : 소나 양처럼 풀을 먹는 동물. 음은 '추'.
③ 豢 : 개나 돼지처럼 곡식을 먹는 동물. 음은 '환'.

| 강설 |

사람의 마음에는 변하는 부분과 변하지 않는 부분이 있다. 내 마음속에 있는 변하지 않는 부분은 다른 사람의 그것과 같다. 변하지 않는 나의 마음의 본질을 터득하여 실천하면 그것은 곧 다른 사람의 마음을 실천하는 것이 되기 때문에, 모두에게 인정을 받게 된다.

　　마음속에 있는 불변하는 부분은 남의 마음과 같은 것이므로, 그 마음을 실천하면 남을 나처럼 사랑하게 되는데, 이러한 마음을 인仁이라고 한다. 사람과 동물 식물 등 모든 생물이 공통으로 가지고 있는 존재의 본질은 인仁과 구별하여 성性이라고 하며, 무생물까지 포함한, 만물이 공통적으로 가지고 있는 존재의 본질은 성性과 구별하여 리理라고 한다.

　　다시 말하면, 만물의 공통적인 존재의 본질을 사람에 국한시켜서 말하면 인仁이고, 생물에 국한시켜서 말하면 성性이며, 국한시키지 않으면 리理인 것이다. 따라서 인仁은 성性이고, 인仁은 리理이며, 성性은 리理라 할 수 있지만, 성性은 인仁이라 할 수 없고 리理를 인仁이나 성性으로 표현할 수 없다. 또 리理나 성性이 실현되는 길을 도道라고 하고 인仁이 실현되는 길을 의義라 한다.

맹 자 왈 우 산 지 목　　상 미 의　　이 기 교 어 대 국 야
孟子曰牛山之木이 嘗美矣러니 以其郊於大國也라
　　　　① 　　　　　　　　　　　　　②

부 근　벌 지　　가 이 위 미 호　시 기 일 야 지 소 식
斧斤이 伐之어니 可以爲美乎아 是其日夜之所息과
　　　　　　　　　　　　　　③　　④

우 로 지 소 윤　　비 무 맹 얼 지 생 언　　　　우 양　우 종
雨露之所潤에 非無萌蘗之生焉이언마는 牛羊을 又從
　　　　　　　　　　　⑤⑥　　　　　　⑦　　　⑧

이 목 지　시 이　약 피 탁 탁 야　인 견 기 탁 탁 야
而牧之라 是以로 若彼濯濯也하니 人見其濯濯也하고
　　⑨　　　　　　　　⑩

이 위 미 상 유 재 언　　차 기 산 지 성 야 재
以爲未嘗有材焉이라하나니 此豈山之性也哉리오

국역

맹자께서 말씀하셨다. "우산牛山의 나무가 일찍이 아름다웠는데, 그것이 큰 도시에 인접하고 있기 때문에 도끼로 베니 아름답게 될 수 있겠는가? 그 낮과 밤이 불어나게 하는 것과 비와 이슬이 적셔 주는 것에서 싹의 자라남이 없는 것이 아니지만, 소와 양을 또 (도끼로 베는 것에) 이어서 방목하므로 그 때문에 저와 같이 반질 반질한 것이니, 사람들이 그 반질반질한 것을 보고서 일찍이 나무가 있지 아니하였다고 생각하는 것이니 이것이 어찌 산의 본래모 습이겠는가?

난자풀이

① 牛山 : 조기趙岐와 주자朱子는 제齊나라의 동남쪽에 있던 산이라고 하였으나, 염약거閻若璩는 제齊나라의 서울인 임치臨淄의 남쪽 10리쯤에 있었다고 한 다.

② 國 : 도시. 서울.

③ 是 : 조음소

④ 之 : 주격조사.

⑤ 蘗 : 싹. 음은 '얼'.

⑥ 之 : 주격조사. 비무맹얼지생언非無萌蘗之生焉은 술어에 해당한다. 주어에
해당하는 우산牛山은 생략되었다. 문장의 전체를 오늘날의 문법에 맞게 배열
하면 다음과 같다. 우산비무맹얼지생어일야지소식우로지소윤牛山非無萌蘗之
生於日夜之所息雨露之所潤.

⑦ 牛羊 : 목牧의 목적어이지만 강조하기 위하여 앞으로 낸 것이다.

⑧ 從 : 종從은 타동사이므로 목적어 지之가 있어야 하지만 생략되었다. '도끼
로 베는 것에 이어서'라는 뜻이다.

⑨ 之 : 우양牛羊을 지칭한다.

⑩ 濯濯 : 반질반질한 모양.

강설

사람의 본성은 착하지만 늘 욕심에 가려져 있어서 착한 모습을 볼 수
없으므로, 원래 착하지 않은 것으로 생각되기도 한다.

雖存乎人者인들 豈無仁義之心哉리오마는 其所以放

其良心者亦猶斧斤之於木也에 旦旦而伐之어니 可

以爲美乎아 其日夜之所息과 平旦之氣에도 其好惡

與人相近也者幾希어늘 則其旦晝之所爲이 有梏亡
[1]

之矣나니 梏之反覆則其夜氣不足以存이요 夜氣不足

以存則其違禽獸不遠矣니 人見其禽獸也而以爲未

嘗有才焉者라하니 是豈人之情也哉리오 故로 苟得其
[2]

養이면 無物不長이요 苟失其養이면 無物不消니라 孔
[3]

子曰操則存하고 舍則亡하여 出入無時하여 莫知其鄉
　자 왈 조 즉 존　　　사 즉 망　　　출 입 무 시　　　막 지 기 향
④　　　　　　　　　　　　　⑤
은 惟心之謂與인저하시니라
　　유 심 지 위 여
　⑥

국역

비록 사람에게 있는 것인들 어찌 어질고 의義로운 마음이 없겠는
가마는 그 양심良心을 놓아버리는 것이 또한 도끼가 나무에게 아침
마다 가서 베는 것과 같으니, 그러고서도 아름답게 될 수 있겠는
가? 그 낮과 밤이 양심을 불어나게 하는 것과 새벽의 기운에 있어
서도, 그 좋아하고 미워하는 것이 다른 사람과 서로 비슷한 것(여
기서는 양심 또는 본마음을 말함)이 거의 드문데, 그 아침과 낮에
하는 소행이 이를 꽁꽁 묶어서 없애버리니 꽁꽁 묶어서 없애는 것
을 반복하면 야기夜氣도 양심을 보존할 수 없다. 야기가 보존할 수
없으면 금수禽獸와 다른 것이 많지 않다. 사람들은 그 금수 같은
모습만을 보고서 일찍이 좋은 재질이 있지 않았다고 생각하는 것
이니 이것이 어찌 사람의 본래모습이겠는가? 그러므로 진실로 그
기르는 기회를 얻으면 자라지 아니하는 것이 없고, 진실로 그 기
르는 기회를 잃으면 소멸하지 아니하는 것이 없다. 공자께서 말씀
하시기를, '붙잡으면 보존되고 놓아두면 없어지며, 나가고 들어오
는 것에 일정한 때가 없어서 그 방향을 알 수 없는 것은 오직 마
음을 두고 말한 것이다' 하셨다."

난자풀이

① 希 : 희稀와 통용. '드물다'는 뜻.

② 情 : 본래모습.

③ 物 : 사람을 포함하여 존재하는 모든 것이 이에 해당되므로 '것'이라고 번역
하였다.

④ 舍 : 捨와 통용.

⑤ 鄕 : 向과 통용. 조기趙岐는 '마을'로 풀이하였고 주자朱子는 '있는 곳'이라
풀이하였으나, 초순焦循의 『맹자정의孟子正義』에는 '向하는 곳'으로 되어
있다. 이 向鄕까지만 공자의 말로 보는 사람도 있지만, 일반적으로는 이 문
장의 끝까지를 공자의 말로 본다.

⑥ 之 : 心과 謂가 도치되었음을 나타내는 역할을 한다.

| 강설 |

우산에 원래 나무가 있었던 것처럼, 사람에게는 본래 어질고 義로
운 본마음이 있어서 아름다웠지만, 도끼로 나무를 베듯이 욕심이
본마음을 해치면 추하게 되는 것이다.

일야日夜, 즉 낮과 밤이란 시간이 흐르는 것을 말한다. 사람
에게는 본마음이 없어지지 않으므로 욕심이 이를 가리더라도, 풀
을 자꾸 베어도 낮으로 밤으로 계속 돋아나듯이 낮으로 밤으로 계
속 생겨난다.

좋아하고 싫어함이 남과 같다는 말은, 모든 사람이 공통적으
로 가지고 있는 본마음, 즉 양심을 말한다. 양심은 남과 나를 구
별하지 않는 마음이므로 양심이 발휘되면 남을 나처럼 사랑하게
되지만, 양심이 발휘되는 순간에 사려분별지각운동思慮分別知覺運動
등 마음의 기능이 이기적으로 작용하면, 양심은 이익을 독차지하
려는 욕심으로 바뀌어 마음속에 채워지므로, 이미 채워진 욕심 때
문에 새로이 솟아나는 양심도 가려져 보이지 않게 된다. 그러나
사려분별지각운동 등 마음의 기능이 작용하지 않는 밤에는 양심이
손상을 받지 않으므로, 밤이 지나고 새벽이 되었을 때 양심은 가
장 많이 되살아난다. 양심을 가장 많이 되살아나게 하는 새벽의
기운을 맹자는 평단지기平旦之氣라 하였다.

대다수 사람들은 이미 그 마음이 욕심으로 가득 차 있으므로,
밤낮으로 양심이 조금 솟아나고 새벽에 특히 양심이 되살아난다

하더라도, 다시 낮이 되면 욕심이 발동하여 그 양심을 발휘하지 못하게 묶어버리곤 한다. 욕심이 마음을 가득 채워 조금도 빈틈이 없게 되면 사려분별지각운동 등의 마음의 기능이 작용하지 않는 밤이 된다 할지라도 그 양심을 되살아나게 할 수 없다. 이렇게 되면 인간으로서의 가치를 전혀 찾을 수 없게 된다. 그렇다고 하더라도 그것이 인간의 본래 모습은 아니다.

재ㅕ는 사려분별지각운동 등 마음의 기능을 말하는 것이다. 이 재ㅕ는 양심을 욕심으로 변질시키는 작용도 하지만 욕심을 버리고 양심을 되찾게 하는 작용도 한다. 사람이 양심을 회복하기 위해서는 모름지기 이 재ㅕ를 잘 활용해야 한다.

양심은 경건한 마음으로 잘 붙들면 보존되지만, 잠시라도 이기적인 계산을 하면 없어져버린다. 양심은 일정한 때와 장소에서 일정하게 움직이는 것이 아니기 때문에 그 움직이는 때와 장소를 알 수 없는 것이다. 따라서 양심을 붙든다는 것은 매우 어렵다.

제9장

孟子曰無或乎王之不智也로다 雖有天下易生之物也[1][2]

나 一日暴之요 十日寒之면 未有能生者也니 吾見이[3]

亦罕矣요 吾退而寒之者至矣니 吾如有萌焉에 何哉[4]

리오 今夫奕之爲數이 小數也나 不專心致志則不得[5]

也니 奕秋는 通國之善奕者也라 使奕秋로 誨二人奕[6]

이어든 其一人은 專心致志하여 惟奕秋之爲聽하고 一[7]

人은 雖聽之나 一心에 以爲有鴻鵠將至어든 思援弓[8][9]

작 이 석 지
繳而射之하면 雖與之俱學이라도 弗若之矣나니 爲是
⑩   ⑪   ⑫

기 지 불 약 여   왈 비 연 야
其智弗若與아 曰非然也니라

| 국역 |

맹자께서 말씀하셨다. "임금의 지혜롭지 못함이 이상할 것이 없구나! 비록 매우 쉽게 성장하는 생물이 있다 하더라도 하루 동안 햇볕을 쪼이고 열흘 동안 춥게 하면 생장할 수 있는 것이 없다. 내가 임금을 보는 것이 드물고, 내가 물러나오면 임금의 마음을 차갑게 하는 자가 이르는 것이니, 임금에게 양심의 싹이 있다고 하더라도 그것을 내가 어떻게 기르겠는가? 대저 바둑의 수가 작은 수이지만 마음을 오로지하고 뜻을 다하지 아니하면 터득하지 못한다. 혁추奕秋는 나라를 통틀어서 바둑을 잘 두는 자인데, 혁추로 하여금 두 사람에게 바둑을 가르치게 할 경우, 그 중 한 사람은 마음을 오로지하고 뜻을 다하여 오직 혁추의 말을 듣고, 한 사람은 비록 듣기는 하나 마음 한 구석에 큰 기러기와 큰 새가 장차 이르거든 활과 주살을 당겨서 쏘아 맞힐 것을 생각하면, 비록 그와 더불어 함께 배운다 하더라도 그만 못할 것이니, 이는 그 지혜로움이 같지 않기 때문인가? 그러한 것이 아니라고 하여야 할 것이다."

| 난자풀이 |

① 或 : 혹惑과 통용. 여기서는 무혹無或이 술어이므로 주어인 아我가 생략된 것으로 보아야 한다. 글자 그대로 해석하면 '나는 왕이 지혜롭지 못한 것에 대해서 이상하게 생각하는 것이 없다'가 된다.

③ 暴 : 폭曝와 통용. 따뜻하게 한다는 뜻.

④ 如 : 뒤의 하何와 연용되는데, 그 가운데의 말이 목적어가 된다.

⑤ 奕 : 바둑. 음은 '혁'.

⑥ 奕秋 : 추秋는 이름. 혁추는 '바둑을 잘 두는 추'라는 말이다.

⑦ 之 : 혁추와 위청爲聽이 도치되었음을 나타내는 역할을 한다.

⑧ 鴻 : 큰 기러기. 음은 '홍'.

⑨ 鵠 : 큰 새. 고니. 음은 '곡'.

⑩ 繳 : 주살. 음은 '작'.

⑪ 射 : 여기서는 '쏘아 맞힌다'는 뜻이므로 음이 '석'이다.

⑫ 爲 : '~ 때문이다'. 문맥상 위爲나 시是 중 하나가 없는 것이 좋을 듯하다.

| 강설 |

사람이 훌륭한 방향으로 발전하기 위해서는 늘 훌륭한 사람과 접할 환경이 갖추어져야 하지만, 훌륭한 사람과 접하여 그의 가르침을 받는다 하더라도 정신을 집중하여 정진하지 않으면 안 된다.

바둑을 잘 두는 사람이 바둑을 가르치더라도 배우는 사람이 정신을 집중하지 않으면 제대로 배우지 못하는데, 하물며 수기치인지도修己治人之道에 있어서는 말할 나위도 없다.

제10장

孟子曰魚도 我所欲也며 熊掌도 亦我所欲也이언마는
① ②
二者를 不可得兼인댄 舍魚而取熊掌者也니라 生亦我
③ ④
所欲也며 義亦我所欲也이언마는 二者를 不可得兼인
댄 舍生而取義者也니라 生亦我所欲이언마는 所欲이
有甚於生者라 故로 不爲苟得也하며 死亦我所惡이언
마는 所惡이 有甚於死者라 故로 患有所不辟也니라
⑤ ⑥

맹자께서 말씀하셨다. "생선도 내가 먹고 싶어하는 바이고 곰 발바닥도 또한 내가 먹고 싶어하는 바이지만, 두 가지를 동시에 먹을 수 없다면 생선을 놓아두고 곰 발바닥을 먹을 것이다. 사는 것도 또한 내가 바라는 바이고, 의義도 또한 내가 바라는 바이지만 두 가지를 동시에 가질 수 없다면 사는 것을 놓아두고 의義를 가질 것이다. 사는 것도 내가 원하는 바이지만, 원하는 바가 사는 것보다 더한 것이 있다. 그러므로 삶을 구차하게 얻으려고 하지 않는 것이다. 죽는 것도 또한 내가 싫어하는 것이지만, 싫어하는 바가 죽는 것보다 더한 것이 있다. 그러므로 걱정거리가 있어도 피하지 아니하는 것이 있다.

| 난자풀이 |

1 我 : 맹자 자신을 지칭하는 것이 아니라 사람 일반을 지칭하는 것이다. 人이라고 하지 않고 아我라고 하는 까닭은, 듣는 사람으로 하여금 남의 일로 받아들이지 말고 자기 자신의 일로 받아들여서 판단하게 하는 것이다. 그렇게되면 듣는 사람이 대화의 내용 속으로 빠져들게 되고 따라서 설명의 효과도 커지는 것이다. '아소욕야我所欲也'라는 문장을 보면 아我는 주어이고 욕欲은 술어이지만, 이 문장의 주어인 어魚를 설명하는 술어로 되어 있으므로, 아我와 소욕所欲 사이에 주격조사 지之가 들어가야 한다. 그러나 여기서는 생략하였다.
2 欲 : 욕식欲食으로 되어야 할 것이지만, 식食이 생략된 것이다.
3 舍 : 사捨와 통용.
4 者 : '~인 것', '~으로 되는 것' 등의 뜻으로, 일반적인 법칙을 설명할 때 쓰는 말이다.
5 患 : 근심거리. 뒤에 나오는 피辟의 목적어이다.
6 辟 : 피避와 통용.

육체의 욕구대로 사는 삶은 남과 경쟁하는 개체적인 삶이며 생로병사生老病死의 과정을 벗어날 수 없는 단절된 삶이지만, 의義에 따라 사는 삶은 남과 내가 하나가 되는 전체적인 삶이며, 생로병사의 과정을 초탈한 영원한 삶이므로, 육체적인 삶보다 훨씬 가치있다.

사람은 누구나 살고 싶어하지만 의義가 더욱 중요하기 때문에, 의義를 버리고서까지 구차하게 살려고 하지 않는다. 사람은 누구나 죽음을 싫어하지만 불의不義를 더욱 싫어하기 때문에, 죽음에 이르는 환난일지라도 불의를 저절로 피하려고 하지는 않는다.

如使人之所欲이 莫甚於生則凡可以得生者에 何不
[1]　　　　　　　[2]　　　　[3]
用也며 使人之所惡이 莫甚於死者則凡可以辟患者
　　　　　　　　　　　　　　　　　　　[4]
에 何不爲也리오 由是則生而有不用也하며 由是則
　　　　　　　　[5]
可以辟患而有不爲也니라 是故로 所欲이 有甚於生
者하며 所惡이 有甚於死者하니 非獨賢者有是心也라
　　　　　　　　　　　　　　　　　　[6]
人皆有之언마는 賢者는 能勿喪耳니라

| 국역 |

만약 사람이 원하는 것 중에 사는 것보다 더한 것이 없다면, 무릇 삶을 얻을 수 있는 경우에 있어서는 무슨 방법인들 쓰지 않겠으

며, 만약 사람이 싫어하는 것 중에 죽는 것보다 더한 것이 없다면, 무릇 환난을 피할 수 있는 경우에 있어서는 무슨 짓인들 하지 않겠는가? 그러므로 살 수 있다 하더라도 쓰지 아니하는 것이 있으며, 그러므로 환난을 피할 수 있어도 하지 아니하는 것이 있다. 그러므로 원하는 것이 사는 것보다 더한 것이 있으며, 싫어하는 것이 죽는 것보다 더한 것이 있다. 오직 현명한 사람만이 이러한 마음을 가지고 있는 것이 아니라 사람들이 모두 가지고 있지만, 현명한 사람만이 잃어버리지 않을 수 있다.

| 난자풀이 |

① 使 : '~로 하여금 ~하게 하다'는 뜻인데, 여기서는 주어에 해당하는 천天이 생략되었고, 또 가정문으로 쓰였기 때문에, 앞의 글자 여如와 복합하여 '만약'으로 해석하는 것이 좋다.

② 以 : 이以의 목적어는 삶을 얻는 방법이나 수단을 뜻하는 말인데, 여기서는 생략되었다. 내용적으로는 뒤에 나오는 하何를 지칭한다. 또 '가이득생자可以得生者' 앞에는 '당어當於' 두 글자가 생략된 것으로 보는 것이 좋다. '가이득생자하불용야可以得生者何不用也'는 '삶을 얻을 수 있는 어떤 방법이나 수단이 있다면 그것이 무엇이든 그것을 쓰지 않겠는가'라는 뜻이다.

③ 何 : 불용不用의 목적어이지만 의문대명사이므로 앞으로 나온 것이다.

④ 辟 : 피避와 통용.

⑤ 由 : 유猶와 같은 뜻.

⑥ 獨 : 단지.

| 강설 |

인의예지仁義禮智에 입각한 삶은 육체적인 삶보다 중요하다. 인의예지는 누구나 본디 가지고 있었던 것이지만 사람들은 욕심이 생기면서 그것을 상실하였고, 현자賢者는 그것을 상실하지 않았다.

一簞食와 一豆羹을 得之則生하고 弗得則死라도 嘑 [1][2]

爾而與之면 行道之人도 弗受하며 蹴爾而與之면 乞 [3]

人도 不屑也니라 萬鍾則不辨禮義而受之하니 萬鍾이 [4]

於我何加焉이리오 爲宮室之美와 妻妾之奉과 所 [5][6][7]

識窮乏者得我與인저 鄕爲身엔 死而不受라가 今爲 [8]

宮室之美하여 爲之하며 鄕爲身엔 死而不受라가 今 [9]

爲妻妾之奉하여 爲之하며 鄕爲身엔 死而不受라가

今爲所識窮乏者得我而爲之하나니 是亦不可以已乎 [10]

아 此之謂失其本心이니라 [11]

| 국역 |

한 도시락의 밥과 한 사발의 국을 얻으면 살고 얻지 못하면 죽더
라도, 꾸짖으며 주면 길 가는 사람도 받지 않으며, 발로 차서 주
면 걸인도 좋게 여기지 아니한다. 만종萬鍾의 녹祿은 예의禮義를 따
지지 아니하고 받는데, 만종의 녹祿이 나에게 무엇을 더해주는가?
집과 방의 아름다움과 처첩의 받듦과, 알고 있는 궁핍한 자들이
나에게서 얻어 가는 것을 위해서일 것이다. 전에 자신을 위해서는
죽어도 받지 않다가 이제 집과 방의 아름다움을 위해서 받으며,
전에 자신을 위해서는 죽어도 받지 않다가 이제 처첩이 받들어주
는 것을 위해서 받으며, 전에 자신을 위해서는 죽어도 받지 않다

가 이제 알고 있는 궁핍한 자들이 나에게서 얻어 가는 것을 위해서 받는 것이니, 이 또한 그만둘 수 없는가? 이것을 '그 본마음을 잃었다'고 하는 것이다."

| 난자풀이 |

[1] 豆 : 주로 제사에 쓰는 그릇을 말한다. 여기서는 국을 담는 그릇으로 쓰였기 때문에 '사발'로 번역했다.
[2] 嘑 : '꾸짖는다'는 뜻으로 음은 '호'.
[3] 爾 : 접미사. 어떤 행위를 나타내는 말 뒤에 붙여서 행위를 형용하는 역할을 한다.
[4] 屑 : '유쾌하게 여긴다'는 뜻. 음은 '설'.
[5] 何 : 가加의 목적어. '하가언何加焉'은 '무엇을 더해 주겠는가?'라는 뜻이다.
[6] 宮 : 집.
[7] 室 : 방.
[8] 鄕 : 전에. 지난번에. 음은 '향'.
[9] 爲 : '한다'는 뜻으로 다른 모든 동사 대신에 쓸 수 있다. 여기서는 수受 대신 쓰인 것이므로 '받는다'는 뜻으로 번역하는 것이 좋다.
[10] 以 : 이以의 목적어는 방법이나 이유 등을 나타내는 말인데, 여기서는 생략되었다. 그러므로 내용상으로는 '그만둘 수 있는 방법이 있는가?'라는 뜻이 된다. 만약 이以가 없으면 '그만두면 안 되는가?'라는 뜻이 된다.
[11] 之 : 차此와 위謂가 도치되었음을 나타내는 역할을 한다.

| 강설 |

자연상태에서 사람은 돈을 필요로 하지 않는다. 자기가 먹고 입고 쓸 물건을 스스로 만들어 쓰고 그 외 필요한 것이 있으면 교환하면 되기 때문이다. 이런 상태에 있는 사람들에게는 돈을 준다고 해도 별로 반기지 않는다.

문명이 발달하여 갖고 싶은 물건이 많아지고, 그 물건을 돈으로 살 수 있게 된 뒤에는, 사람들은 돈을 좋아하게 되고 돈을 벌기 위해 온갖 노력을 다한다. 돈의 노예가 된다. 돈의 노예가 될수록 사람은 돈을 벌기 위해서 무슨 짓이든 하게 된다.

이와 마찬가지로 사람들은 돈을 갖고 있지 않았을 때에는 순수한 마음을 가지고 있고 어느 정도 양심을 지키지만, 돈을 갖게 되어 좋은 집에서 사는 안락함과 예쁜 여자들의 시중을 받는 즐거움을 맛볼수록 점점 더 돈을 좋아하게 되며, 돈 없는 친척이나 친구들을 돕는 입장이 되면 그들의 기대에 부응하기 위해서라도 더욱 돈을 필요로 하게 되어, 돈을 벌기 위해서는 양심까지도 파는 지경에 이르는 것이다.

제11장

孟子曰仁은 人心也요 義는 人路也니라 舍其路而弗[1]由하며 放其心而不知求하나니 哀哉라 人有雞犬放則知求之하되 有放心而不知求하나니 學問之道는 無他라 求其放心而已矣니라

| 국역 |

맹자께서 말씀하셨다. "인仁은 사람의 마음이고 의義는 사람의 길이다. 그 길을 놓아두고 말미암지 아니하며, 그 마음을 놓아버리고 찾을 줄을 모르니, 불쌍하다. 사람은 닭과 개가 나간 것이 있으면 찾을 줄을 알지만, 마음을 놓아버린 것이 있어도 찾을 줄을 모른다. 학문의 길이란 다른 것이 없다. 그 놓아버린 마음을 찾는 것일 뿐이다."

| 난자풀이 |

① 숨 : 사捨와 통용.

| 강설 |

인仁은 남을 나처럼 아끼고 사랑하는 마음의 상태이므로, 사람의 마음이라 하였고, 의義는 인仁을 실천하는 구체적인 도리이므로, 길에 비유하여 사람의 길이라 한 것이다.

인仁을 가지고 의義를 실천하는 것이 참다운 삶이며, 거기에서 진정한 행복이 찾아지는 것인데, 그 참다운 삶을 놓아두고 육체적인 존재로 전락하여 서로 경쟁함으로써 스스로 불행을 자초하고 있으니 슬픈 일이다.

사람이 육체적인 존재로 전락하면 물질적인 가치만을 추구하게 된다. 집에서 기르던 개나 닭이 없어지면 찾으러 다니지만, 참으로 가치 있는 사람의 본마음은 찾을 줄 모르는 것이다.

학문이란 물질적인 가치를 추구하는 것이 아니라 잃어버렸던 본마음을 다시 찾는 것이며, 학문의 길이란 그 본마음을 찾아가는 과정이다.

제12장

맹 자 왈 금 유 무 명 지 지 굴 이 불 신
孟子曰今有無名之指屈而不信이면
　　　　　　　　　　　　①

비 질 통 해 사 야 이
非疾痛害事也이
　　　　②

언마는 如有能信之者則不遠秦楚之路하나니
여 유 능 신 지 자 즉 불 원 진 초 지 로

爲指之
위 지 지
③ ④

불 약 인 야
不若人也니라
지 불 약 인 즉 지 오 지
指不若人則知惡之하되
　　　　　　⑤
심 불 약 인 즉 부
心不若人則不

지 오
知惡하나니
차 지 위 부 지 류 야
此之謂不知類也니라
⑥　　　　⑦　　　⑧

556

맹자께서 말씀하셨다. "지금 무명지無名指가 구부러져서 펴지지 않을 경우, 아프거나 일을 해치는 것이 아니지만 만약 이것을 펼 수 있는 사람이 있다면 진秦나라나 초楚나라까지의 길을 멀다 여기지 아니하니, 손가락이 남들과 같지 않기 때문이다. 손가락이 남들과 같지 않으면 그것을 싫어할 줄 알지만, 마음이 남들과 같지 않아도 그것을 싫어할 줄 모르니, 이것을 종류를 알지 못하는 것이라고 한다."

| 난자풀이 |

① 之 : 명사 지指를 수식하는 말이 두 글자 이상일 때 수식하는 말과 명사 사이에 들어간다.
② 信 : 신伸과 통용.
③ 爲 : ~을 위해서이다. ~ 때문이다.
④ 之 : 주격조사.
⑤ 惡 : '미워한다'는 뜻으로 음은 '오'.
⑥ 惡 : '미워한다'는 뜻으로 음은 '오'. 타동사이므로 뒤에 목적어 지之가 있어야 하지만, 앞에 있는 불조이 동사를 부정하는 말이므로 이미 동사임이 판명되었다. 그래서 지之를 생략한 것이다.
⑦ 之 : 차此와 위謂가 도치되었음을 나타낸다.
⑧ 類 : 유별類別. 분별分別. 유추類推. 종류種類. 류類를 안다는 말은 콩인지 팥인지를 분별할 줄 안다는 말이니, 구체적으로는 ㉮의 크기와 ㉯의 크기가 같고 ㉯의 크기와 ㉰의 크기가 같다는 사실에서 ㉮와 ㉰의 크기가 같다는 결론을 유추해낼 수 있는 것처럼 분별력이 있는 것을 말한다.

| 강설 |

다섯 손가락 중에서 엄지손가락, 집게손가락, 가운데손가락, 새끼손가락 등은 다 이름이 있지만 네 번째 손가락은 이름이 따로 없으므로 무명지라 한다. 탕약을 저을 때나 쓴다고 해서 약지藥指라고도 하지만 비교적 용도가 적기 때문에 붙여진 이름이다.

사람들은 별로 용도가 없는 무명지가 하나 구부러져 펴지지 않으면 펼 수 있는 의사를 찾아 어디라도 가지만, 마음이 정상이 아닌 경우에는 바로잡을 줄을 모르니, 이는 분별력이 없는 것이다.

맹자왈공파지동재　인구욕생지　　개지소이양지
孟子曰拱把之桐梓를 人苟欲生之인댄 皆知所以養之
　　①②　③　　　　　　　　　　　　④
자　　지어신이부지소이양지자　　기애신불약동재
者로되 至於身而不知所以養之者는 豈愛身不若桐梓
　　　　　　　　　　　　　　　　⑤　　　⑥
재　　불사심야
哉리오 弗思甚也일새니라

| 국역 |

맹자께서 말씀하셨다. "두 움큼이나 한 움큼 되는 오동나무나 가래나무를 사람들이 진실로 기르고자 한다면 모두 기르는 방법을 알지만, 몸에 이르러서는 기르는 방법을 알지 못하니, 어찌 몸을 사랑하는 것이 오동나무나 가래나무를 사랑하는 것만 못하기 때문이겠는가? 생각하지 않음이 심하기 때문이다."

| 난자풀이 |

① 拱 : 원래 '한 아름'이라는 뜻이지만, 여기서는 한 움큼이라는 뜻의 파把와 같이 쓰였으므로, 두 손으로 에워쌀 수 있는 크기로 보아야 할 것이다. 음은 '공'.

② 把 : 한 움큼. 음은 '파'.

③ 梓 : 가래나무. 음은 '재'.

④ 所以 : ~하는 방법. 원래 이以의 목적어가 방법을 나타내는 말이지만, 여기서는 생략되었다. '어떤 방법을 가지고 기르는 것'이라는 뜻이다.

⑤ 豈 : 어찌. 개豈 다음에 '~때문이다'라는 뜻의 위爲가 생략된 것으로 보아야

할 것이다.

6 若 : 약若은 애신愛身과 뒤의 애동재愛桐梓를 비교한 것이므로, 약若 다음에 애愛가 생략된 것으로 보아야 할 것이다.

| 강설 |

사람들은 오동나무나 가래나무를 기를 줄 알면서 몸을 기를 줄 모르니 사려 깊은 일이라 할 수 없다.

분별없는 사람들이 몸을 기르는 방법은 음식을 먹어 물질적으로만 기르는 것이다. 사람의 몸이 고귀한 까닭은 그 몸이 양심을 실천하는 도구이기 때문이니, 몸을 제대로 기르기 위해서는 양심을 실천할 수 있도록 해야 한다.

제14장

孟子曰人之於身也는 兼所愛니 兼所愛則兼所養也
라 無尺寸之膚不愛焉則無尺寸之膚不養也나 所以
考其善不善者는 豈有他哉리오 於己에 取之而已矣
니라 體有貴賤하며 有小大하니 無以小害大하며 無以
賤害貴니 養其小者爲小人이요 養其大者爲大人이니
라 今有場師舍其梧檟하고 養其樲棘則爲賤場師焉
이니라 養其一指而失其肩背하고 而不知也則爲狼疾
人也니라 飮食之人則人賤之矣나니 爲其養小以失
大也니라 飮食之人이 無有失也則口腹이 豈適爲尺
寸之膚哉리오

맹자께서 말씀하셨다. "사람이 자기 몸에 대하는 것은 사랑하는 것을 두루두루 하는 것이니, 사랑하는 것을 두루두루 하면 기르는 것을 두루두루 한다. 한 자 한 치의 살갗도 사랑받지 아니함이 없으니 한 자 한 치의 살갗도 길러지지 아니함이 없지만, 그 잘 기르고 잘못 기르는 것을 살피는 방법은 어찌 다른 데 있겠는가? 자기에게서 취할 뿐이다. 몸에는 귀한 것과 천한 것이 있으며, 작은 것과 큰 것이 있으니, 작은 것을 가지고 큰 것을 해치지 말며, 천한 것을 가지고 귀한 것을 해치지 말아야 하는 것이니, 작은 것을 기르는 자는 소인小人이 되고, 큰 것을 기르는 자는 대인大人이 된다. 지금 정원사가 오동나무나 개오동나무를 놓아두고 멧대추나무나 가시나무를 기르는 경우가 있다면 천박한 정원사라 할 수 있다. 그 손가락 하나를 기르면서 그 어깨와 등을 잃고, 그러면서도 알지 못한다면 돌팔이 의사라 한다. 음식을 밝히는 사람은 남들이 그를 천박하게 여기는 것이니 작은 것을 기름으로써 큰 것을 잃어버리기 때문이다. 음식을 밝히는 사람이 잃음이 있지 않다면 입으로 먹고 배로 소화시키는 것이 어찌 다만 한 자 한 치의 살갗을 위할 뿐이겠는가?"

| 난자풀이 |

1. 之 : 주격조사. 지之가 주격조사이므로 그 다음에는 동사가 있어야 하지만 여기서는 생략되었다. '인지어신야人之於身也'가 겸소애兼所愛의 주어부主語部가 되어 있다.

2. 兼 : '두루두루 한다'는 뜻. '자기 몸에 있는 것 중에서 어느 것은 사랑하고 어느 것은 사랑하지 않는 것이 아니라, 겸兼해서 사랑한다'는 뜻이므로, 겸兼은 '모든 부분을 두루두루 다 사랑한다'는 뜻이다.

3. 所 : 소所 다음의 글자를 동사로 만들면서 전체를 명사구로 만드는 역할을 한다. 따라서 여기서는 애愛가 동사가 되고, '소애所愛'는 명사구가 되어야 하므로, '소애所愛'는 '사랑하는 것'으로 해석해야 한다.

4. 所以 : 뒤에 자者가 연용되며, 원인·방법·까닭 등의 뜻으로 쓰인다. 원래

는 원인·방법·까닭 등의 뜻을 가진 소所의 목적어가 생략된 것이므로, '소
이所以~자者'는 '~하는 방법(원인·까닭 등)이 되는 바의 것'이라는 뜻이다.
⑤ 場師 : 정원사. 원예사.
⑥ 檟 : '개오동나무'라는 뜻으로 음은 '가'.
⑦ 棘 : 멧대추나무. 음은 '이'.
⑧ 一 : 수를 세는 단위. 한문에서는 수를 세는 단위가 명사 앞에 와서 '하나의
손가락', '두 개의 손가락' 등으로 말하지만, 우리말에서는 '손가락 한 개',
'손가락 두 개' 등으로 수를 세는 단위를 명사 뒤에 붙인다.
⑨ 狼疾人 : 조기趙岐는 '낭적狼籍한 사람'이라 하였고, 주자朱子는 '병난 승냥이
같은 사람' 또는 '달리는 승냥이(달리는 승냥이는 잘 돌아보지 못하므로 잘 헤아리
지 못하는 사람이라는 뜻) 같은 사람'이라고 해석했다. 일본의 우야정일宇野精一
은, 서도란계西島蘭溪가 이등동애伊藤東涯의 설을 인용하여, 질인疾人을 의인
醫人, 랑狼을 낭적으로 보아, '낭자한 의사', 즉 '돌팔이 의사'로 해석한 것을
따랐다. 우야정일宇野精一의 설이 가장 타당한 듯하다.
⑩ 爲 : ~ 때문이다.

| 강설 |

사람들이 자기 몸 모든 부분을 다 사랑하므로, 모든 부분을 다 보
호하고 길러야 하지만, 참으로 잘 기르는 방법은 이미 자기 자신
속에 있는 것이므로, 남에게 배우지 않더라도 잘 생각해보면 저절
로 알 수 있다.

　몸에는 더 중요한 것과 덜 중요한 것이 있다. 손가락 하나를
고치려고 어깨나 허리를 다치는 것처럼 덜 중요한 것을 보호하기
위하여 더 중요한 것을 해치는 것은 자기의 몸을 잘 기르는 것이
라고 할 수 없다. 자기의 몸은 다 보존하여야 하지만, 중요한 것부
터 보존해야 하는 것이다.

　사람의 몸보다 더 중요한 것이 마음인데, 몸만을 보존하고 마
음을 보존하지 아니하는 사람은 마치 손가락 하나를 고치려고 허
리를 망치는 돌팔이 의사와 같다. 따라서 몸만을 보존하는 데 급
급하여 음식을 밝히는 사람은 천박한 사람이다. 우리말에서 밥을
밝히는 뜻의 '밥보'에서 '바보'라는 말이 유래된 것도 이러한 연유
에서이다.

마음을 보존하지 않으면 입으로 먹고 배로 소화시키는 것이 단지 자기의 몸을 위하는 것이 되지만, 마음을 잘 보존하면 진리를 실천하기 위한 수단이 된다. 양심을 실천하는 사람의 몸은 양심을 실천하는 도구이므로, 음식을 먹는 것은 몸을 보존하기 위한 것도 되지만, 근본적으로는 양심을 실천하기 위한 것이 된다.

제 15 장

公都子問曰鈞是人也로되 或爲大人이며 或爲小人은
[1] [2]
何也잇고 孟子曰從其大體爲大人이요 從其小體爲小
人이니라 曰鈞是人也로되 或從其大體하며 或從其小
體는 何也잇고 曰耳目之官은 不思而蔽於物하나니
物交物則引之而已矣요 心之官則思라 思則得之하고
[4] [3]
不思則不得也니 此天之所與我者라 先立乎其大者
則其小者不能奪也니 此爲大人而已矣니라

| 국역 |

공도자公都子가 물었다. "똑같은 사람인데, 어떤 사람은 대인大人이 되고 어떤 사람은 소인小人이 되는 것은 무엇 때문입니까?" 맹자께서 말씀하셨다. "큰 것을 따르는 사람은 대인이 되고, 작은 것을 따르는 사람은 소인이 된다." "똑같은 사람인데, 어떤 사람은 큰 것을 따르고 어떤 사람은 작은 것을 따르는 것은 무엇 때문입니까?" "귀와 눈 같은 감각기관은 생각하지 못하면 물욕에 가리워지

는 것이니, 물욕과 물욕이 교차하면 사람을 끌고 갈 따름이다. 마음의 기능은 생각하는 것이니, 생각하면 큰 것을 얻고 생각하지 아니하면 얻지 못한다. 이는 하늘이 우리들에게 부여해준 것이니, 먼저 그 큰 것을 세운다면 그 작은 것이 빼앗지 못할 것이다. 이렇게 하는 것이 대인이 되는 것이다."

| 난자풀이 |

① 鈞 : 균均과 통용. 균鈞 앞에 주어 人이 있어야 하지만 생략되었다.
② 或 : 어떤 사람.
③ 官 : 기능.
④ 交 : 교대한다. 번갈아 나타난다.

| 강설 |

똑같은 사람이지만, 양심을 밝혀서 실천하면 군자가 되고 육체적 욕구를 충족하는 데 주력하면 소인이 된다. 다 같은 사람이지만, 어떤 사람은 양심을 밝혀서 실천하게 되고 어떤 사람은 육체적 욕구를 충족하는 데 주력하게 되는 것은, 생각하고 안하는 데 달려 있는 것이다.

사람이 동물과 다른 것은 생각하는 능력을 가지고 있는 것이다. 사람이 사람다울 수 있기 위해서는 이 생각하는 능력을 잘 발휘하여 참다운 것이 무엇인지, 참으로 가치 있는 것이 어떤 것인지를 찾아내고 그것을 실천할 수 있어야 할 것이다.

눈은 물체를 볼 수 있는 기능이 있고, 귀는 소리를 들을 수 있는 기능이 있는 것인데, 몸이 양심을 실천하는 도구로서 역할을 할 때 눈과 귀는, 양심을 실천하기 위해서 보고 양심을 실천하기 위해서 듣는 것이다. 불쌍한 사람을 보면 도와주고 고통의 소리를 들으면 구제하고 싶어지는 것이다. 그러나 사람이 타락하여 육체적 욕구를 충족하는 데 주력하게 되면, 아름다운 옷과 맛있는 음식과 훌륭한 집이 눈과 귀의 본래 기능을 마비시킨다. 아름다운 옷과 맛있는 음식과 훌륭한 집을 가지고 싶은 욕심에 사로잡혀 눈과 귀가 멀게 되면, 불쌍한 사람은 보이지 않고 고통의 소리가 들리지 않는다. 더 좋은 옷과 밥과 집은 자꾸자꾸 있기 때문에, 그것들이 번갈아 나타나면서 눈과 귀를 현혹하고 사람의 마음을 끌고 다닌다. 따라서 사람들은 그것들을 구하기 위하여 평생을 끌려 다니다가 생애를 허무하게 끝마치고 마는 것이다.

사람은 잘 생각하여 허무하지 않은 인생이 어떤 것인지를 분별하고 큰 뜻을 확고하게 세운다면, 물질적 가치만을 추구하려는 욕심이 그 큰 뜻을 빼앗을 수 없을 것이다. 그래야 대인이 될 수 있다.

제16장

맹자왈유천작자하며 유인작자하니 인의충신락선불
孟子曰有天爵者하며 有人爵者하니 仁義忠信樂善不

권 차천작야 공경대부 차인작야 고지인
倦은 此天爵也요 公卿大夫는 此人爵也니라 古之人

은 수기천작이인작종지 금지인 수기천작
은 修其天爵而人爵從之러니라 今之人은 修其天爵하

여 이요인작 기득인작이기기천작즉혹지심자야
여 以要人爵하고 旣得人爵而棄其天爵則惑之甚者也

라 종역필망이이의
라 終亦必亡而已矣니라
[1]

| 국역 |

맹자께서 말씀하셨다. "천작天爵이 있으며 인작人爵이 있으니, 어질고 의로우며 충실하고 미더우며 선善을 즐거워하기를 게을리 하지 아니하는 것, 이것이 천작이고, 공경公卿과 대부大夫 이것이 인작이다. 옛사람은 그 천작을 닦았으나 인작이 따라서 얻어졌다. 지금 사람은 그 천작을 닦아서 인작을 요구하고, 이미 인작을 얻고 나면

천작을 버리니 미혹됨이 심하다. 끝내는 또한 반드시 (인작도) 없
어질 것이다.”

난자풀이

① 亡 : ‘없어진다’는 뜻으로 음은 ‘망’.

강설

사람이 본래의 마음인 양심을 실천하면, 남과 내가 하나가 되고
만물과 하나가 되어, 전체의 입장에서 자신의 삶을 판단하게 되기
때문에, 전체의 삶을 위해서는 기쁘게 죽을 수도 있다. 전체가 다
살기 위해서는 늙고 병든 자는 죽어야 한다. 그러므로 자신의 몸
이 늙고 병들면 기쁘게 죽을 수 있는 것이다. 죽음을 기쁘게 맞이
할 수 있다면 이 세상에 기쁨으로 맞이할 수 없는 것이 없으므로
이보다 더 큰 행복이 없다. 맹자는 이러한 상태를 ‘하늘이 준 벼슬’
이라는 의미에서 천작이라고 한 것이다.

그러나 사람이 양심을 상실하고 남과 경쟁하는 삶을 살게 되
면, 남보다 높은 자리에 올라가는 것을 좋아하게 되는데, 남보다
높은 자리라고 하는 것은 원래부터 있었던 자리가 아니라 사람이
만든 것이므로, 맹자는 이를 인작이라고 한 것이다. 인작이란 사
람이 만든 것이므로 보잘것없는 것이며, 일생을 마치면서 함께 없
어지고 마는 허무한 것이다.

인仁은 남을 나처럼 생각하는 사람의 본마음이고, 의義는 그
본마음을 실천하는 구체적인 원리이며, 충忠은 본마음에 입각한
진실한 마음이고, 신信은 본마음을 지속적으로 보존하는 마음이다.
그리고 선善은 남과 조화를 이루는 것을 말하는 것이니 모두 본마
음을 실천하는 방법과 상태를 말하는 것이다.

남을 나처럼 사랑하고 아끼면 남들도 나를 좋아하고 따를 것
이므로, 나는 여러 사람의 추대를 받고 저절로 높은 자리를 차지

할 것이다. 그러나 사람들 중에는 높은 자리를 차지하기 위해서 인자仁者임을 위장하는 사람들도 있다. 그들은 높은 자리를 차지하는 것이 목적이므로, 일단 높은 자리를 차지하고 나면 남을 사랑하는 마음을 버린다. 남을 사랑하는 마음을 버리면 사람들은 그를 싫어하게 된다. 그 결과 그를 제거할 것이므로, 그는 결국 높은 자리를 잃게 된다.

제
17
장

孟子曰欲貴者는 人之同心也니 人人이 有貴於己者

이언마는 弗思耳니라 人之所貴者는 非良貴也니 趙孟

之所貴를 趙孟이 能賤之니라 詩云旣醉以酒요 旣飽

以德이라하니 言飽乎仁義也라 所以不願人之膏粱之

味也며 令聞廣譽施於身이라 所以不願人之文繡也니라

| 국역 |

맹자께서 말씀하셨다. "귀한 것을 바라는 것은 사람의 공통된 마음인데, 사람마다 자기에게 귀한 것이 있지만 생각하지 않을 뿐이다. 남들이 귀하게 해주는 것은 참으로 귀한 것이 아니다. 조맹趙孟이 귀하게 해준 것은 조맹이 천하게 할 수도 있기 때문이다. 『시경詩經』에 이르기를, '이미 술로 취하고 이미 덕德으로 배불렀다' 하였으니, 이는 인의仁義에 배불렀으므로 그 때문에 남의 기름지고 찰진 음식의 맛을 원하지 않는 것이며, 좋은 소문과 널리 퍼진 명예가 몸에 베풀어져 있으므로, 그 때문에 남의, 무늬가 있고 수놓

은 옷을 원하지 않는 것임을 말하는 것이다."

| 난자풀이 |

1. 之 : 주격조사.
2. 所 : 뒤의 글자인 귀貴를 동사로 해석하게 하고, 동시에 '소귀所貴' 전체를 명사구로 만드는 역할을 한다.
3. 者 : 앞의 글자 '인지소귀人之所貴'가 명사구임을 확인하는 입장에서 습관적으로 붙이는 글자.
4. 趙孟 : 晉나라의 경卿. 구체적으로 어떠한 사람인지는 알려져 있지 않다.
5. 詩 : 『시경』 대아大雅 생민지십生民之什 기취편旣醉篇.
6. 以 : 이以의 목적어는 앞의 '포호인의飽乎仁義'이다. 따라서 여기서는 '그 때문에'로 번역하는 것이 좋다.
7. 膏 : 기름진 고기. 음은 '고'.
8. 梁 : 찰기장. 음은 '량'. 여기서는 '찰진 음식'을 말한다.
9. 文 : 무늬를 넣은 옷.
10. 繡 : 수를 놓은 옷. 음은 '수'.

| 강설 |

가장 값지고 귀한 것은 자기 마음속에 있는 양심이지만, 사람들은 그것을 헤아리지 아니하고 물질적인 가치나 사람들이 만들어 놓은 감투를 좋아하곤 한다.

제
18
장

맹 자 왈 인 지 승 불 인 야   유 수 승 화   금 지 위 인 자
孟子曰仁之勝不仁也는 猶水勝火하니 今之爲仁者는

유 이 일 배 수   구 일 거 신 지 화 야   불 식 즉 위 지 수 불
猶以一杯水로 救一車薪之火也라 不熄則謂之水不
                                                                [1]
승 화   차 우 여 어 불 인 지 심 자 야   역 종 필 망
勝火라하나니 此又與於不仁之甚者也니라 亦終必亡

이 이 의
而已矣니라

맹자께서 말씀하셨다. "인仁이 불인不仁을 이기는 것은 물이 불을 이기는 것과 같은데, 지금의 인仁을 행하는 자들은 물 한 잔을 가지고 섶 한 수레에 붙은 불을 끄는 것과 같다. 그리하여 꺼지지 아니하면 그것을 물이 불을 이기지 못하는 것이라고 하니, 이는 또한 불인한 데에 빠져드는 것이 심한 것이다. 또한 끝내 반드시 없어질 것이다."

| 난자풀이 |

① 熄 : '불꺼진다'는 뜻으로 음은 '식'.

| 강설 |

'부하를 다룰 때는 무섭게 다뤄야지 아량을 베풀거나 너그럽게 대하면 배반한다', '체벌은 필요악이다', '어느 정도의 독재는 필요하다' 등의 말을 주변에서 듣곤 하는데, 그것은 잘못된 말들이다.

오랜 기간 동안 압박을 받고 속아온 사람들에게 잠시 동안 사랑과 진실을 베푼다 하더라도 그들은 믿을 수 없을 것이다. 따라서 지속적인 사랑과 진실을 베풀어야 효과가 있는 것이다.

잠시 동안 사랑과 진실을 베풀고서 그것이 효과를 거두지 못하는 것을 보고, 그 사랑과 진실이 의미 없는 것이라고 단정하는 사람은 결국 폭력과 술수를 쓰게 된다. 처음에 가졌던 사랑과 진실은 이내 사라지게 되는 것이다.

제19장

孟子曰五穀者는 種之美者也나 苟爲不熟이면 不如荑
①②　　　　　　③
稗니 夫仁亦在乎熟之而已矣니라
④

| 국역 |

맹자께서 말씀하셨다. "오곡五穀은 곡식의 종류 중에서 좋은 것이
지만 만일 익지 아니하는 경우에는 돌피만도 못하다. 인仁도 또한
익히는 것에 있다."

| 난자풀이 |

① 苟 : 만일.
② 爲 : '~한 경우가 된다면'이라는 뜻이다.
③ 荑 : 돌피. 음은 '제' 또는 '이'.
④ 稗 : 피. 음은 '패'.

| 강설 |

잠시 인仁을 베풀고서 모든 것이 해결되기를 기다리는 것은 물 한
잔을 가지고 수레에 붙은 불을 끄려는 것과 같다. 인仁의 참다운
가치는 오랫동안 지속됨으로써 체득되어 저절로 배어나오는 상태
가 되어야 하는 것이다.

제20장

孟子曰羿之教人射에 必志於彀하나니 學者亦必志於
彀니라 大匠이 誨人에 必以規矩하나니 學者亦必以規
矩니라

| 국역 |

맹자께서 말씀하셨다. "예羿가 남에게 활쏘기를 가르칠 적에 반드

시 활시위를 당기는 기준에 뜻을 두었으며, 배우는 자 또한 반드시 활시위를 당기는 기준에 뜻을 두었다. 큰 목수가 남에게 가르칠 적에 반드시 규구規矩를 가지고 가르쳤으며, 배우는 자 또한 반드시 규구를 가지고 배웠다."

| 난자풀이 |

① 彀 : 활시위를 당기는 객관적인 정도 또는 기준. 음은 '구'.
② 學者 : 조기趙岐는 '도道에 뜻을 두고 인의仁義를 행하려는 자'로 보았으나, 주자朱子는 '활쏘기를 배우는 자'로 보았다.
③ 以 : 이以A위爲B의 문형을 기준으로 본다면, 여기서 위爲B에 해당하는 것은 '회인誨人'이다. 따라서 이 문장은 '회인'과 '필이규구必以規矩'가 도치된 것이든가, '필이규구' 다음에 '회인'이 생략된 것으로 보아야 한다.

| 강설 |

배움이 효과적이기 위해서는 객관적인 기준이 필요하다. 활쏘는 법을 배우는 데에 있어서도 활시위를 당기는 정도에 대한 객관적인 기준을 익히는 것이 중요하고, 원을 그리는 방법을 배우는 데 있어서도 콤파스를 사용하는 법을 배우는 것이 중요한 것처럼, 진리를 배우는 데 있어서도 진리의 객관적인 표현방법인 예禮라든가, 인의仁義의 일반적인 실천방법을 익히는 것이 중요하다.

진리를 안다 하더라도 그것을 표현할 수 없으면 안 된다. 또 표현을 잘한다 하더라도 그것이 진리에서 나온 것이 아니면 의미가 없다.

十二. 고자장구하告子章句下

임인유문옥려자왈예여식　숙중　　왈예중
任人有問屋盧子曰禮與食이　孰重고　曰禮重이니라
　　　　1　　2

색여예숙중　　왈예중　　　왈이례식즉기이사
色與禮孰重고　曰禮重이니라　曰以禮食則飢而死하고
　3

불이례식즉득식　　　필이례호　　친영즉부득처
不以禮食則得食이라도　必以禮乎아　親迎則不得妻하
　　　　　　　　　　　4　　　5

불친영즉득처　　　필친영호　　옥려자불능대
고　不親迎則得妻라도　必親迎乎아　屋盧子不能對하여

명일　지추　　이고맹자　　맹자왈어답시야
明日에　之鄒하여　以告孟子한대　孟子曰於答是也에
　　　　　　　　　6

하유
何有리오
7

| 국역 |

임任나라의 사람이 옥려자屋盧子에게 물은 일이 있었다. "예禮를 지
키는 것과 먹는 것 중에 어느 것이 중요한가?" "예禮를 지키는 것
이 중요하다." "여색을 추구하는 것과 예禮를 지키는 것 중에 어느
것이 중요한가?" "예禮를 지키는 것이 중요하다." "예禮에 맞게 먹

으면 굶어서 죽고, 예禮에 맞게 먹지 않으면 먹을 수 있더라도 반드시 예禮에 맞게 먹겠는가? 친영親迎을 하면 아내를 얻지 못하고, 친영을 하지 않으면 아내를 얻더라도 반드시 친영을 하겠는가?" 옥려자가 대답하지 못하고 다음날 추鄒나라에 가서 그 사실을 맹자에게 아뢰자, 맹자께서 말씀하셨다. "이에 대한 대답에 무슨 어려움이 있겠는가?

| 난자풀이 |

[1] 任 : 맹자의 고국인 추鄒나라 가까이에 있었던 나라. 지금의 산동성山東省 제령현濟寧縣에 있었다.

[2] 屋廬子 : 옥려屋廬는 성, 子는 남자에 대한 미칭, 이름은 연連이다. 맹자의 제자이다.

[3] 色 : 여색女色. 여기서는 '여색을 추구하는 것'으로 번역하는 것이 좋다.

[4] 以 : 이以A위爲B의 문형을 기준으로 보면, 여기서는 위爲B에 해당하는 식食이 생략되어 있음을 알 수 있다.

[5] 親迎 : 신랑이 신부의 집에 가서 신부를 맞아오는 의식儀式. 정식 결혼식의 절차 가운데서 핵심이 되는 의식이다.

[6] 以 : 이以의 목적어는 임인任人과 대화한 내용이지만, 여기서는 생략되었다.

[7] 何有 : '하난지유何難之有'가 단축된 형태이다.

不揣其本而齊其末이면 方寸之木으로 可使高於岑樓
불 췌 기 본 이 제 기 말　　　방 촌 지 목　　　가 사 고 어 잠 루
[1]　[2] [3] [4]　　　　　　　　　　　[5]　　[6]

니라 金重於羽者는 豈謂一鉤金與一輿羽之謂哉리오
　　　금 중 어 우 자　　　기 위 일 구 금 여 일 여 우 지 위 재
　　　　　　　　　　　　　　　[7]

取食之重者與禮之輕者而比之면 奚翅食重이며 取
취 식 지 중 자 여 례 지 경 자 이 비 지　　　해 시 식 중　　　취
　　　　　　　　　　　　　　　[8]

色之重者與禮之輕者而比之면 奚翅色重이리오 往應
색 지 중 자 여 례 지 경 자 이 비 지　　　해 시 색 중　　　왕 응

之曰紾兄之臂而奪之食則得食하고 不紾則不得食이
지 왈 진 형 지 비 이 탈 지 식 칙 득 식　　　부 진 즉 부 득 식
　　[9]　　　　[10]

라도 **則將紾之乎**아 **踰東家牆而摟其處子則得妻**하고
　　　　　　　　　　　　⑪　　　⑫

不摟則不得妻라도 **則將摟之乎**아하라

| 국역 |

그 아랫부분을 헤아리지 아니하고 그 윗부분을 나란히 놓는다면 사방 한 치 되는 나무를 가지고도 잠루쏙樓보다 높게 할 수 있다. 쇠가 깃털보다 무겁다는 것은 어찌 한 갈구리의 쇠와 한 수레의 깃털을 말하는 것이겠는가? 먹는 것 중의 중요한 것과 예禮를 지키는 것 중에서 가벼운 것을 취하여 비교한다면, 어찌 먹는 것이 중요할 뿐이겠으며, 여색을 추구하는 것 중에서 중요한 것(여기서는 아내를 얻는 것)과 예禮를 지키는 것 중에서 가벼운 것을 취하여 비교한다면, 어찌 여색을 추구하는 것이 중요할 뿐이겠는가! 가서 그 질문에 대답하라. '형의 팔을 비틀어서 그에게서 먹을 것을 빼앗으면 먹을 수 있고, 비틀지 아니하면 먹을 수 없는 경우에도 곧바로 비틀겠는가? 동쪽 집의 담장을 넘어가서 그 집의 처자를 끌어오면 아내를 얻고, 끌어오지 아니하면 아내를 얻지 못할 경우에도 곧바로 끌어오겠는가?'라고."

| 난자풀이 |

① 揣 : '헤아린다'는 뜻으로 음은 '췌'.
② 本 : 물체의 아랫부분. 뿌리.
③ 齊 : 나란히 배열한다.
④ 末 : 물체의 윗부분. 나무의 가지 끝. 지엽.
⑤ 使 : '사使A위爲B'의 문형을 기준으로 생각하면, A에 해당하는 사使의 목적어는 여기서는 '방촌지본方寸之本'인데, 강조하기 위하여 앞으로 낸 것임을

알 수 있다.

6 **岌嶪** : 조기趙岐는 '산의 뾰족한 봉우리'라 하였고, 주자朱子는 '산처럼 높은
　누각'이라 하였다. '산 위에 있는 높은 누각'이라는 해석도 있다.

7 **謂** : 뒤에 있는 위謂와 중복되어 사용되었으므로 하나가 없는 것이 순조롭
　다. 뒤의 위謂 앞에 있는 지之는 '일구금여일여─鈞金與─輿羽'와 위謂가 도
　치되었음을 나타내는 역할을 하는 것이므로, 뒤의 위謂를 없앨 경우에는 지
　之도 함께 없애야 한다.

8 **翅** : '뿐'이라는 뜻으로 음은 '시'.

9 **紾** : '비튼다'는 뜻으로 음은 '진'.

10 **之** : 여기서는 형을 지칭하는 대명사로 쓰였음.

11 **摟** : '끌어온다'는 뜻으로 음은 '루'.

12 **處子** : 처녀.

제
2
장

曺交問曰人皆可以爲堯舜이라하니 有諸잇가 孟子曰
　　　　　　　　　　　　　　　　　　　　　　　[1]
然하다 交는 聞文王은 十尺이오 湯은 九尺이라하니
　　　　　　　　　　　　　　　[3]
今交는 九尺四寸以長이로대 食粟而已로니 如何則可
잇고 曰奚有於是리오 亦爲之而已矣니라 有人於此하
　　　[4]　　　　　[5]
니 力不能勝一匹雛則爲無力人矣오 今日擧百鈞則
　　　　　　[6]
爲有力人矣니 然則擧烏獲之任이면 是亦爲烏獲而
　　　　　　　　　　　　[7]　　[8]
已矣니 夫人은 豈以不勝爲患哉리오 弗爲耳니라

| 국역 |

　　조교曺交가 물었다. "사람은 다 요순堯舜이 될 수 있다 하니, 그러
한 것이 있습니까?" 맹자께서 말씀하셨다. "그러하다." 제(교交)가

들으니, 문왕文王은 10척尺이고 탕湯은 9척이라 하는데, 저는 9척 4촌寸으로 자랐는데도 곡식만 먹을 뿐이니, 어떻게 하면 좋겠습니까?" "이것(요순처럼 되는 것)에 무슨 어려움이 있겠는가? 또한 노력하기만 하면 된다. 여기에 어떤 사람이 있는데, 힘으로 오리새끼 한 마리를 감당하지 못한다면 힘이 없는 사람이 될 것이다. 그러나 지금 백균百鈞을 든다고 한다면 힘이 있는 사람이 될 것이다. 그렇다면 오획烏獲이 들던 짐을 든다면 이 또한 오획이 되는 것이니, 사람이 어찌 감당하지 못하는 것을 걱정하는가! 하지 않기 때문이다.

난자풀이

1 曹交 : 조曹나라 임금의 동생. 교交는 이름. 조曹나라는 노魯나라 애공哀公 8년(기원전 487년)에 망했다는 기록이 있으므로, 여기서의 조曹는 국명國名을 성으로 삼은 것이라는 설(왕응린王應麟)도 있고, 조曹나라가 속국으로 존속하고 있었다는 설(혜사기惠士奇)도 있다.

2 諸 : 지호之乎의 뜻.

3 十尺 : 키의 크기. 고대에는 일척一尺이 20센티미터 가량이었으므로 십척十尺은 2미터 정도의 키이다. 십척十尺 다음에 '이장以長'이 생략된 것이다. '십척이장十尺以長'은 '이십척장以十尺長'이니 '십척十尺으로 자랐다'는 뜻이다.

4 奚有 : '해난지유奚難之有'의 준말. '무슨 어려움이 있는가?'라는 뜻이다. '무슨 상관이 있는가?'라고 해석하는 경우도 있다.

5 是 : 요순堯舜이 되는 것을 말한다. 시是를 '키'로 해석하여, '키에 무슨 상관이 있는가?'라고 풀이하는 경우도 있다.

6 力 : '힘을 가지고'라는 뜻이므로 앞에 이以가 생략된 문장이다. 이 문장의 주어는 앞에서 말한 '어떤 사람'이지만 생략되었다.

7 烏獲 : 진秦나라 무왕武王 때의 역사力士.

8 任 : 짐.

강설

요순처럼 살기만 하면 누구나 요순처럼 될 수 있다. 요순은 양심을 다 실천한 사람이므로, 누구든지 자기의 마음속에 있는 양심을 다 밝혀서 실천하기만 하면 요순처럼 될 수 있다. 요순처럼 되는 것은 자기에게 있는 것을 구하는 것이기 때문에 노력만 하면 된다.

徐行後長者를 謂之弟요 疾行先長者를 謂之不弟니 ①
夫徐行者는 豈人所不能哉리오 所不爲也니 堯舜之
道는 孝弟而已矣니라 子服堯之服하며 誦堯之言하며
行堯之行이면 是堯而已矣요 子服桀之服하며 誦桀 ②
之言하며 行桀之行이면 是桀而已矣니라 曰交得見於 ③
鄒君이면 可以假館이니 願留而受業於門하노이다 曰
夫道若大路然하니 豈難知哉리오 人病不求耳니 子
歸而求之면 有餘師리라

| 국역 |

천천히 걸어서 연장자보다 뒤에 가는 것을 '공경스럽다'고 하고, 빨리 걸어서 연장자보다 앞서 가는 것을 '공경스럽지 않다'고 하는 것인데, 천천히 걸어가는 것이 어찌 사람이 할 수 없는 것이겠는가. 하지 아니하는 것이니, 요순의 도리는 효도하고 공경하는 마음일 뿐이다. 자네가 요堯임금의 옷을 입으며, 요堯임금의 말씀을 외우며, 요堯임금의 행실을 행한다면 바로 요堯임금이고, 자네가

걸桀의 옷을 입으며, 걸桀의 말을 외우며, 桀의 행실을 행한다면 바로 걸桀이다." "제가 추鄒나라 임금에게 가서 뵈면 관사館舍를 빌릴 수 있을 것이니, 여기에 머물면서 문하에서 수업하기를 원합니다." "도道는 대로大路와 같은 것이니, 어찌 알기 어렵겠는가. 사람들은 구하지 않는 것을 병으로 삼아야 하는 것이니, 자네가 돌아가 찾는다면 남아도는 스승이 있을 것이다."

| 난자풀이 |

① 弟 : 제悌와 통용. '공경스럽다'는 뜻.
② 是 : 곧. 바로
③ 見 : '뵙는다'는 뜻으로 음은 '현'.

| 강설 |

인의仁義를 실천하는 출발점은 효제孝悌를 실천하는 것이므로, 맹자는 아직 학문적 깊이가 없는 조교에게 효제를 역설한 것이다. 조교가 맹자를 따라가서 배우지 않고, 맹자에게 자기가 있는 곳에서 머물면서 가르쳐달라고 한 것은 성의가 없는 것이다. 맹자는 진리를 실현하는 것이 목적이지 관사를 빌리는 것이 목적이 아니므로, 관사를 빌려준다는 조교의 성의 없는 제의를 거절하였다.

학문을 하는데 필요한 첫째 조건은 스승을 만나는 것이 아니라 성실한 태도이다. 성실한 태도를 갖춘 후에 스승을 구하여야 한다.

제3장

公孫丑問曰高子曰小弁은 小人之詩也라하더이다
①②

孟子曰何以言之오 曰怨이니이다 曰固哉라 高叟之爲
③④

詩也여 有人於此하니 越人이 關弓而射之則己談笑
⑤⑥

而道之는 無他라 疏之也요 其兄이 關弓而射之則己
⑦

垂涕泣而道之는 無他라 戚之也니 小弁之怨은 親親
⑧

也라 親親은 仁也니 固矣夫라 高叟之爲詩也여

| 국역 |

공손추公孫丑가 물었다. "고자高子가 말하기를, 「소반小弁」은 소인의 시詩이다' 하였습니다." 맹자께서 말씀하셨다. "무엇을 가지고 말하는가?" "원망하기 때문입니다." "고루하도다, 고수高叟가 시를 해석하는 것은! 여기에 사람이 있는데, 월越나라 사람이 활을 당겨 쏘려 하면 말하고 웃고 하면서 타이르는 것은, 다름이 아니라 그를 소원한 사람으로 여기기 때문이고, 그 형이 활을 당겨 쏘려 하면 눈물을 흘리면서 타이르는 것은 다름이 아니라 그를 친척으로 여기기 때문이다. 「소반」의 원망은 어버이와 하나가 되기 때문이다. 어버이를 자기처럼 여기는 것은 인仁이다. 고루하도다, 고수가 시를 해석하는 것은."

난자풀이

1. 高子 : 제齊나라 사람. 맹자의 제자라는 설도 있고, 맹자의 제자인 고자의 형으로 자하子夏에게 『시경』을 전수받은 고행자高行子라는 설도 있다.

2. 小弁 : 음은 소반. 『시경』 소아小雅 절남산지집節南山之什 중의 소변편小弁 篇. 모시毛詩에 의하면, 이 시의 내용은 주周나라 유왕幽王이 신후申后를 얻어 태자太子 의구宜臼를 낳고 또 포사褒姒를 얻어 백복伯服을 낳고는 신후申后를 축출하고 의구宜臼를 폐위하자, 이에 의구의 사부師傅가 그를 위해 애통하고 절박한 심정을 서술한 것이라고 한다. 조기趙岐는 주周의 경卿이었던 윤길보尹吉甫가 후처의 아들인 백방伯邦을 사랑하여 전처의 아들인 백기伯奇를 버리자, 백기가 이를 원망하여 지은 것이라고 하였다.

3. 何 : 이以의 목적어인데 의문대명사이므로 앞으로 나온 것이다.

4. 高叟 : 고高영감. 수叟는 늙은이에 대한 지칭이다. 수叟가 이름일 가능성이 없지는 않다.

5. 關 : '활시위를 당긴다'는 뜻으로 음은 '만'. 만彎과 통용된다.

6. 射 : '쏘아 맞힌다'는 뜻으로 음은 '석'.

7. 道 : 말한다. 타이른다.

8. 泣 : 눈물. 음은 '읍'.

강설

효孝는 부모의 사랑을 지속적으로 받기 위한 노력이므로, 부모의 사랑이 없어지면 원망하게 된다. 원망은 사랑의 표현이기 때문이다. 부모의 사랑을 염두에 두지 않고 아들된 도리만 다하는 것은 효孝가 아니다.

曰凱風은 何以不怨이니잇고 曰凱風은 親之過小者也

요 小弁은 親之過大者也니 親之過大而不怨이면 是

는 愈疏也요 親之過小而怨이면 是는 不可磯也니 愈

十二. 고자장구하　579

소 불효야 불가기 역불효야 공자왈순
疏도 不孝也요 不可磯도 亦不孝也니라 孔子曰舜은

기 지 효 의 오 십 이 모
其至孝矣신저 五十而慕라하시니라

| 국역 |

"「개풍凱風」은 무엇 때문에 원망하지 않았습니까" "「개풍」은 어버이의 과실이 작은 것이고, 「소반」은 어버이의 과실이 큰 것이니, 어버이의 과실이 큰데도 원망하지 않는다면 이는 더욱 소원해지는 것이고, 어버이의 과실이 작은데도 원망한다면 이는 접근할 수 없는 것이다. 더욱 소원해지는 것도 불효不孝이고 접근할 수 없게 되는 것도 또한 불효不孝이다. 공자께서 말씀하기를, '순舜임금은 지극한 효자이시다. 50이 되었는데도 사모했다'고 하셨다."

| 난자풀이 |

[1] 凱風 : 『시경』 패풍邶風 개풍편凱風篇. 위衛나라에서 일곱 아들을 둔 어머니가 남편이 죽은 뒤에 개가하려고 하였을 때, 일곱 아들이 어머니를 책망하지 않고, 자기들의 효도가 부족함을 반성한 詩이다.

[2] 磯 : '부딪친다'는 뜻으로 음은 '기'. 바다나 호수의 물이 물가의 돌에 부딪치는 것. 또는 그 장소. 여기서는 '다가간다'고 해석했다.

| 강설 |

부모가 사랑하지 않아도 원망하지 않는 것은 부모에 대해 무관심한 것이므로, 부모와의 정情이 더욱 멀어지게 되고 따라서 불효가 되는 것이다. 그러나 부모의 작은 잘못에 대해서도 일일이 원망하고 쏘아붙이면, 부모는 그 자녀에게 다가갈 수가 없다. 마음 편하게 접근하고 다가갈 수 있어야 한마음이 될 수 있는 것이다.

제4장

宋牼이 將之楚러니 孟子遇於石丘하시고 曰先生은
① ②
將何之오 曰吾聞秦楚構兵하니 我將見楚王하여 說
③ ④ ⑤
而罷之하되 楚王不悅이어든 我將見秦王하여 說而罷
之하리니 二王에 我將有所遇焉이리라 曰軻也는 請無
問其詳이요 願聞其指하노니 說之將如何오 曰我將言
其不利也하리라

국역

송경宋牼이 초楚나라에 가려고 할 적에, 맹자께서 석구石丘에서 만나시고 말씀하셨다. "선생은 장차 어디에 가려고 하십니까?" "나는 진秦나라와 초楚나라가 전쟁을 구상하고 있다고 들었으니, 나는 장차 초왕楚王을 만나 뵙고, 달래어서 전쟁을 그만두게 할 것이며, 초왕이 기뻐하지 않는다면, 나는 장차 진왕秦王을 만나 뵙고, 달래어서 전쟁을 그만두게 할 것이니, 두 왕 중에 내 장차 뜻이 합치되는 것이 있을 것입니다." "나는 청컨대 그 상세한 것은 묻지 않겠거니와 그 취지를 듣기를 원하니, 달래기를 장차 어떻게 하시렵니까?" "나는 장차 그것이 불리함을 말하겠습니다."

난자풀이

① 宋牼 : 송은 성, 경牼은 이름. 조기趙岐는 경牼이라는 이름을 가진 송宋나라 사람이라 하였다. 송경은 다른 책들에서 송견宋鈃, 자송자子宋子, 송자宋子, 송

영자宋榮子 등으로 불리기도 한다.

2 石丘 : 지명.

3 何 : 지之의 목적어.

4 見 : '만나 뵙는다'는 뜻으로 음은 '현'.

5 說 : '달랜다', '설득한다' 등의 뜻으로 음은 '세'.

日先生之志則大矣어니와 先生之號則不可하니 先生
　　　　　　　　　　　　　　　　　　　　　　　1
이 以利說秦楚之王이면 秦楚之王이 悅於利하여 以
罷三軍之師하리니 是는 三軍之士樂罷而悅於利也라
　　　　　　　　　　　　　　　　　　2
爲人臣者懷利以事其君하며 爲人子者懷利以事其
　　　　　3
父하며 爲人弟者懷利以事其兄하리니 是는 君臣父子
兄弟終去仁義하고 懷利以相接이니 然而不亡者未之
有也니라 先生이 以仁義說秦楚之王이면 秦楚之王이
悅於仁義하여 而罷三軍之師하리니 是는 三軍之士樂
罷而悅於仁義也라 爲人臣者懷仁義以事其君하며
爲人子者懷仁義以事其父하며 爲人弟者懷仁義以
事其兄하리니 是는 君臣父子兄弟去利하고 懷仁義以
相接也니 然而不王者未之有也니 何必曰利리오

국역

"선생의 뜻은 크지만 선생의 구호는 불가합니다. 선생이 이익이 된다는 걸 가지고 진秦·초楚의 왕을 달래면, 진秦·초楚의 왕은 이익이 되는 것에 기뻐하여 삼군三軍의 군사를 파할 것이니, 그렇게 되면 삼군의 군인들은 파하는 것을 즐거워하고 이익이 되는 것에 기뻐할 것입니다. 신하된 자는 이익을 좋아하여 그 임금을 섬기며, 자식된 자는 이익을 좋아하여 그 부모를 섬기며, 아우된 자는 이익을 좋아하여 그 형을 섬길 것이니, 그렇게 되면 임금과 신하, 아버지와 아들, 형과 아우가 마침내 인의仁義를 버리고 이익을 좋아하여 서로 접할 것입니다. 그렇게 되고서도 망하지 아니한 경우는 있지 아니합니다. 선생이 인의仁義를 가지고 진秦·초楚의 왕을 달래면 진秦·초楚의 왕은 인의를 좋아하여 삼군三軍의 군사를 파할 것이니, 그렇게 되면 삼군의 군인들은 파하는 것을 즐거워하고 인의를 하는 것에 기뻐할 것입니다. 신하된 자는 인의를 좋아하여 그 임금을 섬기며, 자식된 자는 인의를 좋아하여 그 아버지를 섬길 것이며, 아우된 자는 인의를 좋아하여 그 형을 섬길 것이니, 그렇게 되면 임금과 신하, 아버지와 아들, 형과 아우가 이익을 따지는 것을 버리고 인의를 좋아하여 서로 접할 것입니다. 그렇게 되고서도 왕도정치를 이루지 못하는 경우는 있지 아니합니다. 하필 이익을 말씀하십니까?"

난자풀이

① 號 : 구호. 슬로건.
② 則 : 이렇게 되면. 그렇게 되면.
③ 人臣 : 신하. 모시는 사람이 있어야 신하가 될 수 있는 것이므로, '모시는 사람의 신하'라는 의미에서 '인신人臣'이라 한 것이다.

이해타산으로 만사를 처리한다면 당장은 이익을 보지만, 그것이
일반화되어 사람들이 모두 이익을 밝히게 되면 화합하지 못하고
서로 다투게 된다. 그래서 사회가 불안해지고 나라가 망한다.

제
5
장

맹자거추　　　계임　　위임처수　　　이폐교　　수
孟子居鄒하실새 季任이 爲任處守러니 以幣交어늘 受
　　　　　　①　　　　②　　　　　　　③
지이불보　　　처어평륙　　　저자위상　　　　이
之而不報하시고 處於平陸하실새 儲子爲相이러니 以
　　　　　　　　④　　　　　　⑤
폐교　　수지이불보　　　타일　유추지임　　견
幣交어늘 受之而不報하시다 他日에 由鄒之任하사 見
　　　　　　　　　　　　⑥
계자　　　유평륙지제　　불견저자　　옥려자
季子하시고 由平陸之齊하사 不見儲子하신대 屋廬子

회왈연　　득간의　　　　문왈부자지임　　견계자
喜曰連이 得間矣로라하고 問曰夫子之任하사 見季子

　　지제　　불견저자　　위기위상여　　왈
하시고 之齊하사 不見儲子하시니 爲其爲相與잇가 曰
　　　　　　　　　　　　　　　⑦
비야　서왈향　다의　　의불급물　　왈불향
非也라 書曰享은 多儀하니 儀不及物이면 曰不享이니
　　⑧　⑨　⑩⑪
유불역지우향　　　위기불성향야　　옥려자열
惟不役志于享이라하니 爲其不成享也니라 屋廬子悅

　　　　혹문지　　옥려자왈계자　　부득지추　저
이어늘 或問之한대 屋廬子曰季子는 不得之鄒요 儲

자　득지평륙
子는 得之平陸일새니라

맹자께서 추鄒나라에 계실 적에, 계임季任이 임任나라의 처수處守가

되었는데, 폐백을 가지고 사귀자, 그것을 받기만 하고 보답하지 않으셨고, 평륙平陸에 계실 적에, 저자儲子가 정승이 되었는데, 폐백을 가지고 사귀자, 그것을 받기만 하고 보답하지 않으셨다. 타일他日에 추鄒나라로부터 임任나라에 가셔서는 계자季子를 만나보시고, 평륙에서 제齊나라로 가셔서는 저자를 만나보지 않으시니, 옥려자屋廬子가 기뻐하며 말했다. "제가 (질문을 할 수 있는) 틈을 얻었습니다" 하고서 묻기를, "선생님께서 임任나라에 가셔서는 계자를 만나보시고, 제齊나라에 가셔서는 저자儲子를 만나보지 않으셨으니, 저자가 제齊나라의 정승이 되었기 때문입니까?" 하였다. "아니다. 『서경書經』에 이르기를, '윗사람에게 대접하는 것은 예모禮貌를 중시하니, 예모가 대접하는 물건에 미치지 못하면 대접하지 아니하는 것이라 한다. 오직 대접하는 데에 마음을 쓰지 않았기 때문이다' 하였으니, 그 대접을 제대로 하지 못했기 때문이다." 옥려자가 기뻐하자, 어떤 사람이 물으니, 이에 옥려자가 말했다. "계자는 추鄒나라에 갈 수 없었고, 저자는 평륙에 갈 수 있었기 때문이다."

난자풀이

1. 居 : 주로 일상적으로 거처하는 것을 말한다.
2. 季任 : 임任나라 임금의 막내동생.
3. 幣 : 폐백. 선물.
4. 處 : 주로 일시적으로 거처하는 것을 말한다.
5. 儲子 : 제齊나라의 재상.
6. 由 : 자自와 같은 뜻. ~으로부터.
7. 爲 : ~ 때문이다.
8. 書 : 『서경』 주서周書 낙고편洛誥篇.
9. 享 : 아랫사람이 윗사람을 대접하는 일.
10. 多 : 중시한다.
11. 儀 : 거동. 행위. 예모.

| 강설 |

윗사람에게 대접할 때, 대접하는 물건이나 선물에 비하여 공경하
는 마음이 부족하면 대접한 것이 아니다. 공경하는 마음이 부족한
상태에서 물질로 대접하는 것은, 물질로 매수하려는 것이기 때문
이다.

윗사람을 대접할 때는 물건도 보내야 하지만 직접 가서 성의
를 표시해야 한다. 갈 수 있는 상황에서 가지 않고 물건만 보내는
것은, 공경하는 마음이 있는 것이 아니라 매수하려는 마음이 있기
때문이다.

淳于髡이 曰先名實者는 爲人也요 後名實者는 自爲
[1]   [2]
也니 夫子在三卿之中하사 名實이 未加於上下而去
之하시니 仁者도 固如此乎잇가 孟子曰居下位하여 不
以賢事不肖者는 伯夷也요 五就湯하며 五就桀者는
伊尹也요 不惡汚君하며 不辭小官者는 柳下惠也니
三子者不同道하나 其趣는 一也니 一者는 何也오 曰
仁也라 君子亦仁而已矣니 何必同이리오

| 국역 |

순우곤淳于髡이 말했다. "명예와 실적을 중시하는 것은 남을 위한
것이고, 명예와 실적을 경시하는 것은 자기를 위하는 것입니다.

선생님께서 삼경三卿 가운데에 계셨으나, 명예와 실적이 위와 아래에 더해지지 아니하였는데 떠나시니 어진 사람도 본래 이와 같습니까?" 맹자께서 말씀하셨다. "낮은 지위에 있으면서 어진 입장으로 못난 사람을 섬기지 아니한 자는 백이伯夷이었고, 다섯 번 탕湯에게 나아갔고 다섯 번 걸桀에게 나아간 자는 이윤伊尹이었으며, 더러운 임금을 싫어하지 아니하며 낮은 관직도 사양하지 아니한 자는 유하혜柳下惠이었으니, 이 세 분은 길은 같지 않았으나 그 귀결되는 곳은 하나이었으니 하나라는 것은 무엇인가? 인仁이라고 하는 것이다. 군자는 역시 인仁을 할 뿐이니 어찌 반드시 같으려 하겠는가?"

| 난자풀이 |

① 先 : '앞세운다'는 뜻인데, 앞세우는 것은 중시하는 것이므로 여기서는 '중시한다'라고 번역했다.

② 自 : 위爲의 목적어. 일인칭대명사인 자自가 동사의 목적어로 쓰일 때는 그 동사 앞으로 나온다.

| 강설 |

남을 나처럼 사랑하는 사람이 공직에 있게 되면 남을 위하는 일에 종사하게 되고, 그 결과 명성과 실적이 쌓이는 것이지만, 명예를 탐하는 사람이 실적을 쌓는 것은 남을 사랑하는 것이 아니다. 명성과 실적만 가지고 그 사람의 마음 상태를 판단할 수는 없는 것이다. 양심은 상황에 따라서 다르게 나타나고 또 표현방식도 다르게 나타나는 것이므로, 실적이나 명성으로 양심을 판단할 수는 없는 것이다.

공직에 있는 것은 인仁을 실천하기 위한 것이므로 인仁을 실천할 수 없는 상황이 되면 떠나야 한다. 인仁을 실천할 수 없는 상황에서도 떠나지 않는 것은 자리를 훔치는 것이고 월급을 훔치는 것이다.

曰魯繆公之時에 公儀子爲政하고 子柳子思爲臣이로
되 魯之削也滋甚하니 若是乎賢者之無益於國也여
曰虞不用百里奚而亡하고 秦穆公이 用之而覇하니
不用賢則亡이니 削을 何可得與리오

국역

"노魯나라 목공繆公 때에는 공의자公儀子가 정치를 담당하였고, 자류
子柳와 자사子思가 신하가 되었지만 노魯나라가 삭감된 것이 더욱 심
했으니, 이와 같습니까? 현명한 자가 나라에 무익한 것이." "우虞나
라는 백리해百里奚를 쓰지 않아서 망했고, 진목공秦穆公은 그를 써서
패자가 되었다. 현명한 자를 쓰지 않으면 망하는 것이니, 삭감되는
정도로 어찌 그칠 수 있겠는가?"

난자풀이

1 公儀子 : 이름은 휴休. 노魯나라의 박사博士였다.
2 子柳 : 설류泄柳를 말한다.
3 滋 : 더욱. 점점.

강설

현명한 사람을 쓰지 않으면 나라가 망해버릴 것이니, 삭감당하는
정도로 그칠 수가 없다.

曰昔者에 王豹處於淇而河西善謳하며 縣駒處於高唐[1][2][6]

而齊右善歌하고 華周杞梁之妻善哭其夫而變國俗하[7][8][9]

니 有諸內면 必形諸外하나니 爲其事而無其功者를 髡[10][11]

이 未嘗覩之也로니 是故로 無賢者也니 有則髡必識

之니이다 曰孔子爲魯司寇러시니 不用하고 從而祭에[12]

燔肉이 不至어늘 不稅冕而行하시니 不知者는 以爲爲[13][14][15]

肉也라하고 其知者는 以爲爲無禮也라하니 乃孔子則

欲以微罪行하사 不欲爲苟去하시니 君子之所爲를 衆

人固不識也니라

국역

"옛날에 왕표王豹가 기수淇水가에 거처하자 하서河西 사람들이 노래를 잘했고, 면구縣駒가 고당高唐에 거처하자 제齊나라 서쪽 사람들이 노래를 잘했으며, 화주華周와 기량杞梁의 아내가 그 죽은 남편에게 곡哭을 잘하여 나라의 풍속을 바꾸었습니다. 안에 가지고 있으면 반드시 밖으로 드러나는 것이니, 그 일을 했는데 그 효과가 없는 것을 저는 일찍이 보지 못했습니다. 이 때문에 (이 세상이 혼란한 것을 보면) 현명한 자가 없는 것입니다. 있다면 제가 반드시 알 것입니다." "공자께서 노魯나라의 사구司寇가 되셨는데, (그 생각이) 쓰여지지 않고, 이어서 제사를 지냈는데 제사 고기가 이르지 않자 면류관을 벗지 않고서 떠나시니, 지혜롭지 못한 자들은 고기 때문이었다고 생각하고, 지혜로운 자들은 예禮가 없기 때문이었다고 생각하였으나, 공자께서는 하찮은 죄로써 구실을 삼아 떠나고자 하신 것이고, 구차하게 떠나려고 하지 않으신 것이다. 군자가 하는 것을 중인衆人들은 본래 알지 못한다."

| 난자풀이 |

① 王豹 : 위衛나라 사람으로 노래를 잘했다고 한다.
② 淇 : 하남성河南省의 북부지방에 있는 강 이름.
③ 河西 : 황하黃河의 서쪽. 여기서는 위衛나라에 해당한다.
④ 謳 : 동요, 찬송가, 민요 등과 같이 여러 사람이 함께 부르는 노래.
⑤ 緜駒 : 제齊나라 사람으로 노래를 잘한 사람.
⑥ 高唐 : 제齊나라의 서부지방에 있는 도시.
⑦ 齊右 : 제齊나라의 서부지방. 땅의 좌우左右는 남쪽을 향해 섰을 때를 기준으로 하는 것이므로, 좌左가 동쪽이고 우右가 서쪽이다.
⑧ 華周 : 제齊나라의 신하로서 전사한 사람. 화선華旋이라고도 한다.
⑨ 杞梁 : 제齊나라의 신하로서 전사한 사람. 기식杞殖이라고도 한다.
⑩ 諸 : 지어之於와 같다. 음은 '저'.
⑪ 功 : 효과.
⑫ 司寇 : 형벌을 담당하는 관리. 오늘날의 법무장관에 해당함.
⑬ 燔 : 변膰과 통용. 제사 고기.
⑭ 稅 : 탈脫과 통용. '벗는다'는 뜻으로 음은 '탈'.
⑮ 冕 : 면류관.

| 강설 |

공자도 진리를 실현할 수 없는 상황에서는 떠나는데, 자기 나라 정치인들의 잘못을 공공연하게 드러내는 것은 조국의 잘못을 외국에 알리는 것이 되므로 작은 허물을 핑계거리로 삼아서 떠난 것이다.

맹자왈오패자　　삼왕지죄인야　　금지제후　　오패
孟子曰五覇者는 三王之罪人也요 今之諸侯는 五覇
　　　　1　　　　　　　　2
지죄인야　금지대부　　금지제후지죄인야
之罪人也요 今之大夫는 今之諸侯之罪人也니라

국역

맹자께서 말씀하셨다. "오패五覇는 삼왕三王의 죄인이고, 지금의 제
후들은 오패의 죄인이고, 지금의 대부들은 지금의 제후들의 죄인
이다.

난자풀이

1 五覇 : 춘추시대에 패권을 차지했던 다섯 임금. 제齊의 환공桓公, 진晉의 문
　　공文公, 진秦의 목공穆公, 송宋의 양공襄公, 초楚의 장공莊公을 일컫는다.
2 三王 : 우禹, 탕湯, 문왕文王과 무왕武王.

천자적제후왈순수　　제후조어천자왈술직　　　춘
天子適諸侯曰巡狩요 諸侯朝於天子曰述職이니 春
성경이보부족　　　추성렴이조불급　　　입기강
省耕而補不足하며 秋省斂而助不給하나니 入其疆에
토지벽　　　전야치　　　양로존현　　　준걸재위즉유
土地辟하며 田野治하며 養老尊賢하며 俊傑在位則有
　　　1
경　　　경이지　　　입기강　　토지황무　　　유로실
慶이니 慶以地하고 入其疆에 土地荒蕪하며 遺老失
2
현　　　부극재위즉유양　　　일불조즉폄기작　　재
賢하며 掊克在位則有讓이니 一不朝則貶其爵하고 再
　　　3　　　　　　　4
불조즉삭기지　　　삼불조즉육사　　이지　　시고
不朝則削其地하고 三不朝則六師로 移之라 是故로
　　　　　　　　　　　　　5　　　6

天子는 討而不伐하고 諸侯는 伐而不討하나니 五覇
者는 摟諸侯하여 以伐諸侯者也라 故曰五覇者는 三
王之罪人也라하노라

천자天子 토이불벌 제후 벌이불토 오패
자 누제후 이벌제후자야 고왈오패자 삼
왕지죄인야

| 국역 |

천자天子가 제후국에 가는 것을 순수巡狩라 하고, 제후가 천자에게
조회하는 것을 술직述職이라 하니, 봄에는 밭 가는 것을 살펴서 부
족한 것을 보충해주고, 가을에는 수확하는 것을 살펴서 넉넉하지
못한 것을 도와준다. 그 국경 안에 들어갔을 때, 토지가 개간되었
고 들이 잘 다스려졌으며, 노인을 봉양하고 어진 사람을 높이며,
우수한 사람이 벼슬자리에 있으면 경하함이 있으니, 땅을 주어 경
하해주고, 그 국경 안에 들어갔을 때 토지가 황폐하고, 노인을 버
리고 어진 사람을 잃으며, 착취하는 자들이 벼슬자리에 있으면 꾸
짖음이 있으니, 한 번 조회오지 아니하면 그 작위를 낮추고, 두
번 조회오지 아니하면 그 국토를 삭감하고, 세 번 조회오지 아니
하면 육군六軍을 동원하여 (임금을) 옮겨놓는다. 이 때문에 천자
는 성토만 하고 정벌하지 않으며, 제후는 정벌하기만 하고 성토하
지는 않는다. 오패는 제후를 이끌고 제후를 정벌한 자이다. 그러
므로 오패는 삼왕의 죄인이라 한 것이다.

난자풀이

1. 辟 : 벽闢과 통용. '개간한다'는 뜻.
2. 慶 : 경하慶賀하는 것.
3. 掊克 : 착취하는 것. 또는 그러한 사람. 음은 '부극'.
4. 讓 : '꾸짖는다'는 뜻으로 음은 '양'.
5. 六師 : 육군. 주周나라의 제도에는, 천자는 육군을 거느리고 제후는 삼군三軍을 거느리는 것으로 되어 있다. 육사六師 앞에 이以가 있어야 하지만 생략되었다.
6. 移 : '임금을 축출하여 다른 데로 옮긴다'는 뜻이다.
7. 討 : 죄의 내용을 따져서 잘못된 점을 가려서 성토하는 것.

강설

제후는 제후의 죄를 심판할 자격이 없다. 천자만이 제후의 죄를 밝혀내어 그것을 성토하며, 다른 제후들로 하여금 그 제후를 정벌하게 할 수 있다. 그런데 오패는 자기도 제후이면서 다른 제후를 이끌어서 다른 제후를 정벌하였으니, 권한을 월권하여 천자에게 죄를 지은 것이다. 천자의 대표적인 존재가 삼왕이므로, 오패를 삼왕의 죄인이라 한 것이다.

五覇에 桓公이 爲盛하더니 葵丘之會諸侯하여 束牲
　　　[1]　　[2][3]　　　　　　[4]
載書而不歃血하고 初命曰誅不孝하며 無易樹子하며
無以妾爲妻라하고 再命曰尊賢育才하여 以彰有德이
　　　　　　　　　　　　　　　　　　　　[6]
라하고 三命曰敬老慈幼하며 無忘賓旅라하고 四命曰
士無世官하며 官事無攝하며 取士必得하며 無專殺大
　　　　　　　　[7]　　　　[8]　　　[9]
夫라하고 五命曰無曲防하며 無遏糴하며 無有封而不
　　　　　　[10]　　　　　　　　　[11]

고　　　　왈 범 아 동 맹 지 인　　기 맹 지 후　　언 귀 우 호
告라하고 曰凡我同盟之人은 旣盟之後에 言歸于好라

　　금 지 제 후　　개 범 차 오 금　　　고 왈 금 지 제 후
하니 今之諸侯는 皆犯此五禁하나니 故曰今之諸侯는

오 패 지 죄 인 야
五覇之罪人也라하노라

국역

오패 중에 환공의 세력이 왕성하였는데, 규구葵丘에서 제후들을 모아놓고, 희생犧牲을 묶어 그 위에 선언서를 올려놓고는, 피는 마시지 않고서 첫 번째 명령하여 말하기를, '불효不孝하는 자를 처벌하며, 세자로 세워놓은 아들을 바꾸지 말며, 첩을 아내로 삼지 말라' 하였고, 두 번째 명령하여 말하기를, '어진이를 높이고 인재를 길러서 덕德이 있는 자를 표창하라' 하였고, 세 번째 명령하여 말하기를, '노인을 공경하고 어린이를 사랑하며, 손님과 나그네를 잊지 말라' 하였고, 네 번째 명령하여 말하기를, '선비는 관직을 세습함이 없어야 되며, 관청의 일은 겸직함이 없어야 되며, 선비를 채용하는 것은 반드시 타당하여야 하며, 멋대로 대부大夫를 죽이는 일이 없도록 하라' 하였고, 다섯 번째 명령하여 말하기를, '제방을 굽게 쌓지 말며, 쌀을 수입해가는 것을 막지 말며, (대부들을) 봉해주고서 보고하지 않는 일이 없도록 하라' 하고서 말하기를, '무릇 우리 동맹한 사람들은 이미 맹약盟約한 뒤에는 (모든 것이) 우호를 다지는 쪽으로 귀결되도록 하자' 하였는데, 지금의 제후들은 모두 이 다섯 가지 금지사항을 범하고 있다. 그러므로 지금의 제후들은 오패의 죄인이라고 하는 것이다.

1 桓公 : 제齊나라의 환공.

2 葵丘 : 지명. 지금의 하남성河南省 개봉부開封府 진류현陣留縣의 동쪽에 있었다. 규구에서 동맹한 사실은 『춘추좌씨전春秋左氏傳』 희공僖公 9년조에 기록되어 있다.

3 之 : 규구와 회제후會諸侯가 도치되었음을 나타내는 역할을 한다. '회제후어규구會諸侯於葵丘'로 놓고 해석하면 될 것이다. 어於는 규구가 앞으로 나갈 때 생략된다.

4 諸侯 : 제후를 뒷문장에 붙여서, '규구지회葵丘之會에서 제후들이 희생을 묶어……'라고 해석하는 경우도 있다. 그러나 전체의 내용이 맹주盟主인 환공이 제후들을 모아놓고 명령하는 것이므로, 회會의 목적어로 보는 것이 좋다.

5 歃 : 맹세를 할 때 피를 입가에 바르거나 마시는 것. 음은 '삽'.

6 有德 : 덕德이 있는 사람.

7 攝 : '겸직한다'는 뜻. 음은 '섭'.

8 得 : 타당함을 얻는 것.

9 專殺 : 멋대로 죽이는 것. 대부大夫쯤 되는 사람을 죽일 때는 천자나 이웃나라가 납득할 만한 확실한 죄가 있어야 한다.

10 曲防 : 제방을 구부러지게 쌓는 것. 제방을 이웃나라 쪽으로 구부러지게 쌓으면 홍수가 날 때 터져서 이웃나라로 물이 범람하게 된다.

11 封 : 대부를 봉하는 것. 대부를 봉할 때는 객관적인 타당성이 있어야 한다. 마땅하게 봉할 때는 보고할 수 있다. 보고할 수 없을 정도로 부당하게 봉하는 일이 있어서는 안 되는 것이다.

12 言 : 조음소. 뜻은 없으나 말을 부드럽게 하는 효과가 있다.

| 강설 |

당시의 제후들은 오패가 만들어놓은 정치윤리를 범하고 있으므로, 오패에게 죄를 짓는 사람이라고 한 것이다.

장 군 지 악　　기 죄 소　　봉 군 지 악　　기 죄 대　　금
長君之惡은 其罪小하고 逢君之惡은 其罪大하니 今
　①　　　　　　　　　　②

지 대 부　　개 봉 군 지 악　　고 왈 금 지 대 부　　금 지 제
之大夫는 皆逢君之惡이라 故曰今之大夫는 今之諸

후 지 죄 인 야
侯之罪人也라하노라

국역

임금의 악惡을 조장하는 것은 그 죄가 작고, 임금의 악惡을 이끌어
내는 것은 그 죄가 큰 것인데, 지금의 대부들은 모두 임금의 악惡
을 이끌어낸다. 그러므로 지금의 대부들은 지금의 제후들의 죄인
이라고 한 것이다."

난자풀이

① 長 : 나쁜 일을 하려는 임금에게 더 크게 하도록 조장하는 것.
② 逢 : 나쁜 일을 할 마음이 없는 임금에게 나쁜 일을 하도록 유도하는 것.

제
8
장

노 욕 사 신 자　　위 장 군　　　맹 자 왈 불 교 민 이 용 지
魯欲使愼子로 爲將軍이러니 孟子曰不敎民而用之를
　　　　①

위 지 앙 민　　앙 민 자　　불 용 어 요 순 지 세　　일 전
謂之殃民이니 殃民者는 不容於堯舜之世니라 一戰

승 제　　수 유 남 양　　　연 차 불 가　　　신 자 발 연
勝齊하여 遂有南陽이라도 然且不可하니라 愼子勃然
　　　　②

불 열 왈 차 즉 골 리 소 불 식 야
不悅曰此則滑釐所不識也로이다
　　　③

노魯나라가 신자愼子로 하여금 장군이 되게 하려 하자. 맹자께서 말씀하셨다. "백성을 가르치지 아니하고서 (전쟁에) 쓰는 것은 백성에게 재앙을 입히는 것이라고 한다. 백성에게 재앙을 입히는 자는 요순堯舜의 세상에서는 용납되지 아니한다. 한 번 싸워 제齊나라를 이겨 마침내 남양南陽을 소유한다 하더라도 그러나 또한 불가不可한 것이다." 신자가 발끈하여 기뻐하지 아니하고서 말했다. "이것은 제가 알지 못하는 것입니다."

| 난자풀이 |

① 愼子 : 골리滑釐. 신자를 법가法家인 신도愼到와 동일한 인물로 보는 설(焦循), 묵자墨子의 제자인 금골리禽滑釐와 동일인물로 보는 설(초순焦循이 인용한 것) 등이 있다.

② 南陽 : 제齊나라의 땅. 지금의 하남성河南省 남양부南陽府. 태산泰山의 남쪽에 있기 때문에 남양南陽이라 한다.

③ 滑釐 : 신자의 이름. 음은 '골리'. 골리는 금골리禽滑釐인데, 신자가 그를 사사師事하였다는 설도 있다(焦循이 인용한 것). 골리 다음에 주격조사 지之가 생략되었다.

| 강설 |

백성들을 가르쳐서 의리가 목숨보다 더 중요하다는 사실을 알게 하면, 백성들은 의로운 전쟁에서 목숨을 바치더라도 불만이 없을 것이다. 의롭지 않은 전쟁을 일으켜 가르치지 않은 백성들을 죽게 하는 것은 백성들에게 재앙을 입히는 것이다. 비록 전쟁에 이겨 국토를 넓힌다 하더라도 그것이 백성의 목숨과 바꿀 수 있는 것은 아니다.

曰吾明告子_{하리라} 天子之地는 方千里니 不千里면

不足以待諸侯요 諸侯之地는 方百里니 不百里면 不

足以守宗廟之典籍_{이니라} 周公之封於魯에 爲方百里

也니 地非不足_{이로되} 而儉於百里_{하며} 太公之封於齊

也에 亦爲方百里也니 地非不足也_{로되} 而儉於百里

하니라 今魯는 方百里者五니 子以爲有王者作則魯

在所損乎아 在所益乎아 徒取諸彼_{하여} 以與此_{라도}

然且仁者不爲_{어든} 況於殺人以求之乎아 君子之事

君也는 務引其君以當道_{하여} 志於仁而已_{니라}

| 국역 |

"내 그대에게 분명하게 말하겠다. 천자天子의 땅은 사방 천리千里이니, 천리가 되지 아니하면 제후를 대접할 수 없기 때문이다. 제후의 땅은 사방 백리百里이니, 백리가 되지 아니하면 종묘宗廟의 전적典籍들을 지킬 수 없기 때문이다. 주공周公이 노魯나라에 봉封해질 때에 사방 백리의 땅을 가졌으니, 땅이 부족한 것이 아니었지만 백리의 땅에 비해 검소하였으며, 태공太公이 제齊나라에 봉封해질 때에 또한 사방 백리의 땅을 가졌으니, 땅이 부족한 것이 아니었지만 백리의 땅에 비해 검소하였다. 지금 노魯나라는 사방 백리

되는 것이 다섯이니, 자네가 생각하건대, 왕업王業을 이루는 자가 나타남이 있다면 노魯나라는 덜어내는 것에 해당되겠는가? 보태주는 것에 해당되겠는가? 그저 저것에서 취하여 이것에 준다 하더라도, 그러나 또한 인자仁者는 하지 않는데, 하물며 사람을 죽여서 구하는 데 있어서랴! 군자가 임금을 섬기는 것은, 그 임금을 인도하여 바른 길에 나아가 인仁에 뜻을 두도록 힘쓸 뿐이다."

| 난자풀이 |

① 典籍 : 기록문서. 종묘의 문서를 보존한다는 것은 문서에 기록된 문물제도를 다 지킨다는 것이다.

② 之 : 주격조사.

③ 爲 : 여기서는 '가진다'는 뜻이다.

④ 於 : ~보다. '백리보다 검소하다'는 것은 '백리에 비해서 검소하다'는 뜻이다.

⑤ 以爲 : ~라고 생각한다.

⑥ 諸 : 지어之於와 같은 뜻.

제9장

孟子曰今之事君者曰我能爲君하여 辟土地하며 充府
　　　　　　　　　　　　　　　　　　　　　　①
庫라하나니 今之所謂良臣이요 古之所謂民賊也라 君
不鄉道하여 不志於仁이어든 而求富之하니 是는 富桀
　　②
也니라 我能爲君하여 約與國하며 戰必克이라하나니
　　　　　　　　　　　③
今之所謂良臣이요 古之所謂民賊也라 君不鄉道하여
不志於仁이어든 而求爲之强戰하니 是는 輔桀也니라
　　　　　　　　　　　④

由今之道하여 無變今之俗이면 雖與之天下라도 不能
一朝居也니라

국역

맹자께서 말씀하셨다. "오늘날 임금을 섬기는 자들은, '나는 임금을 위하여 토지를 개간하며, 부고府庫를 채울 수 있다' 하니 오늘날의 이른바 훌륭한 신하이고 옛날의 이른바 백성들의 도적이다. 임금이 도道에 향하지 않고 인仁에 뜻을 두지 않는데도 그를 부자로 만드는 것을 추구하니, 이는 걸왕桀王을 부자 되게 하는 짓이다. '나는 임금을 위하여 우방국과 외교를 하며 전쟁을 하면 반드시 승리할 수 있다'고 하니, 오늘날의 이른바 훌륭한 신하이고 옛날의 이른바 백성들의 도적이다. 임금이 도道에 향하지 않고 인仁에 뜻을 두지 않는데도 그를 위하여 억지로 전쟁하기를 추구하니, 이는 걸왕을 보필하는 것이다. 지금의 도道를 따르고, 지금의 풍속을 바꾸는 것이 없다면 비록 그에게 천하를 준다 하더라도 하루아침도 유지할 수 없을 것이다."

난자풀이

[1] 辟 : 闢과 통용. '개간한다'는 뜻. 당시에 부국강병책을 논하는 사람들은 백성들에게 토지를 개간하는 부역을 시키고, 또 세금을 많이 걷기 위하여 개간한 토지에서 농사짓게 하는 이론을 주장했던 것 같다.
[2] 鄕 : 向과 통용.
[3] 與國 : 우방국.
[4] 强 : 억지로, 무리로.

백성들을 잘 살게 하기 위해 임금이 필요하고 임금을 돕기 위해 신
하가 필요한 것이므로 백성들을 해롭게 하는 임금은 임금이 아니
며, 또 백성들을 해치는 임금을 부유하게 하기 위해 백성들을 착취
하는 신하는 신하가 아니다. 백성들의 도적이다.

제
10
장

白圭曰吾欲二十而取一하노니 何如하니잇고 孟子

曰子之道는 貉道也로다 萬室之國에 一人陶則可乎

아 曰不可하니 器不足用也니이다 曰夫貉은 五穀을

不生하고 惟黍生之하며 無城郭宮室宗廟祭祀之禮

하며 無諸侯幣帛饔飱하며 無百官有司라 故로 二十에

取一而足也니라 今에 居中國하여 去人倫하며 無君

子면 如之何其可也리오 陶以寡라도 且不可以爲國이

온 況無君子乎아 欲輕之於堯舜之道者는 大貉小貉

也요 欲重之於堯舜之道者는 大桀小桀也니라

| 국역 |

백규白圭가 말했다. "나는 20으로 나누어서 하나를 취하고자 하는
데 어떻습니까?" 맹자께서 말씀하셨다. "자네의 방법은 맥국貉國의

방법이다. 만실萬室의 나라에 한 사람이 질그릇을 구우면 되겠는가?" "불가不可합니다. 그릇이 쓰기에 부족합니다." "맥국에는 오곡을 생산하지 않고 오직 기장만을 생산하며, 성곽城郭과 궁실宮室과 종묘宗廟와 제사祭祀의 예禮가 없으며, 제후들과의 관계, 폐백幣帛을 교환하는 일, 음식을 대접하는 일 등이 없으며, 백관百官과 유사有司가 없다. 그러므로 20에 하나를 취하여도 충분한 것이다. 지금 중앙의 나라에 거주하면서 인륜人倫을 버리며 군자를 없앤다면 어찌 가可하겠는가? 질그릇이 너무 적어도 또한 나라를 다스릴 수 없는데, 하물며 군자가 없는데 있어서랴! 요순堯舜의 방법보다 가볍게 하고자 하는 자는 대맥大貉이나 소맥小貉이며, 요순의 방법보다 무겁게 하고자 하는 자는 대걸大桀이나 소걸小桀이다."

| 난자풀이 |

① 白圭 : 주周나라 사람. 이름은 단丹.

② 貉 : 북방에 있던 나라.

③ 五穀 : 생生의 목적어로 쓰였다.

④ 生 : 생生은 타동사이고 또 생生의 목적어인 오곡五穀이 도치되어 앞으로 나갔기 때문에 그 자리에는 지之가 있어야 하지만, 생生을 부정하는 말인 불不이 있을 경우에는 습관적으로 생략한다.

⑤ 饔飧 : 음식을 대접하는 일.

⑥ 有司 : 실무를 담당하는 자.

⑦ 中國 : 오늘날의 중국中國이라는 나라를 지칭하는 것이 아니라 '중앙中央에 있는 나라'라는 뜻이다.

⑧ 人倫 : 여기서는 성곽, 궁실, 종묘, 제사지례祭祀之禮, 제후, 폐백, 옹손饔飧 등을 말한다.

⑨ 君子 : 여기서는 백관百官과 유사有司 등을 말한다.

⑩ 以 : 이已와 통용. '너무'라는 뜻이다.

⑪ 況 : 황況 다음에 어於가 생략되었다.

⑫ 大貉小貉 : 큰 맥貉이거나 작은 맥貉이다. 정도가 심하면 대맥이고 정도가 약하면 소맥이므로 대소大小의 차이는 있을지라도 맥貉인 점에 있어서는 모두 같다.

세금은 많아도 안 되지만 적어도 좋지 않다. 세금이 너무 적으면 정부가 할 일을 할 수 없기 때문이다. 가장 적당한 것은 가장 훌륭한 정치가 행해졌을 때의 세율이다.

제
11
장

백규왈단지치수야유어우　　맹자왈자과의
白圭曰丹之治水也愈於禹호이다 孟子曰子過矣로다
①
우지치수　수지도야　시고　우　이사해위학
禹之治水는 水之道也니라 是故로 禹는 以四海爲壑이

금오자　이린국위학　　수역행　위지홍수
어시늘 今吾子는 以鄰國爲壑이로다 水逆行을 謂之洚水

홍수자　홍수야　인인지소오야　오자과의
니 洚水者는 洪水也라 仁人之所惡也니 吾子過矣로다

| 국역 |

백규白圭가 말했다. "제가 물을 다스리는 것이 우禹임금보다 낫습니다." 맹자께서 말씀하셨다. "자네가 잘못이다. 우禹임금이 물을 다스린 것은 물의 길을 따른 것이었다. 이 때문에 우禹임금은 사방의 바다를 골짜기로 삼았는데, 지금 자네는 이웃나라를 골짜기로 삼았구나. 물이 역행하는 것을 홍수洚水라 하는데, 홍수란 홍수洪水이다. 인인仁人이 미워하는 것이니 그대가 잘못이다."

| 난자풀이 |

① 丹 : 백규의 이름.

물은 결국 바다로 흘러가는 것이므로, 바다 쪽으로 흘려보내는 것
이 어렵고 시간이 걸린다 하더라도 그것이 장기적으로 볼 때 원만
하고 근본적인 방법이 된다. 바다 쪽이 아닌 이웃나라에 저지대가
있을 경우, 그쪽으로 흘려보내면 물은 쉽게 잡히지만, 이웃나라에
피해를 입히게 되고, 또 그 물이 가득 차게 되면 도로 이쪽으로
흘러와서 홍수가 나게 되므로, 좋은 방법이 아니다.

제 12 장

맹 자 왈 군 자 불 량   오 호 집
孟子曰君子不亮이면 惡乎執이리오
　　　　　　① 　　　　　②

| 국역 |

맹자께서 말씀하셨다. "군자君子가 미덥지 못하면 어디를 붙잡고
살겠는가."

| 난자풀이 |

① 亮 : 미더움.
② 執 : 붙잡는다.

| 강설 |

자기의 삶을 유지해 갈 수 있는 바탕이 있어야 그것에 의지하여
삶을 영위할 수 있는 것인데, 그 바탕이 바로 신용이다. 사람은
신용을 바탕으로 장사도 하고 사업도 한다. 그것이 없으면 아무
것도 할 수 없다. 공자는 "사람으로서 신용이 없으면 그 가可함
을 알지 못하겠다. 큰 수레에 끌채가 없고 작은 수레에 끌채가

없으면 무엇을 가지고 움직이겠는가?"라고 말씀하셨다.

제
13
장

魯欲使樂正子로 爲政이러니 孟子曰吾聞之하고 喜而

不寐호라 公孫丑曰樂正子는 强乎잇가 曰否라 有知慮

乎잇가 曰否라 多聞識乎잇가 曰否라 然則奚爲喜而不

寐시니잇고 曰其爲人也好善이니라 好善이면 足乎잇가

曰好善이면 優於天下이니 而況魯國乎아 夫苟好善則

四海之內皆將輕千里而來하여 告之以善하고 夫苟不

好善則人將曰訑訑를 予旣已知之矣로라하리니 訑訑之
                    ①

聲音顔色이 距人於千里之外하나니 士止於千里之外

則讒諂面諛之人이 至矣리니 與讒諂面諛之人居國이
                                    ②

면 欲治인들 可得乎아

국역

노魯나라에서 악정자樂正子로 하여금 정치를 하게 하려 하자, 맹자
께서 말씀하셨다. "내 이 말을 듣고 기뻐서 잠을 이루지 못했다."
공손추公孫丑가 말했다. "악정자는 강력합니까?" "아니다." "지혜와
헤아림이 있습니까?" "아니다." "견문과 식견이 많습니까?" "아니
다." 그렇다면 무엇 때문에 기뻐서 잠을 이루지 못하셨습니까?"
"그 사람됨이 선善을 좋아한다." "선善을 좋아하면 족합니까?" "선善

을 '좋아하면 천하를 다스리는 데도 넉넉할 것이니 하물며 노노나
라를 다스리는 데 있어서랴! 만일 선善을 좋아하면 사해四海 안의
모든 사람이 모두 천리千里를 가벼이 여기고 와서 그에게 좋은 계
책을 말해줄 것이지만, 만일 선善을 좋아하지 않는다면 사람들은
'뻐기는 꼴을 내가 이미 알았다'고 할 것이니, 뻐기는 음성과 얼굴
빛이 사람을 천리 밖에서 (못 오게) 막는다. 선비가 천리 밖에서
발걸음을 멈춘다면 참소하고 아첨하며 면전에서 아부하는 사람들
이 올 것이니, 참소하고 아첨하고 면전에서 아부하는 사람들과 중
앙에서 함께 거처한다면 다스리려고 한들 되겠는가?"

| 난자풀이 |

[1] 訑訑 : 거만하게 뻐기고 뽐내는 모양.
[2] 國 : 서울 또는 중앙. 전통적으로 국國을 뒷문장에 붙여 '나라가 다스려지기
　　를 바란다'고 해석하였으나 문맥이 통하지 않는다. 이 문장은 '군자들은 먼
　　지방에 있으므로 아첨하는 소인들과 서울에 있으면, 정치를 하려고 해도 되
　　지 않는다'는 뜻이다.

| 강설 |

정치를 하는 사람이 갖추어야 할 첫 번째 자격은 강력한 지도력도
아니고 똑똑함도 아니며 지식과 문견이 많은 것도 아니다. 오직 착
한 마음씨이다. 마음씨가 착한 사람은 남의 장점이나 훌륭한 점을
자기의 것처럼 좋아하므로, 다른 사람들은 그에게서 인정받고 사랑
받게 되어 그에게로 모여들고 좋은 계책을 제공한다. 그는 여러 사
람들의 좋은 계책을 결집하여 집행하기만 하면 된다. 이와 반대로
똑똑한 사람은 자기가 남보다 앞서기를 좋아하므로 남의 장점이나
훌륭한 점을 무시한다. 따라서 다른 사람들은 그에게 인정받지 못
하고 무시당하므로 그에게서 떠나간다. 그렇게 되면 그가 아무리
똑똑하다 하더라도 혼자서 모든 것을 해결해야 하므로 한계가 있다.

陳子曰古之君子는 何如則仕니잇고 孟子曰所就三이
[1]

요 所去三이니라 迎之致敬以有禮하며 言將行其言也

則就之하고 禮貌未衰나 言弗行也則去之니라 其次는

雖未行其言也나 迎之致敬以有禮則就之하고 禮貌

衰則去之니라 其下는 朝不食하고 夕不食하여 飢餓不

能出門戶어든 君聞之曰吾大者론 不能行其道하고 又

不能從其言也하여 使飢餓於我土地하니 吾恥之라하고

周之인댄 亦可受也어니와 免死而已矣니라
[2]

| 국역 |

진자陳子가 말했다. "옛날의 군자들은 어떠하면 벼슬하였습니까?"
맹자께서 말씀하셨다. "(벼슬에) 나아가는 것이 세 가지이고, 떠
나는 것이 세 가지이었다. 맞이할 때에 공경스러운 마음을 다하되
예禮를 가지고 하며, 말을 하고서 장차 그 말을 행하면 나아가고,
예모가 쇠퇴하지 않았더라도 말이 행해지지 아니하면 떠났다. 그
다음 단계는 비록 그 말을 행하지는 아니하나 맞이할 때에 공경스
러운 마음을 다하되 예禮를 가지고서 하면 나아가고, 예모가 쇠퇴
해지면 떠났다. 가장 낮은 단계는 아침에도 먹지 못하고 저녁에도
먹지 못하며, 굶주리고 배고파 문을 나갈 수 없을 때 임금이 그것
을 듣고 말하기를, '내가 크게는 도道를 행하지 못하고 또 말을 실

천하지도 못하여 내 땅에서 굶주리고 배고프게 했으니, 내 이를
부끄러워한다'고 하고, 구호품으로 구제해준다면 또한 받을 수 있
지만 죽음을 면할 정도로만 할 뿐이다."

| 난자풀이 |

[1] 陳子 : 진진陳臻.
[2] 周 : 빈민을 두루 구제한다.

| 강설 |

가장 이상적인 인간상은 순수한 본마음을 그대로 간직하고 있으면
서 그 마음을 외부로 표현할 수 있는 사람이다. 공경스러운 마음
을 다하면 본마음을 간직할 수 있고, 예禮를 실천하면 본마음을
표현할 수 있다. 정치하는 사람이라면 이 두 가지 조건 외에 정책
이나 정견을 먼저 발표하고 그것을 실천에 옮기는 추진력을 갖추
어야 한다.

제15장—

孟子曰舜은 發於畎畝之中하시고 傳說은 擧於版築之
間하고 膠鬲은 擧於魚鹽之中하고 管夷吾는 擧於士하
고 孫叔敖는 擧於海하고 百里奚는 擧於市하니라 故로
天將降大任於是人也신댄 必先苦其心志하며 勞其筋
骨하며 餓其體膚하며 空乏其身하여 行拂亂其所爲하
나니 所以動心忍性하여 曾益其所不能이니라 人恒過

608

연후   능개   곤어심   횡어려이후   작
然後에 能改하나니 困於心하며 衡於慮而後에 作하며
                                              11

징어색   발어성이후   유   입즉무법가필사
徵於色하며 發於聲而後에 喩니라 入則無法家拂士
                                              12 13

       출즉무적국외환자   국항망   연후   지
하고 出則無敵國外患者는 國恒亡이니라 然後에 知
                14

생 어 우 환 이 사 어 안 락 야
生於憂患而死於安樂也니라

국역

맹자께서 말씀하셨다. "순舜임금은 논밭 가운데에서 발탁되었고, 부설傳說(부열)은 판축版築 사이에서 등용되었고, 교격膠鬲은 생선과 소금 가운데에서 등용되었고, 관이오管夷吾는 형무소를 지키는 관리들 틈에서 등용되었고, 손숙오孫叔敖는 바닷가에서 등용되었고, 백리해百里奚는 시장에서 등용되었다. 그러므로 하늘이 큰 임무를 그 사람에게 내리려 하실 적에 반드시 먼저 그 심지心志를 괴롭히며, 그 근골筋骨을 수고롭게 하며, 그 몸과 피부를 굶주리게 하며, 그 몸을 궁핍하게 하여, 그의 하는 것을 어그러뜨리고 어지럽히는 것이니, 그렇게 함으로써 마음을 분발시키고 성질을 참게 하여, 그 능하지 못한 부분을 증익시키기 위한 것이다. 사람은 항상 허물이 있은 뒤에 고치는 것이니, 마음에 고달픈 것이 있고 생각에 순조롭지 못한 것이 있은 뒤에 분발하여 일어나며, (고통스러움이) 얼굴에 표가 나고 음성에 나타난 뒤에 깨닫게 되는 것이다. 나라 안에 들어가면 법도 있는 집과 보필하는 선비가 없고, 나라 밖에 나가면 적국과 외환이 없는 경우는 나라가 항상 멸망한다. 그런 뒤에야 사람은 우환憂患 가운데에서는 살아나고 안락한 가운데에서는 죽는다는 것을 알게 된다."

| 난자풀이 |

[1] 傳說 : 은殷나라의 무정武丁에게 발탁된 현명한 신하.

[2] 版築 : 판자로 흙을 다듬어 제방을 쌓은 토목공사.

[3] 管夷吾 : 관중管仲. 이오夷吾는 이름.

[4] 士 : 형무소를 지키는 관리.

[5] 孫叔敖 : 초楚나라 사람. 장왕莊王에게 등용되어 영윤令尹이 되었다.

[6] 行 : '(어그러뜨리고 어지럽히는 것을) 행한다'는 뜻이다. 전통적으로는 '행하는 것에 그 하는 것을 어그러뜨리고 어지럽힌다'라고 해석하였다.

[7] 拂 : 어그러뜨리다.

[8] 動心 : 마음이 가라앉아서 의욕을 상실하는 일이 없도록, 움직이게 하고 분발시키는 것.

[9] 忍性 : 욱하는 성질을 참도록 하여 인내력을 기르는 것.

[10] 曾 : 증增과 통용.

[11] 衡 : 횡橫과 통용. 따라서 음은 '횡'. '순조롭지 않고 삐딱해진다'는 뜻.

[12] 法家 : 법도 있는 집. 정치가 잘못 되었을 때 법도 있는 집에서는 그것을 성토한다.

[13] 拂 : 필弼과 통용. '필사拂士'는 '보필하는 선비'라는 뜻이다. 보필을 잘하는 선비는 임금의 잘못을 예리하게 지적한다.

[14] 者 : ~하는 경우.

| 강설 |

철학을 공부한다는 것은 충격을 극복하는 과정이다. 어려운 일에 봉착하여 좌절하고서 인생을 포기하고 말면 의미가 없지만, 좌절을 딛고 충격을 극복하고 나면 다시는 그러한 일에 충격을 받지 않는 능력이 생기고, 같은 종류의 충격을 받아 고통스러워하고 있는 다른 사람을 구제할 수 있는 능력이 생기며, 실제로 그 능력을 가지고 많은 사람을 구제하는 일에 종사하게 되는 것이다.

　사람에게 고통과 충격을 주는 것은 여러 가지가 있지만, 그 중에서 가장 큰 것은 죽음이다. 그러므로 죽음의 고통을 극복한 사람은 다른 사소한 고통을 다 극복한 사람이며, 남의 모든 고통을 다 극복시켜줄 수 있는 사람인 것이다. 위대한 사람은 큰 고통과 충격을 극복한 사람이므로, 고통과 충격을 받는 것은 위대한 사람이 될 수 있는 기회가 된다. 유복한 환경에서 태어나서 고통

과 좌절을 겪지 않고 순조롭게 한 평생을 살아가는 사람은 남의
고통을 이해할 수 없으며, 위대한 사람이 되기 어렵다.

　'증익기소불능'曾益其所不能'이란 자기의 불능한 점을 확대시킨
다는 뜻이 아니라. "자기가 잘하지 못하는 부분의 능력을 배양
한다"는 뜻이다.

제
16
장

맹 자 왈 교 역 다 술 의　　여 불 설 지 교 회 야 자　　시 역 교
孟子曰敎亦多術矣니 予不屑之敎誨也者는 是亦敎
　　　　　　　　　　　1　　　2
회 지 이 이 의
誨之而已矣니라

| 국역 |

　맹자께서 말씀하셨다. "가르치는 것에도 또한 많은 방법이 있다.
나의 달갑게 여기지 아니하는 가르침과 깨우침이란 것은 이 또한
가르치고 깨우치는 것일 따름이다."

| 난자풀이 |

　1 予 : 여予 다음에 지之가 있어야 하지만 생략되었다.
　2 屑 : '달갑게 여긴다'는 뜻. 음은 '설'.

| 강설 |

　맹자의 가르침의 방법 중에는, 무례한 태도를 하고서 물어오는 사
람에게는 대답해주지 아니하는 경우도 있다. 이는 대답하지 않음
으로써 자신의 태도가 무례하였음을 스스로 깨닫도록 하는 방법이
다. 이를 '질문을 달갑게 여기지 아니함으로써 성과를 기대하는 가
르침'이라는 뜻에서 '불설지교회不屑之敎誨'라고 한다.

十三. 진심장구상 盡心章句上

제
1
장
—

맹 자 왈 진 기 심 자　　　 지 기 성 야　　　 지 기 성 즉 지 천 의
孟子曰盡其心者는 知其性也니 知其性則知天矣니라

존 기 심　　　 양 기 성　　　 소 이 사 천 야　　 요 수　　 불 이
存其心하여 養其性은 所以事天也요 殀壽를 不貳하여
　　　　　　　　　　　　　　 ① 　　　 ② ③ 　　　 ④

수 신 이 사 지　　　 소 이 입 명 야
修身以俟之는 所以立命也니라

| 국역 |

맹자께서 말씀하셨다. "그 마음을 다하는 자는 그 성性을 아니, 그 성性을 알면 하늘을 알게 된다. 그 마음을 보존하여 그 성性을 기르면 하늘을 섬길 수 있다. 요절하는 것과 장수하는 것을 다르게 여기지 않고 몸을 닦아서 천명天命을 기다리면 천명을 확립할 수 있다."

| 난자풀이 |

① 事 : '섬긴다'는 뜻. 섬긴다는 말은 원래 '일삼는다'는 뜻이니, '하늘을 섬긴다'는 말은 '하늘의 일을 나의 일로 삼는다'는 뜻이다.

② 夭 : 요절하는 것.

③ 壽 : 오래 사는 것.

④ 貳 : 동사로 쓰이게 되면, '둘로 여긴다'는 뜻이 된다. 하나로 여기는 것은 같은 것으로 여기는 것이지만, 둘로 여기는 것은 다른 것으로 여기는 것이므로, 여기서는 '다르게 여긴다'고 번역했다.

| 강설 |

마음의 구조를 도표로 나타내면 다음과 같다.

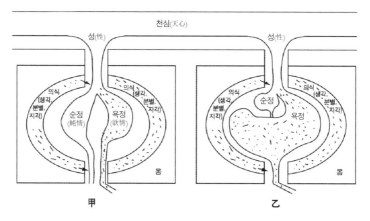

이 도표의 가운데 부분에 있는 성性, 정情 및 사려분별지각운동思慮分別知覺運動을 통틀어서 마음이라고 한다. 이 마음은 몸에 붙어 있으면서 천명에 뿌리를 박고 있다. 천명은 사람을 포함한 만물에게 작용한다. 이 천명이 생물에 작용하는 것이 성性이다. 천명이 무생물까지 포함한 경우에는 리理라고 한다.

성性의 작용이 구체화된 것이 정情이다. 성性이 정情으로 구체화되는 과정에서 사려분별지각思慮分別知覺, 즉 생각하고 헤아리고 분별하고 지각하는 마음의 기능이 작용한다. 모든 사람의 성性은 천명天命이기 때문에 모두 동일한 것이지만, 사려분별지각이라고 하는 마음의 기능은 사람마다 다르게 작용하기 때문에, 성性에서 구체화된 정情은 사람마다 다르게 나타난다. 최종적으로 사람의 몸을 움직이는 것은 이 정情의 작용이다. 정情이 사람의 몸을 움직이는 과정에서도 역시 사려분별지각이라고 하는 마음의 기능이 작용하기 때문에, 같은 정情을 가지고 있는 사람이라 하더라도 그 구체적인 행동은 다른 양상으로 나타날 수 있다.

마음의 요소 가운데에서도 성性은 만물에 공통으로 존재하는 것으로서 사람의 의지와 관계없이 존재하며, 성性의 발현된 모습인 정情도 또한 사람의 의지와 관계없이 존재하지만, 사려분별지각의 기능은 사람의 의지대로 작용할 수 있다. 사려분별지각의 기능은 육체가 갖고 있는 감각기관을 통하여 감각된 것을 바탕으로 한 뇌의 활동에 의한 것이기 때문에, 깊이 잠들어 감각기관이 닫히면 활동을 중단하지만, 잠에서 깨어나 감각기관이 다시 열리면 활동을 재개한다.

사려분별지각의 기능은 육체적 요소인 감각기관과 뇌에 의하여 주어지는 것이므로, 감각기관과 뇌의 발달상태에 따라 그 기능의 정도도 달라진다. 성性에 있어서는 만물의 구별이 없기 때문에, 사람과 동물이 구별되는 것은 사려분별지각의 기능적 차이에 의한 것이다. 종합적으로 볼 때 만물 가운데에서 이 기능이 가장 우수한 존재는 사람이다.

성性은 만물을 모두 살리는 작용을 하는 천명이기 때문에, 성性이 정情으로 발현되면서 아무런 영향을 받지 아니하면, 그 정情은 남을 자기처럼 아끼고 사랑하는 마음으로 가득 차게 되고, 몸은 그 사랑을 실천하는 도구가 된다. 그러나 일반적으로는 성性이 정情으로 발현되는 순간 사려분별지각의 기능이 개입한다. 그것이 이기적으로 개입하면 성性에서 발현되는 정情은 남을 해치고 자기를 이롭게 하려는 욕심으로 가득 차게 되고, 몸은 그 욕심을 따라 남과 경쟁하게 된다. 정情이 몸을 움직이는 과정에서도 또 사려분별지각의 마음의 기능이 개입된다. 사람들은 흔히 이 기능을 작용하지 않고 정情을 그대로 표현하는 것을 자기의 감정에 솔직한 것이라고 하지만, 그 정情이 이미 욕심으로 채워져 있다면 그 정情 자체가 자기의 순수한 감정이 아니므로, 그 감정을 숨김없이 표현하는 것을 순수한 것이라고 할 수는 없다.

사려분별지각의 기능이 이기적으로 작용하여 정情이 욕심으로 채워지는 것이라면, 그 기능이 우수할수록 욕심이 커질 수 있는 것이다. 사람의 욕심이 만물 중에서 가장 클 수 있고, 사람이 만물 중에서 가장 천박해질 수 있는 이유가 여기에 있다.

사람의 마음이 욕심으로 채워지기 시작하면 그의 삶은 차츰 육체를 주체로 하는 삶으로 바뀌게 된다. 육체를 주체로 하는 삶은 몸을 자기의 본질로 여기게 된다. 몸은 남의 몸과 구별되는 것이기 때문에 늘 남과 경쟁하게 된다. 그리고 늙고 병들고 죽어갈 수밖에 없는 비극적인 삶의 주인공으로 전락하게 된다.

이러한 비극을 극복하는 방법은 비극을 초래하게 했던 바로 그 마음의 기능을 다시 활용하는 것이다. '진기심盡其心'이란 자기의 마음을 최대로 활용한다는 말이다. 마음 가운데서 자기의 의지대로 움직일 수 있는 것은 사려분별지각의 기능이므로, '진기심'이라고 할 때의 심心은 바로 이 사려분별지각의 기능을 말하는 것이다.

인생에 있어서 참다운 행복은, 자기의 본질이 육체적인 요소에 있는 것이 아니라, 마음속에 있는 성性임을 알고 그것을 따르는 데 있는 것인데, 자기의 성性을 알기 위한 노력이 학문이다.

자기의 성性은 자기의 마음속에 있는 주관적인 것이어서 객관적으로 관찰할 수 없으며 따라서 인식하기 어렵다. 그런데 자기의 성性은 다른 사람의 성性이나 다른 물체의 성性과도 일치하기 때문에, 다른 사람이나 다른 물체를 객관적으로 관찰하여 그 속에 있는 성性을 찾아내기만 하면 자기의 성性을 추론해낼 수 있다. 그러므로 자기의 성性을 보다 쉽게 알 수 있는 방법은 다른 사람 또는 다른 물체에 들어 있는 성性을 파악하는 것이다. 이러한 공부방법이 『대학大學』에서 말하는 '격물치지格物致知'이다. '격물치지'의 방법 중 하나가 『중용中庸』에서 말하는 '널리 배우고 상세하게 질문하고 깊이 생각하고 명석하게 분별하는' 것이다.

성性이 곧 천명이므로 성性을 아는 것은 곧 천명을 아는 것이다. 천명은 천天의 명命이므로 천명을 아는 것은 곧 천天을 아는 것이다.

'존기심存其心'에서의 심心은 심心의 요소 가운데 정情을 말하는 것이니, 심心을 보존한다는 것은 성性에서 발현되는 정情을 욕심으로 변질시키지 않고 원래의 모습대로 잘 보존한다는 말이다. 성性에서 발현되는 정情을 원래의 모습대로 보존하기 위해서는 성性에서 발현되는 과정이 정성스러워야 하며, 성性에서 정情으로 발현되는 과정에서 사려분별지각의 기능이 이기적으로 작용하지 않아야 한다. 전자를 성의誠意라 하고 후자는 지경持敬이라 한다. 성의와 지경을 통하여 정情을 원래의 모습대로 보존하면 마음은 순수한 정情으로 가득 차게 되는데, 이러한 생태가 『대학』에서 말하는 '정심正心', 즉 마음이 바르게 된 상태이다.

'양기성養其性'이란 성性을 기른다는 말이다. 그런데 성性은 사람의 의지와 관계없이 주어지는 것이므로 사람의 의지로 기를 수 있는 것이 아니다. 그러므로 여기서 말하는 '성性을 기른다'는 것은, 마음을 성性에서 발현되는 순수한 정情으로 가득 채운다는 말이다. 마음이 욕심으로 채워지면 성性이 본래의 모습대로 발현되지 못하므로 현상적으로 보면 성性이 위축되는 것이지만, 마음이 순수한 정情으로 채워지면 현상적으로 발현되는 것은 모두 性에서 발현되는 것이므로 성性이 길러지는 것이다. 존기심이 성의와 지경에 해당한다면 양기성은 정심에 해당한다고 할 수 있다.

사事는 '일삼는다'는 말이므로 '사천事天' 즉 '하늘을 일삼는다'는 말은 '하늘의 일을 자기의 일로 삼고 실천한다'는 뜻이다. 마음을 잘 보존하여 성性에서 발현된 순수한 정情으로 채운다면, 그 정情에 의해 영위되는 삶은 성性을 그대로 실현하는 삶이며 천명을 그대로 실현하는 삶이므로, 하늘의 일을 일삼는 것이 된다. 진심盡心 지성知性 지천知天의 과정은 머리로써 자신의 본질을 인식해가는 과정이고, 존심存心 양성養性 사천의 과정은 몸으로써 자신의 본질을 직접 회복하는 수양론적 과정이다. 전자는 지언知言에 해당하고 후자는 양기養氣에 해당한다. 전자에 있어서는 사려분별지각의 기능이 적극적으로 활용되지만, 후자에 있어서는 그것의 중지가 요구된다.

자기의 몸을 자기의 본질로 생각하면, 오래 사는 것은 좋은 것이고 일찍 죽는 것은 불행한 것이 되지만, 천명이 자기의 본질임을 알게 되면, 개인의 죽음이란 모든 것을 살리기 위한 천명의 작용에서 나타나는 하나의 현상임을 알게 되어, 죽음을 삶의 한 부분으로 여기게 된다. 그렇게 되면 일찍 죽는 것이나 오래 사는 것을 다르게 여기지 않을 것이다.

일찍 죽는 것과 오래 사는 것이 같은 것임을 알아서 그러한 것에 마음이 흔들리지 않고 고요한 상태를 유지하기 위해서는, 진심 지성 지천의 과정과 존심 양성 사천의 과정을 거쳐야 한다. 그것이 수신修身이다. 수신이 되면 마음속에는 일체의 사리사욕私利私欲이 사라지므로 욕심이 나타나지 않고 조용히 천명을 기다려서 천명이 주어지는 대로 따르게 된다. 그것이 천명을 확립하는 것이니, '입명立命'이란 천명을 확립하는 것을 말한다.

제2장 —

孟子曰莫非命也나 順受其正이니라 是故로 知命者는

不立乎巖牆之下하나니라 盡其道而死者는 正命也요

桎梏死者는 非正命也니라
① ②

| 국역 |

맹자께서 말씀하셨다. "명命 아닌 것이 없으나, 그 바른 것을 순조롭게 받아야 한다. 이 때문에 명命을 아는 자는 돌담 밑에 서 있지 아니한다. 자기의 도리를 다해서 죽는 것은 바른 명命이지만, 형벌을 받아 죽는 것은 바른 명命이 아니다."

　　① 桎 : '형틀'이라는 뜻으로 음은 '질'.
　　② 梏 : '형틀'이라는 뜻으로 음은 '곡'.

| 강설 |

　　명命이란 천명天命이니, 하늘의 작용을 말한다. 사람은 누구나 하늘의 작용을 바탕으로 삶을 영위한다. 천명이 곧 성性이고, 그 성性이 발현된 것이 정情이며, 정情이 사람을 움직이는 것이므로, 사람의 움직임이 다 명命이다.

　　그러나 천명은 만물을 다 살리는 방향으로 작용하기 때문에 삶의 방향으로 나아가는 것은 천명을 따르는 것이 되지만, 죽음으로 나아가는 것은 자기에게 주어진 천명을 변질시키는 것이 된다. 변질된 천명이 천명이 아닌 것은 아니지만 바른 모습은 아니다.

　　천명은 만물을 살리는 방향으로 작용하는 것이므로 천명을 알고 따르는 사람은 무너질 듯한 돌담 밑에 서 있지 않으며 교통신호를 무시하지 않으며 위험한 장소에 집을 짓지 않는다.

　　자기 할 도리를 다 하고 죽게 되는 것은 하늘의 뜻이다. 하늘은 만물 전체를 살려가는 작용을 하므로 전체를 살려가기 위하여 개체를 죽이는 경우가 있다. 아무도 죽지 않는다면 모두가 살 수 없을 것이기 때문에 모든 사람을 다 살리기 위해서는 늙고 병든 자를 죽여야 한다. 이는 하늘의 뜻인 것이다. 그것은 전체에서 보면 죽는 것이 아니라 삶을 이어가는 하나의 현상이다. 죄 없는 백성을 다 살리려는 것이 하늘의 뜻이므로, 침략자가 있을 경우 그를 제거하는 것은 하늘의 뜻이며 인간의 도리이다.

　　범죄를 저지르는 것은 남을 해치고 자기만 잘 살려고 하는 욕심에 기인하는 것이다. 범죄자가 처벌당하는 것은 변질된 천명을 따른 결과이다.

孟子曰求則得之하고 舍則失之하나니 是求는 有益
$\boxed{1}$
於得也니 求在我者也일새니라 求之有道하고 得之有
$\boxed{2}$
命하니 是求는 無益於得也니 求在外者也일새니라

국역

맹자께서 말씀하셨다. "구하면 얻고 놓아두면 잃어버리는 것이니, 이러한 구함은 얻는 데 유익함이 있다. 자기에게 있는 것을 구하기 때문이다. 구하는 것에 길이 있고 얻는 것에 명命이 있다면, 이러한 구함은 얻는 데 유익함이 없다. 밖에 있는 것을 구하기 때문이다."

난자풀이

$\boxed{1}$ 舍 : 사捨와 통용.
$\boxed{2}$ 道 : 일정한 길. 이때의 도道는 유有의 목적어이고, 구지求之가 주어이므로 이 문장은 '구하는 것이 길을 가지고 있다'는 의미인데, 우리말은 목적어를 주어처럼 쓰는 경우가 많으므로 여기서도 '구하는 것에 길이 있다'고 번역하였다.

강설

인간의 본질은 마음속에 있는 성性이지만, 보통사람들은 그 성性이 욕심欲心으로 가려져 발현되지 않으므로, 본래적인 삶을 살지 못한다. 그러나 성性은 자기 마음속에 있는 것이므로 구하기만 하면 반드시 얻을 수 있다. 자기의 성性을 얻으려는 노력은 유익한 것이다.

대통령이 된다든가 부자가 되는 것 등은 희망한다고 이루어지는 것이 아니다. 그러한 것을 얻는 데는 거쳐야 할 일정한 과정이 있고, 또 명命을 따라야 한다. 여기서의 명命은 천명天命이니, 전체의 움직임을 말한다. 개인의 뜻이 전체의 움직임과 일치할 때 그 뜻은 이루어지지만, 그렇지 않을 때는 이루어지지 않는다. 이러한 것은 구한다고 해서 얻어지는 것이 아니므로 헛되이 구하는 것은 아무 도움이 되지 못한다. 이러한 것이 얻어지는 것은 나에게 달려 있지 않고 남에게 달려 있다.

제4장

孟子曰萬物이 皆備於我矣니 反身而誠이면 樂莫大焉이요 强恕而行이면 求仁이 莫近焉이니라

| 국역 |

맹자께서 말씀하셨다. "만물이 모두 나에게 갖추어져 있으니 자신을 반성하여 성실하게 살 수 있다면 즐거움이 이보다 더 클 수 없고, 서恕를 억지로 힘써서 행하면 인仁을 구求하는 것이 이보다 더 가까울 수 없다."

| 강설 |

내 몸을 나로 생각하면 나는 지구상의 수십억 인구 중 한 사람으로 수십억 분의 일에 해당하는 작은 존재이지만, 성性이 나의 본질임을 안다면 성性은 천명天命이므로, 본질적으로 나는 천명이며 만물의 뿌리이다. 만물이 모두 나에게 있으며 나로 말미암아서 살

아가는 것이다. 나는 만물을 기르는 주체가 된다.

　자기의 몸을 자기로 생각하는 사람은 늘 남과 경쟁해야 하는 긴장된 삶을 살아야 하며, 늙고 병들고 죽어야 하는 허무한 삶을 살아야 하는 비극적인 존재이지만, 천명을 자기의 본질로 여기는 사람은 남과 경쟁하지 않고 느긋한 삶을 살며, 늙고 병들고 죽는 것이 하늘의 뜻임을 알아서 기쁨으로 충만된 삶을 사는 행복한 존재이다.

　천명의 발현은 조금도 중단됨이 없이 성실한 것이다. 자신을 반성하여 자신의 삶을 성실하게 살 수 있다면 자신은 천명을 실천하고 있는 것이 된다.

　자신의 삶이 성실하게 영위되고 있지 않다면 비극적인 존재에서 벗어난 것이 아니다. 그렇다면 인仁을 구하여 인仁을 실천하여야 한다. 인仁이란 성性을 인간에게 국한시켜서 표현한 말이므로, 인仁을 구하는 것은 성性을 구하는 것과 같다. 인仁은 남을 나처럼 아끼고 사랑하는 마음이며, 남의 마음과 같은 마음이므로 서恕로 표현되기도 한다. 서恕란 여심如心, 즉 남과 나의 같은 마음이다. 내가 하기 싫은 것은 남도 하기 싫은 것이므로 내가 하기 싫은 것을 남에게 시키지 않는 것을 서恕를 실천하는 것이라고 한다.

　인仁한 사람은 무심히 행동하더라도 저절로 서恕를 실천하게 되지만, 인仁을 터득하지 못한 사람은 그렇게 되지 않는다. 인仁을 터득하지 못한 사람이 인仁을 터득하는 방법 중 하나는, 어떤 행동을 할 때마다 그 행동이 서恕에 해당하는 것인지 아닌지를 따져본 뒤 서恕에 해당하는 행동만을 힘써서 행하는 것이다. 그렇게 되풀이하다보면 차츰 서恕를 행하는 것이 자연스럽게 된다.

맹 자 왈 행 지 이 부 저 언   습 의 이 불 찰 언   종 신 유
孟子曰行之而不著焉하며 **習矣而不察焉**하며 **終身由**
　　　　　① 　　　　　　　　　　　　　　　　　
지 이 부 지 기 도 자   중 야
之而不知其道者는 **衆也**니라
　② 　　　　　　　　　　③

국역

맹자께서 말씀하셨다. "행하면서도 드러내지 못하며, 습관적으로 하고 있으면서도 살피지 못하며, 종신토록 그 도道에 말미암아서 살면서 그것을 알지 못하는 자는 일반 백성이다."

난자풀이

① 之 : 뒤에 나오는 도道를 지칭한다.

② 之 : 역시 뒤에 나오는 도道를 지칭한다. 우리말은 목적어를 먼저 말하기 때문에 도道라는 목적어를 먼저 해석하는 것이 좋다.

③ 衆 : 주자朱子는 '많다'는 뜻으로 해석하였으나, '중야衆也'라고 할 때의 야也는 주로 명사 뒤에 붙는 조사이므로, '일반 백성'으로 보는 것이 좋을 것 같다. 조기趙岐는 '중서지인衆庶之人'이라 주석하였다. 「진심장구상盡心章句上」 제10장의 '대문왕이후흥자범민야待文王而後興者凡民也'라는 문장도 이와 같은 문형이다.

강설

배고프면 밥 먹고 피곤하면 쉬며 남자는 여자를 좋아하고 여자는 남자를 좋아하는 등 사람들의 행위는 모두 자연의 이치에 의한 것이므로 도道를 행하고 있는 것이 되지만, 욕심에 사로잡히게 되면, 과식을 하고 너무 쉬며 남자는 여자를 지나치게 좋아하고 여자는 남자를 지나치게 좋아하여 도道 자체를 본래 모습대로 드러내지 못한다.

사람들은 일상에서 삶의 방식들을 습관적으로 영위하고 있으면서도 그것이 도道에 뿌리박고 있는 것임을 살피지 못하고 그저 그렇게 살아가고 있다. 종신토록 도道에 말미암아서 살고 있지만 그러한 사실을 알지 못하고 스스로 도道에서 벗어나는 삶을 택하고 있다.

사람들의 삶은 도道에 뿌리박고 있는 것이지만, 그것을 알지 못하고 도道에서 자꾸 멀어져가는 백성들에 대한 안타까움을 술회한 말이다.

제
6
장

맹 자 왈 인 불 가 이 무 치   무 치 지 치   무 치 의
孟子曰人不可以無恥니 無恥之恥면 無恥矣니라
                      ①

| 국역 |

맹자께서 말씀하셨다. "사람은 부끄러움이 없을 수 없으니 부끄러움이 없음을 부끄러워한다면 부끄러운 일이 없을 것이다."

| 난자풀이 |

① 之 : 무치無恥와 치恥가 도치되었음을 나타내는 역할을 한다. '치무치恥無恥'로 놓고 번역하면 될 것이다.

| 강설 |

부끄러워하는 마음은 사람의 본래마음이며 양심이니, 이른바 '수오지심羞惡之心'이 그것이다. 불쌍한 사람을 도와주지 못할 때, 억압받는 백성을 구제하지 못할 때, 불행한 사람을 구제하지 못할

때 양심이 있는 사람은 부끄러워한다. 부끄러워해야 하는 상황에서도 부끄러워하지 않는 자신을 부끄럽게 생각할 수 있다면, 결국 부끄러워하게 될 것이고, 그 결과 불쌍하고 불행한 사람을 구제하게 되어 부끄럽지 않은 사람이 된다.

이 문장에는 치恥라는 글자가 네 번 나오는데, 앞의 석 자는 '부끄러워하는 마음'이라는 뜻이고 뒤의 한 자는 '부끄러운 것'이라는 뜻이다.

제7장

맹 자 왈 치 지 어 인   대 의   위 기 변 지 교 자   무 소 용
孟子曰恥之於人이 大矣라 爲機變之巧者는 無所用
                                    [1]

치 언   불 치 불 약 인   하 약 인 유
恥焉이니라 不恥不若人이면 何若人有리오
                            [2]

| 국역 |

맹자께서 말씀하셨다. "부끄러워하는 마음이 사람에게 있어서 큰 것이다. 임기응변의 교묘한 짓을 하는 자는 부끄러워하는 마음을 쓰지 못한다. 부끄러워하지 아니하여 남과 같지 않다면 남과 같은 것이 무엇이 있겠는가?"

| 난자풀이 |

[1] 機變 : 임기응변. 기회를 보아 자기에게 유리한 방향으로 변해가는 것.
[2] 何 : 有의 목적어. 의문대명사이므로 앞에 나온 것이다.

| 강설 |

부끄러워하는 마음은 사람이 본래부터 가지고 있는 양심이므로 매

우 중요하다. 양심을 실천하지 못하는 것에 대한 부끄러움이 있어야 양심을 찾게 되고, 부정不正이나 불의不義를 보고 부끄러워하는 마음이 있어야 그 부정과 불의에서 벗어날 수 있다.

욕심에 사로잡혀 자기 이익만을 추구하는 사람은 기회를 잡으면 이익에 따라 변신한다. 그런 사람은 자기 가족이나 민족이 남에게 침탈을 당하더라도 부끄러워하지 않고, 자기에게 이익이 된다면 침략자에게 아부하고 침략자를 위해 봉사한다.

부끄러워하는 마음은 의義로운 마음이며 인仁을 실천하려는 마음이다. 어떤 사람이 부끄러워하지 않아, 부끄러워함이 있는 다른 사람과 같지 않다면, 그는 이미 사람이 아니다. 이미 사람이 아니므로 입고 먹고 자는 모습이 다른 사람과 같다 하더라도 외형적으로만 같은 것일 뿐, 실질적으로는 같은 것이 아니다. 한 쪽은 사람이 입고 먹고 자는 것이지만, 다른 한 쪽은 사람이 아닌 것이 입고 먹고 자는 것이기 때문이다.

제8장

孟子曰古之賢王이 好善而忘勢하더니 古之賢士何獨不然이리오 樂其道而忘人之勢라 故로 王公이 不致敬盡禮則不得亟見之하니 [1] 見且猶不得亟而況得而臣之 [2] 乎아

| 국역 |

맹자께서 말씀하셨다. "옛날의 어진 임금은 선善을 좋아하고 세력을 잊었다. 옛날의 어진 선비는 어찌 홀로 그렇지 않았겠는가. 자기의 도道를 즐거워하고 남의 세력을 잊었다. 그러므로 왕공王公이

라 하더라도 공경함을 지극히 하지 않거나 예禮를 다하지 아니한
다면 그들을 자주 만나볼 수 없었다. 만나보는 것도 오히려 자주
할 수 없었는데, 하물며 그를 신하 삼을 수 있겠는가."

│ 난자풀이 │

① 亟 : '자주'라는 뜻으로 음은 '기'. '급하다'는 뜻이 될 때는 음이 '극'이 된다.
② 得 : 여기서는 타동사로 쓰였으므로 목적어 지之가 있어야 하지만 뒤에 지之
가 있으므로 생략하였다. 목적어가 두 개 중첩될 때, 중국어에서는 목적어
를 나중에 말하기 때문에 앞의 것을 생략하고 뒤의 것을 남겨두지만, 우리말
에서는 목적어를 먼저 말하기 때문에 앞의 것을 해석하고 뒤의 것을 생략하
는 것이 좋다.

제 9 장 ──

孟子謂宋句踐曰子好遊乎아 吾語子遊하리라 人知之
라도 亦囂囂하며 人不知라도 亦囂囂니라 曰何如라야
斯可以囂囂矣니잇고 曰尊德樂義則可以囂囂矣니라
故로 士는 窮不失義하며 達不離道니라 窮不失義故로
士得己焉하고 達不離道故로 民不失望焉이니라 古之
人이 得志하얀 澤加於民하고 不得志하얀 修身見於世
하니 窮則獨善其身하고 達則兼善天下니라

│ 국역 │

맹자께서 송구천宋句踐에게 말씀하셨다. "자네는 유세遊說하기를 좋

아하는가? 내 자네에게 유세에 대해서 말하겠다. 남이 알아주더라도 또한 느긋하며, 남이 알아주지 않더라도 또한 느긋해야 한다." "어떻게 해야 느긋할 수 있습니까?" "덕德을 높이고 의義를 즐거워하면 느긋할 수 있다. 그러므로 선비는 곤궁해도 의義를 잃지 아니하며, 출세해도 도道에서 벗어나지 아니한다. 곤궁해도 의義를 잃지 않기 때문에 선비가 자신의 본래모습을 얻고, 출세해도 도道에서 벗어나지 않기 때문에 백성들이 희망을 잃지 아니한다. 옛사람들은 뜻을 얻으면 혜택이 백성에게 더해지고, 뜻을 얻지 못하면 몸을 닦아 세상에 드러나니, 곤궁하면 홀로 자기의 몸을 착하게 만들고 출세하면 천하天下를 모두 착하게 만든다."

난자풀이

1. 宋句踐 : 宋은 성, 구천句踐은 이름.
2. 遊 : 유세하는 것.
3. 囂囂 : 느긋하여 마음이 흔들리지 않는 모양.
4. 見 : '나타난다'는 뜻으로 음은 '현'.
5. 兼 : 모두. 원래 '겸한다'는 뜻인데, 여기서는 '자기만을 착하게 하는 것이 아니라 천하도 겸하여 착하게 한다'는 뜻이므로 '모두'라고 번역하는 것이 좋다.

강설

세상에 나아가 유세를 하는 것은 유명해지기 위해서 하는 것이 아니라 진리를 펴고 세상을 구제하기 위한 것이므로, 남이 알아주거나 알아주지 않는 것에 좌우되지 않는다.

덕德은 인仁과 지智를 고루 갖춘 완벽한 인격을 말하며, 의義는 인仁을 실천하는 행동원리를 말한다. 재물·권력·명예 등을 높이지 않고 덕德을 높이며, 재물·권력·명예 등을 취하는 것을 즐거워하지 않고 의義를 실천하는 것을 즐거워하면, 마음이 흔들리는 일이 없다.

도道는 자연과 인간, 남과 자기가 모두 따르는 전체적인 길이고, 의義는 개인의 입장에서 인仁을 실천하기 위한 구체적인 행동 원리이다. 인仁은 남을 자기처럼 아끼는 마음이다. 사람이 곤궁해져 살기 어려워지면 자기가 살기 위하여 남의 것을 탐하게 되므로 의義를 잃어버리기 쉽다.

의義를 잃어버리면 자기의 본질인 인仁을 잃어버린 것이 되므로, 자기를 잃는다. 사람이 출세하면 권력과 재산을 갖게 되는데, 그렇게 되면 부하들이나 가난한 사람들보다 자기가 더 나은 사람이라고 생각하는 경향이 생기기 때문에 그들과 한마음이 되기 어렵다. 그 결과 백성들은 그에게 실망하게 되는 것이다.

훌륭한 사람은 출세하면 남을 자기처럼 사랑하는 본래의 마음을 실천하므로 혜택이 백성들에게 베풀어지며, 곤궁해지면 의義를 잃지 않고 몸을 닦아 개인적 인격을 완성하여 다른 사람의 모범이 되므로 세상에 드러나게 된다.

제
10
장

孟子曰待文王而後興者는 凡民也니 若夫豪傑之士는
　　　　　　　　　　　　　　　①

雖無文王이라도 猶興이니라
　　　　　　　　②

| 국역 |

맹자께서 말씀하셨다. "문왕文王을 기다렸다가 문왕이 나온 뒤에 흥기하는 자는 일반 백성이다. 호걸豪傑스러운 선비와 같은 경우는 비록 문왕이 없더라도 그래도 흥기한다."

난자풀이

① 凡民 : 일반 백성. 평범한 백성.
② 猶 : 그래도 오히려.

강설

인의예지仁義禮智는 자기의 마음속에 있는 것이므로 잘 생각하며 열심히 추구하면 누구든지 얻을 수 있는 것이지만, 보이지 않고 들리지 않으므로 일반인들은 선각자가 깨우쳐주기 전에는 알기 어렵다.

제11장

맹 자 왈 부 지 이 한 위 지 가　　　여 기 자 시 감 연 즉 과 인
孟子曰附之以韓魏之家라도　如其自視欿然則過人이
　　　　　① ②　③　　　　　　　④　⑤
원 의
遠矣니라

국역

맹자께서 말씀하셨다. "한韓·위魏와 같은 가家를 자기에게 붙여주더라도 만약 자기를 보기를 하찮은 듯이 할 수 있다면 남보다 뛰어남이 많은 것이다."

난자풀이

① 韓 : 춘추시대春秋時代 진晉나라의 대부인 한씨韓氏가 통치하던 가家.
② 魏 : 춘추시대 진晉나라의 대부인 위씨魏氏가 통치하던 가家. 한韓이나 위魏는 모두 큰 가家였다.
③ 家 : 대부가 통치하는 영역을 말한다.
④ 自 : 시視의 목적어.
⑤ 欿然 : 하찮은 듯이 여기는 모양.

사람들은 평범한 시민으로 있을 때에는 겸손하다가 장관이나 국회
의원쯤 되면 자기가 대단한 사람인 것처럼 우쭐대곤 한다. 그러한
경우에도 여전히 겸손할 수 있다면 훌륭한 사람이다.

제
12
장

맹 자 왈 이 일 도 사 민   수 로   불 원   이 생 도
孟子曰以佚道使民이면 雖勞나 不怨하며 以生道

살 민   수 사   불 원 살 자
殺民이면 雖死나 不怨殺者니라

| 국역 |

맹자께서 말씀하셨다. "편안하게 해주는 방법으로써 백성을 부리
면 백성들은 비록 고달프더라도 원망하지 아니하며, 살리는 방법
으로써 백성을 죽이면 비록 죽더라도 죽이는 자를 원망하지 아니
한다."

| 강설 |

백성이 편안하게 살 수 있도록 하기 위해 길을 만들거나 제방을
쌓는 일에 백성을 동원하면, 백성들은 고달프더라도 그것이 자신
들을 위하는 것임을 알기 때문에 시키는 자를 원망하지 않지만,
궁궐을 짓는 일 등에 동원하면 백성들은 원망을 한다.

죄 없는 백성들을 살리기 위해 살인강도를 처형하면, 처형을
당하는 사람은 죽이는 자가 자기의 이익을 위하여 죽이는 것이 아
님을 알기 때문에 원망하지 않지만, 자기의 이익이나 출세를 위해
정적政敵을 죽이면 죽는 자는 원망하게 된다.

제
13
장

맹 자 왈 패 자 지 민
孟子曰覇者之民은
환 우 여 야
驩虞如也요
[1]
왕 자 지 민
王者之民은
호 호 여
皥皥如
[2]

야
也니라
살 지 이 불 원
殺之而不怨하며
이 지 이 불 용
利之而不庸하며
[3]
민 일 천 선 이
民日遷善而

부 지 위 지 자
不知爲之者니라
[4]
부 군 자 소 과 자
夫君子所過者는
화
化하며
[5]
소 존 자
所存者는
신
神

상 하 여 천 지 동 류
하여 上下與天地同流하나니
기 왈 소 보 지 재
豈曰小補之哉리오

국역

맹자께서 말씀하셨다. "패업覇業을 이룬 자의 백성은 흐뭇하며 왕업王業을 이룬 자의 백성은 소박하다. 죽여도 원망하지 아니하며, 이롭게 해주어도 마음을 쓰지 아니하여 백성들은 날로 선善한 데로 옮겨가더라도 그렇게 해주는 자를 알지 못한다. 군자가 지나가는 곳은 바뀌어지고, 머물러 있는 곳은 신비스러워져서 위아래로 천지天地와 더불어 함께 흐르니, 어찌 조금 돕는 것이라고 하겠는가!"

난자풀이

[1] 驩虞如 : 기뻐서 흐뭇해 하는 모양. 여如는 연然과 같다.

[2] 皥皥如 : 원래의 모습이 변질되지 않고 깨끗하고 소박한 상태로 남아 있는 모양. 음은 '호호여'.

[3] 庸 : 용用과 통용. 여기서는 '마음을 쓴다', '신경을 쓴다', '관심을 갖는다' 등의 뜻이다. 주자朱子는 공功이라 주석하였다.

[4] 君子 : 여기서는 왕자王者를 가리킨다. 군자君子 다음에 주격조사인 지之가 있어야 하지만 생략되었다.

[5] 化 : 질적質的으로 바뀌는 것을 말한다. 작은 사람이 크게 자라거나 조금 착했던 사람이 많이 착해지는 것과 같이 양적量的으로 바뀌는 것은 변變이라

하고, 산 사람이 죽는다든지 나쁜 사람이 착해지는 것과 같이 질적으로 바뀌는 것은 화化라 한다.

| 강설 |

패업을 이루는 자는 나라를 부강하게 만드는 데 주력하며, 그러기 위하여 백성들에게 지지를 받아야 하고, 그 때문에 백성들에게 인기 작전을 펼치기도 한다. 그 결과 백성들은 나라가 부강해지고 백성들이 부유해진 것이 지도자의 공이라 생각하여 칭송하고 기뻐하게 된다.

왕업을 이루는 자는 백성들을 자기 자신처럼 생각하기 때문에, 인기를 얻고자 하지 않으며, 백성을 위하는 일이 곧 자기를 위하는 일이기 때문에, 백성을 위하는 일을 하고서도 생색내지 않는다. 그 결과 백성들은 지도자의 공을 알지 못하고 칭송하지도 않으며, 그저 자연상태로 소박하게 존재한다.

자연상태가 되면, 사람을 죽이는 일이 지극히 당연한 경우에만 이루어지므로 자연스럽고, 겨울이 가면 봄을 맞이하듯이 죽음도 지극히 자연스럽게 맞이하므로 일체의 갈등이나 부작용이 일어나지 않는다.

아무리 착한 사람이라 하더라도 사람들이 그를 남으로 생각할 때는, 그 착함을 자기와 무관한 것으로 생각하기 때문에 받아들이지 않는다. 그러나 사람들이 그 착한 사람을 남으로 생각하지 않고 자기와 같은 사람으로 느끼게 되면 그의 착함이 자신들의 마음속에 감추어져 있던 바로 그것임을 알게 되어, 자신도 모르는 사이에 그 착함이 표면화된다. 이러한 현상은 저절로 이루어지는 자연스러운 것이며 원래부터 자기에게 있던 착한 마음이 발로되는 것이기 때문에 다른 사람의 은덕으로 여기지 않는다.

군자가 지나가는 곳의 사람들은 군자의 영향을 받아 모두 착한 사람으로 바뀐다. 군자가 머물러 있는 곳의 사람들은 군자의 영향을 많이 받기 때문에 착한 사람으로 변모하는 것이 신비에 가까울 정도가 된다. 그리하여 착한 본마음을 회복하여 모두 하나가 되고, 나아가서는 만물과 하나가 되며, 위로는 하늘과 아래로는 땅과 하나가 되어, 전체가 하나의 거대한 조화를 이루면서 흐르게 된다.

孟子曰仁言이 不如仁聲之入人深也니라 善政이 不如
善教之得民也니라 善政은 民畏之하고 善教는 民愛之
하나니 善政은 得民財하고 善教는 得民心이니라

| 국역 |

맹자께서 말씀하셨다. "인언仁言은 인성仁聲이 사람에게 깊이 들어가는 것만 못하다. 선정善政은 선교善教가 민심民心을 얻는 것만 못하다. 선정은 백성들이 두려워하고 선교는 백성들이 사랑한다. 선정은 백성들의 재물을 얻고 선교는 백성들의 마음을 얻는다."

| 난자풀이 |

① 仁聲 : 인仁한 사람이 내는 소리. 주자朱子는 '어질다는 소문'이라고 하였다.

| 강설 |

말이란 구별을 전제해야 성립하는 것이다. 말하는 자와 듣는 자, 이것과 저것, 큰 것과 작은 것 등 서로 구별되는 요소를 전제하고 그것을 표현하는 것이 말이므로, 남과 나를 하나로 여기는 마음인 인仁을 표현할 수 없다. '내가 너를 사랑한다'고 아무리 되풀이해서 말하더라도, 이미 사랑하는 '나'와 사랑받는 '너'가 구별되므로, 너를 나처럼 여기는 마음이 표현되기 어렵다. 말은 구별하여 따지는 것이며 논리적인 체계를 가지고 있으므로, 듣는 자는 그 말을 머리로 받아들이고 머리로 이해할 수밖에 없다.

말과 달리 소리는 구별되는 요소를 표현하는 것이 아니며 논리적 체계를 가지고 있는 것이 아니므로, 소리를 듣는 사람은 가슴으로 직접 받아들일 수 있다. 그러므로 설교나 강연보다는 음악이나 염불하는 소리, 또는 독서하는 소리나 종을 치는 소리 등이 더욱 깊은 감명을 줄 수 있다. 그 소리를 통하여 사람들은 혼연일체가 될 수 있기 때문이다.

정치란 지도를 하는 입장에 있는 사람이 지도를 받는 입장에 있는 사람을 통솔하는 것이므로, 정치를 잘하면 잘할수록 질서가 확립되고 부강해지며 살기 좋은 나라가 되지만, 그럴수록 지도하는 자와 지도받는 자 사이의 위계질서가 확고해져서 아랫사람이 윗사람을 두려워하게 되므로, 서로 한 마음이 되기는 어렵다.

가르치는 것은 윗사람이 아랫사람을 통솔하는 것이 아니라, 배우는 사람으로 하여금 모든 사람이 하나가 될 수 있는 본래의 마음을 깨닫게 하는 것이므로 제대로 가르치기만 하면 모든 사람이 한마음 한뜻이 되어 서로 사랑하게 된다.

제
15
장

맹자왈인지소불학이능자　기양능야　소불려이
孟子曰人之所不學而能者는 其良能也요 所不慮而

지자　기양지야　해제지동　무부지애기친야
知者는 其良知也니라 孩提之童은 無不知愛其親也며
[1]

급기장야　무부지경기형야　친친　인야
及其長也하여는 無不知敬其兄也니라 親親은 仁也요

경장　의야　무타　달지천하야
敬長은 義也니 無他라 達之天下也니라
[2]

634

맹자께서 말씀하셨다. "사람이 배우지 아니하고서도 할 수 있는
것은 양능良能이고, 헤아려보지 않고서도 알 수 있는 것은 양지良
知이다. 어려서 손을 잡고 가는 아이는 그 어버이를 사랑할 줄
모르는 이가 없으며, 자라나서는 그 형을 공경할 줄 모르는 이가
없다. 어버이와 하나가 되는 것은 인仁이고 자기보다 나이가 많
은 사람을 공경하는 것은 의義이니, 다름이 아니라 천하天下에 두
루 통하는 것이다."

| 난자풀이 |

① 孩 : '어리다', '방긋방긋 웃는다' 등의 뜻으로 음은 '해'.
② 達 : '두루 통한다'는 뜻이다.

| 강설 |

양지, 양능이란 선천적인 지혜와 능력을 말한다. 사람이 선천적으
로 가지고 태어난 본마음은 남과 자기를 구별하지 않는 마음이므
로, 그 본마음을 잃지 않고 있는 어린이들은 그 부모와 자기를 동
일시한다. 어린이들이 말을 처음 배울 무렵 '나'라는 주어를 쓰지
않고 자기의 이름을 사용하는 것은 부모의 입장에서 자기를 표현
하기 때문이다. 어린아이가 인간관계가 형성되기 시작할 때에 처
음 만나게 되는 사람이 형인데, 이 형도 부모와 하나됨의 관계에
있음을 알기 때문에 그 형을 믿고 따른다. 그러다가 더욱 자라 본
마음을 잃고 욕심에 사로잡히게 되면, 이익을 위해서는 형과도 다
투게 되는 지경에 이른다. 모든 사람에게 통용되는 공통적인 요소
는 선천적으로 타고난 마음이므로, 모든 사람이 서로 화합할 수
있는 방법은 어릴 때의 마음을 다시 회복하는 것이다.

맹자왈순지거심산지중 여목석거 여록시유
孟子曰舜之居深山之中에 與木石居하시며 與鹿豕遊
　　　①　　　　　　　　　　　　②
하시니 其所以異於深山之野人者幾希러니 及其聞一
기소이이어심산지야인자기희 급기문일
　　　　　　　　　③

선언 견일선행 약결강하패연 막지능
善言하시며 見一善行하사는 若決江河沛然이라 莫之能
　　　　　　　　　　　　　④　　　⑤⑥

어야
禦也니라

| 국역 |

맹자께서 말씀하셨다. "순舜이 깊은 산 속에 거처하실 때 나무나 돌과 함께 거처하였으며 사슴이나 멧돼지와 함께 놀았으므로, 깊은 산 속의 야인野人과 다른 것이 거의 없었다. 그러나 하나의 착한 말을 듣고 하나의 착한 행위를 보고서 분발하는 데 이르러서는, 장강이나 황하를 터놓은 것같이 줄기찼으므로 그것을 막을 사람이 없었다."

| 난자풀이 |

① 之 : 주격조사. '순지거심산지중舜之居深山之中'은 명사절로 전체 문장에서 주어의 역할을 한다.
② 豕 : 멧돼지. 음은 '시'.
③ 希 : 희稀와 통용.
④ 沛然 : 물이 줄기차고 왕성하게 흐르는 모양.
⑤ 莫 : ~하는 사람이 없다.
⑥ 之 : 어禦의 목적어.

성인聖人의 특징은 선善을 추구하여 본마음을 회복하는 것이니, 그 외의 모습은 다른 사람들과 다를 것이 없다.

제
17
장

맹 자 왈 무 위 기 소 불 위　　무 욕 기 소 불 욕　　여 차 이
孟子曰無爲其所不爲하며 無欲其所不欲이니 如此而

이 의
已矣니라

| 국역 |

맹자께서 말씀하셨다. "그 하지 않아야 할 것을 함이 없으며 그 바라지 않아야 할 것을 바라지 않는다. 이와 같을 뿐이다."

| 강설 |

세속적인 가치의 한계에 대해서 충분히 따져본 뒤에야 세속적인 가치와 양심을 바꾸지 않을 수 있다. 세속적인 가치에 양심을 팔지 않을 수 있어야 진리를 추구하는 길로 나아갈 수 있다.

제
18
장

맹 자 왈 인 지 유 덕 혜 술 지 자　　항 존 호 진 질　　독 고
孟子曰人之有德慧術知者는 恒存乎疢疾이니라 獨孤
　　　①　　②　　　　　③
신 얼 자　　기 조 심 야 위　　기 려 환 야 심　　고　달
臣孼子는 其操心也危하며 其慮患也深이라 故로 達이
④　　　　　⑤　　　　　　　　⑥
니라

| 국역 |

맹자께서 말씀하셨다. "사람이 덕행德行과 지혜知慧와 기술과 재지才知를 가지게 되는 것은 항상 질병이나 재난 가운데에 있을 때이다. 오직 외로운 신하와 서자들은 마음 가짐이 조심스럽게 환난患難을 염려함이 깊기 때문에 출세하게 된다."

| 난자풀이 |

① 之 : 주격조사.
② 德慧 : 주자朱子는 '덕德의 지혜'라 풀이하였으나, 조기趙岐는 덕德과 지혜를 독립적인 것으로 풀이하였다.
③ 疢 : '열병'이라는 뜻으로 음은 '진'.
④ 孽 : 서자. 음은 '얼'.
⑤ 危 : 조심한다.
⑥ 達 : '출세한다'는 뜻.

| 강설 |

사람이 안락하면 조심하지 않고 노력하지 않게 되므로 차츰 퇴보하지만, 어려운 상황에 부딪쳐 그 어려움을 극복하고 나면, 어려운 처지에 있는 다른 사람을 구제할 수 있는 능력까지도 생기므로, 많은 사람이 필요로 하는 사람이 된다. 그 결과 필연적으로 출세하게 된다.

제
19
장

맹 자 왈 유 사 군 인 자   사 시 군 즉 위 용 열 자 야
孟子曰有事君人者하니 事是君則爲容悅者也니라
                                    ①
유 안 사 직 신 자   이 안 사 직 위 열 자 야   유 천 민 자
有安社稷臣者하니 以安社稷爲悅者也니라 有天民者
        ②
         달 가 행 어 천 하 이 후   행 지 자 야   유 대 인 자
하니 達可行於天下而後에 行之者也니라 有大人者하

국역

맹자께서 말씀하셨다. "임금을 섬기는 사람이란 것이 있으니, 그 임금을 섬기게 되면 만족하고 기뻐하는 자이다. 사직社稷을 편안히 하는 신하라는 것이 있으니, 사직을 편안히 하는 것을 기쁨으로 삼는 자이다. 천민天民이라는 것이 있으니, 통달하여 천하天下에 행해질 수 있게 된 뒤에 행하는 자이다. 대인大人이라는 것이 있으니, 자기를 바르게 하고 남이 바르게 되는 자이다."

난자풀이

① 容 : '용납한다'는 말은 '만족한다'는 말이다.
② 社稷 : 사社는 토지신土地神, 직稷은 곡식을 담당하는 신神이다. 합쳐서 사직이라고 하면 국가를 상징적으로 표현하는 말이다.

강설

사람의 인격을 네 가지로 분류한 것이다.

두 임금을 섬기지 않고 한 임금만을 위해서 충성을 다하는 사람이 있다. 이러한 사람은 훌륭한 사람이기는 하지만 차원이 낮다.

나라를 편안하게 하는 신하가 있다. 신하가 임금을 섬기는 것은 그 임금을 위해서가 아니라 나라와 백성을 위해서이므로, 나라와 백성을 해치는 임금이 있다면 추방하는 것이 신하의 도리이다. 따라서 나라를 편안하게 하는 신하는 임금을 섬기는 사람보다 차원이 높다.

천민이 있다. 나라를 편안하게 하는 신하는 자기 나라를 편안하게 하는 능력밖에 없으므로 세계평화를 이룩할 수 있는 능력이 없다. 그러므로 세계평화를 이룩할 수 있는 능력을 갖춘 천민의 차원이 더 높은 것이다.

사람의 진정한 행복은 본래의 모습을 되찾아 참다운 삶을 사는 것이다. 자기의 몸이 자기인 것으로 착각하고 자기의 몸이 필요로 하는 의식주를 추구하기 위하여 마음을 다하는 삶은 몸이 주主가 되고 마음이 종從이 되기 때문에, 마음이 주主가 되고 몸이 종從이 되는 본래의 삶과는 거꾸로이다. 거꾸로 된 자기의 삶을 본래의 모습대로 바로잡는 것이 정기正己이다. 내가 나의 의식으로 '나'라는 가상을 만들 때 천지만물로 가상의 존재가 된다. 내가 '나'를 극복하고 참된 나로 돌아가면 천지만물도 바르게 된다. 정기正己가 곧 물정物正인 것이다. 정기이물정正己而物正하여 모두가 본래의 모습을 되찾아 일체의 갈등이 없이 큰 조화를 이루는 것이 최고의 상태이므로, 그렇게 할 수 있는 대인이 최고의 차원인 것이다.

사군인事君人, 안사직신安社稷臣, 천민은 외형적인 질서를 확립하는 데 관여하는 사람이지만, 대인은 인간의 내면적 가치질서를 바로잡는 사람이다. 대인보다 더 높은 차원에 성인聖人이 있지만, 여기서 설명하는 대인은 성인聖人을 포함하는 개념으로 보아야 할 것이다.

제
20
장

孟子曰君子有三樂而王天下不與存焉이니라 父母俱

存하며 兄弟無故이 一樂也요 仰不愧於天하며 俯不

怍於人이 二樂也요 得天下英才而敎育之이 三樂也

니 君子有三樂而王天下不與存焉이니라

맹자께서 말씀하셨다. "군자에게 세 가지 즐거움이 있는데 천하天
下에 왕 노릇하는 것은 거기에 해당되거나 들어 있지 않다. 부모
가 모두 생존해 계시며 형제가 무고한 것이 첫 번째 즐거움이고,
우러러 하늘에 부끄럽지 않으며 아래로 보아 남에게 부끄럽지 않
은 것이 두 번째 즐거움이고, 천하의 영재를 얻어서 교육하는 것
이 세 번째 즐거움이다. 군자에게 세 가지 즐거움이 있는데, 천하
에 왕 노릇하는 것은 거기에 해당되거나 들어 있지 않다."

| 난자풀이 |

① 焉 : 장소를 나타내는 경우가 많으므로 '거기에'라고 해석하는 것이 좋다.
② 俯 : '구부려 아래로 본다'는 뜻. 음은 '부'.
③ 怍 : '부끄럽다'는 뜻으로 음은 '작'.

| 강설 |

부모가 다 계시고 형제가 무고한 것은 인의仁義가 인간관계 속에서
충족되어 있는 모습이고, 하늘에 부끄럽지 않고 남에게 부끄럽지
않은 것은 인의가 내면적으로 실천되고 있는 경우이며, 천하의 영
재를 얻어서 교육하는 것은 인의를 남에게 전하는 것이니, 이 세
경우는 모두 사람의 본래모습인 인의를 충족하고 전파하는 것에
해당한다. 부귀영화는 외형적이고 물질적인 가치이므로, 비록 황
제가 된다 하더라도 그것은 참다운 행복이 될 수 없다.

孟子曰廣土衆民을 君子欲之나 所樂은 不存焉이니라

中天下而立하여 定四海之民을 君子樂之나 所性은
①

不存焉이니라 君子所性은 雖大行이나 不加焉이며 雖

窮居나 不損焉이니 分定故也니라 君子所性은 仁義禮

智根於心하여 其生色也睟然見於面하며 盎於背하며
② ③ ④

施於四體하여 四體不言而喩니라
⑤ ⑥

| 국역 |

맹자께서 말씀하셨다. "토지를 넓히고 백성을 많게 하는 것을 군자가 바라지만, 즐거워하는 것은 거기에 있지 않다. 천하天下의 가운데에 서서 사해四海 안의 백성들을 안정시키는 것을 군자가 즐거워하지만, 본질적인 것으로 여기는 것은 거기에 있지 않다. 군자가 본질적인 것으로 여기는 것은 비록 (출세하여 그의 뜻이) 크게 행해지더라도 더해지지 아니하며, 비록 곤궁하게 거처하더라도 줄어들지 않는 것이니, 변함없이 일정하기 때문이다. 군자가 본질적인 것으로 여기는 것은 인의예지仁義禮智니, 마음속에 뿌리를 내려, 그것이 밖으로 빛을 발하면 함치르르하게 얼굴에 나타나고 등에 가득하며 사지에 퍼져서 몸이 말을 하지 않고 있어도 (남들을) 깨우친다."

① 性 : 본질적인 것으로 여긴다.
② 生色 : '빛을 낸다'는 말은 '밖으로 나타낸다'는 말이다.
③ 睟然 : 번지르르한 모양.
④ 盎 : '가득하다'는 뜻으로 음은 '앙'.
⑤ 四體 : 사지四肢. 사지는 팔다리를 말하지만, 팔다리는 온몸을 상징하므로
   '온몸'이라 번역하였다.
⑥ 喩 : '깨우친다', '알게 한다' 등의 뜻. 주자朱子는 '사체四體는 말해주지 않아
   도 깨닫는다'는 뜻으로 해석하였다.

│ 강설 │

국토를 넓히고 인구를 불려 자기 나라를 부강하게 하는 것보다는
세계를 평화롭게 하는 것이 차원 높은 것이지만, 그러나 이 두 가
지는 모두 외적外的인 것이므로, 인간의 내면적 고통을 해결해주지
못하는 한계가 있다. 가장 좋은 것은 인간의 본래모습으로 돌아가
본질대로 사는 것이다. 그 본질적인 것은 가난하게 되더라도 달라
지지 않고 출세하더라도 달라지지 않는다. 다른 세속적·외적 가
치와는 구분되는 본질적·내적內的 가치로 외적인 것에 좌우되지
않는 일정한 것이기 때문이다.

　　인간의 삶의 형태 중에서 가장 본질적이며 가장 고귀한 것
은, 인의예지로 가득한 마음이 온몸으로 배어나와 직접 남에게
전달되는 것이다. 인의예지로 가득한 몸은 이미 물질이 아니라
진리의 덩어리이다. 육체의 어느 한 부분도 신성하지 않은 것이
없다.

맹자왈백이피주
孟子曰伯夷辟紂하여 居北海之濱이러니 聞文王作興

하고 曰盍歸乎來리오 吾聞西伯은 善養老者라하고 太

公辟紂하여 居東海之濱이러니 聞文王作興하고 曰盍

歸乎來리오 吾聞西伯은 善養老者라하니 天下有善養

老則仁人이 以爲己歸矣니라 五畝之宅에 樹牆下以

桑하여 匹婦蠶之則老者足以衣帛矣며 五母雞와 二

母彘를 無失其時면 老者足以無失肉矣며 百畝之田

을 匹夫耕之면 八口之家足以無飢矣리라 所謂西伯

이 善養老者는 制其田里하여 敎之樹畜하며 導其妻

子하여 使養其老니 五十은 非帛不煖하고 七十은 非

肉不飽하나니 不煖不飽를 謂之凍餒니 文王之民이

無凍餒之老者는 此之謂也니라

| 국역 |

맹자께서 말씀하셨다. "백이伯夷는 주紂를 피하여 북쪽 바닷가에
살다가 문왕文王이 일어났다는 말을 듣고서 '어찌 돌아가지 아니하
겠는가. 나는 서백西伯이 노인을 잘 봉양한다고 들었다'고 하였으
며, 태공太公은 주紂를 피하여 동쪽 바닷가에 살다가 문왕이 일어

났다는 말을 듣고서, '어찌 돌아가지 아니하겠는가. 나는 서백이 노인을 잘 봉양한다고 들었다'고 하였으니, 천하天下에 노인을 잘 봉양하는 자가 있다면 인인仁人들이 자기의 돌아갈 곳으로 삼을 것이다. 오묘五畝의 집에서 담장 아래에 뽕나무를 심고 부인 한 사람이 누에를 치면, 늙은이가 그로써 비단옷을 입을 수 있으며, 다섯 마리의 암탉과 두 마리의 암퇘지에게서 그 새끼칠 때를 놓치지 않게 하면 늙은이가 고기를 잃음이 없을 것이며, 백묘百畝의 밭을 남편 한 사람이 경작하면 여덟 식구의 집에 굶주림이 없을 수 있을 것이다. 이른바 서백이 노인을 잘 봉양한다는 것은, 그 전리田里를 제정하고 , 심고 기르는 것을 가르치며, 그 처자를 인도하여 그 노인을 봉양하게 한 것이다. 50세가 된 자는 비단옷이 아니면 따뜻하지 아니하며, 70세가 된 자는 고기가 아니면 배부르지 아니하니, 따뜻하지 아니하고 배부르지 아니한 것을 춥고 배고프다고 하는 것이다. 문왕의 백성 중에는 춥고 배고픈 노인이 없었다는 것이 이를 말한 것이다."

| 강설 |

이루장구상離婁章句上 제13장과 양혜왕장구상梁惠王章句上 제3장 및 제7장 등에서 이미 나온 내용이다.

제
23
장

맹 자 왈 이 기 전 주   박 기 세 렴   민 가 사 부 야
孟子曰易其田疇하며 薄其稅斂이면 民可使富也니라
　　　　　　①　　　　　②　　　　　　③
식 지 이 시   용 지 이 례   재 불 가 승 용 야   민 비 수
食之以時하며 用之以禮면 財不可勝用也니라 民非水
화   불 생 활   혼 모   고 인 지 문 호   구 수 화
火면 不生活이로되 昏暮에 叩人之門戶하여 求水火어

| 국역 |

맹자께서 말씀하셨다. "밭의 경계를 다스리고 세금 걷는 것을 적게 하면 백성들로 하여금 부유하게 만들 수 있다. 때에 맞게 먹고 예禮에 따라서 쓰면 재물은 이루 다 쓸 수가 없다. 백성들은 물과 불이 없으면 생활하지 못하지만, 어두운 저녁에 남의 집 문을 두드려 물과 불을 구하더라도 주지 않는 자가 없는 것은 지극히 풍족하기 때문이다. 성인聖人이 천하天下를 다스리면 (백성들로 하여금) 콩과 곡식을 물과 불처럼 가지도록 한다. 콩과 곡식이 물과 불처럼 많은데 백성 중에 어떻게 어질지 아니한 자가 있겠는가."

| 난자풀이 |

① 易 : '다스린다'는 뜻으로 음은 '이'.

② 疇 : 경계. 주자朱子는 '갈고 다스리는 밭'이라 하였고, 초순焦循은 '삼밭(마전麻田)'이라 하였으나, 정치하는 사람의 급선무는 농지의 경계를 확실하게 정하는 것이므로, '경계'라는 뜻으로 보는 것이 좋을 듯하다.

③ 民 : 使의 목적어.

제24장

孟子曰孔子登東山而小魯하시고 登太山而小天下하시니
맹 자 왈 공 자 등 동 산 이 소 로   등 태 산 이 소 천 하

故로 觀於海者엔 難爲水요 遊於聖人之門者엔 難爲言
고   관 어 해 자   난 위 수   유 어 성 인 지 문 자   난 위 언

이니라 ^{관 수 유 술}觀水有術하니 ^{필 관 기 란}必觀其瀾이니라 ^{일 월 유 명}日月有明하니 ^용容
③
^광光에 ^{필 조 언}必照焉이니라 ^{유 수 지 위 물 야 불 영 과}流水之爲物也不盈科면 ^{불 행}不行하나니
④ ⑤
^{군 자 지 지 어 도 야}君子之志於道也에도 ^{불 성 장}不成章이면 ^{부 달}不達이니라
⑥

국역

맹자께서 말씀하셨다. "공자께서 동산東山에 올라가셔서 노魯나라를
작게 여기셨고, 태산太山에 올라가셔서 천하天下를 작게 여기셨다.
그러므로 바다에서 구경한 자에게는 물을 설명하기 어렵고, 성인聖
人의 문하門下에서 유학遊學한 자에게는 말 하기가 어렵다. 물을 관
찰하는 데 방법이 있으니 반드시 그 물결을 봐야 한다. 해와 달에
는 밝음이 있으니 빛을 받아들이는 곳에는 반드시 비춘다. 흐르는
물은 웅덩이를 채우지 아니하면 다음으로 흘러가지 못한다. 군자가
도道에 뜻을 두었어도 환하게 몸에 드러나지 아니하면 도道에 나아
가지 아니한다."

난자풀이

① 東山 : 노魯나라 서울의 동쪽에 있는 산. 노魯나라의 동쪽에 있는 몽산蒙山
이라는 설도 있다.
② 太山 : 태산泰山을 일컬음.
③ 瀾 : 물결. 주자朱子는 '여울목'이라 하였다.
④ 爲物 : 물질로서의 됨됨이, 상태. 위인爲人은 '사람으로서의 됨됨이'라는 뜻
이다.
⑤ 科 : 웅덩이. 구덩이. 음은 '과'.
⑥ 章 : 창彰과 같은 뜻으로, 환히 드러나는 것을 말한다.

| 강설 |

아래에서 보면 큰 사람 큰 집 등이 크게 보이지만, 높은 산에서 보면 모두 조그맣게 보인다. 평소에는 국회의원, 장관, 대통령 등이 위대하게 보이지만, 인격이 높아진 뒤에는 그러한 사람들이 작은 존재로 보이게 되는 것이다.

바다에서 물을 본 사람에게는 아무리 많은 물도 보잘 것 없는 것으로 보이기 때문에 제대로 물을 설명하기 어렵다. 작은 물은 큰 물에 비하면 물이 아니기 때문이다. 마찬가지로 성인의 문하에서 공부한 사람에게는 아무리 훌륭한 말도 성인의 말에 비교되어 보잘 것 없는 것으로 보이기 때문에 제대로 말을 하기 어렵다. 웬만한 말은 참으로 훌륭한 말에 비하면 말이 아니기 때문이다.

물결을 보면 재어보지 않더라도 물의 양이나 깊이를 알 수 있다. 물의 양과 깊이에 따라서 물결이 달라지기 때문이다. 아무리 먼 곳이라도 아무리 작은 구멍이라도 빛을 비출 수 있는 곳이면 모두 비추는 것을 보면, 가보지 않더라도 해와 달의 밝음을 짐작할 수 있다.

이와 같은 것을 알고 나면, 부귀영화와 같은 작은 가치를 추구하면서 한 평생을 보낼 수는 없다. 무한한 가치에 비하면 그것은 아무것도 아니기 때문이다. 무한한 가치는 하루아침에 이루어지는 것은 아니다. 물이 구덩이가 있을 때는 그 구덩이를 다 채우고 난 뒤에 다시 흘러가는 것처럼, 진리를 추구하는 데 있어서도, 머리로써 이해하여 곧바로 얻을 수 있는 것이 아니라, 진리가 몸에서 우러나와 밖으로 빛을 발하게 되는 단계에 이르지 아니하면 도달할 수 없는 것이다.

학문의 시작은 머리로 하지만 완성은 몸으로 한다.

孟子曰雞鳴而起하여 孳孳爲善者는 舜之徒也요 雞鳴
[1]
而起하여 孳孳爲利者는 蹠之徒也니 欲知舜與蹠之分
인댄 無他라 利與善之間也니라

국역

맹자께서 말씀하셨다. "닭이 울면 일어나서 부지런히 선善을 추구하는 자는 순舜임금의 무리이고, 닭이 울면 일어나서 부지런히 이익을 추구하는 자는 도척盜蹠의 무리이다. 순舜임금과 도척의 갈림길을 알고자 한다면 다른 것이 없다. 이利와 선善의 사이인 것이다."

난자풀이

[1] 孳孳 : 부지런한 모양.

孟子曰楊子는 取爲我하니 拔一毛而利天下라도 不爲
也하니라 墨子는 兼愛하니 摩頂放踵이라도 利天下인댄
爲之하니라 子莫은 執中하니 執中이 爲近之나 執中無
權이면 猶執一也니라 所惡執一者는 爲其賊道也니 擧
[2]

一而廢百也니라
일 이 폐 백 야

| 국역 |

맹자께서 말씀하셨다. "양자楊子는 이기주의를 취하였으니, 털 하
나를 뽑아서 천하天下를 이롭게 하더라도 하지 않았다. 묵자墨子는
겸애兼愛하였으니, 이마를 갈아 발꿈치에까지 이르더라도 천하를
이롭게 한다면 하였다. 자막子莫은 중간을 붙들었으니, 중간을 붙
드는 것이 진리에 가까운 것이지만, 중간을 붙들고서 저울질함이
없으면 오히려 하나만을 붙드는 것이다. 하나만을 붙드는 것을 미
워하는 것은 그것이 도道를 해치기 때문이니, 하나를 붙들고서 모
든 것을 폐기하는 것이다."

| 난자풀이 |

① 子莫 : 노魯나라의 현인賢人.
② 權 : 저울대 또는 저울추. 저울질할 때는 다는 물건에 따라서 저울추를 이
　　동하므로, 권權이란 상황에 따라 응용하는 것을 말한다.

| 강설 |

전쟁이 지속되어 사람이 살아갈 수 없는 극한 상황이 되면, '도대체
무엇 때문에 하는 전쟁이며, 누구를 위한 전쟁인가?'라는 식의 회의
에 빠지는 사람이 있을 수 있고, 죽어가는 사람들을 구제하기 위해
자기의 몸을 돌보지 아니하는 사람도 있다.
　　머리털 하나를 뽑아서 천하를 이롭게 할 수 있는데도, 그것을
하지 않는 극단적 이기주의자 양자가 전자의 경우이고, 이마에서
발꿈치까지 몸 전체를 갈아서라도 천하를 이롭게 하는 일이라면

마다하지 않겠다는 겸애주의자兼愛主義者 묵적墨翟이 후자의 경우이다.

인간의 본질은 자기와 남을 구별하지 않는 마음이므로, 가장 바람직한 모습은 본질적인 마음을 실천하여 남과 자기가 동시에 살 수 있는 방향으로 나아가는 것이다. 그러므로 자기만을 위하는 것도 진리가 아니며 남을 위하여 자기를 희생하는 것도 진리가 아니다. 그렇다고 자기와 남을 반씩 위하는 것도 진리가 아니다. 왜냐하면 자기와 남을 다 살릴 수 있는 원리는 자기가 남보다 여유가 있는 상황에서는 남을 더 위하고, 남이 자기보다 여유가 있는 상황에서는 자기를 더 위하는 것이어야 하기 때문이다. 남과 자기를 똑같이 위하는 것은 남의 처지와 자기의 처지가 똑같은 경우 하나만을 제외하고는 성립하지 않는다.

제
27
장

孟子曰飢者甘食하고 渴者甘飮하나니 是未得飮食之

正也라 飢渴이 害之也니 豈惟口腹有飢渴之害리오

人心亦皆有害하니라 人能無以飢渴之害爲心害則不

及人이 不爲憂矣니라

| 국역 |

맹자께서 말씀하셨다. "굶주린 자는 먹는 것을 달게 여기고, 목마른 자는 마시는 것을 달게 여긴다. 그래서 음식의 바른 맛을 얻지 못하는 것이니, 굶주림과 목마름이 해치기 때문이다. 어찌 오직 입이나 배에만 굶주림과 목마름의 해침이 있겠는가! 사람의 마음

에도 또한 (굶주림과 목마름의) 해침이 있는 것이다. 사람이 굶주림과 목마름의 해침으로써 마음을 해치지 않을 수 있다면 남에게 미치지 못하는 것이 걱정거리가 되지 아니할 것이다."

| 강설 |

사람은 먹어야 살 수 있기 때문에, 사람을 살리는 방향으로 작용하는 사람의 본마음은, 사람으로 하여금 먹도록 유도하기 위하여 음식의 맛을 느끼도록 한 것이다. 그러므로 음식의 맛의 의미를 제대로 아는 사람은 적당한 양을 먹고 그만둘 수 있다. 그러나 사람이 굶주리다보면 먹는 것에 집착이 생겨 먹는 것이 있으면 과식을 하게 된다. 과식을 하면 배탈이 나서 몸을 상하게 되는데, 이것은 굶주림이 그렇게 만든 것이다.

굶주린 사람은 과식을 하는 데서 그치지 않고, 남의 것을 빼앗으려는 지경까지 이르게 되는 것이니, 이는 굶주림이 마음을 해친 경우이다.

굶주린 사람이 과식을 하는 경우는 있다 하더라도 마음을 해치는 지경에 이르지 않는다면, 그는 사람의 본마음을 유지하고 있는 것이므로 크게 문제될 것이 없다.

제28장 ─

> 맹 자 왈 유 하 혜　　불 이 삼 공 역 기 개
> 孟子曰柳下惠는 不以三公易其介하니라
> 　　　　　　　　　①　　　②

| 국역 |

맹자께서 말씀하셨다. "유하혜柳下惠는 삼공三公으로도 그 절개를 바꾸지 않았다."

난자풀이

1. 三公 : 천자天子의 최고 고문. 주대周代에는 태사太師 · 태부太傅 · 태보太保를 삼공이라 하였다고 한다.
2. 介 : 지조. 음은 '개'.

제 29 장

맹자왈유위자비약굴정   굴정구인이불급천
孟子曰有爲者辟若掘井하니 掘井九軔而不及泉이면
　　　 [1] [2]　　　　　　　　[3]
유위기정야
猶爲棄井也니라
[4]

국역

맹자께서 말씀하셨다. "왕도王道를 이루는 일이나 학문을 닦는 것은 비유하자면 우물을 파는 것과 같다. 우물을 아홉 길을 팠더라도 샘에 이르지 못한다면 또한 우물을 버리는 것이 된다."

난자풀이

1. 有爲 : 주로 왕도를 이루는 것이나 학문을 닦는 경우를 말한다.
2. 辟 : 비譬와 통용.
3. 軔 : 한 길 두 길이라고 할 때의 '길'을 말한다. 음은 '인'.
4. 猶 : 또한.

제 30 장

맹자왈요순 성지야   탕무 신지야   오패 가
孟子曰堯舜은 性之也요 湯武는 身之也요 五覇는 假
지야   구가이불귀   오지기비유야
之也니라 久假而不歸하니 惡知其非有也리오

맹자께서 말씀하셨다. "요堯와 순舜은 본질 그대로 실천하였고, 탕湯과 무武는 몸으로 힘써서 실천하였고, 오패五覇는 빙자한 것이다. 오랫동안 빙자하고서 돌아오지 아니하니 어떻게 그것이 자기가 가지고 있는 것이 아님을 알겠는가?"

| 강설 |

요堯와 순舜은 무심한 상태로 백성을 사랑한 사람이고, 탕湯과 무武는 백성을 사랑해야 하겠다고 작정하고서 혁명을 일으켜 그것을 실천한 사람이며, 오패는 실제로는 백성을 사랑하지 않으면서 거짓으로 백성을 사랑하는 체한 사람이다. 오패는 오랫동안 백성을 사랑하는 체하였으므로, 그것이 자기의 모습이 아닌 줄을 알지 못했다.

제31장 ─

公孫丑曰伊尹曰予不狎于不順이라하고 放太甲于桐한
[1]
대 民大悅하고 太甲이 賢커늘 又反之한대 民大悅하니
賢者之爲人臣也에 其君不賢則固可放與잇가 孟子曰
[2]
有伊尹之志則可커니와 無伊尹之志則簒也니라

| 국역 |

공손추公孫丑가 말했다. "이윤伊尹이 이르기를, '나는 하늘의 뜻을 따르지 아니하는 사람에게 익숙하지 않다' 하고서, 태갑太甲을 동桐

에 추방하자 백성들이 크게 기뻐하였고, 태갑이 현명해지자 또 그를 돌아오게 하여 백성들이 크게 기뻐하였는데, 현자賢者가 남의 신하가 되었을 경우 그 임금이 어질지 못하면 본래 추방할 수 있는 것입니까?" 맹자께서 말씀하셨다. "이윤의 뜻을 가지고 있으면 괜찮지만, 이윤의 뜻을 가지고 있지 않으면 찬탈인 것이다."

| 난자풀이 |

① 狎 : 익숙하다. '여불압우불순予不狎于不順'은 『서경書經』 태갑상편太甲上篇에 있는 말이다.

② 之 : 주격조사.

| 강설 |

신하가 임금을 섬기는 것은 백성을 위해서이므로 백성을 해치는 임금은 추방하여야 한다. 그러나 임금을 추방하는 것이 백성을 위해서가 아니라 자기의 욕심을 채우기 위해서라면 그것은 쿠데타가 되는 것이다.

제32장

公孫丑曰詩曰不素餐兮라하니 君子之不耕而食은 何
（공손추왈시왈불소찬혜）［１］［２］（군자지불경이식　하）
也잇고 孟子曰君子居是國也에 其君用之則安富尊榮
（야　맹자왈군자거시국야　기군용지즉안부존영）
하고 其子弟從之則孝弟忠信하나니 不素餐兮이 孰大
（기자제종지즉효제충신）［３］（불소찬혜　숙대）
於是리오
（어시）

공손추公孫丑가 말했다. "『시경詩經』에 이르기를, '공밥을 먹지 않는
다' 하였는데, 군자가 밭 갈지 않고 먹는 것은 무엇 때문입니까?"
맹자께서 말씀하셨다. "군자가 어떤 나라에 있을 경우, 그 임금이
등용하면 나라가 편안하고 넉넉하고 높고 영화롭게 되고, 자제子弟
들이 따르면 효도하고 공경하고 충성스럽고 미덥게 될 것이니 공
밥을 먹지 않는 것 중에 무엇이 이보다 더 크겠는가?"

| 난자풀이 |

① 詩 : 『시경』 위풍魏風 벌단편伐檀篇.
② 餐 : 밥. '소찬素餐'은 '공밥', 즉 일하지 않고 먹는 밥을 말한다.
③ 弟 : 제悌와 통용.

제
33
장

왕 자 점　　　문 왈 사　　하 사　　　맹 자 왈 상 지　　　왈 하 위
王子墊이 問曰士는 何事잇고 孟子曰尙志니라 曰何謂

상 지　　　왈 인 의 이 이 의　　살 일 무 죄　　비 인 야
尙志니잇고 曰仁義而已矣니 殺一無罪면 非仁也며

비 기 유 이 취 지　　비 의 야　　거 오 재　　인 시 야　　노 오
非其有而取之면 非義也라 居惡在오 仁是也요 路惡

재　　의 시 야　　거 인 유 의　　대 인 지 사 비 의
在오 義是也니 居仁由義면 大人之事備矣니라

| 국역 |

왕자점王子墊이 물었다. "선비는 무엇을 일삼습니까?" 맹자께서 말
씀하셨다. "뜻을 고상하게 가진다" "무엇을 뜻을 고상하게 가지는
것이라 합니까?" "인의仁義에 뜻을 두는 것일 뿐이다. 한 사람이라
도 죄 없는 사람을 죽이면 인仁한 것이 아니며, 자기의 소유가 아

닌데 그것을 가지면 의義로운 것이 아니다. 거처해야 할 곳은 어디에 있는가? 인仁이 그것이며, 길은 어디에 있는가? 의義가 그것이다. 인仁에 거처하며 의義를 말미암으면 대인大人의 일이 갖추어진 것이다."

| 난자풀이 |

1 王子墊 : 제齊나라 임금의 아들. 점墊이 이름이다. 墊의 음은 '점'
2 何 : 사事의 목적어.
3 何 : 위謂의 목적어.

맹자왈중자　불의　여지제국이불수　인개신지
孟子曰仲子는 不義로 與之齊國而弗受를 人皆信之

시　사단사두갱지의야　인막대언　무　친
니와 是는 舍簞食豆羹之義也라 人莫大焉이어늘 亡親
　　　　　　　　　1　　　　　　　　　　　2

척 군 신 상 하　　이 기 소 자　신 기 대 자　해 가 재
戚君臣上下하니 以其小者로 信其大者이 奚可哉리오

| 국역 |

맹자께서 말씀하셨다. "진중자陳仲子는 불의不義로 제齊나라를 주더라도 받지 않을 것을 사람들이 모두 믿고 있거니와, 이것은 밥 한 도시락과 국 한 사발을 물리치는 의리이다. 사람의 일이 막대莫大한 것인데, 친척과 군신과 상하관계를 무시하였다. 그 작은 것을 가지고 그 큰 것을 믿는다면 어찌 옳겠는가."

| 난자풀이 |

1 舍 : 사捨와 통용. '놓아둔다', '버린다' 등의 뜻.

2 亡 : 무無와 통용.

| 강설 |

억만금을 사양한다 하더라도 어디까지나 그것은 물질적인 가치를
사양하는 것이므로 밥 한 도시락을 사양하는 것과 같은 차원의 것이
다. 인간의 도리를 실천하는 것은 물질적 가치를 초월하는 것이
므로 더 높은 차원의 것이다. 따라서 억만금을 사양하는 그런 작
은 기개를 가진 사람을 보고 인간의 도리를 실천할 수 있는 훌륭
한 인격자일 것이라고 판단하는 것은 오류이다.

제
35
장

도 응   문 왈 순 위 천 자   고 요 위 사   고 수 살 인 즉 여
桃應이 問曰舜爲天子요 皐陶爲士어든 瞽瞍殺人則如
                                      ②
지 하   맹 자 왈 집 지 이 이 의   연 즉 순   불 금 여
之何잇고 孟子曰執之而已矣니라 然則舜은 不禁與잇

      왈 부 순   오 득 이 금 지   부 유 소 수 지 야   연
가 曰夫舜이 惡得而禁之시리오 夫有所受之也니라 然
                                                    ③
즉 순   여 지 하   왈 순   시 기 천 하   유 기 폐 사
則舜은 如之何잇고 曰舜이 視棄天下하시되 猶棄敝蹝
                                                 ④ ⑤
야   절 부 이 도   준 해 빈 이 처   종 신 흔 연 락 이
也하사 竊負而逃하사 遵海濱而處하사 終身訢然樂而
                                              ⑥
망 천 하
忘天下하시리라

| 국역 |

도응桃應이 물었다. "순舜임금이 천자天子가 되고 고요皐陶가 사士가
되었을 경우 고수瞽瞍가 사람을 죽였다면 어떻게 되겠습니까?" 맹
자께서 말씀하셨다. "체포할 뿐이다." "그렇다면 순舜임금은 금지하
지 않습니까?" "순舜임금이 어떻게 금지할 수 있겠는가? 대저 고요

는 살인자를 체포해야 할 임무를 받은 바가 있는 것이다." "그렇다면 순舜임금은 어떻게 할 것입니까?" "순舜임금은 천하天下를 버리는 것을 보시되 떨어진 신발을 버리는 것처럼 하여, 몰래 업고 도망하여 바닷가를 따라가면서 거처하여 종신토록 흔쾌히 즐거워하면서 천하를 잊으셨을 것이다."

| 난자풀이 |

① 桃應 : 맹자의 제자.
② 士 : 여기서는 '검사'를 말함.
③ 受 : 주자朱子는 '법률을 전수받은 것'이라고 하였으나, 여기서는 고요가 순舜에게 '살인자를 체포해야 할 임무를 받은 것'으로 보는 것이 순조롭다.
④ 敝 : '해진다'는 뜻으로 음은 '폐'.
⑤ 蹝 : '신'이라는 뜻으로 음은 '사'.
⑥ 訢然 : 기뻐하는 모양.

| 강설 |

인간관계에서 가장 중요한 것이 부모와 자녀의 관계이니, 그것이 원만한 것이 행복의 근원이며, 이 행복을 소유할 권리와 자격은 누구나 가지고 있다.

순舜임금은 임금이지만 검사의 고유권한을 침범할 수 없어서 아버지가 체포되는 것을 금지시킬 수 없으므로, 체포된 뒤에 몰래 업고 도망가는 방법을 택할 것이다.

임금 노릇하는 것은 행복한 일에 속하지 않기 때문에 임금 노릇하는 것을 그만두는 것은 문제가 되지 않는다. 임금 노릇하는 것을 그만두면 훌륭한 정치를 하지 못하게 되고, 그 때문에 책임을 회피한다는 비난을 받을 것 같지만 그렇지 않다. 백성을 다스리는 것은 하늘이며 백성들 전체의 공통의 마음이므로, 내가 백성을 다스려야 된다고 하는 생각은 이미 백성에 대한 독재이며 하늘에 대한 월권이 된다.

순舜임금의 행위가 법法질서를 어지럽히는 것이라는 비난을 받을지 모르지만, 양심에 따르는 행위는 자연의 질서이므로 법질서보다 차원이 높다. 물론 검사의 입장에서는 끝까지 순舜임금을 추격해야 할 것이다.

孟子自范之齊러시니 望見齊王之子하시고 喟然嘆
　①　②
曰居移氣하며 養移體하나니 大哉라 居乎여 夫非盡
人之子與아 孟子曰王子宮室車馬衣服이 多與人同
　　　③
而王子若彼者는 其居使之然也니 況居天下之廣居
者乎아 魯君이 之宋하여 呼於垤澤之門이어늘 守者
　　　　　　　　　④
曰此非吾君也로되 何其聲之似我君也오하니 此는 無
　　　　　　　　　⑤
他라 居相似也일새니라

| 국역 |

맹자께서 범范땅에서 제齊의 서울에 가시어 제왕齊王의 아들을 바라보시고는 위연喟然히 감탄하시며 말씀하셨다. "자리가 기상을 옮겨놓으며, 봉양하는 것이 몸을 바꿔놓으니, 크도다! 자리의 힘이여. 다같은 사람의 아들이 아니겠는가!" 맹자께서 말씀하셨다. "왕자의 궁실宮室과 거마車馬와 의복衣服이 많은 부분 남과 같지만, 왕자가 저와같은 것은 그 자리(왕자라는 직책)가 그로 하여금 그렇게 만드는 것이니, 하물며 천하天下의 넓은 자리인 인仁에 거처하는 자에 있어서

라. 노魯나라의 임금이 송宋나라에 가서 질택垤澤의 문에서 호령을 하자, 지키는 자가 말하기를, '이는 우리 임금이 아닌데 그 음성이 우리 임금과 닮은 것은 무엇 때문인가?' 하였으니, 이는 다름이 아니라 자리가 서로 비슷하기 때문이다."

| 난자풀이 |

① 范 : 제齊나라에 있었던 고을의 이름.
② 齊 : 제齊나라의 서울.
③ 孟子曰 : 주자朱子는 잘못 들어간 말이라고 하고, 조기趙岐는 '맹자왈孟子曰' 다음을 별개의 문단이라 하였다. 하나의 문단 안에서도 내용을 환기시켜서 말할 때는 '맹자왈'을 중복하여 사용할 수도 있을 것이다.
④ 垤澤 : 송宋나라에 있었던 지명.
⑤ 何 : 끝부분의 군君 다음에 와야 할 것이지만 의문대명사이므로 앞으로 나온 것이다. '기성지사아군하야其聲之似我君何也'로 놓고 번역하면 될 것이다.

| 강설 |

왕자의 자리에 거처하더라도 그로 말미암아 기상이 달라지는 것을 보면, 천하에서 가장 넓고 높은 자리인 인仁에 거처하면 어떻게 되겠는가.

제
37
장

孟子曰食而弗愛는 豕交之也요 愛而不敬은 獸畜之
也니라 恭敬者는 幣之未將者也니라 恭敬而無實이면
君子不可虛拘니라

맹자께서 말씀하셨다. "먹이기만 하고 사랑하지 않는 것은 돼지로 사귀는 것이고, 사랑하기만 하고 공경하지 않는 것은 짐승으로 기르는 것이다. 공경恭敬이란 폐백을 받들기 전의 상태인 것이다. 공경하면서 속마음이 없으면 군자는 헛되이 거기에 얽매이지 아니한다."

| 난자풀이 |

1 食 : '먹인다'는 뜻이다. 이때의 음은 '사'이다.
2 豕 : 돼지. 시豕 앞에 이以가 있어야 하지만 생략되었다.

| 강설 |

사람을 사귈 때 순수한 본마음을 가지고 대하면 상대를 자기처럼 존중하고 받들게 된다. 따라서 상대를 존경하지 않고 사랑만 하는 것은 순수한 본마음으로 대하는 것이 아니라 애완동물을 대하듯 상대를 낮추어 보는 것이다. 상대를 사랑하지도 않으면서 밥만 먹여주는 것은, 상대에 대한 배려가 전혀 없이 단지 물질적으로만 베풀어주는 것이므로, 돼지에게 밥을 먹여주는 것과 같다.

공경이란 선물을 주기 전의 마음의 상태이므로 선물을 주는 등 겉으로만 공경을 표시하고 그 마음이 없다면, 물질적인 가치에 구애되지 않는 군자는 그런 것에 구애받지 않는다.

제38장

孟子曰形色은 天性也니 惟聖人然後에 可以踐形이니라
맹자왈형색 천성야 유성인연후 가이천형

662

맹자께서 말씀하셨다. "몸과 몸에서 나타나는 빛은 하늘에서 타고 난 본래모습이다. 오직 성인聖人이 된 후에야 본래의 몸 그대로를 실천할 수 있다."

| 강설 |

인간의 몸은 마음을 실천하는 도구이므로 마음이 순수할 때 몸은 진리를 실천하는 도구가 된다. 그러나 마음이 욕심으로 가득 차면 몸은 욕심덩어리로 변하여 더러운 모습으로 바뀐다. 따라서 몸의 원래의 모습을 되찾는 방법은 마음을 되찾는 것이다. 원래의 마음 을 되찾은 사람이 성인이다.

제
39
장

齊宣王이 欲短喪이어늘 公孫丑曰爲朞之喪이 猶愈於

已乎인저 孟子曰是猶或이 紾其兄之臂어든 子謂之姑

徐徐云爾로다 亦教之孝弟而已矣니라 王子有其母死

者어늘 其傅爲之請數月之喪이러니 公孫丑曰若此者

는 何如也잇고 曰是欲終之而不可得也라 雖加一日이

나 愈於已하니 謂夫莫之禁而弗爲者也니라

| 국역 |

제선왕齊宣王이 상기喪期를 단축하고자 하자, 공손추公孫丑가 말했

다. "일년상一年喪을 하는 것이 그만두는 것보다는 나을 것이다."
맹자께서 말씀하셨다. "이는, 어떤 사람이 그 형의 팔뚝을 비틀거
든 자네가 그에게 우선 천천히 하라고 말하는 것과 같다. 또한 그
에게 효孝와 제悌를 가르칠 뿐이다. 왕자 중에 그 어머니가 죽은
자가 있었는데 그 사부師傅가 그를 위하여 수개월의 상喪을 청했
다." 공손추가 말했다. "이와 같은 경우는 어떠합니까?" "이는 상
기喪期를 다 마치고자 해도 될 수 없는 경우이니, 비록 하루를 더
하더라도 그만두는 것보다 낫다. (아까는) 금하는 자가 없는데도
하지 않는 경우를 말한 것이다."

| 난자풀이 |

① 弟 : 제悌와 같은 뜻.

| 제
40
장 | 맹 자 왈 군 자 지 소 이 교 자 오   유 여 시 우 화 지 자
孟子曰君子之所以敎者五이니 有如時雨化之者하며
유 성 덕 자   유 달 재 자   유 답 문 자   유 사 숙 애
有成德者하며 有達財者하며 有答問者하며 有私淑艾
                                    ①   ② ③
자   차 오 자   군 자 지 소 이 교 야
者하니 此五者는 君子之所以敎也니라 |

| 국역 |

맹자께서 말씀하셨다. "군자가 가르치는 방법이 다섯 가지이니, 단
비가 내려 일시에 만물을 소생시키듯이 하는 것이 있으며, 덕德을
이루게 하는 것이 있으며, 재질을 통달하게 하는 것이 있으며, 물음
에 답하는 것이 있으며, (직접 가르치지 않고) 사적私的으로 잘 도야
하게 하는 것이 있다. 이 다섯 가지는 군자가 가르치는 방법이다."

난자풀이

[1] 財 : 재재와 통용.
[2] 淑 : 선善과 같은 뜻.
[3] 艾 : 인격을 도야하고 학문을 닦는 것.

강설

최고의 가르침은 단비가 내렸을 때 일시에 만물이 소생하듯이 가만히 있기만 해도 주위 사람들이 감화를 받아 착하게 되는 것이다. 덕德을 이루게 하는 것이란 모든 분야를 골고루 가르쳐 인격을 향상시키는 것을 말하며, 재질을 통달하게 하는 것이란 특정한 재질을 개발시켜 그 분야의 차원을 높인 후에 전체의 인격을 고루 갖추게 하는 것을 말한다.

　물음에 답하는 것이란 배우는 자로 하여금 스스로 깨우치도록 하는 방법을 말하며, 사적으로 잘 도야하도록 만든다는 것은 직접 가르치지 않더라도 저서를 통하여 가르치거나 제자를 통하여 가르치는 등의 간접적인 교육방법을 말한다.

제
41
장

公孫丑曰道則高矣美矣나 宜若似登天然이라 似不可
及也니 何不使彼爲可幾及而日孶孶也잇고 孟子曰大
匠은 不爲拙工改廢繩墨하며 羿는 不爲拙射變其彀率[1]
이니라 君子引而不發하여 躍如也[2]하여 中道而立[3]이어든
能者從之니라

공손추公孫丑가 말했다. "도道가 높고 아름다운 것이긴 하나 분명 하늘에 오르는 것과 같아서 이르지 못할 것 같으니 어찌하여 저들로 하여금 거의 이를 수 있는 것이라고 생각하여 날마다 부지런히 힘쓰도록 하지 아니하십니까?" 맹자께서 말씀하셨다. "큰 목수는 졸렬한 목수를 위하여 먹줄과 먹통을 고치거나 없애지 아니하며, 예羿는 졸렬한 사수를 위하여 활 당기는 비율을 바꾸지 아니한다. 군자가 활을 당겨서 쏘지 않고서 화살이 튀어나갈 듯한 상태에서 적절한 방법을 취하여 서 있으면, 능한 자는 따르는 것이다."

| 난자풀이 |

1 彀 : 활을 당기는 것. 음은 '구'.
2 躍 : 화살이 튀어나갈 듯한 상태.
3 中道 : 화살을 너무 당기는 것도 아니고 덜 당기는 것도 아닌, 적절하게 당기는 방법.

| 강설 |

철학적인 문제를 누구든 알 수 있도록 쉽게 설명해주면 좋을 것 같지만 그것은 마치 태권도 9단의 실력을 누구든지 쉽게 터득할 수 있도록 해주기를 바라는 것과 같다. 노력을 하여 스스로 터득하는 길 외에는 다른 방법이 없다.

제42장

> 맹자왈천하유도 이도순신 천하무도 이신순
> 孟子曰天下有道면 以道殉身하고 天下無道면 以身殉
>   ① ②
> 도 미문이도순호인자야
> 道하나니 未聞以道殉乎人者也로라

국역

맹자께서 말씀하셨다. "천하天下에 도道가 있으면 도道로써 자기의 몸을 따르고, 천하에 도道가 없으면 자기의 몸으로써 도道를 따르는 것이니, 도道로써 남을 따른다는 것은 듣지 못했다."

난자풀이

① 道 : 자기가 터득한 도道.
② 殉 : '따른다'는 뜻으로 음은 '순'.

강설

정치가가 백성의 뜻을 받들고 따름으로써 진리가 실현되었을 때는 군자가 출세를 한다. 왜냐하면, 군자가 터득한 도道는 양심을 따르는 것이며 백성의 공통된 의지를 따르는 것이기 때문이다. 군자가 출세하면 그의 도道를 널리 실현시킬 수 있으므로, 도道가 군자의 몸을 통해서 드러나게 된다. 그러나 정치가가 백성의 뜻을 억압하고 독재하여 진리가 실현되지 않을 때에는 군자가 억압받게된다. 그렇게 되면 군자는 그 도道를 세상에 펴지 못하고 자신만이 그 도道를 따르고 고수한다. 자기의 도道를 굽혀서 남에게 아첨하고 잘 보여서 이익을 추구하는 것은 바람직하지 못하다.
　이 문단은 앞 문단과 관련이 있는 것으로 보인다.

公都子曰膝更之在門也_에 若在所禮而不答_은 何也_잇
①

공 도 자 왈 등 경 지 재 문 야   약 재 소 례 이 불 답   하 야

고 孟子曰挾貴而問_{하며} 挾賢而問_{하며} 挾長而問_{하며}
②

맹 자 왈 협 귀 이 문   협 현 이 문   협 장 이 문

挾有勳勞而問_{하며} 挾故而問_은 皆所不答也_니 膝更

협 유 훈 로 이 문   협 고 이 문   개 소 불 답 야   등 갱

有二焉_{하니라}

유 이 언

| 국역 |

공도자公都子가 말했다. "등경膝更이 문하門下에 있을 적에 예우禮遇
해야 할 상황이었던 듯한데도, (그의 물음에) 대답하지 아니하신
것은 무슨 까닭입니까?" 맹자께서 말씀하셨다. "귀한 신분을 믿
고 물으며, 자기의 어짊을 믿고 물으며, 나이 많음을 믿고 물으
며, 공로가 있음을 믿고 물으며, 연고를 믿고 묻는 것은 모두 대
답하지 아니하는 것이다. 등갱은 이 가운데 두 가지를 가지고 있
었다."

| 난자풀이 |

① 膝更 : 등군膝君의 동생.
② 挾 : 어떤 것에 의지하는 것. 음은 '협'.

| 강설 |

배우고 묻고 하는 것은 솔직하고 순수해야 한다. 자기의 지위나
학문적 위치, 나이 등을 믿고 거만하게 질문하거나, 공로가 있는
것이나 옛 친분이 있는 것을 믿고 안이하게 질문하는 것은 순수한
마음이 아니므로 대답하지 않아도 된다.

맹 자 왈 어 불 가 이 이 이 이 자　　　무 소 불 이　　　어 소 후 자 박

孟子曰於不可已而已者는 無所不已요 於所厚者薄이

무 소 불 박 야　　　기 진 예 자　　　기 퇴 속

면 無所不薄也니라 其進銳者는 其退速이니라

| 국역 |

맹자께서 말씀하셨다. "그만두면 안 되는데 그만두는 자는 그만두
지 못할 것이 없을 것이고, 온후하게 해야 하는데 박정하게 한다
면 박정하게 하지 못할 것이 없다. 나아가는 것이 빠른 자는 그
물러가는 것이 빠르다."

맹 자 왈 군 자 지 어 물 야　　　애 지 이 불 인　　　어 민 야　　　인

孟子曰君子之於物也에 愛之而弗仁하고 於民也에 仁

지 이 불 친　　　친 친 이 인 민　　　인 민 이 애 물

之而弗親하나니 親親而仁民하고 仁民而愛物이니라

| 국역 |

맹자께서 말씀하셨다. "군자는 물건에 대해서는 사랑하기는 하지
만 인仁한 마음으로 대하지는 않으며, 일반백성에 대해서는 인仁한
마음으로 대하지만 완전히 하나가 되지는 아니한다. 어버이와 완
전히 하나가 되고서 백성을 어진 마음으로 대하며, 백성을 어진
마음으로 대하고서 물건을 사랑한다."

남과 내가 하나가 될 때 정도가 가장 높은 것이 친親이고, 그 다음
이 인仁이며, 그 다음이 애愛이다. 본질적으로는 남과 내가 하나이
지만 그것을 실천하는 데 있어서는 우선 내 부모와 먼저 하나가
되고, 다음에 다른 사람들과 하나가 되며, 그 다음에 만물과 하나
가 되는 것이니, 단계가 있는 것이다.

제
46
장

孟子曰知者는 無不知也나 當務之爲急이요 仁者는
[1]

無不愛也나 急親賢之爲務니 堯舜之知而不徧物은
[2]   [3]

急先務也요 堯舜之仁不徧愛人은 急親賢也니라 不
[4]

能三年之喪而緦小功之察하며 放飯 流歠而問無齒
[5] [6]   [7]   [8]   [9]   [10]

決이 是之謂不知務니라
[11]

| 국역 |

맹자께서 말씀하셨다. "지혜로운 자는 알지 못하는 것이 없으나,
당장 해야 할 일을 급한 것으로 여기며, 어진 자는 사랑하지 아니
하는 것이 없으나, 어진 이를 급히 친하는 것을 임무로 여긴다.
요순堯舜이 지혜로우면서도 만물을 두루 알지 못한 것은 먼저 해야
할 일을 급히 여겼기 때문이고, 요순이 인仁하면서도 사람을 두루
사랑하지 못한 것은 어진 이를 친하는 것을 급히 여겼기 때문이
다. 3년상을 하지 못하고서 시마복緦麻服과 소공복小功服을 살피며,
밥숟갈을 크게 뜨고 국을 흘려 마시면서 마른 고기를 이빨로 자르

지 말라고 문책하는 것, 이런 것을 일을 알지 못하는 것이라고 하
는 것이다."

| 난자풀이 |

① 之 : 당무當務와 위급爲急이 도치되었음을 나타내는 역할을 한다. '위급당무
爲急當務'로 놓고 번역하면 될 것이다.

② 之 : 급친현急親賢과 위무爲務가 도치되었음을 나타내는 역할을 한다.

③ 之 : 주격조사. 요순이 '지이불편물知而不徧物'의 주어 역할을 하고 있으며,
'요순지지이불편물堯舜之知而不徧物'이 또 '급선무야急先務也'의 주어 역할을
하고 있다. 편徧 다음에 지知가 있어야 하지만 생략되었다.

④ 之 : 주격조사. 요순이 '인불편애인仁不徧愛人'의 주어 역할을 하고 있으며,
'요순지인불편애인堯舜之仁不徧愛人'이 '급친현야急親賢也'의 주어 역할을 하고
있다. 인仁 다음에 이而가 있어야 하지만 생략되었다.

⑤ 緦 : 시마緦麻. 삼개월상三個月喪을 입을 때 입는 상복.

⑥ 小功 : 잔손질로 공을 들여 만든 상복喪服이라는 뜻으로, 오개월상五個月喪
을 입을 때 입는 상복.

⑦ 之 : 시소공緦小功과 찰察이 도치되었음을 나타내는 역할을 한다.

⑧ 放飯 : 숟갈로 밥을 많이 뜨는 것.

⑨ 流歠 : 국을 후루룩 소리를 내며 마시는 것. 철歠은 '마신다'는 뜻으로 음은
'철'.

⑩ 齒決 : 마른 고기를 이빨로 자르는 것.

⑪ 之 : 시是와 위謂가 도치되었음을 나타내는 역할을 한다.

| 강설 |

본질적으로 사람은 만물을 두루 사랑해야 하지만, 그 사랑을 실천
하는 현실적인 문제에 있어서는, 먼저 부모를 사랑하고, 그 다음
형제를 사랑하며, 다음에 이웃을 사랑하여 만물을 사랑하는 데로
차츰 나아가는 단계적인 방법을 택할 수밖에 없다. 부모형제를 사
랑하지 않으면서 다른 것을 사랑하는 방법으로는, 만물을 두루 사
랑하는 본래적인 모습으로 나아갈 수 없다.

十四. 진심장구하 盡心章句下

제1장

孟子曰不仁哉라 梁惠王也여 仁者는 以其所愛로 及
其所不愛하고 不仁者는 以其所不愛로 及其所愛니라

公孫丑問曰何謂也잇고 梁惠王이 以土地之故로 糜爛
其民而戰之라가 大敗하고 將復之하되 恐不能勝故로
[1]
驅其所愛子弟하여 以殉之하니 是之謂以其所不愛로

及其所愛也니라

| 국역 |

맹자께서 말씀하셨다. "불인不仁하도다, 양혜왕梁惠王이여! 인자仁者
는 그 사랑하는 것으로써 그 사랑하지 아니하는 것에까지 파급시
키고, 불인자不仁者는 그 사랑하지 아니하는 것으로써 그 사랑하는
것에까지 파급시킨다." 공손추公孫丑가 말했다. "무슨 말씀이십니

672

까?" "양혜왕이 토지 때문에 그 백성을 썩어 문드러지게 하면서까지 싸우게 하였다가 크게 패하고, 곧 복수하려고 하되 이기지 못할까 두려워하였기 때문에 그 사랑하는 자제子弟를 내몰아서 따라 죽게 했으니, 이것을 그 사랑하지 아니하는 것으로 그 사랑하는 것에까지 파급시킨다고 하는 것이다."

| 난자풀이 |

① 復 : 주자朱子는 '다시 싸운다'는 뜻으로 해석하였으나, '복수한다'는 뜻으로 보는 것이 좋을 것 같다. '복수한다'는 뜻으로 쓰이면 음이 '복'이 된다.

제2장

맹자왈춘추무의전
孟子曰春秋無義戰하니

피선어차즉유지의
彼善於此則有之矣니라

정자
征者는

상벌하야
上伐下也니

적국
敵國은

불상정야
不相征也니라
①

| 국역 |

맹자께서 말씀하셨다. "『춘추春秋』라는 책에는 의義로운 전쟁을 기록한 것이 없지만, 저것이 이것보다 나은 것은 있다. 정征이란 윗사람이 아랫사람을 치는 것이니, 대등한 나라끼리는 서로 정벌하지 못하는 것이다."

| 난자풀이 |

① 敵 : 대적할 만한. 대등한.

강설

의義로운 전쟁이란 정의롭지 못한 나라를 징계하는 전쟁을 말한다. 그러나 동격의 나라는 징계할 자격이 없으므로, 국제연합과 같은 상위上位의 입장에서 징계해야 하는 것이다.

춘추시대春秋時代를 예로 든다면 의義롭지 못한 제후국을 천자天子의 입장에서 징계한다면 의義로운 전쟁이 되지만, 『춘추』에 기록된 전쟁 가운데는 그러한 전쟁이 없고, 제후국끼리 벌이는 전쟁만 있으므로 의義로운 전쟁이 없다고 한 것이다.

제3장

孟子曰盡信書則不如無書니라 吾於武成에 取二三策
[1]   [2]
而已矣로라 仁人은 無敵於天下니 以至仁으로 伐至不
仁이니 而何其血之流杵也리오
[3]

국역

맹자께서 말씀하셨다. "『서경書經』의 내용을 다 믿는다면 『서경』이 없는 것만 못하다. 나는 「무성편武成篇」에서 두서너 쪽을 취할 뿐이다. 인인仁人은 천하天下에 대적할 사람이 없다. 지극한 인仁으로 지극히 불인不仁한 사람을 정벌하였는데, 어찌 그 피가 방패를 떠내려 보냈겠는가?"

난자풀이

[1] 武成 : 『서경』 주서周書의 한 편명.
[2] 策 : 대의 쪽. 옛날에는 대쪽에 글씨를 새겼다.

③ 之 : 주격조사. 이 문장은 '기혈지류저其血之流杵'가 명사절로 주어 역할을 하고 하何가 술어 역할을 하는 것으로 보아야 할 것이다. 그렇다면 하何는 도치된 것이므로, '기혈지류저하야其血之流杵何也'로 놓고 해석하면 될 것이다.

| 강설 |

이 문장은 맹자가, 무왕武王의 혁명전쟁은 인자仁者인 무왕武王이 불인자不仁者인 주紂를 정벌한 것이므로 반항이 없었을 터이니 "피가 흘러 방패가 떠다니게 했다"는 무성편의 기록은 믿을 수 없는 것이라고 설명한 것이다. 맹자의 이 기록은 무왕의 혁명전쟁에는 엄청난 전사자가 있었음을 알려준다.

제4장

孟子曰有人曰我善爲陳하며 我善爲戰이라하면 大罪也니라 國君이 好仁이면 天下에 無敵焉이니 南面而征이면 北狄怨하며 東面而征이면 西夷怨하여 曰奚爲後我오하리라 武王之伐殷也에 革車三百兩이요 虎賁이 三千人이러니 王曰無畏하라 寧爾也요 非敵百姓也라하신대 若崩厥角하여 稽首하니라 征之爲言은 正也라 各欲正己也니 焉用戰이리오

| 국역 |

맹자께서 말씀하셨다. "어떤 사람이 말하기를, '내가 진陳을 잘 치

며, '내가 전쟁을 잘한다'고 하면, 큰 죄인이다. 나라의 임금이 인仁을 좋아하면 천하天下에 대적할 자가 없는 것이므로 (탕湯의 경우처럼) 남쪽을 향하여 정벌하면 북적北狄이 원망하며, 동쪽을 향하여 정벌하면 서이西夷가 원망하여, '어째서 우리를 나중에 정벌하는가' 할 것이다. 무왕武王이 은殷나라를 정벌할 때에 혁차革車가 3백 대이었고 호분虎賁이 3천 명뿐이었는데, 왕王께서 말씀하시기를, '두려워하지 말라. 너희를 편안히 하려는 것이지, 백성들을 대적하려는 것이 아니다' 하시자, (은인殷人들이) 싸우던 짐승들이 항복할 때에 뿔을 떨어뜨리듯이 머리를 조아렸다. 정征이라는 말은 바로잡는다는 뜻이다. 각기 자기를 바로잡아주기를 바랄 것이니, 어디에 전쟁을 쓰겠는가?"

| 난자풀이 |

1 之 : 주격조사. 엄격하게 말하면 '무왕지벌은야武王之伐殷也'는 주어 역할을 하는 명사절로서, '무왕이 은殷을 벌한 양상은'이라는 뜻이다.

2 革車 : 병거兵車. 가죽으로 차체를 둘러싼 수레.

3 兩 : 수레를 세는 단위. 수레 한 대에 바퀴가 두 개이기 때문이다.

4 虎賁 : 근위병近衛兵.

5 崩 : 떨어뜨리는 것. 사슴 등의 짐승이 싸우다가 항복할 때 그 뿔을 떨어뜨리는 것을 말하는 것이라 생각된다.

제 5 장

맹 자 왈 재 장 륜 여　능 여 인 규 구　　불 능 사 인 교
孟子曰梓匠輪輿는 能與人規矩이언정 不能使人巧니라

| 국역 |

맹자께서 말씀하셨다. "목수나 수레를 만드는 사람은 다른 사람에

게 콤파스, 자 등의 연장은 줄 수 있지만, 남으로 하여금 교묘한 기술을 터득하게 할 수는 없다."

| 강설 |

목수가 자기의 기술을 배우는 자에게 그대로 전수할 수 없으므로, 배우는 자가 스스로 터득해야 하듯이, 학문도 배우는 자가 스스로 터득해야 한다. 노력은 하지 않으면서 가르치는 사람이 다 일러주기를 바라는 것은 효과가 없다.

제 6 장

孟子曰舜之飯糗茹草也에 若將終身焉이러시니 及其
　　　　　　　　　①　②　　　　　　　　　
爲天子也하사는 被袗衣鼓琴하시며 二女果를 若固有
　　　　　　　　　　③　　　　　　　　④　⑤　
之러시다

| 국역 |

맹자께서 말씀하셨다. "순舜임금이 마른 밥을 먹고 채소를 먹을 때에는 그와 같이 한 평생을 마칠 것 같았는데, 천자天子가 되기에 이르러서는 진의袗衣를 입고 거문고를 타시며, 두 여자가 모시는 것을 본래부터 있었던 것처럼 하셨다."

| 난자풀이 |

① 糗 : '말린 밥'이라는 뜻으로 음은 '후'.
② 茹 : '먹는다'는 뜻으로 음은 '여'.
③ 袗衣 : 그림을 그리고 채색한 옷.

| 강설 |

본질적인 삶은 곤궁하거나 부귀한 것에 좌우되지 않는 것이므로,
곤궁하더라도 슬퍼함이 없고 부귀하게 되더라도 기뻐함이 없다.
곤궁한 상황에서도 무심하게 대처하며 부귀한 상황에서도 무심하
게 대처할 뿐이다.

제
7
장

맹 자 왈 오 금 이 후   지 살 인 친 지 중 야   살 인 지 부
孟子曰吾今而後에 知殺人親之重也로라 殺人之父면

인 역 살 기 부   살 인 지 형   인 역 살 기 형   연
人亦殺其父하고 殺人之兄이면 人亦殺其兄하나니 然

즉 비 자 살 지 야   일 간 이
則非自殺之也언정 一間耳니라

| 국역 |

맹자께서 말씀하셨다. "나는 지금에 이른 뒤에야 남의 어버이를
죽이는 것이 중대한 일임을 알았다. 남의 아버지를 죽이면 남도
또한 나의 아버지를 죽이고, 남의 형을 죽이면 남도 또한 나의 형
을 죽인다. 그렇다면 자기가 직접 자기의 부형을 죽인 것이 아니
지만 한 칸 차이일 뿐이다."

제 8 장 ─

> 맹 자 왈 고 지 위 관 야　　 장 이 어 포　　 금 지 위 관 야　　 장
> 孟子曰古之爲關也는 將以禦暴러니 今之爲關也는 將
>
> 이 위 포
> 以爲暴로다

| 국역 |

맹자께서 말씀하셨다. "옛날에 관문을 만든 것은 장차 포악한 자를 막고자 해서였는데, 지금에 관문을 만든 것은 장차 포악한 짓을 하기 위함이로다."

| 강설 |

관문을 설치하는 원래의 목적은 포악한 자들을 막기 위한 것이었는데, 후대에는 관문을 행인들에게 통행세를 받는 등 횡포를 부리는 도구로 삼았다.

제 9 장 ─

> 맹 자 왈 신 불 행 도　　 불 행 어 처 자　　 사 인 불 이 도　　 불
> 孟子曰身不行道면 不行於妻子요 使人不以道면 不
>
> 능 행 어 처 자
> 能行於妻子니라

| 국역 |

맹자께서 말씀하셨다. "자신이 도道를 행하지 아니하면 처자妻子에게도 통하지 아니하고, 사람을 부리기를 도道로써 하지 아니하면

처자에게도 따르게 할 수 없다."

| 강설 |

도道를 행하여 남을 사랑하지 않고, 욕심에 따라 자기만을 이롭게
하려는 마음이 극대화되면, 처자의 것도 빼앗는다. 그렇게 되면
나의 뜻이 처자에게도 통하지 않게 된다.

   사람을 부릴 때는 그와 나를 동시에 잘 살 수 있게 할 수 있
는 방법을 써야 하는데, 나를 위하여 그를 부리면 그는 나에게 이
용당하고 있음을 알고 나의 뜻을 따르지 않게 될 것이다. 이것이
극단화되면 처자까지도 나를 따르지 않는다.

   주자朱子는 '불행어처자不行於妻子'를 '처자에게도 도道가 행해지
지 아니한다'라고 해석하였으나 받아들이기 어렵다.

제
10
장

맹 자 왈 주 우 리 자　　흉 년　　불 능 살　　　주 우 덕 자
孟子曰周于利者는 凶年이 不能殺하고 周于德者는
　　　　　　　　　　　　　　　　　　　　　　　　　　[1]
사 세 불 능 란
邪世不能亂이니라

| 국역 |

맹자께서 말씀하셨다. "이익에 치밀한 자는 흉년이 그를 죽일 수
없고, 덕德에 치밀한 자는 나쁜 세상이 그를 어지럽힐 수 없다."

| 난자풀이 |

[1] 周 : 치밀함. 용의주도用意周到. 두루두루 생각하는 것.

선불리 이익을 추구하면 이루기 어렵지만 면밀하게 이익을 추구하면 성공하여 돈을 모으게 된다. 덕德을 추구하는 데 치밀하면 덕德을 이루어 본질적인 삶을 살게 되므로, 가치관의 혼란이 일어나지 않는다.

제
11
장
—

맹 자 왈 호 명 지 인   능 양 천 승 지 국   구 비 기 인
孟子曰好名之人은 能讓千乘之國이어니와 苟非其人
                                                            [1]
        단 사 두 갱   현 어 색
이면 簞食豆羹에 見於色하나니라

| 국역 |

맹자께서 말씀하셨다. "명예를 좋아하는 사람은, (자기를 명예롭게 해주는 사람이면 그에게) 천승千乘의 나라도 양보할 수 있지만, 만일 자기를 명예롭게 해주는 사람이 아니라면 밥 한 도시락 국한 사발도 주기가 아까워서 얼굴빛에 나타난다."

| 난자풀이 |

[1] 其人 : 조기趙岐는 '호명지인好名之人'이라 하였고, 주자朱子는 '부귀를 가볍게 여기는 사람'이라 하였으나 둘 다 받아들이기 어렵다. '호명지인'으로 보면 '호명지인'이 훌륭한 사람이 되고, '부귀를 가볍게 여기는 사람'으로 보면 문맥에 맞지 않기 때문이다.

| 강설 |

명예를 중시하는 사람은 명예와 관계없는 일에는 가치를 부여하지 않는다. 자기를 명예롭게 해주는 사람이 아니라면 불쌍한 거지라

하더라도 동정심을 베풀지 않는다.

맹 자 왈 불 신 인 현 즉 국 공 허　　　무 례 의 즉 상 하 란
孟子曰不信仁賢則國空虛하고 無禮義則上下亂하고

무 정 사 즉 재 용 부 족
無政事則財用不足이니라

| 국역 |

맹자께서 말씀하셨다. "인현仁賢한 사람을 믿지 아니하면 나라가
텅 비고, 예의禮義를 업신여기면 상하上下가 혼란해지고, 정사政事
를 소홀이 하면 재용財用이 넉넉하지 못하다."

| 강설 |

어진 사람을 등용하지 않으면 인재가 없어져 나라가 텅 빈 것처럼
되고, 윤리와 도덕을 확립하지 않으면 나라의 질서가 무너지며,
훌륭한 정책이 없으면 경제가 무너진다. 훌륭한 인격자를 등용하
여 윤리와 도덕을 확립하고, 재능이 있는 사람을 등용하여 경제를
건설하는 것, 이 두 가지가 정치의 기본원칙이다.

맹 자 왈 불 인 이 득 국 자　　　유 지 의　　　불 인 이 득 천 하
孟子曰不仁而得國者는 有之矣어니와 不仁而得天下

미 지 유 야
는 未之有也니라

맹자께서 말씀하셨다. "인仁하지 못하고서 나라를 얻는 자는 있거니와, 인仁하지 못하고서 천하天下를 얻는 자는 있지 않다."

| 강설 |

나라는 천자天子의 지지를 받아야 하고, 또 다른 나라들과 보조를 맞추어야 유지된다. 따라서 나라의 제후가 되는 것은, 천자에게 잘 보이는 일과 다른 나라들과의 역학관계 등을 교묘하게 이용하는 것으로써 가능할지 모르지만, 천하는 만민萬民의 지지에 의하여 유지되는 것이므로 만민의 지지를 받지 못하는 사람은 결코 천자가 될 수 없다.

제14장

孟子曰民爲貴하고 社稷次之하고 君爲輕이니라 是故
로 得乎丘民而爲天子요 得乎天子爲諸侯요 得乎諸
侯爲大夫니라 諸侯危社稷則變置하나니라 犧牲旣成하
며 粢盛旣絜하여 祭祀以時로되 然而旱乾水溢則變置
社稷하나니라

| 국역 |

맹자께서 말씀하셨다. "백성이 가장 귀중하고, 국가가 그 다음이고, 임금이 가벼운 것이다. 이 때문에 일반백성의 마음을 얻어야 천자天子가 되고, 천자에게 신임을 얻어야 제후가 되고, 제후에게

신임을 얻어야 대부大夫가 된다. 제후가 국가를 위태롭게 하면 다른 사람으로 바꾼다. 희생이 이미 이루어지고 자성粢盛이 이미 정결하여 제사를 제 때에 지냈으나, 그런데도 가뭄이 들거나 물이 넘치면 국가의 수호신인 사직社稷의 자리를 바꾼다."

| 난자풀이 |

① 社稷 : 사社는 토지를 관장하는 신神이고, 직稷은 곡식을 관장하는 신神인데, 사직이란 국가의 수호신을 일컫기도 하고, 국가를 상징적으로 표현하는 말이기도 하다.

② 丘民 : '시골의 언덕 아래에 사는 백성'이라는 뜻으로, 여기서는 '평범한 백성'을 의미한다.

| 강설 |

백성의 삶을 위하여 나라를 만든 것이고 나라를 운영하기 위하여 임금을 추대한 것이므로, 백성이 가장 귀하고 나라가 그 다음이며 임금은 가장 가벼운 존재이다.

제
15
장

맹자왈성인은 백세지사야니 백이유하혜시야라 고로
孟子曰聖人은 百世之師也니 伯夷柳下惠是也라 故로

문백이지풍자는 완부렴하며 나부유입지하고 문유하
聞伯夷之風者는 頑夫廉하며 懦夫有立志하고 聞柳下

혜지풍자는 박부돈하며 비부관하나니 분호백세지상
惠之風者는 薄夫敦하며 鄙夫寬하나니 奮乎百世之上
①

이어든 백세지하에 문자막불여기야하니 비성인이능
百世之下에 聞者莫不與起也하니 非聖人而能

약시호아 이황어친자지자호아
若是乎아 而況於親炙之者乎아
②

684

맹자께서 말씀하셨다. "성인聖人은 백세百世의 스승이니, 백이伯夷
와 유하혜柳下惠가 그런 사람이다. 그러므로 백이의 풍도를 들은
자는 완고한 자라면 겸허해지고, 나약한 자라면 뜻을 세우게 된
다. 유하혜의 풍도를 들은 자는 각박한 자라면 후하여지고 비열한
사람은 느긋해진다. 백세百世 전에 분발했는데도 백세 뒤에 듣는
자가 흥기하지 아니함이 없으니, 성인이 아니고서 이와 같을 수
있겠는가. 하물며 성인을 직접 접하여 단련한 자에 있어서랴"

| 난자풀이 |

① 上 : 시간적 개념으로 쓸 때에는 '전前'이라는 뜻이 된다.
② 親炙 : 직접 접하여 인격을 도야하는 것. 자炙는 '불고기를 굽는다'는 뜻이므
로, 여기서는 '불고기를 굽듯이 인격을 도야하는 것'을 말한다.

제16장

맹 자 왈 인 야 자　　인 야　합 이 언 지　도 야
孟子曰仁也者는 人也니 合而言之면 道也니라

| 국역 |

맹자께서 말씀하셨다. "인仁이란 인人을 말하는 것이니 합해서 말
하면 도道이다."

| 강설 |

인仁이란 남과 나를 하나로 여기는 사람의 마음이다. 원래 아시아

동북부에 살고 있었던 사람을 인人이라 일컬었고, 그 인人들의 마음가짐을 인仁이라고 하였다는 설이 있다. 사람의 본마음은 인仁이고 그 인仁을 실천하는 구체적인 행동원리가 의義인데 이러한 마음의 상태를 통틀어서 말하면 도道라고 하는 것이다.

　고려시대 우리나라에 있었던 책에는, '인야人也' 다음에 '의야자의야義也者宜也, 예야자리야禮也者履也, 지야자지야智也者知也, 신야자실야信也者實也'라는 20자의 글자가 들어 있었다는 설이 있는데, 그렇다면 문맥이 선명해진다.

제 17 장

맹 자 왈 공 자 지 거 로　　왈 지 지　　오 행 야　　　　거 부
孟子曰孔子之去魯에 曰遲遲라 吾行也여하시니 去父

모 국 지 도 야　　거 제　　접 석 이 행　　　　거 타 국 지 도 야
母國之道也요 去齊에 接淅而行하시니 去他國之道也

니라

| 국역 |

맹자께서 말씀하셨다. "공자가 노魯나라를 떠나실 적에는, '더디고 더디다. 나의 걸음이여!' 하셨으니, 부모의 나라를 떠나는 도리이고, 제齊나라를 떠나실 적에는 밥하려고 일어서 담구어 놓은 쌀을 받아 가지고 가셨으니, 타국他國을 떠나는 도리이다."

| 강설 |

만장장구하萬章章句下 제1장에서 나온 내용이다.

제
18
장

맹 자 왈 군 자 지 액 어 진 채 지 간　　　무 상 하 지 교 야
孟子曰君子之戹於陳蔡之間은 無上下之交也니라
　　　　　①　　　②

국역

맹자께서 말씀하셨다. "군자가 진陳나라와 채蔡나라의 사이에서 곤액을 당하신 것은 상하上下의 사귐이 없었기 때문이었다."

난자풀이

① 君子 : 공자를 지칭한다.
② 戹 : 액厄과 같음.

강설

공자가 진陳나라와 채蔡나라의 국경지역에서 고난을 당한 까닭은 당시의 세력가들과 사귀어 놓지 않았기 때문이었다. 공자가 벼슬을 하고자 한 것은 진리를 실현하기 위함이지 출세를 하기 위함이 아니므로, 일신상의 출세를 위하여 세력가들과 교제하지 않았던 것이다.

제
19
장

맥 계 왈 계 대 불 리 어 구　　　　맹 자 왈 무 상 야　　　사
貉稽曰稽大不理於口호이다 孟子曰無傷也라 士
　　①　　②　③
증 자 다 구　　　　시 운 우 심 초 초　　　온 우 군 소　　　　공
憎玆多口하니라 詩云憂心悄悄는 慍于羣小라하니 孔
　④　　⑤　　　　　⑥　　　　　⑦
자 야　　　사 부 진 궐 온　　　역 불 운 궐 문　　　　문
子也시고 肆不殄厥慍하시나 亦不隕厥問이라하니 文
　　　　　⑧　　　　　⑨
왕 야
王也시니라

맥계貉稽가 말했다. "저는 남의 입에 매우 순조롭지 않습니다." 맹
자께서 말씀하셨다. "해로울 것이 없다. 선비는 더욱 구설수에 오
르는 일이 많은 것이다. 『시경詩經』에, '걱정하여 마음이 조마조마
한 것은 여러 소인들에게 노여움을 받기 때문이다' 하였으니, 공자
의 경우가 그러하였고, '마침내 그들의 노여움을 없애지는 못했으
나 또한 그 명성을 잃지 않았다' 하였으니, 문왕文王의 경우가 그
러하였다."

1 貉稽 : 맥貉은 성, 계稽는 이름. 당시의 사람.
2 理 : 순리順理. 순조로운 것.
3 口 : 다른 사람들의 입.
4 憎 : 주자朱子는 증增으로 보아야 한다고 하였다.
5 口 : 구설수.
6 詩 : 『시경』 패풍邶風 백주편柏舟篇.
7 悄悄 : 걱정하여 초조해하는 모양.
8 肆 : 발어사. '마침내' 정도로 번역해도 될 것이다. 사肆 이하는 『시경』 대아
　　大雅 문왕지십文王之什 중의 면편緜篇에 있는 내용이다. 원래는 문왕의 조부
　　祖父인 대왕大王에 대해서 읊은 것이다.
9 問 : 명성.

진리를 추구하는 것은 나에게 있고, 비방을 받는 것은 다른 사람
때문이므로 상관할 일이 아니다. 세력이 없는 사람이 학문을 한
결과 어느 정도 명성을 얻게 되면 세력을 가진 많은 사람으로부터
비방을 받는 일이 잦아진다.

맹 자 왈 현 자　　이 기 소 소　　사 인 소 소　　금　　이 기
孟子曰賢者는 以其昭昭로 使人昭昭어늘 今엔 以其

혼 혼　　사 인 소 소
昏昏으로 使人昭昭로다

| 국역 |

맹자께서 말씀하셨다. "현자賢者는 자기의 밝은 지혜를 가지고 남을 밝게 만드는데, 지금 사람들은 자기의 어두운 어리석음을 가지고 남을 밝게 만들고자 하는도다."

| 강설 |

밝은 지혜를 가진 자들이 높은 자리에 추대되어 백성을 밝게 인도하는 것이 원칙인데, 지혜롭지 못한 사람들이 비정상적인 방법으로 높은 자리를 차지하고 있으면서 백성을 잘 인도하겠다고 큰 소리를 치던 당시의 상황을 개탄한 말씀이다.

맹 자 위 고 자 왈 산 경 지 계　　　간 개 연 용 지 이 성 로　　　위
孟子謂高子曰山徑之蹊는 間介然用之而成路하고 爲
　　　　　　　　　　　　　　　1 2 3 4
간 불 용 즉 모 색 지 의　　　금　　모 색 자 지 심 의
間不用則茅塞之矣나니 今에 茅塞子之心矣로다

| 국역 |

맹자께서 고자高子에게 말씀하셨다. "산봉우리의 작은 길은 한동안

지속적으로 사용하면 길을 이루지만, 한동안 쓰지 않게 되면 띠풀이 그것을 막아버린다. 지금 띠풀이 자네의 마음을 막고 있도다.”

| 난자풀이 |

① 徑 : 주자朱子는 '작은 길'이라 해석하였지만, 조기趙岐는 형陘과 같은 글자로 보아 '산봉우리'라고 해석하였다. 조기의 해석을 따르기로 한다.
② 蹊 : 작은 길.
③ 間 : 한동안. 일본日本의 안정식헌安井息軒의 설을 따라 '한동안'이라고 번역한 일본의 우야정일宇野精一의 설을 따르기로 한다.
④ 介然 : 정해진 일정한 것을 지속적으로 하는 모양. 고수하는 모양.

| 강설 |

다니지 않으면 막혀버리는 산 속의 길처럼 사람의 마음도 수신修身하지 않으면 욕심에 가려지고 만다.

제
22
장

고 자 왈 우 지 성   상 문 왕 지 성   맹 자 왈 하 이
高子曰禹之聲이 尙文王之聲이로소이다 孟子曰何以
                   ①
언 지   왈 이 퇴 려   왈 시 해 족 재   성 문 지 궤
言之오 曰以追蠡니이다 曰是奚足哉리오 城門之軌이
         ②③
양 마 지 력 여
兩馬之力與아

| 국역 |

고자高子가 말했다. “우왕禹王의 음악이 문왕文王의 음악보다 낫습니다.” 맹자께서 말씀하셨다. “무엇을 가지고 그렇게 말하는가?” “종을 매단 끈이 좀 먹은 것처럼 닳았기 때문입니다.” “그것이 어찌 충분한 이유이겠는가? 성문城門 아래의 수레바퀴 자국이 깊이

파인 것이 두 말의 힘 때문이겠는가?"

| 난자풀이 |

① 聲 : 음악.
② 追 : 종을 매단 끈. 음은 '퇴'.
③ 蠡 : '좀먹는다'는 뜻으로 음은 '려'.

| 강설 |

성문 밑의 수레바퀴 자국이 깊이 패인 까닭은 오랜 세월을 두고
여러 대의 수레가 다녔기 때문인 것처럼, 우禹임금의 음악을 치는
종을 매단 끈이 문왕의 음악을 치는 종을 매단 끈보다 낡은 것은
오랫동안 사용했기 때문이다. 그것이 우禹임금의 음악이 문왕의
음악보다 좋기 때문은 아닌 것이다. 이 문장을 보면 맹자는 우禹
를 문왕보다 높이 평가하지 않고 있음을 알 수 있다.

제
23
장

齊饑어늘 陳臻曰國人이 皆以夫子로 將復爲發棠이라
하니 殆不可復잇가 孟子曰是爲馮婦也로다 晉人有馮
婦者러니 善搏虎라가 卒爲善士러니 則之野할새 有衆
逐虎한대 虎負嵎어늘 莫之敢攖하여 望見馮婦하고 趨
而迎之한대 馮婦攘臂下車하니 衆皆悅之하고 其爲士
者는 笑之하니라

제齊나라가 흉년이 들자, 진진陳臻이 말했다. "나라 사람들이 모두 선생님께서 다시 당읍棠邑의 창고를 열도록 해주실 것이라고 기대하는데, 아마도 다시 할 수 없겠지요?" 맹자께서 말씀하셨다. "그렇게 하면 풍부馮婦가 되는 것이다. 진晉나라 사람 중에 풍부라는 사람이 있었는데, 범을 잘 때려잡다가 마침내 좋은 선비가 되었더니, 들에 가는데 여러 사람이 범을 쫓다가 범이 산모퉁이를 등지고 있자, 감히 달려들지 못했다. 그러다가 풍부를 멀리서 보고는 달려가 맞이했다. 풍부가 팔뚝을 걷어붙이고 수레를 내리니, 여러 사람이 모두 좋아했으나 선비된 자들은 비웃었다."

| 난자풀이 |

① 以 : 이위以爲와 같다. ~라고 여긴다.
② 棠 : 제齊나라의 한 도시. 지금의 산동성山東省 즉묵현卽墨縣. '발당發棠'이란 당棠에 있는 창고를 열어서 백성들을 구제하는 것을 말한다.
③ 馮婦 : 풍馮은 성, 부婦는 이름. 풍馮이 성으로 쓰일 때는 음이 '풍'이다.
④ 搏 : '때려잡는다'는 뜻으로 음은 '박'.
⑤ 嵎 : '산모퉁이'라는 뜻으로 음은 '우'.
⑥ 攖 : '달려들어 맞붙는다'는 뜻. 음은 '영'.
⑦ 望見 : 멀리서 보는 것.

| 강설 |

제齊나라에 흉년이 들었을 때 맹자가 왕에게 권하여 당읍에 있는 창고를 열어 백성을 구제한 일이 있었는데, 제齊나라에 또 흉년이 들자 백성들이 맹자에게 또 기대를 하였던 것이다.

맹자가 정치에 관여하려는 것은 천하에 진리를 실현하는 데 목적이 있는 것인데, 맹자가 변론술이 있다 하여 그것을 밑천 삼아 제齊나라의 국내 문제에 자꾸 관여하는 것은 본래의 목적에 위배된다.

제齊나라의 문제는 제齊나라 사람들이 해결하는 것인데, 거기에 관여하는 것은 자기의 조그만 능력을 가지고 정치적 야욕을 달성하려고 분투하는 정치꾼처럼 되는 것이다. 지난번에 창고를 열게 한 것은, 거기에 목적이 있었던 것이 아니라 왕과 정치원리를 논하는 과정에서 그렇게 된 것이다.

제24장

맹자왈구지어미야 목지어색야 이지어성야
孟子曰口之於味也와 目之於色也와 耳之於聲也와

비지어취야 사지지어안일야 성야 유명언
鼻之於臭也와 四肢之於安佚也에 性也나 有命焉이라
　　　　　　　　　1　　　　　　2　　　　3

군자불위성야 인지어부자야 의지어군신야
君子不謂性也니라 仁之於父子也와 義之於君臣也와

예지어빈주야 지지어현자야 성인지어천도야
禮之於賓主也와 智之於賢者也와 聖人之於天道也에
　　　　　　　　　　　　4　　　　　5　　　　6

명야 유성언 군자불위명야
命也나 有性焉이라 君子不謂命也니라

| 국역 |

맹자께서 말씀하셨다. "입이 맛에서 좋아하는 것, 눈이 빛에서 좋아하는 것, 귀가 소리에서 좋아하는 것, 코가 냄새에서 좋아하는 것, 몸이 안일함에서 좋아하는 것은 본질적인 것이지만, 한계가 있기 때문에 군자는 본질적인 것이라고 하지 아니한다. 인仁이 부자父子관계에서 추구되는 것, 의義가 군신君臣관계에서 추구되는 것, 예禮가 빈주賓主관계에서 추구되는 것, 지智가 현자賢者에게서 추구되는 것, 성인聖人이 천도天道에서 추구되는 것은 한계가 있는 것이지만 본질적인 것이 있으므로 군자는 한계가 있는 것이라고 하지 아니한다."

1 四肢 : 팔과 다리를 사지四肢라고 하지만, 팔과 다리는 온몸을 의미하므로, 여기서는 '몸'으로 번역하였다.
2 性 : 본질적인 내용.
3 命 : 명命은 전체의 입장에서 모든 것을 다 생존시키는 작용이므로, 개인의 희망이 다 충족되지 않는 한계가 있다. 그러므로 이러한 의미가 강조되어 '한계가 있는 것'을 명命이라는 말로 표현하게 된 것이다.
4 者 : 부否로 되어야 한다는 설도 있다.
5 人 : 잘못 들어간 말이라는 설도 있다.
6 天道 : 대자연의 움직임.

| 강설 |

입이 맛있는 것을 먹고 싶어하고, 눈이 아름다운 것을 보고 싶어하고, 귀가 좋은 소리를 듣고 싶어하고, 코가 좋은 냄새를 맡고 싶어하고, 몸이 편안함을 좋아하는 것은 사람의 본마음에서 우러나오는 본질적인 것이지만, 맛·빛·소리·냄새·편암함 등은 외부에 존재하는 것이므로 희망한다고 반드시 다 얻을 수 있는 것이 아니라는 한계가 있다. 설사 그것을 얻었다 하더라도 그것은 어디까지나 물질적 한계가 있는 것이므로, 그것을 본질적인 것으로 여길 필요가 없다.

부자관계·군신관계·빈주관계·현자·천도 등은 외부에 존재하는 객관적인 조건들이므로 누구나 다 충족하고 있는 본질적인 것이 아니라는 한계가 있지만, 부자관계에서 추구되는 인仁, 군신관계에서 추구되는 의義, 빈주관계에서 추구되는 예禮, 현자에게서 추구되는 지智, 천도에서 핵심이 되는 성聖 등은 사람의 마음속에 본래부터 갖추고 있는 본질적인 것이고, 또 그것에 말미암아서 사는 삶은 가장 가치 있는 삶이므로, 한계가 있는 것이라며 지레 포기해서는 안 된다. 부모가 없어 부자관계가 형성되지 않는 사람에게도 그 마음속에는 인仁이 본래부터 존재하고 있는 것이다.

제
25
장

浩生不害問曰樂正子는 何人也잇고 孟子曰善人也며
①
信人也니라 何謂善이며 何謂信이닛고 曰可欲之謂善
② ③
이요 有諸己之謂信이요 充實之謂美요 充實而有光輝
④
之謂大요 大而化之之謂聖이요 聖而不可知之之謂神

이니 樂正子는 二之中이요 四之下也니라

국역

호생불해浩生不害가 물었다. "악정자樂正子는 어떠한 사람입니까?"
맹자께서 말씀하셨다. "선인善人이며 신인信人이다." "무엇을 선善이
라 이르며 무엇을 신信이라 이릅니까?" "순수한 본마음이 하고자
하는 것을 선善이라 하고, 선善을 자기 속에 지속적으로 가지고 있
는 것을 신信이라 하고, 선善이 몸 속에 가득 차는 것을 미美라 하
고, 가득 차서 빛을 발하는 것을 대大라 하고, 대大의 상태가 되어
서 스스로를 탈바꿈하는 것을 성聖이라 하고, 성聖의 상태가 되어
서 사람들이 파악할 수 없게 된 것을 신神이라 한다. 악정자는 두
단계 가운데 있고 네 단계 아래에 있다."

난자풀이

① 浩生不害 : 호생浩生은 성, 불해不害는 이름. 제齊나라 사람이다.
② 可 : 당위를 나타내는 말. '가욕可欲'이란 '하고자 해야 되는 것'이라는 뜻인
데, 사람이 하고자 해야 되는 것은 사람의 본마음이 하고자 하는 것이다. 즉
본래의 모습을 따라야 하는 것이니, 존재가 바로 당위이다.
③ 之 : 가욕과 위謂가 도치되어 있음을 나타내는 역할을 한다.

| 강설 |

인격이 향상되는 단계를 설명한 것이다. 사람이 기본적으로 추구
해야 하는 것은, 순수한 본마음이 하고자 하는 것인데, 그것을 선
善이라고 한다. 불쌍한 사람을 보았을 때 어떻게 하는 것이 착한
것인가 하면, 본마음의 상태에서 하고자 했던 것, 다시 말하면 마
음의 깊은 곳에서 처음으로 솟아나오는 것을 따르는 것이 그것이
다.

　사람은 누구나 순간적으로는 선善한 마음을 가질 수 있지만
그것이 지속되지 못하고 욕심으로 바뀌고 마는 경우가 대부분이
다. 욕심으로 바뀌고 나면 이익이 되는 쪽으로 변신하기 때문에
신뢰감이 없어진다. 그러나 선善한 마음이 욕심으로 변질되지 않
고 지속적으로 보존되면 일관성이 있게 되고 이익을 따라 변신하
지 않기 때문에 신信을 갖게 된다. 신信은 선善한 마음이 지속적으
로 보존되는 것을 말한다.

　선善한 마음이 지속적으로 보존되어 그것이 몸 속에 가득 차
면, 그 착함이 몸 밖으로 배어나오게 되어 아름답게 보인다. 욕심
으로 가득 차 있는 사람의 몸을 보면 혐오감을 갖게 될 정도로 추
하지만, 선善으로 가득 차 있는 사람의 몸을 보면 호감을 느낄 정
도로 아름답다. 이러한 상태를 미美의 상태라고 하고, 그러한 단
계에 있는 사람을 미인美人이라 한다.

　선善이 가득 찬 상태가 지속되면 그 다음 단계에서는 그 선善
한 마음이 몸 밖으로 배어나와 찬란한 광채를 발하는 상태에 이르
는데 이를 대大라 하고 그러한 사람을 대인大人이라고 한다.

　대大의 상태는 선善이 몸을 통해서 밖으로 드러나는 상태이므
로 몸을 떠나는 차원이 아니지만, 여기에서 한 걸음 더 나아가면,
새가 알에서 부화하여 하늘로 날아가듯이 다른 차원으로 탈바꿈하
게 된다. 그 이전에는 개체적인 인간으로서 어디까지나 몸이 삶을

주도하는 차원이었으나, 선善을 실천하고 성性을 따르고 천명天命을 따르게 되어 성聖의 차원이 되면, 삶의 주체는 천명天命이 되고 몸은 천명을 실천하는 하나의 도구에 불과하게 된다. 그러한 삶은 육체적인 삶을 초월하기 때문에 이미 개체적인 삶이 아니다.

공자를 성인聖人이라고 할 때 공자의 삶의 주체는 그 몸에 있는 것이 아니라 천명에 있는 것이므로, 비가 오고 바람이 불며 물이 흐르는 자연현상이 바로 공자孔子의 모습이 된다. 사람이 성聖의 상태에 이르면, 자연과 하나가 되고 만물과 하나가 되어 천지만물 전체의 움직임을 자기가 연출하게 된다.

성聖의 상태는 전체적인 것이며 초월적인 것이므로 인식할 수 없다. 인식이 가능한 것은 구별이 가능한 개체적인 것에 한하기 때문이다. 성聖의 상태로서, 인식할 수 없는 차원을 따로 신神이라는 말로 표현하지만, 신神은 성聖의 차원을 지난 뒤에 이르게 되는 또 다른 차원을 말하는 것은 아니다. 성聖의 차원을 인식할 수 없기 때문에 그것을 표현한 형용사인 것이다.

제26장
—

맹 자 왈 도 묵   필 귀 어 양   도 양   필 귀 어 유
孟子曰逃墨이면 必歸於楊이요 逃楊이면 必歸於儒니

귀   사 수 지 이 이 의   금 지 여 양 묵 변 자   여 추 방
歸커든 斯受之而已矣니라 今之與楊墨辯者는 如追放

돈   기 입 기 립   우 종 이 초 지
豚하니 旣入其苙이어든 又從而招之로다
        1   2 3

| 국역 |

맹자께서 말씀하셨다. "묵적墨翟의 학문에서 도망하면 반드시 양주楊朱의 학문에 귀의하고, 양주의 학문에서 도망하면 반드시 유학儒學

에 돌아온다. 돌아오거든 곧 받아들일 따름이다. 지금 양주·묵적의 학자들과 변론하는 자들은, 뛰쳐나간 돼지를 쫓는 것과 같으니, 이미 그 우리로 들어갔는데도 그만두지 않고 또 이어서 발을 묶어놓는구나."

| 난자풀이 |

① 苙 : 짐승의 우리. 음은 '립'.
② 從 : 그만두지 않고 행동을 계속하는 것.
③ 招 : '얽어맨다'는 뜻으로 음은 '초'.

| 강설 |

묵자墨子의 겸애설兼愛說은 일견一見 근사해 보이기 때문에 관심을 가지다가도, 자기를 희생하고 남을 위한다는 것이 본질적인 것이 아니어서 실현 가능성이 적은 것임을 알고 회의하게 된다. 그러다가 양주의 자기를 위하는 이론이 오히려 더 본질적인 것 같아서 양주의 학설에 심취하기도 하는데, 양주의 학설은 자기만을 위하고 남을 추호도 배려하지 않는 것이므로, 그것도 본질적인 것이 아님을 알게 되어 또 회의하게 된다. 가장 본질적인 것은 자기를 위하면서도 남도 위하는 유학의 중용철학中庸哲學이므로 결국 유학으로 돌아오게 된다.

유학의 본래정신은 남을 나처럼 사랑하는 것이므로 유학으로 돌아오는 사람들은 반갑게 맞이하고 포용해야 한다. 그러나 많은 사람은 유학으로 돌아온 자들을 다시 도망가지 못하게 얽어매려 한다. 그것은 세력을 확장하기 위한 욕심에서 비롯된 것이다. 바람직하지 않다.

孟子曰有布縷之征과 粟米之征과 力役之征하니 君子
는 用其一이요 緩其二니 用其二면 而民有殍하고 用
其三이면 而父子離니라

국역

맹자께서 말씀하셨다. "삼베와 실에 대한 세稅와 곡식에 대한 세稅
와 힘으로 부역하는 세稅가 있는데, 군자는 이 중에서 한 가지만
쓰고 두 가지는 늦춘다. 두 가지를 함께 쓰면 백성들이 굶어죽고,
세 가지를 함께 쓰면 아버지와 아들이 함께 살지 못하고 이산離散
한다."

난자풀이

1 縷 : 실올. 음은 '루'.
2 征 : 세금을 걷는 것. 또는 세금.
3 殍 : '굶어죽다'는 뜻으로 음은 '표'.

강설

베와 실을 받는 세금은 누에를 친 뒤인 여름에 걷고, 곡식을 받는
세금은 추수한 뒤인 가을에 걷고, 힘을 필요로 하는 부역은 농한
기인 겨울에 시켜야 하는 것인데, 세 가지를 한꺼번에 부과하면
백성들은 감당해내지 못한다.

孟子曰諸侯之寶三이니 土地와 人民과 政事니 寶珠
玉者는 殃必及身이니라

| 국역 |

맹자께서 말씀하셨다. "제후의 보배가 세 가지이니, 토지와 인민
과 정사政事이다. 주옥珠玉을 보배로 삼는 자는 재앙이 반드시 그
몸에 미칠 것이다."

盆成括이 仕於齊러니 孟子曰死矣로다 盆成括이여 盆
成括이 見殺이어늘 門人이 問曰夫子何以知其將見殺
이시니잇고 曰其爲人也小有才요 未聞君子之大道也하
니 則足以殺其軀而已矣니라

| 국역 |

분성괄盆成括이 제齊나라에 벼슬하였는데, 맹자께서 "죽겠구나, 분
성괄이여!" 하셨다. 분성괄盆成括이 죽임을 당하자 문인門人이 물었
다. "선생님께서는 어떻게 그가 장차 죽임을 당할 것을 아셨습니
까?" "그의 사람됨이 조금 재주가 있고, 군자의 대도大道를 듣지

못했으니 그 때문에 자기 몸을 죽이기에 족하다."

| 난자풀이 |

① 盆成括 : 분성盆成은 성, 괄括은 이름. 맹자에게서 배운 일이 있다고 한다.

| 강설 |

덕德이 없는 사람이 높은 자리에 있는 경우는, 재주가 특별히 있
어서 그 재주를 부리기 때문인데, 덕德도 없고 재주도 출중하지
못한 사람이 어쩌다가 높은 자리에 있게 되면 재주 있는 사람들이
가만히 놓아두지 않는다.

제
30
장

孟子之滕하사 館於上宮이러시니 有業屨於牖上이러니
①   ②
館人이 求之弗得하다 或이 問之曰若是乎從者之廋也
여 曰子以是爲竊屨來與아 曰殆非也니이다 夫予之設
③
科也는 往者를 不追하며 來者를 不拒하니 苟以是心으
④   ⑤
로 至커든 斯受之而已矣니라

| 국역 |

맹자께서 등滕나라에 가서 상궁上宮에 머무르고 계셨다. 그때 만들
던 신이 창문 위에 놓여져 있었는데 여관의 사람이 찾아도 찾지
못했다. 그러자 어떤 사람이 물었다. "이와 같습니까? 제자들이

숨기는 것이." "자네는 이를 보고 우리가 신 훔치러 왔다고 생각하는가?" "아마도 아니겠지요." "내가 수업방침을 세운 것은, 가는 자를 쫓아가지 아니하며, 오는 자를 막지 아니하는 것이니, 진실로 배우겠다는 순수한 마음으로 온다면 받아들일 뿐이다."

| 난자풀이 |

① 上宮 : 누각, 좋은 여관, 별궁, 지명 등으로 보는 여러 학설이 있다. '관인館 人'이라는 말이 나오는 것을 보면 '좋은 여관'이 좋을 듯싶다.

② 業屨 : 만들던 신.

③ 予 : 자子로 되어 있는 판본도 있다.

④ 科 : 수업방침.

⑤ 是心 : 배우겠다는 순수한 마음.

| 강설 |

공부하기 싫어하는 사람을 쫓아가서 가르치는 것은 효과도 나지 않을 뿐만 아니라 그에 대한 간섭이기도 하기 때문에 적절하지 않다. 또 배우러 오는 자를 가르치지 않는 것은 사랑이 부족한 것이므로 역시 옳지 않다. 진정코 배우고 싶은 마음을 가지고 순수하게 오면 받아들여야 한다.

인격적인 면이나 성분 등을 고려하지 않고 배우고 싶어하는 사람을 다 받아들이다 보면 그 중에는 간혹 불량한 사람이 있을 수도 있다.

제 31 장

맹 자 왈 인 개 유 소 불 인   달 지 어 기 소 인   인 야
孟子曰人皆有所不忍하니 達之於其所忍이면 仁也요

인 개 유 소 불 위   달 지 어 기 소 위   의 야
人皆有所不爲하니 達之於其所爲면 義也니라

人能充無欲害人之心이면 而仁不可勝用也며 人能
充無穿踰之心이면 而義不可勝用也니라 人能充無受
爾汝之實이면 無所往而不爲義也니라 士未可以言而
言이면 是는 以言餂之也요 可以言而不言이면 是는
以不言餂之也니 是皆穿踰之類也니라

| 국역 |

맹자께서 말씀하셨다. "사람들은 모두 차마 하지 못하는 것을 가지고 있는데, 그것을 차마 하는 것에까지 파급시킨다면 인仁하게 된다. 사람들은 모두 하지 아니하는 것이 있는데, 그것을 하는 데까지 파급시키면 의義롭게 된다. 사람이 남을 해치려고 하지 아니하는 마음을 가득 채울 수 있다면 인仁을 이루 다 쓰지 못할 것이며, 사람이 담을 뚫거나 넘어가서 도둑질하지 않으려는 마음을 가득 채울 수 있다면 의義를 이루 다 쓰지 못할 것이다. 사람이 '너'라고 무시하여 낮추어 하는 말을 듣지 않으려는 마음을 채울 수 있다면 가는 곳마다 의義를 하지 아니하는 것이 없을 것이다. 선비가 말해서는 안 되는 상황인데 말을 하면 이는 말로써 이익을 낚으려는 것이고, 말을 해야 하는데 말을 하지 아니하면 이는 말을 하지 않는 것을 가지고 이익을 낚으려는 것이니, 이는 모두 담을 뚫거나 넘어가서 훔치는 것과 같은 종류이다."

| 난자풀이 |

1 實 : 내용. 마음. 실상.

餂 : '낚는다'는 뜻으로 음은 '첨'.

| 강설 |

사람이 차마 하지 못하는 마음이 점점 확충되어 잔인했던 마음까지
도달하여 그 잔인한 마음이 없어지고, 차마 하지 못하는 마음으로
가득 차게 되면 인仁이 실현된다. 사람은 천금千金을 주어도 하지
아니하는 마음이 있는데, 그러한 마음을 확충시켜 가득 차게 하면
현실적인 이익의 유혹을 받지 않게 되므로 의義로움이 실현된다.

제
32
장

孟子曰言近而指遠者는 善言也요 守約而施博者는 善
道也니 君子之言也는 不下帶而道存焉이며 君子之
守는 修其身而天下平이니라 人病은 舍其田而芸人之
田이니 所求於人者重而所以自任者輕이니라

| 국역 |

맹자께서 말씀하셨다. "말이 평범하면서도 뜻이 먼 것은 좋은 말
이고, 자기를 지키는 것이 야무지고 남에게 베푸는 것이 넓은 것
은 좋은 도리이다. 군자의 말은 허리띠까지 내려가지 않고서도 도
道가 거기에 있으며, 군자의 지킴은 자기의 몸을 닦아서 천하天下
가 화평해지는 것이다. 사람들의 병통은 자기의 밭은 놓아두고 남
의 밭을 김매는 것이니, 남에게 책임 추궁하는 것을 무겁게 하고
자기가 책임지는 것은 가볍게 하는 것이다."

홀륭한 말이란 입에서 나오는 순간 바로 이해할 수 있는 평범한 말이면서 깊은 뜻을 내포하고 있는 말이다. 장황하고 복잡한 논리를 전개하여 알아듣기 어려운 말은 좋은 말이 아니다.

　　말이 허리띠 아래까지 내려오지 않는다는 것은 입에서 나오자마자 바로 알아들을 수 있는 평범한 말이라는 뜻이다.

　　몸을 닦아서 고통을 극복한 사람은 남의 고통을 해결할 수 있는 능력이 생기기 때문에, 그로 말미암아 남들도 편안하게 해준다. 자기 문제는 해결하지 못하면서 남의 문제를 간섭하면, 해결되는 문제는 하나도 없고 혼란만 더해지게 된다.

제33장

맹자왈요순 성자야 탕무 반지야 동용주
孟子曰堯舜은 性者也요 湯武는 反之也시니라 動容周

선 중례자 성덕지지야 곡사이애 비위생자
旋이 中禮者는 盛德之至也니 哭死而哀이 非爲生者

야 경덕불회 비이간록야 언어필신 비이정
也며 經德不回이 非以干祿也며 言語必信이 非以正
　　　　　1

행야 군자 행법 이사명이이의
行也니라 君子는 行法하여 以俟命而已矣니라
　　　　　　　　2

| 국역 |

맹자께서 말씀하셨다. "요堯·순舜은 본래모습대로 산 사람이었고, 탕湯·무武는 본래모습을 회복하였다. 움직이고 행동하는 것이 저절로 예禮에 맞는 것은 성덕盛德의 지극한 것이다. 죽은 자에게 곡하고 슬퍼하는 것이 산 사람(상주 등)을 위해서가 아니고, 일정한 덕德을 지켜 굽히지 아니하는 것이 녹祿을 구해서가 아니며, 말을 반드시 미덥게 하는 것이 행실을 바르게 하려고 해서가 아니다.

군자는 진리를 행하고 명命을 기다릴 뿐이다."

| 난자풀이 |

[1] 經德 : 조기趙岐는 '덕德을 행하는 것'이라고 하였고, 주자朱子는 '일정한 덕德'
이라고 하였다.
[2] 法 : 진리. 자연의 이치.

| 강설 |

본질대로의 삶은 무심한 상태에서 행동하는 삶이다.

제34장

> 맹자왈세대인즉막지　　물시기외외연　　당고
> 孟子曰說大人則藐之하여 勿視其巍巍然이니라 堂高
> 　　　　[1]　　　[2]　　　　　　　　[3]
> 수인　　최제수척　　아득지　　불위야　　식전방
> 數仞과 榱題數尺을 我得志라도 弗爲也하며 食前方
> 　　　[4]　　　　[5]
> 장　　시첩수백인　　아득지　　불위야　　반락음
> 丈과 侍妾數百人을 我得志라도 弗爲也하며 般樂飮
> 주　　구빙전렵　　후거천승　　아득지　　불위야
> 酒와 驅騁田獵과 後車千乘을 我得志라도 弗爲也니
> 재피자　　개아소불위야　　재아자　　개고지제야
> 在彼者는 皆我所不爲也요 在我者는 皆古之制也니
> 오하외피재
> 吾何畏彼哉리오

| 국역 |

맹자께서 말씀하셨다. "대인大人을 유세遊說할 때에는, 그들을 조그
맣게 여기고 그 높은 것은 보지 말아야 한다. 집의 높이가 몇 길
되는 것과 서까래 머리가 몇 자 되는 것을 나는 가질 수 있더라도

가지지 아니하며, 음식이 앞에 사방 한 길 정도로 진열되는 것과 시첩侍妾이 수백 명인 것을 나는 가질 수 있더라도 가지지 않으며, 즐기며 술을 마시고, 말을 달리며 사냥을 하고, 뒤에 따르는 수레가 천 대인 것을 나는 가질 수 있더라도 가지지 않는 것이니, 저에게 있는 것은 모두 내가 하지 않는 것이고, 나에게 있는 것은 모두 옛 법이니 내가 무엇 때문에 저들을 두려워하겠는가?"

| 난자풀이 |

[1] 說 : 유세遊說한다는 뜻이므로 음은 '세'.
[2] 藐 : '조그맣게 여긴다'는 뜻.
[3] 巍巍然 : 높은 모양.
[4] 榱 : 서까래. 음은 '최'.
[5] 得志 : 하려고만 하면 할 수 있게 되는 것.

| 강설 |

학문이란, 물질적인 가치에 대해서 한계를 느끼고 거기에서 벗어나 본질적인 가치를 추구하는 것이므로, 학문을 하는 사람은 물질적인 가치가 충족되었다 하더라도 그 길로 나아가지 아니한 사람이다. 따라서 물질적인 풍요를 누리는 사람들에게 위축될 까닭이 없다.

—
제35장
—

孟子曰養心이 莫善於寡欲하니 其爲人也寡欲이면 雖
有不存焉者라도 寡矣요 其爲人也多欲이면 雖有存焉
者라도 寡矣니라

맹자께서 말씀하셨다. "마음을 기르는 것은 욕심을 줄이는 것보다
더 좋은 것이 없다. 그 사람됨이 욕심을 적게 가지면 비록 본마음
이 보존되지 아니한 것이 있다 하더라도 적을 것이고, 그 사람됨
이 욕심을 많이 가지면 비록 본마음이 보존된 것이 있다 하더라도
적을 것이다."

| 강설 |

사람의 마음속에 욕심이 차게 되면 본마음, 즉 양심이 줄어들고,
욕심이 줄어들면 상대적으로 양심이 확충된다. 따라서 양심을 기
르는 가장 좋은 방법은 욕심을 줄이는 것이다.

제
36
장

曾晳嗜羊棗而曾子不忍食羊棗니라 公孫丑問曰膾炙
[1]   [2]
與羊棗孰美니잇고 孟子曰膾炙哉인저 公孫丑曰然則
            [3]
曾子는 何爲食膾炙而不食羊棗니잇고 曰膾炙는 所同
也요 羊棗는 所獨也니 諱名不諱姓하나니 姓은 所同也
요 名은 所獨也일새니라

| 국역 |

증석曾晳이 양조羊棗를 좋아했었으므로, 증자曾子는 (아버지 생각이
나서) 차마 양조를 먹지 못했다. 공손추公孫丑가 물었다. "회자膾炙

와 양조는 어느 것이 더 맛있습니까?" 맹자께서 말씀하셨다. "회
자다." 공손추가 말했다. "그렇다면 증자는 무슨 연유로 회자는 먹
으면서 양조는 먹지 않았습니까?" "회자는 모든 사람이 다 같이
좋아한 것이고 양조는 아버지 혼자서 좋아한 것이다. 이름을 부르
는 것을 피하고 성은 피하지 않는 것이니, 성은 많은 사람이 같이
쓰는 것이고 이름은 혼자 쓰는 것이기 때문이다."

난자풀이

① 羊棗 : 대추의 일종.
② 膾炙 : 회와 불고기.
③ 美 : '맛있다'는 뜻.

제37장

萬章問曰孔子在陳하사 曰盍歸乎來리오 吾黨之士
만 장 문 왈 공 자 재 진 　 왈 합 귀 호 래 　 오 당 지 사

狂簡하여 進取하여 不忘其初라하시니 孔子在陳하사
광 간 　 진 취 　 불 망 기 초 　 공 자 재 진

何思魯之狂士시니잇고 孟子曰孔子不得中道而與之인
하 사 로 지 광 사 　 맹 자 왈 공 자 부 득 중 도 이 여 지

댄 必也狂獧乎인저 狂者는 進取요 獧者는 有所不爲
필 야 광 견 호 　 광 자 　 진 취 　 견 자 　 유 소 불 위

也라하시니 孔子豈不欲中道哉시리오마는 不可必得故
야 　 공 자 기 불 욕 중 도 재 　 불 가 필 득 고

로 思其次也시니라 敢問何如라야 可謂狂矣니잇고
사 기 차 야 　 감 문 하 여 　 가 위 광 의

曰如琴張曾晳牧皮者이 孔子之所謂狂矣니라
왈 여 금 장 증 석 목 피 자 ① ② 공 자 지 소 위 광 의

何以謂之狂也니잇고 曰其志嘐嘐然曰古之人古之人
하 이 위 지 광 야 　 왈 기 지 효 효 연 왈 고 지 인 고 지 인
③

이여하되 夷考其行而不掩焉者也니라 狂者를 又不可
④ ⑤
得이어든 欲得不屑不潔之士而與之하시니 是獧也니

是又其次也니라

국역

만장萬章이 물었다. "공자께서는 진陳나라에 계시면서 말씀하시기를, '어찌 돌아가지 않겠는가. 우리나라의 선비들이 광간狂簡하여 진취적이어서 그 처음에 뜻한 바(학문에 대한 뜻)를 잊지 않고 있을 것이다' 하셨으니, 공자께서는 진陳나라에 계시면서 어찌하여 노魯나라의 광사狂士들을 생각하셨습니까?" 맹자께서 말씀하셨다. "공자는 '중용中庸의 도道를 행하는 사람을 만나서 함께 하지 못한다면 반드시 광견狂獧을 택하겠다. 광자狂者는 진취적이고 견자獧者는 하지 아니하는 것이 있다' 하셨으니, 공자께서 어찌 중용지도中庸之道를 행하는 자를 원하지 않으셨겠는가마는 반드시 얻을 수는 없기 때문에 그 다음의 인물을 생각하신 것이다." "감히 묻겠습니다. 어떠하여야 광狂이라 이를 수 있습니까?" "금장琴張ㆍ증석曾晳ㆍ목피牧皮와 같은 자가 공자의 이른바 광狂이라는 것이다." "무엇을 가지고 광狂이라고 이릅니까?" "그 뜻이 크고 높아 '옛사람이여, 옛사람이여!' 하되, 평소에 그의 행실을 살펴보면 행실이 말을 다 실천하지 아니하는 자이다. 광자를 또 얻지 못하면 불결한 것을 좋게 여기지 아니하는 선비를 얻어서 함께 하고자 하셨으니, 그러한 사람이 견獧이다, 이 또한 그 다음인 것이다."

1 琴張 : 조기趙岐는 공자의 제자인 자장子張이라 하였고, 주자朱子는 '이름은 뢰牢, 자字는 자장이라는 사람으로 『장자莊子』에서 기록한, 자상호子桑戶가 죽었을 때 가서 노래 부른 사람'이라 하였다. 어느 것이 옳은지 확실치 않다.

2 牧皮 : 어떠한 사람인지 확실치 않다.

3 嘐嘐然 : 뜻이 큰 모습. 이때는 음이 '효효연'. 시끄러운 소리. 이때는 음이 '교교연'.

4 夷 : 평소

5 掩 : '행실이 말을 덮어 가린다'는 것은, 행실이 말을 실천하여 실언失들이 되지 않도록 한다는 말이다.

| 강설 |

학문을 완성하여 중용中庸을 실천하는 사람이 최고의 인격자이지만, 그렇지 못한 경우에는 미친 듯이 학문에 열중할 수 있는 정열적인 사람인 광자라도 되어야 한다. 그래야 학문을 완성할 수 있기 때문이다. 광자가 되지 못하면 다른 물질적인 유혹에 흔들리지 않는 우직한 사람인 견자라도 되어야 한다. 그래야 흔들리지 않고 꾸준히 학문에 종사할 수 있기 때문이다.

> 공자왈과아문이불입아실
> 孔子曰過我門而不入我室이라도 아불감언자 기유
> 我不憾焉者는 其惟
> 향원호 향원 덕지적야 왈하여 사가
> 鄕原乎인저 鄕原은 德之賊也라하시니 曰何如면 斯可
> 위지향원의 왈하이시교교야 언불고행
> 謂之鄕原矣니잇고 曰何以是嘐嘐也하여 言不顧行하
> 행불고언 즉왈고지인고지인 행하위
> 며 行不顧言이요 則曰古之人古之人이여하며 行何爲
> 우우 량량 생사세야 위사세야 선사가의
> 踽踽 涼涼이리오 生斯世也라 爲斯世也하여 善斯可矣
>   [1]   [2]
> 엄연미어세야자시향원야
> 라하여 閹然媚於世也者是鄕原也니라
>   [3]

(만장이 물었다) "공자께서 말씀하시기를, '내 문 앞을 지나가면서 내 집에 들어오지 않더라도 내가 그에게 유감스럽게 생각하지 않는 것은 그 오직 향원鄕原뿐이다. 향원은 덕德을 해친다' 하셨으니, 어쩌면 향원이라 이를 수 있습니까?" "'어째서 이렇게 시끌시끌하며, 말은 행실을 돌아보지 않고 행실은 말을 돌아보지 않고서 「옛사람이여. 옛사람이여!」하는가. 행실을 무엇 때문에 이처럼 외롭고 쓸쓸하게 하는고. 이 세상에 태어났으면 이 세상의 일을 하여 잘되기만 하면 되는 것이다' 하며 가만히 세상에 아첨하는 자가 향원이다."

| 난자풀이 |

1 踽踽 : 외로운 모양.
2 涼涼 : 쓸쓸한 모양.
3 閹然 : 몰래. 가만히.

| 강설 |

인간의 순수한 본래 모습을 되찾는 길이 학문이라면, 학문에는 전혀 의욕이 없이 현실에 안주하여 적당히 아첨하면서 살아가는 향원 같은 사람이 가장 매력 없는 사람이다. 그들은 미친 듯이 학문에 열중하는 사람들을 부질없다고 비웃기만 할 따름이므로 덕德을 밝히는 데 전혀 도움이 되지 않는다.

萬章曰一鄕^{만장왈일향}이 皆稱原人焉^{개칭원인언}이면 無所往而不爲原人^{무소왕이불위원인}

이어늘 孔子以爲德之賊^{공자이위덕지적}은 何哉^{하재}잇고 曰非之無擧也^{왈비지무거야}하

며 刺之無刺也^{자지무자야}하고 同乎流俗^{동호류속}하며 合乎汚世^{합호오세}하여 居^거

之似忠信^{지사충신}하며 行之似廉潔^{행지사렴결}하여 衆皆悅之^{중개열지}어든 自以爲^{자이위}

是而不可與入堯舜之道^{시이불가여입요순지도}라 故^고로 曰德之賊也^{왈덕지적야}라하시니

라 孔子曰惡似而非者^{공자왈오사이비자}하노니 惡莠^{오유}는 恐其亂苗也^{공기란묘야}요

惡佞^{오녕}은 恐其亂義也^{공기란의야}요 惡利口^{오리구}는 恐其亂信也^{공기란신야}요 惡鄭^{오정}

聲^성은 恐其亂樂也^{공기란악야}요 惡紫^{오자}는 恐其亂朱也^{공기란주야}요 惡鄕原^{오향원}은

恐其亂德也^{공기란덕야}라하시니라 君子^{군자}는 反經而已矣^{반경이이의}니 經正則^{경정즉}
[1]

庶民興^{서민흥}하고 庶民興^{서민흥}이면 斯無邪慝矣^{사무사특의}리라

| 국역 |

만장이 말했다. "한 고을이 모두 점잖은 사람이라고 일컫는다면, 어디를 가더라도 점잖은 사람이 되지 않는 것이 없을 것인데, 공자께서 덕德을 해친다고 하신 것은 무엇 때문입니까?" "비난하려 해도 들추어낼 것이 없고, 찌르려 해도 찌를 것이 없으며, 유속流俗과 동화하며 더러운 세상에 영합하여, 실천하는 것이 충忠과 신信 같으며 행하는 것이 청렴결백한 것 같아서, 여러 사람들이 다 좋아하며 스스로를 옳게 여기지만 더불어 요순堯舜의 도道에 들어

갈 수 없다. 그러므로 '덕德을 해친다'고 하신 것이다. 공자께서 말씀하시기를, '비슷하면서 아닌 것을 미워하노니, 가라지를 미워함은 벼싹을 어지럽힐까 두려워해서이고, 말재주 있는 자를 미워함은 의義를 어지럽힐까 두려워해서이고, 말 잘하는 입을 가진 자를 미워함은 신信을 어지럽힐까 두려워해서이고, 정鄭나라 음악을 미워함은 정악正樂을 어지럽힐까 두려워해서이고, 자주색을 미워함은 붉은색을 어지럽힐까 두려워해서이고, 향원을 미워함은 덕德을 어지럽힐까 두려워해서이다' 하셨다. 군자는 떳떳한 도道를 회복할 뿐이니, 떳떳한 도道가 바르게 되면 서민이 각성하고, 서민이 각성하면 사특한 것이 없어질 것이다."

| 난자풀이 |

① 經 : 떳떳한 도리.

| 강설 |

향원이란 고을에서 점잖다고 일컬어지는 사람이다. 향원은 학문에는 전혀 뜻이 없지만, 점잖고 훌륭한 사람으로 위장하는 데 능하고 빈틈이 없으므로 외견상으로는 훌륭한 사람으로 보이게 되고, 그로 말미암아 사회적인 영향력도 행사한다. 그러한 사람은 자기 결점을 잘 노출시키는 순진한 사람보다 훨씬 위험한 인물이다.

제
38
장

맹자왈유요순지어탕   오백유여세   약우고요즉
孟子曰由堯舜至於湯이 五百有餘歲니 若禹皐陶則

견이지지   약탕즉문이지지   유탕지어문
見而知之하고 若湯則聞而知之하시니라 由湯至於文

왕   오백유여세   약이윤래주즉견이지지   약문
王이 五百有餘歲니 若伊尹萊朱則見而知之하고 若文
①

^{왕 즉 문 이 지 지}
王則聞而知之하시니라 ^{유 문 왕 지 어 공 자}由文王至於孔子이 ^{오 백 유 여}五百有餘

^세歲니 ^{약 태 공 망 산 의 생 즉 견 이 지 지}若太公望散宜生則見而知之하고 ^{약 공 자 즉 문 이}若孔子則聞而

2

^{지 지}知之하시니라 ^{유 공 자 이 래}由孔子而來로 ^{지 어 금}至於今이 ^{백 유 여 세}百有餘歲니 ^거去

^{성 인 지 세 약 차 기 미 원 야}聖人之世若此其未遠也며 ^{근 성 인 지 거 약 차 기 심 야}近聖人之居若此其甚也로

되 ^{연 이 무 유 호 이 즉 역 무 유 호 이}然而無有乎爾則亦無有乎爾로다

| 국역 |

맹자께서 말씀하셨다. "요순堯舜으로부터 탕왕湯王에 이르기까지가
5백여 년이니, 우禹와 고요皐陶는 직접 보고서 그 도道를 알았고,
탕왕은 들어서 아셨다. 탕왕으로부터 문왕文王에 이르기까지가 5백
여 년이니, 이윤伊尹과 내주萊朱는 직접 보고서 알았고, 문왕文王은
들어서 아셨다. 문왕으로부터 공자에 이르기까지가 5백여 년이니,
태공망太公望과 산의생散宜生은 직접 보고서 알았고, 공자는 들어서
아셨다. 공자 이래로 오늘에 이르기까지가 백여 년이니, 성인聖人
의 세대와의 거리가 이와 같이 멀지 않으며, 성인이 거주하신 곳
과 가까운 것이 이와 같이 심하되, 그런데도 아무도 없으니, 그렇
다면 또한 아무도 없을 것인가!"

| 난자풀이 |

1 萊朱 : 탕왕의 신하.
2 散宜生 : 문왕의 네 사람의 신하 중 한 사람.

공자같이 훌륭한 사람이 나타나 진리를 전파했고 또 맹자 자신이
이어서 진리를 전파하였으나 세상은 점점 더 어지러워지고 있었으
므로, 그것을 한탄한 말이다.

　　물론 맹자 자신은 공자의 도를 들어서 알고 있으므로, 아무도
없다고　한 것은 자기 외에 아무도 없다는 것을 말한다.

| 인명색인人名索引 |

[가]

인명색인 717

[다]

[라]

[마]

[사]

[아]

[차]

맹자의 연보年譜는 정확한 기록이 없으므로 자세히 알 수 없다. 다만 청대淸代사람 적자기狄子奇의 저술인 「맹자편년孟子編年」에 의하여 그 개략을 추려보았다.

B.C. 373년 4월 2일 추鄒나라(지금의 산동성山東省 연주부兗州府 추현鄒縣)에서 태어나다.

358년 (15세) 노魯나라에서 배우다.

332년 (41세) 처음 추鄒나라 목공穆公을 만나다.

331년 (42세) 제齊나라 평륙平陸에 머무르다.

330년 (43세) 추鄒나라에서 임任나라로 가다.

329년 (44세) 제齊나라 평륙에서 제齊나라 서울로 가다.

328년 (45세) 제齊나라에서 빈사賓師가 되다.

326년 (47세) 제齊나라를 떠나 송宋나라로 가다.

325년 (48세) 송宋나라에서 추鄒나라로 돌아오다.

324년 (49세) 추鄒나라에서 등滕나라로 가다.

322년 (51세) 등滕나라를 떠나 추鄒나라로 돌아오다.

320년 (53세) 양梁나라 혜왕惠王의 초빙을 받고 양梁나라로 가다.

319년 (54세) 양梁나라 왕 앵罃이 죽자, 양梁나라를 떠나 제齊나라로 가다.

318년 (55세) 제齊나라에서 경卿이 되다.

317년 (56세) 모친母親의 상喪을 당하여 제齊나라에서 노魯나라로 돌아와 장례를 모시다.

315년 (58세) 노魯나라에서 제齊나라로 돌아오다.

314년 (59세) 제齊나라가 연燕나라를 정벌하여 횡포하자, 제齊나라를 떠나 송宋나라로 가다.

313년 (60세) 송경宋牼을 석구石丘에서 만나 인의仁義로 진秦·초楚의 왕王을 설득할 것을 권하다.

312년 (61세) 송宋나라에서 설薛나라로 가다.

311년 (62세) 설薛나라에서 노魯나라로 갔다가 뜻을 이루지 못하고 다시 추鄒나라로 돌아오다.

289년 (84세) 1월 15일, 세상을 떠나다.

※ 성백효成百曉 역주譯註 『맹자집주孟子集註』(전통문화연구회傳統文化研究會)에서 전재轉載.

이 기 동

1951. 경북 청도 출생
1975. 성균관대학교 유학과 졸업
1979. 성균관대학교 대학원 동양철학과 졸업
1985. 일본 츠꾸바대학 대학원 철학·사상연구과 졸업
1985. 성균관대학교 동양철학과 조교수
1991. 성균관대학교 유학과 교수
2001. 성균관대학교 유학·동양학부 학부장
2003. 성균관대학교 동아시아학술원 유교문화연구소 소장
2014. 성균관대학교 대학원장
2017. 성균관대학교 명예교수

주요 저서
東アジアにおける朱子學の地域的展開(東京 東洋書院刊)
『대학·중용강설』,『논어강설』,『맹자강설』,『주역강설』,『시경강설』,
『서경강설』,『동양 삼국의 주자학』(성균관대학교출판부).

맹자강설

1판 1쇄 발행 1991년 2월 25일
2판 1쇄 발행 2005년 2월 15일
3판 1쇄 발행 2010년 8월 31일
3판 10쇄 발행 2024년 7월 30일

역해자 | 이기동
펴낸이 | 유지범
펴낸곳 | 성균관대학교출판부

등록 | 1975년 5월 21일 제 1-0217호
주소 | 03063 서울특별시 종로구 성균관로 25-2
대표전화 | (02) 760-1252~4
팩시밀리 | (02) 762-7452
Homepage | http://press.skku.edu

값 28,000원

ISBN 978-89-7986-587-5 04140
ISBN 978-89-7986-524-0 (세트)

＊ 잘못된 책은 구입한 곳에서 교환해 드립니다.